OSWALD SZEMERÉNYI

EINFÜHRUNG IN DIE
VERGLEICHENDE SPRACHWISSENSCHAFT

DIE SPRACHWISSENSCHAFT

Einführungen in Gegenstand, Methoden und Ergebnisse
ihrer Teildisziplinen und Hilfswissenschaften

WISSENSCHAFTLICHE BUCHGESELLSCHAFT
DARMSTADT

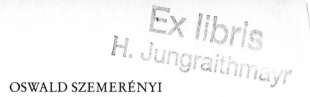

OSWALD SZEMERÉNYI

EINFÜHRUNG
IN DIE VERGLEICHENDE
SPRACHWISSENSCHAFT

3., vollständig neu bearbeitete Auflage 1989

WISSENSCHAFTLICHE BUCHGESELLSCHAFT
DARMSTADT

1. Auflage 1970
2., überarbeitete Auflage 1980

CIP-Titelaufnahme der Deutschen Bibliothek

Szemerényi, Oswald:
Einführung in die vergleichende Sprachwissenschaft /
Oswald Szemerényi. – 3., vollst. neubearb. Aufl. –
Darmstadt: Wiss. Buchges., 1989
  (Die Sprachwissenschaft)
  ISBN 3-534-04216-6

ⓥⓑ Bestellnummer 04216-6

3., vollständig neu bearbeitete Auflage 1989
© 1989 by Wissenschaftliche Buchgesellschaft, Darmstadt
Satz: Setzerei Gutowski, Weiterstadt
Druck und Einband: Wissenschaftliche Buchgesellschaft, Darmstadt
Printed in Germany
Schrift: Linotype Garamond, 10/11

ISSN 0724-5009
ISBN 3-534-04216-6

INHALTSVERZEICHNIS

EINZELPROBLEME

EINZELPROBLEME

VORWORT ZUR DRITTEN AUFLAGE

Das Buch, das der Leser in die Hände nimmt, erschien zum ersten Male vor mehr als fünfzehn Jahren. Wenn ihm, da es jetzt in einer erneuerten Form in die Welt hinausgeht, dasselbe günstige Schicksal beschieden sein sollte, wird es nach weiteren fünfzehn Jahren schon in das dritte Jahrtausend eingetreten sein – eine Tatsache, die dem Verfasser die große Verantwortung seines Unterfangens recht sinnlich in das Bewußtsein drängte.

Wenn sein Buch dieser schweren, aber noblen Aufgabe gerecht werden sollte, mußte es völlig durchgearbeitet werden, um die vielen neuen Gedanken, die unsere Wissenschaft in drei Lustren gezeitigt hat, in sich aufzunehmen und kritisch reflektieren zu können. Es wurde dementsprechend vieles geändert.

Zum Teil wurde dies im Text selbst durchgeführt. Dies war notwendig, wo ich meine Auffassung geändert habe bzw. die Formulierung zu präzisieren für wünschenswert hielt, und noch viel öfter dort, wo ich den Benutzer über neuere Entwicklungen informieren mußte, denn nur so konnten die ursprünglichen Zielsetzungen des Werkes gewahrt werden. Unvermeidlich war dies z.B. bei der sog. glottalen Hypothese (s. VI. 9.) oder bei dem Aspekt (IX. 4.4.5); der letztere mußte eingehender und dezidierter dargestellt werden. Natürlich wurde auch über diese größeren Probleme hinaus vieles neu aufgenommen, so, um nur eines zu nennen, neuere Ansichten über den Akzent bei Nomen und Verbum usw. Solche neu hinzugekommenen Abschnitte wurden, wo möglich, auch in dem Inhaltsverzeichnis angegeben oder – im Falle von kleineren Zutaten – an das Inhaltsverzeichnis anschließend gelistet.

Andererseits wurden natürlich durch die rasante Entwicklung einer weltweit blühenden Forschungstätigkeit auch Veränderungen in den Anmerkungen notwendig. Mehr denn je ist der Verfasser überzeugt – und viele mündliche und briefliche Äußerungen haben ihn in dieser Ansicht weiter bestärkt –, daß eine Einführung nur dann ihre Aufgabe erfüllen kann, wenn sie dem Einzuführenden durch Eröffnung der lebendigen Forschungsarbeit zu einem günstigen Einstieg verhilft. Diese Hilfeleistung wird nach seiner Einschätzung auf zweierlei Weise beeinträchtigt bzw. überhaupt nicht erbracht. Zum einen von denjenigen, die höchstens in einem bibliographischen Anhang auf wichtige Werke hinweisen, was die vielleicht nicht unbeabsichtigte Folge hat, daß alle Lehren als des Meisters Eigentum angesehen werden, während sie doch im großen ganzen die communis opinio der Zeit darstellen. Dies trifft auf Meillets Introduction zu und erklärt gewisse Eigentümlichkeiten der französischen Indogermanistik. Zum andern wird aber das Prinzip auch von denjenigen durchbrochen, die, wie Brugmann im Grundriß, zwar zu den einzelnen Kapiteln reichliche Literaturangaben machen, aber nicht konsequent zu den einzelnen strittigen Punkten. Mir scheint es schon seit der 1. Auflage viel ehrlicher und hilfreicher zu sein, den Leser von Anfang an darauf aufmerksam zu machen, daß schon viele vor uns da waren, und insbesondere zu zeigen, was sie geleistet haben. Ich war auch bestrebt, die Angaben, soweit möglich, unparteiisch zu halten, also nicht nur diejenigen Autoren anzuführen, die mit der eigenen Auffassung übereinstimmen, sondern auch diejenigen, die anders denken, und öfter auch kurz anzudeuten, wie diese Arbeiten zu beurteilen seien. Auch hielt ich es für angebracht, neben dem Neuesten auch das Ältere und Alte gebührend hervorzuheben und so die Verbindung bis zu den Gründern unserer Wissenschaft lebendig zu machen und zu erhalten.

Wenn nun so viel zitiert wird, müssen die öfters zitierten Werke und Zeitschriften stark gekürzt angeführt werden. Falls nur ein Name (offensichtlich eines Verfassers) und ein Jahr angegeben werden, ist das Werk aller Wahrscheinlichkeit nach im Abkürzungsverzeichnis erläutert. Für Abkürzungen von Sprachen findet sich eine besondere Liste nach dem Abkürzungsverzeichnis. Die Zeitschriftenabkürzungen sind in das allgemeine Verzeichnis aufgenommen, obwohl es bei einigen sehr selten zitierten Zeitschriften vorkommen kann, daß sie nicht verzeichnet sind; dann sind sie mit Hilfe der am Anfang jeden Bandes der internationalen Bibliographie Linguistique befindlichen Abkürzungsliste leicht aufzufinden. Alte Abkürzungen werden heutzutage oft durch neue ersetzt, meistens durch solche, die klar zeigen, daß diejenigen, die sie ausgedacht haben, selbst keine Geschichte haben oder kein Gefühl für historische Zusammenhänge besitzen. Für mich kann ein Kürzel wie BGDSL nur eine bewußte Ablehnung der historischen Tatsache bedeuten, daß die Zeitschrift von Hermann Paul und Wilhelm Braune gegründet und lange Jahre herausgegeben wurde und deshalb auch bis vor kurzem – also während eines ganzen Jahrhunderts – nur als PBB zitiert wurde. Ebenso a(nti)historisch ist für mich ZVS statt des altehrwürdigen KZ, was uns immer an den Gründer Adalbert Kuhn erinnern sollte. Ein gleichgrober Unfug ist die häufige Änderung der Bandreihen, obwohl es doch jeden Mitarbeiter mit Stolz erfüllen sollte, wenn er in dem 112. Band und nicht erst im dritten mit einer Arbeit brilliert; dieses schöne Gefühl hat man, wenn man sieht, daß der AJPh 1979 schon den 100. Band erreichte, der JAOS 1980 ebenfalls den 100., das BSL 1985 den 80., die KZ 1985 den 98. Dagegen hat man Schwierigkeiten, wenn man sich mit der französischen RPh zurechtfinden soll, die in immer kürzeren Abständen immer wieder eine neue Serie einleitet; *proxime accessit* (wie man in England sagt) das englische ArchL.

Zum Schluß darf vielleicht noch erwähnt werden, daß innerhalb des Buches viele Kreuzverweise angeben, wo noch anderswo im Buche ein Problem behandelt wird.

Fast am Ende der langen Zeit der Überarbeitung ist mir noch durch die Güte eines der Verfasser ein neues, reichhaltiges Werk in die Hände gekommen, das ich leider nicht mehr durcharbeiten konnte, das aber gerade deshalb auch hier noch (wie auch I. 6. fin. und III. fin.) mit Nachdruck genannt werden soll. Ich meine den ersten Band der von Jerzy Kuryłowicz gegründeten Indogermanischen Grammatik, der die Einleitung über die indogermanischen Sprachen von dem so früh verstorbenen Warren Cowgill und die Lautlehre von seinem rührigen Mitarbeiter Manfred Mayrhofer enthält.

Nach dieser langen Rede kann ich nur sagen: *dixi et salvavi animam meam.*

Freiburg i. Br., 19. Mai 1986   Oswald Szemerényi

PS. vom 5. Okt. 1988: Ich habe heute erleben müssen, daß die alte KZ – 1851 gegründet, siehe R. Schmitt, KZ 100, 1987, 205 f. – nach einer Übergangsperiode mit dem Kürzel ZVS in Zukunft als HS (= Historische Sprachforschung) erscheinen soll.

VORBEMERKUNG ZUR ZWEITEN AUFLAGE

Die durch die anhaltende Nachfrage nötig gewordene Neuauflage habe ich zum Anlaß genommen, einige Versehen zu korrigieren sowie meine in einigen Punkten geänderten Ansichten zu vermerken. Ich hoffe, daß dadurch der Band an Brauchbarkeit und Nützlichkeit gewonnen hat.

Freiburg i. Br., 15. August 1979   Oswald Szemerényi

VORWORT ZUR ERSTEN AUFLAGE

Dieses Werk war vom Verlag als eine Einführung in die vergleichende indogermanische Sprachwissenschaft konzipiert und vom Verfasser nach seinen Kräften auch so ausgeführt. Die Einleitung selbst ist von allgemeinerer Gültigkeit, aber der Hauptteil bietet eine vergleichende Laut- und Formenlehre der indogermanischen Sprachen.

In der Behandlung der Probleme wurde Wert darauf gelegt, den durch einen Vergleich rekonstruierbaren indogermanischen Zustand und die diachronische Interpretation dieses Zustandes sauber zu trennen. Damit sollte gesichert werden, daß der Leser diese zwei Probleme immer scharf trennt und sich daran gewöhnt, erst nach Lösung des ersten an das zweite heranzugehen.

Das Werk ist wirklich als Einführung gedacht. Deshalb ist angestrebt worden, die Tatsachen, Probleme und Folgerungen so einfach wie möglich darzustellen. Aber auch ein Anfänger soll in die Lage versetzt werden, sich in die Problematik einzuarbeiten. Deshalb wurde, abweichend von dem Verfahren einiger wohlbekannter Einführungen, nicht mit einer summarischen Bibliographie am Ende vorliebgenommen, sondern durchgehend auf die weiterführende Literatur hingewiesen, und zwar nicht in Fußnoten, sondern am Ende jedes Abschnitts. Da die indogermanische Sprachwissenschaft eine weltweite, von vielen Nationen kultivierte Wissenschaft ist, bemühte ich mich, alles, was mir erreichbar war, heranzuziehen, besonders die neuere und neueste Literatur, während für die ältere Literatur meistens auf die bibliographischen Zusammenstellungen älterer Standardwerke verwiesen wird.

Bei den Literaturangaben ist mir zugute gekommen, daß ich schon seit Jahren an Forschungsstätten arbeiten durfte, die auf diesem Gebiet reichlich ausgestattet waren. Besonderen Dank schulde ich meiner früheren Universität, University College London, aber auch den anderen Londoner Universitätsinstituten und dem British Museum, die mir mit ihren reichen Schätzen während drei Lustra immer offenstanden. In dem letzten Lustrum habe ich durch das Entgegenkommen des Landes Baden-Württemberg und der Universität auch hier in Freiburg eine Forschungsstätte errichten können, die eine intensive Arbeit ermöglicht. In einigen Fällen hielt ich es für wünschenswert, auch solche Titel anzuführen, die ich nicht gesehen habe; sie sind durch ein Sternchen kenntlich gemacht. In den letzten Monaten – das Manuskript wurde Ende 1968 an den Verlag geschickt – sind einige wichtige Arbeiten erschienen, sie wurden wenigstens an einer Stelle angeführt, aber leider nicht so gründlich verarbeitet, wie das bei früheren Erscheinungen möglich und angestrebt war. Wenn eine Behandlung nicht angeführt wird, bedeutet das nicht unbedingt, daß mir die Arbeit unbekannt ist. Aber ich wäre jedenfalls dankbar, wenn Autoren, die ihre Arbeiten nicht benutzt sehen, diese mir zuschicken würden; sie würden einer vielleicht nötig werdenden zweiten Auflage zugute kommen. Ich möchte auch noch erwähnen, daß ein Großteil der indogermanischen Forschung in dem letzten halben Jahrhundert von mir in einem geschichtlichen Überblick für Current Trends in Linguistics Bd. IX bearbeitet wurde und dort demnächst erscheinen wird. [Siehe CTL IX, 1972, 119–195.]

Es bleibt mir jetzt nur die angenehme Pflicht, für die Hilfe zu danken, die mir von meinen Mitarbeitern zuteil wurde. Besonderen Dank schulde ich meiner früheren Sekretärin, Frl. Ingrid Lang, und den Herren Dr. Utz Maas und Dr. Alfred Bammesberger.

Freiburg i. Br., 4. August 1970   Oswald Szemerényi

ABKÜRZUNGEN

Falls eine Abkürzung nicht in diesem Verzeichnis auffindbar sein sollte, kann sie, wenn es um eine Zeitschrift geht, leicht in der Liste, die in jedem Band der Bibliographie Linguistique erscheint, identifiziert werden.

ABäG = Amsterdamer Beiträge zur älteren Germanistik
AC = Antiquité Classique
Adrados, F. Rodriguez, Laringales = Estudios sobre las laringales indo-europeas, Madrid 1961; 2., erw. Aufl. 1973
Adrados, Verbo = Evolución y estructura del verbo indoeuropeo, Madrid 1963
AGI = Archivio Glottologico Italiano
AIED = Ancient Indo-European Dialects, ed. H. Birnbaum–J. Puhvel, Los Angeles 1966
AION-L = Annali dell'Istituto Orientale di Napoli, Sezione Linguistica
AJP(h) = American Journal of Philology
ALH = Acta Linguistica Hungarica
AL, ALH(afn) = Acta Linguistica (Hafniensia), Kopenhagen
ANRW = Aufstieg und Niedergang der römischen Welt, hrsg. H. Temporini–W. Haase, Berlin 1972–
Anttila, Raimo, Introd. = An Introduction to Historical and Comparative Linguistics, 1972
AO = Archív Orientální
ArchL = Archivum Linguisticum
Arens² = H. Arens, Sprachwissenschaft – Der Gang ihrer Entwicklung von der Antike bis zur Gegenwart, Freiburg i. Br., 2. Aufl. 1969
ASNP = Annali della Scuola Normale Superiore di Pisa
BalkE = Balkansko Ezikoznanie/Linguistique Balkanique, Sofia
BB = (Bezzenbergers) Beiträge zur Kunde der idg. Sprachen
BBCS = Bulletin of the Board of Celtic Studies
Beekes, R. S. P., Laryngeals = The development of the Proto-IE Laryngeals in Greek, Den Haag 1969
Beekes, Origins = The origins of the IE nominal inflection, Innsbruck 1985
Benveniste, Émile, Origines = Origines de la formation des noms en indo-européen I, 1935
Benveniste, HIE = Hittite et indo-européen, 1962
Bomhard, Allan R., Nostratic = Toward Proto-Nostratic, Amsterdam 1984

Bopp, Franz, Konjugationssystem = Über das Conjugationssystem
der Sanskritsprache in Vergleichung mit jenem der griechischen, la-
teinischen, persischen und germanischen Sprache, Frankfurt a. M.
1816
BPTJ = Biuletyn Polskiego Towarzystwa Językoznawczego (Bulletin de la
Société Polonaise de Linguistique)
Brugmann, Karl, Grundriß = Grundriß der vergleichenden Grammatik der
idg. Sprachen, 2. Aufl. I, II 1–3, 1897–1916
Brugmann, KVG = Kurze vergl. Grammatik, Straßburg (1902–)1904
BSL = Bulletin de la Société de Linguistique de Paris
BSO(A)S = Bulletin of the School of Oriental (and African) Studies
BzN = Beiträge zur Namenforschung
Cardona, George (alii, edd.), Indo-European and Indo-Europeans, Phila-
delphia 1971
CFS = Cahiers Ferdinand de Saussure
Chantraine, Morph. = Morphologie historique du grec, Paris ²1964
CILL = Cahiers de l'Institut de Linguistique de Louvain
Collinge, N. E., Laws = The laws of Indo-European, Amsterdam 1985
Convegno = Atti del Convegno Internazionale di Linguisti, Sodalizio
Glottologico Milanese – I 1950, II 1956, III 1961, IV 1965, V 1972, VI
1977, VII (von 1984) 1986?
CQ = Classical Quarterly
CTL = Current Trends in Linguistics (ed. Th. A. Sebeok), I–XIV
Directions = Directions for Historical Linguistics, edd. W. P. Lehmann–
Y. Malkiel, Austin, Texas 1969 (siehe Szemerényi, GL 10, 1970, 121–32)
EC = Études Celtiques, Paris
Em = Emerita, Madrid
Etimologija, Jahrbuch hrsg. von O. N. Trubačev, Moskau
Euler, Wolfram, Indoiranisch-griech. Gemeinsamkeiten der Nominalbil-
dung und deren idg. Grundlagen, Innsbruck 1979
Evidence = Evidence for Laryngeals, ed. W. Winter, Den Haag 1965
Fachtagung = Akten der … Fachtagung der Indogermanischen Gesell-
schaft – I (1953), II 1962, III 1967, IV 1973, V 1975, VI 1980, VII 1985
Festus = Festus, De uerborum significatu, ed. W. M. Lindsay, in: Glossaria
Latina iussu Academiae Britannicae edita, vol. IV, pp. 71 s. Paris 1930
(Neudruck Hildesheim 1965)
FL = Foundations of Language
FoL (H) = Folia Linguistica (Historica)
Fs. = Festschrift
Gamkrelidze, T. V.–Vjač. Vs. Ivanov, Indojevropejskij jazyk i indojevro-
pejcy I–II, Tbilisi 1985
Garde, Paul, Histoire de l'accentuation slave I–II, 1976
Gauger al. = Hans-Martin Gauger, Wulf Oesterreicher, Rudolf Win-
disch, Einführung in die romanische Sprachwissenschaft, Darmstadt
1981

Georgiev, Vladimir, Introduction to the History of the IE languages, Sofia 1981 (zuerst russisch 1958)
GGA/GGN = Göttingische Gelehrte Anzeigen/Nachrichten
GL = General Linguistics
Gn = Gnomon
Gonda, Moods = The character of the IE moods, Wiesbaden 1956
Gonda, The aspectual function of the Rgvedic present and aorist, 1962
Gonda, Old Indian, 1971
GR = Greece and Rome
Hahn, Adelaide, Subjunctive = Subjunctive and Optative, NY 1953
Heger, K., Monem, Wort, Satz und Text, 2. Aufl. 1976
Hethitisch und Indogermanisch, hrsg. E. Neu–W. Meid, Innsbruck 1979
Hirt, Hermann, IG = Indogermanische Grammatik I–VII, Heidelberg 1921–37
Hock, Hans Henrich, Principles of historical linguistics, Berlin 1986
Hockett, C. F., A course in modern linguistics, NY 1958
Hoffmann, Karl, Injunktiv = Der Injunktiv im Veda, 1967
Hoffmann, Aufsätze zur Indoiranistik I–II, 1975/76
Hofmann, J.-B.–A. Szantyr, Lateinische Syntax und Stilistik, 2. Aufl. 1965
HSCP = Harvard Studies in Classical Philology
IANOLJ = Izvestija Akademii Nauk Otdelenija Literatury i Jazyka, Moskau
ICHL = International Conference on Historical Linguistics
IE = Indo-European
IE and IEs, siehe Cardona
IF = Indogermanische Forschungen
IIJ = Indo-Iranian Journal
Illič-Svityč, V. M., Akc. = Imennaja akcentuacija v baltijskom i slavjans-kom, Moskau 1963, engl. Übersetzung (von R. L. Leed–R. F. Feldstein), Nominal accentuation in Baltic and Slavic, MIT press 1979
Indogermanisch und Keltisch, hrsg. K. H. Schmidt, Wiesbaden 1977
InL = Incontri Linguistici
IULC = Indiana University Linguistic Club
Ivanov, V. V., Glagol = Slavjanskij, baltijskij i rannebalkanskij glagol, Moskau 1981
Ivanov, Obščeind. = Obščeindojevropejskaja, praslavjanskaja i anatolij-skaja jazykovyje sistemy, Moskau 1965
Jamison, Stephanie W., Function and Form in the -áya-Formations of the Rig Veda and Atharva Veda, 1983
JAOS = Journal of the American Oriental Society
Jasanoff, Jay, Stative = Stative and Middle, Innsbruck 1978
JEGPh = Journal of English and Germanic Philology
Jespersen, Otto, Language = Language, its nature, development and origin, London 1922 (paperback NY 1964)
JIES = Journal of IE studies

JL = Journal of Linguistics
JRAS = Journal of the Royal Asiatic Society
Kammenhuber, Annelies, Hethitisch = Hethitisch, Palaisch, Luwisch und
    Hieroglyphenluwisch, in: Altkleinasiatische Sprachen, Leiden 1969,
    119–357
Kellens, Jean, Le verbe avestique, 1984
Kiparsky, Paul, Explanation in phonology, Dordrecht 1982
Krahe, Hans, Idg. Sprw. = Indogermanische Sprachwissenschaft, 3. Aufl.
    I–II, Berlin 1958/59
Krat = Kratylos
Kronasser, Heinz, Etymologie der hethitischen Sprache I (= Lfg. 1–8),
    1962–66
KSchr. = Kleine Schriften
Kuryłowicz, Jerzy, Études indo-européennes I, 1935
Kuryłowicz, L'accentuation des langues ie., 1952, 2. Aufl. 1958
Kuryłowicz, L'apophonie en indo-européen, 1956
Kuryłowicz, Categories = The inflectional categories of IE, 1964
Kuryłowicz, IG = Indogermanische Grammatik II: Akzent, Ablaut,
    1968
Kuryłowicz, Metrik (und Sprachgeschichte), 1975
Kuryłowicz, Problèmes (de linguistique indo-européenne), 1977
Kuryłowicz, Esquisses linguistiques (I), 1960, 2. Aufl. München 1973
Kuryłowicz, Esquisses linguistiques II, München 1975
KZ = (Kuhns) Zeitschrift für vergleichende Sprachforschung
LB = Leuvense Bijdragen, Löwen/Louvain
LBer = Linguistische Berichte
Lehmann, Winfred Philip, PIE = Proto-IE Phonology, 1952
Lehmann, Historical Linguistics: an introduction, NY 1962, 2. Aufl. 1973
Lehmann, PIE Syntax 1974
LeS = Lingua e Stile, Bologna
Leumann² = Lateinische Laut- und Formenlehre, 2. Aufl. 1977 (1. Aufl.
    1926/28)
Lewis, Henry–Holger Pedersen, CCCG = A concise comparative Celtic
    Grammar, 1937 (Neudruck 1961)
Lg. = Language – Journal of the Linguistic Society of America
LIn = Linguistic Inquiry, Cambridge, Mass.
Lings = Linguistics, Den Haag
LPosn = Lingua Posnaniensis
LSci = Language Sciences, Bloomington, Ind.; seit 1979 Tokyo
Lüdtke, Helmut (Hrsg.), Kommunikationstheoretische Grundlagen des
    Sprachwandels, Berlin 1980
Makajev, E. A., Struktura slova v ie. i germanskix jazykax, Moskau 1970
Mayrhofer, Manfred, KEWA = Kurzgefaßtes etym. Wb. des Altindischen
    I–IV, 1953–1980
Mayrhofer, Manfred, Nach hundert Jahren, 1981

Meid, Wolfgang, Das germanische Praeteritum, Innsbruck 1971

Meillet, Antoine, Dialectes = Les dialectes ie., ²1922

Meillet, Introduction à l'étude comparative des langues ie., 1903, ⁸1937

Meillet, LHLG = Linguistique historique et linguistique générale I–II, 1921/36

Meillet-Vendryes, Joseph = Traité de grammaire comparée des langues classiques, 1924, ²1953

MH = Museum Helveticum

Michelini, Guido, La linguistica testuale e l'indoeuropeo: il passivo, Brescia 1981

Minos = Minos – Revista de Filología Egea, Salamanca

Mounin, Georges, Histoire de la linguistique au XX siècle, 1967

MSL = Mémoires de la Société de Linguistique de Paris

MSS = Münchener Studien zur Sprachwissenschaft

MU = Morphologische Untersuchungen, hrsg. Osthoff–Brugmann, I–VI, 1878–1910

Nagy, Gregory, Greek dialects and the transformation of an IE process, Harvard UP 1970

Neu, Erich (1) = Interpretation der hethitischen mediopassiven Verbalformen, 1968

Neu (2) = Das hethitische Mediopassiv und seine idg. Grundlagen, 1968

NTS = Norsk Tidsskrift for Sprogvidenskap

Oettinger, Norbert, Die Stammbildung des heth. Verbums, 1979

PBB = (Paul und Braune:) Beiträge zur Geschichte der deutschen Sprache und Literatur, T/H = Tübingen bzw. Halle

PCLS(P) = Proceedings of the Chicago Linguistic Society (Parasession)

Pedersen, Holger, VKG = Vergleichende Grammatik der keltischen Sprachen I–II, 1908–1913

Pedersen, Hittitisch = Hittitisch und die anderen ie. Sprachen, 1938

Pedersen, Tocharisch vom Gesichtspunkt der ie. Sprachvergleichung, 1941

Pedersen, Linguistic Science in the 19th c., 1931 (paperback: The discovery of language, Bloomington, Ind. 1962)

PICL = Proceedings of the International Congress of Linguists, I–XIII 1928–1983

PICPS = Proceedings of the International Congress of Phonetic Sciences

Pilch, Herbert, Phonemtheorie I, 3. Aufl. 1974

Pokorny, Julius, IEW = Idg. etym. Wb. I–II, 1951–9, 1962–9

Porzig, Walter, Gliederung des idg. Sprachgebiets, 1954

Prokosch, E., A comparative Germanic grammar, 1939

RAL = Rendiconti dell'Accademia dei Lincei/oder Reale Accademia dei Lincei

RBPh = Revue Belge de Philologie et d'Histoire

RC = Revue Celtique

REA = Revue des Études Anciennes, Bordeaux

REArm = Revue des Études Arméniennes
REIE = Revue des Études ie., Bucarest
REL = Revue des Études Latines
RES = Revue des Études Slaves
RHA = Revue Hittite et Asianique
RIGI = Rivista indo-greco-italica
RIL = Rendiconti dell'Istituto Lombardo, Milano
Rix, Helmut, Historische Grammatik des Griechischen, 1976
RLaR = Revue des langues romanes, Montpellier
RO = Rocznik Orientalistyczny
RPh = Revue de Philologie
RPhon = Revue de Phonétique
RSEL = Revista (de la Sociedad) Española de Lingüística
Saussure, Ferdinand de, Recueil = Recueil des publications scientifiques
    (: 1–268 das berühmte Mémoire sur le système primitif des voyelles dans
    les langues indo-européennes 1878), Genf 1922
SCelt = Studia Celtica
Scherer, Anton (Hrsg.), Die Urheimat der Indogermanen, 1968
Schmitt-Brandt, Robert, Die Entwicklung des idg. Vokalsystems, 1967
Schwyzer, Eduard, Griechische Grammatik (= GG), I 1934/39, II 1950
SCO = Studi Classici e Orientali, Pisa
ScSl = Scando-Slavica
Seiler, Hansjakob, Steigerung = Die primären griech. Steigerungsformen,
    1950
SGGJ = Sravnitel'naja grammatika germanskix jazykov, Moskau: I–II
    1962, III 1963, IV 1966
SILTA = Studi italiani di Linguistica Teorica ed Applicata, Padua
SL = Studia Linguistica, Lund
SLang = Studies in Language, Amsterdam
SMEA = Studi Micenei ed Egeo-Anatolici, Rom
SO = Symbolae Osloenses, Oslo
SPAW = Sitzungsberichte der Preußischen Akademie der Wissenschaften,
    Berlin
Specht, Franz, Ursprung (der idg. Deklination), 1944
SSL = Studi e Saggi Linguistici, Pisa
Stang, Christian S., Vgl. Gram. = Vergleichende Grammatik der baltischen
    Sprachen, Oslo 1966
Strunk, Klaus, Nas. = Nasalpräsentien und Aoriste, 1967
Szemerényi, Oswald J. L., Numerals = Studies in the IE System of Nu-
    merals, 1960
Szemerényi, Auhuma = Gothic *auhuma* and the so-called comparatives in
    -*uma*, PBB(T) 82, 1960, 1–30
Szemerényi, Trends = Trends and Tasks in Comparative Philology, London
    (Inaugural) 1962
Szemerényi, Principles of etymological research in the IE languages,

2. Fachtagung, 1962, 175–212, nachgedruckt in: R. Schmitt (Hrsg.), Etymologie, 1977, 286–346

Szemerényi, Structuralism = Structuralism and Substratum – Indoeuropeans and Semites in the Ancient Near East, Lingua 13, 1964, 1–29

Szemerényi, Syncope (in Greek and IE, and the nature of IE accent), Neapel 1964

Szemerényi, Development (of the -o-/-ā-stems in the light of the Mycenaean evidence), in: 4th Mycenaean Colloquium, 1966, 217–25

Szemerényi, New Look = The new look of IE – Reconstruction and Typology, Phonetica 17, 1967, 65–99

Szemerényi, Comparative = The Mycenaean and the historical Greek comparative and their IE background, in: Studia Mycenaea, ed. Bartoněk, Brünn 1968, 25–36

Szemerényi, Methodology = Methodology of Genetic Linguistics, in: Enzyklopädie der geisteswissenschaftlichen Arbeitsmethoden, 4. Lief.: Methoden der Sprachwiss. (München, Oldenbourg), 1968, 3–38

Szemerényi, Rückverwandlung = The Attic „Rückverwandlung", or: Atomism and Structuralism in action, in: Gedenkschrift für W. Brandenstein, 1968, 139–57

Szemerényi, kēr = The IE name of the "heart", in: Donum Balticum to C. S. Stang, Stockholm 1970, 515–33

Szemerényi, Einführung (in die vgl. Sprachwiss.), 1970, ²1980, ³1988

Szemerényi, Richtungen der modernen Sprachwiss. I, 1971

Szemerényi, Comparative Linguistics, in: CTL 9, 1972, 119–95

Szemerényi, La théorie des laryngales de Saussure à Kuryłowicz et à Benveniste – Essai de réévaluation, BSL 68, 1973, 1–25

Szemerényi, Problems of the formation and gradation of Latin adjectives, in: Studies L. R. Palmer, 1976, 401–24

Szemerényi, Kinship = Studies in the kinship terminology of the IE languages, with special reference to Indian, Iranian, Greek, and Latin, in: Varia 1977 (= Acta Iranica 16), 1978, 1–240

Szemerényi, About unrewriting the history of linguistics, Fs. H.-J. Seiler, 1980, 151–62

Szemerényi, Richtungen der modernen Sprachwiss. II, 1982

Szemerényi, Recent developments in IE linguistics, TPS 1985, 1–71

Szemerényi, SM = Scripta Minora I–III, Innsbruck 1987

TAPA = Transactions and Proceedings of the American Philological Association

TCLP = Travaux du Cercle Linguistique de Prague

Thumb, Albert–Richard Hauschild, Handbuch des Sanskrit I 1–2, 1958/59

Thurneysen, Rudolf, GOI = Grammar of Old Irish, Dublin 1946

Tipologija = Tipologija i vzaimodejstvije slavjanskix i germanskix jazykov, Minsk 1969

TLL = Travaux de Linguistique et de Littérature, Strasbourg

TPS = Transactions of the Philological Society, Oxford

UAJb = Ural-Altaische Jahrbücher
Vaillant, André, Gram. Comp. = Grammaire comparée des langues slaves
  I–V: I 1950, II 1958, III 1966, IV 1974, V 1977
VDI = Vestnik Drevnej Istorii, Moskau
Villar Liebana, Francisco, Orígen de la flexión nominal indoeuropea, Madrid 1974
Villar, Francisco, Dativo y Locativo en el singular de la flexión indoeuropea, Salamanca 1981
Villar, Ergatividad, acusatividad y género en la familia lingüística indoeuropea, Salamanca 1983
VJ = Voprosy Jazykoznanija, Moskau
VSJ = Voprosy Slavjanskogo Jazykoznanija, Moskau
Wackernagel–Debrunner, Ai. Gr. = Altindische Grammatik I, II 1–2, III, Göttingen 1896–1954
Watkins, Calvert, Origins = The origins of the Celtic Verb I, Dublin 1962
Watkins, Verb = Indogermanische Grammatik III/1: Geschichte der idg. Verbalflexion, 1969
Winter, Werner, Vocative = Vocative and Imperative, in: Substance and Structure of Language, ed. J. Puhvel, Los Angeles 1969, 205–223
WuS = Wörter und Sachen
Wyatt, William F., IE /a/, Philadelphia 1970
ZA = Zeitschrift für Assyriologie
ŽA = Živa Antika
ZCP = Zeitschrift für Celtische Philologie
ZDL = Zeitschrift für Dialektologie und Linguistik
ZDMG = Zeitschrift der Deutschen Morgenländischen Gesellschaft
ZPhon = Zeitschrift für Phonetik, Sprachwissenschaft und Kommunikationsforschung, Berlin (DDR)
ZRPh = Zeitschrift für Romanische Philologie
ZSP = Zeitschrift für slavische Philologie

Sprachabkürzungen

ae.	= altenglisch	an.	= altnordisch
äol.	= äolisch	apers.	= altpersisch
ahd.	= althochdeutsch	apreuß.	= altpreußisch
ai.	= altindisch	ar.	= arisch
air.	= altirisch	arkad.	= arkadisch
airan.	= altiranisch	arm.	= armenisch
aisl.	= altisländisch	aruss.	= altrussisch
aks.	= altkirchenslavisch	as.	= altsächsisch
akymr.	= altkymrisch	att.	= attisch
alat.	= altlateinisch	avest.	= avestisch
alit.	= altlitauisch	balt.	= baltisch

boeot.	=	boeotisch	mhd.	=	mittelhochdeutsch
dor.	=	dorisch	mir.	=	mittelirisch
dt.	=	deutsch	mkymr.	=	mittelkymrisch
falisk.	=	faliskisch	mnd.	=	mittelniederdeutsch
gall.	=	gallisch	mnld.	=	mittelniederländisch
gath.	=	gathisch	nhd.	=	neuhochdeutsch
germ.	=	germanisch	npe.	=	neupersisch
got.	=	gotisch	osk.	=	oskisch
gr.	=	griechisch	phryg.	=	phrygisch
heth.	=	hethitisch	russ.	=	russisch
hom.	=	homerisch	semit.	=	semitisch
idg.	=	indogermanisch	serb.	=	serbisch
ie.	=	indoeuropäisch	serb.-kr.	=	serbo-kroatisch
iran.	=	iranisch	skt.	=	sanskrit
kelt.	=	keltisch	slav.	=	slavisch
kymr.	=	kymrisch	thessal.	=	thessalisch
lat.	=	lateinisch	toch.	=	tocharisch
lit.	=	litauisch	umbr.	=	umbrisch
luw.	=	luwisch	ved.	=	vedisch

I. EINLEITUNG

1. Jeder, der außer seiner Muttersprache noch eine fremde Sprache kennt, wird im günstigen Falle immer wieder beobachten, daß in den beiden Sprachen nicht nur ‚selbstverständliche' Unähnlichkeiten, sondern auch merkwürdige Ähnlichkeiten auftreten. So wird ein Deutscher, der Englisch gelernt hat, auch ohne besondere Vorschulung merken, daß die englischen Wörter *father, mother, hand, ice* usw. den Wörtern *Vater, Mutter, Hand, Eis* seiner eigenen Sprache sehr ähnlich klingen. Ebenso wird einem Italiener, der z.B. Spanisch lernt, kaum auf die Dauer verborgen bleiben können, daß spanisch *padre, madre, mano, pie* mit den entsprechenden Wörtern seiner eigenen Sprache (fast) identisch sind. Und ein Russe, der in anderen slawischen Ländern reist, wird auch schnell bemerken, daß die Wörter *ruka* ‚Hand', *noga* ‚Fuß', *zima* ‚Winter' usw. seiner Muttersprache auch in den meisten anderen slawischen Sprachen so oder ähnlich lauten.

Da den alten Griechen weltweite Offenheit nachgerühmt wird, würden wir aufgrund unserer eigenen Erfahrungen erwarten, daß auch sie derartige Beobachtungen machten. Darin werden wir aber enttäuscht. Natürlich können wir nicht erwarten, daß sie für uns offenbare Ähnlichkeiten zur lateinischen Sprache entdeckt hätten. Dazu ist das Latein zu spät in ihr Blickfeld getreten. Aber man könnte doch mit Recht erwarten, daß sie Ähnlichkeiten zwischen ihrer Muttersprache und der Sprache ihrer langjährigen Feinde, der Perser, beobachteten. Nichts Derartiges wird berichtet, obwohl solche Ähnlichkeiten, wie wir das heute wissen, mit Leichtigkeit hätten entdeckt werden können. Denn den griechischen πατήρ, μάτηρ, ἐστί entsprachen in der Sprache der Perser *pitā* (Akk. *pitar-am*), *mātā* (Akk. *mātaram*), *asti*. Immerhin ist es interessant, daß Platon in dem Dialog Kratylos (410a) vorschlägt, das griech. πῦρ, ὕδωρ, κύων und ‚andere viele Wörter' aus dem Phrygischen herzuleiten, da sie dort fast dieselbe Form hätten und im Griechischen nicht gut deutbar seien. Dennoch ist die sprachwissenschaftliche Leistung des Feldherrn Epaminondas viel eindrucksvoller, der, wie uns Athenaeus berichtet (13, 650f.), den Anspruch seiner Heimatstadt Theben auf den an der böotischattischen Grenze liegenden Ort Sidai damit begründete, daß οἶδα ‚Granatapfel' ein böotisches Wort sei, während das Attische dafür ῥοιά gebraucht. Das beweist ebenso wie verschiedene im Dialekt verfaßte Szenen in Aristophanes' Stücken, daß die Griechen ein scharfes Ohr für sprachliche Unterschiede wenigstens innerhalb des griechischen Gebietes hatten, und man kann nur bedauern, daß, im Gegensatz zu Napoleon, der Wissenschaftler auf seinen ägyptischen Feldzug mit sich nahm, Alexander der Große keinen Sprachforscher unter den Gelehrten hatte, die er in seinem Stab nach Persien führte.

Was wir oben vom Verhältnis der Griechen zur lateinischen Sprache sagten, trifft nur auf die vorhellenistische Zeit zu. Denn, als die Griechen diese neue Sprache wirklich kennenlernten, haben sie auch die Ähnlichkeiten zwischen den beiden Sprachen rasch erkannt. Aber auch den Römern wurde klar, daß lat. *sex septem* den griech. ἕξ ἑπτά entsprachen, und sie betrachteten sogar *silva*, unter der Annahme, daß die alten Römer *s* statt des griechischen Spiritus setzten, als eine Entsprechung von ὕλη : ὕλας dicunt et nos *silvas*, item ἕξ *sex* et ἑπτά *septem* (Festus ed. Lindsay, 1930, 392). Manche folgerten daraus, daß das Lateinische ein Dialekt des Griechischen sei. Einige gingen noch weiter und betrachteten das Latein als einen äolischen Dialekt, da der Akzent des Äolischen, mit der sogenannten Barytonese, dem des Lateinischen sehr ähnlich war (1).

(1) Die äolische Barytonese wurde schon von Athenaios (10, 425 a) dem lateinischen Akzent gleichgesetzt. Siehe dazu noch Gabba, Il latino come dialetto greco, in: Miscellanea A. Rostagni, 1963, 188–194; I. Opelt, La coscienza linguistica dei Romani, Atene e Roma 14, 1969, 21–37, bes. 33 f., sowie Leumann, in: J. B. Hofmann–A. Szantyr, Lateinische Syntax und Stilistik, Allgemeiner Teil, 1965, 23* § 15; Pisani, L'etimologia, ²1967, 34 (dt. Übers. 1975).

2. Bei den genannten Sprachen können wir nun über die Ähnlichkeiten im Wortschatze, die sog. lexikalischen Übereinstimmungen, hinaus auch Ähnlichkeiten in der Grammatik feststellen. Denn es ist klar, daß dt. *lieben–liebte–geliebt* und engl. *love–loved–loved* einander ebenso auffallend entsprechen, wie *Vater–father* oder *Eis–ice*. Und wenn der Italiener für die Vergangenheit von *cantare* ‚singen' die Konstruktion *ho cantato* gebraucht, wo der Spanier *he cantado* sagt, liegt die Übereinstimmung in der Struktur – „(ich) habe gesungen" – ebenso klar zutage wie bei einer anderen Vergangenheitsform, die im Italienischen die Formen *cantava/can-*

tavi/cantava ‚ich sang, usw.‘ und im Spanischen *cantaba/cantabas/ cantaba* aufweist.

Überraschenderweise wurden derartige Strukturähnlichkeiten lange Zeit nicht bemerkt, oder wenigstens nicht vermerkt. Aus dem Altertum hören wir von keinen Beobachtungen dieser Art, und auch das Mittelalter, wie auch die frühe Neuzeit, ist an solchen Übereinstimmungen einfach vorbeigegangen. Sogar der erstaunliche Joseph Justus Scaliger (1540–1609), der mit klarer Einsicht die Idee der Sprachverwandtschaft vorwegnahm und dementsprechend in Europa elf voneinander unabhängige „Muttersprachen" erkannte – darunter die deus-Sprache, d. h. das Romanische, und die Gott-Sprache, d. h. das Germanische –, hat sich mit Wortvergleichungen begnügt (Arens² 74). Die Zeit war eben noch nicht reif für eine wahre Erfassung der Idee der Sprachvergleichung.

So war denn auch die Idee einer historischen Entwicklung noch ein Versprechen der Zukunft. Die Umwandlungen, die bei der Entwicklung der lateinischen zu romanischen Wortformen auftreten, wurden noch immer mit den Kunstausdrücken des Altertums bewältigt, und man sprach noch im 17. Jh., und sogar später, von Addition, Subtraktion, Transposition und Inversion der Buchstaben (s. II. 1.) mit derselben Selbstverständlichkeit, wie Quintilian es tat. Vor ihm stand Aristoteles sprachlichen Veränderungen der historischen Zeit mit derselben Hilflosigkeit gegenüber (Poetik 1458 a). Wenn er bei Homer πόληος, Πηληιάδεω findet, so sind diese aus πόλεως, Πηλείδου, Formen seiner eigenen Zeit, gedehnt; die homerischen κρῖ, δῶ und ὄψ sind aus κριθή, δῶμα, ὄψις gekürzt. Es beunruhigt ihn gar nicht, daß auf diese Weise homerische Formen, die mindestens fünf Jahrhunderte seiner Zeit vorausliegen, aus den späteren hergeleitet werden. Sprache ist eben unveränderlich für ihn, und wenn Veränderungen doch vorzuliegen scheinen, so sind sie durch die Willkür, d. h. Freiheit des Dichters, zu erklären.

3. Die Lage änderte sich erst am Ende des 18. und Anfang des 19. Jh. Dazu trugen zwei Umstände bei. Zunächst hatte sich zu dieser Zeit die Idee des Vergleichens auf dem Gebiet verschiedener Wissenschaften durchgesetzt, besonders augenfällig in der ‚vergleichenden Anatomie‘. Im Jahre 1787 hatte Christian Jakob Kraus (1753–1807) gefordert, daß in allen Sprachen „die Hauptzüge des Sprachbaus im ganzen sowohl als insonderheit die etwaigen Fallendungen der Hauptwörter, Steigerungsart der Beiwörter, Konjugationsweisen der Zeitwörter, Wortstellungen in affirmativen, nega-

tiven, bejahend sowohl als verneinend fragenden Sätzen" erfaßt und
so dargestellt werden sollten (am besten vielleicht auf losen Karten!), daß „jede Sprache mit jeder andern auf beliebige Weise *zusammengehalten* werden könnte" (Arens[2] 143). Und schon 1781
hatte Johann Christoph Adelung (1732–1806) ganz präzise Kriterien
über verschiedene Grade der Sprachverwandtschaft niedergelegt.
„Wenn zwei Sprachen in ihren Wurzelwörtern, Biegungs- und Ablei-
tungssilben im ganzen, d. i. bis auf einzelne Ausnahmen, miteinander übereinstimmen und der Unterschied bloß in den Vokalen ...
und verwandten Konsonanten bestehet, so sind sie bloße *Mund-
arten* voneinander ... Finden sich in den Biegungs- und Ableitungs-
silben merkliche Unterschiede, so sind es bloß *verwandte Sprachen*
... Ganz verschiedene Arten der Ableitung und Biegung und ein
merklicher Unterschied in den Wurzeln und ihrer Bedeutung geben
endlich mehr oder weniger *verschiedene Sprachen*" (Arens[2] 149f.).
Vergleich der grammatischen Struktur und zugleich der Wurzeln
und ihrer Bedeutung, d. h. des Wortschatzes, wird damit gefordert,
und die Ähnlichkeiten bzw. Abweichungen in der Struktur – und
nicht wie bisher allein im Wortschatz – sind ausschlaggebend für die
gestuften Grade der verwandtschaftlichen Beziehungen.

Der zweite Umstand, der zur Überwindung der herkömmlichen
Auffassungen und so zur Begründung der modernen Sprachwissenschaft führte, war das intensive Studium des Sanskrit, der alten Lite-
ratursprache Indiens. Nach vielen gelegentlichen Hinweisen von
anderen hat sich im Jahre 1786 *Sir William Jones* (1746–1794), Ober-
richter in Bengalen, zu einer wahrhaft neuen und erlösenden Anschauung durchgerungen. Sein erst 1788 veröffentlichter Vortrag
faßte die neue Erkenntnis kurz zusammen:

Die Sanskritsprache, was immer ihr Alter sein mag, hat einen wunder-
baren Bau; sie ist vollkommener als das Griechische, reichhaltiger als das
Lateinische und übertrifft beide an erlesener Verfeinerung. Und doch
weist sie sowohl in den Verbalwurzeln wie auch in den grammatischen
Formen zu beiden eine stärkere Affinität auf, als durch Zufall hätte entstehen können; diese ist so stark, daß kein Sprachforscher alle drei unter-
suchen kann, ohne zum Glauben zu kommen, daß *diese Sprachen einer
gemeinsamen Quelle entsprangen, die vielleicht nicht mehr existiert*. Es
besteht ein ähnlicher, wenn auch nicht so zwingender Grund für die Annahme, daß auch das Gotische [d. h. das Germanische] und das Keltische,
obwohl sie sich mit einer anderen Sprache gemischt haben, derselben
Herkunft sind wie das Sanskrit; und das Altpersische könnte man gleichfalls dieser Familie hinzufügen (vgl. Arens[2] 147).

Die Untersuchung des Wortschatzes – das ist was Jones mit den Verbalwurzeln meint, da ja die Nomina von diesen abgeleitet seien – und der grammatischen Struktur führt also hier zur erstmaligen Entdeckung des Begriffes der Sprachverwandtschaft: wenn eine Anzahl von Sprachen in beiden Hinsichten ein genügendes Ausmaß von Übereinstimmungen aufweist, so erklärt sich diese Tatsache nur dadurch, daß sie von einer gemeinsamen Ursprache, die nicht mehr zu existieren braucht, abstammen, und daß sie in diesem Sinne, d. h. genetisch, verwandt sind. Anders formuliert: genetisch verwandte Sprachen sind verschieden verlaufende Weiterentwicklungen einer gemeinsamen Grundsprache.

Daß Sir W. Jones, trotz dieser Erkenntnisse, den Zeitgenossen und der folgenden Generation nicht als Begründer der neuen Wissenschaft galt, liegt, außer in den Zeitverhältnissen – es war die Zeit der Französischen Revolution und der Napoleonischen Kriege – und seinem frühen Tod, darin begründet, daß er eher ein Programm verkündete, als die neue These durch schlagendes Beweismaterial erhärtete. Dasselbe müssen wir auch von *Friedrich von Schlegel* (1772–1829) sagen, der, gleichfalls durch das Studium des Sanskrit erleuchtet, in seinem Buch „Über die Sprache und Weisheit der Indier" (1808) für die neue Wissenschaft erstmalig die Bezeichnung „vergleichende Grammatik" verwendete. „Das alte indische Sonskrito (!) – sagt er – hat die größte Verwandtschaft mit der römischen und griechischen sowie mit der germanischen und persischen Sprache. Die Ähnlichkeit liegt nicht bloß in einer großen Anzahl von Wurzeln, die sie mit ihnen gemein hat, sondern sie erstreckt sich bis auf die innerste Struktur und Grammatik. Die Übereinstimmung ist also keine zufällige, die sich aus Einmischung erklären ließe, sondern eine wesentliche, die auf gemeinschaftliche Abstammung deutet" (Arens² 160). Das klingt fast wie bei Jones. Aber er geht über Jones hinaus, indem er, wenn auch kurz, die Methode der neuen vergleichenden Grammatik am Beispiel des Persischen andeutet:

Die Deklination bietet am wenigsten dar oder eigentlich nichts … Ungleich mehr die Konjugation; Kennzeichen der ersten Person ist *m*, was selbst im Lateinischen verloren ist, im Indischen und Griechischen vollständiger *mi* lautet; von dem *si* der zweiten Person im Indischen und Griechischen ist nur das *i* geblieben; Kennzeichen der dritten Person ist *t* oder *d*, im Pluralis *nd*, wie im Lateinischen und Deutschen; im Griechischen vollständiger *ti* und *nti* nach der älteren Form. Das persische Participium praesens und activum auf *ndeh* ist wie das deutsche in *nd*, alt *nde* (Arens² 162).

Was hier und im folgenden skizzenhaft und mehr programmartig vorgeführt wurde, hat ein Jüngerer in aller wünschenswerten Ausführlichkeit und deshalb mit durchschlagender Überzeugungskraft dargestellt. Kein Wunder, daß die Zeitgenossen und auch die folgenden Generationen in *Franz Bopp* (1791–1867) den wahren Begründer der vergleichenden Sprachwissenschaft erblickten und feierten. In dem berühmten, 1816 erschienenen, *Konjugationssystem* setzte sich Bopp das Ziel, zu zeigen, wie in der altindischen Konjugation „die Verhältnisbestimmungen durch entsprechende Modifikationen der Wurzel ausgedrückt werden, wie aber zuweilen das verbum abstractum [d. i. ‚sein'] mit der Stammsilbe zu einem Worte verschmolzen wird" und daß dasselbe auch in der griechischen und der lateinischen Sprache der Fall gewesen sei, „zu beweisen endlich, daß an allen den Sprachen, die von dem Sanskrit oder mit ihm von einer gemeinschaftlichen Mutter abstammen, keine Verhältnisbestimmung durch eine Flexion ausgedrückt werde, die ihnen nicht mit jener Ursprache gemein sei". Es ist unumgänglich, sagt er, „uns vor allem mit dem Konjugationssystem der altindischen Sprache bekannt zu machen, sodann die Konjugationen der griechischen und römischen, der germanischen und persischen Sprache *vergleichend zu durchgehen*, wodurch wir deren Identität einsehen" (Arens² 176).

Wie zu ersehen, ist Bopp kein Theoretiker. Er stellt keine allgemeinen Überlegungen an, was unter Sprachverwandtschaft zu verstehen sei und wie man sie beweisen soll. Nicht nur den Begriff der Sprachverwandtschaft, sondern sogar das Bestehen einer Verwandtschaft im Sinne einer gemeinsamen Abstammung zwischen den von ihm untersuchten Sprachen betrachtet er als feststehend, als keines Beweises bedürftig. Was er beweisen will, ist etwas ganz anderes. Er will zeigen, daß alle diese Sprachen eine gemeinsame Struktur aufweisen, daß aber auch die materiellen Elemente dieser Struktur, die Wurzeln, Endungen usw., identisch sind. Der Begriff der Sprachverwandtschaft war, wie aus den angeführten Äußerungen von C. J. Kraus und J. C. Adelung ersichtlich, schon lange in der Luft. Bopp hat statt dieser theoretischen und vagen Allgemeinheiten ein festes Gebäude errichtet, das allein schon durch seine – Bopp zu verdankende – Existenz zum zwingenden Beweis der früher bloß angenommenen Sprachverwandtschaft wurde und methodisch bis heute weiterwirkt.

Denn die zwei Grundpfeiler der Boppschen Lehre, Übereinstimmung in der grammatischen Struktur und in dem die Struktur tragenden Sprachmaterial, bestehen auch heute noch. Die Verwandtschaft, sagen wir, der polynesischen Sprachen oder gewisser amerikanisch-indianischer Sprachen kann auch heute nur mit Hilfe dieser Prinzipien erwiesen werden. Und beide Prinzipien sind gleich wichtig. Übereinstimmung in der grammatischen Struktur allein, ohne eine solche im verwendeten Sprachmaterial – wie wir z.B. bei einem Vergleich der ungarischen mit der türkischen Nominalflexion sehen können –, reicht nicht zum Beweis genetischer Zusammenhänge aus (1).

> (1) Über die Rolle von Jones und Bopp s. Szemerényi 1980; R. Sternemann, Franz Bopp und die vgl. ie. Sprachwissenschaft, Innsbruck 1984. – Über Etymologie und Sprachvergleichung vor Bopp s. Hiersche, Fs. Knobloch, 1985, 157–165. – Über die Bedeutung des Sanskrits s. Mayrhofer, Sanskrit und die Sprachen Alteuropas, GGN 1983 (5); gegen den „auslösenden" Effekt (zu Unrecht) A. Bernabé, El descubrimiento del sánscrito, RSEL 13, 1983, 41–62.

4. Aber Sprachvergleichung kann nicht am Anfang unserer Bemühungen stehen. Derjenige, der z.B. nur das Deutsche und das Englische beherrscht, könnte aufgrund der eben festgestellten Prinzipien versucht sein, aus den heutigen Formen *Haus Maus Laus* und *house mouse louse* als gemeinsame Urformen *haus maus laus* zu erschließen. Dank des uns zur Verfügung stehenden umfangreichen und sich über mehr als ein Jahrtausend erstreckenden Sprachmaterials wissen wir aber, daß die alten Formen nicht *au*, sondern *ū* hatten, daß also die Urformen als *hūs mūs lūs* zu bestimmen sind.

Ganz allgemein folgt daraus das wichtige methodische Prinzip, daß die Sprachvergleichung im oben aufgewiesenen Sinne nur nach Erschöpfung aller Möglichkeiten der historischen Sprachforschung in Angriff genommen werden darf. Die Wichtigkeit dieses Gesichtspunktes hat schon F. v. Schlegel in „Über die Sprache und Weisheit der Indier" herausgestellt. Bei der etymologischen Forschung erlaubt er „keine Art von Veränderungs- oder Versetzungsregel der Buchstaben" – wie es die Praxis des Altertums und noch der Neuzeit war –, sondern fordert „völlige Gleichheit des Worts zum Beweise der Abstammung. Freilich, wenn sich die Mittelglieder *historisch nachweisen* lassen, so mag *giorno* von *dies* abgeleitet werden … Nur muß man, wie gesagt, die Mittelglieder oder die allgemeine Analogie historisch nachweisen können; nach Grundsätzen erdichtet darf nichts werden." Ebenso klar hat er erkannt, daß für die Zwecke der Sprachvergleichung die ältesten Stufen der Sprachen be-

nutzt werden müssen. Man darf also nicht das heutige Deutsch oder
Englisch mit dem Latein oder Griechisch vergleichen, sondern muß
das Gotische, Angelsächsische heranziehen (Arens[2] 161 f.).
Aber als wahrer Begründer der historischen Sprachforschung
wird mit vollem Recht *Jacob Grimm* (1785–1863) angesehen. In
seiner vierbändigen „Deutschen Grammatik" (1819–37) hatte er die
klare Absicht, „eine historische Grammatik der deutschen Sprache"
zu bieten, wobei ‚deutsch' als ‚germanisch' gemeint war. Dementsprechend behandelt er alle germanischen Sprachen, und zwar so,
daß der Reihe nach die ältesten, dann die mittleren und zuletzt die
neuen Stufen der verschiedenen germanischen Sprachen systematisch durchgesprochen werden, wobei das Gotische den Anfang und
das Neuenglische das Ende bildet. Es entsteht also eigentlich eine
historisch-vergleichende Grammatik.

Ganz anders entwickelte sich die Forschung auf dem Gebiete der
klassischen Sprachen. Hier blieb der Blick zunächst und auf lange
Jahrzehnte nach außen gerichtet. Das Latein und das Griechische
wurden mit dem Sanskrit und anderen Sprachen verglichen – die innere Geschichte wurde vernachlässigt und den Klassischen Philo-
logen überlassen. Nur am Ende des letzten Jahrhunderts wurde erkannt, und besonders von Paul Kretschmer (1866–1956) wiederholt
betont, daß ein historisches Studium dieser Sprachen die natürliche
Voraussetzung des vergleichenden Studiums sein müsse.

Der langsam vorwärtstastende Vorgang des mehr als zwei Jahrtausende
währenden Ringens mit den Problemen der Sprache kann anhand der
reichen und geschickt ausgewählten Exzerpte aus den Originalwerken
sehr schön verfolgt werden bei H. Arens, Sprachwissenschaft – Der
Gang ihrer Entwicklung von der Antike bis zur Gegenwart, Freiburg
i. Br. [2]1969. S. jetzt auch G. Mounin, Histoire de la linguistique des origines au XXe siècle, Paris 1967; R.H. Robins, A short history of linguistics, London 1967; von demselben auch Ancient and Mediaeval grammatical theory in Europe, London 1951. Von früheren Werken verdient
besonders hervorgehoben zu werden H. Pedersen, Linguistic Science
in the 19th century, Cambridge, Mass. 1931 (jetzt auch als Paperback: The
discovery of language, Bloomington, Ind. 1962). Führende Persönlich-
keiten werden durch das Urteil der nachfolgenden Generationen dargestellt in Th. A. Sebeok, Portraits of Linguists I–II, 1966. – Auch für die
Indogermanistik ist von exemplarischer Bedeutung das ausgezeichnete
Werk von Gauger al., siehe für die besprochenen Fragen 17–28, 45 f.

5. Die beiden sich ergänzenden Forschungsrichtungen sind auch
dem Wesen nach gleich. Beide bedienen sich der Methode des Ver-

gleichens. Während aber bei der historischen Forschung verschiedene Querschnitte derselben Sprache verglichen werden, werden von der vergleichenden Sprachwissenschaft verschiedene Sprachen in Hinblick auf ihre früheren, vorhistorischen Zusammenhänge untersucht (1).

Das Ziel einer solchen Untersuchung ist ein zweifaches. Zunächst soll durch das vergleichende Studium die anzunehmende Grundsprache wiederhergestellt, rekonstruiert werden. Sobald aber die Grundsprache, soweit möglich, rekonstruiert ist, wird der Forscher zu zeigen haben, wie sich aus ihr die verschiedenen Einzelsprachen in jahrhunderte-, sogar jahrtausendelanger Entwicklung entfalteten. Die Ähnlichkeit dieser zweifachen Zielsetzung zu einer Lieblingsidee von Platon ist augenfällig. Im „Staat" hat er, in jenem unvergeßlichen Abschnitt über die geteilte Linie (509 d-), zu zeigen versucht, wie der Erforscher der Wahrheit „bis zum Voraussetzungslosen vordringend an den wirklichen Anfang des Ganzen gelange, und wenn er ihn erfaßt hat ... wieder herabsteige". So sind auch dem Sprachvergleicher die Einzelsprachen die „Unterlagen, gleichsam Stufen und Aufgangsstützpunkte", mit deren Hilfe er zu dem Anfang aller hinaufsteigt, um dann im Besitze dieses Anfangs die Eigenart der Einzelsprachen verstehen und erklären zu können (2).

(1) Über die vergleichende Methode bis zu den Junggrammatikern siehe Szemerényi 1971, 11–17; R. Wells, in: Hoenigswald (Hrsg.), The European background of American linguistics, 1979, 23–61. – (2) Über die Termini *vergleichend, diachronisch, historisch* s. jetzt Heger, Fs. Winter, 1985, 333–345.

6. Nachdem wir so das Ziel des vergleichenden Studiums, des Hauptanliegens dieser Arbeit, in großen Zügen umrissen haben, müssen wir auch sein Objekt, die zum Vergleichen heranzuziehenden Sprachen, näher bestimmen.

In seinem Erstlingswerk hat Bopp nur fünf Sprachen behandelt: das Sanskrit (Indisch), das Persische (Iranisch), das Griechische, das Latein und das Germanische, die sozusagen als die Gründungsmitglieder der deshalb indogermanisch genannten Sprachfamilie angesehen werden können und auch heute noch als das Grundgerüst für die Arbeit des Indogermanisten gelten müssen. Später wurden, teils noch von Bopp selbst, viele andere Sprachen als zur Familie gehörig erkannt, so das Keltische, Albanische usw. In unserem Jahrhundert sind dann noch mehrere Sprachen hinzugekommen, von deren einstiger Existenz man vorher gar nichts wußte. Von besonderer Bedeutung ist die Entdeckung des Anatolischen in Kleinasien – dessen Hauptvertreter das Hethitische ist – und des Tocharischen in Zentralasien (1).

Obwohl wir hier keine eingehendere Übersicht der Mitglieder der idg. Sprachfamilie geben können, empfiehlt es sich doch, sie wenigstens kurz aufzuzählen (2).

1. Das *Arische* umfaßt das *Indische* – genauer Indo-Arisch genannt, da ja in Indien nicht nur idg. Sprachen gesprochen werden – und das *Iranische*, beide mindestens seit Mitte des 1. Jt. v. Chr. bekannt.

2. Das *Armenische* – aus einer Bibelübersetzung und anderen Werken seit dem 5. Jh. n. Chr. bekannt.

3. Das *Anatolische* in Kleinasien ist der frühestbezeugte Zweig unserer Sprachfamilie. Die Denkmäler reichen bis in das Alte Reich der Hethiter zurück – einige vielleicht bis zum 17. Jh. v. Chr. Die für uns bedeutendste, weil am besten bekannte, Sprache ist das *Hethitische*, aber sprachgeschichtlich bedeutend, und jetzt besser zugänglich, ist auch das archaischere *Luwisch*, mit dem die aus der spät- und nachhethitischen Zeit besonders in Nordsyrien auf hieroglyphischen Inschriften benutzte, und deshalb *Hieroglyphisch-Hethitisch* genannte, Sprache eng verwandt ist. Im Norden des kleinasiatischen Hethiter-Reiches, dessen Zentrum in Hattusa (heute: Boghazköy) östlich von Ankara lag, wurde das *Palaische* gesprochen. Neuere Forschungen haben zur Erkenntnis geführt, daß die aus dem 1. Jt. v. Chr. bekannten Sprachen Westkleinasiens, das *Lykische*, *Lydische* und wahrscheinlich auch das *Karische* ebenfalls Abkömmlinge des Hethitischen bzw. Luwischen sind. Neuerdings werden sogar Versuche gemacht, das *Etruskische*, unmittelbar oder wenigstens mittelbar, mit dem Anatolischen zu verbinden.

4. Das *Tocharische*, in zwei Dialekten – A und B, bzw. Ost- und Westtoch. genannt – aus Chinesisch-Turkestan in Handschriften des ausgehenden 1. Jt. n. Chr. bekannt.

5. Das *Griechische*, in einer Vielfalt von Dialekten überliefert, von denen besonders die literarischen Dialekte, voran das Attisch-Ionische, von überragender Bedeutung für den Indogermanisten sind. Bis Anfang der fünfziger Jahre begann die Geschichte des Griechischen mit Homer. Seitdem ist durch die Entzifferung von Linear B unser Horizont um ein halbes Jahrtausend erweitert worden.

6. Das *Italische* ist hauptsächlich durch das *Latein* vertreten,

dessen eigene Geschichte mit zwei Inschriften von ca. 500 v. Chr. anfängt; die angeblich um 600 v. Chr. beschriftete Praenestiner Spange ist und trägt aber eine Fälschung. Von Wichtigkeit sind auch die gleichfalls aus Inschriften bekannten sog. italischen Dialekte, insbesondere das *Oskische* und *Umbrische*.

7. Das *Venetische* ist eine erst jüngst als selbständig erkannte Sprache – vorher wurde es als ein Dialekt des Illyrischen betrachtet –, die jetzt aus ca. 275 Inschriften bekannt ist. Sie steht sehr nahe, nach einigen gehört sie sogar zu dem Italischen.

8. Das *Keltische* umfaßt das Festlandkeltische – jetzt neben dem *Gallischen* auch durch das *Hispano-Keltische* repräsentiert – und das Inselkeltische, das wiederum zwei Zweige hat: das Goidelische – Irisch, das schottische Gälisch und das jüngst (1974) ausgestorbene Manx – und das Britische – Kymrisch oder Walisisch, Bretonisch und das um 1700 ausgestorbene Kornisch.

9. Das *Germanische* wird traditionell dreigeteilt:
a) Ostgermanisch: Hauptvertreter das Gotische, hauptsächlich aus Wulfilas Bibelübersetzung (4. Jh. n. Chr.) bekannt.
b) Westgermanisch: Hochdeutsch, Niederdeutsch samt Holländisch, Englisch, Friesisch.
c) Nordgermanisch: Norwegisch und Isländisch (Westnordisch), Schwedisch und Dänisch (Ostnordisch). Bis etwa 700 n. Chr. zeigt das sog. Urnordische fast keine Dialektspaltungen.
Die neuere Auffassung faßt a) und c) zu einer Einheit zusammen, wobei dann dieses Nordgermanische dem Südgermanischen (unser b) gegenübersteht.

10. Das *Baltische* besteht aus dem schon um 1700 ausgestorbenen und nur aus wenigen Texten bekannten *Altpreußischen* (Westbaltisch) und dem *Litauischen* und *Lettischen* (Ostbaltisch), die beide seit dem 16. Jh. überliefert und heute zu neuer Blüte gelangt sind.

11. Das *Slavische* wird in drei große Gruppen eingeteilt:
a) *Ostslavisch* umfaßt das (Groß-)Russische, Ukrainische und Weißrussische.
b) *Westslavisch* umfaßt das Tschechische und Slovakische, das Polnische, das Sorbische und einige kleinere, z. T. ausgestorbene Sprachen.
c) *Südslavisch* umfaßt das Bulgarische, das Mazedonische, das Serbokroatische und das Slovenische.
Die älteste und für den Sprachvergleicher wichtigste Form des Slavischen ist das seit dem 9. Jh. überlieferte *Altkirchenslavisch*, das zwar ausgeprägte Merkmale des Bulgarischen (und Mazedoni-

schen) aufweist, dennoch so altertümlich ist, daß es fast das Urslavische ersetzt.

12. Das *Albanische*, mit zwei Hauptdialekten, Toskisch und Gegisch, ist seit dem 15. Jh. bekannt.

Zu diesen rund ein Dutzend Hauptzweigen des Indogermanischen kommen noch äußerst fragmentarisch, in Inschriften oder nur in Namen, überlieferte Sprachen wie *Phrygisch, Thrakisch, Dako-Mysisch, Illyrisch* mit *Messapisch, Ligurisch* (?), *Makedonisch* (3).

Es versteht sich von selbst, daß bei allen diesen Gruppen für den Sprachvergleicher die jeweils ältere Periode am wichtigsten ist, also z. B. das Altindische, oder sogar das „Ältest-Indische" der Veden, und nicht die modernen indischen Sprachen wie Hindi, Bengali usw., das Altpersische und das Avestische, die heilige Sprache der Religion Zarathustras, und nicht das heutige Persische, das Althochdeutsche, Altenglische usw.

Derjenige, der sich mit der Problematik der idg. Sprachen bekannt machen und dann auch noch auf diesem Gebiet tätig werden will, wird zu einem Grundgerüst – aus Latein, Griechisch, Altindisch, Gotisch bestehend – allmählich weitere wichtige Sprachen hinzufügen müssen, wie Hethitisch, Altkirchenslavisch usw.

(1) Als eine zusammenfassende Bezeichnung für die (Mitglieder der) Sprachfamilie wurde *Indo-European* zuerst 1813 von dem berühmten Arzt Dr. Thomas Young in der Londoner Quarterly Review X/2 (= no. 19), 255 f., 264 f. vorgeschlagen, wahrscheinlich auch geprägt, s. F. N o r m a n, Modern Language Review 24, 1929, 317; S i e g e r t, WuS 22, 1942, 75 f. Für die besonders in Deutschland gebräuchliche Bezeichnung *indogermanisch* wurde bis vor kurzem angenommen, daß sie sich aus J. Klaproths Werk Asia Polyglotta (1823) verbreitet hat, der sie vielleicht selbst aus dem schon 1810 von ihm verwendeten, aber schwerfälligen Terminus *Indisch–Medisch–Sclavisch–Germanisch* verkürzt hat (so Siegert 80, 99). Aber Fred Shapiro hat 1981 gezeigt (s. Historiographia Linguistica 8, 165–170, und vgl. K o e r n e r, IF 86, 1982, 13 f.), daß *indo-germanique* von dem französischen Geographen dänischer Herkunft Conrad Malte-Brun schon 1810 gebraucht und vielleicht sogar geprägt wurde; Begründung für die Prägung: qui règnent depuis les bords du Gange jusqu'aux rivages de l'Islande. Die Form *indisch-europäisch* oder *indoeuropäisch* wurde von Bopp (seit 1833, s. S i e g e r t 77 f.) und Späteren oft verwendet, wie auch in England seit 1830 *Indo-Germanic* häufig vorkommt (N o r m a n 318 f.). Der heutige Sprachgebrauch zeigt eine scharfe Trennung: im Deutschen wird fast ausschließlich *indogermanisch* gebraucht, in allen anderen Sprachen die Alternative, vgl. engl. *Indo-European*, franz. *indo-européen*, ital. *ind(o)europeo*, etc. Im letzten Jahr-

hundert hat Max Müller in England den Terminus *Aryan, arisch* bevorzugt, und dieser wurde auch von H. Zimmer in Deutschland verwendet: „er bediene sich des Ausdrucks arisch statt indo-germanisch oder indoeuropäisch, ohne sagen zu wollen, er sei richtiger als jene, kürzer und bequemer sei er jedenfalls" (zit. nach Osthoff, PBB 3, 1876, 6 Fn.); aber der Ausdruck ist nur für die indoiranische Gruppe berechtigt, s. Norman 319; Siegert 84f., und ist deshalb als falsch zu vermeiden. – (2) Eine eingehendere Übersicht der idg. Sprachen und ihrer frühesten Denkmäler findet sich bei Meillet, Introduction, Kap. II; Krahe, Idg. Sprw. I 9f.; Pisani, Le lingue indeuropee, ¹1944, ³1971; F. Villar, Lenguas y pueblos indoeuropeos, Madrid 1971; Lockwood, A panorama of Indo-European languages, London 1972; Ph. Baldi, An introduction to the Indo-European languages, Carbondale, Ill. 1983 (vgl. dazu Duhoux, CILL 11/1–2, 1985, 322–3: un livre à prendre avec les plus extrêmes réserves, et dont on souhaitera qu'il ne soit pas trop lu par les étudiants auxquels il s'adresse); Gamkrelidze–Ivanov 1985: XLVI-LXII; W. Cowgill–M. Mayrhofer, Indogermanische Grammatik Bd. I, 1986, 11–71. Ein ausgezeichnetes Werk, das die idg. Sprachen und ihre Dokumente nicht nur aufzählt, sondern auch die Struktur der Sprache kurz zeichnet (ein Werk, das ich selbst seit zehn Jahren, allerdings in einem kleineren Maßstab, fertig habe), ist jetzt in Warschau erschienen; *Języki indoeuropejskie* (1986, 515 S.) löst diese Aufgabe für Indisch, Iranisch, Tocharisch, Anatolisch, Armenisch, Griechisch, Balkansprachen in vorzüglicher Weise; ein zweiter Band wird die restlichen europäischen Sprachen behandeln, also Italisch, romanische Sprachen, Keltisch, Germanisch, Baltisch, Slavisch. Die einzelnen Sprachen werden von bekannten Spezialisten bearbeitet. – (3) Zu diesen siehe R. Katičić, Ancient languages of the Balkans, Den Haag 1976; R. Solta, Einführung in die Balkanlinguistik, 1980, bes. Kap. II; G. Neumann–J. Untermann, Die Sprachen im Römischen Reich der Kaiserzeit, Köln–Bonn 1980; E. Vineis (Hrsg.), Le lingue indoeuropee di frammentaria attestazione, Pisa 1983; ANRW II/29.2, 1983, 509–1213; Rădulescu, Illyrian, Thracian, Daco-Mysian, JIES 12, 1984, 77–131; Cowgill, o.c. oben (2), 53–61. – In dem oben (2) zitierten Werk Języki ie. hat L. Bednarczuk S. 469–513 die Balkansprachen bearbeitet. Über Phrygisch und Griechisch s. jetzt G. Neumann, ÖAW, Sb. 499, 1988.

P.S. ad Mitte S. 5: „Vergleichende Grammatik" wurde nicht von Friedrich von Schlegel geprägt (s. die Stelle bei Arens² 161 unten), der Ausdruck erscheint schon 1803 in einer Rezension seines Bruders August Wilhelm, s. Aarsleff, The study of language in England 1780–1860 (1967), 157 Fn. 115. Die von Vater verwendeten Ausdrücke „vergleichende Sprachlehre", „vergleichendes Sprachstudium" (s. Koerner, LeS 22, 1987, 347) meinen nicht dasselbe.

II. SPRACHE IM WANDEL

1. Wie geht nun der Sprachvergleicher an seine Arbeit heran? Was kann er vergleichen, und wie?

Es ist zunächst selbstverständlich, daß vor allem die ziemlich leicht isolierbaren Worteinheiten der Sprachen zum Vergleich verlocken. Wenn derselbe Begriff durch (fast) identische Wortkörper zum Ausdruck gelangt, wie das z. B. bei *Eis* und engl. *ice* der Fall ist, dann wird man zum Vergleichen sozusagen herausgefordert. Also scheint bei Identität von Bedeutung und Ausdruck der Vergleich selbstverständlich zu sein. Daß lat. *pater* und griech. πατήρ unabhängig voneinander entstanden seien und nichts miteinander zu tun hätten, ist doch nicht gut denkbar. Aber auch wenn keine vollkommene Identität von Bedeutung und Form besteht, kann der Vergleich, der Versuch, eine Verbindung herzustellen, unwiderstehlich sein. Lat. *fero* und griech. φέρω werden zwar heute sowohl in Deutschland wie in England identisch ausgesprochen, und man könnte deshalb versucht sein, diesen Fall ebenso zu beurteilen wie *pater*/πατήρ usw. Wir wissen aber, daß φέρω in der klassischen Periode – und auch später bis ungefähr zu Beginn unserer Zeitrechnung – *pherō* lautete, wo *ph* nicht *f*, sondern den aspirierten Labial (*p* + *h*, wie in Schwyzerdütsch *phange* aus *behangen*) bezeichnet. Werden wir deshalb den Vergleich von *ferō* und *pherō* aufgeben? Offenbar nicht.

Wie weit ist nun eine Abweichung in Form oder/und Bedeutung zulässig? Wann wird die Grenze der Toleranz erreicht? Die Alten waren in dieser Hinsicht großzügig. Es genüge hier, das Lemma über *deus* aus Festus (Lindsay 1930, 181) anzuführen:

deus dictus (1) quod ei nihil desit; vel (2) quia omnia commoda hominibus dat; sive (3) a Graeco δέος quod significat metum, eo quod hominibus metus sit. Sed magis constat (4) id vocabulum ex Graeco esse dictum, aspiratione dempta qui mos antiquis nostris frequens erat.

Von den vier dargebotenen Erklärungen sind nur zwei innersprachlich. Die erste ist vom Typ *lucus a non lucendo*, wobei in *deus* nur das Element *de* erfaßt wird. Bei der zweiten wird dasselbe Element zur Grundlage einer ganz anderen Etymologie. Die beiden anderen

rufen das Griechische zu Hilfe. Bei der dritten ist die formale Übereinstimmung vollkommen, aber die Bedeutung wird, wie auch bei
den beiden ersten, mühsam zurechtgeschnitten. Von diesem Gesichtspunkt aus ist nur die vierte als eine einleuchtende Erklärung
zu betrachten, aber da entsteht eben die Frage, ob der angenommene Hergang, die Umgestaltung von griech. θεός durch Weglassung der griechischen Aspiration, wirklich zugelassen werden kann.
Nach unserem jetzigen Wissen ist das unmöglich: die Weglassung
der Aspiration hätte nur *teos, und so lat. *teus, ergeben können,
nicht aber deus; vgl. tūs aus θύος, tunnus aus θύννος.

Dieser Einwand beruht natürlich auf der Annahme, daß *im
Sprachwandel* eine gewisse *Regelmäßigkeit* besteht, daß insbesondere im Lautwandel nicht die verschiedenen ‚Freiheiten' zulässig
sind, die die Alten, und in ihrer Folge noch die Forscher des Mittel-
alters und der Neuzeit, als selbstverständlich ansahen, und die Varro
(De lingua latina 5, 6; cf. 7, 1) mit den Worten angab: litterarum
demptione aut additione aut propter earum traiectionem aut commu-
tationem, „Weglassen oder Hinzufügen der Buchstaben und deren
Umstellung oder Veränderung", während Quintilian (I 6, 32) die
Methode etwas ausführlicher so darstellte: verba paulum declinata
varie et multipliciter ad veritatem reducunt (d.h. etymologisieren)
aut correptis aut porrectis, aut adiectis aut detractis, aut permutatis
litteris syllabisve (cf. I 5, 10f.).

Was das Ausmaß des an formalen Abweichungen Zulässigen betrifft, so hat sich darin erst das 19.Jh. zu einer grundsätzlich neuen
Auffassung durchgerungen. Etwas paradox könnten wir die neue
Ansicht so fassen: der *Abweichung* sind keine Schranken gesetzt, solange sie als *regelmäßig* erwiesen werden kann. Um ein extremes,
aber keineswegs untypisches Beispiel zu nennen, entsprechen sich
engl. *wheel*, griech. κύκλος und aind. *čakra-* – trotz der fast un-
glaublichen Abweichungen – haargenau, wie wir das noch sehen
werden (IV. 7.5.1).

2. Dagegen sind wir in bezug auf die Bedeutung viel weither-
ziger. Dazu werden wir durch die Tatsachen gezwungen. Daß franz.
chrétien ‚der Christ' und *crétin* ‚Idiot' irgend etwas miteinander zu
tun haben sollten, dürfte schwerlich einleuchtend sein; dennoch ist
es so, daß beide aus dem lat. *Christianus* entstanden sind, *crétin* in
dem Dialekt von Wallis (Schweiz). Ebenso sind engl. *silly* und dt.
selig identisch; noch im Altenglischen bedeutet *sǣlig* soviel wie
‚happy, blessed'. Das ital. *formaggio* und franz. *fromage* (früher *for-*

mage) bedeuten ‚Käse‘, stammen aber von einer Grundform *formaticus* her, eine Ableitung von *forma*. Das wird dadurch verständlich, daß ursprünglich der Ausdruck *caseus formaticus* ‚geformter Käse‘ gebraucht wurde, woraus dann *formaticus* durch Weglassung des „selbstverständlichen und deshalb überflüssigen" *caseus* entstand.

Das soll nicht bedeuten, daß in der Entwicklung des Inhalts, der Bedeutung, nur regellose, unberechenbare Übergänge anzutreffen sind. Es gibt auch in der Bedeutungsentwicklung gewisse allgemeine Tendenzen. Aber wir können nicht sagen, daß wenn in einem gut beglaubigten Fall „Zaun" zu „Stadt" wird – wie wir das bei dem Paar *Zaun* und engl. *town* vorfinden –, dann Zaun sich immer zu Stadt entwickelt, oder daß Stadt immer aus Zaun entstanden ist.

Über die Prinzipien der Bedeutungslehre und Bedeutungsentwicklung handelt S. Ullmann, The principles of Semantics, Glasgow [2]1957; Semantics – An introduction to the science of meaning, Oxford 1964; Précis de sémantique française, Bern [2]1959; alle drei sind mit einer reichhaltigen Bibliographie versehen. Nützlich ist auch H. Kronasser, Handbuch der Semasiologie, Heidelberg [2]1968. – Neuere Theorien: P. Ziff, Semantic Analysis, Ithaca, NY, 1967; J.J. Katz–J. A. Fodor, The structure of a semantic theory, Language 39, 1963, 170–210 (mit kleineren Änderungen nachgedruckt in J. A. Fodor–J. J. Katz, Structure of language: readings in the philosophy of language, Englewood Cliffs, N.J., 1964, 479–518); U. Weinreich, Explorations in semantic theory, in: Current Trends in Linguistics, ed. Th. A. Sebeok, vol. III, Den Haag 1966, 395–477; J.J. Katz, Recent issues in semantic theory, Foundations of Language 3, 1967, 124–194; J.Lyons, Firth's theory of meaning, in: In Memoriam J.R. Firth, London 1966, 288–302; B. Campbell, Linguistic meaning, Linguistics 33, 1967, 5–23. – Überblicke über die neuere Forschung bieten: G. Lepschy, Linguistics 15, 1965, 40–65; K.Baumgärtner, Zeitschrift für deutsche Sprache 20, 1965, 79–90; R. Simone, Lingua e stile (Bologna) 1, 1966, 355–86. – Über Bedeutungswandel: E. Coseriu, Pour une sémantique diachronique structurale, in: Travaux de linguistique et de littérature (Straßburg) II/1, 1964, 139–186. Ebd. (107–138) auch B. Pottier, Vers une sémantique moderne. – Siehe jetzt auch W.L. Chafe, Meaning and the structure of language, Chicago 1970; K. Baldinger, Teoría semántica, Madrid 1970; J.J. Katz, Semantic theory, NY 1972; H.E. Brekle, Semantik, München 1972; G. Leech, Semantics, Harmondsworth 1974; Fillmore, The future of semantics, in: Austerlitz (Hrsg.), The scope of American linguistics, 1975, 135–157; F.R. Palmer, Semantics, Cambridge 1977 (2nd enlarged ed. 1981); J. Lyons, Semantics I–II, Cambridge 1977; R.M. Kempson, Semantic theory, Cambridge 1977; H.-J. Heringer et al., Einführung in die praktische Semantik, Heidelberg 1977; Jackendoff, Katz's autonomous semantics, Lg. 57, 1981, 425–435; De Mauro, Einführung in die Semantik, Tübingen 1982. – Zum Wortfeld siehe Oesterreicher, in: Gauger 274–285. – Sehr nützlich ist D.D. Steinberg – L. A. Jakobovits (edd.), Semantics – An interdisciplinary reader, Cambridge UP 1971.

Das bedeutet, daß bei Vergleichen der Form unbedingt der Vorzug gegeben werden muß. Wenn zwei Formen sich genau oder den Regeln nach entsprechen – wiegt das auch gewisse Abweichungen in der Bedeutung auf. Umgekehrt, wenn zwei Formen nicht „auf einen gemeinsamen Nenner" gebracht werden können, wird das auch durch eine vollkommene Übereinstimmung in der Bedeutung nicht aufgewogen; aus formalen Gründen ist *deus* (das noch dazu anfänglich *deivos* lautete) ebensowenig mit ϑεός zu vergleichen wie mit dtsch. *Gott*.

3. Um das Vergleichen von Formen verschiedener Sprachen überhaupt erst wissenschaftlich zu ermöglichen, müssen wir sie in kleinere, ja sogar kleinste Einheiten zerlegen. Denn ein Gesamteindruck, obwohl er den Anstoß zur Vergleichung geben kann, ist einer wissenschaftlichen Prüfung nicht zugänglich. Diese kleinsten Einheiten der Formen, der Worteinheiten, sind die Laute. Statt eines vagen Vergleichens zweier oder mehrerer Wortformen, die dem Gesamteindruck nach „ähnlich" klingen und auch dieselbe oder eine ähnliche Bedeutung haben, wird also ein methodischer Vergleich aller Laute vorgenommen, die den Wortkörper ausmachen. Obwohl dies uns heute als selbstverständlich anmuten mag, war es am Anfang des 19. Jh. ein revolutionärer Wandel in der Einstellung, der zwei Generationen später zu Folgen führte, die auch heute noch weiterwirken.

Nach einigen, in der Zwischenzeit längst vergessenen, Vorgängern hat 1818 der Däne *Rasmus Kristian Rask* (1787–1832) festgestellt, daß in vielen Wörtern des Germanischen, die mit entsprechenden des Latein und des Griechischen verglichen werden müssen, die ‚Buchstaben' sich so verändert haben, daß man gewisse ‚Regeln' aufstellen kann. So ist ein regelmäßiger Übergang von *p* zu *f* zu beobachten zwischen

griech. πατήϱ, lat. *pater* – altisl. *faðir*
πούς   *pēs*   *fōtr* usw.

Dieselbe Regelmäßigkeit ist auch bei griech. τ κ, δ γ, φ ϑ χ zu beobachten, die im Germanischen zu *þ h*, *t k*, *b d g* werden.

Diese mit einer einzigen Ausnahme richtigen Beobachtungen
– Rask hat die Entwicklung von idg. *b* falsch beurteilt – wurden von
J. Grimm in die zweite Auflage des ersten Bandes seiner „Deutschen
Grammatik" (1822) übernommen und zu einem eindrucksvollen
System ausgebaut. Denn, indem er den griechischen φ ϑ χ die mo-
derne Aussprache zugrunde legte, konnte er sie auch den germani-
schen *f þ χ* gleichsetzen, und so die ganze Entwicklung als einen
Kreislauf darstellen. Wenn wir nämlich für die Gruppe *b d g* das Zei-
chen M(edia), für *p t k* das Zeichen T(enuis) und für φ ϑ χ/*f þ χ*
A(spirata) verwenden, dann können die oben angegebenen Entwicklungen – wenn wir noch idg. *b* zu germ. *p* hinzunehmen – folgenderweise zusammengefaßt werden:

T wird zu A
A wird zu M
M wird zu T

oder, noch einfacher:

Diese Regelmäßigkeit der Entwicklungen – deren Umfang
Grimm noch dadurch erweiterte, daß er im Althochdeutschen einen
gleichartigen Kreislauf entdeckte – beeindruckte die Zeitgenossen
so sehr, daß sie das, was Grimm selbst als *Lautverschiebung*
bezeichnete, mit seinem Namen als *Grimm's law, loi de Grimm*
benannten. Es war tatsächlich das erste Mal, daß nicht nur eine
große Anzahl von Lautentsprechungen, oder eher Lautabweichun-
gen, zwischen verschiedenen Sprachen in genauen Formeln erfaßt
wurden, sondern auch gezeigt wurde, daß die verschiedenen Teilent-
wicklungen in innerem Zusammenhang stehen. Das war es eben,
was die Originalität Grimms ausmachte und die Zeitgenossen so
mächtig beeindruckte. Daß Grimm dabei – sogar in wesentlichen
Punkten, so z. B. in seiner Auffassung der Aspiraten – Irrtümer
unterliefen, ändert an seiner historischen Bedeutung gar nichts.

Die Darstellung bei O. Jespersen, Language 43f., ist durch eine unbe-
greiflich unhistorische Einstellung entstellt: Grimm werden seine Irrtümer mit großem Ernst nachgewiesen, als käme es bei einer großen

Persönlichkeit der Forschung auf den Wahrheitsgehalt und nicht auf die Wirkung an. Eine gerechtere Würdigung findet sich bei einem anderen dänischen Forscher, H. Pedersen, Linguistic science 258–62. Siehe auch E. Prokosch, A comparative Germanic grammar 47–9, 304–5. – Die Forschung von Rask erscheint in ganz neuer Sicht bei P. Diderichsen, R. Rask og den grammatiske tradition, Kopenhagen 1960 (233–8 deutsche Zusammenfassung), der sich auch mit Hjelmslevs Beurteilung von Rask (schon ,kodifiziert' bei Mounin, Histoire 162 f.) auseinandersetzt. Für eine Übersicht der modernen Forschung siehe Collinge, Laws 63 f., 259 f., aber auch G. I. Alexander, Fortis and Lenis in Germanic, Bern 1983; Birkhan, Das „Zipfsche Gesetz", das schwache Präteritum und die germanische Lautverschiebung, Wien Akad. 1979; und über die Glottalisierungstheorie unten VI. 9. und Gamkrelidze-Ivanov 1985: 40, 79, 962, 1321. – Neuer Ansatz bei Davenport-Staun, Dependency phonology and the first Germanic Consonant Shift, FoLH 4, 1984, 219–240.

4. Es ist interessant, daß sowohl Rask wie auch Grimm die von ihnen entdeckten Regelmäßigkeiten im Lautwandel nicht als durchgehend betrachten. Rask fand, daß sich die Konsonanten ,häufig' nach den angegebenen Regeln ändern, während nach Grimm die Lautverschiebung „in der Masse" vollzogen wird, „tut sich aber im Einzelnen nie rein ab. Es bleiben Wörter in dem Verhältnis der alten Einrichtung stehen, der Strom der Neuerung ist an ihnen vorbeigeflossen" (Arens² 193, 202). Und noch vierzig Jahre später wird G. Curtius zwar feststellen, daß sich „im Leben der Laute ... feste Gesetze erkennen lassen, die sich beinahe mit der Konsequenz von Naturkräften geltend machen", wird aber dennoch daran festhalten, daß unter den Lautveränderungen „zwei Arten zu unterscheiden" seien: „regelmäßige oder durchgreifende" und „unregelmäßige oder sporadische", von denen die letztere „nur in einer mehr oder weniger beschränkten Zahl von Fällen" vorkomme (Arens² 268 f.).

Das war in dieser Periode noch verständlich. Denn es war eine unleugbare Tatsache, daß neben den vielen Fällen, in denen die Entwicklung nach den Regeln verlief, auch Fälle vorhanden waren, bei denen ein anderer Verlauf zu beobachten war.

So standen klare Entsprechungen wie gotisch *ist hafts fisks nahts*: lat. *est captus piscis nox* im Gegensatz zu den Regeln der Lautverschiebung, denn in ihnen wurde *t* oder *k* nicht verschoben. Aber es war leicht zu erkennen, daß in diesen Fällen dem unverschobenen Laut immer ein Spirant vorausging, und zwar entweder ein ererbter (*s*) oder ein durch die Lautverschiebung entstandener (*ft ht*). Damit

wurde auch klar, daß in solchen Fällen die Lautverschiebung nicht
vollzogen wurde, um die Folge von zwei Spiranten (*sf sχ fþ* usw.) zu
vermeiden. Die allgemeine Bedeutung dieser Erklärung lag darin,
daß eine *Ausnahme* von der Regelmäßigkeit der Lautverschiebung
ihrerseits als *regelmäßig* erkannt wurde (1).
Eine weitere Gruppe von Ausnahmefällen stellten Wortformen
dar, in denen im Germanischen zwei Mediae auftraten, wie z. B. got.
bindan. Daß diesem skt. *bandh-* ‚binden‘ entspricht, scheint zweifellos zu sein. Wir stoßen aber auf Schwierigkeiten, wenn wir die
Gleichung genauer erfassen wollen. Die Entsprechung got. *-d-*: skt.
-dh- ist nach den Regeln der Lautverschiebung zu erwarten. Aber
got. *b-*: skt. *b-* im Anlaut widerspricht den Regeln; einem skt. *b*
sollte im Germanischen *p* entsprechen. Eine Lösung wird sichtbar,
wenn wir den herkömmlichen Glauben an das Primat des Indischen
aufgeben. Wenn wir das Zeugnis des Germanischen für nicht weniger wertvoll halten, führt *bindan* auf ein idg. *bh-dh*. Grassmann
hat 1862 erkannt, daß die „Unregelmäßigkeit" in solchen Fällen auf
seiten des Indischen und Griechischen liegt, indem in diesen Sprachen die Folge von zwei aspirierten Lauten dissimiliert, d. h. der
erste Hauch aufgegeben wurde. Eine schöne Probe aufs Exempel
liefern die reduplizierten Verba in diesen Sprachen. Im Indischen
lautet das Präsens von *dhā-* ‚setzen, stellen‘ *da-dhā-mi* (1. Sg.); im
Griechischen von der entsprechenden Wurzel ϑη- (d. h. *t + h + ē-*)
τί-ϑη-μι. Es ist offenbar, daß das Wesen der Reduplikation **dha-
dhā-mi*, **thi-thē-mi* erwarten ließe (2).

(1) Rasmussen (AL 18, 1983, 208) meint, daß auch *sp st sk* und *pt* zunächst zu *sf sþ sχ* und *fþ* verschoben, dann aber zu *sp st sk* und *ft* dissimiliert wurden, eine Möglichkeit, die schon von Meillet (MSL 12, 1901, 24)
erwogen wurde. Damit wären also alle Ausnahmen der Lautverschiebung eliminiert. – Über das Problem der Ausnahmen siehe jetzt W. Z o n -
n e v e l d, A formal theory of exceptions in generative grammar (s. Booij,
Lingua 48, 1979, 255–264); C o l l i n g e, Exceptions, TPS 1978, 61–86. –
(2) H. G r a s s m a n n, Über die Aspiraten und ihr gleichzeitiges Vorhandensein im An- und Auslaute der Wurzeln, KZ 12, 1863, 81–138; s. IV. 7.

Bei dieser Gruppe von Ausnahmen stellte es sich also heraus, daß
es sich gar nicht um Ausnahmen von der Lautverschiebung handelt:
die Unregelmäßigkeit war auf der Seite der anderen Sprachen, aber
auch dort entpuppte sie sich als eine Regelmäßigkeit. Es war nun
noch eine größere Gruppe von Ausnahmen von der Lautverschiebung übrig. Nach den allgemeinen Regeln ergaben die idg. Tenues

die entsprechenden stimmlosen Spiranten, d. h., *p* wurde zu *f*, *t* zu *þ*, *k* zu χ (und weiter zu *h*). Es gibt aber eine große Anzahl von Fällen, in denen statt *f þ h* die stimmhaften *b d g* auftreten – scheinbar ohne irgendeinen Grund. So entspricht dem lat. *fräter* das got. *brōþar*, aber dem lat. *pater* das got. *fadar*. Ebenso stehen dem einheitlichen *k* von lat. *socer/socrus* zwei Entsprechungen in ahd. *swehur/swigar* gegenüber; vgl. *Schwäher* und *Schwieger(mutter)*.

Die Erklärung für diese zwiespältige Entwicklung wurde 1875 von dem dänischen Forscher Karl Verner (1846–1896) gefunden. Ausgehend davon, daß die doppelte Entwicklung besonders augenfällig in der Konjugation der sog. starken Verba auftrete, folgerte er, „daß das differenzierende Moment in einem gewissen phonetischen Verhältnisse gesucht werden muß, das variierend die Konjugation begleitet hat". Nach Ausscheidung aller möglichen Faktoren bleibt als einziges „der variierende idg. Akzent", der besonders klar im Altindischen auftrete. Der heute als Gegensatz zwischen Präs. und Prät. fortlebende „grammatische Wechsel" *schneiden/schnitt*, *ziehen/zog* bestand früher zwischen 1.3 Sg. und Plural (mit 2. Sg.) des Präteritums: ahd. *sneid/snitum, zōh/zugum*, ae. *wearþ/wurdon* ‚ward/wurden', usw. Dem entspricht im Altindischen nicht nur ein Wechsel in der Vokalstufe, sondern auch im Akzent: von *vart-* ‚(sich) wenden' lautet das Perfekt 1. Sg. *va-várt-a*, während der Plural (1. Pers.) *va-vr̥t-imá* ist. Aus diesen in großen Kategorien beobachteten Entsprechungen zog Verner den Schluß, daß die zuerst aus idg. *p t k* entstandenen *f þ* χ im Wortinlaut zu den stimmhaften *b ð g* wurden, wenn der Akzent nicht unmittelbar vorausging. Diese Erklärung gilt auch für *brōþar/fadar, swehur/swigar*, denn die entsprechenden indischen Formen sind *bhrātar-/pitár-, šváśura-/ švaśrû-*. Eine weitere Bestätigung ergibt sich daraus, daß der ererbte idg. stimmlose Spirant *s* auf dieselbe Weise differenziert wurde: unmittelbar nach dem Akzent blieb er erhalten (später möglicherweise wieder stimmhaft), sonst wurde er zu stimmhaftem *s* (wie in Rose) und weiter zu *r*. Deshalb war das Prät. von ahd. *wesan* ‚sein' *was/ wārum*, aus früherem **wás/*wēsúm*; die Alternation lebt noch in engl. *was/were* fort.

Verners mit klassischer Klarheit geschriebener und noch immer lesenswerter Aufsatz „Eine Ausnahme der ersten Lautverschiebung" wurde im folgenden Jahr veröffentlicht (KZ 23, 1876, 97–130). Die Ausnahmen der Lautverschiebung waren von C. Lottner, KZ 11, 1862, 161–205, gesammelt worden. – S. jetzt E. Rooth, Das Vernersche Gesetz in Forschung und Lehre 1875–1975, Lund 1974; Normier, KZ 91, 1978, 191 f.;

Milroy, ICHL 5, 1982, 223–229; Gamkrelidze–Ivanov 1985, 39 Fn. 1, 195, 960; Collinge, Laws 203 f.

5. Diese in ausdauernder, immer präziserer Forschung errungenen Resultate führten zwangsläufig zu einer neuen Einstellung zu Curtius' Dichotomie (II. 4.). Wenn sich die angeblichen sporadischen Veränderungen immer wieder als bloß andersartige Regelmäßigkeiten herausstellen, wird man doch darauf geführt, daß aller Lautwandel eigentlich als regelmäßig aufgefaßt werden muß. Die neue Erkenntnis, schon 1875 von W. Scherer verkündet, fand ihre nachhaltigste Formulierung 1878 durch die Junggrammatiker *Hermann Osthoff* (1847–1909) und *Karl Brugmann* (1849–1919):

> Aller Lautwandel, soweit er mechanisch vor sich geht, vollzieht sich nach ausnahmslosen Gesetzen, d. h. die Richtung der Lautbewegung ist bei allen Angehörigen einer Sprachgenossenschaft, außer dem Fall, daß Dialektspaltung eintritt, stets dieselbe, und alle Wörter, in denen der der Lautbewegung unterworfene Laut unter gleichen Verhältnissen erscheint, werden ohne Ausnahme von der Veränderung ergriffen.

Dieser programmatische Satz findet sich im Vorwort zu H. Osthoff–K. Brugmann, Morphologische Untersuchungen auf dem Gebiete der idg. Sprachen I, 1878, S. XIII. Das ganze Vorwort war ein Glaubensbekenntnis von ungeheurer Schärfe und Wirkung, in dem sich die Junggrammatiker mit den Alten auseinandersetzten – ein neues Kapitel in dem nie endenden Drama der Querelle des Anciens et des Modernes (1).

Mit dem Begriff des *Lautgesetzes* war die letzte Stufe der vorwissenschaftlichen Sprachwissenschaft überwunden. Wenn ein Lautgesetz nicht wirksam zu sein scheint, so kommt das daher, daß ein anderes Lautgesetz es durchkreuzt oder Analogie am Werk ist (II. 8.).

Wie ersichtlich, ist der Begriff des Lautgesetzes nicht wissenschaftlich erwiesen, er ist ein Postulat der wissenschaftlichen Forschung. Man kann zwar sagen, daß er durch eine ganze Reihe von Beobachtungen – und nicht nur von denen an der Lautverschiebung – geradezu gefordert wurde und so eine gewisse induktive Grundlage hatte. Aber dank den Forschungen von Karl Popper wissen wir heute, daß durch Induktion keine Hypothese verifiziert werden kann (2). Der Wert der Hypothesen besteht eben darin, daß sie durch weitere und fortwährende Anwendung und Proben zum Falsifizieren herausfordern. Solange das nicht geschehen ist, behalten sie ihren vollen Wert (3).

(1) Über die Junggrammatiker s. Putschke, Zur forschungsgeschichtlichen Stellung der junggramatischen Schule, ZDL 36, 1969, 19–48; K.J. Jankowsky, The Neogrammarians, 1972; T. Wilbur (Hrsg.), The Lautgesetz-Controversy, 1977 (die wichtigsten Schriften und LX–XCV Übersicht über die ganze Periode); das Commemorative Volume der TPS 1978; Koerner, The Neogrammarian doctrine, ICHL 3, 1982, 129–52 (bes. 136 für Schleicher); Kiparsky, ICHL 4, 1980, 416. S. auch oben I. 5. (1) und Szemerényi, Phonetica 36, 1979, 162–5. – (2) Über Induktion s. K.R. Popper, The Logic of Scientific Discovery, 1959 (erweiterte Übersetzung von Logik der Forschung, Wien 1934), bes. 309f., und The Poverty of Historicism, 1957, bes. 130f. Vgl. noch Ruwet, Introduction à la grammaire générative, 1967, 12f.; Grünbaum, Can we ascertain the falsity of a scientific hypothesis?, Studium Generale 22, 1969, 1061–93; Putschke, o.c., 31f. – (3) Aus der überreichen Literatur über die Ursache(n) des Sprachwandels erwähne ich nur einige Arbeiten aus den letzten Jahren: Samuels, Linguistic evolution, 1972; Itkonen, Rationality as an explanatory principle in linguistics, in: Studia Coseriu II, 1979, 77–87; On the rationalist conception of linguistic change, Diachronica I/2, 1984, 203–216; Causality in linguistic theory, Indiana UP 1984; Mańczak, Frequenz und Sprachwandel, in: Lüdtke 1980, 37–79; Lass, On explaining language change, CUP 1980; I. Rauch, What is cause?, JIES 9, 1981, 319–328 (moderne Theorien); L. Campbell–J. Ringen, Teleology and the explanation of sound change, Phonologica IV, 1981, 57–68 (: für, aber Vorschläge müssen explizit sein); G. Drachmann, Teleological explanation in phonology, ebd. 101–11 (ähnlich); Lass, Explaining sound change: the future of an illusion, ebd. 257–73 (eher gegen); M. Harris, On explaining language change, ICHL 5, 1982, 1–14; Itkonen, Change of language as a prototype for change of linguistics, ebd. 142–8; Vizmuller, Evidence and explanation in historical linguistics, ebd. 374–84; Vennemann, Causality in language change – Theories of linguistic preferences as a basis for linguistic explanations, FoLH 4, 1983, 5–26 (24: historical linguists not only *will* but *may* go on looking for explanations); Lehmann, Typology and the study of language change, Diachronica 2, 1985, 35–49.

6. Das bedeutet nicht, daß der Begriff des Lautgesetzes seit 1878 nicht öfters einer solchen Falsifizierung unterworfen wurde, im Gegenteil. Besonders eindrucksvoll waren in dieser Hinsicht die Ergebnisse der *Dialektgeographie* (géographie linguistique). Denn der programmatische Satz, daß jedes Wort seine eigene Geschichte habe, schien zu besagen, daß es keine durchgreifenden Lautentwicklungen, keine Lautgesetze, geben könne. Eigenartigerweise wurde dabei übersehen, daß die Erforschung der Geschichte des Einzelwortes – der Schluß z.B., daß *abeille* ,Biene' im Pariser Französisch ein Einwanderer ist – nur dadurch möglich ist, daß man in den Laut-

gesetzen ein sicheres Mittel besitzt, mit dem festgestellt werden
kann, ob ein Wort auf einem gewissen Gebiet einheimisch ist oder
von außen eingewandert, d. h. ein Lehnwort – wenn auch innerhalb
derselben Sprache – sein muß. Auch darauf soll hingewiesen
werden, daß die Losung „Jedes Wort hat seine eigene Geschichte"
arg übertrieben ist; man sollte eher, mit Malkiel, sagen: "Many (or
some, or just a few) words seem to have truly unique histories", wodurch sich die statistische, und so probabilistische, Grundlage des
Einwandes grundsätzlich verändert (1).

Auch der andere Einwand der Sprachgeographie, daß nämlich die
Grenze der Wirkung eines Lautwandels je nach Wort anders gela-
gert sei, ist wenig stichhaltig. Denn die Feststellung bezieht sich auf
die Übergangszonen zwischen ausgeprägten Dialekten und nicht
auf die Kernlandschaften, in denen eben „jedes" Wort vom Wandel
ergriffen wird.

Dauzat hat vollkommen recht, wenn er sagt: „Avec le recul d'une
trentaine d'années, il n'apparaît pas que la géographie linguistique
ait sérieusement sapé le solide édifice élevé par la rigoureuse
méthode des néogrammairiens", und: „La constance des lois phonétiques reste donc, en principe, hors de toute atteinte" (2).

(1) Einführungen in die Dialektgeographie: E. Gamillscheg, Die
Sprachgeographie und ihre Ergebnisse für die allgemeine Sprachwissenschaft, 1928; K. Jaberg, Aspects géographiques du langage, 1936;
A. Dauzat, La géographie linguistique, ²1948 (die Zitate sind von S. 50
und 58); A. Bach, Deutsche Mundartforschung, ²1950. Die Methoden
werden am praktischen Material schön ausgearbeitet in Th. Frings,
Grundlegung einer Geschichte der deutschen Sprache, ³1957. Anwendung auf das Altgriechische: E. Risch, Museum Helveticum 6, 1949,
19–28; 12, 1955, 61–76; Kratylos 11, 1967, 142–155. – Y. Malkiels Formulierung ist zitiert aus seinem Beitrag "Each word has a history of its
own" zu dem Wenner-Gren-Symposium (1964), jetzt in Glossa 1, 1967,
137–149, Zitat auf S. 145. – Über Gilliéron s. Windisch, in: Gauger 117–
133. – (2) Seit Mitte der 60er Jahre unseres Jahrhunderts müssen mehrere
neue Richtungen in der Behandlung dieser Fragen verzeichnet werden:
(a) Die Konsequenzen der generativen Grammatik sind hauptsächlich
von drei Forschern ausgearbeitet worden: P. Kiparsky, Explanation in Phonology, 1982 (eine Sammlung von 11 wichtigen, oft bahnbrechenden Arbeiten, vgl. Lg. 60, 1984, 416 f.), P. Postal, Aspects of Phonological Theory, 1968, und R. D. King, Historical Linguistics and generative grammar, 1969 (deutsch 1971). – Eine eindrucksvolle Erneuerung der
alten Ansichten ist Uriel Weinreich (et al.), Empirical foundations for a
theory of language change, in: Lehmann–Malkiel, Directions for

historical linguistics, 1968, 97–195 (vgl. Szemerényi, GL 10, 1970, 121–
132). – (*b*) Eine *soziologische Richtung* wird hauptsächlich vertreten
durch William Labov, z.B. The social motivation of a sound change,
Word 19, 1963, 273–309; The social stratification of English in New York
City, 1966; The social setting of linguistic change, CTL 11, 1973, 195–
251. – (*c*) Die Lehre von der *Lexical Diffusion* wurde begründet von
Wang, Lg. 45, 1969, 9–25; vgl. Chen–Wang, Sound change, Lg. 51,
1975, 255–281 (256: "a phonological rule gradually extends its scope of
operation to a larger and larger portion of the lexicon"); Betty S. Phil-
lips, Word frequency and the actuation of sound change, Lg. 60, 1984,
320–342. Vgl. dazu auch Labov, Resolving the Neogrammatical contro-
versy, Lg. 57, 1981, 267–308. – (*d*) Die entwicklungsgeschichtliche Sicht
von *Sprachwandel und Sprachvariation* (developmentalist view of linguistic change and variation) wird in der Hauptsache vertreten von Charles-
James N. Bailey, The integration of linguistic theory, in: Stockwell–
Macaulay (edd.), Linguistic change and generative theory, 1972, 22–31;
Variation and linguistic theory, 1973; Bailey–R.W. Shuy, New ways
of analyzing variation in English, 1973; Bailey, Old and new views on
language history and language relationships, in: Lüdtke 1980, 139–181;
Developmental linguistics, FoL 15, 1982, 29–37; On the Yin and Yang
nature of language, 1982 (cf. Lg. 61, 1985, 241–2); The proper job of the
historical-comparative linguist, 7. Fachtagung, 1985, 58–70.

7. Erneute Bestätigung hat der Begriff des Lautgesetzes durch die
modernen Entwicklungen in der Sprachwissenschaft, insbesondere
von seiten der Phonologie, erhalten.

7.1 Die alte *Phonetik* hatte die Laute in ihrer Artikulation minu-
tiös bis auf das kleinste Detail erforscht. Als eine Reaktion auf dieses
zersplitternde, atomistische Verfahren ist Ende der zwanziger Jahre
die *Phonologie* entstanden, die ihr Augenmerk auf die Funktion der
Laute richtete. Aus dieser Einstellung ergab sich, daß die minu-
tiösen Aussprachedifferenzen für den Sprachforscher gleichgültig,
irrelevant sind. Bedeutend, relevant sind nur Differenzen, die eine
sprachliche Funktion haben, d.h. vom Sprechenden zur Differenzierung von sprachlichen Einheiten ausgenutzt werden. So sind der
ich-Laut und der *ach*-Laut (z.B. in *nicht* und *Nacht*) für den Phone-
tiker verschiedene Laute. Der Sprechende weiß davon nichts, weil
eben der Unterschied für seine Sprache keine Bedeutung hat, da
diese Laut-Varianten keine Wörter unterscheiden können. Dagegen
ist der Unterschied von *s* (wie in *ist*) und *z* (wie *s* in *sagen, Rose*), der
im Deutschen nur im Inlaut relevant ist (reisen: reißen), nicht aber

im Anlaut (es gibt kein ßagen), im Französischen von durchgehender Bedeutung: *coussin* und *cousin, Saône* und *zone* sind nur in diesem Punkt verschieden; vgl. noch *sabre – zabre; sel, selle, scel, celle – zèle; sain, saint, sein – zain.*

Die sprachlich bedeutenden Lauteinheiten, die *Phoneme*, können am einfachsten anhand von minimalen Paaren festgestellt werden, d. h. von Wörtern, die sich nur in einem Laut unterscheiden. Vgl. z. B.

Pein – Bein – dein – kein – mein – nein – Lein – rein – fein – sein – Schein …

oder

groß – Gruß – grüß – Grieß.

Durch diese Methode der Vertauschung je eines Lautes, der *Kommutation*, kann jedes beliebige Wort in seine Bestandteile, die Phoneme, aufgespalten, segmentiert werden. Wenn wir z. B. die Phoneme von (ich) *wahre* feststellen wollen, ergibt sich durch Vergleich etwa mit *fahre*, zunächst *w*, durch Vergleich mit *wehre*, *a* (geschrieben *ah*), durch Vergleich mit *wage*, *r*, durch Vergleich mit *wahr* (dich), *e*.

Wenn wir den Redestrom in immer kleinere Einheiten – Rede, Sätze, Phrasen, Wörter … – aufteilen, so stellen die Phoneme die letzten Einheiten dar, die sich von allen höheren Einheiten dadurch unterscheiden, daß sie keine eigene Bedeutung besitzen – *w* oder *e* bedeuten nichts –, sondern dazu dienen, größere Einheiten zu differenzieren: sie sind nur diakritische Zeichen. Aber sie sind nicht letzte Einheiten in einem absoluten Sinn: denn sie können in weitere Elemente zerlegt werden. Wenn wir die in vielen Sprachen, z. B. im Französischen, als Phoneme funktionierenden Laute *p t k* und *b d g* miteinander vergleichen, ergibt sich, daß die zweite Reihe sich von der ersten nur darin unterscheidet, daß alle Glieder *stimmhaft* sind, während die Glieder der ersten Reihe alle *stimmlos* sind. Die Phoneme *p* und *b* unterscheiden sich bloß im Stimmton, sonst sind sie identisch: im Gegensatz zu allen anderen Gliedern sind sie Lippenlaute, *labial*. Wenn wir noch *m* oder *f* und *w* heranziehen, die gleichfalls alle labial sind, können wir feststellen, daß *p b* durch einen Verschluß (der Lippen) charakterisiert sind, der bei der Artikulation gelöst, gesprengt wird. Damit ergeben sich für *p* und *b* drei *Merkmale*: Verschluß, labiale Artikulation, Stimmton; das letzte ist entweder anwesend (*b*) oder nicht (*p*). Phonematisch sind sie durch die Gesamtheit aller drei Merkmale charakterisiert – anders ausgedrückt: sie bestehen aus diesen drei distinktiven Merkmalen. Und ganz allgemein können wir sagen: *das Phonem ist ein Bündel von distinktiven Merkmalen.*

Wir können hier nicht die weiteren Verzweigungen der Phonologie verfolgen. Nur eins soll hier hervorgehoben werden: neben der *funktionellen* Einstellung spielt eine ebenso große Rolle der auf das *System* und dessen *Struktur* ausgerichtete Gesichtspunkt. – Grundlegend sind: N.S. Trubetzkoy, Grundzüge der Phonologie, ³1962; Ch.F. Hockett, A manual of phonology 1955; A. Martinet, Éléments de linguistique générale, 1960 (Ch. 3). Von neueren Arbeiten können genannt werden: Pilch, Phonemtheorie I, 3. Aufl. 1974; W. Mayerthaler, Einf. in die generative Phonologie, Tübingen 1974; S.R. Anderson, The organization of phonology, NY 1974; M. Kenstowicz–Ch. Kisseberth, Generative phonology: description and theory, NY 1974; L.M. Hyman, Phonology – theory and analysis, NY 1975; A.H. Sommerstein, Modern Phonology, London 1977; C. Sloat–S.A. Taylor–J.E. Hoard, Introduction to phonology, Englewood Cliffs, NJ, 1978; R. Lass, Phonology – An introduction to Basic Concepts, CUP 1984. – Über *natürliche Phonologie* siehe D. Stampe, A dissertation on Natural Phonology, NY 1979 (schon 1973 versandt); J.B. Hooper, An introduction to natural generative phonology, NY 1976. – Für diejenigen, die sich für typologische Fragen interessieren, sind wichtig: M. Ruhlen, A guide to the languages of the world, Stanford 1977 (: 700 Sprachen erfaßt); I. Maddieson, Patterns of Sounds, CUP 1984. – Ein ausgezeichneter Überblick über die Entwicklung der phonologischen Theorien ist Eli Fischer-Jørgensen, Trends in phonological theory, Kopenhagen 1975. Fast 60 der wichtigsten Beiträge auf diesem Gebiet, von Sapir bis S. Lamb, sind enthalten in dem Reader von V.B. Makkai, Phonological Theory, NY 1972.

7.2   Die an der heutigen Sprache, dem *synchronen* Zustand, gewonnenen Ergebnisse der Phonologie müssen natürlich auch auf die Geschichte, die *Diachronie*, anwendbar sein, insbesondere auf den Lautwandel.

Das Phonem ist, wie gesagt, ein Sammelbegriff: es faßt alle diejenigen phonetisch verschiedenen und dennoch ähnlichen Laute, die *Allophone*, zusammen, die nicht als bedeutungsunterscheidend funktionieren. Ein Phonem ist einfach die Summe seiner Allophone, die entweder in freiem Austausch stehen können oder in komplementärer Verteilung (Distribution) auftreten, indem sie an gewisse Stellen und Bedingungen gebunden sind. So ist das Phonem /t/ des Englischen vor dem Akzent aspiriert (tip, top), aber nicht wenn ihm ein s vorausgeht (stop). Eine derartige allophonische Situation ist im Vernerschen Gesetz (II. 4.) beschrieben: die neu entstandenen stimmhaften Spiranten waren Allophone der ursprünglichen stimmlosen Spiranten – und zwar in komplementärer Distribution.

Noch bedeutender für den Lautwandel ist die Interpretation des Phonems als eines Bündels von distinktiven Merkmalen. Wenn ein Phonem, z. B. /b/, sich verändert, bedeutet das, daß eins seiner distinktiven Merkmale sich verändert. So kann sich z. B. der Verschlußcharakter ändern: die Lippen werden nicht (mehr) geschlossen, sondern (nachlässig) halb-offen gelassen, und so entsteht ein Spirant. Das geschah z. B. im Altgriechischen um die Zeitwende, so daß dem alten β heute ein v (wie w in wann) entspricht. Oder es kann eine Veränderung in der Stimmtonbeteiligung eintreten. Wenn bei der Artikulation die Stimmbänder nicht (mehr) zum Schwingen gebracht werden, entsteht aus /b/ das stimmlose /p/. Das geschah z. B. im Germanischen, wo dem idg. b ein p entspricht. Aber Phoneme sind nicht isoliert im Phonemsystem. Gewöhnlich gibt es eine ganze Anzahl von Phonemen, die gewisse distinktive Merkmale gemeinsam haben. So treten von den drei Merkmalen von /b/ zwei, nämlich Verschluß und Stimmton, gewöhnlich auch bei /d/ und /g/ auf, die sich nur in der Artikulationsstelle von /b/ unterscheiden. Wenn nun ein distinktives Merkmal eines Phonems sich ändert, muß diese Änderung, da sie ja unbewußt ist, nicht nur in allen Fällen (= Wörtern) auftreten, in denen das Phonem vorkommt, sondern auch bei allen Phonemen, die das Merkmal aufweisen. Lautveränderung ist also auch von diesem Gesichtspunkt regelmäßig, und sogar systematisch. Das können wir bei der Lautverschiebung sehr schön sehen, wo die Änderung des Merkmals „Stimmton" zum gemeinsamen Wandel von idg. b d g (zu germ. p t k) führte.

Das ist wieder bloß ein kleiner Ausschnitt aus den vielfach komplizierten Vorgängen, die besonders elegant und eindrucksvoll von A. Martinet, Économie des changements phonétiques, 1955, behandelt werden. Die bahnbrechenden Arbeiten von R. Jakobson sind jetzt in seinen Selected Writings I, 1962, leicht zugänglich. S. auch O. Szemerényi, Methodology of genetic linguistics, 1968, wo auch weitere Literatur zitiert wird. Neuere Gesichtspunkte bei Dressler–Grosu, Generative Phonologie und idg. Lautgeschichte, IF 77, 1972, 19–72; Dressler, A semiotic model of diachronic process phonology, in: Lehmann–Malkiel (Hrsg.), Perspectives in historical linguistics, Amsterdam 1982, 93–131; Szemerényi 1971, 53–97; 1982, 59–78.

8. Was wir bisher über die Lautgesetze gesagt haben, bedarf noch

einer Ergänzung. Das wurde auch schon von den Junggrammatikern erkannt, die in dem oben angeführten Teil ihres Manifests betonten, daß was sie dort sagen, den Lautwandel betrifft, „soweit er
mechanisch vor sich geht". Denn es war ihnen klar, daß die Lautgesetze nicht nur von anderen Lautgesetzen durchkreuzt werden,
sondern ganz allgemein von einem anderen mächtigen Faktor des
Sprachwandels, der *Analogie*.

Dieser auf das Altertum zurückgehende Terminus gewann seine
moderne, präzise Bedeutung eben durch den Gegensatz zu den
Lautgesetzen. Analogie ist eine morphologische Umgestaltung nach
in der Sprache schon existierenden Modellen. Dadurch wird aber
die rein lautliche, und lautgesetzliche, Entwicklung zumeist durchkreuzt und verdunkelt.

Wenn im Deutschen am Ende der mhd., Anfang der nhd. Zeit die
älteren Paradigmen stīgen: steic/stigen, biegen: bouc/bugen, binden: bant/bunden usw. zu nhd. stieg/stiegen, bog/bogen, band/
banden wurden, so handelt es sich einfach um Umstrukturierungen
des Verbalsystems und nicht um lautliche Vorgänge, also z. B. nicht
um eine geradlinige lautliche Entwicklung von steic zu stieg, oder
bouc zu bog, oder sogar bunden zu banden. Aber daß wir hier durch
Systemzusammenhänge bedingte morphologische Veränderungen
vor uns haben, wird eben dadurch sichergestellt, daß eine lautliche
Entwicklung von steic zu stieg, oder bunden zu banden unmöglich,
d. h. mit unseren anderweitigen Kenntnissen unvereinbar ist.

Analogische wie auch semantische Veränderungen können nur schwer
auf allgemeinere Formeln gebracht werden. Versuche dazu wurden in
jüngerer Zeit angestellt von J. Kuryłowicz, La nature des procès dits
analogiques, Acta Linguistica 5, 1949, 15–37; W. Mańczak, Tendances
générales des changements analogiques, Lingua 7, 1958, 298–325. 387–
420; *id.*, A propos de l'analogie progressive, Linguistics 33, 1967, 82–86;
Les lois du développement analogique, Linguistics 205, 1978, 53–60
(über beide Forscher s. Szemerényi 1982, 134f.; Collinge, Laws
249f.); des weiteren G. Lerchner–Th. Frings, Analogie, PBB (Halle)
84, 1962, 48–57; Lehmann, Historical Linguistics, 1962, 177–192;
Trnka, On Analogy, ZPhon 21, 1968, 345–351; K.-H. Best, Probleme
der Analogieforschung, 1973; E. A. Esper, Analogy and association,
1973; Anttila, Analogy, 1978; Mayerthaler, in: Lüdtke 1980, 80–
130; F. J. Zamora Salamanca, La tradición histórica de la analogía lingüística, RSEL 14, 1985, 367–419. – Über Analogie in der generativen
Grammatik s. R. D. King, Historical linguistics and generative grammar,
1969, 127f.; Vennemann–Wilbur, Schuchardt, the Neogrammarians,
and the Transformational Theory of Phonological Change, 1972, 183f.,

bes. 202; Kiparsky 1982, Kap. 10, 11 (1974, 1978); Zamora Salamanca, o.c., 394 f. – Über die Anfänge moderner Analogieforschung s.
Vallini, Analogia dal periodo Schleicheriano a F. de Saussure, Pisa 1972;
A. Morpurgo-Davies, TPS 1978, 36–60 (47: Proportionen wurden
1875 von Havet eingeführt); H. H. Christmann, Zum Begriff der Analogie in der Sprachwissenschaft des 19. Jahrhunderts, Fs. K. Baldinger,
1979, 102–115.

9. Was wir in diesem Kapitel etwas ausführlicher über den Lautwandel gesagt haben, gilt mutatis mutandis für das Ganze der
Sprache: für die Morphologie, die Syntax, für den Wortschatz. Wir
können und müssen bei dem Vergleich höherer Einheiten dieselben
Prinzipien befolgen wie bei den kleineren und kleinsten. Die
Grundlage muß immer die materielle Identität oder Ähnlichkeit
bleiben. Sie behält ihre Tragfähigkeit, auch wenn die Funktionen
größere Divergenzen aufweisen. Das Umgekehrte ist nicht haltbar
und kann nur zu unbegründeten Annahmen und Verwirrungen
führen. Das Ausmaß der materiellen Ähnlichkeit oder Abweichung
– eine Frage, die wir am Anfang dieses Kapitels (II. 1. Ende) in der
Schwebe ließen – kann jetzt auch genauer bestimmt werden: die Abweichung muß mit den Lautgesetzen im Einklang stehen. Dabei ergeben sich manche fast unglaubbare, aber vom sprachwissenschaft-
lichen Standpunkt ganz genaue Entsprechungen. Ein oft zitiertes
Beispiel derartiger Auseinanderentwicklungen ist das armenische
Zahlwort *erku* ‚zwei‘ im Verhältnis zu den Formen der anderen
indogermanischen Sprachen, z. B. lat. *duo*. Ein Vergleich mit idg.
*dwō erweckt im Uneingeweihten das unangenehme Gefühl, daß ja
hier kein einziger Laut ‚stimme‘. Das ist auch richtig. Dennoch kann
gezeigt werden, daß die Gleichung zu Recht besteht. Aber dieser Beweis kann eben nur durch die sorgfältigste Beobachtung und Feststellung der lautlichen Entwicklungen, der Lautgesetze, erbracht
werden (1). Deshalb bleibt auch die sicherste und nie zu vernachläs-
sigende Grundlage aller Sprachvergleichung die Lautlehre – wie un-
angenehm das auch einige berühren mag. Auch hier bewahrheitet
sich der Spruch: *per aspera ad astra.*

(1) Über arm. *erku* s. VIII. 5.2 (2).

10. Noch ein Wort über die Lautgesetze: Wie wir gesehen haben,
hat sich das Prinzip der ausnahmslosen Lautgesetze praktisch erst
mit den Junggrammatikern (ca. 1878) durchgesetzt. Im Gegensatz
zum früheren Usus haben sie auch betont, daß zu einem richtigen

Verständnis des Sprachlebens nur der durchdringen kann, der „aus dem hypothesentrüben Dunstkreis der Werkstätte, in der man die idg. Grundformen schmiedet, einmal heraustritt in die klare Luft der greifbaren Wirklichkeit" und sich durch die jüngeren und jüngsten Perioden und insbesondere durch die lebenden Volksmundarten leiten läßt. Vgl. das Manifesto (oben 5.) S. IX–X. In dem seit ihrer Zeit verflossenen Jahrhundert sind diese Gedanken in verschiedenen Richtungen weiterentwickelt worden, und heute sind wir durch Soziolinguistik, lexikale Diffusion und Sprachvariation – siehe oben 6. (2) – an einem Punkt angelangt, wo sich der synchrone Zustand immer mehr in eine nicht in Regeln zu fassende (Un-)Masse auflöst – ganz dem heutigen Zustand der Gesellschaft, wenigstens der Gesellschaft der westlichen Staaten, entsprechend.

Es ist deshalb an der Zeit zu betonen, daß diese Sicht auf frühere Sprachperioden nicht unbedingt, besser gesagt nur beschränkt zutrifft. Da in früheren Zeiten die Gesellschaft selbst sehr viel kleiner, einheitlicher war und durch zentripetale Maßregeln viel stärker zusammengehalten wurde als heute, war auch der Sprachzustand viel einheitlicher als heute. Dieser Unterschied ist auch für die Frage der Lautentwicklung, der ausnahmslosen Lautgesetze von unverkennbarer Bedeutung.

III. AUFGABEN
DER INDOGERMANISCHEN SPRACHWISSENSCHAFT

Die Tatsache, daß so viele Sprachen Europas und Südwestasiens in ihrer grammatischen Struktur und in ihrem Wortschatz weitgehende Übereinstimmungen aufweisen, läßt sich, wie wir gesehen haben, nur durch die Annahme erklären, daß sie alle von einer gemeinsamen Grundsprache, dem Indogermanischen, abstammen, daß sie alle nur selbständig weiterentwickelte Varianten dieser zugrundeliegenden Ursprache sind (1).

Daraus folgt, daß es die erste Aufgabe des Indogermanisten ist, heraufsteigend das Indogermanische, soweit möglich, zu rekonstruieren. Das phonologische System, das ja ein geschlossenes System war, läßt sich mit ziemlich großer Sicherheit und auch dem Umfang nach befriedigend wiederherstellen. Das morphologische System, obwohl ebenfalls geschlossen, bietet schon bedeutend größere Schwierigkeiten, obwohl auch hier noch das System in großem Umfang erschlossen werden kann. Viel schwieriger ist die Syntax. Die Einheiten, mit denen wir dort arbeiten müssen, sind größer, und deshalb kann die historische Variabilität viel weniger zuversichtlich als Grundlage für die Erschließung eines vorhistorischen Systems verwendet werden. Endlich ist der Wortschatz zwar in großen Zügen, besonders regional, gut erkennbar, aber da er in keiner Sprache ein geschlossenes System ist, kann er auch für das Indogermanische nur teilweise erschlossen werden (2).

Diese Rekonstruktion des indogermanischen Sprachsystems kann und muß dann als Ausgangspunkt einer Interpretation des Systems und seiner Vorgeschichte dienen. Beim Indogermanischen sind wir in einer besonders günstigen Lage, und es läßt sich vieles über die Vorgeschichte des rekonstruierten Indogermanischen feststellen.

Eine weitere wichtige Aufgabe des Indogermanisten ist es, mit Hilfe der rekonstruierten Grundsprache herabsteigend die Vor- und Frühgeschichte der Einzelsprachen zu erklären. Die Behandlung der eigentlichen Geschichte der Einzelsprachen gehört natürlich nicht mehr zu den Aufgaben der Indogermanistik, sie beleuchtet nur ihre Grundlagen; siehe schon oben I. 5.

Bei der Behandlung beider Aufgaben gibt es zwei theoretisch scharf geschiedene Positionen. Einige meinen, daß wir durch unsere Vergleiche nur Entsprechungen feststellen können. Wenn wir also durch die Tatsachen gezwungen werden, anzuerkennen, daß z. B. lat. *deus*, altirisch *día*, litauisch *dievas*, altindisch *devas* usw., die alle ,Gott' bedeuten, genetisch zusammengehören, so bedeutet das nur, daß wir sagen können, daß lat. *d* dem air. *d*, lit. *d*, ai. *d* usw. entspricht, aber wir können nicht weitergehen und behaupten, woraus alle entstanden sind. Die Rekonstruktion einer grundsprachlichen Form, im gegebenen Falle eines idg. **deiwos*, dürfe nur als eine Formel betrachtet werden, die die schwerfälligen und langatmigen Aussagen über die feststellbaren Entsprechungen erleichtern und kurz zusammenfassen soll (3). Demgegenüber meinen andere, daß wir durch unsere Methoden zur Rekonstruktion eines verschwundenen Sprachzustandes befähigt sind. Eine rekonstruierte Form, z. B. **deiwos*, ist die Realität, die den einzelsprachlichen Formen zugrunde liegt, aus der sie sich alle nach ihren eigenen Lautgesetzen entwickeln (4). Natürlich ist zuzugeben, daß die Rekonstruktion den jeweiligen Zustand der Sprachwissenschaft widerspiegelt. Sie kann also, ebenso wie eine naturwissenschaftliche Theorie, durch neuere Entdeckungen modifiziert und verbessert werden. Und tatsächlich sind unsere Rekonstruktionen, was auch von der erstgenannten Richtung anerkannt wird, ,besser' als diejenigen, die vor einem Jahrhundert gängig waren, d. h., sie entsprechen mehr den historischen Tatsachen. Und nur wenn wir die Realität der verschiedenen rekonstruierten Formen anerkennen, können wir uns sinnvoll mit der Frage beschäftigen, wie sie sich zueinander verhalten, wie also das System aufgebaut war. Realismus spielt schon bei der Rekonstruktion eine entscheidende Rolle, denn das Rekonstruieren von phonetisch unmöglichen Lauten oder Lautfolgen (= Wörtern) kann nur als ein müßiges Spiel betrachtet werden. In dieser Einleitung ist dementsprechend die realistische Richtung vertreten (5). Wenn klargemacht werden soll, daß eine Form nicht belegt, sondern nur rekonstruiert ist, wird sie mit einem Sternchen versehen: **deiwos* (6).

(1) Über den Gang der Forschung s. D r o s d o w s k i, Die Erforschung des idg. Altertums (1816–1966), Die wissenschaftliche Redaktion 2, 1966, 51–69; M a l l o r y, A short history of the IE problem, JIES 1, 1973, 21–65. – (2) R. A. H a l l Jr. nimmt an (LeS 4, 1969, 402 Fn. 19, und noch optimistischer LACUS 6, 1980, 95), daß für das Urromanische 95–98% des phonologischen Systems, 80–85% der Morphologie, 60% der Syntax und 70–75% des Lexikons rekonstruiert werden können. – (3) Siehe z. B. D e l-

brück, Einleitung, 1880, 52f.; Meillet, Introduction, 1.Aufl. VIII, 27, 29; Hjelmslev, Le langage, 1966, 37. Nicht ganz klar ist Hermanns Standpunkt in dem bekannten Aufsatz über das Rekonstruieren (KZ 41, 1907, 1–64), vgl. 2 gegen, 62 eher dafür, allerdings nur „approximativ". – (4) Siehe Hockett, Lg. 24, 1948, 128f.; id., Course 506; Hall, On realism in reconstruction, Lg. 36, 1960, 203–6; Coerenza e realismo nella ricostruzione, LeS 4, 1969, 399–404; Hoenigswald, Language change and linguistic reconstruction, 1960, 134f.; Phonetic reconstruction, PICP 5, 1965, 25–42; Nehring, Zur „Realität" des Urindogermanischen, Lingua 10, 1961, 357–368; M.R. Haas, Historical Linguistics and the Genetic Relationship, CTL 3, 1966, 113–153, bes. 124, 130. – (5) Über die Methoden der Rekonstruktion siehe seit dem letzten Krieg Bonfante, On reconstruction and linguistic method, Word 1, 1945, 83–94, 132–161; J.W. Marchand, Internal reconstruction of phonemic split, Lg. 32, 1956, 245–253; Michelena, Lenguas y protolenguas, 1963; Kuryłowicz, On the methods of internal reconstruction, PICL 9, 1964, 9–31; CTL 11, 1973, 63–92; Martinet, Les problèmes de la phonétique évolutive, PICP 5, 1965, 82–102; Szemerényi, Methodology of Genetic Linguistics, 1968; Adrados, Die Rekonstruktion des Indogermanischen und die strukturelle Sprachwissenschaft, IF 73, 1968, 1–47; Michelena, Comparación y reconstrucción, Em 37, 1969, 99–135; Dyen, Reconstruction …, Lg. 45, 1969, 499–518; Anttila, An introduction to hist. and comp. linguistics, 1972, 264f., 335–388; Ambrosini, On linguistic reconstruction, Studi Bolelli, 1974, 17–37; Neu, in: Arnold-Sinemus (Hrsg.), Sprachwissenschaft, 1974, 319f.; Miranda, Lingua 36, 1975, 289–305; Szemerényi, Rekonstruktion in der idg. Flexion – Prinzipien und Probleme, 5.Fachtagung, 1975, 325–345; On reconstruction in morphology, Studies A.A. Hill, III, 1978, 267–283; Strukturelle Probleme der idg. Flexion, 7.Fachtagung, 1985, 515–533; Th. Bynon, Historical Linguistics, CUP 1977, 45–75; *Problemy rekonstrukcii, Moskau 1978; Prosdocimi, Diacronia: ricostruzione, LeS 13, 1979, 335–371. 501–2 (vgl. dazu Szemerényi, Kratylos 30, 1985, 9); Klimov, K tipologičeskoj rekonstrukcii, VJ 1980 (1), 3–12; Mayrhofer, Über sprachliche Rekonstruktionsmethoden, ÖAWAnz 117, 1981, 357–66; D.M. Job, Gedenkschrift Kronasser, 1982, 46–71; Haudry, La reconstruction, La Linguistique 21, 1985, 91–107; Gamkrelidze–Ivanov 1985, 457f.; Hock 1986: 717 s.v. realism, bes. 568f. Ein Heft der Incontri Linguistici (9, 1986, 67–152) ist 9 Beiträgen zu den Problemen der Rekonstruktion gewidmet (z.B. von Campanile, Neu, Strunk). – Für praktische Zwecke sehr nützlich ist W. Cowan, Workbook in comparative reconstruction, NY 1971; 2.Aufl.: W. Cowan–J. Rakušan, Source book for Linguistics, Amsterdam 1985. – Syntaktisch orientiert ist Th. Krisch, Konstruktionsmuster und Bedeutungswandel indogermanischer Verben, 1984, s. bes. 26f., 99f., 191f. – (6) Über die Einführung des Sternchens s. Koerner, KZ 89, 1976, 185–190.

Aus der Rekonstruktion ergeben sich für den Indogermanisten noch weitere Aufgaben. Wenn ein guter Teil des idg. Wortschatzes rekonstruiert ist, können wir verschiedene Fragen beantworten, die auch für den Frühgeschichtler von großem Interesse sind. Wie war die Struktur der ‚Familie‘, und der Gesellschaft überhaupt? (1). Was waren Glauben und Kenntnisse der Indogermanen? Verehrten sie Götter? Was kannten sie an Metallen, Tieren, Pflanzen? Wieweit kann eine Antwort auf diese letzten Fragen dazu verhelfen, ihre Heimat und Zeit zu bestimmen? (2). Besaßen sie schon eine gehobene dichterische Sprache, vielleicht auch dichterische Formen? (3).

Daneben entstehen noch weitere sprachliche Fragen. Können wir Dialektunterschiede innerhalb des Indogermanischen erkennen? Was können wir über den Prozeß der Differenzierung feststellen, der zur Ausbildung der Einzelsprachen führte? (4).

All diese Fragen müssen in einer größeren Einleitung in die idg. Sprachwissenschaft behandelt werden. Unsere Einführung ist von einem so begrenzten Umfang, daß sie entweder alles nur oberflächlich berühren oder nur einige Problemkreise gründlicher durchforsten kann. Wir haben uns für die letztere Lösung entschlossen in der Hoffnung, daß der Leser im Besitz einer gesicherten Grundlage sich auch für die weiteren Problemkreise interessieren wird (5).

(1) Siehe Szemerényi, Studies in the kinship terminology of the IE languages, Acta Iranica 16, 1978, 1–240; Gamkrelidze–Ivanov 1985, 755–775; H. Hettrich, IE kinship terminology, in: Anthropological Linguistics 27, 1987, 453–480; McCone, in: Meid (Hrsg.), Studien zum idg. Wortschatz, 1987, 144f. – (2) Siehe Dressler, Methodische Vorfragen bei der Bestimmung der Urheimat, Sprache 11, 1965, 25–60; Scherer (Hrsg.), Die Urheimat der Indogermanen, 1968; Mallory, A history of the IE problem, JIES 1, 1973, 21–65; Paleontologia Linguistica – VI Convegno Internaz. di Linguisti, Mailand 1977; Szemerényi 1985: 44–54; Strunk, InL 9, 1986, 136f. – (3) Humbach, Idg. Dichtersprache?, MSS 21, 1967, 21–31; R. Schmitt, Dichtung und Dichtersprache in idg. Zeit, 1967; id. (Hrsg.), Idg. Dichtersprache, 1968; Meid, Dichter und Dichtkunst, Innsbruck 1978; Nagy, On the origins of the Greek hexameter, Fs. Szemerényi, 1979, 611–31; Campanile, Idg. Metrik und altirische Metrik, ZCP 37, 1980, 174–202; Toporov, Die Ursprünge der indoeuropäischen Poetik, Poetica 13, 1981, 189–251; Gamkrelidze–Ivanov 1985: 832f. – (4) Porzig, Gliederung; Milewski, Die Differenzierungen der ie. Sprachen, LPosn 12/13, 1968, 37–54; Scherer, Die Indogermanisierung Europas, in: V Convegno, Mailand, 1972, 21–36. – (5) Die indogermanische Sprachwissenschaft wurde schon öfters mehr oder weniger eingehend behandelt. Vor den Junggram-

matikern können folgende Werke verzeichnet werden: F. Bopp, Vergleichende Grammatik des Sanskrit, Zend, Armenischen, Griechischen, Lateinischen, Litauischen, Altslavischen, Gotischen und Deutschen I–III, Berlin 1833–1852 (mit zwei weiteren Auflagen, 1857–61, 1864–71); A. Schleicher, Compendium der vergleichenden Grammatik der idg. Sprachen, Weimar 1861–2 (mit drei weiteren Auflagen); R. Westphal, Vgl. Grammatik der idg. Sprachen, Jena 1873 (darüber jetzt L. Farmini, RIL 116, 1983, 167–180). Dann kamen folgende größere Werke: Brugmann, Grundriß, KVG; Meillet, Introduction; Hirt, IG; Pisani, Glottologia ie., 1961. Von der mehrbändigen von Kuryłowicz initiierten Idg. Grammatik liegen jetzt vor: Bd. II: Akzent, Ablaut (Kuryłowicz), 1968; Bd. III/1 Geschichte der idg. Verbalflexion (Watkins), 1969; I/1–2: Einleitung (Cowgill), Lautlehre (Mayrhofer), 1986; über weitere geplante Bände s. Mayrhofer, 7. Fachtagung, 1985, 258f. Zuletzt muß noch vorliegende Einführung genannt werden. Wegen der Sprache sind nicht leicht zugänglich A. N. Savčenko, Sravnitel'naja grammatika ie. jazykov, Moskau 1974; Th. Simenschy–Gh. Ivănescu, Grammatica comparată a limbilor indoeuropene, Bukarest 1981.

IV. PHONOLOGIE

Rekonstruktion des Systems

1. *Vokale*

Durch Vergleich der Einzelsprachen ergibt sich zunächst, daß die Grundsprache die fünf Grundvokale besaß, und zwar kurz und lang:

i		u	ī	ū
	e	o	ē	ō
	a		ā	

Dieser Vokalismus hat sich im Griechischen in den meisten Dialekten fast intakt erhalten. Aber das Attische und Ionische weichen in zwei Punkten von diesem ererbten Zustand ab. Das lange $\bar{a}$ wurde in ihnen zu $\ddot{a}$ gehoben, das dann mit dem ererbten $\bar{e}$ in η zusammenfiel, aber im Attischen nach e, i und r zu $\bar{a}$ rückverwandelt wurde (s. meine Rückverwandlung) (1). In diesen Dialekten ist auch kurzes und langes u nach vorne geschoben, d. h. zu $\ddot{u}$ geworden. Im Lateinischen ist das Langvokalsystem ziemlich gut bewahrt, während die Kurzvokale in nichtersten Silben weitgehend geschwächt und auch in ersten Silben durch die Umgebung oft umgefärbt wurden. Im Arischen fand ein Umsturz statt, indem die drei niedrigeren Vokale a, e, o alle in a zusammenfielen – entsprechend auch die Längen in $\bar{a}$ –, so daß ein Dreivokalsystem entstand (2). Im Germanischen erfolgte ein partieller Zusammenfall: a und o sind in a zusammengefallen, $\bar{a}$ und $\bar{o}$ in $\bar{o}$, ahd. uo. Im Gotischen fielen des weiteren auch e und i in i zusammen, während die Längen noch getrennt blieben. Im Slavischen sind a und o in o, und $\bar{a}$ und $\bar{o}$ in a zusammengefallen – also umgekehrt wie im Germanischen –, während im Litauischen a und o in a zusammenfielen, dagegen $\bar{a}$ und $\bar{o}$ zu $\bar{o}$ bzw. uo wurden. Im Slavischen wurden i u zu den überkurzen $\breve{i}$ $\breve{u}$, und die Längen $\bar{i}$ $\bar{u}$ zu i und y.

(1) Siehe noch L a r o c h e, Mél. Chantraine, 1972, 83 f. (zu spät datiert); S o m m e r s t e i n, Sound pattern of Ancient Greek, 1973, 52 f.; M i g n o t, La genèse du vocalisme en grec ancien, Estudios a E. Alarcos Llorach I, 1976, 193–206; G u s m a n i, Studies Palmer, 1976, 77–82; G a t e s,

Glotta 54, 1976, 44–52; Messing, Illinois Classical Studies 1, 1976, 1–6;
Miller, Sprache 22, 1977, 137f.; Crespo, Cuadernos de Filología Clá-
sica 12, 1977, 187f.; 13, 1978, 309f. – (2) Für semitische Einwirkung Szemerényi 1985, 41f. (mit Hinweisen). – Nach dem sog. *Brugmannschen
Gesetz* (s. Curtius' Studien 9, 1876, 367f., 380f.) soll idg. *o* in offenen
Silben zu *ā* geworden sein. Das Gesetz wurde von Brugmann selbst (s. IF
32, 1913, 191 Fn. 2) und anderen (s. Gonda, Old Indian, 1971, 25. 102)
aufgegeben, wird aber auch heute noch verteidigt, z. B. von Dressler,
IF 77, 1973, 51; Burrow, BSOAS 38, 1975, 55–80; Kuryłowicz, Problèmes, 1977, 163f., bes. 169f.; Jamison 1983, 11–24, 200–212. Vgl. auch
Collinge, Laws 13f. – Das einstige Vorhandensein im Arischen auch
von *e* wurde durch das *Palatalisierungsgesetz* erwiesen: (Labio-)Velare
wurden vor ursprünglichen *e* und *i/y* zu Affrikaten, s. weiter unten 7.4.7,
und Szemerényi, 1964, 4; Mayrhofer, Sanskrit und die Sprachen
Alteuropas, GGN 1983, 137–142; Collinge, Laws 133f.

Diese kurze Übersicht kann natürlich nicht alle Einzelheiten erfassen, aber sie gibt ein Gesamtbild. Einzelheiten über das Latein
werden noch unten (1.12) gegeben. Die angegebenen Entwicklungen werden durch folgende Beispiele veranschaulicht.

1.1 *a*

* *agō* ‚ich treibe': gr. ἄγω, lat. *agō*, skt. *ajāmi*, an. *aka* ‚fahren';

* *agros* ‚Trift, Feld': gr. ἀγρός, lat. *ager*, skt. *ajras*, got. *akrs*;

* *dakru* ‚Träne': gr. δάκρυ, alat. *dacruma* (später *lacrima*), got. *tagr*,
   ahd. *zahar* ‚Zähre';

* *ghans-* ‚Gans': gr. χᾶν, att. χήν, lat. *anser*, skt. *haṁsa-* ‚Gans,
   Schwan', ahd. *gans*; s. Symbolae Mitxelena I, 1985, 265–273.

1.2 *ā*

* *swādu-* ‚süß': gr. ἁδύς, att. ἡδύς, lat. *suāvis*, skt. *svādu-*, ahd.
   s(w)uozi;

* *bhāghu-* ‚Arm': gr. πᾶχυς, att. πῆχυς, skt. *bāhu-*, ahd. *buog*
   ‚Bug';

* *mātēr* ‚Mutter': gr. μάτηρ, att. μήτηρ, lat. *māter*, skt. *mātar-*,
   ae. *mōdor*, ahd. *muoter*, lit. *motė* ‚Weib, Ehefrau', aks. *mati*,
   mater-;

* *bhrātēr* ‚Bruder': gr. φράτηρ ‚Mitglied einer Phratrie', lat. *frāter*,
   skt. *bhrātar-*, got. *brōþar*, ahd. *bruoder*.

1.3 *e*

* *bher-* ‚tragen': gr. φέρω, lat. *ferō*, skt. *bharāmi*, got. *bairan* (*ai* = *e*,
   statt *i* vor *r* und *h*), ahd. *beran* (engl. *bear*, dt. *ge-bären*);

* *esti* ‚ist': gr. ἐστί, lat. *est*, skt. *asti*, got. *ist*;
* *genos* ‚Geschlecht': gr. γένος, lat. *genus*, skt. *ǰanas-*;
* *nebhos, *nebhelā* ‚Wolke, Himmel': gr. νέφος νεφέλη, lat. *nebula*,
skt. *nabhas-*, aks. *nebo, nebes-*.

1.4 *ē* ist in den germ. Sprachen, mit Ausnahme des Gotischen, zu
ā, im Keltischen zu *ī* geworden.
* *rēg-s* ‚König': lat. *rēx*, skt. *rājā* ‚König, Radscha', air. *rī*, Gen. *rīg*;
* *sē-* ‚säen': lat. *sēmen*, got. *mana-sēþs* ‚Menschensaat, Welt', ahd.
sāmo, aks. *sēmę*, air. *sīl* ‚Same';
* *dhē-* ‚stellen, legen; machen': gr. τί-θη-μι, skt. *da-dhā-mi*, lat.
fē-cī, got. *missa-dēds* ‚Missetat', ahd. *tāt*;
* *plē-* ‚voll': gr. πλήρης, lat. *plēnus*, skt. *prātas*.

1.5 *o*
* *oktō*: gr. ὀκτώ, lat. *octō*, skt. *aṣṭā*, got. *ahtau*, air. *ocht*;
* *owis* ‚Schaf': gr. ὄϝις, οἶς, lat. *ovis*, skt. *avis*, got. *awistr-is* (Gen.)
‚Schafstall', ahd. *ou(wi)*, lit. *avis*, aks. *ovĭca*;
* *potis* ‚Herr, Gemahl': gr. πόσις (δεσπότης), lat. *potis potior*, skt.
patis, got. *brūþ-faþs* ‚Bräutigam' (Herr, Mann der Braut), lit.
pats, (alt) *patis* ‚Ehemann';
* *orbhos* ‚verwaist': gr. ὀρφανός, lat. *orbus*, arm. *orb* ‚Waise', got.
arbi ‚das Erbe' (**orbhyom*), ahd. *arbi, erbi*, air. *orb* ‚der/das
Erbe'.

1.6 *ō*
* *gnō-* ‚kennen': gr. ἔγνων γι-γνώ-σκω, alat. *gnōscō*, klass. *nōvī*,
skt. *jñāta-* ‚(g)nōtus', aks. *znati* ‚kennen';
* *dō-* ‚geben', **dō-no-m, *dō-ro-m* ‚Geschenk': gr. ἔδωκα δί-δω-
μι, δῶρον, lat. *dō dōnum*, skt. *da-dā-mi dānam*, aks. *dati*
‚geben', *darŭ* ‚Geschenk', lit. *dúoti* ‚geben';
* *ōku-* ‚schnell': gr. ὠκύς, lat. *ōcior*, skt. *āśu-*;
* *yōs-* ‚sich gürten': gr. ζωστός ζώννυμι ζώνη, avest. *yāsta-* ‚umge-
gürtet', lit. *júostas* ‚id.', aks. *po-jas-ŭ* ‚Gürtel'.

1.7 *i*
* *wid-* ‚wissen': gr. hom. (ϝ)ἴδ-μεν, skt. *vid-ma*, got. *witum*;
* *widhewā* ‚Witwe': lat. *vidua*, skt. *vidhavā*, got. *widuwō*, ahd. *wi-
tuwa*, aks. *vĭdova*;
* *misdho-* ‚Lohn': gr. μισθός, skt. *mīḍha-* (*mīḷha-*) ‚Kampfpreis',
avest. *mižda-* ‚Lohn', aks. *mĭzda*, got. *mizdō*, nhd. *Miete*;
* *kʷis, *kʷid*: lat. *quis, quid*, heth. *kwis kwid*, gr. τίς τί (aus τιδ).

1.8 ī

* * gʷīwos ,lebendig': lit. gývas (y = ī), aks. živŭ, skt. jīva-, lat. vīvos;
* * wīs ,Kraft': gr. (ϝ)ἶς, lat. vīs;
* * pīwon- ,fett': gr. πίων, skt. pīvan-;
* * pī- ,trinken': gr. πίνω πῖθι, skt. pīta- ,getrunken', aks. pivo ,Bier'.

1.9 u

* * yugom ,Joch': gr. ζυγόν, lat. iugum, skt. yugam, aks. igo (yŭ- zu yĭ- und i), got. juk;
* * rudhros ,rot': gr. ἐ-ρυθρός, lat. ruber, skt. rudhira-, aks. rŭdrŭ;
* * medhu ,Honig, Met': gr. μέθυ, skt. madhu ,süßer Trank, Honig', aks. medŭ , Honig', ae. medu ,mead', ahd. metu ,Met';
* * snusūs ,Schnur = Schwiegertochter': gr. νυός, lat. nurus, skt. snuṣā, ahd. snur (Szemerényi, Syncope 318f.).

1.10 ū

* * mūs ,Maus': gr. μῦς, lat. mūs, skt. mūṣ-, aks. myšĭ, ahd. mūs;
* * bhrū- ,Braue': gr. ὀφρῦς (: ὀπ-φρῦς ,Augen-braue'), skt. bhrū-, ae. brū ,brow';
* * ūdher ,Euter': lat. ūber, skt. ūdhar, ae. ūder ,udder', ahd. ūtar;
* * dhūmos ,Rauch': skt. dhūma-, lat. fūmus, lit. dúmai, aks. dymŭ; vgl. auch gr. θῡμός.

1.11 Schwa.

Ein zusätzlicher Vokal ergibt sich aus morphologisch ganz klaren Entsprechungen wie

   skt. sthi-ta- ,stehend': gr. στατός, lat. stătus,

   skt. a-di-ta ,er gab' (3. Sg. Aor. Med.): gr. ἔ-δο-το,

   skt. pitar-: gr. πατήρ, lat. pater usw.,

in denen ein arisches i einem a der anderen idg. Sprachen gegenübersteht (im Griech. manchmal auch ε oder o, an die entsprechende Länge angeglichen). Da diesen Entsprechungen keiner der bisher behandelten Vokale – also weder idg. i noch idg. a – zugrunde liegen kann, wird gewöhnlich angenommen, daß in solchen Fällen ein idg. Murmelvokal (etwa e in Name, getan) anzusetzen ist. Der Vokal wird mit einem der hebräischen Grammatik entliehenen Ausdruck (šwā ,Leere' für den Murmelvokal zwischen Konsonanten) schwa indogermanicum genannt, und mit einem gestürzten e (ə) bezeichnet. Über sein Wesen und seinen funktionellen Ort im gesamten Vokalsystem werden wir später noch ausführlicher handeln (V. 3.4).

   Parallel diesem schwa indogermanicum primum wird von einigen Forschern noch ein schwa idg. secundum angesetzt: während das schwa primum eine Schwächung eines langen Vokals ist, soll das schwa secundum die Schwächung kurzer Vokale darstellen. Die faktische Grundlage für diese Konstruktion ist unzureichend (s. VI. 6.15).

1.12 *Zusatz*. Im Latein ist das ererbte Kurzvokalsystem besonders bei den Mittelvokalen *e, o* Umwandlungen ausgesetzt.

a) idg. *e* wird zu *o*

1. vor *w*: **newos* ‚neu‘, gr. νε(ϝ)ός: *novos*; idg. **tewos* ‚dein‘, **sewos* ‚sein‘, gr. τεός ἑός: alat. *tovos sovos*, vgl. Szemerényi 1976: 421 f.;

2. nach *sw-*, so daß *swe-* erst *swo-*, dann *so-* ergibt: idg. **swesōr*, skt. *svasar-*, got. *swistar* ‚Schwester‘: *sorōr*; **swekuros* ‚Schwiegervater‘, gr. ἑκυρός: lat. *socer*; **sweneti* ‚tönt‘, skt. *svanati*: alat. *sonit*; **swepnos* ‚Schlaf‘: ae. *swefn* ‚Schlaf, Traum‘: lat. *somnus* (aus **sopnos*);

3. vor velarem *l*, d. h einem *l* vor den Hintervokalen *a, o, u,* und Konsonanten (ausgenommen *-ll-*): **wel-* ‚wollen‘ in *velim velle* erscheint als *volō volt* aus **welō *welti; welu-* (cf. gr. ἐλύω) gibt *volūtus volvō*, ebenso **se-luo* (cf. λύω) *solvō*;

b) idg. *e* wird zu *i* vor einem velaren Nasal, d. h. vor *ng, nk*: **tengō* (cf. τέγγω) ergab *tingō*, ein aus idg. **penkʷe* assimiliertes **kʷenkʷe* wurde zu *quinque*;

c) idg. *o* wird zu *u* vor einem velaren Nasal: gr. ὄγκος ‚Haken‘ entspricht *uncus*; auch vor *mb*: lat. *umbo umbilīcus*, gr. ὀμφαλός; vor velarem *l*: *sulcus*, gr. ὁλκός; *ulcus* aus **olkos*, das nach a 3) aus **elkos* entstand, cf. gr. ἕλκος;

d) *wo* wurde um 150 v. Chr. vor *r, s, t* zu *ve-*: alat. *vortō vorsus voster votāre* wurden zu *vertō versus vester vetāre*.

In nichtersten Silben fand allgemein Schließung der Vokale, d. h. Hebung in Richtung auf *i u* statt. Vgl. *facio: afficio affectus, premo: comprimo compressus* (bei geschlossenen Silben nur bis *e*). Das Extrem dieser Tendenz ist Vokalverlust (Synkope): gr. δεξιτερός, lat. *dexter*; **wiros* wurde zu **wirs, *wirr*, endlich *vir*. Bei nachkonsonantischem *r* entstand ein neuer Vokal: altes *sakros* (5. Jh.) wurde zu **sakrs* synkopiert, dann entstand **sakers, *sakerr, sacer*; ebenso wurde *agros* zu *ager*.

2. *Diphthonge*

Einsilbige (tautosyllabische) Verbindungen von offeneren Vokalen mit den geschlossenen Vokalen *i* und *u* gab es auch im Indogermanischen:

ei	oi	eu	ou
ai		au	

NB. Der Diphthong *eu* war sowohl im Indogermanischen wie auch im Lateinischen und Griechischen eine Verbindung von *e* + *u*; er ist nicht wie das d. *eu* auszusprechen; auch *ei* ist *e* + *i*, nicht nhd. *ei*. Das lat. *ae* war bis 200 n. Chr. als *ai* gesprochen (nhd. *ei*) (1).

(1) Siehe Szemerényi, in: K. Büchner (Hrsg.), Latein in Europa, 1978, 29 f. und 43 Fnn. 21 (gegen Blümel) und 25.

Die Entwicklung der Diphthonge entspricht zunächst der der unabhängigen Vokale. Wo also *o* zu *a* wurde, wurde auch *oi* zu *ai, ou* zu *au*. Weiterhin besteht aber die Tendenz, früher oder später Diphthonge zu monophthongieren. Diese Stufe wurde im Latein schon in der ersten Hälfte des 2. Jh. v. Chr. erreicht: *ei* wurde zu *ī; oi* zu *ū; ou*, mit dem *eu* schon Jahrhunderte früher zusammenfiel, wurde zu *ū*; nur *ai* (geschrieben *ae*) und *au* überlebten die klassische Zeit. Im Griechischen sind in der klassischen Periode die Diphthonge erhalten, ausgenommen *ou*, das zu *ū* wurde, aber auch weiterhin ου geschrieben wurde. Im Germanischen wurde *ei* schon früh zu *ī*. Von den anderen Diphthongen wurden *ai* und *au* im Gotischen allgemein zu den offenen *ę̄* und *ǭ*, im Althochdeutschen wurde *ai* zu *ē* vor *r, w, h,* sonst zu *ei, au* zu *ō* vor *h* und Dentalen (d t z s n r l), sonst zu *ou*. Im Slavischen wurde *ei* zu *i, ai* und *oi* zu *ē*, die *u*-Diphthonge zu *u*. Im Litauischen sind die Diphthonge noch heute erhalten, ausgenommen die *i*-Diphthonge, die zum Teil zu *ie* wurden. Im Arischen sind alle Diphthonge zunächst in *ai* und *au* zusammengefallen, aber auch diese waren im Indischen schon zu Anfang der Überlieferung zu *ē* und *ō* monophthongiert, während sie im Altiranischen noch erhalten sind.

Es folgen nun einige Beispiele für die einzelnen Diphthonge.

2.1 *ai*

* *aidh-* ‚brennen': gr. αἴθω, lat. *aedēs* (ursprüngl. ‚Herd', dann ‚Haus'), *aestus, aestās,* skt. *ēdha-* ‚Brennholz', ahd. *eit* ‚Scheiterhaufen';

* *kaiko-* ‚blind‘: lat. *caecus,* air. *caích* ‚einäugig‘, got. *haihs* ‚id.‘; vgl.
auch gr. χαιχίας ‚Nordostwind‘ (‚der dunkle‘);

* *daiwēr* ‚der Bruder des Mannes einer Frau‘: gr. δαήρ, skt. *dēvar-,*
arm. *taigr,* aks. *dēverĭ,* ahd. *zeihur;* dazu lat. *lēvir* aus *dēvir* nach
laevus („quasi laevus vir“) mit nichtrömischem *ē*;

* *ghaido-* ‚Ziege‘: lat. *haedus,* got. *gaits,* ahd. *geiz.*

2.2 ei

* *deik-* ‚weisen, sagen‘: gr. δείχνυμι, lat. *dīcō,* got. *ga-teihan* ‚anzeigen, verkündigen‘, ahd. *zīhan* ‚von jm. etwas aussagen, be-
zichtigen‘ (cf. zeihen, verzeihen);

* *deiwos* ‚Gott‘: lat. *deus, dīvus,* skt. *dēvas,* apreuß. *deiws,* lit.
dievas;

* *ei-ti* ‚er geht‘: gr. εἶσι, lat. *it,* skt. *ēti,* lit. *eit(i);*

* *sneig^wh-* ‚schneien‘: gr. νείφει, alat. *nīvit,* ahd. *snīwan* (s. IV.
7.5.3).

2.3 oi

* *woida* ‚ich weiß‘: gr. (ϝ)οἶδα, skt. *vēda,* aks. *vēdē,* got. *wait,* ahd.
weiz;

* *oinos* ‚ein‘: gr. οἴνη ‚die Eins auf dem Würfel‘, lat. *ūnus* (alat. *oino),*
got. *ains,* air. *oín;*

* *snoig^whos* ‚Schnee‘: apreuß. *snaygis,* lit. *sniegas,* aks. *snēgŭ,* got.
snaiws, ahd. *snēo;*

* *toi* ‚jene‘: gr. (dor.) τοί, lat. *is-tī,* skt. *tē,* got. *þai.*

2.4 au

* *aug-* ‚mehren‘: lat. *augeo,* gr. αὔξω, αὐξάνω, got. *aukan* ‚sich
mehren‘, lit. *áugti* ‚wachsen‘;

* *sausos* ‚trocken‘: gr. αὗος, skt. *šŏṣa-* (aus *sŏṣa-),* lit. *sausas,* aks.
suxŭ, ahd. *sōrēn* ‚verdorren‘;

* *aus-* ‚Ohr‘: lat. *auris, auscultō,* got. *ausō,* lit. *ausis;* s., auch über gr.
οὖς, Szemerényi, SMEA 3, 1967, 47f.;

* *aus-* ‚schöpfen‘: gr. αὔω, ἐξαύω, lat. *hauriō,* an. *ausa.*

2.5 eu

* *deuk-* ‚ziehen, führen‘: lat. *dūcō* (alat. *doucit),* got. *tiuhan,* ahd.
ziohan;

* *geusō* ‚kosten‘: gr. γεύομαι, got. *kiusan;*

* *eusō* ‚brenne‘: gr. εὔω, lat. *ūrō,* skt. *ŏṣāmi;*

* *leuk-* ‚leuchten‘: gr. λευκός, got. *liuhaþ* ‚Licht‘, skt. *rŏčati*
‚leuchtet‘.

2.6 *ou*

* *roudhos* ‚rot': lat. *rōbīgō* und (aus einem Dialekt) *rūfus* (1), got.
  rauds, ahd. *rōt*, lit. *raudas, raudonas*;
* *loukos* ‚Lichtung': lat. *lūcus* (alat. *loucom*), skt. *lōka-* ‚Raum,
  Welt', lit. *laukas* ‚Feld', ahd. *lōh* ‚bewachsene Lichtung', cf.
  Waterloo;
* *klounis* ‚Hinterbacke': lat. *clūnis*, lit. *šlaunis* ‚Schenkel, Hüfte',
  skt. *šrōṇi-* ‚Hinterbacke, Hüfte', an. *hlaun* ‚Hinterbacke';
* *louksno-* ‚leuchtend': lat. *lūna* (praenestinisch *losna*), apreuß.
  lauxnos Pl. ‚Gestirne', avest. *raoxšna-* ‚glänzend'.

(1) Siehe Risch, Fs. Szemerényi, 1979, 705–724.

2.7 Es gibt auch Langdiphthonge wie *āi ōi*, die aber fast nur in
Kasusendungen vorkommen und in der Morphologie behandelt
werden. S. auch VI. 6.14.

3. *Halbvokale*

Die Halbvokale *y* und *w* (= engl. w) sind aufgrund des überwältigenden Zeugnisses der idg. Sprachen leicht rekonstruierbar.
Aber bei *w* ist die alte bilabiale Artikulation schon am Anfang der
Überlieferung in vielen Sprachen durch die labiodentale (= dt. w)
ersetzt worden. Das alte ist noch im klassischen Latein und im Altiranischen erhalten, im Englischen sogar bis heute. Aber im Altindischen ist die labiodentale Artikulation schon von den ersten Gram-
matikern beobachtet worden.

3.1 Der Halbvokal *y* ist im Griechischen aufgegeben. Im Anlaut
wurde er zu *h* oder ζ, intervokalisch ging er verloren, in Konsonantengruppen führte er zu mannigfachen Entwicklungen (1), z. B.
py > πτ, *ty* > *ss* oder *tt* usw. Im Lateinischen blieb *y* im allgemeinen
erhalten, aber intervokalisch schwand es und nach einem Konsonanten wurde es meistens zu *i*. Im Germanischen ist *y* erhalten,
aber im Altnordischen geht anlautendes *y* verloren wie auch im Altirischen. Beispiele:
* *yekʷr̥t* ‚Leber': skt. *yakr̥t*, lat. *iecur*, gr. ἧπαρ, lit. *jeknos*;
* *yugom* ‚Joch': skt. *yugam*, lat. *iugum*, gr. ζυγόν, got. *juk*, an. *ok*;
* *treyes* ‚drei (m. f.)': skt. *trayas*, lat. *trēs* aus **tre(y)es*, ebenso gr.
  τρεῖς (wo ει = ē), got. *þreis* (= *þrīs* aus *þrijis* kontrahiert); vgl.
  VIII. 5.1;

* *alyos* ‚ander‘: gr. ἄλλος (*ly* assimiliert), lat. *alius* (dreisilbig), got. *aljis*;

* *medhyos* ‚der mittlere‘: skt. *madhya-*, gr. μέσ(σ)ος (*ss* aus *thy*), lat. *medius*, got. *midjis*.

(1) Siehe Wyatt, Glotta 46, 1969, 229–37; 54, 1976, 1–11; Leroy, Mél. Chantraine, 1972, 105–17; Nocentini, AGI 57, 1972, 24–43; Glotta 56, 1979, 157 f.; Billigmeier, JIES 4, 1977, 221–31; Peters, Sprache 22, 1977, 161; v. Windekens, JIES 7, 1979, 129–32; Brixhe, BSL 74, 1979, 249–54; 77, 1982, 209–49; Huld, AJP 101, 1980, 324–30; Christie, ICHL 5, 1982, 421–5.

3.2 Der Halbvokal *w* ist dem Attisch-Ionischen von Anfang der Überlieferung unbekannt. Aber er lebt in vielen anderen Dialekten noch zur klassischen Zeit und ist im Mykenischen noch allgemein bewahrt. Im Altirischen ist er im Anlaut zu *f*, im Kymrischen zu *gw* geworden. Beispiele:

* *wīro-*, **wiro-* ‚Mann‘: skt. *vīras* ‚Held‘, lit. *výras* ‚Mann‘; lat. *vir*, got. *wair*, air. *fer*;

* *woida* ‚ich weiß‘: skt. *vēda*, gr. (ϝ)οῖδα, got. *wait*, aks. *vēdē*;

* *owis* ‚Schaf‘: skt. *avis*, gr. ὄ(ϝ)ις, lat. *ovis*;

* *newos* ‚neu‘: gr. νε(ϝ)ός, lat. *novus*, skt. *navas*, aks. *novŭ*, got. *niujis*.

4. *Nasale und Liquiden*

Diese Laute gehören zu den stabilsten Bestandteilen des Indogermanischen. Sie sind in allen Sprachen allgemein unverändert bewahrt. Die einzige bedeutendere Ausnahme bildet das Arische, wo *l* und *r* oft zusammenfließen: im Altiranischen ist *l* durchweg zu *r* geworden, im Altindischen ist durch Dialektmischung der ursprüngliche Zustand so verwirrt, daß sowohl *l* als auch *r* idg. *l* und *r* entsprechen können. Die gewöhnlich mit *n* bezeichneten Nasale können natürlich je nach dem folgenden Konsonanten phonetisch verschieden sein: in *nt* ist *n* dental, in *nk* velar. Aber diese Unterschiede sind nicht phonematisch, die Varianten sind Allophone des Phonems *n*. Dagegen ist *m* nicht durch die Umgebung bedingt, es kommt in allen Stellungen vor, es ist ein selbständiges Phonem. Im Altindischen ist noch zu merken, daß *n* oft zerebralisiert wird (*ṇ*). Im Griech., wie auch im Heth. und Arm., erscheint vor einem anlautenden *r* ein Vorschlagsvokal (Prothese), siehe weiter unten VI. 4.7.3, und für das Hethitische Tischler KZ 86, 1973, 267–286.

Dementsprechend müssen für das Indogermanische die Phoneme *n, m, l, r* angesetzt werden. Beispiele:

4.1 m

* *mātēr*: gr. μάτηρ, lat. *māter*, skt. *mātar*-;
* *wem*- ,erbrechen': gr. ἐμέω, lat. *vomō*, skt. *vamiti* ,erbricht'.

4.2 n

* *nok*ʷ*t*- ,Nacht': gr. νύξ νυκτός, lat. *nox*, skt. *nak*, Akk. *nakt-am*, lit. *naktis*, got. *nahts*, heth. *nekut*- ,Abend';
* *seno*- ,alt': gr. ἕνος ,vom Vorjahr', lat. *senex*, skt. *sana*- ,alt, ehemalig', lit. *sēnas* ,alt', got. *sineigs*.

4.3 l

* *leuk*- ,leuchten': gr. λευκός ,weiß', lat. *lūx*, *lūcēre*, got. *liuhaþ* ,Licht', skt. *rōčatē* ,leuchtet', aber auch *lōka*- ,Welt';
* *leubh*- ,lieb(en)': lat. *lubet*, *libet*, got. *liuba*- ,lieb', aks. *ljubŭ* ,lieb, wert', skt. *lubh*- ,heftig verlangen';
* *pl̥u*-, **pelu*- ,viel': gr. πολύς, got. *filu*, ahd. *filu*, air. *il* ,viel', skt. *puru*- und *pulu*-, apers. *paru*- (s. 5.4 und V. 3.5 b).

4.4 r

* *reudh*-, **rudh*- ,rot': gr. ἐρυθρός, ἐρεύθω ,rot färben': lat. *ruber*, *rōbīgō* *rūfus*, lit. *raudas*, aks. *rudŭ rŭdrŭ*, got. *rauda*-, ahd. *rōt*, skt. *rohit(a)*- ,rot', aber auch *lohita*- ,rot';
* *dhwer*-, **dhur*- ,Tür, Tor': gr. θύρα, lat. *forēs*, got. *daur*, ahd. *tor*, lit. *durys*, skt. *dvāras*;
* *bher*- ,tragen': gr. φέρω, lat. *ferō*, got. *bairan*, skt. *bhar*-.

5. Silbische Nasale und Liquiden

Bis jetzt haben wir für das Indogermanische nur Laute rekonstruiert, die, wenn nicht in allen, so doch in einigen idg. Sprachen wirklich belegt waren. Ein sorgfältiger Vergleich gewisser einzelsprachlicher Formen zwingt aber zu der Annahme von gewissen Lauten, die nirgends erhalten sind. Osthoff war der erste, der 1876 den Gedanken erwog, daß, wie das Verhältnis von skt. Dat. Sg. *pitre* ,dem Vater' zu Lok. Pl. *pitr̥su* ,in den Vätern' nahelege, derselbe *r*-Laut bald konsonantisch, bald (zwischen Konsonanten) vokalisch funktionieren könne. Dieses silbische oder sonante *r̥* sei nur im Arischen erhalten. Ihm entspreche offensichtlich die Folge ϱα in dem gr. πατϱάσι. Brugmann war im selben Jahr zur Annahme von silbischen Nasalen (*n̥ m̥*) und ganz allgemein auch von silbischen Liquiden (also nicht nur *r̥*, sondern auch *l̥*) gelangt. Seitdem sind diese Laute zum festen Bestandteil des idg. phonologischen Systems geworden. Sie sind auch aus vielen modernen Sprachen bekannt. Das dt. Wort *Besen* z. B. hat als zweite Silbe *zn̥*. Die engl. Wörter *bottle, bottom* weisen *l̥* und *m̥* auf. In den slavischen Sprachen, z.B. im Tschechischen oder Serbischen, werden solche Laute auch in der Schrift anerkannt, d.h. ohne einen Vokal geschrieben; vgl. tschech. *prst* ‚Finger', *hlt* ‚Schluck' (1).

(1) Solche Laute werden sehr schön zum Ausdruck gebracht von Lawrence Durrell in seinem Alexandria Quartet (Balthazar, Cap. IX): der einäugige Hamid sprach den Namen von Mr. Pombal so aus, "as if it contained no vowels: thus: Pmbl". – Das Suaheli in Afrika hat sogar betonte silbische Nasale, z.B. *m̥tu* „Mensch" – besonders wichtig in Anbetracht der seltsamen Attacke Jespersens in: Language, its nature, development and origin, 1959 (11. Aufl.), 317 f. – Über Osthoff, Brugmann und andere siehe weiter unten 5.1 (1).

5.1   Wenn wir die Formen der idg. Sprachen für ‚100' betrachten, also z. B.

lat. *centum*, gr. ἑκατόν, got. *hund*, skt. *šatám*, lit. *šimtas*,

so sehen wir, daß, vom gr. ἑ- abgesehen, am Anfang dieses Zahlworts ein Guttural, genauer gesagt ein idg. Palatal (s. 7.4) erscheint und in der Mitte der stimmlose Dental *t*; das got. *d* ist daraus nach Verners Gesetz (II. 4. Ende) entstanden, erweist also die Ursprünglichkeit des Akzentsitzes in der griech. und ai. Form. Aber zwischen diesen zwei Verschlußlauten erscheinen je nach Sprache verschiedene Laute oder Lautverbindungen, die keinem der bisherigen Vokale oder einer Gruppe von Vokal und Nasal entsprechen können. Wir können also vorläufig nur feststellen, daß die angeführten Formen die folgenden Entsprechungen ergeben:

lat. *en* = gr. α = got. *un* = skt. *a* = lit. *im*.

Nun stehen diese Entsprechungen nicht isoliert da. Sie sind keineswegs auf dieses Wort beschränkt, wir finden sie in einer ganzen

Anzahl von Wörtern ganz regelmäßig vertreten. So z. B. auch in den Formen für ‚zehn‘:

   lat. *decem*, gr. δέκα, got. *taihun*, skt. *dáśa*, lit. *dešimt*.

Auf eine Lösung des von solchen Entsprechungen gestellten Problems führen u. a. gewisse griechische Verbalformen. Die 3. Pl. des mediopassiven Präsens bzw. Imperfekts endet gewöhnlich auf -νται bzw. -ντο; vgl. von παιδεύω die Formen παιδεύονται ἐπαιδεύοντο. Dagegen finden wir bei den sogenannten athematischen Verben Formen wie hom. κείαται κείατο von κεῖμαι ‚ich liege‘. In solchen Fällen entsprechen also den thematischen νται -ντο die athematischen -αται -ατο. Schon ein paar Jahre vor Brugmanns Entdeckung zog de Saussure, der damals noch auf der Schule war, daraus den Schluß, daß -αται -ατο aus -νται -ντο entstanden sein müssen, daß also *n* unter gewissen Umständen als *a* erscheinen kann. Die Bedingung dieses Wandels ist einfach, daß *n* zwischen zwei Konsonanten stand (*key-n-tai*) und deshalb nicht als Konsonant artikuliert werden konnte, sondern silbisch werden mußte. Ganz allgemein kann gesagt werden, daß ein silbischer Nasal, ob ṇ oder m̥, wie wir sie heute bezeichnen, im Griechischen zu α wurde.

Ebenso einleuchtend ist, daß das Verbaladjektiv von τείνω ‚spannen‘, Stamm τεν-, deshalb τατός lautet, weil vom Stamm *ten-* ohne den Wurzelvokal *tntós*, d. h. *tṇtós* gebildet wurde. Daß beim Verbaladjektiv ursprünglich der Wurzelvokal wegfiel, ist ja klar bei den altertümlichen Bildungen φυκτός ἄπυστος ἐπίσσυτος.

Die gleiche Entwicklung finden wir auch im Arischen. Das Verbaladjektiv zu skt. *tanōmi* ‚ich spanne‘, Stamm *tan-*, ist *tatas*, wie gr. τατός aus idg. *tṇtós* entstanden (1).

Wenn wir nun die oben gegebenen Entsprechungen *en* = *a* = *un* = *a* = *im* beachten, dann können wir die Entwicklungen aus idg. ṇ bzw. m̥ in diesen Sprachen einfach ablesen. Es ergeben sich ganz allgemein die folgenden Vertretungen:

	arisch	gr.	lat.	germ.	lit.	slav.	air.
ṇ	a	a	en	un	in	ę (<in)	an, en
m̥	a	a	em	um	im	ę (<im)	am, em.

Die oben behandelten Beispiele führen also auf idg. *kṃtóm* bzw. *dekṃ(t)*. Weitere Beispiele:
* *mṇti-s* ‚Denken‘: skt. *matís* ‚Gedanke‘, lat. *mēns mentis*, got. *ga-munds* (*mundi-*) ‚Andenken‘, lit. *mintis* ‚Gedanke‘, aks. *pa-mętĭ* ‚Andenken‘;

* *yuwn̥kos* ‚jung, Jungtier': skt. *yuvaśa-* ‚jung', lat. *iuvencus,* got. *juggs* (= jungs, kontrahiert aus *juwungas), mkymr. *ieuanc,* air. *óac* (=ōag, mit g<nk);
* *gʷm̥tos* ‚gekommen': skt. *gata-,* gr. -βατος, lat. *-ventus,* lit. *gimtas* ‚angeboren, heimisch, Geburts-' (s. 7.5.2);
* *septm̥* ‚sieben': skt. *sapta,* gr. ἑπτά, lat. *septem.*

Zusatz. Im Aks. werden auslautende *-n̥, -m̥* zu *-ĭ,* vgl. *kamenĭ* ‚den Stein' aus *-m̥.*

(1) Nachdem Osthoff 1876 (PBB 3, 52, 61 f.) gr. πατράσι dem aind. *pitr̥ṣu* gleichgesetzt hat (d. h. ρα = r̥), hat Brugmann noch im selben Jahr diese Erkenntnis verallgemeinert und gleichzeitig die *nasalis sonans* entdeckt (Curtius' Studien 9, 324 f., und 303 f., 469 f.); siehe dazu Saussures Äußerungen im Mémoire (= Recueil 7, 40 Fn. 1 und 265 dazu) und in einem frühen Aufsatz (ibid. 356 f.). Saussure hat öfter erzählt (s. CFS 17, 1940, 13, 18 f., 23 f., und vgl. die Anmerkungen in der italienischen Ausgabe des Mémoire von G. C. Vincenzi, Bologna 1978, 339 f.), daß er, kaum 15 Jahre alt (1873), die nasalis sonans selbst entdeckt hatte. Aber die Entdeckung war Ahrens schon 1838 gelungen; siehe seine KSchr. I, 1891, 12, und vgl. Fick, GGA 1881, 1418. Doch war ihm nach unseren heutigen Kenntnissen (s. Wackernagel, KSchr. III, 1979, 1709 f.) der französische Indologe Burnouf vorausgegangen: er hatte schon 1823 (JA 3, 372) skt. *śāsati, dadate* unter Vergleich mit gr. τετύφαται aus τετυφνται auf *śāsnti, dadnte* zurückgeführt. – Die heute übliche Bezeichnung der silbischen Sonanten durch einen kleinen Kreis unter der Zeile wurde von Saussure im Mémoire (= Rec. 8 Fn. 1) eingeführt.

5.2 Entsprechend können auch die silbischen Liquiden festgestellt werden. Die Fortsetzungen sind:

	ai.	gr.	lat.	germ.	lit.	slav.	air.
r̥	r̥	ρα/αρ	or, ur	ur	ir/ur	ĭr/ŭr	ri, ar
l̥	r̥	λα/αλ	ol, ul	ul	il/ul	ĭl/ŭl	li, al.

NB. Im Aks. erscheinen für diese Laute die Schreibungen *rĭ rŭ, lĭ lŭ*; s. Diels, Aks. Grammatik I, 1932, 61 f.

Beispiele:
* *kr̥d* (neben *kerd) ‚Herz': gr. καρδία, lat. *cor,* air. *cride* (aus **kr̥dyom*), lit. *širdis,* aks. *srŭdĭce* (aus sird-); mit *kerd got. *hairtō*;
* *dhr̥s-* ‚wagen': skt. *dhr̥ṣnōti* ‚er wagt', gr. θρασύς ‚kühn', got. *gadaursan* ‚wagen';
* *dr̥k-* ‚sehen': skt. *dr̥ś-* ‚Anblick', gr. δρακεῖν ‚erblicken', air. *drech*

‚Gesicht' (aus *drikā), germ. *turhta- in ae. torht, ahd. zoraht ‚hell';

* wĺkʷos ‚Wolf': skt. vŕka-, lit. vilkas, aks. vlĭkŭ, got. wulfs (s. 7.5.1);

* pĺt(h)u- ‚breit': skt. pŕthu-, gr. πλατύς, gall. Litana silva, air. lethan ‚breit';

* mĺdu- ‚weich': skt. mŕdu-, gr. βλαδεῖς · ἀδύνατοι (βλα- aus mla-), lat. mollis aus *moldwis.

Über das Slavische s. Moszyński, VJ 1969 (5), 3–10; über das Griechische, O'Neil, Glotta 47, 1970, 8–46; Wyatt, SMEA 13, 1971, 106–122; Über das Keltische P. de Bernardo Stempel, Die Vertretung der idg. Liquiden und Nasalen Sonanten im Keltischen, 1987.

5.3 In einer Anzahl von klaren Gleichungen scheint eine lange Entsprechung zu den eben behandelten kurzen silbischen Nasalen und Liquiden vorzuliegen.

So entspricht das aind. Verbaladjektiv jā́tas ‚geboren' vom Verbalstamm jan(i)- dem lat. (g)nātus, dem gall. Cintu-gnātus ‚erstgeborener' und dem got. kunds. Wieder ergibt sich, daß hier ā – nā – nā – un einander entsprechen, die jedenfalls einen silbischen Nasal gemeinsam haben, der aber nicht mit dem kurzen silbischen Nasal identisch sein kann. Deshalb können wir lange silbische Nasale und Liquiden ansetzen, deren Fortsetzungen sich so gestalten (1):

	ai.	gr.	lat.	kelt.	germ.	lit.	slav.
n̥̄	ā	νᾱ	nā	nā	un	in	ę
m̥̄	ā	μᾱ	mā	mā	um	im	ę
r̥̄	īr, ūr	ρᾱ	rā	rā	ur	ir	ĭr
l̥̄	īr, ūr	λᾱ	lā	lā	ul	il	ĭl

Im Aind. ist der Vokal der Fortsetzung der Liquiden ū, wenn ein Labial (oder einstiger Labiovelar) vorangeht; im Iranischen erscheint allgemein ar. Im Baltischen und Slavischen gibt es wie bei den kurzen Sonanten auch einige Fälle mit u statt i. Im Germanischen, Baltischen und Slavischen sind die Fortsetzungen der langen silbischen Laute mit denen der kurzen identisch, d.h. sie sind gekürzt worden. Aber im Litauischen und Slavischen zeigt sich der ursprüngliche Unterschied noch in Akzentunterschieden, V. 2.6; (2).

(1) Lehmann, PIE 86f.; Beekes, Laryngeals 186f., und andere meinen, das Griechische habe nie lange silbische Sonanten besessen.

Siehe aber Edgerton, Lg. 19, 1943, 107f., und die Tatsache (s. VI. 2.8 Addendum 1), daß z. B. r̥ aus r̥d stammen kann. Über einige andere Fälle s. jetzt Szemerényi, Kratylos 28, 1984, 75 (: nicht *plHno-, sondern *pVlVn- führte zu skt. *pulun-, pūrṇa-, und *dVlVgh- zu *diligh-, dīrgha-. – (2) Über lange Sonanten im Slavischen und sonst s. Vaillant, Gram. comp. I 175f.; Schwyzer, GG I 171 Fn. 1; Vachek, To honor R. Jakobson 3, 1967, 2112; Lehiste–Popov, Phonetica 21, 1970, 40.

Beispiele für die langen Sonanten:

* gn̥̄tos ‚geboren‘: skt. jātas, lat. gnātus, gall. Cintugnātus, got. airpakunds ‚erdgeboren, von irdischer Abkunft‘;

* wl̥̄nā ‚Wolle‘: lit. vilna, aruss. vŭlna (russ. vólna), got. wulla (ll aus ln), avest. varǝnā, ai. ūrṇā (aus wūr-), lat. lāna (aus wl-), gr. λᾶνος, λῆνος;

* pl̥̄nos ‚voll‘: skt. pūrṇa-, lit. pilnas, aks. plŭnŭ, got. fulls, air. lān (Verlust von p-);

* gʷr̥̄tos ‚willkommen‘: skt. gūrta-, lat. grātus (oskisch brātom), lit. girtas ‚gelobt‘; Szemerényi, KZ 88, 1974, 252–265 = SM I 222–235.

* gr̥̄nom ‚Zerriebenes, Korn‘: lat. grānum, air. grān, got. kaurn ‚Getreide, Weizen‘, kaurnō ‚Korn‘, aks. zrŭno ‚Korn‘, lit. žirnis ‚Erbse‘, skt. jūrṇa- ‚zerrieben‘;

* pr̥̄wo-, *pr̥̄mo- ‚vorderer, erster‘: skt. pūrva-, aks. prĭvŭ, lit. pirmas, ae. forma, got. fruma; vgl. auch dor. πρᾶτος.

In einigen Fällen scheinen im Griech. ανα αμα αρα αλα, im Lat. an(a) am(a) ar(a) al(a) als Vertretungen der langen Sonanten aufzutreten. Zum Beispiel:

* pl̥̄mā ‚flache Hand‘: air. lām ‚Hand‘, ahd. folma, gr. παλάμη, lat. palma;

* sp(h)r̥̄g- ‚sprießen, prasseln‘: ai. sphūrjati ‚bricht hervor, prasselt‘, avest. fra-sparǝga- ‚Schößling, Zweig‘, gr. σφαραγέομαι ‚strotzen (Euter), prasseln‘, lat. spargo.

Vgl. jetzt Strunk, Glotta 47, 1970, 1–8; MSS 28, 1970, 109–126; PICL 11/I, 1974, 375–81.

5.4 Im Indogermanischen ist n̥ als eine Privativpartikel in vielen Sprachen bezeugt, vgl. skt. a-jñātas, gr. ἄ-γνωτος, lat. ignōtus (= in-gn, wo in aus en nach 1.12 b entstand und dann verallgemeinert wurde), got. un-kunþs ‚unbekannt‘ im Gegensatz zu jñātas, γνωτός, (g)nōtus, kunþs. Solche Privativa können nun auch von Grundwörtern gebildet werden, die vokalisch anlauten, und dann erscheint die Privativpartikel in einigen Sprachen in einer anderen Gestalt, vgl. gr. ἄν-υδϱος ‚wasserlos' = skt. *an-udra-*. Dann spricht man von silbischen Nasalen und Liquiden in vorvokalischer Position (Bezeichnung ṃ m oder ṃᵐ usw.), obwohl das eigentlich ein Widerspruch ist, da ja diese Laute nur zwischen Konsonanten silbisch werden können. Doch handelt es sich hier um durch die Umgebung bedingte anaptyktische Vokalelemente, die vielfach phonologisiert, d. h. stabilisiert wurden (vgl. VI. 6.15). Da die Bezeichnung ṃ m mißverständlich ist – das Schriftbild würde eine Folge von sonantischem und konsonantischem m vortäuschen –, werden wir auch für diese Position einfach ṃ ṇ usw. verwenden. Ihre Vertretungen sind in den meisten Sprachen mit denen der silbischen Laute identisch. Abweichend erscheinen sie im Lat. und Griech. als *an am ar al*, im Aind. als *an am* und *ir* bzw. (nach Labialen und einstigen Labiovelaren) *ur*, im Slav. als ĭn ĭm ĭr ĭl (seltener mit ŭ), im Iran. durchgehend mit *a*. Zum Beispiel:

* * tṇu- ‚dünn': skt. *tanu-*, gr. τανύ-(ϑϱιξ), air. *tanae*, ahd. *dunni*, aks. tĭnŭ-kŭ;
* * sṃo- ‚(irgend)einer': skt. *sama-*, iran. *hama-* ‚jeder', gr. ἁμό-ϑεν, οὐδ-αμοί, got. *sums*, engl. *some*;
* * gʷṛu- ‚schwer': skt. *guru-*, gr. βαϱύς, got. *kaurus* (aus *kurus);
* * pḷu- ‚viel': skt. *puru-*, apers. *paru-* (s. 4.3; Szemerényi, KZ 88, 1974, 1–31).

6. *Spiranten*

Für das Indogermanische ist nur ein Spirant gesichert, das stimmlose *s*. Als Allophon kommt auch das stimmhafte *z* (wie *s* in Rose) vor, aber nur vor stimmhaften Verschlußlauten.

Im allgemeinen ist *s* im Aind., Lit. und Aks. erhalten. Im Griechischen ist *s* vor und nach Verschlußlauten und im Auslaut erhalten, sonst zu *h* verhaucht, das intervokalisch und in manchen (den sog. psilotischen) Dialekten, z. B. im Ionischen, auch anlautend vor Vokal verlorengeht. Im Iranischen finden wir fast dieselben Entwicklungen (1). Im Lateinischen ist *s* in den meisten Stellungen erhalten, aber intervokalisch zu *r* „rhotazisiert". Im Germanischen entstand aus *s* nach Verners Gesetz (II. 4. Ende) *z*, das in dieser Form nur im Got. erhalten ist, in den anderen germ. Sprachen zu *r* wurde. Eine Besonderheit der östlichen Sprachen (Arisch, Slavisch, teils auch Baltisch) ist es, daß *s* nach *i, u, r, k* zu *š* wurde, woraus im Aind. weiterhin das zerebrale ṣ entstand, während im Slavischen vor ve-

laren Vokalen *x* (= d. ch) erscheint. In solchen Fällen spricht man jetzt von dem RUKI-Gesetz (d. h. r, u, k, i). Beispiele:
* *senos* ‚alt': s. IV. 4.2;
* *wes-* ‚kleiden': skt. *vas-tē* ‚zieht an', lat. *vestis vestio*, gr. ἔννυμι, ἐσθής ‚Kleidung', ἐφεστρίς ‚Oberkleid, Mantel', heth. *wes-* ‚anziehen', got. *wasti* ‚Kleid', *wasjan* ‚kleiden';
* *eusō* ‚brennen': gr. εὕω (aus **euhō* mit Umsprung der Aspiration in den Anlaut), lat. *ūrō ustus*, skt. *ōṣāmi*;
* *esō*, Konj. von **es-* ‚sein': gr. ἔω, kontrahiert att. ὤ, lat. *erō* (Futur), skt. *asāni* (2).

(1) Siehe Szemerényi, Sprache 12, 1966, 190f.; 14, 1968, 161f.; Gusmani, AGI 57, 1972, 10–23; Doria, Studia Meriggi I, 1979, 134–9; Szemerényi, Fs. Winter, 1985, 783f. – (2) Allgemein über *s* s. Gamkrelidze–Ivanov 1985, 116f.

6.1 Die östliche Entwicklung zeigt sich z. B. im Lokativ Plural, dessen Endung *-su* war:
skt. *ašvā-su* ‚in den Stuten', aber *agni-ṣu* ‚in den Feuern', *sūnu-ṣu* ‚in den Söhnen', *vāk-ṣu* ‚in den Wörtern', *pitṛ-ṣu* ‚in den Vätern'; aks. *tri-xŭ* ‚in drei', *synŭ-xŭ* ‚in den Söhnen'. Sodann in:
* *ters-* ‚trocken': gr. τέρσομαι ‚werde trocken', lat. *tostus* (aus *torsitos*), got. *ga-þairsan* ‚verdorren', *þaurstei* ‚Durst', ahd. *durst-*, skt. *tṛṣyati* ‚dürstet', avest. *taršna-* ‚Durst', lit. *tirštas*;
* *wers-* ‚erhöhte Stelle': lat. *verrūca* ‚locus ēditus et asper' (Cato), ‚Warze', skt. *varṣman-* ‚Höhe, Spitze', lit. *viršus* ‚das Obere, Gipfel', aks. *vrĭxŭ* ‚Gipfel, Höhe'.

Siehe jetzt Andersen, ALHafn 11, 1969, 171–190; Kiparsky, ZSP 34, 1969, 433; Birnbaum, SS 17, 1971, 235–47; Allen, TPS 1973, 102f.; Burrow, Studies Palmer, 1976, 33f.; Hock, Retroflection rules in Sanskrit, South Asian Languages Analysis 1, 1979, 47–62; Collinge, Laws 143f.; Gamkrelidze–Ivanov 1985, 127f.

6.2 Die Variante *z* ist gut bezeugt in
* *mizdho-* ‚Lohn': got. *mizdo*, aks. *mĭzda*; dazu gr. μισθός, avest. *mižda-* (*-iz- > -iž-* wie *-is- > -iš-*), skt. *mīḍha-*;
* *ozdos* ‚Ast': gr. ὄζος, äol. ὕσδος, got. *asts*, arm. *ost*;
* *nizdos* ‚Niedersitzen, Nest': lat. *nīdus*, ahd. *nest*, skt. *nīḍa-* (aus *nižda- > nižḍa-*), arm. *nist*; wahrsch. auch lit. *lizdas* mit analogisch beeinflußtem Anlaut.

6.3 Weitere Spiranten werden aufgrund gewisser Gleichungen angenommen, in denen einem griech. Dental ein arisches *s* gegenübersteht. Es ist offenbar, daß skt. *r̥kṣa-* ‚Bär' dem gr. ἄρκτος entspricht (wozu noch lat. *ursus* und air. *art* gehören), *takṣan-* ‚Zimmermann' dem gr. τέκτων ‚id'. Da in diesen und derartigen Gleichungen weder ein idg. Dental noch ein idg. *s* die Verhältnisse zu erklären scheint, wird seit Brugmann ein interdentaler Spirant *þ* (engl. *th* in *thank*), weiter auch die stimmhafte Entsprechung *ð* (engl. *th* in *this*) angesetzt, ja sogar die aspirierten *þh ðh*.

Strukturell ist dieser Ansatz kaum zu rechtfertigen. Der sicher bezeugte Spirant *s* hat kein stimmhaftes Pendant, es wäre also seltsam, wenn die interdentale Reihe besser entwickelt wäre. Dazu kommt, daß die interdentale Reihe distributionell sehr beschränkt ist: sie kommt nur nach Gutturalen vor.

All das deutet darauf hin, daß wir es in solchen Fällen nicht mit selbständigen Phonemen zu tun haben, sondern mit durch spezielle Lautgruppen bedingten speziellen Entwicklungen. Diese Interpretation wird auch dadurch unterstützt, daß in Fällen, in denen das Vergleichsmaterial größer ist, die Annahme der Interdentalen durch das Material widerraten wird.

So ist die Gleichung gr. χθών, χθαμαλός = skt. *kṣam-* ‚Erde' durch die Entdeckung von heth. *tekan*, Gen. *taknas*, toch. *tkaṁ* in ein neues Licht gerückt worden. Die Ausgangsform war **dheghōm* mit durch die Flexion bedingten Varianten **dheghom-*, **dhghem-*/ **dhghom-*. Aus **dheghom-* entstand die heth. Form, aus **dhghom-* durch Umstellung der Anlautkonsonanz gr. **χθομ-*, später χθον-. Durch Vereinfachung der Anlautgruppe *dhgh-* zu *gh-* erklären sich lat. *humus*, aks. *zemlja* und gr. χαμαί. Skt. *kṣ-* ist eine Sonderentwicklung der schweren Anlautgruppe.

Auch die Gleichung ἄρκτος = *r̥kṣa-* erscheint jetzt in neuem Licht, da das heth. *hartagga-* wahrscheinlich zu dieser Gruppe gehört. Hier müssen wir dann gleichfalls von einem **(H)r̥tko-* ausgehen, das im Hethitischen durch die schwerfällige Orthographie hindurchscheint, im Griech. durch Umstellung zu ἄρκτος wurde und im Indischen zu der Sonderlösung führte.

Siehe zuletzt Wright, Omagiu Rosetti, 1965, 1017–1022, und Schindler, Sprache 13, 1967, 191–205 mit reichen Literaturnachweisen; Ivanov, Obščeind. 24f.; Szemerényi, New Look 85; Gunnarsson, NTS 24, 1971, 21–82 (Bibliogr.!); Mayrhofer, ÖAAnz 119, 1982, 240–55.

6.4 Der Versuch, dem Indogermanischen auch eine Affrikata *c* (= ts) zuzuschreiben, kann als gescheitert betrachtet werden.

Benveniste, BSL 50, 1955, 30f.; Hitt. et indo-eur., 1962, 8; dagegen Lazzeroni, SSL 2, 1962, 12–22; Kronasser, Etymologie 52; Ivanov, Obščeind. 35f.; Szemerényi, New Look 85; Kammenhuber, Hethitisch 303.

7. Verschlußlaute

Ein flüchtiger Vergleich der phonologischen Systeme der Einzelsprachen zeigt, daß sie wenigstens labiale, dentale und gutturale Verschlußlaute aus dem Indogermanischen ererbt haben. Ebenso leicht kann man feststellen, daß außer der Opposition stimmlos: stimmhaft noch mindestens eine zusätzliche Artikulationsart an allen den erwähnten Artikulationsstellen im Gebrauch war. Das Griechische hat ein Dreireihensystem: stimmhaft – stimmlos – stimmlos aspiriert, z.B. β π φ. Dem entspricht im Altindischen zumeist das System stimmhaft – stimmlos – stimmhaft aspiriert, also z.B. *b p bh*. Diese drei Reihen sind auch in vielen anderen Sprachen vertreten, wenn auch nicht auf dieselbe Weise. Im Germanischen finden wir z.B. *p f b* als die Entsprechung von aind. *b p bh*, d.h. dem aind. *bh* entspricht *b,* ein stimmhafter Laut, nicht ein stimmloser wie im Griechischen. In anderen Sprachen, z.B. im Litauischen und Slavischen, fallen die Entsprechungen von aind. *b* und *bh* in *b* zusammen, d.h., dem aind. *bh* entspricht auch in ihnen ein stimmhafter Laut. Für die Rekonstruktion der dritten Artikulationsart gibt es also zwei Indizien: 1. das Griechische und das Altindische weisen übereinstimmend Aspiration als ein Hauptcharakteristikum aus; 2. sie weichen aber in dem Stimmton voneinander ab, und das Zeugnis des Altindischen zugunsten einer stimmhaften Artikulation wird durch die Mehrheit der anderen Sprachen unterstützt.

Daraus kann zunächst der traditionelle Schluß gezogen werden, daß das Altindische den ursprünglichen Zustand am treuesten bewahrt hat. Für das Indogermanische müssen wir dann als das Subsystem der Verschlußlaute die folgenden Phoneme ansetzen:

$$p \qquad t \qquad k$$
$$b \qquad d \qquad g$$
$$bh \qquad dh \qquad gh.$$

Dabei entsteht natürlich die Frage, ob ein solches Dreireihensystem aus allgemeinen Gründen möglich und akzeptierbar ist. Diese Frage wird uns später beschäftigen (VI. 7.1).

Darüber hinaus müssen wir noch beachten, daß das Altindische
ein geschlossenes Vierreihensystem besitzt, also nicht nur *p b bh*,
sondern ein symmetrisches System *p ph b bh*. Damit wird die Frage
aufgeworfen, ob dies die ursprünglichen Verhältnisse nicht getreuer
widerspiegelt als das Dreireihensystem anderer Sprachen, ob nicht
Entsprechungen zu der aind. vierten Reihe auch anderswo anzutreffen sind? Tatsächlich gibt es auch eine Anzahl von Gleichungen,
die die vierte Reihe auch im Griechischen und anderen Sprachen zu
erweisen geeignet sind, und früher wurde die vierte Reihe als selbstverständlich auch für das Indogermanische angenommen. Die
neuere Forschung ist von diesem Standpunkt dadurch abgebracht
worden, daß die vierte Reihe nur schwach bezeugt ist, zum größten
Teil nur im Arischen, und so die Annahme einer Neuerung nicht
unbegründet ist. Auch diese Frage muß später noch eingehender
behandelt werden (IV. 8., VI. 7.1.4). Vorläufig nehmen wir als drei
Haupttypen die Phonemtypen *p b bh* an. Ihre Existenz wird, abgesehen von anlautendem *b*, durch eine große Anzahl von Gleichungen erwiesen.

Bei der dritten Artikulationsart entsteht die Frage, ob diese
Phoneme monophonematisch oder diphonematisch sind. Die
Frage kann nur aufgrund der Distribution entschieden werden. Im
Idg. gab es Folgen wie **prek- *plāg- *drem-* und auch **bhrāter-*
*dhreugh- usw., d.h. Folgen von Tenuis + Liquida und Media
Aspirata + Liquida. Es gab aber keine Folgen von drei Konso-
nanten, d.h. Tenuis + Spirant + Liquida, z.B. **psrem-*. Das be-
deutet, daß distributionell eine Folge *bhr* oder *dhr* nur als eine
Folge von zwei Phonemen gelten kann, d.h., *bh* und *dh* sind monophonematisch.

Vgl. Szemerényi, Phonetica 17, 1967, 95. R. Jakobson beantwortet
eine ähnliche Frage im Bengalischen mit Hilfe der unterscheidenden
Merkmale, s. Selected Writings I, ²1971, 647f.

Was wir oben als Begründung für die Ansetzung der verschiedenen Reihen angeführt haben, kann in der absteigenden Linie
folgendermaßen zusammengefaßt werden. Die ursprünglichen
Klassen sind im Altindischen allein erhalten. Im Griechischen
wurden die stimmhaften behauchten Laute, die sog. Mediae aspiratae (MA), zu stimmlosen behauchten, den sog. Tenues aspiratae
(TA), also *bh* zu *ph* (= φ) usw. (1). Die germanische Entwicklung ist
zwar umwälzend und kompliziert, kann aber in den Gesetzen der
Lautverschiebung sehr einfach zusammengefaßt werden (vgl. II.3.):

$$
\begin{array}{l}
\text{p} \quad \text{wurden} \quad \text{f} \qquad \text{t} \qquad \text{þ} \qquad \text{k} \qquad \text{*χ, historisch h} \\
\text{b} \qquad \text{zu} \qquad \text{p} \qquad \text{d zu t} \qquad \text{g zu k} \\
\text{bh} \qquad\quad \text{b,} \qquad \text{dh d,} \qquad \text{gh g.}
\end{array}
$$

Zu den germ. *b d g* muß noch bemerkt werden, daß sie noch in der frühhistorischen Zeit etwa den entsprechenden spanischen Phonemen gleich waren: intervokalisch waren sie stimmhafte Spiranten, anlautend und nach Nasalen und *z* stimmhafte Verschlußlaute. Mit diesen stimmhaften Spiranten fielen dann die nach dem Vernerschen Gesetz entstandenen stimmhaften Varianten (II. 4.) zusammen (2).

Das Ahd. unterscheidet sich von diesem gemeingerm. Zustand durch die sog. zweite oder ahd. Lautverschiebung. Dabei werden die germ. Tenues anlautend, geminiert und nach Konsonanten zu Affrikaten (*p > pf*, *t > z* = ts, im Oberdeutschen auch *k > kχ*), intervokalisch und auslautend nach Vokalen zu langen Spiranten (*p > ff*, *t > z* = ss, *k > hh*). Germ. *þ* wird zu *d*, *d* zu *t*.

Die lateinische Entwicklung ist bei der dritten Reihe kompliziert und führt über viele noch zum Teil umstrittene Zwischenstufen. Aber das Endergebnis ist klar (3). Im Anlaut wurden die MA zu stimmlosen Spiranten: *bh- > f-*, *dh- > f-*, *gh- > h-*. Inlautend entstanden stimmhafte Verschlußlaute (ohne Aspiration): *-bh- > -b-*, *-dh- > -d-* oder unter gewissen Umständen *-b-*, *-gh- > -g-*, aber intervokalisch, abweichend vom allgemeinen Trend, auch *h*. Im Iranischen, Litauischen, Slavischen und Keltischen fallen die idg. MA mit den idg. Mediae zusammen. Im Armenischen fand eine „Lautverschiebung" statt, die der germanischen sehr ähnlich sieht. Interessant ist, daß *p* im Keltischen verlorengeht, im Arm. zu *h* wird, das vor *o* schwindet.

(1) Über die Termini M(A), T(A) s. Belardi, In memoria A. Pagliaro, 1984, 158: da *tenuis* (= ψιλός) unaspirierte Konsonanten bezeichnet, sei es absurd, von TA (oder MA) zu sprechen; in einem viergliedrigen System wären eher folgende Termini zu verwenden: *sorde tenui – sorde aspirate, sonore tenui – sonore aspirate*. – (2) Über die Lautverschiebung im Lichte der neuen Theorie von glottalisierten Lauten siehe weiter unten VI. 9., und vgl. Szemerényi 1985, 9 (§ 2.6.–7.), 14. – (3) Zu der lat. Entwicklung der MA vgl. Szemerényi, The development of the IE Mediae Aspiratae in Latin and Italic, ArchL 4, 1952, 27–53. 99–116; 5, 1953, 1–21; Serbat, RPh 42, 1968, 78–90. Risch (Rhein.-Westfäl. Akad. Abhg. 72, 1984, 184) meint, daß stimmlose Aussprache der Aspiraten im Griechischen (und Latein) Substrateinfluß der vorgr. bzw. vorlat. Bevölkerung sein könnte.

Bei der Entwicklung der MA im Griechischen und Altindischen muß noch Grassmanns Dissimilationsgesetz (II. 4.) beachtet werden: in einer Folge von zwei aspirierten Lauten verlor der erste seine Behauchung. Aus einem idg. *bheudh- entstand im Aind. *baudh-, dann bōdh-, im Griech. zunächst *pheuth- und daraus πευϑ-.

Siehe jetzt Hoenigswald, JAOS 85, 1965, 59f.; Langendoen, Lg 42, 1966, 7–9; Lejeune, REA 69, 1967, 280. 282; Levin, SMEA 8, 1969, 66–75; Dressler, Fs. J. Hamm, Wien 1975, 53–67; Schindler, LIn 7, 1976, 622–37; Szemerényi, Kratylos 20, 1977, 6–9; Miller, KZ 91, 1978, 131–58; Vennemann, Essays H. Penzl, 1979, 557–84, bes. 557f.; Stemberger, Glossa 14, 1980, 113–35; Gamkrelidze, in: In memory of J. A. Kerns, 1981, 607f.; Borowsky–Mester, PCLS 19, 1983, 52–63; Collinge, Laws 47f.; Gamkrelidze–Ivanov 1985, 21f.

7.1 Labiale

7.1.1 p

* ped-, *pod- ‚Fuß‘: gr. πούς ποδ-ός, lat. pēs ped-is, skt. pad-, got. fōtus, arm. otn;

* spek- ‚schauen‘: lat. speciō spectō, gr. σκέπ-τομαι (mit Umstellung von p-k), avest. spas-, ahd. spehōn ‚spähen‘;

* tep- ‚warm‘: lat. tepeo, skt. tapati ‚macht warm, kasteit sich‘, aks. teplostĭ ‚Wärme‘;

* uper(i) ‚über, oberhalb‘: skt. upari, gr. ὑπέρ, lat. s-uper, got. ufar, ahd. ubir ‚über‘.

7.1.2 b

* belo- ‚Kraft‘: skt. balam, gr. βέλ-τερος ‚stärker, besser‘, aks. boljijĭ ‚größer‘, lat. dē-bilis ‚ohne Kraft, schwach‘ (?);

* pibeti ‚trinkt‘: skt. pibati, lat. bibit (assimiliert), air. ibid;

* dheub- ‚tief, hohl‘: got. diups, lit. dubus, aks. dŭbrĭ ‚Schlucht‘, gall. Dubno-rīx ‚Welt-König‘, air. domun ‚Welt‘.

7.1.3 bh

* bher- ‚tragen‘: skt. bhar-, gr. φέρω, lat. ferō, got. bairan;

* bhendh- ‚binden‘: got. bindan, skt. bandh-, bandhu- ‚Verwandter‘, lat. of-fend-ix ‚Kinnband an der Priestermütze‘, gr. πεῖσμα ‚Tau, Seil‘ (aus *πενϑ-σμα), πενϑερός ‚Schwiegervater‘ (‚durch Heirat verbunden‘);

* albho- ‚weiß‘: gr. ἀλφούς ‚die weißen‘, lat. albus, ae. œlbitu ‚Schwan‘;

* *gombho-* ‚Zahnreihe, Zahn': gr. γόμφος ‚Pflock, Nagel', γομφίος
   ‚Backenzahn', skt. *j̆ambhas* ‚Zahn', *j̆ambhya-* ‚Backenzahn',
   aks. *zǫbŭ* ‚Zahn', ahd. *kamb,* ae. *comb* ‚Kamm' (‚gezähnt'),
   toch. A *kam,* B *keme* ‚Zahn'; s. Narten, KZ 79, 1966, 255 f.

7.2 Dentale

7.2.1 t

* *treyes* ‚drei': skt. *trayas,* gr. τρεῖς, lat. *trēs* (s. IV. 3.1);

* *teutā* ‚Stamm, Volk': alit. *tauta* ‚Volk', oskisch *touto* ‚civitas', air.
   túath ‚Volk, Land', got. *þiuda,* ahd. *diot* (Ableitung *diut-isc,*
   heute *deutsch* ‚völkisch'), heth. *tuzzi-* ‚Heer'; s. Szemerényi
   1978, 101–8;

* *tres-* ‚zittern, fürchten': skt. *trasati,* gr. τρέω ‚zittern, fliehen' (Aor.
   ἔ-τρεσ-σαν), lat. *terreō,* mir. *tarrach* ‚furchtsam', lit. *trišu* ‚ich
   zittere';

* *pet-* ‚stürzen, fliegen, fallen': lat. *petō* ‚sich bewegen' *(iam vēr
   appetēbat),* ‚wünschen, verlangen', gr. πέτομαι ‚fliege', πίπτω
   ‚falle', skt. *patati* ‚fliegt, eilt, fällt', *patra-* ‚Feder, Flügel' (vgl. lat.
   penna aus **pet-nā),* ae. *feðer,* ahd. *fedara* ‚Feder, Gefieder'
   (*pet-rā), mir. *ethait* ‚Vogel' (**pet-ontī).*

7.2.2 d

* *domos* ‚Haus': gr. δόμος, lat. *domus,* skt. *damas;*

* *ed-* ‚essen': lat. *edō,* gr. ἔδοντι, ἔδμεναι, ἔδομαι, skt. *ad-mi* ‚ich
   esse', got. *itan;*

* *sed-* ‚sitzen': lat. *sedeō,* gr. ἕζομαι (**sed-y-),* ἕδρα ‚Sitz', skt.
   asadat ‚setzte sich', got. *sitan,* an. *sitja,* ahd. *sitzen;*

* *reud-* ‚schreien, heulen': lat. *rudō,* skt. *rudati* ‚jammert, weint', lit.
   raudoti ‚wehklagen', ae. *rēotan,* ahd. *riozan* ‚klagen, weinen'.

7.2.3 dh wird, wie schon angedeutet, im Lat. inlautend zu *d,* aber
zu *b* nach *u* und *r* und vor *r* und *l.*

* *dhūmos* ‚Rauch': skt. *dhūma-,* lat. *fūmus* usw. (IV. 1.10);

* *medhyos* ‚der mittlere': skt. *madhyas,* lat. *medius* (IV. 3.1);

* *widhewā* ‚Witwe': skt. *vidhavā,* lat. *vidua* (IV. 1.7);

* *ūdher* ‚Euter': skt. *ūdhar,* lat. *ūber,* ae. *ūder,* ahd. *ūtar;*

* *werdho-,* **wr̥dho-* ‚Wort': got. *waurd,* ahd. *wort,* lat. *verbum;*

* *bhardhā:* lettisch *barda,* aks. *brada,* ahd. *bart,* lat. *barba* (aus
   *farbā assimiliert);

* *rudhro-* ‚rot': gr. ἐρυθρός, lat. *ruber;*

* *stədhlo-* ‚Standort, Stall‘: lat. *stabulum* (mit Anaptyxe von -*bl*- zu -*bul*-).

7.3 Gutturale (s. auch 7.4)

7.3.1 *k*

* *kerd-*, **kr̥d-* ‚Herz‘: gr. καρδία, hom. κῆρ, lat. *cor cordis*, got. *hairtō*, air. *cride*, lit. *širdis*, aks. *srŭdĭce*;
* *porkos* ‚Ferkel‘: lat. *porcus*, mir. *orc*, ahd. *far(a)h*, lit. *paršas*;
* *ekwos* ‚Pferd‘: lat. *equus*, got. *aihwa-tundi* ‚Dornstrauch‘ (‚Pferdezahn‘), as. *ehu-skalk* ‚Pferdeknecht‘, skt. *aśvas*;
* *ōku-* ‚schnell‘: gr. ὠκύς, lat. *ōcior*, skt. *āśu-*.

7.3.2 *g*

* *agō* ‚treibe‘: gr. ἄγω, lat. *agō*, skt. *ajāmi*;
* *agros* ‚Feld‘: gr. ἀγρός, lat. *ager*, got. *akrs*, skt. *ajras*;
* *genu*, *gonu ‚Knie‘: gr. γόνυ, lat. *genu*, heth. *genu*, skt. *jānu*;
* *geus-* ‚kosten‘: gr. γεύομαι, lat. *gustō*, got. *kiusan* ‚erproben, prüfen‘, skt. *jōṣati* ‚hat gern, genießt‘.

7.3.3 *gh*

* *gheim-*, *gh(i)yem-* ‚Winter, Schnee‘: gr. χιών, lat. *hiems*, *bīmus* (eigentl. ‚zweiwintrig‘, aus *bi-himos), lit. *žiema*, aks. *zima* ‚Winter‘, skt. *hēman* (Lok.) ‚im Winter‘, *šata-hima-* ‚hundertjährig‘;
* *anghu-* ‚eng‘: lat. *angi-portus* ‚Engpaß‘, got. *aggwus* (gg = ng), ahd. *angi, engi*, aks. *ǫzŭ-kŭ*, skt. *aṁhu-*;
* *dheigh-* ‚formen (aus Lehm)‘: gr. τεῖχος ‚Mauer‘ (dissim. aus *theikhos), lat. *fingo, figulus, figūra*, got. *ga-digan* ‚kneten, aus Ton bilden‘, *daigs*, ahd. *teig* ‚Teig‘, arm. *dizanem* ‚häufe auf‘, avest. *pairi-daēza-* ‚Umfriedung‘ (daraus gr. παράδεισος ‚Garten, Park‘, d. Paradies), skt. *dēhmi* ‚bestreiche‘, *dēhī* ‚Wall, Damm‘;
* *wegh-* ‚fahren‘: gr. pamphyl. Ϝεχέτω ‚soll hinbringen‘, (Ϝ)ὄχος ‚Wagen‘, lat. *vehō*, got. *ga-wigan* ‚bewegen, schütteln‘, ahd. *wegan* ‚sich bewegen‘, aks. *vezǫ* ‚veho‘, avest. *vazaiti* ‚fährt‘, skt. *vahati*.

7.4 Satem und Kentum. Palatale, Velare, Labiovelare

7.4.1 In den soeben angeführten Gleichungen entspricht einem

Gutturalen der westlichen Sprachen regelmäßig ein Spirant (Typ *s* oder *š*) in den östlichen Sprachen. Das trifft auf die Mehrzahl der Fälle zu, in denen im Westindogermanischen ein Guttural vorhanden ist oder, wie im Germanischen, vormals vorhanden war. Aufgrund dieses Merkmals werden die ‚westlichen' Sprachen – d. h. Griechisch, Latein mit den italischen Dialekten, Venetisch, Keltisch, Germanisch; jetzt auch Hethitisch und Tocharisch, obwohl sie nicht im Westen auftreten – den ‚östlichen' – d. h. Baltisch, Slavisch, Albanisch, Armenisch und Arisch – gegenübergestellt und mit der Form des Wortes für ‚hundert' im Latein und Avestischen als *Kentum-* bzw. *Satem-Sprachen* bezeichnet (1).

(1) Diese Bezeichnungen erscheinen zum ersten Male bei P. von Bradke, Methode und Ergebnisse der arischen (indogermanischen) Altertumswissenschaft, 1890, 63 f., 107 f., und nicht, wie von vielen (z. B. Porzig, Gliederung 29 Fn. 4) behauptet wird, schon in seinen Beiträgen zur Kenntnis der vorhistorischen Entwickelung unseres Sprachstammes (1888) oder in seiner Arbeit Über die arische Alterthumswissenschaft und die Eigenart unseres Sprachstammes (1888); in diesen Arbeiten spricht von Bradke nur von dem „deutlichen Riss", der sie „in östliche und westliche Indogermanen gespalten hat" (27) und von der „Trennung wenigstens der östlichen von den westlichen Indogermanen" (22) bzw. von einer Spaltung in eine östliche und westliche Gruppe, in „West- und Ostarier" (15, 17, 19 f., 30).

7.4.2 Neben diesen Typen von Entsprechungen gibt es aber auch Fälle, in denen sowohl im Westen wie auch im Osten ein Guttural auftritt. Beispiele:

* *kreu-* ‚blutig, roh, Fleisch': gr. κρέ(ϝ)ας ‚Fleisch', lat. *cruor* ‚Blut', *cruentus*, mir. *crú* ‚Blut', ae. *hrēaw*, ahd. *(h)rawēr (h)rō* ‚roh' – lit. *kraujas* ‚Blut', aks. *kry* ‚Blut', skt. *kraviṣ-, kravyam* ‚rohes Fleisch';

* *(s)ker(t)-* ‚schneiden': gr. κείρω, lat. *carō* (eigentl. ‚Schnitt'), ahd. *skeran* (heute *scheren*) – lit. *skiriù* ‚scheide', *kertù* ‚schneide, haue', skt. *kṛntati, kartati* ‚schneidet';

* *loukos* ‚Lichtung': lat. *lūcus* – skt. *lōka-* ‚offener Raum, Welt', lit. *laukas* (IV. 2.6);

* *yugom* ‚Joch': lat. *iugum* – aks. *igo*, skt. *yugam* (IV. 1.9);

* *aug-* ‚wachsen, vermehren': lat. *augeo* – lit. *áugti* (IV. 2.4);

* *(s)teg-* ‚bedecken': gr. στέγω, lat. *tegō* – skt. *sthaga(ya)ti* ‚verhüllt', aks. *ostegŭ* ‚Kleid';

* *steigh-* ‚gehen, steigen': gr. στείχω, got. *steigan* – skt. *stighnoti* ‚steigt', aks. *stignǫ* ‚komme';

* *mighlā* ‚Nebel‘: gr. ὀμίχλη – lit. *miglà*, aks. *mĭgla*; auch skt.
mēgha- aus **moigho-*;
* *nogho-* ‚Kralle, Fuß‘: gr. ὄνυξ ὄνυχος, lat. *unguis*, ahd. *nagal* – lit.
nagas ‚Nagel‘, *nagà* ‚Huf‘, aks. *noga* ‚Fuß‘, *nogŭtĭ* ‚Nagel‘.

7.4.3 Da die erste Art von Entsprechung nicht aus einzelsprachlicher Entwicklung erklärt werden kann, werden wir zur Annahme
gezwungen, daß beide Arten von Entsprechungen aus indogermanischer Zeit stammen. Nach historischen Parallelen zu urteilen (vgl.
ital. *cento*, fr. *cent* aus lat. *centum*, d. i. *kentum*), entstand der Typ *s/š*
aus früheren Gutturalen, die aber auf der letzten Stufe des Indogermanischen nicht mit den anderen Gutturalen identisch sein
konnten, da diese auch in den Satemsprachen als solche erhalten
blieben. Man nimmt deshalb an, daß es im Indogermanischen *zwei*
Arten von Gutturalen gab, vordere und hintere Gutturale. Die vorderen Gutturale wurden durch einen von dem gegen das mittlere
Munddach (palatum, harter Gaumen) gehobenen Zungenrücken gebildeten Verschluß artikuliert; bei den hinteren Gutturalen wurde
der Zungenrücken gegen das hintere Munddach (velum, weicher
Gaumen) gestemmt. Die zwei Reihen werden deshalb als *Palatale*
und *Velare* bezeichnet, und, wenn der Unterschied wichtig ist, auch
im Druck unterschieden, indem *k* und *q*, oder *k̂* und *k*, oder *k* und *k*
benützt werden. Gewöhnlich kann aber die Unterscheidung unter-
lassen werden, wie es auch wir bisher getan haben. Denn in den Einzelsprachen existiert der Unterschied entweder gar nicht – Kentum-
Typ –, oder er wird ganz scharf durch verschiedene Lauttypen – *s/š*
und *k* im Satem-Typ – zum Ausdruck gebracht.

7.4.4 Im Indogermanischen gab es aber noch eine *dritte Reihe*;
denn in der Mehrheit der Fälle, in denen in den Satemsprachen der
k-Typ erscheint, ist die Entsprechung in den Kentumsprachen nicht
k, wie es bei den Velaren der Fall war, sondern der lateinische Typ *qu*
oder offenbar aus solchen Lauten entwickelte andere Laute.
   Ganz klar ist das bei dem Interrogativ- und Indefinitpronomen.
Dem ai. *kas* ‚wer?‘, lit. *kas* ‚wer?‘ entspricht lat. *quis quo-* und heth.
kwis. Dazu gehören natürlich auch got. *hwas hwa*, ahd. *(h)wer*
(h)waz. In den italischen Dialekten dagegen erscheinen in solchen
Fällen *p*-Laute, z. B. oskisch *pis* ‚quis‘, *pod* ‚quod‘, und eine derartige Entsprechung findet sich auch im Griechischen, wenn der in
Frage stehende Konsonant vor einem *a* oder *o* stand, z. B. πό-τερος
‚welcher von beiden‘, πό-θεν ‚woher‘ usw.; wenn dagegen der Kon-

sonant vor einem *e* oder *i* stand, findet sich gewöhnlich ein Dental, z. B. gr. τίς gegenüber lat. *quis*.

Es ist klar, daß hier der Kentum-Typ die ursprüngliche Lautung darstellt, die in den Satemsprachen das *w*-Element ebenso verlor wie das lat. *qu* in den romanischen Sprachen, z. B. in fr. *qui* oder ital. *chi che*, während es in gewissen Kentumsprachen in andersartige Laute (Typ *p*, *t*) verwandelt wurde. Das velare und das labiale Element waren gleich wichtig. Der indogermanischen Lautung scheint das Lateinische am nächsten geblieben zu sein. Der idg. Phonemtyp wird deshalb allgemein als ein Velar mit gleichzeitiger Lippenrundung definiert und als *labiovelar* bezeichnet, in der Schrift k^w, g^w und g^wh. Es bedarf wohl keiner besonderen Hervorhebung, daß die für die drei Reihen gemachten phonetischen Andeutungen nicht als absolut präzis, sondern nur annähernd gemeint sind (1).

(1) Da das gleichzeitige Vorhandensein von drei Reihen der eben geschilderten Art in einem synchronen System meistens als in der Indogermania unbelegt, und so auch unmöglich angesehen wird, sei hier auf D. I. E d e l' m a n, K tipologii ie. guttural'nyx, IANOLJ 32, 1973, 540–6, verwiesen, die zeigt, daß im Yazghulami, einem ostiranischen Dialekt im Nordpamir, aber vielleicht auch in anderen benachbarten Dialekten eine dreifache Opposition von drei Artikulationsarten *(einfach: palatalisiert: labialisiert)* vorhanden ist.

7.4.5 Die *Vertretung der idg. Labiovelare* ist in den Satemsprachen ziemlich einfach: dort fielen sie im allgemeinen durch Verlust des labialen Elementes mit den einfachen Velaren zusammen. Gewisse Umgestaltungen werden 7.4.7 behandelt. In den Kentumsprachen sind die Entwicklungen komplizierter.

Im Griechischen hängt die Entwicklung, wie schon angedeutet, von dem folgenden Vokal ab. Vor *a, o* entstehen Labiale, vor *e, i* Dentale und vor oder nach einem *u* reine Velare, d. h. κ γ χ. Aber g^w und g^wh werden nur vor *e* zu Dentalen, vor *i* ergeben sich die Labiale β und φ (1). – Im Latein ist k^w erhalten (geschrieben *qu*), aber vor *o, u* und Konsonanten geht das labiale Element verloren, d. h., es bleibt nur *k* (geschrieben *c*); vgl. *quis – cuius, relinquo – relictus*. Anlautend vor Vokal wurde g^w zu *w*, g^wh zu *f*. Inlautend zwischen Vokalen wurden beide zu *w*, nach *n* zu *gw* (geschrieben *gu*). Vor Liquiden und Nasalen wurde g^w zu *g*, g^wh zu *b*. – In den italischen Dialekten (Oskisch, Umbrisch usw.) wurden k^w zu *p*, g^w zu *b*, g^wh zu *f*, aber vor Konsonanten ging das labiale Element verloren. – Im Germanischen wurden die Labiovelare von der Lautverschiebung

erfaßt, so daß aus idg. k^w g^w $g^w h$ zunächst *hw, kw* und *gw* zu erwarten sind. Von diesen sind *hw* und *kw* noch im Gotischen erhalten, anderswo verliert aber *hw* inlautend das labiale Element (got.
saihwan: ahd. *sehan* ‚sehen'). Die Fortsetzung von idg. $g^w h$ ist kompliziert und umstritten (s. Seebold, KZ 81, 1967, 104–133). Sicher
ist, daß germ. *gw* nach Nasalen erhalten ist, vor *u* zu *g* wurde, nach
Vokalen, wenn tautosyllabisch, zu *u*, sonst zu *w*. Anlautend scheint
außer vor *u* *b* entstanden zu sein, nach Konsonanten *g* (2).

   (1) Siehe Szemerényi, SMEA 1, 1966, 29–52; Stephens–Woo-
dard, IF 91, 1986, 129–154; Uguzzoni, ebda. 155–185. – (2) Über *gw*
+ *i*/*j* siehe Rasmussen, ALHaf 18, 1983, 209 f.

7.4.6 Wie sich größtenteils schon aus den unter 7.3 angeführten
Beispielen ersehen läßt, entwickelten sich die idg. Palatale in den
Satemsprachen wie folgt:

idg.	aind.	avest.	slav.	lit.	arm.
k	š	s	s	š	s
g	ǰ	z	z	ž	c (= ts)
gh	h	z	z	ž	j (= dz), -z-.

NB. Das aind. *h* ist aus früherem *ǰh* vereinfacht.

7.4.7 Die Velare und Labiovelare ergaben in denselben Sprachen
reine Gutturale, d. h. im Aind. *k g gh*, anderswo *k g g*; im Armenischen kam natürlich noch die „Lautverschiebung" hinzu, so daß
kh k g entstanden.

   Diese Laute erlitten aber im Arischen und Slavischen, in klei-
nerem Umfang auch im Armenischen, weitere Veränderungen, die
man als *Palatalisationen* zusammenfassen kann. Diese sind uns aus
den romanischen Sprachen in ihrer Weiterentwicklung aus dem Lateinischen bekannt. Wie in den westlichen romanischen Sprachen
aus lat. *k* und *g* vor den palatalen Vokalen *e* und *i* wie auch vor *y* die
Affrikaten *č ǰ* (d. h. *tš dž*) u. ä. entstanden, so entwickelten sich die
ursprünglichen Gutturale (in denen die idg. Velare und Labiovelare
zusammengefallen waren) in den angegebenen Satemsprachen zu
Affrikaten vom Typ *č* oder *c* (= *ts*).

   Im Arischen wurde *k g gh* vor *e* (das dann zu *a* wurde), *i*, *y* zu *č ǰ ǰh*
palatalisiert. Im Iranischen fällt die Aspiration weg, so daß nur *č* *ǰ* übrig-
bleiben. Im Aind. wird *ǰh* weiter zu *h*, so daß dort *č* *ǰ* *h* vorhanden sind.
Im Aind. fallen also die palatalisierten Gutturale *ǰ h* mit den Fortsetzungen der idg. Palatale *ǰ h* zusammen. Zum Beispiel:

idg. *$k^w e$ ‚und‘: lat. -*que*, gr. τε – skt. avest. *ča*;

idg. *$g^w en$- ‚Weib‘: gr. γυνή, got. *qinō (q = kw)*, ahd. *quena* – skt. *jani-*, avest. *jani-*;

idg. *$g^w hen$- ‚schlagen, töten‘: gr. θείνω ‚schlagen‘, φόνος ‚Mord‘, heth. *kwen-* ‚schlagen, töten‘ – skt. *hanti* ‚schlägt‘, avest. *jan-*.

Im Slavischen fand zunächst dieselbe Entwicklung statt, dann wurde aber *ǰ* (= dž) zu *ž* vereinfacht. Da im Slavischen die MA mit den Mediae zusammenfielen, finden wir hier nur das Paar *č ž*. Zum Beispiel:

idg. *$k^w id$ ‚was?‘: lat. *quid*, heth. *kwid*, gr. τί – aks. *čĭ-to*;

idg. *$g^w en$- ‚Weib‘: ahd. *quena* – apreuß. *genna*, aks. *žena*;

idg. *$g^w hen$- ‚schlagen‘: heth. *kwen-* – lit. *genù* ‚treibe‘, aks. *ženǫ*.

Im Slavischen trat aber noch eine zweite Palatalisation ein. Nachdem die Diphthonge *ai* und *oi* zu *ē* (manchmal *i*) monophthongiert wurden, kamen *k* und *g* wieder vor einem palatalen Vokal zu stehen und wurden zu *c* (= ts) bzw. *dz* (später *z*) palatalisiert. Zum Beispiel:

* *koilu* ‚heil, unversehrt‘: gr. κοῖλυ · τὸ καλόν, got. *hails* – apreuß. *kailūstiskan* ‚Gesundheit‘, aks. *cēlŭ* ‚heil, ganz‘;

* *ghoilo-* ‚heftig, ausgelassen‘: got. *gailjan* ‚erfreuen‘, ahd. *geil* ‚übermütig, üppig‘ – alit. *gailas* ‚heftig‘, aks. *dzēlŭ* ‚heftig‘.

Im Armenischen fand Palatalisation nur bei den idg. Tenues und MA statt (*čhor-kh* ‚4‘: gr. τέτταρες, *ǰerm* ‚warm‘: gr. θερμός), nicht bei den Mediae (*kin* ‚Frau‘: idg. *$g^w en$-, *keam* ‚ich lebe‘: idg. *$g^w i$-).

7.4.8 Die Entwicklungen der Labiovelare können wie folgt zusammengefaßt werden:

idg.	gr.	lat.	germ.	air.	akymr.
*k^w	π τ κ	qu, c	hw	c	p
*g^w	β δ γ	gu, v, g	kw	b, g	b
*$g^w h$	φ θ χ	f, b, gu, v	b, g, gw, w	g	g, -b̵-

idg.	ai.	avest.	aks.	lit.	arm.
*k^w	k, č	k, č	k, č, c	k	kh, čh
*g^w	g, ǰ	g, ǰ, -ž-	g, ž, (d) z	g	k
*$g^w h$	gh, h	g, ǰ, -ž-	g, ž, (d) z	g	g, ǰ.

7.5 Diese Entwicklungen werden durch folgende Beispiele veranschaulicht:

7.5.1 k^w

* k^wi-, k^wo- ‚wer, was‘: gr. τίς ποῦ, lat. *quis quod*, heth. *kwis*, got.
hwa(s) – skt. *kas*, *čid* (zu Partikel geschwächt: ‚sogar‘), aks. *kŭ-to* ‚wer‘, *čĭ-to* ‚was‘, lit. *kas* ‚wer‘;

* k^wi- ‚entgelten‘: gr. τίνω ‚zahle, büße‘, τίνομαι ‚strafe, räche‘ –
skt. *čayatē* ‚rächt, straft‘, *apa-či-ti-* ‚Vergeltung‘; davon
* $k^woinā$ ‚Entgelt‘: gr. ποινή ‚Sühnegeld, Strafe‘ (entlehnt lat.
poena, daraus nhd. *Pein*) – avest. *kaēnā* ‚Strafe‘, lit. *káina* ‚Preis‘,
aks. *cēna* ‚Preis, Wert‘;

* k^welo-, *k^wek^wlo- ‚Rad‘ (*k^wel- ‚sich drehen‘): apreuß. *kelan*, aks.
kolo, an. *hvel*, gr. κύκλος, skt. *čakra*-, ae. *hwēol* (von *hweula-,
früher *hwegwla-) ‚wheel‘;

* $w\underset{.}{l}k^wos$ ‚Wolf‘: skt. *v\underset{.}{r}kas*, aks. *vl̆ikŭ*, lit. *vilkas* – got. *wulfs* (aus
*wulhwas, vgl. mit grammatischem Wechsel an. *ylgr* ‚Wölfin‘
aus *wulgwis, idg. *$w\underset{.}{l}k^wī$), gr. λύκος (aus **wluk^wos*), lat. *lupus*
(Dialektwort);

* $penk^we$ ‚fünf‘: gr. πέντε, lat. *quinque* (aus *pinque nach *quattuor*),
got. *fimf* (aus *finhw, vgl. *wulfs*) – skt. *pañča*, lit. *penkì*;

* sek^w- ‚folgen‘: lat. *sequor*, gr. ἕπομαι – skt. *sačatē*, avest. *hačaitē*,
lit. *sekù*; dazu auch lat. *socius* aus **sok^wyos*;

* sek^w- ‚sehen‘: heth. *sakuwa* ‚Augen‘, got. *saihwan, siuns* ‚Sicht, Erscheinung‘ (aus *seunis, früher *segwnis), air. *rosc* ‚Auge, Blick‘
(aus **pro-sk^w-o*-); air. *sūil* ‚Auge‘ aus **sok^w-li*- (Szemerényi,
2. Fachtagung, 1962, 191 f.).

* pek^w- ‚kochen, backen‘: gr. πέσσω (**pek^wyō*), Fut. πέψω, πέψις
‚Verdauung‘, lat. *coquō* (aus **k^wek^wō*, dies assim. aus **pek^wō*),
kymr. *pobi* ‚backen‘ (aus *pop*-, **k^wok^w*-) – skt. *pačati*, aks. *pek\underset{.}{q}*
‚ich brate‘ (2. Sg. *pečeši*), lit. (mit Umstellung) *kepù*.

7.5.2 g^w

* g^wen- ‚Weib‘: gr. γυνή, air. *ben*, got. *qinō qēns* – skt. *ǰani*-, *gnā*
‚Götterweib‘, apreuß. *genna*, aks. *žena*;

* $g^wīwos$, *g^wiwos ‚lebendig‘: lit. *gývas*, aks. *živŭ*, skt. *ǰivas* – gr.
βίος ‚Leben‘, lat. *vīvos*, oks. *bivus* Pl. ‚vīvī‘, got. *qius*, ahd. *quek*
(vgl. Quecksilber), nhd. *keck*, air. *beo* ‚lebendig‘;

* g^wem- ‚kochen‘: got. *qiman*, ahd. *queman* und daraus *coman*, lat.
venio (aus *wemyō), gr. βαίνω (aus *banyō, *bamyō) – skt.
1. Sg. Aor. *agamam*, 3. Sg. Konj. *gamat*, avest. *ǰamaiti*, wahrscheinlich auch lit. *gemù* ‚werde geboren‘;

* g^wou- ‚Rind‘: gr. βοῦς, lat. *bōs* (Dialektwort), air. *bō* ‚Kuh‘, ae. *cū*,
ahd. *chuo* – skt. *gaus*, arm. *kov* ‚Kuh‘, slav. *gov-\underset{.}{e}do* ‚Rindvieh‘;

* *bheg^w-* ‚laufen': gr. φέβομαι ‚fliehe, fürchte mich' – lit. *bégu* ‚laufe', aks. *bégati, bēžati*;

* *nog^w-* ‚nackt': got. *naqaþs,* ae. *nacod,* ahd. *nackut,* lat. *nūdus* (alle aus **nog^wodhos*) – skt. *nagna-,* aks. *nagŭ,* lit. *núogas* (beide aus **nōg^wos*);

* *g^wel-n-* ‚Eichel': gr. βάλανος, lat. *gláns glandis* – arm. *kalin,* lit. *gilė,* aks. *želǫdĭ*;

* *reg^wos* ‚Dunkelheit': got. *riqis,* gr. ἔρεβος – skt. *rajas* ‚Dunkelheit' (und *rajanī* ‚Nacht'), arm. *erek* ‚Abend'.

7.5.3 *g^wh*

* *g^wher-,* **g^whormo-* ‚heiß, Hitze': gr. θερμός, lat. *formus* ‚heiß', mir. *gorim* ‚erhitze' – skt. *gharma-* ‚Hitze', arm. *jerm* ‚warm', aks. *goréti* ‚brennen', *žeravŭ* ‚glühend', lit. *garas* ‚Dampf', apreuß. *gorme* ‚Hitze';

* *g^whedh-* ‚begehren, bitten': gr. θέσσασθαι ‚anflehen' (**g^whedh-s-*), πόθος (dissim. aus **phothos*), air. *guidiu* ‚bitte' (**g^whod-heyō*) – apers. *jadiyāmiy* ‚ich bitte', lit. *gedù* ‚sehne mich, traure', *godùs* ‚gierig', aks. *žędati* ‚begehren';

* *g^when-* ‚schlagen, töten': heth. *kwen-,* gr. θείνω, φόνος, lat. *dé-fendō* ‚wehre ab', air. *gonim* ‚verwunde, töte', ae. *gúþ* ‚Schlacht (aus **gunþjō,* **g^whņtyā*), ahd. *gund-fano* ‚Kriegsfahne' (entlehnt in frz. *gonfalon*) – skt. *han-ti* ‚schlägt', *ghn-anti* ‚sie schlagen', apers. *ajanam* ‚ich schlug', arm. *jnem* ‚ich schlage' (über *jinem* aus **g^when-*), lit. *genù* ‚ich treibe', aks. *ženǫ* ‚id.', *goniti* ‚jagen';

* *snig^wh-* ‚Schnee': gr. νίφα, lat. *nivem* (nom. *nix* aus **sniks* aus **snig^wh-s*), *ninguit* aus **sning^wheti*; vgl. IV. 2.2;

* *snoig^whos* ‚Schnee': apreuß. *snaygis,* lit. *sniegas,* aks. *snēgŭ* – got. *snaiws* aus **snaigwas,* air. *snigid* ‚es tropft', kymr. *nyf* ‚Schnee';

* *seng^wh-* ‚feierlich verkünden': got. *siggwan* (= ngw), ahd. *singan,* Nomen got. *saggws,* gr. ὀμφή ‚Stimme, Prophezeiung', vgl. lat. *singultus*;

* *neg^whro-* ‚Niere': gr. νεφροί, ahd. *nioro* aus **neuran-,* **negwr-*; dazu lat. (Lanuvium) *nebrundinēs,* (Praeneste) *nefrōnēs*;

* *dhegwh-* ‚brennen, wärmen': lat. *foveo* ‚wärmen, hegen', *fō-mentum* (aus *fovi-*) ‚erwärmender Umschlag', *febris,* mir. *daig* ‚Feuer' – skt. *dahati* (diss. aus *dhah-*) ‚brennt', avest. *dažaiti,* lit. *degù* ‚brenne'.

7.6 Zusatz über die idg. stimmhaften Gutturale

In einigen Fällen bietet das Altindische eine MA *(h)*, wo die anderen Sprachen, sofern sie darüber aussagen, eine einfache Media aufweisen. Die sichersten Beispiele sind:

skt. *hanu-* ‚Kinnbacke‘ – gr. γένυς, lat. *gena*, got. *kinnus*;

skt. *aham* ‚ich‘ – gr. ἐγώ, lat. *ego*, got. *ik*;

skt. *mahi* ‚groß‘ – gr. μέγας, lat. *magnus*, got. *mikils*, arm. *mec*;

skt. *duhitar-* ‚Tochter‘ – gr. θυγάτηρ; ein Velar ist in diesem Falle durch avest. *dugədar-*, lit. *duktē* erwiesen.

Siehe jetzt W. Winter, Papers in honor of M. S. Beeler, 1980, 487–95; für *Tochter* Szemerényi 1978, 19 f. (: ursprüngliche Form **dhug-*), und über Burrow Kratylos 28, 1984, 71.

In einem Fall steht einem stimmlosen Palatalen der anderen Sprachen eine arische MA gegenüber:

skt. *hr̥d(aya)-*, iran. *zr̥d-* ‚Herz‘: gr. καρδία, lat. *cor*, lit. *širdis*.

Szemerényi, Fs. Stang, 1970, 515–33.

7.7 Zusatz über die Labiovelare

Es wird gewöhnlich angenommen, daß die Labiovelare in den Satemsprachen mit den Velaren vollkommen zusammengefallen sind, d. h., daß sie von den Velaren nicht unterschieden werden können. Es gibt aber einige sichere Hinweise auf das einstige Vorhandensein des labialen Elementes auch innerhalb der Satemsprachen. Im Altindischen verrät eine Form wie *gūrta-* ‚willkommen‘, oder *guru-* ‚schwer‘ mit *ū* bzw. *u*, daß ehemals auf den Guttural ein labiales Element folgte, denn nur nach Labialen tritt die u-Färbung auf, sonst erscheint *i*. Im Armenischen werden die ursprünglichen Labiovelare (mit Ausnahme der M) vor *e i* palatalisiert, nicht aber die reinen Velare. Der Infinitiv von aks. *ženǫ* (idg. **gʷhen-*) ist *gŭnati*, dessen *ŭ* ebenfalls nur als Reflex des labialen Elements des idg. Labiovelars verständlich ist. Dies sind natürlich nur spärliche Reste. Immerhin reichen sie aus, um die These zu widerlegen, daß die Labiovelare in den Satemsprachen nicht vorhanden gewesen seien.

Vgl. T. Burrow, BSOAS 20, 1957, 133–144; V. Pisani, AGI 46, 1961, 19–23; O. Szemerényi, Syncope 401–2 (: zuerst 1948 und 1952).

Was nun die *Natur der Labiovelare* betrifft, so wird gewöhnlich angenommen, daß *kʷ* usw. einheitliche Phoneme und nicht Phonemgruppen (k + w) darstellen. Diese Annahme wurde zunächst darauf gegründet, daß das lat. *qu* im Vers (gewöhnlich) kurz ist und so keine Gruppe darstellen kann. Dieser metrische Gebrauch beweist aber nichts für die Sprache. Da *sequor* sein neues Partizip *secūtus* (das alte liegt in *secta, sectārī* vor) nach der Analogie von *volvō–volūtus* erhielt, ist es klar, daß *qu* als analog dem *lv* galt, d. h. ebenfalls eine Gruppe war. Von dieser Grundlage aus können wir also nicht entscheiden, ob der idg. Labiovelar ein Phonem war oder zwei (1).

Wichtiger ist der Hinweis darauf, daß das modifizierte Ergebnis eines Labiovelars z. B. im gr. ἕπομαι ein kurzes *p* ist, während der Gruppe *k̂w* in skt. *aśvas* ‚Pferd‘ ein gr. ἵππος entspricht. Leider ist die griechische Form auch mit ihrem *i* schwierig und kann kaum zu solchen Folgerungen benutzt werden. Bedeutender wäre der Beweis, daß im Indogermanischen *k^w* und *kw* (d. h. reiner Velar + w) in Opposition standen, z. B. **kwap-* mit **k^wap-*. Aber auch hier ist es so, daß die wenigen Beispiele von satemsprachlichen *kv-* wahrscheinlich Neubildungen sind.

Es scheint somit ein einziger Weg übrigzubleiben, um diese Frage zu entscheiden, die idg. Silben- und Wortstruktur. Wie wir gesehen haben, gibt es im Indogermanischen Wörter wie **k^wek^wlo-* ‚Rad‘, in denen die Folge *k^wC* auftritt. Dagegen gibt es keine Gruppen wie *C + w + C*, also z. B. *twl, dwl, twn* usw. Es folgt also, daß *k^wC* nicht als eine Dreikonsonanz aufgefaßt werden kann, d. h., daß *k^w ein einheitliches Phonem* ist. Ob es aber im Frühindogermanischen ebenfalls monophonematisch war, ist damit noch nicht bewiesen.

(1) Nach Coleman (CQ 13, 1963, 13–17) hatte lat. *qu* zwei Allophone: *k^w* und *kw*. Dagegen wird eine einheitliche Interpretation vertreten von Allen, Vox Latina, 1965, 16 (: *k^w*) und Wyatt, Lg. 42, 1966, 666 (: *kw*); das letztere scheint sich nur auf *sequor/secutus* zu stützen, aber *qu* konnte nach der griechischen Regel für *muta cum liquida* im Vers auch als Kürze gelten. Die Lösung von Touratier (BSL 66, 1972, 229 f.): das Monophonem *k^w* wurde als die Folge *kw* realisiert, ist ein nicht sehr befriedigender Trick. Für eine soziologische Lösung (: osk.-umbr. Einfluß) siehe Gianni, AIΩN 9, 1987, 239–252.

8. *Tenues aspiratae*

Eine vierte Verschlußlautreihe existiert im Arischen (s. IV. 7.), die im Aind. durch behauchte stimmlose Laute (ph th kh), im Iranischen durch die entsprechenden Spiranten (f þ x) repräsentiert ist. Nach den allgemeinen Prinzipien der Rekonstruktion scheint es also angebracht, eine solche Reihe auch für das Indogermanische anzusetzen, obwohl sie in den anderen Sprachen im allgemeinen mit den anderen Reihen zusammengefallen ist. Neuere Versuche, diese Reihe als eine arische Neuerung zu erweisen, werden später behandelt werden (VI. 7.1.4).

8.1 Die sichersten Beispiele für eine TA-Reihe sind die folgenden:

skt. *phalaka-* ‚Brett, Latte': aks. *polica* ‚Stab', an. *fjǫl* ‚Diele, Brett';

skt. *panthās*, Gen. *pathas* ‚Weg': gr. πάτος ‚Pfad', πόντος ‚Meer', lat. *pons*, aks. *pǫtĭ* ‚Weg';

skt. *ratha-* ‚Streitwagen': lat. *rota*, ahd. *rad*, lit. *ratas* ‚Rad';

skt. *vettha* ‚weißt': gr. οἶσθα, lat. *vīdi-st-ī*, got. *waist*;

skt. *pṛthu-ka-* ‚Tierjunges': arm. *orth*, gr. πόρτις ‚Kalb';

skt. *pṛthu-* ‚breit': gr. πλατύς, lit. *platùs* ‚breit';

skt. *manthati* ‚quirlt': lit. *mentùrė* ‚Quirl, Kelle', aks. *mętǫ* ‚rühre auf, verwirre'; auch gr. μόθος ‚Schlachtgetümmel'?;

skt. *asthi* ‚Knochen': gr. ὀστέον, lat. *os*, heth. *hastai*;

skt. *šaṅkha-* ‚Muschel': gr. κόγχος ‚Muschel(schale)';

skt. *šākhā* ‚Zweig': arm. *chax* (ch = ts – h) ‚Zweig', aruss. *soxa* ‚Pfahl, Knüppel; heute Hakenpflug', lit. *šakà* ‚Zweig, Zacke', got. *hōha* ‚Pflug'.

Distributionell ist bemerkenswert, daß anlautendes *th* im Vedischen nicht vorkommt, daß aber *th* dennoch viel häufiger ist als die anderen TA zusammen.

Diachronisch ist aus den obigen Gleichungen ersichtlich, daß im Griech. *th* als τ oder ϑ vertreten ist, *kh* als χ. Für das Arm. ergeben sich *th* und *x*, und wahrscheinlich *ph*. Im Germanischen und Baltischen fallen die TA mit den unbehauchten Lauten zusammen wie auch im Slavischen, ausgenommen *kh*, das zu *x* wird.

Vgl. Meillet, Dialectes 78–83; Frisk, Suffixales *th* im Indogermanischen, 1936; Szemerényi, Arch. Lingu. 4, 1952, 41–3; R. Hiersche, Untersuchungen zur Frage der Tenues Aspiratae im Indogermanischen, 1964; REA 80, 1978, 5–15; Villar, El problema de las sordas aspiradas ie., RSEL 1, 1971, 129–60; Kuryłowicz, BPTJ 31, 1973, 3–9 (arische Neuerung); Problèmes 197–205; Michelini, Esisteva in ie. una serie di occlusive sorde asp.?, SILTA 4, 1975, 49f.; Bomhard, Nostratic 18–20.

8.2 Auffallend zahlreich sind im Aind. die TA nach *s*. Vgl.:

skt. *sphūrjati*: gr. σφαραγέομαι (s. 5.4);

skt. *sphurati* ,stößt weg, schnellt, springt': gr. ἀσπαίρω ,zucke, zapple', lat. *spernō*;

skt. *sph(i)ya-* ,Vorderruder, Spaten, Schulterblatt' (s. Janert, KZ 79, 1964, 89f.): gr. σφήν ,Keil', ahd. *spān* ,Span' (?);

skt. *sthā-* ,stehen': gr. ἵστημι, lat. *stāre*, etc.;

skt. *sthag-* ,bedecken': gr. στέγω, lat. *tegō*;

skt. *-iṣṭha* (aus *-istha-*, Superlativsuffix): gr. -ιστος, germ. *-ista-*;

skt. *skhalate* ,strauchelt': arm. *sxalem* ,irre ab';

skt. *čhid-* ,abschneiden': gr. σχίζω, lat. *scindō*.

Es kommen auch Fälle vor, in denen *s*, wie schon oben bei *sthag-*, nicht überall erscheint; vgl.:

skt. *phēna-* ,Schaum': aks. *pēna*, ahd. *feim*, lat. *spūma-*.

Dieser Gruppe ist im wesentlichen das Buch von Hiersche gewidmet.

8.3 In einigen Fällen scheint eine TA auch von nichtarischen Sprachen erfordert zu sein; vgl.:

gr. ἀσκηθής ,unversehrt', von *σκῆθος ,Schaden': got. *skaþis* ,Schaden'.

8.4 Offenbar auf Lautnachahmung beruhen Fälle wie

skt. *kakhati* ,lacht': gr. καχάζω; aks. *xoxotŭ*;

skt. *phūt-karōti* ,pustet, bläst': gr. φῦσα ,Blasen'; vgl. arm. *phukh* ,Hauch'.

9. *Das phonologische System des Indogermanischen*

Wenn wir diese Teilergebnisse zusammenfassen, ergibt sich für das Indogermanische als unmittelbare Vorstufe der Einzelsprachen das folgende System (siehe aber auch VI. 8.):

9.1 *Konsonanten*

	Verschlußlaute				Nasale	Liquiden	Halb-vokale	Spi-ranten
Labiale	b	p	bh	ph				
Dentale	d	t	dh	th	n	l	y	s
Palatale	g′	k′	g′h	k′h	m	r	w	
Velare	g	k	gh	kh				
Labiovelare	gʷ	kʷ	gʷh	kʷh				

9.2 *Vokale, Diphthonge, Sonanten*

$$i \qquad u \quad \bar{\imath} \qquad \bar{u} \qquad\qquad\qquad\qquad \mathring{n} \; \mathring{m} \; \bar{\mathring{n}} \; \bar{\mathring{m}}$$

$$e \; \partial \; o \qquad\quad \bar{e} \; \bar{o} \quad ei \quad oi \quad eu \quad ou \qquad \mathring{l} \; \mathring{r} \; \bar{\mathring{l}} \; \bar{\mathring{r}}$$

$$a \qquad\qquad \bar{a} \qquad ai \qquad\quad au$$

In Flexionsendungen kommen auch Langdiphthonge vor: āi ōi, ēu ōu.

V. MORPHONOLOGIE

1.1 Phoneme sind die Bausteine höherer sprachlicher Einheiten. Nach der allgemeinen Auffassung der Nicht-Spezialisten ist die erste höhere Einheit das *Wort* und das Studium der Veränderungen der Wortformen, z. B. in der Deklination oder Konjugation, Aufgabe der *Morphologie*, der Formenlehre. Alternationen wie lat. *mēnsa/mēnsam/mēnsae* und *abōminātiō/abōminātiōnem/abōminātiōnis* werden so auf dieselbe Ebene gestellt. Jedoch ist es und war es auch für den christlichen Römer immer klar, daß zwischen *mēnsa* und *abōminātiō* ein großer Unterschied besteht. Denn *mēnsa* ist für den Lateinsprecher nicht weiter analysierbar, während *abōminātiō* eine mehrfache Analyse nicht nur zuläßt, sondern geradezu herausfordert. So ist zunächst klar, daß *abōminātiō* mit Hilfe des Suffixes *-tiō(n)* von *abōminārī* abgeleitet ist wie *ōrātiō* von *ōrāre*, *laudātiō* von *laudāre* usw. Dann ist *abōminārī* offensichtlich aus weiteren Einheiten aufgebaut, nämlich aus der Präposition *ab*, aus dem Nomen *ōmen, ōmin-is* und aus dem Verbalsuffix *-ā-*, wozu wieder Parallelen jedem zur Hand sind. Wenn wir für die kleinsten bedeutungsvollen Einheiten der Sprache den Ausdruck *Morphem* verwenden, dann ist *abōminātiō* als aus vier Morphemen bestehend zu betrachten. Wie aus diesem Beispiel ersichtlich, ist das Morphem mit dem Wort nicht identisch. Ein Wort kann aus einem Morphem bestehen (wie *vir*), aber gewöhnlich besteht ein Wort aus mehreren Morphemen. Der Aufbau der Wörter aus Morphemen, die *Wortbildungslehre*, ist ebenso ein grundlegender Teil der Morphologie wie die „Beugungslehre", die man gewöhnlich ausschließlich darunter versteht.

1.2 Schon das obige Beispiel zeigt, daß ein Morphem nicht notwendigerweise eine unveränderliche Form ist. Das kann zwar der Fall sein. So behält das Morphem Klass- seine Form in der Beugung (Klass-e/-en) und in Ableitungen (klassifizieren) immer bei. Aber gewöhnlich treten verschiedene Veränderungen auf. Offenbar enthalten (ich) *geb-e*, (er) *gib-t*, (ich) *gab*, (ich) *gäb-e* dasselbe Morphem, obwohl es in den Varianten *geb-/gib-/gab/gäb-* auftritt. Das Morphem hat also *Allomorphe*, anders ausgedrückt: das Morphem ist ein Sammelbegriff für die Allomorphe so wie das Phonem ein Sammelbegriff seiner Allophone ist. Der Typ der Morphemvariation, den *geben* veranschaulicht, ist für die deutsche Sprache von der größten Bedeutung und unter dem Namen *Ablaut* wohlbekannt. *Umlaut* ist ein ebenso wichtiger Typ der Morphemvariation. Diese Variationen betreffen den Vokalismus, aber es gibt im Deutschen, wie in anderen Sprachen, auch konsonantische Alternationen. So alterniert im Russischen das Allomorph *ruk-* (Nom. Sg. ruk-á ‚Hand') mit *ruč-* in *rúčka* ‚Händchen, Henkel', *ručnój* ‚Hand-; zahm', im Englischen /haus/ ‚Haus' mit /hauz/ ‚unterbringen' (beide *house* geschrieben) oder /naif/ mit /naiv/ in *knife: knives*.

1.3 Derartige Alternationen könnten in der Phonologie, aber auch in der Morphologie behandelt werden. In der Phonologie könnte ihnen nach der Behandlung des phonologischen Systems ein eigenes Kapitel über die Kombinationsmöglichkeiten der Phoneme im Redefluß gewidmet werden, sie würden im Gegensatz zu der *paradigmatischen* Achse des Systems die *syntagmatische* Achse des Aufeinanderfolgens in der Rede darstellen. Andrerseits könnten sie in der Morphologie behandelt werden, da sie ja in der Beugung oder Ableitung zum Erscheinen kommen. Vom praktischen Gesichtspunkt scheint es aber ratsamer zu sein, solche Alternationen als ein Grenzgebiet zwischen den beiden Hauptgebieten zu behandeln, als eine Verflechtung von Morphologie und Phonologie, d. h. als *Morphonologie*, um diesen von Trubetzkoy geprägten Ausdruck zu verwenden.

N.S. Trubetzkoy hat in einem grundlegenden Aufsatz „Gedanken über Morphonologie" (TCLP 4, 1931, 160–3) ihre Aufgabe als „die Erforschung der morphologischen Ausnützung der phonologischen Mittel einer Sprache" bestimmt und ihr einen „Ehrenplatz" zwischen Phonologie und Morphologie zugewiesen. Theoretisch ist dieser Standpunkt unhaltbar, s. bes. L. Ďurovič, Das Problem der Morphonologie (To honor R. Jakobson 1, 1967, 556–568), der, wie auch J. Kuryłowicz (Phonologie der Gegenwart, Wien 1967, 158–169), die meisten hierher gehörigen Fragen in der Phonologie, einige in der Morphologie behandelt wissen möchte, während A. Martinet (La Linguistique 1, 1965, 15–30) die meisten Fragen der Morphologie, einige aber neuerdings (s. FL 10, 1973, 349) der Phonologie zuweisen möchte. Die amerikanische (und die russische) Linguistik ist vorerst von diesen theoretischen Bedenken unberührt; vgl. C. F. Hockett, A course in modern linguistics, 1958, 271 f.; R. A. Hall, Jr., Introductory Linguistics, 1964, 138–144; O. Axmanova, Fonologija, morfonologija, morfologija, Moskau 1966, 52–62.

S. auch Lamb, Language 42, 1966, 550f.; und (gegen Martinets Auffassung) Postal, FL 2, 1966, 168f. Vgl. noch Komárek, Travaux linguistiques de Prague 1, 1966, 145–161; Smith, The concept of the morphophone, Lg. 43, 1968, 306–341; Newman, The reality of the morphophoneme, Lg. 44, 1968, 507–15; Kuryłowicz, The notion of the morpho(pho)neme, in: Directions, 1969, 67–81; *Karlsson, Phonology, morphology, and morphophonemics, Göteborg 1974; Kilbury, The development of morphophonemic theory, Amsterdam 1976; Bergan, The morphophone, LACUS 3, 1977, 580–93; Dressler, Grundfragen der Morphonologie, Wien 1977; L. Moessner, Morphonologie, Tübingen 1978; Anttila, Totality, relation, and the autonomous phoneme, CILL 6/3–4, 1980, 49–64, bes. 58–60; Dressler, A model of morphonology, Phonologica IV, 1981, 113–122; Wurzel, Problems in morphonology, ibid. 413–34; Ford-Singh, On the status of morphonology, PCLSP 19, Parasession, 1983, 63–78 (: Trennung von Morphologie gescheitert); W. Lehfeldt, Überlegungen zum Gegenstandsbereich und zum Status der Morphonologie, Fs. P. Hartmann, 1983, 41–45 (44: gehört in verschiedene Unterabteilungen der Morphologie); Dressler, Morphonology: the dynamics of derivation, Ann Arbor 1985 (4: belongs neither to morphology nor to phonology; it mediates between both components without being itself a basic component).

1.4 Außer den vokalischen und konsonantischen Alternationen werden wir auch den Bau der Morpheme, die *Morphemstruktur*, hier behandeln. Darüber hinaus ist es angebracht, den *Akzent*, der ja an das Wort gebunden ist, aber wohl nicht in die Morphologie hereinpaßt, hier zu besprechen.

2. *Akzent*

Akzent ist die Hervorhebung einer Silbe innerhalb eines Wortes im Gegensatz zu den anderen Silben. Die wichtigsten Mittel der Hervorhebung sind Expirationsstärke (Intensität), Tonhöhe und Dauer. Diese werden alle bei jedem Akzent verwendet, so daß die lange Zeit herrschende Einteilung der Sprachen in solche mit expiratorischem oder dynamischem Akzent und andere mit musikalischem Akzent oder Ton, so als ob in den einen nur Intensität, in den anderen nur Tonhöhe eine Rolle spielten, überholt ist. Aber auch die diesem Einwand Rechnung tragende Unterscheidung von „vorwiegend" dynamischem und „vorwiegend" musikalischem Akzent trifft nicht das Wesentliche, und die Annahme, daß aller Akzent dynamisch sei und der Unterschied nur darin bestehe, daß er entweder

„stark" oder „schwach" zentralisierend sei, übersieht gleichfalls
diese Tatsache. R. Jakobson hat gezeigt, daß der wesentliche Unterschied zwischen den zwei traditionellen Akzenttypen darin besteht,
daß bei dem einen der Akzentumfang der Dauer des ganzen silbigen
Phonems gleicht – dieser wird als Intensitätsakzent empfunden
(z. B. Deutsch, Russisch) –, bei dem anderen aber nur einen Teil der
Silbe, die More betrifft. So kann z. B. im Litauischen ein langer
Vokal, der aus zwei Moren besteht, entweder einen fallenden oder
einen steigenden Akzent haben, d. h. entweder ◡̆◡ oder ◡◡̆; z. B.
súnui ‚dem Sohne' = *súunui*, aber *bū̆das* ‚Art' = *buúdas*. Dementsprechend müssen wir von *Silbenakzent* und *Morenakzent* sprechen.

Vgl. R. Jakobson, Die Betonung und ihre Rolle in der Wort- und Syn-
tagmaphonologie, SW I² 117–36, bes. 119, 123; Trubetzkoy, Grundzüge 169–75; P. Garde, L'accent, 1968, bes. 50f. S. auch Szemerényi,
Syncope 279f.; Garde, Principes de description synchronique des faits
d'accent, Phonologie der Gegenwart, 1967, 32–43; Pulgram, Lingua
23, 1969, 372–96; Rossi, L'accent, le mot et ses limites, PICL 10/4, 1970,
175–80; Halle, On Slavic accentology, LIn 2, 1971, 1–19; Allen, Accent
and Rhythm, CUP 1973, 74f. (: stress 74f., pitch 83f., accent 86f.);
Fromkin (ed.), Tone – A linguistic survey, 1978; Weidert, Tonologie,
Tübingen 1981 (cf. Ladd, Kratylos 27, 1983, 36–40); Light, Tonogenesis,
Lingua 46, 1978, 115–31; Henderson, Tonogenesis, TPS 1982, 1–24;
Sondernummer *Prosody*, FoL 17/1–2, 1983, 1–285 (: 10 Beiträge); Torsu-
jeva, Sovremennaja problematika intonacionnyx issledovanij, VJ 1984
(1), 116–26; Szemerényi, TPS 1985, 15–18. – Zu der frühen Zeit der
Forschung s. Balázs, The forerunners of structural analysis and pho-
nemics, ALH 15, 1965, 229–86. – Zur Zuordnung der Termini Ton–Akzent–Intonation zu Silbe–Wort–Syntagma siehe Pilch, Cahiers de linguistique théorique et appliquée 3, 1966, 131–6.

2.1 Weiterhin unterscheiden sich die Sprachen nach der Stelle
des Akzentes im Worte. In vielen Sprachen ist der Akzent mechanisch geregelt, er ist an eine bestimmte Stelle des Wortes gebunden;
im Tschechischen und Ungarischen ist der Akzent immer auf der ersten Silbe, im Französischen auf der letzten, im Polnischen auf der
vorletzten. Im Lateinischen richtet sich der Akzent ebenfalls nach
der vorletzten Silbe: ist sie lang, so ist sie betont; ist sie kurz, so wird
die drittletzte Silbe betont. Es gibt aber auch Sprachen, deren Akzent an keine bestimmte Stelle des Wortes gebunden ist. So kann die
Form *termino* im Spanischen auf drei verschiedene Weisen betont
werden: *término* ‚Ende, Termin', *termíno*: ‚ich beende', *terminó* ‚er

hat beendet'. Im Gegensatz zu dem allgemein und/oder phonologisch geregelten *gebundenen* Akzent z. B. des Ungarischen oder
Französischen sprechen wir in solchen Fällen von einem *freien Akzent*, dessen Freiheit aber natürlich nicht im Ermessen des Sprechenden liegt, sondern durch grammatische, morphematische
Eigentümlichkeiten geregelt wird und damit auf die verschiedenen
Stellen des Wortes festgelegt werden kann (1).

> (1) Im J. 1977 fand L. Hyman, daß von 444 Sprachen 114 (25%) einen
> dominanten Anfangsakzent hatten, 97 (20%) einen Endakzent, und 77
> (18%) betonten die vorletzte Silbe; primärer Akzent auf der zweiten
> Silbe des Wortes ist selten, er findet sich nur in 12, d. h. 2,7% der Spra-
> chen. Für diese Angaben s. D o g i l, Elementary accent systems, Phono-
> logica IV (1980), 1981, 89–99.

2.2 Jedoch kann auch ein freier Akzent gewissen Einschränkungen unterworfen sein, d. h. nur *beschränkt frei* sein. Ein typi-
scher Fall ist der *altgriechische* Akzent im attischen Dialekt. Er ist
auf die drei letzten Silben des Wortes festgelegt, aber innerhalb
dieses Bereiches ist er frei. Gewöhnlich werden drei Akzentarten
unterschieden, die seit den Byzantinern auch in der Schrift zum
Ausdruck kommen: der *Akut*, der *Zirkumflex* und der *Gravis*. Der
Gravis ist aber positionell festgelegt: ein Akut der letzten Silbe verwandelt sich in einen Gravis, wenn das Wort nicht am Satzende
steht. Das wird oft so gedeutet, daß ein endbetontes Wort seinen
Akut im Satzzusammenhang verliert, daß sein Akzent neutralisiert
wird; es könnte aber auch bloß "a lowered variant of the high tone"
anzeigen (1). Somit bleiben *nur Akut und Zirkumflex* als wirkliche
Akzentarten. Frei sind diese Akzente nur auf einer langen Endsilbe:
Nom. Sg. τιμή, aber Gen. Sg. τιμῆς, d. h., η kann je nach grammati-
scher Funktion den Akut tragen (ē = eé) oder den Zirkumflex (ē =
ée). Auf einem kurzen Endsilbenvokal kann nur ein Akut stehen,
der im Satzzusammenhang schwindet. Auf allen anderen Silben,
d. h. auf der vor- und drittletzten, wird der Akzent durch die Quantität des letzten Vokals oder Diphthongs bestimmt. Wenn er lang ist,
kann die vorletzte Silbe nur einen Akut haben; wenn er kurz ist,
muß eine lange vorletzte Silbe den Zirkumflex bekommen, z. B.
φέρω δώρου, aber δῶρον. Wenn die letzte Silbe einen Langvokal
oder als lang geltenden Diphthong enthält, kann die drittletzte Silbe
den Akzent überhaupt nicht bekommen. Wenn der Vokal der letzten
Silbe kurz ist oder die Silbe einen Kurzdiphthong enthält, kann auch
die drittletzte Silbe den Akzent tragen, aber nur den Akut: φέ-

ϱομεν, φέϱομαι. Man beschreibt diese Verhältnisse oft unter Berufung auf ein *Dreimorengesetz*. Demnach gäbe es von der letzten Silbe ausgehend folgende Strukturen: 1. ◡, ◡◡ oder ◡◡, 2. ◡|◡, ◡◡|◡, ◡|◡◡, ◡◡|◡◡, 3. (◡)◡|◡|◡, d. h., der Akzent kann nicht über die drittletzte More hinaus nach vorne verlegt werden. Dem widerspricht aber die Tatsache, daß es einen Akzenttyp ἄνϑϱωπος gibt, wo der Akzent auf der viertletzten More (◡|◡◡|◡) liegt. Diese Schwierigkeiten kann man nicht so umgehen, daß man lange Mittelsilben als „halblang" rechnet (Schwyzer, GG I 378) oder annimmt, daß die vorletzte Silbe „n'est pas intonable et ne renferme donc qu'une more" (Garde, L'accent 145). Denn der Typ δῶϱον δώϱου beweist, daß auch eine vorletzte Länge aus zwei Moren besteht, und es ist auch aus allgemeinen Gründen undenkbar, daß bei einem Morenakzent eine Länge nicht als zweimorig gelten soll. Den Tatsachen wird die neue Formulierung des *Dreisilbengesetzes* von Jakobson gerecht: „Die Vokalmoren zwischen der betonten More und der letzten More können nicht verschiedenen Silben angehören, d. h. der Abstand zwischen betonter und letzter More kann nicht größer sein als eine Silbe" (2).

(1) So Allen, A problem of Greek accentuation (in: In memory of J. R. Firth, 1966, 8–14), 9; Carsson (JHS 89, 1969, 24–37), 32; und vgl. Sommerstein, The sound pattern of Ancient Greek, 1973, 160 f.; Allen, Accent and Rhythm, 1973, 244 f.; D. G. Miller, Glotta 54, 1976, 11–24. – (2) Für diese Fassung s. R. Jakobson, On Ancient Greek Prosody, 1937 (jetzt Selected Writings I, ²1971, 262–271); dazu die Modifikation von Allen, o. c., bes. 12; s. auch dessen Prosody and prosodies in Greek, TPS 1966, 107–148, und Correlations of tone and stress in Ancient Greek, To honor R. Jakobson 1, 1967, 46–62. Über den Gravis s. noch H. Galton, The fixation of the accent in Latin and Greek, ZfPhon. 15, 1962, 273–99, bes. 286 f. Über das ἄνϑϱωπος-Problem Szemerényi, Syncope 234 f., und die dort (238¹) zitierte Arbeit von M. Lucidi (jetzt auch in seinen Saggi linguistici, 1966, 77–102; wozu noch das Vorwort von Belardi, S. XX f.) und Lurja, VJ 1964 (1), 116–122.

2.3 Unter den idg. Sprachen gibt es solche, die von Anfang der Überlieferung einen gebundenen Akzent aufweisen (z. B. Arm., Keltisch u. a.), und andere, die einen (beschränkt) freien Akzent haben (z. B. Griech., Skt., Lit., gewisse slavische Sprachen). Es ist klar, daß der gebundene Akzent gegenüber dem freien eine Neuerung darstellt, daß also die *Rekonstruktion des idg. Akzents* auf den Sprachen mit freiem Akzent beruhen muß. Obwohl das Germanische einen gebundenen Akzent hat, ist es dennoch für die Feststel-

lung der idg. Akzentstelle sehr oft von entscheidender Bedeutung,
da, wie wir gesehen haben (II. 4.), das Vernersche Gesetz einen Zustand voraussetzt, in dem die idg. Akzentstelle noch bewahrt war.
Im großen ganzen kann aber gesagt werden, daß neben dem Griechischen das Altindische der wichtigste Zeuge für den idg. Akzent ist.
Der ai. *Akzent* der vedischen Periode unterscheidet sich wesentlich
von dem griechischen. Zunächst ist er (unbeschränkt) frei. Im Gegensatz zu dem Griechischen mit seinem Dreisilbengesetz kann der ai.
Akzent in jeder Position erscheinen; vgl. *tatás* ‚gedehnt', *jắnu* ‚Knie',
bhárata ‚traget', *bháramāṇas* ‚getragen', Gen. *bháramā-ṇasya*. Dann
gibt es verschiedene Akzentarten, wobei zu merken ist, daß die einhei-
mischen Theoretiker immer von ‚Höhe', nie von ‚Stärke' sprechen,
woraus allgemein auf einen (vorwiegend) musikalischen Akzent geschlossen wird. Der Hauptton heißt *udātta* ‚gehoben'. Eine nachfol-
gende Silbe hat den *svarita* ‚klingend', einen fallenden Ton, während
alle vorhergehenden oder auf den svarita folgenden Silben den *anu-
dātta* ‚nichtgehoben', d. h. den Tiefton haben. Für den Sprachvergleicher sind nur der *udātta* von Bedeutung und der sogenannte unabhängige *svarita*, der durch Schwund eines früher betonten *i* oder *u* zum
Hauptton wurde (z. B. *nadyàs* ‚Flüsse' aus *nadías*).

W. S. Allen, Phonetics in Ancient India (1953), 1965, 87f. Über die altindischen Termini s. auch Cardona, Fs. Kuiper, 1969, 448f.

Zusatz. Es ist interessant, daß im nachvedischen Indisch der Akzent
sich so wie im Latein entwickelt hat: der neue „dynamische" Akzent
wird durch ein Viersilbengesetz geregelt, d. h., er fällt auf die vorletzte Silbe, wenn sie lang ist, auf die drittletzte, wenn sie kurz ist, und
auf die viertletzte, wenn auch die dritte kurz ist; in einigen Fällen
wird aber auch die letzte Silbe betont.

2.4 Die *idg. Akzentstelle* ergibt sich nun in vielen Fällen aus der
Übereinstimmung des Griechischen und Vedischen sowohl in isolierten lexikalischen Gleichungen wie auch in systematisch ver-
gleichbaren Kategorien. Neben isolierten Fällen wie skt. *dhūmás*
‚Rauch': gr. ϑῡμός, sind Akzentverschiebungen wie skt. *pát* ‚Fuß',
Akk. *pắdam*, Gen. *padás*, denen gr. πούς, πόδα, ποδός entsprechen,
höchst bedeutsam. Die so rekonstruierte idg. Akzentstelle wird oft
auch durch das Germanische bestätigt, vgl. skt. *pitắ*, aber *bhrắtā*,
gr. πατήρ, aber φρᾱτηρ, got. *fadar*, aber *brōþar*. Vgl. auch die Alternation im Perfekt: skt. *didéśa* ‚zeigte': *didiśimá* ‚wir zeigten', ahd.
zēh: zigum. Manchmal kommt noch das Zeugnis des Slavi-

schen und/oder des Baltischen hinzu, obwohl hier meistens zuerst die verschiedenen Neuerungen in Anschlag gebracht werden müssen; vgl. immerhin skt. *nábhas*, gr. νέφος, russ. *nébo* ‚Himmel‘.

Von neueren Arbeiten sind zu nennen: Dybo, VSJ 5, 1961, 30f.; Kuryłowicz, IG 7–197; Kiparsky, The inflectional accent in IE, Lg. 49, 1973, 794–849 (cf. Garde 1976, 463–9); Kiparsky-Halle, Towards a reconstruction of the IE accent, in: L. Hyman (ed.), Studies in Stress and Accent, 1977, 209–238; davon eine neuere Version in Lg. 57, 1981, 161–180. Zusammenfassend: Szemerényi 1985, 15f.

2.5 Was nun den Charakter des idg. Akzentes betrifft, so hat man früher unter dem Eindruck der Tatsache, daß nicht nur der vedische, sondern auch der griechische Akzent bis zum Ende der klassischen Periode als ein musikalischer Akzent beschrieben wird, den *idg. Akzent* als (vorwiegend) *musikalisch* bestimmt. Wie wir aber gesehen haben, ist es viel wichtiger zu entscheiden, ob der idg. Akzent ein *Silbenakzent oder* ein *Morenakzent* war (1).

Das Griechische scheint nun mit seinem Gegensatz von Akut und Zirkumflex für einen Morenakzent zu sprechen. Dem entspricht zwar im Vedischen nichts Vergleichbares, aber man hat beobachtet, daß im vedischen Vers häufig ein *ā* als zweisilbig gebraucht wird, bes. im Gen. Pl. auf *-ām* und gewissen Akkusativformen auf *-ām* *-ās*; vgl. z.B. zweisilbiges *gām* und (?) *dyām* mit βῶν, βοῦν, Ζῆν(α), und die Genitivendung *-ām* mit -ῶν. Damit stimmt auch überein, daß der lit. Gen. Pl. die zirkumflektierte Endung *-ų̃* hat (2).

Noch eindrucksvoller sind die vielfachen Übereinstimmungen zwischen Griechisch und Litauisch. Zu beachten ist dabei, daß der lit. fallende Akzent oder Akut (ú = úu) und der steigende Akzent oder Zirkumflex (ũ = uú) den griechischen nur dem Zeichen nach entsprechen, aber im Tonverlauf gerade entgegengesetzt sind; die slavische Akzentuation, die diese Akzentarten auch besitzt, erweist aber, daß im Lit. eine Umkehrung stattgefunden hat, so daß wir die Zeichen gleichsetzen können. Von den Akzententsprechungen sind die folgenden Typen besonders einprägsam:

lit.	griech.
algà ‚Gehalt‘, Gen. *algõs*	θεά, θεᾶς
nãmas ‚Haus‘, Lok. *namiẽ* ‚zuhause‘	οἴκοι ‚zuhause‘ (= οἴκοῖ)
gẽras ‚gut‘, Nom. Pl. *gerì*	οἶκοι ‚Häuser‘ (= οἶκοί)
Nom. Dual *gerù*	θεώ
kálnas ‚Berg‘, Instr. Pl. *kalnaĩs*	θεοῖς (3).

Damit scheint erwiesen, daß der Gegensatz von griech. Akut und Zirkumflex eine genaue Entsprechung im Litauischen (und im Slavischen) findet, d. h., dieser Gegensatz der Silbenintonation ist aus dem Indogermanischen ererbt. So wäre auch der Morencharakter des idg. Akzents erwiesen (4).

Diese im wesentlichen traditionelle Auffassung des idg. Akzentes hat der polnische Forscher J. Kuryłowicz in einer Reihe von eindrucksvollen Arbeiten in Abrede gestellt (5). Er weist zunächst darauf hin, daß eine Sprache, in der freier Akzent, Quantität (d. h. lange und kurze Vokale und Diphthonge) und Intonation auf jeder Silbe aufträten, typologisch unbekannt sei und deshalb so ein System auch für das Indogermanische nicht angenommen werden könnte. Dann findet er auch, daß die angeblichen Übereinstimmungen zwischen Griechisch und Litauisch (-Slavisch) in Wahrheit nicht existieren. Denn im Griech. sei die Intonation nur auf der letzten Silbe phonologisch, während im Baltischen sie gerade dort nicht existiere, sondern nur auf der Anfangssilbe. Die griech. Intonation sei das Ergebnis von Kontraktionen in der letzten Silbe: der allgemein gültige Gegensatz von άε und αέ (d. h. ᾱ und ά) sei dort, und nur dort, phonologisch geworden. Die baltische Entwicklung beruhe dagegen darauf, daß der Akzent von kurzen Mittelsilben auf die Anfangssilbe zurückgezogen wurde und der neubetonte Vokal erhielt, wenn lang, den Akut, während ursprünglich betonte Längen zum Zirkumflex überwechselten: idg. *bhrā́term̥ (Akk.) und *mātérm̥ ergaben balt. *brŏ́terim *mŏ́terim. Die angeblichen Übereinstimmungen wie algōs: ϑεᾶς sind nur ein Schein. Für das Indogermanische können wir solche Intonationen nicht ansetzen (6).

Diese Thesen sind aber seitens der Baltisten und Slavisten auf fast einstimmige Ablehnung gestoßen (7). Insbesondere wirkt die Faszination der oben angeführten Übereinstimmungen in der Intonation der Auslautssilben auch heute noch mächtig und ihre Wegerklärung, d. h. ihre Erklärung als Neuerung, ist nicht überzeugend. Damit bleibt der Zusammenhang und damit auch die Gültigkeit des Zeugnisses dieser Sprachen für das Indogermanische auch weiterhin bestehen (8).

(1) Cf. Voyles, Glotta 52, 1974, 81: "The question is not whether IE had tone but whether it was polytonous or monotonous; IE may have been monotonous, and Greek, Lithuanian polytony may be innovated." – (2) Die ai. Erscheinung wird anders erklärt von Kuryłowicz, IG 15f. – (3) Über das Problem, wieso im Griech. auslautende Kurz-

diphthonge zweierlei Intonation haben können (z. B. οἶκοι = οἶκοί, οἶκοι = οἶκοῖ), siehe jetzt Kherlakian, BSL 79, 1984, 213–27 (gegen Kuryłowicz und Kiparsky). – (4) Die alte Theorie von Bezzenberger (BB 7, 1883, 66 f.) und Hirt (IF 1, 1891, 1 f., und auch IG V, 1929, 199 f.) wird noch immer verteidigt von Garde 1976, 340 f., 458 f., vgl. aber Kuryłowicz, BSL 72/2, 1977, 287. – (5) Die Arbeiten von Kuryłowicz erstrecken sich von den frühen *Le problème des intonations balto-slaves* (Rocznik Slawistyczny 10, 1931, 1–80) und *L'indépendance historique des intonations baltiques et grecques* (BSL 35, 1934, 24–34) bis zu den zusammenfassenden Werken *L'accentuation* (1952, ²1958, hier: 162 f.) und *IG*, 1968, 83 f., 111 f. – (6) Aus anderen Gründen verwirft auch Kiparsky, Lg. 49, 1973, 832, die idg. Intonationen. – (7) Wichtig sind: Vaillant, BSL 37, 1936, 109–115, bes. 115; Stang, Slavonic accentuation, 1957, 5 f. (14 die Vergleiche); Vgl. Gram. 125 f., bes. 130 f.; L. Sadnik, Slavische Akzentuation I, 1959; G. Y. Shevelov, A Prehistory of Slavic, 1964, 38–80, bes. 65 f. Vgl. auch Illič-Svityč, Akc., bes. 15 f.; Kortlandt, Slavic accentuation, Lisse 1975. Ein nützlicher Forschungsbericht (1957–1977) erschien von Kortlandt in KZ 92, 1979, 269–81; s. auch FoLH 4, 1983, 27–43, sowie Collinge, Laws 271 f. Für das Idg. bleibt immer noch beachtlich Hirt, IG V, Der Akzent, 1929; dazu kommen noch Loewe, Der freie Akzent des Idg., 1929; Campbell, The IE accent, TPS 1936, 1–42; und neuerdings Gercenberg, Rekonstrukcija ie. slogovyx intonacij, in: Kacnel'son (Hrsg.), Issledovanija v oblasti sravnitel'noj akcentologii, Leningrad 1979, 3–89; und Voprosy rekonstrukcii ie. prosodiki, Leningrad 1981 (s. Erhart, Kratylos 27, 1983, 74–8); Bomhard, Nostratic 61–73. – (8) Für das Germanische sind wichtig die sog. Auslautsgesetze, s. Hamp, SL 13, 1959, 29–48; Makajev, in: SGGJ II, 1962, 290–338; Lane, JEGP 62, 1963, 155–170; Hollifield, Sprache 26, 1980, 19–53, 145–178; 30, 1984, 73–79. Für den germanischen Akzent s. auch Bennett, Prosodic features in Proto-Germanic, in: van Coetsem–H. L. Kufner (edd.), Towards a grammar of Proto-Germanic, 1972, 99–116, bes. 115; *A. Liberman, Germanic accentology I, The Scandinavian languages, Minneapolis 1982.

2.6 Eine wichtige Frage der Phonologie soll hier noch einmal kurz berührt werden, da sie eine unerwartete Bestätigung im baltisch-slavischen Akzent findet. Wie wir gesehen haben (IV. 5.3), entwickeln sich die kurzen und langen silbischen Nasale und Liquiden im Germanischen und Balto-Slavischen identisch: das Ergebnis ist für beide Reihen *ur* bzw. *ir* usw. Aber im Balto-Slavischen gibt sich der alte Unterschied zwischen Kürze und Länge noch heute im Akzent kund. Aus den kurzen Sonanten entstehen nämlich im Lit. zirkumflektierte Diphthonge; vgl.:

idg. *dekm̥tos ‚zehnter‘, gr. δέκατος   lit. dešiṁtas
    *newn̥tos ‚neunter‘, got. niunda   deviñtas
    *mr̥-ti- ‚Sterben‘, skt. mr̥ty-u-   miȓti ‚sterben‘
    *wl̥kʷos ‚Wolf‘, skt. vr̥kas   vìlkas.

Dagegen sind die langen Sonanten durch akutierte Diphthonge vertreten, die heute als ìm ìn ìl ìr erscheinen:

idg. *pl̥̄nos ‚voll‘, skt. pūrṇa-   lit. pìlnas
    *wl̥̄nā ‚Wolle‘, skt. ūrṇā   vìlna
    *gr̥̄no- ‚zerrieben‘, lat. grānum   žìrnis ‚Erbse‘
    *gʷr̥̄tos ‚willkommen‘, lat. grātus   gìrtas ‚gelobt‘
    *gn̥̄tos ‚bekannt‘, got. kunþs   pa-žìntas.

2.7 Das *Griechische* hat nach dem oben Gesagten die idg. Akzentstelle in nominalen Kategorien gut erhalten. Beim *Verbum* dagegen ist von einigen Ausnahmen abgesehen das alte System radikal geändert worden, indem der Akzent nach den äußersten Möglichkeiten des Dreisilbengesetzes zurückgezogen wird; also φέρομεν φερόμεθα usw. (1).

Eine Gruppe weiterer Veränderungen faßt das *Wheelersche Gesetz* zusammen: ein mehrsilbiges Wort mit daktylischem Ausgang zieht den Akzent von der letzten auf die vorletzte Silbe. Vgl.: πατράσι aus *πατρασί (vgl. ποδῶν - ποσί); ποικίλος ἀγκύλος gegenüber den ursprünglicheren skt. *pēšalá-, ankurá-*. In der Komposition führt der Typ στρατηγός ἱπποφορβός bei daktylischer Endung zu αἰπόλος βουκόλος πατροκτόνος usw. (2).

Nur für das Attische gilt das *Gesetz von Vendryes*: ein Properispomenon wird Proparoxyton, wenn die drittletzte Silbe kurz ist (∪ ⌣̲ ∪ > ∪̲ – ∪). Daher der Gegensatz von ἀρχαῖος σπουδαῖος αἰδοῖος zu τέλειος γέλοιος τρόπαιον ἔρημος. So erklären sich ἔμοιγε ἔγωγε gegenüber ἐμοί ἐγώ aus *ἐμοῖγε *ἐγώγε, in denen die vorletzte Länge nur zirkumflektiert sein konnte (3).

(1) Über die Probleme des griech. Akzents s. E. Schwyzer, GG I 371 f.; J. Vendryes, Traité d'accentuation grecque, 1945; M. Lejeune, Traité de phonétique grecque, ²1955, 265–72; Phonétique historique du mycénien et du grec ancien, 1972, 293–300; Kuryłowicz, Accentuation² 106–161; Garde, L'accent 93 f., 144–8; Allen, Vox graeca, 1968, 106 f.; Kiparsky, A propos de l'histoire de l'accentuation grecque, Langages 8, 1967, 73–93. S. auch oben 2.2 und Bailey, Lg. 45, 1969, 644 f.; Mouraviev, CQ 22, 1972, 113–120 (: neue Regel für die Akzentstelle); Allen, Accent and Rhythm, 1973, 230 f.; Sommerstein,

Sound pattern, 1973, 122–179; Voyles, Ancient Greek accentuation, Glotta 52, 1974, 65–91. – Ein dynamisches Element neben dem vorherrschenden musikalischen Akzent wird angenommen von Sealey, GR 10, 1963, 11–25; Szemerényi, Syncope 280f.; Allen, TPS 1966, 107–148, und in: To honor R. Jakobson 1, 1967, 46–62; dagegen Newton, Phoenix 23, 1969, 359–71. – Bubenik (IF 84, 1980, 90–106) nimmt für das Urgriechische und das Mykenische einen expiratorischen Akzent an – was sicher unmöglich ist. – (2) Dafür: Hirt, IG V, 1929, 50; Schwyzer I, 379; dagegen: Kuryłowicz, Accentuation² 147f.; IG 105; Mél. Benveniste, 1975, 327; Miller, Glotta 54, 1976, 15f. Siehe jetzt auch Collinge, Laws 221f. – (3) Vendryes, MSL 13, 1906, 218f., gibt zu die Priorität von Hirt, IF 16, 1905, 88, cf. IG V, 55f.; Schwyzer I 381; dagegen Kuryłowicz, Mél. Benveniste 328f.; Miller, o.c., 19f. (: nicht auf das Attische beschränkt). Siehe auch hier Collinge, Laws 199f.

2.8 Das *Latein* hat das alte System ganz aufgegeben, aber zwischen dem Dreisilbenakzent der historischen Zeit und dem freien Akzent der Vorgeschichte liegt noch ein Akzentwandel. Der idg. freie Akzent wurde nach der Mitte des 1. Jahrtausends v. Chr. von einem an die erste Silbe gebundenen dynamischen Akzent abgelöst, der zur Schwächung, wenn nicht zum Verlust (Synkope) nichterstsilbiger Vokale führte; daher *faciō*, aber *conficiō confectus; regō*, aber *surgō pergō; sēmis*, aber *sē(mi)stertius*, usw., s. IV. 1.12. In den um 500 datierbaren Inschriften ist von diesen Vorgängen noch keine Spur. Die zweite Akzentumwälzung erfolgte wahrscheinlich im Laufe des 3. Jh. v. Chr. und ist noch zu Plautus' Zeiten nicht abgeschlossen; prokeleusmatische Wörter betonen noch die erste Silbe, z. B. *fácilia* (1).

(1) Über den lateinischen Akzent siehe M. Leumann, ²1977, 235–254; Kuryłowicz, Accentuation² 381–9 (auch über das Romanische); Galton, o.c. (oben 2.2), bes. 291f.; Lepscky, ASNP 31, 1962, 199–246; Kuryłowicz, IG 190f.; Allen, JL 5, 1969, 193f.; Mignot, Mél. Benveniste, 1975, 419–26; Pulgram, Latin-Romance Phonology: Prosodics and Metrics, 1975; The accent in Spoken Latin, Fs. Baldinger, 1979, 139–144; Mignot, La place de l'accent en latin, BSL 75, 1980, 285–308. – Über die alte Streitfrage, ob der klassische Akzent im Latein musikalisch oder dynamisch war, siehe zuletzt (gegen den musikalischen Akzent) W. S. Allen, On quantity and quantitative verse, In honour of D. Jones, 1964, 3–15, bes. 4; Vox Latina, 1965, 85f.; Pulgram, AJPh 84, 1965, 143.

2.9 Bisher haben wir nur den Wortakzent betrachtet, und zwar so, als hätte jedes Wort seinen eigenen Akzent. Das ist natürlich nicht ganz richtig. Denn in allen Sprachen gibt es Wörter, die wegen ihrer schwächeren Bedeutung keinen eigenen Akzent haben, sich an andere Wörter anlehnen und mit ihnen eine akzentuelle Einheit bilden. Solche *Klitika* (1) können sich entweder dem vorhergehenden Worte anschließen *(Enklitika)* oder dem folgenden *(Proklitika)*. Zu den Enklitika gehören z. B. die aus dem Idg. ererbten lat. *que, ve,* aber auch Pronomina wie das Indefinitum *quis* τις oder gr. με μου μοι gegenüber nichtenklitischen, emphatischen ἐμέ ἐμοῦ ἐμοί. Proklitisch waren die sog. Präpositionen, die deshalb im Griech. den Gravis erhalten, der, wie wir sahen, die Tonlosigkeit bezeichnet; die ursprüngliche betonte Form erscheint in der falsch benannten Anastrophe, z. B. πέρι ἔνι ἄπο. Auch ein Syntagma wie ὁδὸς εἰς ἄστυ hat nur einen Akzent (Garde, L'accent 93). Interessant ist, daß im Aind. das Verbum im Hauptsatz unbetont, im Nebensatz dagegen betont ist; damit steht jedenfalls der weitgehend rezessive Akzent des griech. Verbs im Zusammenhang (2).

Eine der wichtigsten Beobachtungen über die Stellung der Enklitika ist in dem sog. Wackernagelschen Gesetz zusammengefaßt, nach dem Enklitika den zweiten Platz im Satz einnehmen (3).

Abgesehen von solchen Einzelheiten wissen wir über die Betonung der Syntagmen und Sätze in den altidg. Sprachen, und deshalb auch im Indogermanischen, nichts. Daß Fragesätze die allgemein übliche steigende Intonation aufwiesen, ist dennoch wahrscheinlich (4).

(1) Über die Klitika s. Zwicky, Phonologica, 1976, 29–39; On clitics, IULC 1977; Jeffers–Zwicky, The evolution of clitics, ICHL 4, 1980, 221–241; Berendsen–Zonneveld, Properties of clitics, FoL 18, 1984, 3–21. Siehe auch noch Jucquois, Muséon 83, 1970, 535–540. – Für das Slavische s. Jakobson, Les enclitiques slaves, 1933, jetzt SW II, 1971, 16–22; für den lat. Akzent vor Enklitika s. R. W. Tucker, TAPA 96, 1965, 449–61; über die Enklise im Griechischen Barrett, Euripides' Hippolytos (Oxford 1964), 424–7; Allen, Accent and Rhythm, 1973, 240f.; Sommerstein, Sound Pattern, 1973, 159–166. – In einer wichtigen allgemeinen Studie (: The independence of syntax and phonology, Lg. 61, 1985, 95–120, und schon früher: Some problems in a theory of clitics, IULC 1982) hat J. L. Klavans drei Parameter für die Stellung von Klitika vorgeschlagen, die strukturellen Parameter *dominance* (INITIAL/FINAL) und *precedence* (BEFORE/AFTER), und das phonologische Merkmal *liaison* (PROCLITIC/ENCLITIC). Vgl. dazu auch Zwicky, Clitics and particles, Lg. 61, 1985, 283–305. – (2) Über den Akzent des zusammengesetzten Verbums s. Kuryłowicz, L'accentuation du verbe composé, BSL 59, 1964, 1–10. – (3) Siehe Wackernagel, Ein

Gesetz der idg. Wortstellung, IF 1, 1892, 333–436, nachgedruckt KSchr. I, 1955, 1–104, und den wichtigen Aufsatz von Watkins, PICL 9, 1964, 1035–1042, sowie Blomqvist, MH 28, 1971, 145–155; Berrettoni, SSL 11, 1971, 170–199; Collinge, Laws 217f. Gegen Wackernagel jetzt Hock, Studies in the Linguistic Sciences 12/2, 1982, 1–38. – (4) Eingehend jetzt über die Lage im Altindischen Strunk, Typische Merkmale von Fragesätzen und die aind. „Pluti", München, Bayr. Akad. 1983, und A. M. Etter, Die Fragesätze im R̥gveda, 1985 (bes. 14, 122), vgl. auch Szemerényi, 1985: 18. Gegen die Anwendbarkeit auf das Avestische s. Strunk, Fs. Knobloch, 1985, 466. Es ist interessant, daß im Akkadischen in Fragesätzen der Akzent, mit sekundärer Vokaldehnung, auf die Pänultima oder Ultima verschoben wird: *ippušú* oder *ippū́šū* „werden sie tun?" statt *ippušū*, s. Moscati, Comp. grammar of the Semitic languages, 1969, 70.

3. *Vokalalternationen: Ablaut*

Wechsel innerhalb eines Morphems in den Konsonanten und/ oder Vokal kommt in den verschiedensten Sprachen vor. Für beide haben wir schon oben (1.2) einige Beispiele gegeben. Hier wollen wir einen besonderen Typ von Vokalalternation näher betrachten.

Im Latein gehören die Allomorphe *fac-, fec-, fic-* (2.8) offenbar zusammen, und zwar so, daß *fac-* das Ursprüngliche darstellt, aus dem *fec-* und *fic-* unter gewissen Bedingungen zu einer gewissen Zeit entstanden sind. Wir wissen auch, daß diese Zeit nicht vor (ca.) 500 v. Chr. liegt. In solchen Fällen haben wir es also mit einer lat. Vokalalternation zu tun, die innerhalb der lat. Sprachgeschichte entstanden ist.

Es gibt aber auch Vokalalternationen, die sich nachweislich nicht während der lat. Sprachgeschichte entwickelten. Daß *tĕgō – tŏgă – tēgula* Varianten eines Grundmorphems *teg-* darstellen, ist klar, ebenso aber auch, daß die Alternation *ĕ/ŏ/ē* nicht eine Erscheinung ist, die in der Geschichte des Lateins erklärbar wäre. Unerklärbar ist auch die Alternation zwischen *deikō* (klass. *dīcō*, aber alat. DEICERENT) und *dik-* in *dīctus*. Nun finden sich Entsprechungen zu diesen Alternationen im Griechischen, wo sie sogar viel reicher ausgestaltet sind. Dem Typ *ĕ/ŏ/ē* entspricht z. B. πατέρα – εὐπάτορα – πατήρ, dem Typ *deik-/dik-*, d.h. *ei/i* die Alternation zwischen λείπω – ἔλιπον, wozu im Griech. vielfach noch *oi* hinzukommt, z. B. λοιπός. Genaue Entsprechungen liegen auch im Germanischen vor: *ě/ŏ/ē* z. B. in got. *bairan/bar/bērum* ‚tragen/trug/wir trugen‘, *ei/oi/i* z. B. in *steigan/staig/stigum* ‚steigen/stieg/wir stiegen‘.

Derartige Vokalalternationen kommen auch in den anderen idg. Sprachen vor. Da sie dem Grundschema nach einander genau entsprechen, andererseits nicht innerhalb der Geschichte der Einzelsprachen erklärbar sind, müssen sie notwendigerweise *aus der Grundsprache ererbt* sein. Sie erscheinen sowohl in lexikalischen Morphemen, den sog. Wurzeln, wie auch in grammatischen Morphemen, den verschiedenen Suffixen. Dieser Typ von idg. Vokalalternation wird seit J. Grimm als *Ablaut* bezeichnet (frz. mit einer Lehnübersetzung ins Griechische apophonie).

(1) Für die Grundprobleme s. Brugmann, Grundriß[2] I, 1897, 482–505; KVG, 1904, 138–50; Meillet, Introduction 153–68; Hirt, IG II, 1921; Schwyzer, GG I 353–64; Kuryłowicz, Apophonie, IG 199–338; J. Gil, L'apofonia en ie., Estúdios Clásicos 14, 1970, 1–111; Szemerényi, CTL 9, 1972, 138–143; Leumann[2] 29–41.

3.1 Unsere erste Aufgabe wird es sein, den Bestand der Ablautalternationen rein beschreibend zu erfassen. Wenn wir in der Reihe *ě/ŏ/ē* den Vokal *ě* als die Grundlage, als die *Normalstufe* betrachten, dann kann *o* als die *Abtönung* oder *o-Stufe*, *ē* als die *Dehnstufe* bezeichnet werden. Der Typ *ei/oi* zeigt also die Normalstufe und ihre Abtönung. In der Reihe *ei/oi/i* kann die Stufe *i* rein beschreibend als durch Entfernung, Wegfall des *e* in *ei* entstanden, „transformiert", betrachtet und diese Stufe als die *Nullstufe* (auch *Schwundstufe*) bezeichnet werden. In der Reihe *ě/ŏ/ē* wird die Nullstufe wirklich als Null erscheinen, vgl. πέτ-ομαι ‚fliege‘: ἐ-πτ-όμην ‚flog‘. Dieser Stufe gegenüber kann die Normalstufe auch als *Vollstufe* bezeichnet werden. Endlich gibt es noch neben *ē* die Abtönung *ō*, so daß das Grundschema der Vokalalternationen *fünf Stufen* umfaßt: die Vollstufe (V), die abgetönte Vollstufe (OV), die Nullstufe (N), die Dehnstufe (D) und die abgetönte Dehnstufe (OD). Alle fünf Stufen finden sich bei dem folgenden griech. Beispiel vor:

V	OV	N	D	OD
πα-τέρ-α	εὐπά-τορ-α	πα-τρ-ός	πα-τήρ	εὐπά-τωρ.

Natürlich sind nicht alle Stufen bei jeder Wurzel belegt, wie folgende Auswahl zeigt:

V	OV	N	D	OD
πέτομαι	ποτέομαι	ἐπτόμην	–	πωτάομαι
ἔχω (< *σέχω)	ὄχοι ‚Halter‘	ἔσχον	–	εὐωχέω
		ἴσχω		
		(< *σί-σχ-ω)		
sedeō	solium	nīdus	sēdēs	–
	(falls	(< ni-zd-os	sēdāre	
	< *sodiom)	< -sd-)		
regō	rogus	–	rēgula	–
			rēx	
necō	noceō	–	–	–
decet	doceō	–	–	–
pater	–	patris	–	–
–	–	vic-tr-īx	–	vic-tōr.

Sehr oft sind nur die Stufen V/OV/N belegt, z. B.

λείπ-ω	λέ-λοιπ-α	ἔ-λιπ-ον	–	–
	λοιπ-ός			
oder				
ἐλεύσομαι	εἰλήλουθα	ἤλυθον	–	–

mit prothetischem ἐ- aus idg. *leudh- (vgl. air. luid < *ludh-et ‚er ging‘, got. liudan < *leudh- ‚wachsen‘), d.h.

*leudh-   *loudh-   *ludh-.

So wie hier in der Nullstufe nach dem Wegfall des vollstufigen e die zweiten Bestandteile der Diphthonge ei, eu als die Vokale i, u erscheinen, werden auch bei den Folgen en em er el die in der Nullstufe übrigbleibenden zweiten Elemente zu den sonantischen n̥ m̥ r̥ l̥, z. B.:

δέρκομαι	δέδορκα	ἔ-δρακ-ον	(aus *dr̥k-),
‚sehe‘			
πένθος	πέπονθα	ἔ-παθ-ον	(aus *pn̥th-),
‚Leid‘			
πείσομαι		πάσχω	(aus *pn̥th-sk-ō).
(< πενθ-σ-)			

Strukturell wichtig ist hier die Beobachtung, daß die silbischen Sonanten in allen klaren Fällen die Nullstufe darstellen.

Die Veränderung in der Vokalfarbe (Abtönung) wird auch *qualitativer Ablaut*, die Veränderung in der Quantität (Null- oder Dehnstufe) auch *quantitativer Ablaut* genannt.

Die bisher angeführten Ablautreihen basieren auf einer einsilbigen Grundform, bei der e der Grundvokal ist. Die meisten idg. Wurzeln sind eben von diesem Typ. Aber es kommen auch a und o als Grundvokale vor, und sogar ā ē ō. Bei e a o sprechen wir von kurzvokalischen, bei $\bar{a}$ $\bar{e}$ $\bar{o}$ von langvokalischen Ablautreihen. Des weiteren gibt es nicht nur einsilbige, sondern auch zweisilbige Wurzeln. Wir unterscheiden demnach:

I. Einsilbige Wurzeln: a) kurzvokalisch
                     b) langvokalisch
II. Zweisilbige Wurzeln.

3.2 *Einsilbige kurzvokalische Ablautreihen.* Die meisten Wurzeln dieses Typs enthalten, wie bemerkt, den Grundvokal *e*. Wenn wir einen Konsonanten mit C (= consonans) bezeichnen, dann sind Wurzeln vom Typ CeC, CeCC, CCeC und CCeCC möglich und belegt. Da wir für die meisten schon im obigen Beispiele gegeben haben, werden hier nur einige Beispiele für die nicht veranschaulichten Typen nachgetragen.

kel- ,verbergen'			
V	OV	N	D
lat. occulō (< *kelō)	*kolyā in	clam	cēlāre
air. celim ,verberge'	got. halja		
ahd. helan ,ver-*hehlen*'	ahd. hella ,Hölle'		
melg- ,abstreifen, melken'			
gr. ἀμέλγω	lat. mulgeō (< molgeyō)	skt. mr̥ṣṭa-	skt. mārṣṭi ,wischt'
dt. melken			
kerd- ,Herz'			
got. hairtō	lat. cor(d-)	lit. širdìs gr. καρδία	gr. κῆρ
men- ,denken'			
skt. manas ,Sinn' = gr. μένος	lat. moneō meminī (< me-mon-ai)	skt. manyate gr. μαίνομαι (< man-y-) skt. matas (< *mn̥-tos)	

Von einzigartiger Bedeutung wurden die einsilbigen kurzvokalischen Ablautreihen im Germanischen. Sie bilden die Grundlage und das Gerippe von fünf aus sieben Klassen der sog. starken Verba, die mit fast unerhörter Zähigkeit bis ins heutige Deutsche weiterleben. Sie entsprechen grundsätzlich den Typen, die wir oben durchmustert haben.

I.   Idg. *CeiC-/CoiC-/CiC-*,   germ. *CīC-/CaiC-/CiC-*

idg. *steigh-*:	got. steigan	staig	stigum	stigans
	ahd. stīgan	steig	stigum	gistigan
	nhd. steigen	(stieg)	stiegen	gestiegen.

II.   Idg. *CeuC-/CouC-/CuC-*,   germ. *CeuC-/CauC-/CuC-*

idg. *gheud-*:	got. giutan	gaut	gutum	gutans
	ahd. giozan	gōz	guzzum	gigozzan
	nhd. gießen	goß	gossen	gegossen.

NB. Idg. *eu* wird allgemein *iu* im Got., *io* im Ahd. vor *a, e, o* der folgenden Silbe, sonst *iu*.

III. Nach dem Grundvokal steht Nasal oder Liquida und ein Konsonant, d.h., wenn R Nasal oder Liquida bezeichnet,

                  Idg. *CeRC-/CoRC-/CṚC-*,   germ. *CeRC-/CarC-/CuRC-*.

idg. *bhergh-*:	got. bairgan	barg	baurgum	baurgans
	ahd. bergan	barg	burgum	giborgan
	nhd. bergen	barg	(bargen)	geborgen.

IV. Die Wurzel ist wie in III, aber ohne einen Schlußkonsonanten.

                  Idg. *CeR-/CoR-/CṚ-/CēR-*,   germ. *CeR-/CaR-/CuR-/CēR-*

idg. *bher-*:	got. bairan	bar	bērum	baurans
	ahd. beran	bar	bārum	giboran
	nhd. (ge)bären	-bar	-baren	geboren.

NB. Hier erscheint der silbische Sonant in vorvokalischer Position (s. IV. 5.4), aber im Germanischen ist die Fortsetzung dieselbe wie bei vorkonsonantischer Stellung in Klasse III. Die frühere, der der Klassen I–III entsprechende, Alternation im Perfekt ist nur bei den Präteritopräsentia got. *man–munum* und *skal–skulum*, ae. *man–munon* und ahd. *scal–sculum* erhalten, sonst ist die Nullstufe durch D ersetzt.

Vgl. dazu Fourquet, Festgabe L. L. Hammerich, 1962, 64; Polomé, Proceedings of the 9th Congress, 1964, 872.

V. Die Struktur der Wurzel ist dieselbe wie bei IV, nur erscheint nach dem Grundvokal Verschlußlaut oder Spirant (hier mit T bezeichnet).

                  Idg. *CeT-/CoT-*,   germ. *CeT-/CaT-*

idg. *sekʷ-*:	got. saihwan	sahw	sēhwum	saihwans
	ahd. sehan	sah	sāhum	gisehan
	nhd. sehen	sah	sahen	gesehen.

Zusatz. Bei Wurzeln mit *-we- -re-* usw. führt der Wegfall des *e* in der Nullstufe zu *-u- -ṛ-* usw. Vgl.:

*swep- ‚schlafen': an. *svefn* ‚Schlaf', *swop-: lit. *sapnas,* *sup-: gr. ὕπνος.

*prek- ‚bitten': got. *fraihnan,* *prok-: lat. *procus* ‚Freier', *pṛk-sk-ō: skt. *pṛččhati.*

Vgl. noch Levin, A reclassification of the OE strong verbs, Language 40, 1964, 156–161; Motsch, Zum Ablaut der Verben in der Frühperiode germanischer Sprachen, Studia Grammatica VI, 1967, 119–144; Hinderling, Studien zu den starken Verbalabstrakta des Germanischen, 1967, 10f.; Boggs, Orbis 15, 1967, 501–4; Campanile, La classificazione dei verbi forti in gotico, SSL 10, 1970, 174–83; J. Anderson, Ablaut in ... the OE strong verb, IF 75, 1971, 166–97; Barnes–Esau, Germanic strong verb, Lingua 31, 1973, 1–34; F. van der Rhee, Vokalalternanzen im germanischen starken Verbum, ABäG 5, 1973, 11–31; F. v. Coetsem, Germanic verbal ablaut and its development, in: F. v. Coetsem–L. R. Waugh (edd.), Contributions to historical linguistics, Leiden 1980, 281–339.

3.3 Eine kleine Anzahl einsilbiger Wurzeln hat *a* bzw. *o* als Grundvokal.

	V	OV	N	D	OD
*ag- ‚treiben':	gr. ἄγω	gr. ὄγμος ‚Schwad'	–	lat. amb-āg-ēs	ἀγ-ωγ-ή
*ak- ‚spitz':	gr. ἄκρος	gr. ὄκρις ‚Spitze'	–	–	–
	lat. aciēs	lat. ocris ‚Berg'	–	lat. ācer	–

Wenn der Grundvokal *o* ist, kann natürlich die Abtönung nicht unterschieden werden, wie bei

*od- ‚riechen': lat. *odōr,* gr. ὄζω   – gr. ὄδ-ωδ-α.

Nach Kuryłowicz, Apophonie, 185f., IG 251f. gab es keinen Ablaut *a/o:* ein neues *oi* konnte nur aufgrund des Musters *ai/i* von der Nullstufe *i* aus gebildet werden. Z. B. Wurzel *ait-,* Nullstufe *it-,* dazu neue *o-*Stufe *oit-.*

3.4 *Einsilbige langvokalische Ablautreihen.* In einer Anzahl von Wurzeln treten die Langvokale *ā ē ō* als Grundvokale der Ablautreihen auf. Daß sie als Grundvokale und nicht etwa als Dehnstufen zu kurzvokalischen Ablautreihen zu betrachten sind, ergibt sich außer aus dem Fehlen kurzvokalischer Formen aus den folgenden strukturellen Beziehungen. Wo bei den kurzvokalischen Reihen die Nullstufe erscheint, z. B. bei Bildungen mit dem Suffix *-to-* des Ver-

baladjektivs, tritt hier ein Schwa auf. Weiter findet sich bei *mi*-
Verben von diesen Wurzeln eine Entsprechung zu den *mi*-Verben
von kurzvokalischen Wurzeln, indem, wie bei diesen (vgl. gr. εἶμι
1. Sg.: ἴμεν 1. Pl.), im Sg. die Vollstufe, d. h. *ā ē ō*, verwendet wird, im
Pl. dagegen Schwa, d. h. die Nullstufe wie bei dem Verbaladjektiv.
Zum Beispiel 1. Sg. δί-δω-μι: 1. Pl. δί-δο-μεν, Verbaladj. δο-τός.
Strukturell kommt noch der Umstand hinzu, daß bei den langvokalischen Wurzeln die Wurzel immer auf den langen Vokal auslautet
(dō), während das bei den kurzvokalischen Wurzeln ausgeschlossen
ist, auf den Grundvokal muß immer mindestens ein Konsonant
folgen.

Natürlich können bei langvokalischen Wurzeln keine dehnstufigen Formen erwartet werden. Auch wenn sie einmal vorhanden
gewesen sein sollten, sind sie für uns unerkennbar.

Die bestbezeugten langvokalischen Wurzeln sind **dhē-* ‚setzen‘,
*stā- ‚stehen‘, **dō-* ‚geben‘. Die erfaßbaren Alternationsstufen sind:

	V	N	OV
*dhē-	gr. τί-θη-μι, lat. fēcī	τί-θε-μεν factus	θω-μός ‚Haufen‘
	got. ga-dē-þs ‚Tat‘		got. dōms ‚Urteil‘
	skt. da-dhā-mi	skt. hi-ta-	ae. dōn ‚do‘
*stā-	gr. ἵ-στᾱ-μι, lat. stāre	στᾰ-τός, stă-tus,	lit. stuomuo,
	skt. sthā-	skt. sthi-ta	stuomas ‚Wuchs‘
*dō-	gr. δί-δω-μι, lat. dōnum	δί-δο-μεν, dă-tus	–
	skt. da-dā-mi		

In der Nullstufe erscheint also im Griechischen ε, α, bzw. o, im
Aind. (und allgemein im Arischen) *i*, im Latein und allen anderen
idg. Sprachen immer *ă*. Der Gegensatz zwischen arisch *i* und dem *a*
der anderen idg. Sprachen führte eben zum Ansatz eines Schwa
(s. IV. 1.11); dann hätte sich dieser unbeständige Murmelvokal im
Griech. dem betreffenden Grundvokal angepaßt, also θε- nach θη-
usw. Theoretisch wäre natürlich möglich, daß das Griech. allein eine
ursprüngliche Vielfalt erhielt, die in den anderen Sprachen durch die
einheitliche Färbung ersetzt wurde. Siehe dazu weiter VI. 4.7.2 – (1).

(1) Über die aind. Verhältnisse (*i* in der Minderheit, daneben *ā*, *ă*)
s. Tischler, in: In memory of J. A. Kerns, 1981, 311–23. – *Addendum.*
Nach einigen geht in bestimmten Sprachen im Wortinneren das Schwa
verloren, vgl. ai. *duhitar-*, gr. θυγάτηρ, aber iran. *dugdar-*, *duxtar-*; lit.
duktė, got. *dauhtar*. Siehe (dafür): Meillet, Dialectes 63 f.; Kuryłowicz, IG 225 f., 235 f.; Insler, Lg. 47, 1971, 573–85; G. Schmidt,
Tochter und Vater …, KZ 87, 1973, 36–83; Bennett, Studies A. A. Hill

III, 1978, 13–18; Pinault, The reduction of the IE laryngeals in internal syllables before yod, ICHL 5, 1982, 265–72; Bammesberger, Studien zur Laryngaltheorie, 1984, 94f.; (dagegen): im Iranischen, Reichelt, Iranisch (= Gesch. der idg. Sprachwiss. II 4/2, 1929), 51f.; Kuiper, IIJ 18, 1976, 241–53; im Armenischen, Hamp, JAOS 90, 1970, 228–31; aber nach Etimologija 1982 (1985), 64, ging Schwa im Wortinneren im ganzen nördlichen Zweig des Idg. verloren. Über Burrow siehe Szemerényi, Kratylos 28, 1984, 68f.

3.5 Zweisilbige Ablautreihen. Daß neben den einsilbigen Grundlagen der Ablautvariationen im Indogermanischen auch größere, zweisilbige Einheiten vorhanden waren, wird am augenfälligsten durch das Aind. dargetan. Dort finden wir die morphologische Regelung, daß der Infinitiv mit dem Suffix -tum – der Akk. eines -tu-Stammes, der dem lat. Supinum entspricht – oder das Nomen agentis auf -tar- von der vollstufigen Wurzel gebildet wird, während das Verbaladjektiv auf -ta- (= lat. -tus) oder das Abstrakt auf -ti- die Nullstufe der Wurzel erfordern. Im Indikativ Präsens findet sich auch oft die Vollstufe. Zum Beispiel:

		Präsens	Inf.	-ta-	-ti-
bhar-	,tragen'	bhárati	bhár-tum	bhr̥-tá-	bhr̥-tí-
han-	,schlagen'	hánti	hán-tum	ha-tá-	ha-ti-
gam-	,gehen'	gámati	gán-tum	ga-tá-	gá-ti-
		(Aor. Konj.)			
śru-	,hören'	(śr̥ṇóti)	śrṓ-tum	śru-tá-	śrú-ti-.

Dazu kommen noch die Nomina agentis von diesen Wurzeln: bhartar-, han-tar-, gan-tar, śrō-tar-.

Ganz andere Verhältnisse finden wir bei einer anderen Gruppe von Verben, obwohl das Präsens identisch aussehen kann. Zum Beispiel:

		Präsens	Inf.	-tar-	-ta-	-ti-
jaratē	,singt, willkommt'			jari-tar-	gūr-tá-	gūr-tí-
janati	,erzeugt'		jani-tōs	jani-tar-	jā-tá-	jā-ti-
sanōti	,erwirbt'		sani-tum	sani-tar-	sā-tá-	sā-tí-
pavatē	,reinigt'		pavi-tum	pavi-tar-	pū-tá	pū-ti-
bhávati	,wird, ist'		bhavi-tum	bhavi-tar	bhū-tá-	bhū-tí-.

Bei dieser Gruppe ist also die vollstufige Form zweisilbig, und in der zweiten Silbe erscheint immer i. Deshalb sprechen die aind. Grammatiker, und nach ihnen oft auch ihre westlichen Nachfolger, von Wurzeln ohne i (an-iṭ) und mit i (sa-iṭ > sēṭ). Offenbar hängt mit dieser Differenz auch der weitere Unterschied zusammen, daß bei dieser Gruppe in der Schwundstufe *ūr*, *ā* und *ū* erscheinen – gegenüber *r̥*, *a* und *u* der aniṭ-Wurzeln –, von diesen haben wir *ūr* und *ā* schon als die ai. Vertreter der idg. langen Sonanten (r̥̄, n̥̄) kennengelernt (s. IV. 5.3).

Daß das ai. *i* in diesen Fällen nicht ein idg. *i* sein kann, ist klar, sonst könnte es ja nicht schwinden. Es muß also das idg. Schwa vertreten. Demgemäß stellen die Vollstufen der seṭ-Wurzeln einen Typ *CeRə*- dar, und die Nullstufe *CR̥̄*-. Da die Schwundstufe von *CeR*- *CR̥*- ist, ist nicht schwer zu schließen, daß *R̥̄* in *CR̥̄*- die Kombination von *R̥* + *ə* darstellt. Die Präsensformen *jánati pávate bhávati* müssen natürlich auch *genə*-, *pewə*-, *bhewə*- enthalten, woraus folgt, daß Schwa vor einem folgenden Vokal verlorengeht. Weiter ist es klar, daß *ū* in *pūta*- *bhūta*- die Kombination der Nullstufen *pu*- *bhu*- von *pew*- *bhew*- mit dem Schwa darstellt, d. h. *ū* = *uə*, und Beispiele wie *náyati* ‚führt‘, *nayi-tum* *nī-tá* *nī-tí*-, oder *bháyate* ‚fürchtet sich‘, *bhī-tá*-, zeigen, daß in solchen Fällen auch *ī* = *iə*. Bei einer Anzahl von langen Sonanten (n̥̄ m̥̄ r̥̄ l̥̄) und *ī ū* ist also deren sekundäre Entstehung aus der Verschmelzung von kurzen Sonanten bzw. *i u* mit dem Schwa offenkundig. Und da das Schwa selbst in den klaren Fällen die Schwundstufe eines langen Grundvokals ist (s. oben 3.4), wird man darauf geführt, daß die Grundlage der in Frage stehenden Ablautalternationen zweisilbige „Basen“ wie *bhewā*- *pewā*- *genē*- sind, in deren Schwundstufe teils nur der lange Vokal zu Schwa wird – dann entstehen *bhewə*- *pewə*- *genə*- usw. –, teils beide Vokale in der schwundstufigen Form auftreten – und dann entstehen eben *bhū*- *pū*- *gn̥̄*- usw. Was für ein Langvokal in der Base anzusetzen ist, ergibt sich aus dem Aind. nicht, denn dort sind *ā ē ō* alle in *ā* zusammengeflossen; dazu brauchen wir das Zeugnis der anderen, besonders der klassischen Sprachen.

Entsprechungen zu den ai. seṭ-Wurzeln gibt es natürlich auch in den anderen Sprachen. Denn es ist klar, daß gr. γενέτωρ, lat. *genitōr* – im Gegensatz z. B. zu lat. *fer-tōr* = skt. *bhar-tar*- – ihr ε bzw. *i* nach der ‚Wurzel‘ *gen*- nicht als eine willkürliche Zutat erhielten, und gegen eine einsilbige Wurzel *gen*- spricht auch die Tatsache, daß dann das Verbaladjektiv *gentus* lauten müßte, während es in Wirklichkeit *(g)nātus* ist, das dem skt. *jāta*- genau entspricht und mit diesem auf idg. *gn̥̄tos* zurückgeht. Weitere Beispiele kommen noch zur Sprache.

Bisher haben wir gesehen, daß der zweisilbige Wurzeltyp *CeRā*- in den Formen *CeRə*- und *CR̥̄*-vorkommt, z. B. idg. *gʷerə*- und

$*g^w \bar{r}_{\!\circ}$- in skt. *jari-tar-* und *gūr-ta-*. In idg. $*g^w er\partial$- liegt Vollstufe der ersten Silbe und Nullstufe der zweiten Silbe vor, also V_1N_2; ebenso ist $*g^w \bar{r}_{\!\circ}$-N_1N_2. Der Vollstufenvokal der zweiten Silbe kann nur bestimmt werden, wenn eine Form mit Vollstufe bezeugt ist; dann ist aber die erste Silbe in der Nullstufe, so daß N_1V_2 vorliegt. Eine solche Form erscheint in gr. γνήσιος ‚echtbürtig‘, und deshalb stellen gr. γενέτωρ, lat. *genitōr* (aus **genatōr*) und skt. *janitar-* mit ihrem ε, *a* und *i* die Schwundstufe von *ē* dar. Die Grundalternationen von **genē-*, das selbst nie mit Vollstufe in beiden Silben bezeugt ist, sind also V_1N_2 **gena-*, N_1V_2 **gnē-*und N_1N_2 **gṇ̄-*. Dazu können noch kommen die Abtönungsformen OV_1N_2 und N_1OV_2, also hier **gona-* und **gnō-* und Dehnstufen (nur in der ersten Silbe) **gēna-* und **gōna-*; zu beachten ist, daß Schwa vor Vokal schwindet, so daß Formen wie **gen-* **gon-* **gēn-* entstehen können. Zur Veranschaulichung sollen folgende Zusammenstellungen dienen.

a) **genē-* ‚erzeugen, geboren werden‘:
V_1N_2: skt. *jani-tar*, gr. γενέ-τωρ, lat. *geni-tōr*; skt. *jan-as*, gr. γέν-ος, lat. *gen-us*;
OV_1N_2: gr. γόν-ος, skt. *jan-a-*; gr. γέ-γον-α, skt. *ja-jan-a*;
N_1V_2: gr. γνή-σιος;
N_1OV_2: gr. γνω-τός ‚Verwandter‘, got. *knō-dai* (Dat. Sg. Fem.) ‚Geschlecht‘;
N_1N_2: skt. *jā-ta-*, lat. *(g)nā-tus*, got. (airþa-)*kunds* ‚(erd)geboren‘.

b) **pelē-* ‚füllen, voll sein‘:
V_1N_2: skt. *parī-man-i* (Lok.) ‚in Fülle‘, *parī-ṇas-* ‚Überfülle‘; got. *filu*, ae. *fela* ‚viel‘, air. *il*;
OV_1N_2: gr. πολ-ύς (?); s. IV. 5.4;
N_1V_2: lat. *plē-nus*, gr. ἔ-πλη-το;
N_1N_2: skt. *pūr-ṇa-*, lit. *pìl-nas*, got. *fulls*; skt. *pur-u-* ‚viel‘ (s. IV. 4.3).

c) **g^w eyē-* ‚leben‘:
V_1N_2: gr. βεί-ομαι (Fut.);
OV_1N_2: avest. *gay-a-* ‚Leben‘, serb. *goj* ‚Friede‘;
N_1V_2: avest. *jyā-tu-* ‚Leben‘, gr. ζῆν;
N_1OV_2: gr. ζω-ός ‚lebendig‘;
    gr. ἐ-βίω-ν, βιῶ-ναι;
N_1N_2: idg. **g^w ī-wos* (s. IV. 7.5.2; und vgl. Bammesberger, IF 88, 1984, 227–34; Lindeman, IF 90, 1986, 62–4).

d) *gheyā- ‚gähnen':
OV₁N₂: ahd. *gei-nōn*;
N₁V₂: lat. *hiā-re*, aks. *zijati*;
N₁N₂: lat. *hī-scō*.

e) *gʷerō- ‚verschlucken':
V₁N₂: gr. βάραθρον, arkad. ζέρεθρον (beide aus *gʷerə-, s. Szeme-
rényi, Syncope 215); arm. *ker* (o-Stamm kero-) ‚Nahrung';
OV₁N₂: gr. βορ-ός, lat. *vor-āre*;
N₁V₂: gr. ἔ-βρω-ν, βι-βρώ-σκω;
N₁N₂: skt. *gīr-ṇa-* ‚verschluckt', lit. *gìr-tas* ‚betrunken'.

Bemerkenswert in den Formen mit Nullstufe der ersten Silbe ist
die Alternation zwischen Varianten wie *gʷyō-: *gʷiyō- (c), die, wie
auch *Cw-: Cuw-*, der schon bekannten *mn: mn̥-* (IV. 5.4) parallel
geht; siehe auch V. 7.2.2–4.

Beispiele für zweisilbigen Ablaut in der Nominalflexion bieten
die Wörter für ‚Frau des Mannesbruders' (f) und ‚Ente' (g):

f) V₁N₂: gr. ἐνάτηρ (hom. εἰνάτερες mit metrischer Dehnung), lat.
ianitrīcēs (erweitert nach genitrīces, aus iana-, assimiliert aus
*yena-), phryg. ιανατερα, lit. *jéntė*;
N₁N₂: skt. *yātar-*;
das Paradigma war also Nom. *yénə-tēr, Akk. *yenə-ter-m̥, Gen.
*yn̥-tr-ós; vgl. Schulze, Quaestiones epicae, 1894, 157f.; Ku-
ryłowicz, Accentuation² 31; Beekes, KZ 86, 1972, 34; Neumann, Glotta 65, 1987, 33–37.

g) V₁N₂: lit. *ántis*, ahd. *anut*,
N₁N₂: gr. νῆσσα, arisch *ātí-*;
das Paradigma war also Nom. *anə-tī, Gen. *n̥-tiyās (1), (2).

(1) S. jetzt Hollifield, Sprache 30, 1984, 34f. – (2) Rein beschreibende
Darstellungen des Ablauts gibt es heute keine. Noch immer nützlich ist
de Saussures Erstlingswerk, das berühmte *Mémoire sur le système pri-
mitif des voyelles dans les langues indo-européennes*, 1878, nachgedruckt
in Recueil des publications scientifiques de F. de S., 1922; und in einer
italienischen Übersetzung mit Kommentar herausgegeben von G.C.
Vincenzi: Saggio sul vocalismo indoeuropeo, Bologna 1978, s. Szemerényi, Kratylos 24, 1980, 43–6; Prosdocimi, IF 89, 1985, 329–35.
Für moderne Literatur, bes. über die Entstehungsgeschichte, s. VI. 1–4.

3.6 Der Ablaut hat eine nicht zu überschätzende Funktion im
idg. grammatischen System. Im Verbalsystem sind z.B. Vollstufe
größtenteils mit dem Präsens, Nullstufe mit dem Aorist, o-Abtö-

nung mit dem Perfekt assoziiert (λείπω-ἔλιπον-λέλοιπα). Nominale Bildungen zeigen anfänglich eine ebenso enge Verbindung mit gewissen Ablautstufen. Auch innerhalb der Flexion stehen gewisse Ablautstufen in regem Austausch; so findet sich bei vielen Verbaltempora die Vollstufe nur in der Einzahl, wogegen Dual und Plural die Schwundstufe aufweisen. Da solche Alternationen oft mit prosodischen Alternationen (Akzentalternationen) gekoppelt sind, kann man sagen, daß der Ablaut redundant ist, z. B. daß im Verbaladjektiv *klu-tós (gr. κλυτός, lat. inclutus) -tó- „der alleinige Träger der semantischen Funktion" sei; da aber dieselbe Akzentuation bei verschiedenen Ablautstufen schon im Idg. üblich war, d.h. kein automatischer Wechsel eintrat, ist diese Behauptung nur von beschränkter Bedeutung.

Über Redundanz des Ablauts J. Kuryłowicz, Phonologie der Gegenwart, 1967, 160f.

3.7 Vokalalternanzen scheinen auch außerhalb des Ablautsystems vorzukommen. Sie sind verschiedener Arten:

(a) Kontraktionen, z. B. Dat. Sg. -ōi aus -o + ei, Nom. Pl. -ōs aus -o + es, siehe unten VII. 6.2 und 6.5

(b) Quantitätsalternanz im Auslaut, z. B. me/mē ‚mich‘, s. Brugmann, KVG 145; Szemerényi, Fs. Gipper, 1985, 753f.

(c) Quantitätsalternanz im Inlaut, insbesondere ī/i, ū/u, z. B. wīro-/wiro- ‚Mann‘, sūnu-/sunu- ‚Sohn‘; vgl. Leumann, KSchr. 362 (zuerst 1952); Szemerényi, Syncope 328f. (auch über Dybo); Kortlandt, Slavic accentuation, 1975, 76f.; Leumann² 41.

(d) Unklare Vokalalternationen wie syū-/sīw- ‚nähen‘, sp(h)yū-/sp(h)ĭw- ‚spucken‘, vgl. Kuryłowicz, IG 218, und s. unten 4.2.

(e) Die Alternanzen wr̥ wl̥ wn̥ ~ ru lu nu, vgl. z. B. ai. vr̥kas, got. wulfs: gr. λύκος ‚Wolf‘. Cf. McCone, Ériu 36, 1985, 171–6.

(f) Kürzung von langem Vokal vor Sonant + Konsonant, das sog. Osthoffsche Gesetz, vgl. Osthoff, Philologische Rundschau 1, 1881, 1593f.; Schwyzer, GG I 279; Collinge, Laws 127f. So z. B. ἔγνον < ἔγνω-ντ; πτέρνη, ai. pā́rṣṇi-, lat. perna ‚Schenkel‘; aber κῆρ ‚Herz‘ ist nicht aus *kérd, sondern aus *kēr, erhalten im heth. kēr, s. Szemerényi, Fs. Stang, 1970, 520f.; 5. Fachtagung, 1975, 336f., und unten VI. 2.7.5.

4. *Konsonantenalternationen*

Parallel den Vokalalternationen gibt es auch gewisse Konsonantenalternationen, die aber im Gegensatz zum Ablaut funktionell von keinerlei Bedeutung sind.

4.1 S *mobile*. Eine Anzahl von Wurzeln kommt in den verschiedenen idg. Sprachen, manchmal auch innerhalb derselben Sprache, mit oder ohne ein anlautendes *s* vor; in solchen Fällen spricht man von einem *s* mobile oder beweglichen *s*. Zum Beispiel:

* *teg-* ,decken': gr. τέγος, τέγη ,Dach, Haus', lat. *tegō tēctum teges toga*, air. *tech* ,Haus', an. *þekja* ,decken', *þak* ,Dach', ahd. *decchen dah*; aber

* *steg-* ,decken': skt. *sthagayati* ,verhüllt', gr. στέγω ,verdecken, schirmen, fernhalten', στέγος στέγη ,Dach, Haus', an. *staka* ,Fell', aks. *o-stegŭ* ,Kleid, Mantel', lit. *stíegti* ,Dach eindecken', *stógas* ,Dach'.

* *pek-* ,sehen': skt. *páśyati* ,sieht', avest. *pašne* ,angesichts'; aber

* *spek-*: skt. *spaš-* ,Späher', avest. *spasyeiti* ,sieht', lat. *speciō*, ahd. *spehōn* ,spähen'.

* *nē-* ,nähen': got. *nēþla*, ahd. *nādala* ,Nadel', aber

* *snē-* ,spinnen': skt. *snāvan-* ,Sehne', air. *snīm* ,Spinnen', ahd. *snuor* ,Schnur', wahrscheinlich auch gr. ἔ-ννη ,nebat'.

In der Interpretation dieser Erscheinung gibt es zwei Hauptrichtungen: 1) *s*- ist ein ursprünglich bedeutungsvolles Präfix. 2) Verlust des *s*-, vielleicht auch Anwachsen eines *s*-, ist eine Sandhi-Erscheinung: ein im Satzgefüge vorangehendes Wort mit auslautendem *s* war die Ursache der Grenzverlegung zwischen den beiden Wörtern. Eine dritte Erklärung wurde von Karstien (Infixe im Idg., 1971) vorgeschlagen: *s* ist ein Infix (3).

Vgl. zu 1): J. Schrijnen, Études sur le phénomène de l'*s* mobile, 1891; Autour de l'*s* mobile, BSL 38, 1937, 117f.; Hirt, IG I 318f., 329–33; A. Erhart, Sur le rôle des préfixes dans les langues indo-européennes, Sbornik, Univ. Brünn, 1966, A. 14, Ss. 13–25; Makajev, Struktura 217f., angenommen von Kuryłowicz, VJ 1971 (3), 125f. – Zu 2): F. Edgerton, IE *s* movable, Language 34, 1958, 445–453. – Vgl. weiter: Schwyzer, GG I 334; Benveniste, Origines 164f.; E. Fränkel, IF 59, 1949, 295f.; H. Wanner, Wortpaare vom Typus recken–strecken, Sprachleben der Schweiz – Festschrift R. Hotzenköcherle, 1963, 133–140; Schindler, Sprache 15, 1969, 159, wie auch Hoenigswald, Lg. 28, 1952, 182–185; J. Gleasure, Ériu 24, 1973, 190f. (: aus der Kindersprache?). – (3): Ein z *movable* wird von H. W. Bailey (Adyar Library Bulletin 31/32, 1968, 11) für drei Fälle angenommen: idg. $zg^w es$-, avest. $zgr̥t$-, iran. *zgar*-; da aber z in allen drei Beispielen vor einem stimmhaften Verschlußlaut erscheint, kann z, wenn überhaupt, nur ein Allophon des *s* mobile sein.

4.2 Eine *Alternation von w : Null* ist im Anlaut besonders bei den Gruppen *tw- sw-* zu beobachten. Weit verbreitet ist sie bei dem Pronomen ‚du‘ und dem Reflexivum.

* *twe* ‚dich‘: skt. *tvā(m)*, gr. σε, arm. *khe-z* (kh- aus tw-);
* *te*: lat. *tē*, ae. *þe(c)*, ahd. *dih*, aks. *tę*;
* *swe* ‚sich‘: skt. *svayam* ‚selbst‘, gr. (ϝ)έ;
* *se*: lat. *sē*, got. *sik*, aks. *sę*.

In dem Zahlwort für ‚6‘ alternieren gleichfalls
* *sweks*: gr. (ϝ)έξ, kymr. *chwech*, avest. *xšvaš*, und
* *seks*: lat. *sex*, got *saihs* (1).

Auch bei *y* findet sich eine Alternation *sy-/s* in skt. *syūtas* ‚genäht‘, lit. *siúti* ‚nähen‘, aks. *šiti* (aus **syū̆*-): skt. *sūtram* ‚Garn‘, lat. *suō*. Ebenso *py-* : *(s)p-* in gr. πτύω ‚spucke‘ (aus *pyū̆*-): lat. *spuō*. Dazu kommt noch *ghy-/gh-* in skt. *hyas* ‚gestern‘: lat. *hes-ternus heri*, dt. *gestern* (2).

(1) Ein Präfix w- ist postuliert von Miller (Lingua 37, 1975, 40) für Fälle wie *(w)esu*, *(w)ersen-*, *(w)es-*, *(v)arṣati*, *(v)ardh-*. – (2) Eine Alternanz *d-/Ø-* findet sich in *dakru/akru* ‚Träne‘, vgl. Hamp, Studies G. S. Lane, Chapel Hill, 1967, 146f.; Makajev, *o. c.*, 270f. – Eine Alternanz *k-/Ø-* kommt zur Sprache unten VI. 4.4.2.

4.3 Wechsel zwischen verschiedenen Verschlußlautreihen kommt am Morphemende, seltener am Morphemanfang vor. Zum Beispiel:
* *pō-* ‚trinken‘: skt. *pāti* ‚trinkt‘, *pā-tram* = lat. *pōculum* (beide aus *pōtlom), *pōtus*, aber redupliziertes Präs. skt. *pibati* = lat. *bibit* = air. *ibid*, alle aus *pibeti;
* *ap-* ‚Wasser, Fluß‘: skt. *āp-as*, aber air. *abann* ‚Fluß‘ aus **ab-* (oder **abh-*?);
* *dhwer-/***dhur-* ‚Tür, Tor‘: gr. θύρα, got. *daur* usw., aber skt. *dvār-*;
* *bhudh-* ‚Boden‘: skt. *budhna-*, gr. πυθμήν, lat. *fundus*, aber ae. *botm* aus **bhud-*;
* *wedh-* ‚(heim)führen‘: skt. *vadhū-* ‚Frau‘, aber gr. ἔεδνον, ἔδνον

‚Brautgeschenk‘, ae. *weotuma* ‚Kaufpreis der Braut‘ aus **wed-* (s. aber Szemerényi 1978, 199f.);

* *kap-* ‚ergreifen‘: lat. *capiō*, got. *hafjan*, aber air. *gabim* ‚nehme‘;

* *ghabh-* ‚ergreifen‘: lat. *habēre*, aber got. *haban* aus **kabh-* (oder zum vorhergehenden **kap-*?),

* *deik-* ‚weisen‘: gr. δείκνυμι, lat. *dīcō*, got. *teihan*, aber got. *taikns* ‚Zeichen‘ aus **deig-*;

* *pak-* ‚befestigen‘: lat. *paciscōr pāx*, aber *pangō pēgī*, gr. πήγνῡμι.

Der Wechsel von guttural M und MA wurde schon oben erwähnt (IV. 7.6), wie auch der vereinzelte Wechsel von T : MA in

* *kerd-* ‚Herz‘: gr. καρδία, lat. *cor* usw., aber skt. *hr̥d-*, iran. *zr̥d-* aus **ghr̥d-*.

Bei den Auslautvariationen liegt es nahe, an kombinatorische Veränderungen als den Ausgangspunkt zu denken. Vgl. jetzt Stang, L'alternance des consonnes sourdes et sonores en indo-européen, To honor R.Jakobson 3, 1967, 1890–4, der sie in der Verbalflexion entstanden sein läßt, während Fourquet, Sprachwissenschaft 1, 1976, 108–114, in **kap-*/ **ghabh-* eine Alternanz Tenuis/Aspirata sieht. – Eine *rudis indigestaque moles* wird geboten von Swadesh, The problem of consonant doublets in IE, Word 26, 1965, 1–16.

4.4 In einigen Fällen scheint anlautender Verschlußlaut mit Null zu alternieren. Die interessantesten Beispiele sind:

* *kost-* ‚Knochen‘: aks. *kostĭ*, lat. *costa* ‚Rippe‘ gegen

**ost-* ‚Knochen‘: gr. ὀστέον, lat. *os(sis)*, skt. *asthi*;

* *kag-* ‚Ziege‘: aks. *koza*, ae. *hēcen* ‚Zicklein‘, mnd. *hōken* (beide aus **hōkīna-*) gegen

* *ag-*: skt. *ajă-* ‚Ziegenbock‘, lit. *ožys* ‚id.‘ (aus *āgiyos) (1).

(1) Für Erklärungsversuche s. VI. 4.4.2.

4.5 *Sandhi-Erscheinungen. Im Auslaut schwinden die Sonanten* nach langen Vokalen in gewissen indogermanischen Sprachen (1). Im Nom. Sg. m.f. der -r-Stämme finden wir arisch *pitā mātā*, lit. *mótė*, aks. *mati* gegenüber gr. μήτηρ, lat. *māter*. Ebenso bei *n*-Stämmen skt. *aśmā*, ‚Stein‘, lit. *akmuo*, und sogar lat. *(hom)ō* gegenüber gr. ἄκμων, oder skt. *š(u)vā* ‚Hund‘, lit. *šuo*, air. *cú* (aus *kwō) gegenüber gr. κύων (2). Bei auslautendem -*u* gibt es sogar innerhalb des Altindischen Dubletten: *d(u)vāu* oder *d(u)vā* ‚2‘ gegenüber hom. δύω, aks. *dŭva*.

Wahrscheinlich hing der Verlust von der Sandhi ab, d.h., er fand vor gewissen anlautenden Konsonanten des nächsten Wortes statt.

Es würde sich also um idg. Varianten handeln, von denen jede Sprache gewisse Typen verallgemeinerte.

In einigen idg. Sprachen und wohl schon im Indogermanischen macht sich eine Tendenz bemerkbar, die der häufigen Auslautsverstärkung (z.B. deutsch Kind = [Kint]) entgegenläuft: vgl. lat. *sub* aus *(s)up*, idg. *tod* aus *to-t(o)* (3).

Wenn sich im Auslaut mehrere Konsonanten trafen, konnte einer (oder mehrere) durch Assimilation schwinden, vgl. *mātēr* aus *māters* (s. VI. 2.7.1). Wo eine Konsonantengruppe restituiert wurde, konnte die schwierige Gruppe durch einen Stützvokal im Auslaut erleichtert werden, der normalerweise das Schwa war; vgl. z.B. ai. *asthi* ‚Knochen‘ aus *asth* (umgestellt aus *Hast*, vgl. VI. 6.10) über *asth-ə* (4).

Im vokalischen Auslaut ist Variation zwischen Länge und Kürze möglich, vgl. z.B. *we/wē* ‚oder‘ (s. oben 3.7b), was seinen Ausgangspunkt sicher in der Kürzung einer ursprünglichen Länge in Sandhi vor einem folgenden Anlautsvokal hat (5).

(1) G.S. Lane, KZ 81, 1968, 198–202, nahm an, daß Verlust ursprünglich nur vor einem anlautenden Sonanten stattfand. – (2) S.Szemerényi, SMEA 20, 1980, 220f. – (3) Szemerényi, TPS 1973, 55–74, trotz Normier, KZ 91, 1978, 207. – (4) Szemerényi, SMEA 20, 224f. (mit Hinweisen) und vgl. noch gr. ἄλφα, βῆτα aus semit. *alp, bēt.* – (5) Szemerényi, The IE particle *kʷe*, Fs. Gipper II, 1985, 753f., und vgl. oben 3.7. – Für Sandhi im allgemeinen s. jetzt H. Andersen (ed.), Sandhi phenomena in the languages of Europe, Berlin 1986.

5. *Morphemstruktur*

Die Grundmorpheme mit voller Bedeutung haben im Gegensatz zu den grammatischen Morphemen meistens auch einen volleren Wortkörper. Eine Untersuchung der Struktur solcher Morpheme zeigt, daß sie sich innerhalb gewisser Grenzen bewegen. Die Grundtypen, die sog. kanonischen Formen, können oft auf eine sehr einfache Formel gebracht werden. So ist die kanonische Form im Chinesischen der Einsilbler, in den semitischen Sprachen die dreiradikalige Wurzel. Wenn wir mit C irgendeinen Konsonanten, mit V irgendeinen Vokal bezeichnen, dann können die im Deutschen möglichen Grundmorpheme mit folgenden kanonischen Formen angegeben werden: V, VC, CV, VCC, CCV, CVC, VCCC, CCCV, CCVC, usw.

Vgl. Hockett, Course 284 f.; Pilch, Phonemtheorie I 22 f.; und s. auch
L. Schmidt, Über den Gebrauch des Terminus „Wurzel", in: Gedenkschrift J. Trier, 1975, 63–84. – Über die Entwicklung des Begriffes Wurzel
und Bopps Bedeutung dafür, s. J. Rousseau, BSL 79, 1984, 285–321,
bes. 308 f.

5.1 Daß alle Wörter der griechischen Sprache auf eine Anzahl
einsilbiger Wurzeln zurückgeführt werden können, hat schon der
alexandrinische Grammatiker Philoxenos (1. Jh. v. Chr.) erkannt (1).
Diese Lehre von der Einsilbigkeit der Wurzeln lebt auch in der Neuzeit weiter, sie findet sich z. B. bei Adelung und W. von Humboldt
(Arens[2] 151, 217). Auf das Indogermanische angewandt findet sie
sich bei Bopp (s. Delbrück, Einleitung[4], 1904, 59–61) und präziser
ausgearbeitet erscheint sie bei A. Schleicher (1821–1868), der folgende kanonische Formen ansetzt (2):

V, CV, VC, CVC, CCV, VCC, CCVC, CVCC, CCVCC.

Wenn wir den bei den Ablautalternationen beobachteten Unterschied zwischen ein- und zweisilbigen Wurzeln beachten, können
wir die folgenden kanonischen Formen feststellen (*e* ist *e*, *a* oder *o*) (3).

einsilbig			zweisilbig		
VC	*ed-*	‚essen'	CeCē	*pelē-*	‚füllen'
CVC	*med-*	‚messen'	CeCēC	*temāg-*	‚schneiden'
CCVC	*trem-*	‚zittern'			
CVCC	*serp-*	‚kriechen'			
CCVCC	*dhreugh-*	‚betrügen'			
CCCVC	*strep-*	‚lärmen'			
CCCVCC	*spreig-*	‚strotzen'			
CV̄	*dō-*	‚geben'			
CCV̄	*drā-*	‚laufen'			

Bei den einsilbigen Wurzeln, bei denen Konsonantengruppen
möglich sind, läßt sich eine sehr einfache strukturelle Formel aufstellen. Wenn wir Verschlußlaute mit T, Sonanten (m n l r und i u als
Bestandteile von Diphthongen) mit R, den Spiranten *s* mit S bezeichnen, ergibt sich als allgemeine Formel:

(S) (T) (R) e (R) (T/S),

die die Möglichkeiten eT, TeT, TReT, TReS, TeRT, TeRS usw. und
SeT, SeS, SReT, SReS, SeRT usw. umfaßt. Wenn die Phoneme nach
der wachsenden Schallfülle (Sonorität) als T/S, R, V angeordnet

werden, dann können wir noch einfacher sagen, daß *die Phoneme um den Vokal nach abnehmender Schallfülle geordnet sind*. Möglich sind also klep, aber nicht lkep, stret, aber nicht rset, kers, aber nicht kesr usw. Ein **pster-* für ‚niesen‘ könnte also nur als onomatopoetisch, d.h. von der normalen Struktur abweichend, geduldet werden; tatsächlich gibt es aber nur **pter-* oder **ster-*(πτάρνυμαι, *sternuō*). Die Anlautgruppe *sT(R)e* kommt sehr häufig vor, z.B. **ster-*, **spek-*, **skeid-* und **splei-*, **skrei-* usw. Dagegen ist *TTe-* sehr selten (πτερόν), ebenso *TSe-* (4). Ein Morphem enthält maximal fünf Konsonanten (5).

(1) Siehe A.F. Bernhardi, Anfangsgründe der Sprachwissenschaft, 1805, 106: „Alle Wurzelwörter sind einsilbig" und vgl. Bopp, Analytical comparison, 1820, 8f., beide zitiert Techmers Internat. Zs. 4, 1889, 8 Fn.1, und 19. Noch Anfang unseres Jahrhunderts konnte ein Buch wie A.L. Snells The beginning of speech – A treatise on the uni-radical origin of IE words (London, 1910, 267 p.) erscheinen. – Kaum 15 Jahre alt, hat Saussure ein System erfunden, in dem jede Wurzel aus K, P, T und mittlerem A aufgebaut war, also triliterale Gebilde wie KAP, TAK usw., siehe CFS 32, 1979, 73–101. – (2) Siehe A. Schleicher, Kompendium der vergl. Gramm. der idg. Sprachen, ⁴1876, 332. – (3) Zur Struktur der Silbe s. Jespersen, Elementarbuch der Phonetik, 1912, 145f.; Saussure, Cours 70–95; Kuryłowicz, Études 121; Scholes, Linguistics 36, 1968, 55–77; s. auch weiter unten V. 7. – (4) Aber früher vielleicht häufiger, s. Gunnarsson, NTS 24, 1971, 80. – (5) Siehe noch Szemerényi 1972: 143.

5.2 Innerhalb dieser strukturellen Formel können noch weitere Beschränkungen festgestellt werden, die die *Verschlußlaute* betreffen (1).

Möglich sind			Unmöglich sind		
1)	M–MA	bedh-	1)	M–M	(bed-)(2)
2)	M–T	dek-	2)	MA–T	(bhet-)(3)
3)	MA–M	bheid-	3)	T–MA	(tebh-)(3)
4)	MA–MA	bheidh-			
5)	T–M	ped-	Nach *s* ist aber 3) möglich:		
6)	T–T	pet-	**steigh-* ‚steigen‘		

NB. 1) Die Folge M–M kommt in skt. *gad-ati* ‚spricht‘ vor, dies ist aber auf das Aind. beschränkt (4).

  2) Gleiche Verschlußlaute (also Typ **pep-*) sind nicht erlaubt, aber gleiche Spiranten sind in **ses-* ‚liegen‘ (heth. *ses-*, skt. *sas-*) bezeugt.

Weiterhin können weder *zwei Sonanten* noch *zwei Verschluß-laute* nach dem Wurzelkern (Vokal) stehen; *teurk- oder *tekt- sind also unmöglich (5). Wenn eine solche Folge doch vorzukommen scheint, dann liegt zwischen den zwei Sonanten oder Konsonanten eine Morphemgrenze; lat. *mūnus* aus *moinos ist nicht von einer Wurzel *moin- gebildet, sondern von *moi-/mei-, vgl. skt. *mayatē* ‚tauscht‘, mit dem Suffix -nos (vgl. *fēnus, facinus*).

(1) Meillet, Introduction 173f.; A. Cuny, Revue de Phonétique 2, 1912, 128f., Recherches sur le vocalisme, le consonantisme, et la formation des racines en nostratique, ancêtre de l'indo-européen et du chamito-sémitique, 1943, 113–159; und vgl. noch Borgstrøm, Word 10, 1954, 278f.; Stanley, Lg.43, 1968, 432f.; Chomsky–Halle, Sound Pattern of English, 1968, 386 (eine Alpha-Regel); Bechert, Ling. Berichte 2, 1969, 28–46; IF 76, 1972, 15–9; Gercenberg, Teorija ie. kornja, VJ 1973 (2), 102–110; Gamkrelidze–Ivanov 1985: 17f., 139f. Siehe noch weiter unten VI. 5.5. – (2) Grassmann, KZ 12, 1863, 115, hat als erster das Fehlen von M–M beobachtet; siehe jetzt Szemerényi 1985: 8. – (3) Vgl. Saussures Beobachtung, zitiert von Meillet, MSL 18, 1912, 60f.; Benveniste, Origines 171 Fn. 1.; und jetzt auch Scherer, in: V Convegno, 1972, 25 (: Lehnwörter?); Miller, Linguistics 178, 1976, 58f.; JIES 5, 1977, 31–40; Szemerényi 1985: 8.13. – (4) Thieme, KZ 86, 1972, 80, vermutet Lautnachahmung, aber es könnte auch Kreuzung vorliegen, s. Mayrhofer, KEWA s.v. – (5) Siehe Saussure, Recueil 118; Meillet, Introduction 157; BSL 35/2, 1934, 54; Schwyzer, GG I 238f.; Kuryłowicz, IG 203; Lehmann, PIE 17.

5.3 Die strukturelle Beschränkung des einfachsten Morphemtyps auf V̆C oder CV̄ ist nicht ganz stichhaltig. Denn Morpheme des Typs CV̆ kommen in großer Zahl vor. Es ist aber richtig, daß sie alle einer besonderen Kategorie angehören: sie sind Partikeln *(de, ghe, kʷe)* und Pronominalstämme *(to-* ‚dieser‘, *me* ‚ich‘, *kʷi-* ‚wer‘). Sogar V ist möglich, vgl. den Pronominalstamm *e-* ‚dieser‘.

5.4 *Wurzeldeterminative.* Ein Vergleich von got. *giutan* ‚gießen‘ mit lat. *fundō, fūdi* führt auf idg. *gheud-. Diese Wurzel ist aber nicht von *gheu- ‚gießen‘ in gr. χέω (aus χέϝω) χυ-τός, skt. *hu-*, Präs. *ju-hō-ti* ‚gießt, opfert‘ zu trennen. Das bedeutet, daß *gheud- innerhalb des Idg. von einem einfacheren *gheu- gebildet ist, und zwar mit einem Suffix, das keine klar erfaßbare Bedeutung (mehr) hat. Solche Bildungselemente werden seit Curtius Wurzeldeterminative genannt.

Oft kommt es vor, daß mehrere Wurzeln durch verschiedene Wurzeldeterminative von derselben einfachen Wurzel abgeleitet werden. So führen gr. ἔλπομαι, hom. ἐέλπομαι, ἐλπίς ‚hoffen, Hoffnung‘ auf eine Wurzel *welp-. Daneben stehen ἔλδομαι, ἐέλδομαι ‚wünschen, sich sehnen‘, ἐέλδωρ ‚Wunsch, Verlangen‘, die von einer Wurzel *weld- kommen. Daß *welp- und *weld- zusammengehören müssen, d. h., daß sie Ableitungen von einer gemeinsamen einfacheren Wurzel *wel- sind, liegt auf der Hand und wird durch lit. *vil-iúos* ‚ich hoffe‘, *vil-tìs* ‚Hoffnung‘ erwiesen, wozu noch lat. *velle* kommt.

Manchmal ist die einfachere Wurzel nicht (sicher) belegt, wird aber durch verschiedene parallele Bildungen erfordert. So ist *drā- ‚laufen‘ durch skt. *drā-ti* ‚läuft, eilt‘, gr. ἀπο-δι-δρά-σκω, Aor. ἀπέδρᾶν belegt. Skt. *dram-ati* ‚läuft‘, gr. Aor. ἔδραμον, erweisen *drem-. Skt. *drav-ati* ‚läuft‘ und viele europäische Flußnamen wie *Dravos* ‚Drau‘, gallisch *Druentia* (frz. Drouance) führen auf *dreu-. Es ist offenbar, daß *drā- *drem- *dreu-, die alle dieselbe Grundbedeutung haben, nicht unabhängig voneinander sein können, d. h., daß sie alle von einer Grundwurzel *dr-, *der- abgeleitet sind, obwohl eine solche Wurzel nicht (mehr) belegbar ist. Das Nebeneinander von *trem- in gr. τρέμω, lat. *tremō*, *trep- in lat. *trepidus*, aks. *trepetŭ* ‚Zittern, Beben‘, *tres-/ *ters- in skt. *trasati* ‚zittert‘, gr. τρέω, hom. Aor. ἔτρεσσαν, lat. *terreō*, führt auf eine Grundwurzel *tr-/*ter-, die nur in skt. *tarala-* ‚zitternd, zuckend‘ erhalten ist. Gr. μέλπω ‚singe‘, heth. *mald-* ‚rezitieren, geloben‘, germ. *meldan* ‚verkünden‘ (‚melden‘), lat. *promulgāre*, russ. *molvit'* ‚sagen‘, avest. *mrav-* = skt. *brav-* ‚sagen‘ führen auf *melp-, *meldh-, *melg-, *melw/*mleu-, und diese erfordern eine ursprüngliche Wurzel *mel- ‚feierlich verkünden‘, die wahrscheinlich noch in gr. μέλος ‚Gesang‘ und heth. *mallai-* ‚billigen, gutheißen‘ erhalten ist.

Vgl. Szemerényi, Emerita 22, 1954, 159–174 (über *mel-).

5.5 Wurzeldeterminative werden auch durch gewisse Wurzelstrukturen nahegelegt, die sonst den bei einfachen Wurzeln für gültig befundenen Beschränkungen widersprechen würden. So findet sich neben den erwähnten *drā-/drem-/dreu-* ‚laufen‘ eine Form *dreb- in ae. *treppan* ‚treten‘ (aus *trapjan), nhd. *trippeln*, *Treppe*, lit. *drebù* ‚zittere‘. Diese würde als einfache Wurzelform eine „unmögliche“ Struktur haben, da sie M–M enthalten würde. Daß sie eine abgeleitete Form ist, d. h. ein Wurzeldeterminativ enthält, wird in diesem Falle auch durch die anderen Varianten erwiesen.

Von solchen Fällen ausgehend können wir unregelmäßige Morphemstruktur schon an und für sich als einen Beweis für das Vorhandensein eines Wurzeldeterminativs betrachten. Die Wurzel *kerdh-* ‚Reihe, Herde' ist „unmöglich", da sie T–MA enthält, ist also als *ker-dh-* aufzufassen (vgl. Schmitt-Brandt 20).

Das bedeutendste Werk auf diesem Gebiet bleibt P. Perssons Beiträge zur idg. Wortforschung I–II, 1912. S. jetzt auch PICL 7 (1952), 1956, 481 f.; Kronasser, Etymologie, 1965, 420 f.; Kuryłowicz, IG 222; Makajev, VJ 1969 (1), 3–21; Struktura 182 f. – Andere möchten nur Kontaminationen zulassen, siehe M. Bloomfield, IF 4, 1894, 66 f. (vgl. Persson 594); Petersen, Lg. 4, 1928, 11; Schmitt-Brandt 12 f., 25.

6. *Kombinatorische Veränderungen in Morphemverbindungen*

An Morphemgrenzen finden gewisse Lautwandel statt, die innerhalb eines Morphems gewöhnlich nicht auftreten können, weil gewisse Konsonantengruppen nicht vorkommen.

6.1 Vor anlautender T eines Morphems wird auslautende M des vorausgehenden Morphems assimiliert, d. h. zu T. Besonders häufig ist diese Erscheinung vor Suffixen mit einem anlautenden *t*. Zum Beispiel die Wurzel **yeug-* ‚verbinden, anschirren' mit dem Suffix *-to-* des Verbaladjektivs ergibt skt. *yuk-tá-*, gr. ζευκ-τός.

Umgekehrt wird T oder stimmloses *s* vor einer folgenden M stimmhaft. Dafür liegen auch Beispiele innerhalb eines Morphems vor, obwohl die Phonemgruppe auch hier erst durch das Vorantreten eines anderen Morphems ermöglicht wird: skt. *upabda-* ‚Getrampel, Lärm' aus *-pda-* zu *padyate* ‚fällt, stürzt', avest. *fra-bda-* ‚Vorfuß' von *pad-* ‚Fuß', idg. **nizdos* ‚Nest' (IV. 6.2) aus **ni-sd-os* ‚Niedersitzen' zu lat. *sedēre*.

NB. Im Aind. wird nach einem zerebralen ṣ (IV. 6.) ein *t(h)* ebenfalls zum zerebralen *ṭ(h)*, z. B. lautet das Verbaladjektiv von *piṣ-* ‚zermalmen' (aus *pis-*, vgl. lat. *pinsere, pistor*) *piṣṭa-* aus *piṣ + ta*. Indogermanische Palatale, die im Skt. als *š ǰ* erscheinen, ergeben mit *t* die Gruppe *ṣṭ*, vgl. skt. *aṣṭā* ‚acht' gegenüber iran. *aštā, rāṣṭi* ‚herrscht' aus **rēg-ti*.

6.2 *Bartholomaes Gesetz.* Die Folge von MA + T erscheint in den meisten Sprachen dem Obigen entsprechend als T + T. So ergibt *gh* + *t* die Gruppe *kt* im gr. λέκτρον ‚Lager, Bett‘, das von der in λέχος ‚Bett‘ vorliegenden Wurzel **legh-* ‚liegen‘ gebildet ist, die auch im dt. *liegen*, ahd. *liggen*, got. *ligan* erhalten ist. Dieselbe Gruppe erscheint auch in lat. *lectus*.

Ganz abweichend zeigt das Altindische, und ganz allgemein das Arische, in solchen Fällen Erhaltung des Stimmtons, den sogar die ursprüngliche T übernimmt, und im Indischen auch Erhaltung der Aspiration, die an das Ende der ganzen Gruppe überspringt. Die ursprüngliche Gruppe MA + T wird also zu M + MA. Zum Beispiel:

skt. *labh-* ‚fassen‘: Verbaladjektiv *labdha-* aus *labh* + *ta*;

skt. *budh-* ‚erwachen‘: Vadj. *buddha-* ‚der Erwachte‘ aus *budh-ta-*;

skt. *dah-* ‚brennen‘ (palatalisiert aus *dagh-*, s. IV. 7.4.7 und 7.5.3): Vadj. *dagdha-*.

Wenn nicht, wie im letzten Beispiel, ein ursprünglicher (Labio-) Velar, sondern ein Palatal (s. IV. 7.4.6) vorlag, entsteht aus *ǰh-t* zunächst *ždh*, und später (s. oben 6.1) zerebralisiertes *ẓḍh*, worin *ẓ* unter Dehnung des vorausgehenden Vokals schwindet. Zum Beispiel *lih-* ‚lecken‘, Vadj. *līḍha-* aus idg. **ligʰto-*; *sah-* ‚überwältigen‘, Vadj. *sāḍha-*. Ebenso bei Verbalendungen mit *t*, z.B. **lēh-ti* ‚er leckt‘ wurde *lēḍhi*.

Dieser Wandel wurde zuerst von Chr. Bartholomae beschrieben, Arische Forschungen 1, 1882, 3f.; KZ 27, 1885, 206f., und heißt nach ihm das Bartholomaesche Aspiratengesetz. Vgl. auch unten VI. 7.1.4–5.

Ursprünglich wurde das Gesetz als im Gesamtindogermanischen wirksam betrachtet. Dann wären die oben angeführten Beispiele aus den klassischen Sprachen sekundär. Es gibt aber außerhalb des Arischen keine überzeugenden Beispiele, so daß das Gesetz auf das Arische beschränkt werden muß. Jedenfalls ist es wirksam im Avestischen. Vgl. *augda* (geschrieben *aogədā*) ‚er sagte‘ aus **augh-ta*, und sogar *augža* ‚du sagtest‘ aus **augh-sa*, das zu *augzha*, dann zu *augžha* (vgl. IV. 6.), endlich mit Verlust der Aspiration zu *augža* wurde; dem skt. *duhitar-* ‚Tochter‘ entspricht avest. *dugdar-* (geschr. *dugədar-*) aus **dugh-tar-*.

Das Gesetz wird noch heute als idg. betrachtet von J. Kuryłowicz, Études 51 (wozu noch Apophonie 379f.); PICL 9, 1964, 13; IG 339; BPTJ 31, 1973, 8; Cuny, RPhon 2, 1912, 126f.; BSL 32, 1931, 43f.; Puhvel, Bartholomae's law in Hittite, KZ 86, 1972, 111–5; Hamp, ZCP 37, 1980, 169. – Siehe des weiteren Pisani, Geolinguistica e indeuropeo, 1940, 346f.; Mey, NTS 26, 1972, 81–9; Vennemann, Essays

Penzl, 1979, 557–84; Collinge, Laws 7f.; Gamkrelidze–Ivanov 1985, 32f., 405. – Über die germanischen „Beweisstücke" s. W.H. Bennett, Lg. 42, 1967, 733–7.

6.3 Besondere Entwicklungen finden wir, wenn morphemauslautender *Dental mit* morphemanlautendem *Dental* zusammentrifft.

Die Folge -*tt*- (auch aus -*d-t-*) ist besonders durch Verbaladjektive mit dem Suffix -*to*-, aber auch durch Verbalabstrakta mit den Suffixen -*ti*- und -*tu*- sehr gut vertreten. Vgl.:

idg. *weid- ,sehen' – *wid-to- ,gesehen, bekannt': skt. vitta-, avest. vista-, gr. ἄ-(ϝ)ιστος ,unbekannt', lat. vīsus (statt *vissus nach vīdī), air. fess ,scita' (Pl. ntr. aus *wittā umgelautet, vgl. fiss ,Wissen' aus *wid-tu-s), got. un-wiss ,ungewiß', ae. wiss, ahd. gi-wiss ,gewiß'; serb.-ks. věstŭ ,klar' nach vědě ,weiß' aus *věstŭ umgestaltet;

idg. *sed- ,sitzen' – *sed-to-: skt. satta-, avest. hasta-, lat. -sessus, air. sess ,Sitz', an ae. sess ,Sitz'; vgl. dazu auch aks. sēsti, lit. sèsti ,sitzen'.

Es ergibt sich also, daß -*tt*- im Westen (Ital., Kelt., Germ.) zu -*ss*-, im Zentrum und im Osten (Griech., Balt., Slav., Iran.) zu -*st*- wurde, im äußersten Osten (Aind.) dagegen als -*tt*- erscheint. Um diese verschiedenartigen Entwicklungen zu vereinbaren, wurde schon früh (1) angenommen, daß in idg. -*tt*- zunächst Affrikation auftrat, also -*tˢt*-, woraus durch Dissimilation teils (im Westen) -*ts*- und dann -*ss*-, teils (Zentrum und Osten) -*st*- entstand, während im Aind. *s* in *tst* ebenso ausgestoßen wurde wie in den historischen Zusammensetzungen *utthā*- aus *ut-sthā*- (d.i. *ud-sthā*-) ,aufstehen' usw. Diese Auffassung erhielt neue Stütze vom Hethitischen, wo z.B. *ets-teni* ,ihr esset' (geschrieben *ezzateni*) die angenommene idg. Entwicklung aus *ed-t- aufweist.

Demgegenüber wird in neuerer Zeit die Stufe *tˢt* für unnötig gehalten und angenommen (2), daß durch „dissimilatorische Geminatenauflösung" aus -*tt*- direkt teils -*ts*- (> -*ss*-), teils -*st*- entstand. Dies ist nur dann möglich, wenn die Sonderentwicklung von -*tt*- nicht in das Idg., sondern in einzelsprachliche Zeit verlegt wird. Denn avest. *hištaiti* ,steht' aus idg. *si-st- gegenüber *vista*- aus idg. *wid-to erweist, daß -*tt*- noch nicht zu *st* geworden war, als *s* hinter *i* (und *u r k*, s. IV. 6.) zu *š* wurde. Darum ist auch die Auffassung (3) unmöglich, die -*tt*- schon im Idg. zu -*st*- oder (4) zu -*ss*- werden läßt.

Daß ai. -tt- nicht Erhaltung des ursprünglichen Zustands zeigt, wird dadurch erwiesen, daß für -ddh- auch im Aind. noch Spuren einer Entwicklung zu -zdh- (offenbar aus -dzdh-) vorliegen. So sind die Imperative *dehi* ‚gib‘, *dhehi* ‚setze‘ aus *dazdhi *dhazdhi entstanden, was nicht nur durch *edhi* ‚sei‘ aus *az-dhi (aus *as-dhi*), sondern direkt durch avest. *dazdi* ‚gib‘ bewiesen wird (5).

Die Gruppe -ddh-, wenn aus -dh-t entstanden, stellt nur einen Sonderfall des Bartholomaeschen Gesetzes dar. In den anderen Sprachen gibt es auch hier nichts Vergleichbares. Vgl. lat. *iussus* aus *yudh-to-s mit Hauchverlust über *yuttos.

Vgl. zu (1): A. Meillet, Dialectes 57–61; R. G. Kent, The sounds of Latin, ³1945, 117f.; W. Porzig, Gliederung 76–8; A. Schmitt, KZ 72, 1955, 234–5; G. Y. Shevelov, Prehistory 182–4; Strunk, MSS 25, 1969, 113–29; Leumann² 197. – Zu (2): E. Schwyzer, KZ 61, 1934, 234. 248; L. Hammerich, PBB (Tübingen) 77, 1955, 127f. Zu (3): Johansson, IF 14, 1903, 310f.; Meid, IF 69, 1965, 226f. 236 (abgelehnt von Makajev, Struktura 187); Hamp, Ériu 24, 1973, 162; Sihler, IF 84, 1980, 163f. – Zu (4): L. Heller, Word 12, 1956, 7; Strunk, o.c. – Zu (5): J. Wackernagel, Ai. Gr. I, 1957, 177f. mit Debrunners Nachträgen. Dagegen neuerdings Tedesco, Language 44, 1968, 1f.; doch s. über *azdā* Szemerényi, Sprache 12, 1967, 203f.

Es scheint also erwiesen zu sein, daß die Dentalgruppen -tt- und -ddh- im Idg. eine Affrikation erlitten, und die so entstandenen -tst- -dzdh- wurden dann einzelsprachlich, zum Teil vielleicht noch in regionalem Zusammenleben, zu -ts- bzw. -st- dissimiliert, im Aind. aber zum größten Teil als -tt- bzw. -ddh- restituiert.

6.4 *Das Siebssche Gesetz.* Besonders im Germanischen, aber auch in anderen Sprachen können Anlautsvariationen zwischen Media und *s* + Tenuis oder MA und *s* + T(A) beobachtet werden. Zum Beispiel germ. *dauma-* (mnld. doom) und *stauma-* (engl. steam) ‚Dampf‘, mhd. *briezen* = *spriezen* ‚sprießen‘ usw. Aus solchen Entsprechungen hat Siebs gefolgert, daß im Idg. eine anlautende M zu T, MA zu T(A) wurde, wenn ein (präfixales) *s* davortrat. Der vor kurzem jung verstorbene russische Forscher Illič-Svityč will das Gesetz genauer fassen: anlautendes *s* + *k* und *s* + *g* wurden überall zu *sk*-, aber *s* + *gh* erscheint als skt. *skh*-, gr. σχ und *sk*- in den anderen Sprachen.

Vgl. Th. Siebs (1862–1941), Anlautstudien, KZ 37, 1901, 277–324; V. M. Illič-Svityč, VJ 1961 (4), 93–8; H. Andersen, Fs. Stang, 1970, 18f. Das Siebssche Gesetz verficht auch J. Kuryłowicz, Études 53f., Apo-

phonie 378, und nützt es zu weitreichenden Folgerungen aus. S. unten
VI. 7.1.4. A. Cuny, Revue des études anciennes 38, 1936, 73 nimmt
gleichfalls Wandel von *s* + *bh* zu *sph-* an. Vgl. noch Collinge, Laws
155f.; Gamkrelidze–Ivanov 1985, 56. 118. 140.

6.5 *Haplologie.* Es gibt einige Beispiele dafür, daß bei Laut-
sequenzen mit gleichen Konsonanten und dazwischen gleichen
oder ungleichen Vokalen sog. haplologische Vereinfachungen, die
aus den historischen Perioden wohlbekannt sind, auch im vorhistorischen Indogermanischen vorgekommen sind. Besonders überzeugende Fälle bietet der Imperativus Futuri (s. IX. 2.5b); vgl. z.B.
2. Pl. **bheretōd* aus **bherete-tōd*, oder 3. Sg. Pl. **agetōd*, **agontōd*
aus **age(tu)tōd*, **agon(tu)tōd*.

7. Silbenstruktur (Sieverssches Gesetz)

Zwischen Phonem und Wort setzen wir gewöhnlich eine mittlere Einheit an, die *Silbe*. In einsilbigen Sprachen, wie z.B. im Chinesischen, ist dieser Begriff überflüssig, denn Silbe und Wort fallen
zusammen. Aber in allen anderen Sprachtypen, so auch in den indogermanischen Sprachen und im Indogermanischen, ist die Silbe eine
natürliche höhere Einheit. Leider ist bis heute keine allgemein an-
erkannte Definition der Silbe vorhanden. Soviel ist aber klar, daß die
Silbe einen Silbenkern enthält, gewöhnlich einen Vokal oder Sonanten, und daß diesem gewisse Elemente vorausgehen und folgen,
die sog. Konsonanten. Bei einem Einsilber wie *Stadt*, d.h. /štat/,
sind die Silbengrenzen, Anfang und Ende, d.h. Silbenanlaut und
Silbenauslaut, eindeutig. Bei einem Mehrsilbler (z.B. städtisch) ist
die Grenze experimentell-maschinell nicht immer feststellbar, obwohl Malmberg in Sonagrammen eine Handhabe zur Silbenabgren-
zung gefunden hat. Aber das Wichtige ist, daß, während der Silbenkern phonetisch bestimmbar ist, die Silbengrenzen, wie aus Kloster
Jensens Diskussion ersichtlich, nur phonologisch, aber so mit Sicherheit, bestimmbar sind. Diese Bestimmung hängt von den für die
betreffende Sprache gültigen Möglichkeiten der Phonemkombina-
tion im Silbenanlaut und Inlaut und prosodischen Faktoren ab.
Für die Sprachgeschichte, aber auch für die metrische Praxis, ist
noch der Unterschied zwischen offenen und geschlossenen Silben
wichtig. *Offen* ist eine Silbe, wenn sie mit einem Silbenkern schließt,
geschlossen, wenn im Silbenauslaut ein Konsonant steht. Offene

Silben mit einem kurzen Silbenkern werden in der quantitierenden
Metrik als kurz, offene Silben mit einem langen Vokal, aber auch geschlossene Silben mit kurzem Silbenkern, auch wenn auf diesen nur
ein Konsonant folgt, werden als lang gewertet.
NB. Silbe und Morphem dürfen nicht verwechselt werden. Sie
können, aber müssen nicht zusammenfallen; meistens tun sie es
auch nicht. Das idg. Morphem *bheidh- kann durch Zutritt eines
anderen Morphems das Wort *bheidhō ergeben, wobei die Silben-
teilung *bhei-dhō ist.

Zu den Problemen der Silbe s. O. von Essen, Allgemeine und ange-
wandte Phonetik, ⁴1966, 126–136, über Silbengrenzen 131 f. Dazu noch
die Arbeiten von Kuryłowicz, Contribution à la théorie de la syllabe,
Esquisses 193–220 (zuerst 1948) und B. Hála, La syllabe, sa nature,
son origine et ses transformations, Orbis 10, 1961, 69–143. Vgl. noch
B. Malmberg, The phonetic basis for syllable division, Studia Linguistica 9, 1956, 80–87 (sowie 15, 1961, 1–9); J. Laziczius, Lehrbuch der
Phonetik, Berlin 1961 (156–193: Geschichte der Silbenfrage); M. Kloster Jensen, Die Silbe in der Phonetik und Phonemik, Phonetica 9,
1963, 17–38; Rosetti, Sur la théorie de la syllabe, 1963; D.B. Fry, The
functions of the syllable, ZPhon 17, 1964, 215–237; P. Delattre, Studia
Linguistica 18, 1965, 13; Pilch, Phonetica 14, 1966, 238; Lebrun, ebd.
1–15; K.J. Kohler, Is the syllable a phonological universal?, JL 2, 1966,
207–8; I. Kunert, Zur Theorie der Silbe, Dankesgabe an E. Koschmieder, 1967, 82–95; R.J. Scholes, Syllable segmentation and identifica-
tion in American English, Linguistics 36, 1968, 55–77; E.C. Fudge, Syllables, JL 5, 1969, 253–286 (gegen Kohler); G. Brown, JL 6, 1969, 1–17;
Pulgram, Syllable, word, nexus, cursus, 1970, 48f.; Krámský, The
functional conception of the syllable, Linguistics 70, 1971, 45–56;
Awedyk, A contribution to the theory of the syllable, Bull. Fonolog. 12,
1971, 49–56; Vennemann, The theory of syllabic phonology, LBer 18,
1972, 1–18; Hooper, The syllable in phonological theory, Lg. 48, 1972,
525–40; Allen, Accent and Rhythm, 1973, 27f.; Pilch 1974: 16f.; Pulgram, Latin-Romance phonology, 1975, 72f.; Porzio Gernia, Ten-
denze strutturali della sillaba latina, Studi Bonfante, 1976, 757–79; Danielsen, The problem of the syllable, Sprachwissenschaft 4, 1979,
13–23; Kiparsky, Remarks on the metrical structure of syllable, in:
Phonologica IV, 1981, 245–56; *G.N. Clements–S.J. Keyser, CV
phonology – A generative theory of the syllable, 1983.

7.1 Wie für alle Sprachen, können wir auch für das Idg. die
Silbenstruktur beschreiben, indem wir die möglichen Phonemkom-
binationen vor und nach dem Silbenkern angeben. Wenn der Silbenanlaut mit dem Wortanlaut zusammenfällt, finden wir die Kombina-

tionen, die schon bei der Morphemstruktur (oben 5.1) behandelt wurden; ebenso wenn der Silbenauslaut mit dem Wortauslaut zusammenfällt. Wenn aber Silbenanlaut und/oder Silbenauslaut in das Wortinnere fallen, verschieben sich die Verhältnisse. Obwohl die Wortanlaute *kt- gr-* möglich sind, werden die Wörter **aktos* (aus **ag-tos*) und *agros* nicht als **a-ktos* und **a-gros* geteilt, sondern als **ak-tos* und **ag-ros*, und ganz allgemein fällt die Silbengrenze, wenn zwei Silbenkerne von zwei Konsonanten getrennt sind, zwischen die Konsonanten; wenn zwischen zwei Silbenkernen drei Konsonanten sind, liegt die Silbengrenze allgemein nach dem ersten Konsonanten.

7.2.1 Dabei ergeben sich aber eigentümliche und für das Indogermanische besonders charakteristische Umgestaltungen der Silbenstruktur, wenn das letzte Element einer Konsonantengruppe ein Sonant ist, also in Gruppen wie *dy, dw, pty, ptr* usw. Sie wurden zuerst von E. Sievers (1850–1932) erkannt und in neuerer Zeit von F. Edgerton (1885–1963) genau studiert und formuliert, so daß wir von dem *Sievers-Edgertonschen Gesetz* sprechen können.

Sievers hat anhand gewisser germanischer und vedischer Tatsachen festgestellt, daß in diesen Sprachen, und wahrscheinlich schon im Idg., *y* und *w* nach einer kurzen Silbe mit *i* und *u*, genauer *iy* und *uw*, nach einer langen Silbe im Wechsel steht. So erscheint dasselbe Suffix als *-ja-* in got. *harjis* ,Heer', als *-ija-* in *hairdeis* (aus *-dijis*) ,Hirte'; ebenso alterniert bei dem Verbum *-ja-* in *satjiþ* ,setzt' mit *-ija-* in *sōkeiþ* ,sucht' aus **sōkijiþ* oder *sandeiþ* ,sendet' aus **sandijiþ*. Die vorhergehende lange Silbe muß nicht in demselben Wort auftreten, sie kann durch eine vorhergehende Pause oder durch die Auslautssilbe des vorangehenden Wortes verursacht sein. Tatsächlich finden sich im Vedischen Anlautsvariationen vom Typus *dyaus/diyaus* ,Tageshimmel', *syām/siyām* ,möge ich sein', und dem entspricht offenbar die lateinische Alternation von *diēs/Iuppiter, Iovem*, wobei die letzteren *y-* aus *dy-* haben.

Das Sieverssche Gesetz wurde dann von Edgerton in zwei schönen Aufsätzen zu einem eindrucksvollen System ausgebaut, das nicht nur *y w*, sondern auch *n m l r* einbezieht, also die Laute, die wir als Sonanten bezeichnen. Wie wir schon gesehen haben (IV. 4. und 5.), können die Nasale und Liquiden nicht nur konsonantisch, sondern auch vokalisch funktionieren, und in der letzteren Funktion sekundär sogar vor Vokalen auftreten. Diese Phoneme haben also drei Allophone, *r* z. B. erscheint als *r* und *r̥*, das letztere mit zwei

Varianten: $C_r^{\circ}C$ und $C_r V$. In dieser Hinsicht funktionieren nun die Vokale *i*, *u* und die Halbvokale *y*, *w* so, als wären sie die Allophone voneinander; funktionell finden wir dem eben beschriebenen Verhalten von *r* entsprechend *y*/*i*/*iy* und *w*/*u*/*uw*. Wenn wir nun die Sonanten mit *y*/*i*/*iy*, im Falle eines zweiten Sonanten mit *w*/*u*/*uw* bezeichnen, und T für einen Verschlußlaut oder *s*, KT für zwei Verschlußlaute oder *s* und Verschlußlaut, *a* für einen kurzen Vokal, *ā* für einen langen Vokal, und endlich | für die Pause verwenden, dann ergeben sich nach Edgerton die folgenden Variationen für das Indogermanische:

ein Sonant	(1) aTya	*aber* āTiya, KTiya,	Tiya
zwei Sonanten	(2) aywa	„ āyuwa
	(3) ayuT, ayu		
	(4) aTyuT, aTyu		„ āTiyuT, āTiyu	
		KTiyuT, KTiyu	
			TiyuT,	Tiyu	
	(5) aTyuwa	„ āTiwa, KTiwa,	Tiwa
	(6) yuwa (oder iwa?).	

Das heißt, wenn der Sonant *y* auf T folgt, z. B. *dy*, kann nach einem kurzen Vokal nur *dy* stehen, aber nach einem langen Vokal (oder nach zwei Konsonanten, oder nach einem Konsonanten unmittelbar nach einer Pause) ist *dy* unzulässig, da entsteht automatisch *diy*; also **edyo* aber **ēdiyo*, **gdiyo* und|**diyo*. Ebenso bei *dw*: **edwo* aber **ēduwo*, **gduwo* und|**duwo*.

Bei zwei Sonanten, z.B. *r* und *y*, erscheint nach kurzem Vokal z.B. **aryo*, aber nach langem Vokal ist nur **āriyo* möglich. Wenn auf *r* + *y* ein Konsonant folgt, ist z.B. **aryd* unmöglich, es entsteht automatisch **arid*. Wenn diese zwei Sonanten auf einen Konsonanten folgen, dann entsteht, falls der vorhergehende Vokal kurz ist, z.B. **adrid*, aber nach einem langen Vokal **ādrid*, und nach zwei Konsonanten ebenso **ptrid* (und nicht **ptrid*).

Vgl. Sievers, PBB 5, 1877, 129f.; Wackernagel, Ai. Gr. I 197f.; Edgerton, Language 10, 1934, 235–265, und (verbesserte Fassung) 19, 1943, 83–124 (S.108f. Zusammenfassung seiner Regeln); dazu noch 38, 1962, 352–9, wo er (353) mit charakteristischer Offenheit zugesteht, daß "my phonetic rules are not fully alive even in the Rigveda, still less are they in any other of the IE languages", behauptet aber, daß der im Rigveda obwaltende und an Regelmäßigkeit grenzende Zustand darauf hinweise, daß "the phonemic law was still operating at a time not extremely long before the beginning of the RV hymnal composition". S. dazu noch

Kuryłowicz, Apophonie 171f., 340f., 348f.; Nagy, Greek dialects and the transformation of an IE process, 1970 (s. Szemerényi, Kratylos 14, 1972, 157–65); Sihler, Lg. 45, 1969, 248–73; 47, 1971, 53–78; Vennemann, ebd. 104f.; Seebold, Das System der idg. Halbvokale, 1972; Erdmann, Lg. 48, 1972, 407–415 (: das Sieverssche Gesetz auf mehrsilbige Wörter erweitert); Beade, Lingua 30, 1972, 449–459; Kiparsky, Metrics and morphophonemics in the RV, in: Brame (ed.), Contributions to generative phonology, 1972, 171–200; Horowitz, Sievers' law and the evidence of the RV, 1974 (11–38: "historique"); Kuryłowicz, Metrik, 1975, 55f.; Migron, Vedic trimeter verse and the Sievers-Edgerton law, IIJ 18, 1976, 179–193 (: auf gewisse Wörter beschränkt = Horowitz 61); Collinge, Laws 159f.

7.2.2 Die Regelmäßigkeit ist im vedischen Korpus auch statistisch faßbar. So kommt die Dat.-Abl. Pl. Endung -bhyas 120mal als -bhiyas vor, nur zweimal nach kurzem Vokal. Das Pronomen tuvam ‚du' erscheint im ersten Liederkranz nach Pause oder langem Vokal 105mal, tvam nur 11mal, während nach kurzer Silbe tuvam nie, tvam dagegen 13mal vorkommt. Auch aus anderen Sprachen wohlbekannte Beispiele der Alternation sind die schon erwähnten diyaus/dyaus, siyām/syām (vgl. alat. siem); dazu kommen noch *kwōn/*kuwōn ‚Hund' (šuvā/švā, gr. κύων), *dwō/*duwō ‚zwei' (vgl. hom. δύω aber δώδεκα aus δϝώ-), *gʷnā/gʷn̥ā ‚Frau' (skt. gnā, boeot. βάνα) (1).

(1) Siehe Kuryłowicz, Apophonie, 172; IG 217 Fn.; Sihler, Lg. 47, 1971, 69–73; Seebold, o.c., 155–65, 301–6; Horowitz 62.

7.2.3 Edgerton betrachtete als den endgültigen Beweis seiner These, daß auch die Umkehrung des Sieversschen Gesetzes (the converse of Sievers' law) stattfinde, wenn durch Morphemkombinationen die Folgen iy uw entstanden seien. So sei aus su-varṇa- ‚Gold' (schön-farbig) die Variante svarṇa- entstanden, aus antariyāt antaryāt, aus anu-vartitā anvartitā, weil eben der Typ iy uw nach kurzem Vokal und einfachem Konsonanten unmöglich sei, wie immer die Verbindung entstanden sei (1).

(1) Cf. Horowitz 39–48.

7.2.4 Bei einer Überprüfung dieser Thesen hat der norwegische Forscher F. O. Lindeman gefunden, daß 1) die Umkehrung des Sieversschen Gesetzes, wenn überhaupt richtig, eine ziemlich junge indische, jedenfalls keine idg., Erscheinung ist; 2) die Anlautsvaria-

tionen nur bei einsilbigen Wörtern vorkommen, während bei Mehr-
silblern die Verbindung Konsonant + Sonant im Anlaut unveränderlich sei; vgl. die gut beglaubigten idg. Wörter *swekuros ‚Schwäher‘,
*swesōr ‚Schwester‘, *swādu- ‚süß‘, *dhwer- ‚Tür‘, *treyes ‚drei‘
usw., die nie mit anlautendem suw-, dhuw-, t̥e- usw. alternieren.
Immerhin weisen gr. φάρυξ und lat. frūmen ‚Kehlkopf, Schlund‘,
arm. erbuc ‚Brust‘ (aus *bruc) auf eine idg. Alternation *bhrug-:
bh̥ug-.

> Siehe Lindeman, La loi de Sievers et le début du mot en ie., NTS 20,
> 1965, 38–108.

7.2.5 Auch wenn vieles an Edgertons vielleicht allzu präzisen
Formeln zu berichtigen ist (1), so bleibt sein Verdienst, das Sieverssche Gesetz auch auf die anderen Sonanten erweitert zu haben. Daß
längere Wortformen der Variabilität größeren Widerstand leisten,
d. h. eine Form verallgemeinern, bleibt beachtlich, aber auch verständlich. Bemerkenswert ist auch, daß Edgertons „aprioristische"
Formeln über zwei Sonanten auffallend gut zu den empirischen
Meillets (Introduction 134 f.) stimmen (2).

> (1) Gegen Edgerton auch Borgstrøm, NTS 15, 1949, 152; Sihler,
> Lg. 45, 1969, 248–73; für ihn: Lehmann, PIE 10 f.; Fs. Kuiper, 1969, 39–
> 45. Wirkung des Gesetzes vor unserem RV wird erwogen von Atkins,
> JAOS 88, 1969, 679–709. – (2) Es erhärtet sich der Eindruck immer
> mehr, daß es sich nicht um ein Lautgesetz handelt und daß die Erschei-
> nung auf bestimmte Lexeme und morphologische Kategorien be-
> schränkt ist; s. Horowitz 60 f.; Migron 193.

7.3 Ein interessanter Zug indogermanischer Silbenstruktur ist,
daß lange (sog. gedoppelte) Konsonanten in Wörtern nicht vorkommen, obwohl solche an Morphemgrenzen wenigstens als -tt-
und -ss- ziemlich häufig zustande kamen. Auch in den alten idg.
Sprachen sind lange Konsonanten etwas Ungewöhnliches: sie kennzeichnen hypokoristische Namen oder expressive Wörter, darunter
oft Lallwörter. Ob aus der Übereinstimmung von heth. attas
‚Vater‘, gr. ἄττα usw. auf ein idg. *atta (Lallwort schon im Idg.?)
geschlossen werden darf, muß im Hinblick auf die Silbenstruktur
zweifelhaft bleiben.

> Über expressive Gemination zuletzt Kuryłowicz, BSL 62, 1968, 1–8,
> und IG 2, 1968, 342 f.

VI. VORGESCHICHTE DES INDOGERMANISCHEN PHONOLOGISCHEN SYSTEMS

In den vorangehenden Kapiteln haben wir versucht, das phonologische System des *Indogermanischen*, so wie es etwa kurz vor dem Ende der idg. Spracheinheit aussah, zu rekonstruieren. Dieser idg. Zustand kann nun nach den Methoden der internen Rekonstruktion (s. III!) analysiert werden, wodurch wir einen noch früheren Zustand, das *Urindogermanische*, in gewissen wichtigen Punkten wiedergewinnen können.

Ursprung der Ablautstufen

1. *Nullstufe.* Bei den Ablautalternationen ist es zunächst klar, daß der Schwund des Grundvokals mit der Akzentstelle in Verbindung steht. Skt. *ás-mi* ‚bin‘: *s-ánti* ‚sie sind‘ aus idg. **és-mi*: **s-énti* (vgl. dor. ἠμί : ἐντί, got. *im* : *sind*, aks. *esmǐ* : *sǫtǔ*) kann offenbar nur so verstanden werden, daß die Wurzel **es-* im Plural, wo der Akzent auf die Endung umspringt (vgl. noch 1. Pl. *s-más*, 2. Pl. *s-thá*), eben deshalb ihren Vokal verlor und zu *s* wurde; jedenfalls kann man nur von *es-* zu *s-* gelangen und nicht von *s-* zu *es-*. Dies ist wichtig, denn die indischen Grammatiker sind in ihrer Ablauttheorie von der Nullstufe als der Grundform ausgegangen, aus der die anderen zwei Stufen durch sukzessives Zusetzen von *a* entstanden wären, also Grundstufe *diš-* ‚zeigen‘, *guṇa* (‚sekundäre Qualität‘) *dēš-* aus **d-a-iš* und *vṛddhi* (‚Wachstum‘) *daiš-* aus **d-a-a-iš-*. Die Grundform kann nur die Vollstufe sein, die *guṇa*-Stufe der Inder, wenn auch in einzelnen Fällen zu einer Nullstufe nach vorliegenden Alternationen eine neue Vollstufe gebildet werden konnte (s. unten 5.6).

Denselben Zusammenhang von Nullstufe und Akzentverschiebung zeigt das Verbum **ei-* ‚gehen‘: 1. Sg. **éi-mi*: 1. Pl. **i-més*, 3. Pl. **y-énti* (vgl. skt. *émi imás yánti*). Bei Nominalbildungen zeigt sich dieser Zusammenhang bei gr. πατέρα πατέρες im Gegensatz zu πατρός πατρῶν; bei den Verbaladjektiven mit dem betonten Suffix *-tó-*, z. B. **gʷhen-* ‚schlagen, töten‘: **gʷhn̥-tó-* (skt. *hán-ti*

‚schlägt': *hatá-* ‚geschlagen'), **kleu-* ‚hören': **klu-tó-* ‚berühmt'
(skt. *śrutá-*, gr. κλυτός), usw.

In allen diesen Fällen scheint Verschiebung des Akzents auf das
Wortende Verlust des Wurzelvokals zur Folge zu haben. Es gibt aber
auch Fälle, in welchen Zurückziehung des Akzents auf das erste
Glied einer Zusammensetzung dieselbe Folge hat. Das vollstufige
Wort **genu* ‚Knie' (lat. *genū*, heth. *genu*) z. B. erscheint als **gnu* in
skt. *pra-jñu-* ‚säbelbeinig', avest. *fra-šnu-* ‚die Knie nach vorne hal-
tend', gr. πρόχνυ (aus πρόγνυ) ‚knielings' (eigtl. ‚die Knie vorn
habend').

Diese Schwächung erstreckte sich natürlich auch auf die Langvokale. Dem Quantitätsunterschied entsprechend können wir erwarten, daß, während kurze Vokale vollständig schwinden, lange
Vokale, wenigstens zunächst, zu kurzen Vokalen werden. Dem entspricht die Tatsache, daß die Nullstufe der langen Vokale das Schwa,
also der kurze Murmelvokal ist.

Es ergibt sich also, daß die Nullstufe, der Wegfall des Grundvokals in unbetonter Stellung, meistens vor, aber auch nach dem Akzent entstand. Da solche Schwächungen und Verluste nur aus Sprachen mit vorwiegend expiratorischem Akzent bekannt sind, wird
für die Periode der voridg. Sprachgeschichte, in der die Nullstufe
entstand, ein vorwiegend dynamischer Akzent angenommen.

Vgl. Hirt, Der idg. Ablaut, 1900, 20f.; IG II 9f., 192f.; Kuryłowicz,
Études 77f.; Apophonie 97f.; Lehmann, PIE Phonology 111;
T. Burrow, The Sanskrit language, 1955, 110. Die Behauptung, daß „le
ton est lié à l'alternance, il ne la provoque pas" (Benveniste, Origines
52), klingt eigentümlich, wenn man daran denkt, was für Veränderungen
im Vokalismus der französische oder der deutsche Akzent herbeigeführt
hat; sie wurde wohl von Meillet (cf. z.B. BSL 27, 1926, 124) übernommen, wird aber auch in Frankreich etwa von Garde 1976, 461 abgelehnt. Die westeuropäische Ansicht wurde (sauf erreur) zum ersten Male
von L. Geiger, Ursprung und Entwicklung der menschlichen Sprache
I, 1868, 164f. formuliert; dann kamen L. Meyer, KZ 21, 1873, 343;
Fick, BB 4, 1878, 191; Saussure, Recueil 117 (: wenn *bhudh-* die
Grundform ist, dann auch *pt-*, *t-*, was offenbar unmöglich ist, richtig
sind *pet-*, *at-*); Delbrück, Die neueste Sprachforschung, 1885, 43f. –
Für die indische Theorie neuerdings wieder Schmitt-Brandt 23;
Rundgren, Studia Pagliaro III, 1969, 185f.; Wyatt /a/, 1970, 58, 77
Fn.24 (s. Szemerényi, Lg. 48, 1972, 169f.).

Zusatz 1.
Einen ganz anderen Weg schlägt C. H. Borgström ein, der

(Thoughts about IE Vowel Gradation, NTS 15, 1949, 137–187) für das Urindogermanische eine Stufe mit nur offenen Silben und dem einzigen „Vokal" *ä* annimmt: in diesem System hätte eine mechanische Regel jeden zweiten Vokal vom Ende gerechnet zum Schwinden gebracht. So hätte 3. Sg. **häsä-tä* ein **hästä*, später **est*, 3. Pl. **häsä-nätä *hsäntä*, später **sent* ergeben, aus denen **esti/senti* entstanden. Aber schon die 1.2. Pl. **smes *ste* sind mit der Regel unvereinbar: **häsä-mä* hätte zu **es-m-*, **häsä-mäsä* zu **sems-* geführt. Ebenso bleibt der Typ skt. *dveṣṭi* aus **dweik-ti* in dieser Theorie ein Rätsel. Der Grundfehler ist aber die Annahme einer Stufe mit nur offenen Silben, s. unten. Vgl. noch Borgströms spätere Version in Word 10, 1954, 275–87, bes. 282, und Tonkawa and IE vowel gradation, NTS 17, 1956, 119–128.
Zusatz 2.
Auch *i* und *u* können durch Synkope schwinden, vgl. mein Buch *Syncope* und unten VI. 7.2.2.5.

2. *Dehnstufe.* Diese Ablautstufe steht zunächst für viele Nominativbildungen der konsonantischen Stämme fest, und zwar nicht nur in der belebten Klasse (Mask., Fem.), sondern auch in der unbelebten (Ntr.); vgl. πατήρ, ποιμήν, (Dor.) πώς, aber auch Ntr. κῆϱ ‚Herz' (Stamm **kerd*). Dazu kommen noch gewisse Aorist- und Perfektbildungen (Lat. *vehō/vēxī, veniō/vēnī*), und gewisse Nominalbildungen, bei denen der Ableitungscharakter durch Dehnstufe kenntlich gemacht ist, z. B. ahd. *swāgur* ‚Sohn des Schwiegervaters, Schwager' aus **swēkuros*, einer dehnstufigen Ableitung, d. h. Vrddhi-Bildung, zu **swekuros*. In einigen Sprachen wird die Dehnstufe auch bei verbalen Ableitungen verwendet, vgl. lat. *cēlāre* von **celere* (erhalten in *oc-culere*).

2.1 In der Entstehungsfrage wurde lange Zeit die Erklärung von *Streitberg* angenommen, wonach der Schwund eines Vokals, wenn er mit Silbenverlust verbunden war, zur Dehnung des Vokals der vorangehenden betonten Silbe führte. Demnach entstand aus **pətéro* der Nom. **pətēr*, während der Akk. **pətérom* ohne Dehnung zu **pətérm̥* wurde, da kein Silbenverlust eintrat. Ebenso sind **dyēus* aus **dyéwos*, **gʷōus* ‚Kuh' aus **gʷówos*, **pēs* aus **pédos*, **rēks* aus **régos* usw. entstanden.

W. Streitberg, TAPA 24, 1893, 29–49; IF 3, 1893, 305–416; Hirt, Der idg. Ablaut, 1900, 175f.; IG II 37f.; Kuryłowicz, Études 92f., 160f., 234f.; Lehmann, PIE Phonology 111; Borgström, NTS 15, 1949,

138; Word 10, 1954, 280; und neulich wieder Purczinsky, Word 26, 1974, 386–94.

2.2 Bald wurde aber von M. Bloomfield der Einwand erhoben, daß es nach dieser Theorie ursprünglich überhaupt keine Einsilbler gegeben haben dürfte. Ferner, wenn die Dehnstufe in athematischen Verben aus ursprünglicheren ‚thematischen' erklärt wird (z. B. skt. *tāṣṭi* ‚er zimmert' aus **tekseti*), dann würde man das, wie Persson hervorhob, bei allen erwarten, was eben nicht der Fall ist, vgl. skt. *bharti* ‚trägt', *vaṣṭi* ‚er will', usw. Und wenn bei den Nomina **kērd* ‚Herz' von **kerede* herkommen soll, sollte auch aus **deyewos* ein **dēiwos* entstehen und nicht das wirklich bezeugte **deiwos* ‚Gott'.

Vgl. M. Bloomfield, TAPA 26, 1895, 5f.; Wackernagel, Ai. Gr. I 68; M. van Blankenstein, Untersuchungen zu den langen Vokalen in der e-Reihe, 1911; P. Persson, Beiträge zur idg. Wortforschung I–II, 1912, 625f.; M. Leumann, KSchr. 360. 367; Kortlandt, Slavic Accentuation, 1975, 84–6.

2.3 Da so die Möglichkeit einer phonetischen Erklärung der Dehnstufe zu entschwinden schien, griffen viele Forscher auf eine nichtphonetische Erklärung zurück: die Dehnung sei *lautsymbolischer* oder *expressiv-rhythmischer* Natur. So z. B. B. Loewe: „Die idg. Dehnung war meist lautsymbolischer, speziell dynamischer Natur, indem die Intensität der Vorstellung durch Längung des Vokals wiedergegeben wurde."

Vgl. R. Loewe, Germanische Sprachwissenschaft I, ⁴1933, 60. 62; V. Pisani, Rendiconti dell'Accademia dei Lincei VI/X, 1934, 394–421; Schwyzer, GG I 355f.; F. Specht, Ursprung 338. 360. – Dagegen M. Leumann, KSchr. 367f. – Ohne jedwede Evidenz wird Dehnung von *eR* zu *-ēR* angenommen von Kortlandt, o. c., 85 (: phonetic lengthening before word-final resonant), und nach ihm von Beekes, Origins 152; etwas anders (nach Schmalstieg) von Villar, s. Szemerényi 1985: 29f.

2.4 Eine ganz neuartige, wenn auch im Wesen mit der altindischen guṇa-Theorie übereinstimmende, Erklärung bietet jetzt *Kuryłowicz*. Die Dehnstufe sei ganz allgemein nicht phonetischer, sondern morphologischer Natur. So wird der Nominativ der kons. Stämme auf folgende Weise erklärt: der Ausgang *-er*, der den ursprünglichen endungslosen Nominativ darstellt und später als Vokativ weiterlebt, wurde zweideutig, weil tautosyllabisches *-ēr* zu

-*er* gekürzt worden war, während bei nichtsonantischen Konsonanten -*ēT* erhalten blieb; nach diesem Verhältnis wurde dann -*er* zu
-*ēr* verdeutlicht. Bei den anderen Dehnstufen (Vrddhi bei Nominalbildungen wie **swēkuros*, s-Aoriste wie *rēxī tēxī*) handelt es sich um
Umgestaltungen nach dem Grundverhältnis *ei/i*, wobei *i* als die
Grundlage und *ei* als die Ableitung aufgefaßt und so zu einer
Grundlage *e* die Ableitung *ē* geschaffen wurde.

Vgl. J. Kuryłowicz, Apophonie 142–165, und zu der Ausbreitung der
D, 264f.; Categories 198, 209f.; IG 2, 298f. – S. auch Nagy, oben V. 7.2.1
s. fin. und Szemerényi, Kratylos 14, 1972, 165; T. Mathiassen, Studien zum slavischen und ie. Langvokalismus, 1974.

2.5 Daß diese Erklärung, obwohl sie sehr geistreich ist, dennoch
nicht befriedigt und keine wirkliche Lösung bietet, liegt nicht nur an
der allzu mathematischen Einstellung, sondern auch daran, daß sie
durch analogische Vorgänge neue, in der Sprache noch nicht vorhanden gewesene, Phoneme und Verhältnisse entstehen läßt. Und
dennoch ist es eine Tatsache, daß analogische Vorgänge sich nur innerhalb des schon Vorhandenen bewegen, da sie sich eben nach vorhandenen Modellen richten. Auch wenn einige Vrddhibildungen auf
diese Weise erklärbar wären, so nur wenn schon Modelle für sie vor-
lagen, d.h. wenn die Dehnstufe schon vorhanden war. Dasselbe
trifft auf die Nominativdehnung zu, wobei noch zu merken ist, daß
ein Ntr. wie *xῆǫ* unerklärbar bleibt.

Noch weniger ansprechend ist die psychologistische Richtung.
Konsonantendehnung (fr. épppouvantable) und Vokaldehnung
(schäääbig) sind aus der Affektsprache bekannt, unbekannt ist aber,
daß sie zu allgemein verwendeten Mitteln der Normalsprache
werden sollen.

Sehr seltsam ist die Annahme (Schmitt-Brandt 15f.), **dyēus*, **kwēn*
(sic!) ‚Hund‘, **Hnēr* ‚Mann‘ seien aus **deiws* **keun* **Hanr* umgestellt
(und gedehnt!) worden.

2.6 Eine wirklich befriedigende Lösung kann nur erzielt werden, wenn die Grundlagen der Dehnstufenbildung auf phonetisch
erklärbare Differenzen zurückgeführt werden können. Die analyti-
sche Vorarbeit wurde von M. Leumann geleistet.

In einem glänzenden Aufsatz hat Leumann gezeigt, daß die
Vrddhibildungen (Typ **swēkuros* ‚zum **swekuros* gehörig‘) auf einsilbige Wörter zurückzuführen sind, bei denen im Nom. Sg. Dehn-

stufe vorlag. Ein gutes Beispiel ist skt. *nārī* ‚Frau‘, das zu M. *nā(r)* ‚Mann‘ gebildet wurde; ebenso sei ein vrddhiertes Adj. **nēros* ‚zum Mann gehörig‘ von **nēr* ‚Mann‘ gebildet. Aber die letzte Frage, wie die Nominativdehnstufe selbst entstand, konnte er nicht beantworten.

M. Leumann, Vokaldehnung, Dehnstufe und Vrddhi, IF 61, 1952, 1–16, nachgedruckt KSchr. 360–371. Im letzten Satz weist Leumann darauf hin, daß die Dehnstufe im Nom. Sg. der Einsilbler der S. 362 erwähnten Dehnung von *u* zu *ū* vergleichbar sei; darüber unten 2.7.4. S. noch Kuryłowicz, IG 308 f.; Problèmes 19 f., 175 f.; Campanile, InL 1, 1974, 52 f.; Darms, Schwäher und Schwager ... Die Vrddhi-Ableitung im Germanischen, München 1978; Ward, Word 29, 1978, 18–21. Ganz negativ Hamp, ZCP 36, 1979, 8. S. noch weiter unten 5.5.

2.7.1 Die Erklärung der Dehnstufe muß also von der Dehnung im Nom. Sg. M. F. gewisser Stammklassen ausgehen. Diese findet sich ganz regelmäßig bei Nasal- und Liquidastämmen und bei *s*-Stämmen, z.B. *ghiyōm* ‚Winter‘ (gr. χιών, lat. *hiems*), **k(u)wōn* ‚Hund‘ (gr. κύων), **ghṃōn* ‚Mann‘ (lat. *homō*, got. *guma*), **mātēr* **bhrātēr* **swesōr*, **(a)usōs* ‚Morgenröte‘ (skt. *uṣās*, äol. αὔως, lat. *aurōr-a*), Komparative wie **meg-yōs* ‚größer‘, **sen-yōs* ‚älter‘ (lat. *maiōr seniōr*). Dagegen haben die Vokal- und Verschlußlautstämme -*s* ohne Dehnung im Nom., z.B. **ekwos* ‚Pferd‘, **owis* ‚Schaf‘, **sūnus* ‚Sohn‘, **nokʷts* ‚Nacht‘. Funktionell ist es nun klar, daß einmal alle belebten Stämme durch -*s* charakterisiert sein mußten, worauf auch Martinet hingewiesen hat. Wenn die erwähnten Stammklassen kein -*s*, wohl aber eine Dehnung aufweisen, so folgt daraus, daß die Dehnung eine Ersatzdehnung ist, d.h., die normalen Nominativausgänge -*ers* -*ens* -*ems* bzw. -*ors* usw. wurden zu -*ēr* -*ēnēm* bzw. -*ōr* usw. (1). Ebenso wurde auch bei den *s*-Stämmen -*es-s* bzw. -*os-s* zu -*ēs* bzw. -*ōs*, was darauf deutet, daß auch bei den Nasal- und Liquidastämmen die Entwicklung von -*ers* zu -*ēr* über -*err* verlief, so daß kurzer Vokal + langer Konsonant in die Folge langer Vokal + kurzer Konsonant verwandelt wurde. Eine schöne Parallele zu dieser Entwicklung bietet das Umbrische mit *frateer = frātēr* „fratres“ aus *frāter(e)s*.

(1) Als ich diese Lösung im J. 1957 vorlegte (vgl. mein Trends, 12 f., 21), war mir noch nicht bekannt, daß diese Erklärung schon im 19. Jh. öfter entdeckt wurde, vgl. Pedersen, Discovery of language 270; Wakkernagel–Debrunner, Ai. Gr. III 203. So haben Schleicher, Benfey und Curtius das ai. -*ār* auf -*ars* zurückgeführt (s. Schleicher, Comp.[4],

1876, 13: *patars, dusmanass, akmans)*, und C. Brugman (sic) wollte zuerst *eugenēs* aus *eu-genes-s* herleiten, allerdings über *-ehs* (Curtius' Studien 4, 1871, 127 Fn. 52). Und in unserem Jahrhundert hat sich diese Lösung seit 1957 öfter sozusagen zwangsweise eingestellt, vgl. Szemerényi, o. c.; Andrejev, VJ 1957 (2), 8: *paters*; Vaillant, BSL 56/2, 1961, 191 (*-ers* ?), und s. zu meiner Lösung noch Winter, Vocative, 1969, 208f.; Szemerényi, SMEA 20, 1980, 222f.; TPS 1985, 29f.

2.7.2 Diese Erklärung gilt auch für die Dentalstämme, bei denen, deskriptiv gesehen, Dehnung und *-s* auftreten. Denn es ist offenbar, daß auch hier z. B. **pod-s* ‚Fuß‘ zunächst durch normale Assimilation **poss* ergab, das aber nach dem Obigen zu **pōs* werden mußte. Ebenso war der Nom. zu **nepot-* ‚Enkel‘ *nepōs*.

2.7.3 Von weiteren Nominativformen, die hierhergehören, sei nur noch die der Präsenspartizipien auf *-nt-* kurz besprochen. Die Endung war ursprünglich *-ont-s*, die zu *-onss* assimiliert im weiteren dieselbe Entwicklung durchlief wie *-ons* bei den *n*-Stämmen, d. h. zu *-ōn* wurde. Diese Endung ist nur im Griechischen erhalten (φέρων), in anderen Sprachen wurde *-onts* (od. ähnl.) wiederhergestellt, weil *-ōn* zu homonymischen Zusammenstößen führte (1). So wurde **ferōn* im Lat. zu **ferō* (vgl. *homō*), **bharān* im Arischen zu **bharā*, **bherōn* im Got. zu **baira*, alle Formen, die mit dem 1.Sg. Präs. zusammenfielen.

(1) Aber *-ōn* ist vielleicht auch im Ostbaltischen erhalten (s. Mažiulis, Baltų ir kitų ie. kalbų santykiai, Vilnius 1970, 245, allerdings aus *-ōnt!*) und im apers. *tunuvā*. – Wie hilflos man ohne die obigen Regeln herumtappt, sieht man bei Sommerstein, Sound pattern, 1973, 77f., und Egli, Fs. P. Hartmann, 1983, 337f.

2.7.4 Da oben auf die Dehnung von *u* zu *ū* hingewiesen wurde, sei noch bemerkt, daß idg. **mūs* ‚Maus‘ auf die dargelegte Weise aus **mus-s* entstand; die Dehnung hat nichts mit der Einsilbigkeit zu tun (1). Ebenso lautete auch zu **nas-* ‚Nase‘ der Nom. **nās* (2).

(1) So erklärt von Specht, KZ 59, 1932, 280f. – (2) Eine andere Möglichkeit wird erwogen bei Burrow, Shwa, 1979, 67, und Szemerényi, Gedenkschrift Kronasser, 1982, 233 (ganz anders Thieme, in: Studia Tovar, 1984, 369f.).

2.7.5 Daß die Dehnung an und für sich nichts mit dem *-s* zu tun hat, sondern nur mit der Doppelkonsonanz, wird durch das alte

Wort für ‚Herz' erwiesen. Da es ein Neutrum war, konnte es natürlich weder -s noch Dehnung haben. Dennoch lautet der Nom. im Griechischen κῆρ, das gewöhnlich als Fortsetzung von idg. *kērd angesehen wird. Daß das unmöglich ist, zeigt die Form, denn idg. *kērd hätte zu *kerd gekürzt werden müssen, woraus nur gr. *κερ entstanden wäre (1). Die griechische Form setzt eben idg. *kēr fort, das seinerseits aus der Normalstufe *kerd durch Assimilation entstand, wie auch im Latein *kord zunächst *korr und erst später cor ergab. Vgl. noch V. 3.7 (f), VII. 3.3.2.

(1) Nach dem Osthoffschen Gesetz, s. oben V. 3.7 (f).

2.7.6 Jetzt wird auch klar, warum ‚Frühling' im Lat. und An. auf eine Form *wēr zurückgehen (lat. vēr, an. vār), während gr. (ϝ)έαρ auf *wesr̥ weist. Die letztere Form war natürlich ursprünglich nur vor konsonantischem Anlaut berechtigt, während vor Vokalen *wesr gesprochen wurde. Daraus entstand aber *werr (ebenso wie -rs zu -err wurde), das dann als *wēr erschien.

2.7.7 Eine vorvokalische Sandhiform steckt auch hinter der Lokativendung -ēi der i-Stämme. Ursprünglich lautete dieser Kasus auf -ey-i aus, aber vor vokalischem Anlaut entstand die Variante -eyy, die zu -ēi umgestaltet und so verallgemeinert wurde; nach der Analogie der -i-Stämme entstand dann auch bei den u-Stämmen -ēu, das die ursprüngliche Endung -ew-i verdrängte, bzw. -ōu statt -ow-i, s. VII. 5.1 (3) und 5.3 – (1).

(1) Diese Erklärung wurde von Schindler, Sprache 19, 1973, 153, übernommen.

2.8 Aufgrund der so entstandenen Nominativdehnung wurden dann, wie wir gesehen haben, zugehörige Vrddhibildungen geschaffen. Außer dem erwähnten *nēr/*nēr-ī/*nēr-o-s (?) sei hier noch auf den parallelen Fall von gʷēn ‚Frau' (Akk. *gʷen-m̥) verwiesen, von dem *gʷēn-i- in got. qēns (= kw-) neben qinō aus *gʷen-ōn vorliegt. Dem hypothetischen *nēr-o-s können wir das wirklich bezeugte *sēm-o-s bzw. *sōm-o-s ‚ein, derselbe, gleich' in avest. hāma-, aks. samŭ ‚ipse, solus, unus' zur Seite stellen, das auch dem ae. sōm ‚Einigkeit, Versammlung' zugrunde liegt, wovon wieder das ae. sēman ‚versöhnen' abgeleitet ist; alle gehen letzten Endes auf den Nom. *sēm bzw. *sōm des Zahlwortes *sem- ‚eins' zurück.

Die zuletzt erwähnten ae. Bildungen zeigen auch, wie die dehnstufigen Bildungen auch in die Verbalbildung eindringen konnten. Auf diese Weise entstand der Typ *bhōreyō von *bhōr/*bhor-m̥, während *bhoreyō mit *bhoros verbunden blieb; von dem zu *bhōr (oder Adj. *bhōr-o-s) gebildeten fem. Typ *bhōr-ā wurde *bhōrāyō geformt.

Die erste Andeutung dieser Erkärung bei Szemerényi, Trends 12f. 21. Vgl. noch Martinet, Le genre féminin en indo-européen, BSL 52, 1957, 83–95; A functional view of language, 1962, 149–152; La Linguistique 8/1, 1972, 12f.; und jetzt auch Winter, Vocative, s. oben 2.7.1.

Zusatz 1.
Eine weitere Frage ist, ob die Dehnstufe bei s-Aoristen gleichfalls nach unserer Auffassung zu erklären sei. Daß die Transposition der Länge nicht nur im Auslaut stattfand, scheint u. a. aus den Zahlwörtern *wīkm̥t- ,20', *trīkomt- ,30', *kʷetwr̥komt- ,40' usw. hervorzugehen, bei denen -īk- -r̥k- aus -ikk- -r̥kk- (diese aus -i-dk- -r̥-dk-) entstanden (1). Dann könnte auch ein aoristisches *bhers-m̥ zu *bhērm̥, später mit wiederhergestelltem s zu *bhērsm̥ geworden sein. In der 2.3. Sg. würde auch die Auslautentwicklung genügen: *bher-s-s- > *bhēr, *bher-s-t > *bhēr, die dann zu *bhēr-s(s) *bhēr-s-t umgestaltet wurden. – Ganz anders Kuryłowicz, Categories 111; Kortlandt, Slavic accentuation, 1975, 22.

(1) Ebenso ist air. ís ,unter' nicht aus *pēd-su (Lewis–Pedersen, CCCG § 25,6), sondern aus *pēsu, gedehnt aus *pessu, d.h. *ped-su, s. Szemerényi 1976: 41 Fn. 87; anders Campanile, SSL 13, 1973, 69.

Zusatz 2.
Nicht zum eigentlichen Dehnstufenproblem gehören Perfekta wie ēd- āg- ōd- von *ed- ,essen', *ag- ,führen', *od- ,riechen', die aus e + e usw. kontrahiert sind. Sie spielten aber wahrscheinlich eine Rolle in der Ausbreitung der Dehnung in den Inlaut z. B. in *gʷēm- (lat. vēnī, got. qēmum) usw. S. unten IX. 4.3 b–c.

2.9 Da die Dehnstufe einfach eine Umwandlung der Vollstufe in gewissen Umgebungen darstellt, war ihre Entstehung zu jeder Zeit möglich. Eine relative Chronologie mit Bezug auf die Nullstufe ist deshalb nicht möglich. Immerhin muß der Prozeß, insbesondere die Entfaltung der verschiedenen nominalen und verbalen Vrddhibildungen, lange Zeit in Anspruch genommen haben.

3. O-*Abtönung*. In einer Anzahl von Fällen, und sogar Kategorien, scheint es wieder klar zu sein, daß die Abtönung mit dem Ak-

zent zusammenhängt. Den einfachen πατήρ, ἀνήρ, φρήν stehen die
Komposita εὐπάτωρ, δυσάνωρ, ἄ–φρων gegenüber; neben dem
Typus δοτήρ steht δώτωρ, neben ποιμήν der Typ δαίμων; dem
s-Stamm γένος entspricht das Kompositum εὐγενές; vom Verbum
λείπω ist sowohl das Adj. λοιπός wie auch das Perfekt λέλοιπα
abgeleitet, von φέρω das Abstraktum φορά usw.

3.1 In allen diesen Fällen steht betontem *é* des Grundwortes ein
unbetontes *o* der Ableitung gegenüber. Hirt hat daraus geschlossen,
daß *o* aus *e* entstand, „wenn dieses den Gegenton bekam, d.h. wesentlich in der Komposition oder bei Akzentverschiebung". Da der
die Nullstufe herbeiführende vorwiegend dynamische Akzent nicht
auch eine qualitative Veränderung von *e* (und *a*) zu *o* hätte verursachen können, wurde angenommen, daß die *o*-Abtönung eine jüngere Wirkung des musikalischen Tieftons gewesen sei.

H. Hirt, Der idg. Ablaut 156; IG II 172f.; H. Güntert, Zur *o*-Abtö-
nung in den idg. Sprachen, IF 37, 1916, 1–87; Kuryłowicz, Études
97f.; Lehmann, PIE Phonology 110.

3.2 In seinen neueren Arbeiten hat Kuryłowicz auf zwei wichtige Punkte aufmerksam gemacht. 1) Da der Zusammenhang der
Nullstufe mit der Akzentstelle noch in großem Umfang klar ist,
müßte man erwarten, daß die *o*-Abtönung, falls sie wirklich nach
der Nullstufenperiode eintrat, in ihrem Zusammenhang mit dem
Akzent noch durchsichtiger sein würde. Das aber ist nicht der Fall.
Neben den oben angeführten Beispielen für einen solchen Zusammenhang gäbe es viele andere, die einer solchen Interpretation zuwi-
derliefen. Vgl., mit *o* unter dem Akzent, φόρος φώρ αἰδώς ἠώς
γόνυ usw. Und es sei jedenfalls klar, daß die Abtönung, wenn sie
einmal wirklich durch den Akzent bedingt war, im Indogermanischen selbst schon zu einem rein morphologisch funktionierenden
Mittel wurde. 2) Es sei eine Erfahrungstatsache, daß der Akzent
zwar Schwächung und Verlust von Vokalen, nicht aber Umfärbung
verursache; diese sei durch die Umgebung bedingt, wie z.B. im Russischen *e* vor einem harten Konsonanten zu *o* geworden sei – aber
nur unter dem Akzent.

Aus diesen Überlegungen folge zunächst, daß die Periode der Abtönung der Nullstufenperiode nicht folgte, sondern voraufging.
Was die Bedingungen des Wandels betrifft, so schlägt er vor, diese in
einer phonetischen Entwicklung des Frühindogermanischen zu erblicken. Bei der Schwächung der ursprünglichen Folgen *eR oR,* wo

R für *r l m n* steht, entstanden zunächst $_eR$ $_oR$, die dann in $_oR$ zusammenflossen. Dadurch war z. B. im Perfekt Sg. **wert-* einem pluralischen **w$_o$rt-* (nicht **w$_e$rt-*) gegenübergestellt. Das überkurze $_o$ wurde aber als zum Phonem *o* gehörig empfunden, und so entstand **wort-* statt des singularischen **wert-*. Ebenso wurde bei Wurzelnomina das ursprüngliche Verhältnis **wert-/*w$_e$rt-* nach dem Zusammenfall des letzteren mit **w$_o$rt-* zu **wort-/*w$_o$rt-*, später **wort-/*wŗt-*. Dadurch erhalten wir einen Ausgangspunkt für die *o*-Stufe sowohl bei den Nominal- wie bei den Verbalbildungen.

Vgl. Kuryłowicz, Apophonie 36–96; Categories 52. – S. auch Hilmarsson, On qualitative apophony in IE, NTS 31, 1977, 173–203; Dressler, in: Ramat (Hrsg.), Problemi della ricostruzione in linguistica, 1977, 108–112.

3.3 Diese neuartige Erklärung von Kuryłowicz wurde von seinem Landsmann W. Mańczak scharf angegriffen, hauptsächlich wegen der Annahme, daß vollstufige Formen von schwachstufigen analogisch beeinflußt werden sollten. Ebenso schwierig und auf nichts gegründet sei die Annahme von einem Zusammenfall von $_er$ und $_or$, der den ganzen Prozeß auslösen soll. Mańczak schlägt zur Erklärung der Abtönung zwei Lautgesetze vor:

a) Betontes und protonisches *e* werde vor Hintervokalen ($a/o/u$) zu *o*;

b) Später werde posttonisches *e* vor einem Sonanten zu *o*.

Beispiele für b): λέγομεν aber λέγετε; πατήρ πατέρες aber ἀπάτωρ ἀπάτορες; δοτήρ aber δώτωρ; ποιμήν φρήν aber ἄκμων ἄφρων. Für a): das ursprüngliche Perfekt **dedérka* ‚habe gesehen‘ wurde zu **dedórka* (gr. δέδορκα mit geneuertem Akzent), danach auch 3. Sg. zu **dedórke*; bei den thematischen Nomina führte zunächst der oxytone Typ Nom. **bhert-é-s*, Gen. **bhertésyo*, zu **bhertósyo*, wonach dann *o* verallgemeinert und auf andere Typen übertragen wurde, aber **wérgom* ‚Werk‘, **sénos* ‚alt‘ ihr *e* behielten.

W. Mańczak, Origine de l'apophonie *e/o* en indo-européen, Lingua 9, 1960, 277–287. Mańczak gibt zu, daß er nicht alles erklären kann, aber immerhin mehr, als seine Vorgänger, und mit Annahme von Entwicklungen, die historisch belegt seien. Vgl. auch id., Fs. Szemerényi, 1980, 529–35.

3.4 Obwohl die verschiedenen Meinungen weit auseinandergehen, können einige Momente als gesichert angesehen werden.

a) Der Akzent muß als Ursache ausscheiden (1).

b) Es ist möglich, daß bei der Abtönung verschiedene Prozesse zum endgültigen Bild geführt haben. Aber eine maßgebende Rolle muß die Umgebung gespielt haben. Die Wirkung des Nasals bei dem Wandel im Impf. von *(e)bherem* zu **ebherom*, oder im thematischen Akk. von *-e-m* zu *-om*, ist wohl unverkennbar. Und ganz allgemein scheint die Rolle der Sonanten bei posttonischen Entwicklungen gesichert (ἄκμων, δώτωρ). Dazu kommt noch wahrscheinlich die Wirkung von vorangehenden Labialen, wie bei **pōs* ‚Fuß‘, **nepōs* ‚Enkel‘, **kʷetwores* ‚4‘ usw. Jedenfalls ist noch bei der Sichtung der verschiedenen umfärbenden Faktoren viel Arbeit zu leisten.

c) Es ist wenig wahrscheinlich, daß ein Umlaut dieser Art die langen Vokale hätte erfassen können; dazu sind sie zu stabil. Das bedeutet, daß die *o*-Abtönung vor der Dehnstufenperiode wirksam war, d. h. z. B. nicht *ēr* zu *ōr* wurde, sondern *-ers* zu *-ors* und dies später zu *-ōr*. Andererseits gibt es keinen Grund zur Annahme, daß die Abtönung nach der Nullstufenperiode entstand (2), (3).

(1) So schon Baudouin de Courtenay, IF 4, 1894, 53f. – (2) Nach Kuryłowicz (IG 257) ist die Abtönung weder jünger noch älter als die Schwundstufe. – (3) Eine ganz neuartige Theorie wird von Schmitt-Brandt 124f. vorgetragen. Über die hier nicht besprochene Theorie von Pulleyblank s. Szemerényi, New Look 83f.; ähnlich (ohne es zu wissen) Dressler, o.c. (oben 3.2), s. bes. Fn.22. – S. auch Rundgren, o.c. (oben VI. 1. s. fin.) 186f.; Kravčuk, in: Tipologija 12–20, der eine Vokalharmonie annimmt.

Die Laryngaltheorie

4. In seinem Mémoire (S. 127) hat der junge de Saussure die These aufgestellt, daß der Vokal jeder Wurzel *e* sei; dem Wurzelvokal könne aber noch ein ‚coefficient sonantique‘ (i u r l m n) folgen, der in der Nullstufe zum Silbenkern werde: **deik- *kleu- *derk- *bhendh-* werden in der Nullstufe zu **dik- *klu- *dr̥k- *bhn̥dh-*. Zu den coefficients sonantiques gehörten aber noch *A* und *O*, die nur in der Nullstufe auftreten konnten, und zwar als *a* und *o*; in der Vollstufe sei ihnen der allgemeine Wurzelvokal *e* vorausgegangen, und die Folgen *e + A, e + O* hätten idg. *ā* und *ō* ergeben.

Eine eigentliche Beweisführung wird man vergebens suchen. Aber es ist nicht schwer zu sehen, wie de Saussure zu diesen Annahmen gelangte. Wie wir gesehen haben (V. 3.1), hat die große

Mehrzahl der Wurzeln den Vokal *e*, und es ist sicher sehr verlok-
kend, aus dieser Erfahrungstatsache eine allgemeingültige Regel zu
machen. Bedeutend spekulativer ist der Satz, daß die Langvokale
eigentlich Verbindungen von demselben *e* mit modifizierenden Ele-
menten seien, die kontrahiert wurden. Denn Wurzeln wie *stā*,
dhē-, *dō*- geben doch keinen Anlaß zu einer derartigen Analyse.
Saussure konnte aber (S. 137) auf die Parallelität von skt. *ás-mi* ‚bin‘:
s-más ‚wir sind‘, gr. (dor.) εἶ-μι ‚gehe‘: ἴ-μες ‚wir gehen‘ und φᾱ-μί
‚sage‘: φᾰ-μές ‚wir sagen‘ hinweisen. Wie bei *as*- und ει- in der Einzahl die Vollstufe, in der Mehrzahl die Nullstufe der Wurzel er-
scheine, so sei auch bei ‚sagen‘ φᾱ- die Vollstufe, φᾰ- die Nullstufe.
Umgekehrt ausgedrückt: wie bei ‚gehen‘ die Vollstufe ει- gleichsam
durch Vorsetzung eines *e* vor die Nullstufe *i*- ‚entsteht‘, so sei auch
φᾱ- aus φᾰ- durch Vorsetzung eines *e* entstanden, d. h., φᾱ- sei
eigentlich *phea*- (oder *pheA*-).

F. de Saussure, Mémoire, hier zitiert nach Recueil.

4.1 Diese revolutionäre Idee, die mit einem Schlag das idg. Vokalsystem auf den einzigen Vokal *e* reduzierte, kam zu einer mög-
lichst schlechten Zeit. Denn sie stieß mit einer anderen Revolution
zusammen, die in den letzten Jahren vor dem Erscheinen des Buches
das Aussehen des idg. Vokalismus ebenso gründlich umgestaltete:
die Ansicht, nach der das Indogermanische nicht, wie das Sanskrit,
bloß drei Vokale, sondern, wie das Griechische, fünf Vokale besaß,
war eben im Zuge sich durchzusetzen. Kein Wunder, daß das in
harter Arbeit Errungene nicht sofort preisgegeben wurde. Dazu
kam, daß das System nicht vollauf befriedigend war.
   Ein offenkundiger Mangel war, daß, wenn schon die langen Vokale als Kontraktionen anzusehen sind, dann eben drei Koeffizienten benötigt werden, da ja drei Langvokale vorhanden sind. Saussure hat zwar gesehen, daß die Interpretation von στᾱ-/στᾰ- als
stea-/*sta*- (bzw. *steA*-/*stA*-) auch bedeuten müßte, daß ϑη-/ϑε- als
dhee-/*dhe*- aufzufassen sei (Mémoire 133), er hat sich aber von
diesem Schluß dadurch ablenken lassen, daß er keinen Unterschied
zwischen *ē* und *ā* entdecken konnte (135), weshalb beide auf *e* + *A*
zurückzuführen seien. Dieser rätselhafte Fehlschluß wurde schon
im nächsten Jahr von dem Dänen H. Möller korrigiert, der drei
Koeffizienten annahm, so daß *ē* = *e* + *E*, *ā* = *e* + *A*, *ō* = *e* + *O*. Er
hat auch darauf hingewiesen, daß Saussures Annahme, *a* und *o* seien
immer die Nullstufen von *eA* und *eO*, unlogisch und unhaltbar sei,

da ja strukturell ein *$agō$ ebenso zu beurteilen sei wie *ed-mi, d. h. gleichfalls die Vollstufe zeige. Von hier war es nur ein kleiner Schritt, diesen Koeffizienten, denen Möller später, unter dem Einfluß seiner semitisch-indogermanischen Verwandtschaftshypothese, den Namen Laryngale beilegte, die Eigenschaft zuzuschreiben, daß sie nicht nur einen vorausgehenden, sondern auch einen folgenden Vokal umfärben. Eine Wurzel *ag- ist also nicht als Ag- (Saussure) aufzufassen, sondern als Aeg-, in dem der Laryngal selbst nach Umfärbung des Grundvokals zu a schwand.

Wenn wir, wie das heute fast allgemein üblich ist, die Laryngale mit $H_1 H_2 H_3$ bezeichnen, ergeben sich für den idg. Vokalismus die folgenden Gleichungen:

anlautendes e- = H_1e-, a- = H_2e-, o- = H_3e-
vorkonsonantisches $\bar{e}$ = eH_1, $\bar{a}$ = eH_2, $\bar{o}$ = eH_3.

Beispiele: *ed- ‚essen' = *H_1ed-, *ag- ‚führen' = *H_2eg-, *od- ‚riechen' = *H_3ed-, *$dh\bar{e}$- ‚setzen' = *$dheH_1$-, *$st\bar{a}$- ‚stehen' = *$steH_2$-, *$d\bar{o}$- ‚geben' = *deH_3-.

Aus diesen Überlegungen folgt auch, daß das *Schwa* (primum) (s. V. 3.4) nur die silbische, vokalische Manifestation, also das interkonsonantische Allophon, der Laryngale darstellt: *$statós$ ist *$stH_2tós$, *$datós$ ist *$dH_3tós$ usw. Weiterhin folgt, wie Möllers Schüler, H. Pedersen, erkannte, daß die langen silbischen Sonanten (IV. 5.3, V. 3.5) Verschmelzungen von silbischen Sonanten mit unsilbischen Laryngalen darstellen: $\bar{i}\,\bar{u}\,\r{\bar{r}}\,\l{\bar{l}}\,\m{\bar{m}}\,\n{\bar{n}}$ sind $iH\,uH\,\r{r}H\,\l{l}H\,\m{m}H\,\n{n}H$.

Literaturangaben bei H. Hendriksen, Untersuchungen über die Bedeutung des Hethitischen für die Laryngaltheorie, 1941, 3 f., bes. 3[1]; Szemerényi, Structuralism 4 f., New Look 68 f.; Polomé, in: Evidence 11. – Eine genaue Geschichte des Anfangsstadiums der Laryngaltheorie (1878–1935) findet sich jetzt in der Abhandlung von O. Szemerényi, La théorie des laryngales de Saussure à Kuryłowicz et à Benveniste – Essai de réévaluation, BSL 68, 1973, 1–25.

4.2 Fast ein halbes Jahrhundert galt die Laryngaltheorie als eine Schrulle der Außenseiter. Die Lage änderte sich 1927, als das Hethitische die seit langem fällige „Bestätigung erbrachte".

Wir haben gesehen, daß die Laryngale sich nur durch gewisse Wirkungen kundtun, selbst aber in keiner Sprache erhalten sind. Man kann Wörter wie ‚ist', ‚vor' oder ‚Knochen' als uridg. *H_1esti *H_2enti *H_3est- rekonstruieren, aber in den idg. Sprachen gibt es nur Reflexe von *esti *anti *ost- (gr. ἐστί, ἀντί, ὀστ-έον), ohne irgendwelche Spur der angesetzten Laryngale. Da kam es als eine Überraschung, als 1927 der junge polnische Forscher Jerzy Kuryłowicz ankündete, daß H_1 zwar auch im Hethitischen verlorengegangen sei, H_2 und H_3 dagegen als der Spirant h weiterlebten. Die eben angeführten uridg. Formen erscheinen im Heth. als eszi (= estsi mit Affrikation von ti), hanza ‚vorn‘ (= hant-sa, cf. hantezzis ‚erster‘: lat. anterior), hastai ‚Knochen‘. Dazu kommen noch Gleichungen, die das Fortleben gewisser Laryngale auch im Wortinneren zeigten; vgl. pahs- ‚schützen‘: aks. pas-ti ‚weiden‘, lat. pāsco.

Damit schien die Richtigkeit der Laryngaltheorie endgültig erwiesen. Wie das aber so oft der Fall ist, hat das neue Material nicht nur alte Probleme gelöst, sondern sogleich neue gebracht. Denn es gab auch Fälle, in denen einem idg. a auch im Heth. a entsprach, ohne ein vorausgehendes oder folgendes h; vgl. gr. ἀπό oder ὀπί: heth. appa ‚hinter, nach‘, tāyezzi ‚stiehlt‘: aks. tatĭ ‚Dieb‘. Kuryłowicz dachte dem so entgehen zu müssen, daß er für solche Fälle ein H_4 annahm, das dieselbe Wirkung wie H_2 hatte, also e zu a färbte, aber im Gegensatz zu H_2 auch im Heth. schwand.

Vgl. Kuryłowicz, ə indo-européen et h hittite, Symbolae in honorem J. Rozwadowski 1, 1927, 95–104; Les effets du ə en indo-iranien, Prace Filologiczne 11, 1927, 201–43, und die zusammenfassende Arbeit Études 27–76. – Sturtevant, Lg. 4, 1928, 159–170, entdeckte unabhängig, daß heth. h einen Laut bewahrte, den alle anderen idg. Sprachen verloren hatten.

4.2.1 Wenn wir also dem bisher nicht erwähnten Franzosen Albert Cuny den ihm zukommenden Platz einräumen, können wir die Errungenschaften der ersten Periode wie folgt darstellen (s. Szemerényi, 1973, 22f.): Saussure ist der Begründer der modernen Ansichten über das idg. Vokalsystem und die Vokalalternationen, aber der wahre Begründer der Laryngaltheorie ist der Däne Möller. Das Verdienst, die Theorie als erster weiterentwickelt und systematisiert zu haben, kommt Cuny zu. Der endgültige Triumph der Theorie wurde von Kuryłowicz herbeigeführt: er hat nicht nur durch hethitisches Material den Beweis erbracht, er hat auch die vielfältigen Folgen der Theorie erforscht. Die Theorie konnte dann, trotz der oben angedeuteten Schwierigkeiten, in Benvenistes glänzender Darstellung (1935, Kap. 9) den Siegeszug antreten.

4.3 Trotz der Schwierigkeiten begnügte man sich im allgemeinen

mit 3 Laryngalen, so z. B. Benveniste in seinen Origines (bes. 147 f.),
oder der flämische Forscher W. Couvreur, der die Laryngale auch
phonetisch bestimmte: H_1 wäre ein glottaler Verschlußlaut gewesen
(semitisch *ālif*, deutscher harter Einsatz), H_2 ein stimmloser, H_3 ein
stimmhafter laryngaler Spirant. Die amerikanische Schule dagegen
setzte nach Sapir 4 Laryngale an, von denen zwei, die (post-)velaren
Spiranten χ und γ, im Hethitischen als *h* erscheinen, während die anderen zwei, beide glottale Verschlußlaute, auch dort schwinden. Gegenüber diesen Richtungen versuchte der dänische Altmeister
H. Pedersen mit zwei Laryngalen auszukommen – durch die Glei-
chungen $eH_1 = \bar{e}$ und $eH_2 = \bar{a}$ definiert –, indem er $\bar{o}$ nur als Abtönung ansah.

Vgl. W. Couvreur, De Hettitische H, 1937; für die amerikanische Ansicht: E. H. Sturtevant, The Indo-Hittite Laryngeals, 1942, und Lehmann, PIE Phonology (besonders klar S. 98, 104 f.); H. Pedersen,
Hittitisch und die anderen indoeuropäischen Sprachen, 1938, 179–90;
H. Hendriksen, o. c. (s. 4.1); Messing, Selected Studies in IE phonology, HSCP 56/57, 1947, 161–232 (: 2, vielleicht 3 Laryngale).

4.4.1   Eine wirklich neue Phase der Laryngaltheorie wurde in
den fünfziger Jahren durch Einführung der komponentiellen Analyse eröffnet. Ausgehend von der Beobachtung, daß ursprüng-
liches, also nicht durch Abtönung entstandenes, $\bar{o}$ sehr oft mit $\bar{o}w$
vor Vokal alterniert (z. B. *$d\bar{o}$- ,geben': skt. *dāvanē* Inf.), folgert
Martinet, daß *w* als eine ,Ausscheidung' von $\bar{o}$ betrachtet werden
muß. Das bedeutet, daß $\bar{o}$ durch die Formel $e + H_3$ nicht hinrei-
chend definiert ist, daß H_3 das Element *w* enthalten haben muß,
d. h., die labiale Artikulation war eines der distinktiven Merkmale von H_3. Wenn wir einen durch zurückgezogene Zungenstel-
lung charakterisierten Laryngal (z. B. unser bisheriges H_2) mit A bezeichnen, dann ist das labialisierte H_3 als A^w zu bezeichnen; diese
zwei Laryngale verhielten sich zueinander so wie *k* und k^w. Nun
zeigt idg. *$pibeti$,trinkt', das reduplizierte Präsens der Wurzel *$p\bar{o}$-
(lat. *pōtus*), d. h. *peH_3-, daß in dem ursprünglichen *pi-pH_3-eti *p*
durch Einwirkung von H_3 zu dem stimmhaften *b* wurde. Das kann
nur so verstanden werden, daß dieses H_3 den Stimmton als distinktives Merkmal besaß; denn wo der Stimmton nicht distinktiv, sondern rein phonetisch ist, z. B. gewöhnlich bei *n*, findet keine solche
Assimilation statt, z. B. russ. *oknó* ,Fenster' wird nicht zu ogno (1).
Wenn aber ein H_3 mit distinktivem Stimmton existierte, dann folgt
nach den allgemeinen Grundsätzen der Phonologie, daß auch sein

Partner, d. h. eine stimmlose Entsprechung zu H_3, vorhanden gewesen sein muß, die sich zueinander so verhielten wie g^w und k^w. Da aber auch dafür Gründe bestehen, daß H_2 in gewissen Fällen distinktiv stimmlos war – z. B. das reduplizierte Präsens der Wurzel *stā- (= *steH₂-), *sti-stH₂-eti ergibt skt. tiṣṭhati, d. h., tH_2 wird zur Tenuis asp. th –, müsse man folgern, daß auch eine stimmhafte Entsprechung zu H_2 vorhanden war.

Durch konsequente Anwendung dieser Prinzipien gelangt dann Martinet in einer späteren Arbeit zu einem System von 10 Laryngalen (2):

		Velare	Pharyngale	Glottale
ohne	offene Glottis	χ	ḥ	h
Labialisierung	Stimmton	γ	ɛ	–
	geschlossene Glottis	–	–	ʔ
mit	offene Glottis	xʷ	ḥʷ	–
Labialisierung	Stimmton	γʷ	ɛʷ	–

(1) Cf. Lindeman, Einführung in die Laryngaltheorie, Berlin 1970, 83; Winter, Studies Beeler, 1980, 487 f.; Colarusso, in: In memory of J. A. Kerns, 1981, 525; Bammesberger, Studien zur Laryngaltheorie, 1984, 128 f. – (2) A. Martinet, Non-apophonic o in IE, Word 9, 1953, 253–67 (aufgenommen in Économie 212–234); Phonologie et laryngales, Phonetica 1, 1957, 7–30 (fast identisch mit dem Bericht in Proceedings of the 8th Congress, 1957, 138–155). Weitere Möglichkeiten, insbesondere die Aufstellung von palatalisierten Reihen, wurden von W. Diver und J. Puhvel ausgenützt, der letztere nimmt 8 Laryngale an; s. das kritische Referat von Polomé, in: Evidence 33–44. Ähnlich auch Adrados, Las laringales indoeuropeas, 1961; ²1973; More on the laryngeals with labial and palatal appendixes, FoLH 2, 1981, 191–235; Further considerations on ... Hʸ and Hʷ in IE, Em 49, 1981, 231–271; ihm folgen u. a. J. González Fernández, El perfecto latino en /-ui/, Sevilla 1974; A. Bernabé, Las raíces con dos laringales, RSEL 5, 1975, 345–381. Siehe des weiteren Lindeman, o. c., 100 f.; A. R. Keiler, A phonological study of the IE laryngeals, 1970; Bomhard, Nostratic, 1984, 10–18.

4.4.2 Alternationen vom Typ *kost-/*ost- ‚Knochen' (s. V. 4.4) hat man früher oft durch Annahme von Präfixen erklären wollen (1). Neuerdings versucht man sie als Resultat einer Sandhiverhärtung zu erklären, indem bei dem Zusammentreffen von auslautenden und anlautenden Laryngalen der anlautende Laryngal zu einem velaren Verschlußlaut geworden sein soll (2); umgekehrt wurde auch erwogen, daß Schwächung eines anlautenden Velaren einen Spiranten hat ergeben können (3). Gerade bei *kosti* scheint aber spätes Entstehen erwiesen (4).

Zu (1): R. Meringer, Beiträge zur Geschichte der idg. Deklination, 1892, 25–54; danach Meillet öfter, z. B. MSL 8, 1893, 291; 23, 1929, 259; auch Ernout–Meillet, Dictionnaire étymologique de la langue latine ⁴1959, s. v. *aper*; Pisani, Miscellanea Galbiati III, 1951, 31–33. – (2) Martinet, BSL 51, 1956, 56; Lindeman, SL 17, 1965, 91–4; Einf. in die Laryngaltheorie, 1970, 84 f. Dagegen: Collinge, Lingua 8, 1959, 231; Polomé, in: Evidence 40. – (3) Schmitt-Brandt 106 f. – (4) Mel'ničuk, Etimologija (1966), 1968, 234 f.

4.4.3 Wenig befriedigend ist auch die Annahme, daß das im Hethitischen erhaltene *h* auch in anderen Sprachen entdeckt werden kann, leider nur in solchen mit nicht sehr klarer Geschichte, wie das Albanische (1) oder das Armenische (2).

(1) Z. B. Hamp, in: Evidence 124 f., aber vgl. CTL 9, 1972, 1658. – (2) Z. B. Greppin, Handēs Amsorya 87, 1973, 61–80; dagegen Considine, REArm 13, 1979, 355 f., bes. 361 f.

4.5 Eine weitere erfreuliche Entwicklung der fünfziger Jahre ist, daß die russische Sprachwissenschaft nach einer langjährigen Lahmlegung ihren Lauf wiederaufnehmen konnte und Sowjetforscher auch auf diesem Gebiet tätig wurden. Die bedeutendste Arbeit stammt von dem Georgier Gamkrelidze, der für das Urindogermanische 3 pharyngale Spiranten ansetzt, die aber, nach Umfärbung und/oder Dehnung des Grundvokals, schon im Idg. in dem einzigen stimmhaften pharyngalen Spiranten H zusammengefallen sind, so daß damals die Folgen *eH aH oH* und *He Ha Ho* existierten.

Vgl. Th. V. Gamkrelidze, Hethitisch und die Laryngaltheorie (russ.), Tiflis 1960; kurze Zusammenfassung: Die anatolischen Sprachen und die Rekonstruktion des idg. Laryngalsystems (russ.), in: Problemy sravnitel'noj grammatiki ie. jazykov, Moskau, 1964, 46–50. – Andere russische Forscher sind noch konservativer. A. S. Mel'ničuk, Voprosy Jazykoznanija 1960 (3), 3–16, nimmt zwei Laryngale: einen Spiranten und einen Verschlußlaut an; zwei nicht näher definierte Laryngale nimmt auch V. V. Ivanov an, zuletzt Obščeindojevropejskaja, praslavjanskaja i anatolijskaja jazykovyje sistemy, Moskau 1965, 11–18 mit weiteren Hinweisen; s. auch G. S. Klyčkov, Voprosy Jazykoznanija 1963 (5), 3–14, bes. 12 f., und die sehr skeptische Haltung von E. Makajev, Die Laryngaltheorie und Fragen der idg. Sprachwissenschaft (russ., Trudy Instituta Jazykoz-

nanija AN Gruzinskoj SSR 2, 1957, 55–71), der die (Erweisbarkeit der?)
Laryngale überhaupt bezweifelt.

4.6 Es darf hier nicht verschwiegen werden, daß die Laryngaltheorie nicht allgemein angenommen ist. Besonders prominente
Gegner waren: in Deutschland der leider einem Autounfall zum
Opfer gefallene Hethithologe H. Kronasser, in Italien der Kompara-
tist von Turin, G. Bonfante. In diesen Ländern war auch allgemein
eine Zurückhaltung merkbar, die nur nach dem letzten Krieg und
langsam aufgegeben wurde. Negativ verhält sich auch der Amerikaner W. F. Wyatt Jr.

> Vgl. H. Kronasser, Vergl. Laut- und Formenlehre des Hethitischen,
> 1956, 79–96, 243–6; Etymologie der heth. Sprache I 1, 1962, 94–100;
> G. Bonfante, zuerst Emerita 4, 1936, 161 f., dann auch Paideia 12, 1957,
> 22–8, AGI 48, 1963, 57–60; W. F. Wyatt Jr., Structural linguistics and the
> laryngeal theory, Language 40, 1964, 138–152.

Ebenso muß aber vermerkt werden, daß seit ca. 1960 auch in
Deutschland und Italien eine wachsende Anzahl von Forschern sich
zur Laryngaltheorie bekehrt hat, z. B. Mayrhofer, Strunk, Scardigli,
u. a.

> Vgl. M. Mayrhofer, Sprache 10, 1965, 175 f.; K. Strunk, Glotta 43,
> 1966, 208 f.; P. G. Scardigli, Osservazioni sulla teoria delle laringali,
> Atti e memorie dell'Accademia Toscana La Colombaria 22, 1957, 75–116
> (ein Kehlkopfkonsonant, mehrere Vokale).

4.7 Was ist nun die Stellung des *Schwa* in der Laryngaltheorie?
In Saussures Fassung war natürlich durch die Gleichsetzung von
$^*d\bar{o}$-/$^*d\partial$- mit $^*deO$-/$^*dO$- oder mit modernen Symbolen $^*deH_3$-/
$^*dH_3$- die Interpretation des Schwa als die silbische Form des coefficient sonantique H gegeben. Aber wieweit läßt sich diese algebra-
ische Auffassung mit den sprachlichen, insbesondere phonetischen,
Realitäten in Einklang bringen?

4.7.1 Zunächst läßt sich distributionell das Folgende feststellen.
Empirisch gibt es die folgenden Morphemstrukturen, die für unsere
Frage von Bedeutung sind: *TeRT-*, *TeHT-*, *TeRH-* und *TR̥H-T-*. Aus
TeHT- ist ersichtlich, daß H größere Schallfülle hat als ein Verschlußlaut, aus *TeRH-*, daß es kleinere Schallfülle hat als ein Sonant;
das letztere wird unmittelbar auch dadurch bewiesen, daß, wenn
eine Folge $T\,R\,H\,T$ in einer Morphemkombination auftritt, die silbische Funktion von R übernommen wird, und nicht von H. Das be-

deutet, was die Schallfülle betrifft, daß der Laryngal eine Zwischenstellung zwischen Sonanten und Verschlußlauten einnimmt, ebenso wie die Spiranten, d. h., *der Laryngal ist ein Spirant* (1).

Dieser aus der Distribution gewonnene Schluß wird nun von vielen Forschern (1) mit der phonetischen These kombiniert, daß Spiranten nicht als Silbenträger funktionieren können. Wenn dem so ist, dann kann das Schwa, das ja ein Vokal ist, nicht einem Laryngal gleichgesetzt werden. Ein extremer Vertreter dieser Ansicht war der Indologe T. Burrow (gest. 1986), der sich gezwungen sah, für jedes Schwa (d. h. arisch *i* ~ nichtarisch *a*) verschiedene Suffixe anzunehmen; nicht nur die Gleichung von lat. *status* mit skt. *sthitas* wurde durch die Analyse *stH_2-etos* und *stH_2-itos* (von einem Verb *sth-áyati*!) zunichte gemacht, sondern sogar das alte und doch wohl fest etablierte idg. Wort für Vater löste sich auf in die Varianten *pH-i-ter-* (skt. *pitar-*), *pH-ter-* (angebliches iran. *$ptar$-*) und *pH-eter-* (lat. *pater* usw.) (2). Andere nehmen an (1), daß das Schwa sich aus einem ,Stützvokal' oder dem Schwa secundum, der Schwächung kurzer Vokale vor oder nach einem Laryngal, entwickelte. Nur wenige (3) sehen keine Schwierigkeit in der Annahme, daß der Laryngal, auch wenn er als ein Spirant bestimmt wird, silbische Funktion übernehmen könne.

Vgl. zu (1): Kuryłowicz, Études 121 f.; K. Ammer, Sprache 2, 1952, 212; Lehmann, PIE Phonology 106 f. und 92 f.; Martinet, Phonetica 1, 1957, 28; Gamkrelidze (s. 4.5) 87 bzw. 47. – (2) T. Burrow, ,Shwa' in Sanskrit, TPS 1949, 22–61, bes. 48. 59 bzw. 38. 50; The Sanskrit Language, 1955, 88, 104 f. – (3) Neuerdings Kuryłowicz, z. B. in Apophonie 170, auch 109[14]; Gamkrelidze, oc. c., 88; vgl. noch W. Belardi, Ricerche linguistiche 4, 1958, 189 f. – Über die Nullstufe von Langvokalen s. jezt noch Kuryłowicz, Mélanges L. Renou, 1968, 433 f.; Burrow, Studies Kuiper, 1969, 251 f.; The problem of Shwa in Sanskrit, Oxford 1979 (cf. Szemerényi, Kratylos 28, 1984, 67–77); Tischler, In memory of J. A. Kerns, 1981, 311–23.

4.7.2 Zu den mit dem Schwa zusammenhängenden Problemen gehört noch die Frage, *wieviel Schwalaute* anzunehmen seien. Wie wir gesehen haben (IV. 1.11), weisen alle idg. Sprachen auf *ein Schwa*, während das Griechische *drei* Schwalaute fortzusetzen scheint. Bei der allgemein zitierten Trias ϑετός, στατός, δοτός ist natürlich der Gedanke schwer zu vermeiden, daß sie von den vollstufigen ϑη- στᾱ- δω- beeinflußt wurden oder werden konnten. Es werden aber auch Beispiele angeführt, bei denen keine solche Beeinflussung be-

wiesen werden kann, weil zugehörige Vollstufen fehlen, z. B.
ἄνεμος ‚Wind' gegenüber *ana- (aus *anə-) in kymr. *anadl*, air. *anāl*
‚Atem' und skt. *ani-ti* ‚er atmet'.

Wenn drei Laryngale angenommen werden, erklärt sich der
griech. Zustand sehr leicht: die drei Vokale *a e o* setzen die Dreiheit
$H_1 H_2 H_3$ in ihrer silbischen Funktion fort (1). Wenn weniger Laryngale angenommen werden, kann die griechische Vielfalt nicht
ursprünglich sein.

Die griechische Vielfalt kann aber tatsächlich nicht eine ursprüngliche Vielfalt fortsetzen. Denn es gibt viele Fälle, in denen allen drei
Langvokalen die Nullstufe *a* entspricht, vgl. χῆτος ‚Mangel': χάτις,
γλῶσσα: γλάσσα ‚Zunge'. Es muß also gefolgert werden (2), daß die
Schwächung aller Langvokale ursprünglich einheitlich war, wie das
vormals Brugmann und Hirt annahmen; die wenigen griech. Abweichungen müssen als analogisch geneuert erklärt werden.

In neuerer Zeit hat aber das Griechische mit seinen negativen
Komposita, die oft νᾱ-, νη-, νω- aufweisen, in einem anderen Sinne
eine Rolle gespielt. Diese können nämlich theoretisch als aus
*ṇH(C)- entwickelt erklärt werden, wodurch die Dreifalt als die
Verschiedenartigkeit der Laryngale reflektierend erwiesen wäre (3).
Diese Folgerungen werden von anderen ebenso dezidiert abgelehnt
(4), und es ist in der Tat schwer zu sehen, wie eine Verschiedenheit
der Laryngale (?) sich in der Umgebung ṚH(C) hätte geltend
machen können.

(1) Cuny, RPhon 2, 1912, 120f. (nach Möller); Kuryłowicz,
Études 44; Lehmann, PIE 92f.; Cowgill, in: Evidence 153f.;
Winter, ebd. 201; Forssman, Untersuchungen zur Sprache Pindars,
1966, 145f.; Beekes, Laryngeals, 1969; *Francis, Greek disyllabic
roots, Yale Diss. 1970. – (2) Saussure, Recueil 168; Hendriksen,
o.c. (oben 4.1), 92f.; Kuryłowicz, Apophonie 201f.; IG 252; BSL 72,
1977, 69–72; Problèmes 180f.; Wyatt, IE /a/, 1970, 72 Fn.2, 74 Fn.15;
Bazell, CFS 31, 1978, 37f.; Bammesberger, KZ 95, 1982, 290; Lindeman, The triple representation of Shwa in Greek, Oslo 1982, 36–57;
Bammesberger, Studien zur Laryngaltheorie, 1984, 62–65; Szemerényi, Kratylos 28, 1984, 56. – (3) So zuerst Sturtevant, Indo-Hittite
laryngeals, 1942, 57 (abgelehnt von Zgusta, AO 19, 1951, 428f.); später
folgten Puhvel, Lg. 29, 1953, 24f.; Risch, IF 66, 1961, 313; Forssman, o.c., 145f.; Beekes, Laryngeals 98–113, bes. 103f. – (4) Vgl. z.B.
Kuryłowicz, Problèmes 188f.; Lindeman, o.c., 60f.

4.7.3 *Prothese.* In einer Anzahl von Fällen erscheint im Griechischen und Armenischen, vor einem anlautenden *r*- auch im Hethiti-

schen (s. oben IV. 4.), ein Vokal, dem in den anderen Sprachen ein Null entspricht. Diese Erscheinung ist als Prothese (auch Prosthese) bekannt. Da alle (kurzen) Vokale prothetisch erscheinen können, vgl. z. B. ἀμέλγω: lat. *mulgeō*, wurde nach Ankunft der Laryngale natürlich der Versuch gemacht, auch dieses Problem mit ihrer Hilfe zu lösen, d. h., die prothetischen Vokale wurden als regelmäßige Fortsetzungen von älteren Laryngalen betrachtet. Vgl. z. B. ἀνήρ, ὄνομα aus H_2ner-, H_3nom- usw. Eine unerklärte Schwierigkeit liegt nun darin, daß neben Formen mit Prothese auch solche ohne einen prothetischen Vokal erscheinen, vgl. z. B. ἀμαλδύνω: βλαδαρός, ὀμείχω: μοιχός usw.

Diese Variation weist nun mit Sicherheit auf eine durch Sandhi bedingte Alternanz. Das bedeutet, daß anlautende Sonanten – je nach dem Auslaut des vorangehenden Wortes – als Vokale oder Konsonanten erscheinen mußten. Eine Form der Wurzel *melg*- mußte also mit *m̥elg*- alternieren, also im Griechischen μελγ- mit ἀμελγ- usw. Natürlich war vor einem anlautenden *r*- die Prothese ganz allgemein, und es ist wahrscheinlich, daß es auch noch andere Gründe für eine Prothese gab.

Über diese Fragen, s. Kuryłowicz (z. B. bei Szemerényi 1973: 18f. und BSL 72, 1977, 72: nicht Laryngal-verursacht); Austin, The prothetic vowel in Greek, Lg. 17, 1941, 83–92; Messing, o. c., 190f.; Szemerényi, Syncope 110f., 152, usw.; Hovdhaugen, NTS 22, 1968, 115–132; Beekes, o. c., 18–126; Makajev, Struktura 148, 175; Wyatt, The Greek prothetic vowel, 1972; Mayrhofer, Fs. Neumann, 1982, 185–191; Lindeman, Triple representation, 1982, 57–68.

4.8 Wie ersichtlich, kann die Laryngaltheorie noch immer nicht als ausgereift bezeichnet werden. Es ist höchst interessant, daß Kuryłowicz, der eigentliche Neuentdecker und Bestätiger der alten Laryngaltheorie, in seinen neueren Arbeiten immer weniger auf Laryngale baut und sie von geringer Bedeutung für das Indogermanische und seine Vorgeschichte erachtet, ein Verhalten, das im schärfsten Gegensatz zu dem der Mehrheit seiner Jünger steht, die die Laryngale vervielfachen und in ihnen aller Rätsel letzte Lösung finden. Eine kritische Stellungnahme wird am besten unten im Zusammenhang mit dem ganzen Vokalsystem gegeben werden, siehe 6.9–15.

Morphemstruktur

5. Eine erste, rein deskriptive Analyse der idg. Morpheme läßt eine große Variabilität in der Struktur erkennen. Neben zweisilbigen, auf langen Vokal (TERĀ-) oder langen Vokal + Konsonant (TERĀC-) ausgehenden Wurzeln finden sich in der überwiegenden Mehrheit der Fälle einsilbige, die wieder von der vollsten Form mit fünf Konsonanten (*splend-) bis zur einfachsten mit zwei oder sogar einem Konsonanten (*bher-, *ed-) variieren können (s. V. 5.1). Aber in vielen Fällen sind Wurzeldeterminative erkennbar, die beweisen, daß kompliziertere Gebilde oft sekundär aus einfacheren hervorgegangen sind, z. B. *melp- oder *welp- aus *mel- bzw. *wel- (s. V. 5.3).

Auch von diesen durch Entfernung der Wurzeldeterminative reduzierten Fällen abgesehen läßt sich empirisch feststellen, daß die Mehrheit der einsilbigen Wurzeln nur zwei Konsonanten, mit einem Grundvokal e dazwischen, enthält. Diese Struktur CeC erweist sich als noch zahlreicher vertreten, wenn vokalisch anlautenden Wurzeln ein Laryngal vorgesetzt wird, so daß z. B. *ed- ‚essen' als *H₁ed-, *ag- ‚führen' als *H₂eg- aufgefaßt wird.

5.1 Diese Tatsache wurde schon von Möller so ausgewertet, daß die zweikonsonantischen Wurzeln (Typ bh-r, g-n) die älteste Schicht darstellten. Aber zu einer allgemeingültigen These wurde die Beobachtung erst von É. Benveniste in dem berühmtgewordenen Kapitel über die idg. Wurzelstruktur seiner Origines erhoben. Danach ist jede Wurzel einsilbig und ‚trilitère', d. h. besteht aus drei Phonemen, von denen das mittlere immer der Vokal e ist, während das erste und dritte irgendein Konsonant (die Laryngale mit eingeschlossen) ist, die aber den schon erwähnten Beschränkungen unterworfen sind (s. V. 5.2). Um die im Idg. dennoch vorhandenen längeren Wurzelformen zu erklären, unterscheidet Benveniste Suffixe und Erweiterungen (élargissements): das Suffix hat die alternierende Struktur eC/C, die Erweiterung besteht nur aus einem Konsonanten; sie ersetzen die allgemein als Wurzeldeterminative bezeichneten Elemente.

Die zwei grundlegenden Gesetze der Wurzelerweiterung sind: 1) jede Wurzel kann mit einem Suffix zwei ‚Themen' liefern: entweder behält die betonte Wurzel ihren Vokal, dann tritt das Suffix ohne den Vokal an, oder die Wurzel verliert ihren Vokal und das Suffix tritt mit seinem (betonten) Vokal an: die Wurzel *pet- ‚fliegen' ergibt also mit dem Suffix *er* die Formen (I) **pét-r-* (skt. *pátra-*) und (II) **pt-ér-* (gr. πτερόν). 2) an eine durch ein Suffix erweiterte Wurzel kann noch eine Erweiterung antreten, und zwar entweder nach Theme I oder als Infix vor dem Suffix des Theme II; also **yeug-s* oder **yu-n-eg-* (I **yeu-g-*: II **yw-eg-*). Weitere Erweiterungen oder Suffixe erzeugen immer Nominalstämme.

Vgl. H. Möller, Semitisch und Indogermanisch I, 1907, S. XIV; É. Benveniste, Origines, 1935, 147–173: Esquisse d'une théorie de la racine. Nach S. 153 ist **per-k-s-* unmöglich, nur **pr-ek-s-* kann auftreten; aber, wie eben gezeigt, **yeug-s-* ist belegt! Für Saussures Auffassung s. Recueil 9–10 und bes. 172-3, und siehe jetzt auch Jucquois, L'imaginaire en linguistique, in: In memory of J.A. Kerns, 1981, 159–178; Taillardat, La théorie benvenistienne de la racine, in: E. Benveniste aujourd'hui II, Paris 1984, 175–182.

5.2 Diese durch ihre Einfachheit sehr bestechende Wurzeltheorie wurde zunächst mit Begeisterung aufgenommen. Aber im Laufe der Jahre ist sie steigender Skepsis begegnet. Und in der Tat muß sie und jede Wurzeltheorie zwei Bedingungen erfüllen: sie muß *a*) mit dem empirisch feststehenden Wurzelumfang, *b*) mit der empirischen Wurzelstruktur in Einklang stehen.

a) Was zunächst den Umfang der Wurzeln betrifft, so ist offenkundig, daß die Theorie den augenscheinlichen Tatsachen widerspricht, denn es gibt ja längere Wurzeln wie **leik^w-* ‚(ver)lassen' („quadrilitère"), **sneigh^wh-* ‚schneien' („quinquilitère") usw., aber auch kürzere wie z.B. **es-* ‚sein' („bilitère"). Die Einwände richten sich heute fast ausschließlich gegen die Annahme, daß alle längeren Wurzeln auf die Norm reduziert werden könnten. Tatsächlich gibt es ja die vorauszusetzenden kürzeren Formen, also bei **sneig^wh-* die Formen **snei-* und, als letzte Einheit, **sen-*, meistens gar nicht.

Vgl. T.H. Maurer, Unity of the IE ablaut system: the disyllabic roots, Language 23, 1947, 1–22, bes. 22; K. Ammer, Studien zur idg. Wurzelstruktur, Sprache 2, 1952, 193–214; Kuryłowicz, Apophonie 106f.; Schmitt-Brandt 8f., bes. 12; Chr.S. Stang, To honor R.Jakobson 3, 1967, 1890f.; Kuryłowicz, IG 199f.; Makajev, Struktura 130f., 169–171; Jucquois, La théorie de la racine, La Linguistique 6/2, 1970, 69–102; 7/1, 1971, 73–91; 8/1, 1972, 73–103; La théorie de la racine chez Antoine Meillet, Muséon 85, 1972, 281–7; Gercenberg, Morfologičeskaja struktura slova v drevnix indoiranskix jazykax, Leningrad 1972, 127–228; Andrejev, Frühidg. Wurzeln, VJ 1978 (5), 46–54, bes. 49f.

Diese Einwände sind aber vom System her gesehen nicht durch-
schlagend: die Theorie kann auf diese Weise nicht falsifiziert werden
(s. II. 5.), denn es besteht kein innerer Widerspruch in der Annahme, daß längere Wurzelformen auf kürzere zurückgeführt
werden müssen, auch wenn das eine hohe Zahl von Homonymen
impliziert. Wohl aber besteht ein *innerer Widerspruch* in der Annahme, daß neben den Wurzelformen noch Suffixe der Gestalt *eC*
existiert haben sollen. Denn woher sollen diese Formen genommen
worden sein, wenn im Wurzel-, d. h. Wortbestand, nur Formen von
der Struktur *CeC* vorhanden waren?

> Vgl. Szemerényi, Proceedings of the 7th Congress (1952), 1956, 481 f.,
> 523 f.

Es läßt sich weiterhin nachweisen, daß nicht alle idg. Wurzeln von
der Struktur *eC* auf eine ursprünglichere Form **HeC* zurückgehen,
d. h., es gab nicht nur Suffixe, sondern auch Wurzeln von der
Struktur *eC* (s. unten 6.9).

Weiterhin darf nicht übersehen werden, daß viele offenbar altertümliche Wurzeln – deiktische Partikeln, Pronominalstämme – die
Struktur CV aufweisen.

b) Die Annahme, alle Wurzeln enthielten den Grundvokal *e*, ist
ein Postulat, das durch die Tatsachen widerlegt wird, denn es gibt
Wurzeln wie **nas-* ‚Nase‘, **kas-* ‚grau‘, **sal-* ‚Salz‘, **ghans-* ‚Gans‘
usw. (s. unten 6.4).

5.3   Der Gegensatz von zweisilbigen und einsilbigen Wurzeln ist
dagegen nicht primär. Darauf weist allein schon die häufige Alternation von aniṭ und seṭ Wurzeln hin.

5.4   Zusammenfassend kann also gesagt werden, daß *die idg.
Wurzel einsilbig*, aber von vielfacher Struktur war; es gab die Typen
VC, CVC, TRVT, TVRT, Cē Cā usw. und sogar altertümliche
Elemente wie Typ *CV*; siehe auch Makajev, Struktura 166 f., 181.

> Zu dem Typ *VC* gehören auch im allgemeinen die Wurzeldeterminative,
> die also nie die Form *CV* (so A. Cuny, Recherches sur le vocalisme, le
> consonantisme, et la formation des racines en nostratique, ancêtre de
> l'indo-européen et du chamito-sémitique, 1943, 162), sondern gewöhn-
> lich *VC* aufweisen (so Cuny, Revue de Phonétique 2, 1912, 105).
>   Zu den Beschränkungen der Verschlußlautstruktur idg. Wurzeln
> (oben V. 5.2) s. jetzt auch W. L. Magnusson, Complementary distribu-
> tions among the root patterns of Proto-IE, Linguistics 34, 1967, 17–25.

Statistische Untersuchungen über Häufigkeit der verschiedenen Konsonanten hat G. J u c q u o i s angestellt: La structure des racines en i-e. envisagée d'un point de vue statistique, in: Recherches linguistiques en Belgique, ed. Y. Lebrun, 1966, 57–68.

5.5 *Sekundärer Ablaut*. Alternationen vom Typ **ters-/*tres-* (z. B. lat. *terreō*: gr. ἔ-τρεσ-σαν), gewöhnlich als *Schwebeablaut* bezeichnet, gehen im allgemeinen auf zweisilbige Grundformen vom Typ **ter-es-* zurück, die je nach der Akzentlage **tér-s-* bzw. **tr-és-* ergaben. In einigen Fällen (z. B. bei mittlerem *R*) können Umstellungen stattgefunden haben, d. h. **terp-* direkt zu **trep-* geworden sein. In anderen Fällen sind neue Hochstufen zu regelrecht entstandenen Nullstufen gebildet worden; so ist **deiwo-* ,der Himmlische = Gott' zu **diw-*, der Nullstufe von **dyeu-* ,Himmel', neu gebildet worden, ebenso **gheimo-* (slav. *zima* ,Winter') zu **ghim-* von **ghyem-* (lat. *hiem-s*) (1). Ebenso wurde zu **dn̥t-* ,Zahn' ein thematisches **dent-ó-* gebildet, s. ae. *tind* 'prong, tooth' (2), und zu **widhu-* ,Holz, Wald' (: engl. *wood*) ein **weidh(w)-o-* ,zum Wald gehörig, wild' (mit Dissimilation des zweiten *w*) in kelt. **weido-*, bezeugt in air. *fiad*, kymr. *gŵydd* (3). Zu den Numeralien **dwi-* ,2', **tri-* ,3' gibt es die neuen hochstufigen Formen **dwei-*, **trei-* in Zusammensetzungen im Kelt. Germ. (auch Latein?). Dagegen kann germ. **hemena-* ,Himmel' (got. *himins* usw.) nicht als Vrddhi-Ableitung von **akmon-/*kmen-* gedeutet werden, es ist von idg. **kem-* ,bedecken' (4).

(1) Vaillant, BSL 38, 1937, 92; Maurer, Lg. 23, 1947, 1–22; Kuryłowicz, Apophonie 130f., 151; PICL 9, 1964, 28; IG 221, 303; Schütz, Kratylos 11, 1967, 175–7; Anttila, Proto-IE Schwebeablaut, Berkeley 1969; V. Kiparsky, Sbornik v čest' S.B. Bernštejna, 1971, 416–9; Darms, o.c. (oben VI. 2.6), 367–443. Zu weit geht Schmitt-Brandt 22f. – (2) Anttila, Sprache 16, 1970, 172. – (3) Szemerényi, aber s. auch Campanile, BBCS 26, 1975, 306; und etwas anders Hamp, SCelt 18/19, 1985, 128f. – (4) Siehe Szemerényi, Studia Iranica 9, 1980, 54.

Entstehung und Bestand des idg. Vokalismus

6.1 Unter dem Eindruck der Altertümlichkeit des Sanskrit nahmen die Gründer der idg. Sprachwissenschaft und ihre unmittelbaren Nachfolger an, daß das altindische Dreiecksystem *i-a-u* das

Ursprüngliche darstellte. 1864 machte G. Curtius darauf aufmerksam, daß in vielen Fällen alle europäischen Sprachen ein e dem a des Sanskrit gegenüberstellten; vgl. gr. δέϰα, lat. *decem,* got. *taihun,* lit. *dešimt* gegenüber skt. *daša.* Er nahm aber an, daß die europäischen Sprachen in diesem Punkte als eine geschlossene Gruppe geneuert haben, d. h. das ursprüngliche *a* in *e* und *a* aufspalteten. Erst 1871 hat sich Arthur Amelung zur Auffassung durchgerungen, daß das europäische *e* dem ai. *a* gegenüber das Ursprüngliche darstellte, aber diese Ansicht hat sich erst später, mit Brugmanns berühmtem Aufsatz von 1876 durchgesetzt. Die Ursprünglichkeit des (europäischen) *e* wurde dann durch die Entdeckung des arischen Palatalisationsgesetzes (s. IV. 7.4.7) auch innerhalb des Altindischen klar. Damit war erwiesen, daß das idg. Vokalsystem nicht wie das altindische aussah, sondern die fünf Glieder des normalen Vokaldreiecks, kurz und lang, aufwies, wozu noch das Schwa kam:

Vgl. A. Amelung, Die Bildung der Tempusstämme durch Vokalsteigerung im Deutschen, 1871; K. Brugmann, Zur Geschichte der stammabstufenden Declinationen, Curtius' Studien 9, 1876, 361 f., bes. 367 f., 380 f. Für weitere Literatur, auch zu den folgenden Abschnitten, s. Szemerényi, Substratum 3 f.; New Look 67 f. – Für die Zeit 1800–1870 siehe W. A. Benware, The study of IE vocalism in the 19th century, Amsterdam 1974.

6.2 Kaum war dieses Vokalsystem errungen, als 1878 de Saussures Mémoire erschien, das mit einem Hieb alle Vokale teils auf den Grundvokal *e* zurückführte (nämlich *ē ā ō*), teils als silbische Varianten gewisser konsonantischer Koeffizienten ansah (nämlich *a, o, i, u* aus *A, O, y, w*) und die silbischen Sonanten (*r̥ l̥ m̥ n̥* und deren Partner) gleichfalls dieser letzteren Gruppe anschloß; s. oben 4.

Dieses System, durch Möller nicht unbedeutend modifiziert, lebte dennoch nur am Rande der vergleichenden Sprachwissenschaft. In Deutschland wurde es ganz abgelehnt, und sogar in Frankreich hat Saussures Schüler, A. Meillet, in seiner einflußreichen Introduction (S. 98 f., 105 f. und 154 f. der 8. Aufl.) die Lehre nur zaghaft vertreten: die Vokale *a, e, o* mit den entsprechenden Längen wurden als „voyelles proprement dites" beibehalten, während *i* und *u* mit den silbischen Nasalen und Liquiden sowie dem Schwa als eine Sonderklasse der Sonanten eine Mittelstellung zwischen den „eigentlichen" Vokalen und den Konsonanten zugewiesen erhielten. Mit der Entdeckung der hethitischen Entsprechungen der idg. Laryngale schien das System von Saussure–Möller eine unumstößliche Position gewonnen zu haben und wird auch heute noch von den meisten Forschern vertreten.

6.3 Bei der Beurteilung dieses Systems müssen folgende Fragen gestellt werden:
1) Wieweit entspricht die Annahme eines einzigen Vokals den Tatsachen der Rekonstruktion?
2) Kann dieses System aus allgemeinen Gründen (z. B. der Typologie) als real angesehen werden?

6.4 *Die Stellung des Phonems* a.
Bei der Reduktion des idg. Vokalismus auf den einzigen Vokal *e* spielt die Beobachtung eine ausschlaggebende Rolle, daß gegenüber den Vokalen *e* und seiner Abtönung *o*, die eine äußerst wichtige Funktion auf allen Gebieten der Morphologie haben, der Vokal *a* fast gar nicht zu solchen Zwecken benutzt wird. Dazu kommt noch, daß anlautendes *a*- einfach durch H_2e- und *ā* durch eH_2 ersetzt werden kann.
Bei der funktionellen Ausnützung der Vokale ist natürlich die Wichtigkeit der Alternation *e/o* nur die Kehrseite der relativen Funktionslosigkeit des *a*: eben weil die Alternation *e/o* zu allen möglichen Funktionen ausgenützt wurde, wurde *a* zurückgedrängt. Aber ganz funktionslos war es doch nicht: es nahm teils an der Abtönung teil (*a/o* neben *e/o*), teils wurde es, wie Saussure sah, zu semantischen Zwecken ausgenützt, zur Bezeichnung von verschiedenen „Schwächen" (z. B. **kaikos* ,blind', **laiwos* ,links' usw.).

Vgl. F. de Saussure, Adjectifs indo-européens du type *caecus* ,aveugle', Festschrift für V. Thomsen, 1912, 202 f. = Recueil 595 f.; Wyatt.

Was die Beseitigung des *a* mit Hilfe eines Laryngals betrifft (1), so ist auch damit nicht alles gelöst: inlautendes *a* kann auch auf diese Weise nicht restlos entfernt werden. Man hat zwar versucht, verschiedene Fälle vom Typ *CaT* durch die Annahme von CH_2eT zu erklären und *CaiT* auf CeH_2iT zurückzuführen. Aber in einer beträchtlichen Anzahl von Fällen (2) bleibt dieser Ausweg nicht nur unbegründet (d. h. allein um der These willen erfunden), sondern auch unglaublich: es nützt nichts, **kas-* ,grau', **nas-* ,Nase', **sal-*

‚Salz' usw. auf $*kH_2es$- $*nH_2es$- $*sH_2el$- zurückführen zu wollen, wenn die dadurch vorausgesetzten Formen (Theme I) $*keH_2s$- $*neH_2s$- $*seH_2l$- selbst kein Vertrauen verdienen. Bei $*bhardhā$ ‚Bart' läßt sich ein $*bhH_2erdh$- kaum ernst nehmen.
NB. Wenn H.M. Hoenigswald mit seiner Ansicht (Language 28, 1952, 182–5) recht haben sollte, daß Laryngale nach einem s keine Färbung verursachen ($*sH_2en$- ergibt sen-ex, nicht $*san$-), dann wäre $*sH_2el$- für $*sal$- auch so widerlegt.

(1) Zur Beseitigung des a siehe Kuryłowicz, VJ 1971 (3), 124 (: das wohl lautnachahmende Wort *Gans*, das nach der Evidenz auf $*ghans$- zurückgehen muß, soll ursprünglich $*ghons$-$s/*ghn̥s$-os → $*ghansos$ gewesen sein!); Studies Palmer, 1976, 127–133; Mendoza, Em 50, 1982, 325–63 (über anlautendes a-); Georgiev, Fs. Knobloch, 1985, 112 (z.B. $*saus$- aus $*seH$-us-, $*sāl$ aus $*seHl$-, $*yag$- aus $*Hi$-Heg- < $*agō$!); Lubotsky, KZ 98, 1985, 1–10 (: αὖος < $*Hsusos$); Kortlandt bei Beekes, Origins 57, und schon Beekes, Laryngeals 133–7. – Der Vokal a wird als eine späte Mode aufgefaßt von H. Kuhn, KZ 71, 1954, 143f.: sie tritt „am Ausgang der idg. Zeit" auf (155), als „die Zeit des Ablauts vorbei war" (159); „sie beginnt bald nach dem Anfang der jüngeren Steinzeit und reicht in die Bronzezeit und zugleich in die Zeit der selbständigen Einzelsprachen hinüber" (161). Etwas anders meint Scherer (V. Convegno, 1972, 25f.), daß a eine Entlehnung darstellt. – (2) Siehe die Listen bei Kuryłowicz, Apophonie 187–195; Wyatt, IE /a/, 1970 (s. Szemerényi, Lg. 48, 1972, 165–171); Bomhard, Orbis 25, 1976, 210–212 (: z.B. lat. *far, dacruma, canere, caper, caput, lacus, scaevus* usw.).

6.5 Die Stellung des Phonems o.

Bei o werden wir deshalb ebensowenig geneigt sein, alle Fälle (z.B. $*bhosos$ ‚nackt', $*ghostis$ ‚Fremder', $*koksā$ ‚Schenkel' usw.) der Theorie halber wegzuerklären.
NB. Es ist interessant, daß Kuryłowicz jetzt (Apophonie 106[10], 392–3) o als Vokal vor der Abtönungsperiode anerkennt.

6.6 Die Stellung der Phoneme i und u.

Die Existenz solcher idg. Laute wird nicht bestritten, aber sie werden als Allophone der Konsonanten y, w betrachtet. Diese These ist auch phonetisch nicht haltbar, denn i u und y w sind grundverschiedene Laute, Vokale bzw. Spiranten. Aber die Laryngaltheorie behauptet auch, daß i u immer aus ei eu bzw. ye we geschwächt seien, d.h., vor der Nullstufenperiode soll es kein i oder u gegeben haben. Wie soll aber z.B. das starkbetonte Fragepronomen $*k^wis$ $*k^wid$ geschwächt worden sein? Offenbar gab es auch vor der

Schwächungsperiode die Phoneme *i u*, auch wenn viele Fälle später durch Schwächung hinzugekommen sind.

Vgl. Kuryłowicz, l.c., und über die phonematische Stellung von *i u* mein New Look 82.

6.7 Zusammenfassend können wir sagen, daß das idg. Fünfvokalsystem als Ergebnis der Rekonstruktion feststeht und sich nicht auf ein Einvokalsystem reduzieren läßt.

Ebenso fraglich ist, ob alle Langvokale auf Kombinationen von Kurzvokal mit Laryngal zurückgeführt werden müssen. Wir werden sofort sehen (6.9 a), daß das Hethitische dagegen spricht.

6.8 Die These der Laryngaltheorie, daß es nur einen Vokal gegeben habe, muß auch aus allgemeinen Gründen abgelehnt werden. Denn bisher ist keine Sprache gefunden worden, die nur einen Vokal hätte: die angebliche kaukasische Parallele erweist sich bei näherem Zusehen als ein Trugbild (1). Es dürfte jedoch als Axiom gelten, daß das Indogermanische nicht Eigenschaften gehabt haben kann, die in keiner Sprache der Erde vorkommen (2). Und da ist noch der empirische Satz der Typologie wichtig, daß *all languages have* /i a u/ (3).

(1) Cf. Szemerényi, New look 71f.; Kuryłowicz, IG 206; Leroy, Hommage Buyssens, 1970, 125–32; Makajev, Struktura 146; Halle, FL 6, 1970, 95–103; Georgiev, ZPhon 22, 1970, 553 (sonderbar); Kumaxov, VJ 1973 (6), 54–67; 1978 (6), 138–9; Pulleyblank, The analysis of vowel systems, ALHafn 14, 1973, 39–62; Dressler, o.c. (oben VI. 3.2), 108–12 (ə-a, wie Pulleyblank); Szemerényi, Sprachtypologie (Acta Iranica 12, 1977, 339–393), 356 (: wenigstens 2 Vokale in jeder Sprache); D.M. Job, Probleme eines typologischen Vergleichs iberokaukasischer und idg-er Phonemsysteme im Kaukasus, Bern 1977, 52–57; Crothers, in: Greenberg (ed.), Universals of human language II, Phonology, Stanford 1978, 108f.; Hagège–Haudricourt, La phonologie panchronique, 1978, 23; Jakobson–Waugh, The sound shape of language, 1979, 110, 125; Gamkrelidze, In memory of J.A. Kerns, 1981, 595f. (: at least two vocalic elements). – Für das Abchazische s. jetzt B.G. Hewitt, Abkhaz, Amsterdam, 1979, 259 (: 2 Vokale), und die Rezension von Kumaxovs neuem Werk (1981) durch Zekox in VJ 1984 (2), 137f.; vgl. auch Szemerényi 1985: 4 mit Fn.6. – (2) Noch weniger annehmbar ist eine frühe Stufe des Indogermanischen, auf der es überhaupt keine Vokale gegeben hätte; so z.B. Lehmann, PIE; Mel'ničuk, VJ 1979 (5), 3–16; (6) 3–16; PICL 12, 1978, 805–8. – (3) So Crothers, o.c., 136. Vgl. auch Moulton, Essays Hockett, 1983, 258f.; und Ian Maddieson, Patterns of sounds, CUP 1984, 126: The smallest number of phonemic vowels ... is 3.

6.9 *Die Laryngaltheorie und das Hethitische.*

Allgemein wird das Hethitische als ein Kronzeuge für die Richtigkeit der Laryngaltheorie angesehen. Das stimmt zwar im Grundsätzlichen, aber das Hethitische spricht auch entschieden gegen mehrere Aspekte der geläufigen Laryngaltheorie.

a) In einer Anzahl von Fällen bietet das Heth. *Vokal + h*, wo die anderen Sprachen einen *langen Vokal* haben, z. B.

heth. *pahs-*	‚schützen'	:	lat. *pāscō*, skt. *pā-* ‚schützen'
newah-	‚erneuern'	:	lat. *nováre*
mehur	‚Zeit'	:	got. *mēl* ‚Zeit', lat. *mē-tior.*

In solchen Fällen beweist also das Heth., daß die Langvokale der anderen Sprachen aus Kurzvokal + h entstanden sind. Es gibt aber auch viele Fälle, in denen dem Langvokal kein heth. *h* gegenübersteht, z. B.

pas-	‚schlucken'	:	lat. *pō-tāre*
hassa-	‚Herd'	:	lat. *āra*, osk. *aasas* (Nom. Pl.)
ais, luw. *assa*	‚Mund'	:	lat. *ōs*
māi-, *miyari*	‚gedeihen, reifen'	:	lat. *mā-tūrus.*

In allen diesen Fällen sollte man im Heth. ein *h* erwarten. Sein Fehlen beweist, daß es auch Langvokale gab, die nicht auf Vokal + h zurückgehen, also ursprüngliche Langvokale.

b) In der geläufigsten Form der Laryngaltheorie werden drei Laryngale angenommen, von denen H_2 und H_3 auch im Hethitischen erhalten seien (1). Dazu stimmen

heth. *hant-*	‚Vorderseite'	:	lat. *ante*
hassa-	‚Herd'	:	lat. *āra* (s. oben)
hapin-	‚reich'	:	lat. *op-ulentus*
luw. *hawi-*	‚Widder'.	:	lat. *ovis.*

Es gibt aber auch Gleichungen, in denen das Heth. einem *a*- oder *o*- der anderen Sprachen kein *ha*- gegenüberstellt, z. B.

heth. *ais*	‚Mund'	:	lat. *ōs*
aku(wa)-	‚trinken'	:	lat. *aqua*
appa	‚hinter, nach'	:	gr. ἀπό oder ὄπι-.

Mit drei Laryngalen kann man solche Fälle überhaupt nicht erklären. Man kann dann – eben für solche Fälle – einen vierten Laryngal annehmen, der, wie H_2, a-farbig ist, aber auch im Heth. schwindet, und einen fünften, der, wie H_3, o-farbig ist, aber schwindet. Aber nicht einmal das würde genügen, denn es gibt auch

Fälle, in denen *h* nach einem *e* erscheint, also nicht *H₁* sein kann. Zum Beispiel *mehur* ,Zeit' (s. oben) (2); dafür müßten wir also einen sechsten Laryngal ansetzen.

Es ist offenbar, daß diese Versuche, das heth. *h* mit der Laryngaltheorie zu vereinbaren, in eine Sackgasse führen. Wir müssen einfach akzeptieren, daß ein Laryngal nicht je nach der Vokalfärbung, sondern nur dann angenommen werden kann, wenn er im Hethitischen vorliegt (3). Ein heth. *es-* ,sein' oder *ed-* ,essen' beweist also ein idg. **es- *ed-* ohne Laryngal, ein heth. *henkan* ,Schicksal, Pest' ein idg. *Henk-* mit Laryngal.

Aus diesen Feststellungen folgt auch, daß
1) nur ein Laryngal anzunehmen ist (4),
2) das Idg. auch Wurzeln vom Typ *eC* und ganz allgemein *VC* besaß (5).

(1) Kuryłowicz wollte nur das Überleben von H₂ annehmen, s. BSL 36, 1935, 26. Diese Ansicht wird auch jetzt vertreten von Oettinger, Stammbildung 546. Dagegen meint Eichner noch immer (MSS 31, 1973, 54f.), daß auch H₃ erhalten blieb. – (2) Eichner, 1. c., entgeht der Schwierigkeit, indem er von **mēH₂wr* ausgeht; angenommen von Schindler, BSL 70, 1975, 6; Oettinger 547; abgelehnt von Lindeman, Hethitisch und Idg., 1979, 153. – (3) S. auch Burrow, The problem of Shwa, 1979, VI, 19, 25, 31, und vgl. Szemerényi, Kratylos 28, 1983, 69. – (4) Nur ein Laryngal wurde anerkannt von Vaillant (BSL 37, 1936, 111f.), als Kuryłowicz und Benveniste eben bei (wenigstens) drei angelangt waren; dies wurde wiederholt in Gram. comp. I, 1950, 241f. Ebenso in der Folgezeit Zgusta, AO 19, 1951, 428f., bes. 472; Scardigli, Atti e memorie dell'Accademia Toscana 22, 1957, 116; Hammerich, To honor R. Jakobson, 1967, 843f.; Lingua 22, 1969, 198, 203; Szemerényi, New Look 95; Collinge, Collectanea Linguistica, 1971, 97; Gusmani, Heth. und Idg., 1979, 63–71; Tischler, 6. Fachtagung, 1980, 495–522. – „Ein Laryngal" bedeutet hier nicht eine späte Entwicklung aus einem früheren Zustand mit mehreren Laryngalen, wie das von Gamkrelidze seit seiner Dissertation (1960) vertreten wird (s. Gamkrelidze–Ivanov 1985, 170f.), worin ihm Bomhard folgt, s. sein Nostratic 11. – (5) Siehe Schindler, Sprache 15, 1969, 148 mit Fn. 32; Beekes, Laryngeals 90f.; Bammesberger, GL 23, 1984, 165f.

6.10 *Die Natur des Laryngals.*

Das Indogermanische hat neben den reinen Verschlußlauten auch aspirierte Verschlußlaute gehabt, z.B. die Reihe *bh dh gh*. Wir wissen aber, daß, wie R. Jakobson es formuliert hat, „Sprachen, die die Paare stimmhaft–stimmlos, aspiriert–unaspiriert besitzen, auch

das Phonem /h/ besitzen". Daraus scheint zu folgen, daß *der Laryngal*, den wir eben erschlossen, nichts anderes als *h*, also *der gewöhnliche Kehlkopfspirant war*.
Vgl. Szemerényi, New Look 88f.; Allen, Vox Graeca 51. – Vgl. auch
den direkten Beweis in ai. *asthi* ‚Knochen‘, umgestellt aus **Hast-*, s. oben
V. 4.5.

6.11   Eine weitere Möglichkeit, das uridg. Vokalsystem zu bestimmen, ergäbe sich, wenn eine andere Sprachfamilie als mit dem
Indogermanischen verwandt erwiesen werden könnte. So nimmt
V. M. Illič-Svityč an, daß das Idg. mit dem Ural-Altaischen verwandt
sei, und da im letzteren die Vokale *e-a-o* erwiesen seien, folgert er,
daß dieselben Vokale auch im Urindogermanischen vorhanden
waren.

V. M. Illič-Svityč, Die Entstehung der idg. Gutturalreihen im Lichte
der auswärtigen Vergleichung (russ.), in: Problemy sravnitel'noj grammatiki ie. jazykov, Moskau 1964, 22–26, bes. 26. Da er annimmt, daß das
Idg. nur einen Vokal besaß, rechnet er mit einer Reduktion der ursprünglichen Dreiheit. S. noch unten VI. 7.2.3.2.

6.12   Damit ergeben sich für das Uridg. die Vokale *i-e-a-o-u* und
ī-ē-ā-ō-ū, die sich bis in die idg. Zeit, in vielen Sprachen sogar bis in
die historische Zeit erhalten haben.
Bereichert wurde das Langvokalsystem aus Verbindungen von
Vokal + h, die nur im Heth. erhalten sind, anderswo mit den entsprechenden Langvokalen zusammenfielen, und aus den Dehnstufen.
Im Kurzvokalsystem wurde die Häufigkeit der hohen Vokale *i u*
dadurch erhöht, daß in der Nullstufenperiode die Diphthonge *ey ay
oy ew aw ow* zu *i u* reduziert wurden; die Nullstufe der langvokalischen Wurzeln brachte das Schwa in das System.

Der Vorgang der Reduktion *ey>i* sieht auf dem Papier einfach aus, ist
aber in der Wirklichkeit schwer zu verstehen, ein einfacher Wegfall des
Vokals *e* kann es jedenfalls nicht gewesen sein. H. Sweet (TPS 1880–1,
158) nahm deshalb die Entwicklungen *ey>ī>i* und *ew>ow>ū>u* an,
während H. Möller (Englische Studien 3, 1880, 151 Fn.) *ey>ē>i* und
ew>ō>u ansetzte; ähnliche Gedanken jetzt bei Schmitt-Brandt
22f.

Eine weitere Bereicherung des Vokalsystems erfolgte in der Nullstufenperiode durch das Auftreten der silbischen Nasale und Liquiden; diese Kurzvokale wurden in Verbindung mit dem Laryngal

h (und wahrscheinlich auch anderen Phonemen, vgl. oben 2.8 Zusatz 1) vorkonsonantisch zu den entsprechenden Längen. In derselben Periode wurde auch die funktionelle Verbindung von *y* und *i*, *w* und *u* in die Wege geleitet, die vorher nichts miteinander zu tun hatten und auch weiterhin getrennte Phoneme blieben (1). In einer idg. Folge *ywnkos* kann **yunkos, *yuwn̥kos* und theoretisch sogar **iwn̥kos* stecken.

(1) Siehe Straka, ZPhon 17, 1964, 314–6; Delattre, SL 18, 1965, 14; Voyles, Lg. 44, 1969, 721; Mel'čuk, Linguistics 109, 1973, 35–60; Ladefoged, Preliminaries to linguistic phonetics, ²1973, 81.

6.13 Nicht erwähnt wurden bisher die Diphthonge, die oben (IV. 2.) ausführlich behandelt worden sind. Der Grund dafür ist, daß die Diphthonge des Indogermanischen nicht *monophonematisch*, sondern *diphonematisch* waren. Sie bestanden aus einer tautosyllabischen Folge von einem den Silbenkern bildenden Vokal und einem zweiten Element, das entweder das unsilbisch funktionierende *i* bzw. *u* war (*ei, eu,* usw.) oder der Halbvokal *y* bzw. *w*; welche der beiden Möglichkeiten im Indogermanischen bzw. in den verschiedenen Perioden des Indogermanischen realisiert wurde, können wir nicht feststellen. Die Diphthonge gehören also nicht in das Phoneminventar. Vom praktischen Standpunkt ist eine gesonderte Behandlung der Diphthonge dennoch gerechtfertigt, da die diphthongischen Verbindungen oft eine von den Bestandteilen her nicht genau vorhersehbare Entwicklung aufweisen.

Zum allgemeinen Problem der mono- bzw. di-phonematischen Bewertung s. Trubetzkoy, Grundzüge der Phonologie, 1939, 50f.; Martinet, Un ou deux phonèmes?, Acta Linguistica 1, 1939, 14–24, nachgedruckt, mit einer wichtigen Ergänzung, in: La linguistique synchronique, 1965, 109–123; Futaky, Phonetica 16, 1967, 14–24; Vennemann, ibid. 18, 1968, 65–76; Pilch, Phonemtheorie I, ³1974, 98f.; Hammarström, Monophthongemes and diphthongemes, Linguistics 87, 1972, 50–53. – Zum idg. Problem s. Lehmann, PIE Phonology 11f. (mit unzureichenden Argumenten) und neuerdings, im traditionellen Sinne, Glušak, in: Tipologija 21f.; Allen, Studies Palmer, 1976, 9–16.

6.14 Umstritten ist, ob das Indogermanische, und schon das Urindogermanische, Langdiphthonge besaß. Die früher angesetzten Wurzeln **pōy-* ‚trinken‘, **dhēy-* ‚säugen‘ sind in der Laryngaltheorie zu **peH₃y-, *dheH₁y-* geworden, aber keine dieser Wurzeln

hat je einen Laryngal gehabt (vgl. heth. *pas-* ‚schlucken‘, luw. *ti-
taimi-* ‚Zögling‘), so daß wir wahrscheinlich auch in dieser Frage
zum Teil zur alten Auffassung werden zurückkehren müssen.

Über die Langdiphthonge s. Kuryłowicz, Apophonie 257f.; Lindeman, NTS 22, 1968, 99–114; Glušak, l.c.; Allen, l.c.; Bernabé,
ArchL N. S.7, 1976, 161–190.

6.15 Die sogenannten vorvokalischen silbischen Nasale und
Liquiden (s. IV. 5.4) können zum Teil auf Verallgemeinerung gewisser Sieversscher Alternationen beruhen (s. V. 7.2.1). Sie können
aber auch zum Teil auf analogischer Verschleppung gewisser vorkonsonantischer (d.h. vor einem Laryngal eintretender) Entwicklungen in die vorvokalische Stellung beruhen. So konnte $*g^w lH\text{-}\bar{e}$-
griech. $*\beta\alpha\lambda\text{-}\eta$- ergeben, und da diese neue Form neben dem alten
$\beta\lambda\eta$- lebte, konnte auch zu einem alten $\mu\nu\eta$- ein neues $\mu\alpha\nu\eta$- gebildet werden.

So Kuryłowicz, Apophonie 180, 218f., 394f.
NB. Eine scharfsinnige und originelle Interpretation der Gesamtent-
wicklung des idg. Vokalsystems findet sich in dem neuen Buch von
R. Schmitt-Brandt; s. dazu Kuryłowicz, BSL 63(2), 1969, 41–49.

Bestand und Entwicklung des idg. Konsonantismus

7. Von den Problemen des Konsonantensystems wird heute vor
allem die Frage lebhaft diskutiert, wie viele Artikulationsarten bei
den Verschlußlauten vorhanden waren; um die Gutturale ist es
etwas stiller geworden. Eigentlich gehören natürlich auch die „Laryngale“ hierher, die aber schon bei dem Vokalismus behandelt
wurden.

7.1 Die Verschlußlautreihen
Was zunächst die Anzahl der Verschlußlautartikulationsarten betrifft, so weist nur das Altindische vier verschiedene Reihen im synchronen System auf. Aber nur drei von ihnen haben ganz klare Entsprechungen in mehreren Sprachen, während die vierte (TA) nur
durch vereinzelte Gleichungen gewährleistet wird (s. IV. 7.). Es entsteht deshalb die Frage, ob der vierte Typ für das Indogermanische
überhaupt anzuerkennen ist, und falls nicht, wie das System zu
interpretieren sei.

7.1.1 Zunächst muß nachgeholt werden, daß die neuere Forschung wieder zur Auffassung gelangt ist, daß die aus dem Indischen bekannten *Mediae aspiratae* auch im *Altarmenischen* vorhanden waren: die gewöhnlich als *b d g j ǰ* transkribierten Buchstaben bezeichneten nicht aus den idg. MA entstandene stimmhafte Verschlußlaute, sondern die unverändert erhaltenen idg. MA.

Vgl. die unabhängig voneinander entstandenen Arbeiten von Vogt, NTS 18, 1958, 143–161, und Benveniste, BSL 54, 1959, 46–56. Als erster hat wohl Pedersen, KZ 39, 1904, 336–7, diese Auffassung vorgetragen (vgl. Meillet, Dialectes², Avant-propos 13), aber 1951 (Die gemeinie. und die vorie. Verschlußlaute 15) hat er sie wieder aufgegeben. S. noch Szemerényi 1972, 133.

7.1.2 Auch wenn Pedersen recht haben sollte, wird dadurch die Bestimmung der fraglichen idg. Reihe als stimmhaft nicht berührt. Wenn aber nur diese Reihe und die Reihen der stimmhaften und stimmlosen Verschlußlaute existiert haben sollten, erhebt sich die Frage, was für eine stimmhafte Artikulationsart hinter dieser Reihe steckt. Denn es scheint empirisch festzustehen, daß stimmhafte Aspiraten nur dann auftreten, wenn in der Sprache auch stimmlose Aspiraten vorhanden sind, während die letzteren auch für sich allein auftreten können.

Siehe die Hinweise bei Szemerényi, New Look 88; und jetzt auch G. Lakoff, Studies presented to R. Jakobson, 1968, 168–9; Allen, Studies J. Greenberg II, 1976, 237–247.

7.1.3 Danach scheint es also unmöglich zu sein, für das Indogermanische drei Reihen vom Typ *t-d-dh* anzusetzen. Am einfachsten wäre dann anzunehmen, daß bei der aspirierten Reihe der Stimmton irrelevant war, so daß die Laute auch mit den semitischen Emphatica vergleichbar wären (1). Wegen der Seltenheit der Mediae asp. in den Sprachen der Welt möchten einige eher stimmhafte Spiranten ansetzen (2). Jedenfalls dürfte die Annahme von stimmlosen Spiranten (3) ohne weiteres abgelehnt werden; denn die Laute sind in fast allen idg. Sprachen stimmhaft (4).

Vgl. zu (1): Hammerich, PBB (Tübingen) 77, 1955, 6 f.; To honor Roman Jakobson, 1967, 844; Gamkrelidze, ibid. 709; Kuryłowicz, Proceedings of the 9th Congress, 1964, 13; Ivanov, Obščeind. 41 f.; Illič-Svityč, Etimologija 1966, 1968, 308. 353. S. auch Szemerényi, New Look 89 Fn. 76. – Zu (2): Walde, KZ 34, 1897, 461; und wieder Knobloch, Atti del IV Convegno internazionale di linguisti, Mailand

1965, 153. – Für (3) wiederholt Prokosch, zuletzt in A Comparative
Germanic Grammar, 1939, 39f.; dagegen Hammerich, ll. cc.;
Galton, JEGPh 53, 1954, 589f. – (4) Zur Frage der MA zuletzt Bom-
hard, Nostratic 31–34; Szemerényi, 1985, 11–15.

7.1.4 Die Eliminierung der *Tenues aspiratae*, die als der eigentliche Grund für das Problematischwerden der MA anzusehen ist,
begann mit de Saussures Entdeckung im Jahre 1891, daß gewisse Beispiele von *th* auf *t* + *Laryngal* zurückzuführen seien (1). So sei skt.
pr̥thu- ‚breit‘ aus idg. **pl̥tH-u-* entstanden, *tiṣṭhāmi* ‚stehe‘ aus
*(s)ti-stH-e/o-. Diese Erkenntnis wurde von Kuryłowicz auf alle
TA ausgedehnt. Gleichzeitig hat er ihre Entstehung der indoirani-
schen Periode zugewiesen; denn das Bartholomaesche Gesetz (s.
oben V. 6.2) setze einen Zustand voraus, in dem die „MA" nicht
distinktiv stimmhaft waren, sonst hätte z. B. aus *bh* + *t* nur *pht* bzw.
pth entstehen können. Die Entstehung der bloß arischen TA sei
phonologisch dem Zusammenfall von *bh dh gh* nach anlautendem
s- – die phonetisch *sph- sth- skh-* ergeben (Siebs Gesetz, oben V. 6.4)
– mit *p t k* nach gewissen Laryngalen zu verdanken (2).

Vgl. zu (1): Saussure, Recueil 603. – Zu (2): Kuryłowicz, Études 46–
54, Apophonie 375–82; II. Fachtagung für idg. und allgem. Sprachwiss.,
1962, 107f.; Proceedings of 9th Congress, 1964, 13; Lehmann, PIE
Phonology 80–84; Kuryłowicz, Problèmes 197–205; Szemerényi
1973: 8f., 13, 15f.

7.1.5 Demgegenüber kann festgestellt werden, daß Bartholomaes Gesetz nichts über die Natur der MA – und damit über das
Fehlen von TA – im Idg. aussagen kann; denn es ist offenbar, daß es
eine arische Neuerung war, die zur Vermeidung von sonst entste-
henden Homonymien (z. B. **augh-ta* und **aug-ta* hätten beide
*aukta ergeben) notwendig wurde. Ebensowenig ist das Siebssche
Gesetz haltbar. Der Wandel von *sbh-* zu *sph-* ist nicht nur frei erfunden, er steht auch im Widerspruch zu der Erhaltung der Gruppe
-zdh- im Inlaut und nach dem Zeugnis des avest. *zdī* ‚sei‘ aus idg.
*s-dhi auch im Anlaut.

Kuryłowicz merkt diesen Widerspruch (Apophonie 378–9), aber beachtet ihn nicht.

7.1.6 Es ergibt sich damit, daß die beiden notwendigen Stützen
der phonologischen Erklärung der Entstehung der TA hinfällig

sind. Das bedeutet, daß *die TA für das Idg. nicht geleugnet werden können*, auch wenn sie nicht allzu häufig auftreten und ihre Distribution gewisse Lücken aufweist (1).

(1) Vgl. auch Makajev, Struktura 147f.; Rasmussen, AL 18, 1983, 208 Fn. 13.

7.1.7 Heutzutage wird oft angenommen, daß die TA aus T + Laryngal bestanden, während die MA, obwohl sie in einigen Fällen gleichfalls aus M + Laryngal bestanden, dennoch zumeist einfach aspirierte stimmhafte Verschlußlaute waren. Da nach unseren Ergebnissen der „Laryngal" der Kehlkopfspirant *h* war, ist es auch klar, daß *die TA und MA ursprünglich* die Verbindungen *T + h* und *M + h* darstellten, die im Indogermanischen als monophonematisch galten.

Vgl. Kammenhuber, MSS 24, 1968, 76; Hamp, JAOS 90, 1970, 228f.; Villar Liébana, Las sordas aspiradas, RSEL 1, 1971, 129–160; Kuryłowicz, CTL 11, 1973, 68. S. weiterhin oben IV. 8.1 und Job, o. c. (oben 6.8), 94–105; Mayrhofer, Nach hundert Jahren, 1981, 17.

7.1.8 Im idg. Verschlußlautsystem nimmt *b* eine eigenartige Stellung ein: im Anlaut existierte es aller Wahrscheinlichkeit nach gar nicht, während es im Inlaut eine normale Häufigkeit aufweist. Pedersen hat darauf hingewiesen, daß das Fehlen von *b*- seltsam wäre, während anlautendes *p*- in vielen Sprachen verlorengegangen ist. Er hat daraus den Schluß gezogen, daß idg. *b d g* aus ursprünglicheren *p t k* entstanden sind, und idg. *p t k* aus *b d g*, idg. *bh dh gh* aus *ph th kh* wären sekundäre Verbindungen von T + Laryngal.

H. Pedersen, Die gemeinie. und die vorie. Verschlußlaute, 1951, 10f.; Ivanov, Obščeind. 41; Džaukjan, IE fonema *b*, VJ 1982(5), 59–67; Szemerényi 1985, 11f.; Gamkrelidze–Ivanov 1985, 1317f. – Das Ursystem mit *p/b/ph* wäre in gutem Einklang mit typologischen Tatsachen, s. Szemerényi, New Look 88. Dagegen scheint es ebenfalls eine Tatsache zu sein, daß *p*, wenn es im Anlaut schwindet, auch im Inlaut nicht intakt bleibt, was aber im Idg. nicht der Fall wäre. – Scherer, V. Convegno, 1972, 25, denkt an Entlehnungen.

7.2 *Die Gutturalreihen.*

Die drei Reihen, die wir für das Indogermanische rekonstruiert haben (IV. 7.4), sind leider nicht so sauber auseinandergehalten, wie wir es wünschen könnten.

154   VI. Vorgeschichte des idg. phonologischen Systems

7.2.1.1 Die *Labiovelare* sind nach der allgemeinen Ansicht nur in den Kentum-Sprachen sichtbar, in den Satem-Sprachen sollen sie mit den reinen Velaren zusammengefallen sein. Aufgrund dieser Annahme hat man es öfters versucht, die Labiovelare für die Satem-Sprachen gänzlich zu leugnen und sie als eine Kentum-Neuerung anzusehen (1). Diese Ansicht ist aber nicht nur phonetisch und phonologisch denkbar unwahrscheinlich, sie wird auch positiv durch die Tatsache widerlegt, daß die Labiovelare auch in den Satem-Sprachen deutliche Spuren hinterlassen haben (2).

Zu (1): Joh. S c h m i d t, KZ 25, 1881, 134; József S c h m i d t, Versuch einer Lösung des idg. Gutturalproblems (ungarisch), Budapest 1912, 54; H. R e i c h e l t, Die Labiovelare, IF 40, 1922, 40–81; K u r y ł o w i c z, Études I 1–26, 257 f., 263 f.; Apophonie 356–75, 401; Problèmes 190–7; W a g n e r, TPS 1969, 212; W i t t m a n n, Glossa 3, 1969, 25. Gegen Kuryłowicz: B e r n a b é   P a j a r e s, Estudio fonológico de las guturales ie., Em 39, 1971, 63–107, bes. 77–81; M i l l e r, Pure velars and palatals in IE, Linguistics 178, 1976, 47–64. – Zu (2): oben IV. 7.7, wozu noch V a i l l a n t, Gram. comp. I 171 f.; P i s a n i, Sprache 12, 1967, 227–8.

7.2.1.2 Obwohl die Labiovelare für die idg. Zeit als *einheitliche Phoneme* anzusetzen sind (s. IV. 7.7), werden sie aus den *Gruppen kw, gw, ghw* entstanden sein; darauf deutet die Tatsache, daß neben einer Vollstufe *k^w e* öfter eine Nullstufe *ku* auftritt.

Vgl. S z e m e r é n y i, Syncope 401, sowie H i r t, IG I 228 f.; E. H. S t u r t ev a n t– A. H a h n, Comparative grammar of the Hittite language I, 1951, 38. 55; H a m p, BSL 50, 1955, 45 f.; BBCS 16, 1956, 282 f.

7.2.2.1 Die Zischlaute, die sich in den Satem-Sprachen aus den idg. *Palatalen* entwickelt haben, sind jedenfalls aus Verschlußlauten entstanden. Diese Palatalisierung ist aber auch in den Satem-Sprachen nicht vollständig; in einer Anzahl von Fällen erscheint auch in Satem-Sprachen ein velarer Verschlußlaut und nicht der erwartete Spirant. So finden wir

skt. *švašura-* ‚Stiefvater‘, lit. *šešuras,* aber aks. *svekrŭ;*

skt. *pašu* ‚Vieh‘ (vgl. lat. *pecu*), aber alit. *pekus;*

skt. *ašmā* ‚Stein‘ (vgl. ἄκμων), aber lit. *akmuo,* aks. *kamy;*

skt. *šru-* ‚hören‘, aks. *sluti* ‚heißen‘ (vgl. κλύω), aber lit. *klausýti* ‚hören‘.

Diese *unvollständige „Satemisierung"* ist besonders für das baltische und/oder slavische Gebiet charakteristisch, weniger für das

Albanische, ist kaum nachzuweisen für das Armenische und Arische. Immerhin findet sich neben

skt. *ruk-/ruč-* ‚hell, licht' (vgl. lat. *lūceō*, aks. *lučǐ*) auch
skt. *rušant-* ‚hell, leuchtend'.

> Vgl. Brugmann, Grundriß² I 545f.; H. Sköld, Beiträge zur allgemeinen und vergleichenden Sprachwissenschaft I, 1931, 56–79; Bernabé Pajares, o.c., 96f. – Für das Albanische s. Ölberg, Studi V. Pisani, 1969, 683–690.

7.2.2.2 Zur Erklärung dieser Tatsachen hat man zuerst *Entlehnungen aus* angrenzenden *Kentum-Sprachen* angenommen (1). Das könnte man noch vielleicht für (gewisse) baltisch-slavische und albanische Fälle gelten lassen – obwohl auch da viele unwahrscheinliche Annahmen notwendig wären (z.B. gibt es im Germ. kein **ahm-* ‚Stein', das zur Erklärung von lit. *akmuo* nötig wäre) –, aber sicher nicht für Fälle wie skt. *ruk-/rušant-* (2).

Aber das Problem ist eigentlich nur dann unüberwindlich, oder sogar erst vorhanden, wenn die Palatale als eine unumstößlich für das ganze idg. Gebiet feststehende und so für den Sprachgeschichtler transzendentale Reihe angesehen werden, ein Standpunkt, der heute nur von wenigen vertreten wird (3). Die meisten Forscher sehen sich eher zur Folgerung gedrängt, daß die *Palatale* sekundär *aus vorderen Velaren* entstanden sind, etwa so wie die romanischen Spiranten (z.B. franz. *cent*, ital. *cento* usw.) aus den lateinischen Velaren (*cent* aus *kentum*). Da bei dieser Annahme die Entwicklung der Palatalisierung an gewisse Bedingungen gebunden ist – vor allem an ein folgendes *e, i* oder *y* –, ist auch das Weiterleben von nichtpalatalisierten Formen prinzipiell zu erwarten (4).

Auch bei dieser Auffassung wäre es möglich, die Palatalisierung selbst als ein gesamtindogermanisches Phänomen zu betrachten und dem Indogermanischen drei Gutturalreihen zuzuschreiben (wie oben IV. 7.4.3). Das würde aber bedeuten, daß die Kentum-Sprachen diese Palatalisierung nachträglich wieder verloren haben (Ascolis ‚genesener' Typus, tipo risanato). Einfacher wäre es schon, die Palatalisierung, d.h. Satemisierung, als ein Merkmal der Satem-Sprachen zu betrachten; sie müßte dann entweder als in allen Satem-Sprachen selbständig vollzogen (5) oder aus einem Zentrum nach verschiedenen Richtungen ausgestrahlt und mit der Entfernung verebbt (6) gelten, wobei eher an das Iranische (7), oder Arische (8), als an das Slavische (9) als den Ursprungsherd zu denken wäre.

(1) Brugmann, Grundriß² I 547, und in neuerer Zeit Bonfante, Mél. Fohalle, 1969, 22 (: lit. *pekus*); Gołąb, 'Kentum' elements in Slavic, LPosn 16, 1972, 53–82 (: hauptsächlich aus dem Venetischen). – (2) V. Kiparsky, Die gemeinslavischen Lehnwörter aus dem Germanischen, 1934, 101f. – (3) Siehe Ribezzo, AGI 22–3, 1929, 146 (allidg.); Karstien, Hirt-Fs. II 302; Pisani, Geolinguistica e ie., 1940, 292; Kuryłowicz, Apophonie 357f., 375; V.V. Ivanov, Problema jazykov kentum i satem, VJ 1958 (4), 12–23. – (4) Die Bedingungen der Palatalisierung (auch in den Gruppen *kwe*, *kle*, *kre* usw.) bei V. Georgiev, Introduction 47f., vgl. Hirt, IG I 226f. Zu den nichtpalatalisierten Formen Georgiev 50. – (5) Georgiev, o.c., 61; Abajev, Skifo-jevropejskije izoglossy, 1965, 140f.; Campanile, SSL 5, 1965, 37–55. – (6) Porzig, Gliederung 75–76. – (7) Pisani, AGI 46, 1961, 16; Ricerche slavistiche 15, 1969, 11; dagegen Campanile, o.c. Bei dieser Frage darf aber nicht übersehen werden, daß das in vielen finno-ugrischen Sprachen vorhandene Lehnwort *porśo-* (z.B. finn. *porsas*) aus idg. **porkos* ‚Ferkel' sehr alt sein muß – nach Benveniste, BSL 45, 1949, 87, «pré-indo-iranien» oder von einem «stade très ancien de l'indo-iranien commun», also jedenfalls vor 1500 zu datieren, und nach Joki, Uralier und Indogermanen, 1973, 303, „vorarisch" –, jedenfalls viel älter als die Einwanderung der „Iranier" in ihre historischen Wohnsitze. Vgl. auch Minissi, Studia Pagliaro 3, 1969, 134f. – (8) Porzig, o.c., 76; W.P. Schmid, Alteuropa und der Osten im Spiegel der Sprachgeschichte, Innsbruck 1966, 9f.; aber die Entlabialisierung der Labiovelare kann nicht (S. 12) vor der Assibilation der Palatale erfolgt sein. – (9) Senn, KZ 71, 1954, 175; Devoto, Origini indeuropee 345. 398. Siehe jetzt auch Gamkrelidze–Ivanov, VJ 1980 (5), 10–20, (6) 13–22; Shields, KZ 95, 1982, 203–213; und über die Gutturale im allgemeinen Gamkrelidze–Ivanov 1985, 81–116, 407f.

7.2.2.3   Für die Bestimmung der *Zeit des Wandels* der Palatale zu Zischlauten sind die arischen, wahrscheinlich urindischen, Streuwörter in hethitischen Denkmälern wichtig. Sie zeigen nämlich, daß sowohl die arische Palatalisation (s. IV. 7.4.7) wie auch der Wandel von idg. *e* zu *a* schon 1500 v. Chr. vollendet waren; so erscheint idg. **penkʷe* ‚5' als *panza*, vgl. skt. *pañča*. Da die arische Palatalisation auch die Entlabialisierung der idg. Labiovelare voraussetzt, wird der Anfang des Prozesses kaum später als 2000 v. Chr. anzusetzen sein. Der ganze Vorgang der ersten Palatalisation, die die „idg." Palatale in Zischlaute verwandelte, wird wenigstens 500 Jahre früher liegen. Das wird auch wohl den Ort der Satemisierung auf Südrußland festlegen.

Über Einzelheiten, auch gegen Spätdatierungen der Satemisierung,

s. Szemerényi, Structuralism 13; vgl. auch (die Frühdatierung von) Georgiev, o.c., 49. 53. Unannehmbar spät Gusmani, Festschrift Pagliaro 2, 1969, 327f.

7.2.2.4 Die Entwicklung selbst dürfte über die Zwischenstufen

$k > ky > ty > t's'$ verlaufen sein (1). Skt. *vaš-mi* ‚ich will‘, *vašṭi* ‚er will‘ setzen **vat's'-mi* und *vat's'-ti* voraus, während *vakṣi* ‚du willst‘ aus **vat's'-si* dissimiliert ist (*t's'* zu *kṣ*). Daß das Arische die Stufe *t's'* noch in Europa erreichte, scheint dadurch erwiesen, daß finnisch *kah-deksan* ‚8‘, *yh-deksän* ‚9‘ eine Form von ‚zehn‘ enthalten (*deksan*), die ein urarisches **det's'an* (mit noch erhaltenem *e*!) reflektiert (2).

(1): Pedersen, Aspirationen i Irsk, 1897, 193; Barić, Indoeuropski palatali (Glas Srpske K. Akademije 124, 1927, 1–57, dt. Zusammenfassung 58–72), 58f.; Leumann, IF 58, 1941, 17f. (ai. *j* aus *ź*?); Pinnow, FoL 3, 1970, 295; Windfuhr, JAOS 92, 1972, 56; Georgiev 1981, 48. – Die neuerdings öfter angenommene Zwischenstufe *t' d'* (z.B. Morgenstierne, NTS 12, 1942, 79; 13, 1945, 227. 231) ist für das Arische ungenügend. – (2) Szemerényi, Ural-Altaische Jahrbücher 49, 1978, 129f.

7.2.2.5 Die vorkonsonantischen Palatale werden ihre Entstehung, wenigstens zum Teil, einem verlorenen palatalen Vokal verdanken. So kann **ok'tō* aus *okitō synkopiert worden sein.

Vgl. Szemerényi, Syncope 399f. und oben VI. 1. Zusatz 2.

7.2.2.6 Traditionell wird für das Arische eine gemeinsame Palatalisierung der idg. Palatale angenommen, wobei die kurz vor der historischen Zeit erreichten Stufen verschiedentlich angesetzt werden (*t'* oder *t' s'* usw.). Neuerdings wird aber nach dem Vorgang von Morgenstierne auch die Ansicht vertreten, daß die *Kafir-* oder *Nūristānī-Sprachen* (1) des Pamirgebietes in der Vertretung der idg. Palatale abweichen und einen selbständigen *dritten Zweig des Arischen* darstellen sollen (2). Doch dürfte eine Dialektgruppe, die erst seit dem 19. Jh. bekannt ist und anerkanntermaßen tiefgehende Mischungen zwischen Indisch und Iranisch aufweist, kaum als zuverlässiger Zeuge gelten für einen Unterschied, der vier- oder fünftausend Jahre zurückreichen soll und eigentlich nur auf einigen Beispielen mit einem nicht ganz klaren *c* (= ts) beruht, vgl. z.B. *duc* ‚10‘: ai. *daša*. Diese ablehnende Haltung gewinnt durch eine neue Behandlung (3) insofern eine gewisse Unterstützung, daß „die N.-Sprachen dem Indischen ... bedeutend näher stehen als dem Irani-

schen", und man kann deshalb „in ihnen letzte Reste altindoarischer Sprachen sehen, die sich früh, in vorvedischer Zeit, von der Hauptmasse der ai. Dialekte getrennt und einige wenige altertümliche Besonderheiten bewahrt haben, die sonst in indischen Sprachen nicht mehr anzutreffen sind". Aber ein Sprung über vier oder fünf Jahrtausende ist jetzt mehr als je völlig unverantwortlich, und ein dritter Zweig des Arischen hängt auch weiterhin völlig in der Luft (4).

(1) Siehe Strand, Notes on the Nūristānī and Dardic languages, JAOS 93, 1973, 297–305. Über die Sprachen orientiert jetzt *Edel'man, The Dardic and Nuristani languages, Moskau 1983. – (2) Morgenstierne (seit 1926 wiederholt, z.B.) NTS 13, 1945, 225 f.; Encyclopaedia of Islam II, 1965, 138 f.; cf. Redard, CTL 6, 1970, 141. – (3) Buddruss, Zur Stellung der Nūristān-Sprachen (MSS 36, 1977, 19–38), 28. 33. – (4) Siehe die eindrucksvolle Bewertung der Fakten bei Campanile (Hrsg.), Nuovi materiali per la ricerca indoeuropeistica, Pisa 1981, 36–40; sowie Mayrhofer, Lassen sich Vorstufen des Uriranischen nachweisen? (Anzeiger, Akad. Wien, 120, 1983, 249–255), 252–5.

7.2.3 Wenn also die Satemisierung, d.h. die unter gewissen Bedingungen erfolgte Palatalisierung ursprünglicher Velare, auf ein Teilgebiet des Indogermanischen beschränkt war, können wir nur zwei Reihen als ursprünglich annehmen, die Velare und die Labiovelare (1). Jede andere Paarung von zwei Gutturalreihen – z.B. Palatale und Labiovelare oder Palatale und Velare – muß als gänzlich unwahrscheinlich betrachtet werden.

Es ist aber wohl möglich, daß sogar das Zweireihensystem auf einen ursprünglicheren Zustand mit einer Reihe zurückgeht. Nach einigen wäre die Dreiheit $k'/k/k^w$ aus einer einzigen Velarreihe je nach dem folgenden Vokal differenziert worden (2); die Entstehung der Labiovelare kann aber auf diese Weise sicher nicht geklärt werden. Dagegen können die Labiovelare aus den Gruppen kw, gw, ghw entstanden sein, s. oben 7.2.1.2. Das würde aber bedeuten, daß zu einer früheren Zeit nur eine velare Reihe existierte.

(1) Hirt, IG 227; Bonfante, Word 1, 1945, 141 f.; Lehmann, PIE Phonology 8. 100 f.; Georgiev, Introduction 48; Burlakova, Vorgeschichte der slavischen Gutturale, VSJ 6, 1962, 46–65; Bernabé Pajares, o.c. (oben 7.2.1.1); Allen, The PIE velar series, TPS 1978, 87–110 (z.B. 100 f.). – (2) Pedersen, Aspirationen i Irsk, 1897, 192; Ribezzo, Per la genesi delle tre serie gutturali indoeuropee, RIGI 6, 1922, 225–41; 7, 1923, 41–62; vgl. auch AGI 22–3, 1929, 131–51; E. Hermann, Herkunft unserer Fragefürwörter, 1943, 16 f.; Specht, Ursprung 316 f.; Otrębski, Lingua Posnaniensis 9, 1963, 11 f.; Illič-Svityč, Entstehung der

idg. Gutturale, in: Problemy sravnitel'noj grammatiki ie. jazykov, 1964, 22–26 (Vergleich mit dem Ural-Altaischen, s. oben VI. 6.11).

Zusammenfassung

8. Aufgrund der Ausführungen in den vorausgehenden zwei Kapiteln ergibt sich ein Bild des phonologischen Systems des Indogermanischen kurz vor dem Aufbruch der Spracheinheit, das im wesentlichen als feststehend gelten dürfte und so aussah (1):

$$
\begin{array}{llllllll}
\text{i} & & \text{u} & \bar{\text{i}} & & \bar{\text{u}} & \underset{\circ}{\text{n}}\ \underset{\circ}{\text{m}} & \underset{\circ}{\bar{\text{n}}}\ \underset{\circ}{\bar{\text{m}}} \\
& \text{e}\ \text{ə}\ \text{o} & & & \bar{\text{e}} & \bar{\text{o}} & & \\
& \text{a} & & & \bar{\text{a}} & & \underset{\circ}{\text{l}}\ \underset{\circ}{\text{r}} & \underset{\circ}{\bar{\text{l}}}\ \underset{\circ}{\bar{\text{r}}}
\end{array}
$$

$$
\begin{array}{llllllll}
\text{y} & \text{w} & & & \text{p} & \text{p}^{\text{h}} & \text{b} & \text{b}^{\text{h}} \\
\text{m} & \text{n} & & & \text{t} & \text{t}^{\text{h}} & \text{d} & \text{d}^{\text{h}} \\
\text{l} & & & & (\text{k}' & \text{k}'^{\text{h}} & \text{g}' & \text{g}'^{\text{h}}?) \\
\text{r} & & & & \text{k} & \text{k}^{\text{h}} & \text{g} & \text{g}^{\text{h}} \\
\text{s} & \text{h} & & & \text{k}^{\text{w}} & \text{k}^{\text{wh}} & \text{g}^{\text{w}} & \text{g}^{\text{wh}}
\end{array}
$$

Im Konsonantensystem ist die relative Armut an Spiranten bei einem reichlich repräsentierten Verschlußlautsystem auffallend. Das Verhältnis der Vokale (11) zu dem Gesamtinventar (11 : 35 = 31 %) ist mittelmäßig; vgl. 38 % im Finnischen bei 8 Vokalen von 21 Phonemen und 8 % im Bella Coola, einer Indianersprache in Kanada, die bei einem Bestand von 36 Phonemen nur 3 Vokale hat (2).

Zu (1) vgl. Szemerényi, New Look 90f.; Hjelmslev, Le langage, 1966, 49. – Zu (2) Hockett, Manual of Phonology, 138f.; Szemerényi, New Look 85f.; W. Lehfeldt, Die Verteilung der Phonemanzahl in den natürlichen Sprachen, Phonetica 31, 1975, 274–287. – Für neuere Entwicklungen s. Bomhard, In memory of J.A. Kerns, 1981, 352–70, diagram 370; Nostratic 1984, 37–59.

Neuere Ansichten über das Subsystem der Verschlußlaute

9. Im 19. Jahrhundert wurde, wie wir gesehen haben, zunächst nach dem altindischen Modell ein viergliedriges System von Verschlußlauten postuliert. Nach der Entfernung der Tenues aspiratae in unserem Jahrhundert wurde dies zu einem dreigliedrigen System reduziert, das aber typologische Bedenken hervorrief; darüber

hinaus waren in diesem System weder die Seltenheit von *b* noch die verschiedenen Verbote bezüglich der Morphemstruktur recht verständlich.

Seit Anfang der 70er Jahre haben nun Gamkrelidze und Ivanov in der Sowjetunion, Hopper in den Vereinigten Staaten ein ganz neues System ausgearbeitet (1). Danach können die Schwierigkeiten des dreigliedrigen Systems wie folgt eliminiert werden: die bisherigen Mediae müssen durch ejektive/glottalisierte Verschlußlaute ersetzt werden, und an die Stelle von *t-dh* müssen entweder *t(h)-d(h)*, mit freier Variation der Aspiration, oder (nach Hopper) einfach *t-d* treten. Bei einem glottalisierten Verschlußlaut tritt zu dem Verschluß im Mundkanal (bei Lippen, Zähnen usw.) zusätzlich noch ein Verschluß in der Glottis hinzu; beide werden gleichzeitig geöffnet, wodurch ein charakteristischer Knacklaut an den Stimmbändern entsteht. Solche Laute werden als *t'* bezeichnet.

Das bisherige dreigliedrige System, das als

$$t \qquad d$$
$$dh$$

dargestellt werden kann, soll also durch

$$t(h) \qquad t' \quad \text{bzw.} \quad t \qquad t'$$
$$d(h) \qquad \qquad d$$

ersetzt werden.

Die neue Interpretation hat schon – ganz im Sinne des Kuhnschen Paradigmawechsels – eine beträchtliche Anhängerschaft gefunden (2), während die Ablehnung sich vorerst ziemlich kleinlaut gibt (3). Eine der auffälligsten Folgen des neuen Systems ist, daß Sprachen, die bisher wegen ihrer „Lautverschiebung" als von dem idg. Zustand sehr weit entrückt galten (Germanisch, Armenisch), jetzt zu den konservativsten und archaischsten geworden sind, da sie ja keine Lautverschiebung aufweisen, sondern das Alte bewahren, wogegen diejenigen, die das ursprüngliche (idg.) System nach der bisherigen Ansicht am treuesten bewahrt hatten (Altindisch, Griechisch), sich jetzt unter den führenden Innovatoren befinden (4).

Es ist schwer, die Zukunft vorauszusagen, aber es wird vielleicht nützlich sein, auf einige bedenkliche Momente aufmerksam zu machen.

1. Die geographische Verteilung der glottalisierten Laute ist der neuen Ansicht nicht besonders günstig (5). Von den 317 Sprachen, die im UPSD (= UCLA Phonological Segment Inventory Data-

base) erfaßt sind, haben 52 Ejektive. Von den 52 befinden sich 35 in Amerika (30 in Nordamerika), 14 in Afrika, 3 im Kaukasus; von den idg. Sprachen weist nur das Ostarmenische diese Laute auf. Die auf 693 Sprachen beruhende Stanford-Studie von Merritt Ruhlen (6) verzeichnet Ejektive in 129 Sprachen: 75 in Amerika, 11 in Afrika, 37 im Kaukasus (= alle!) und 1 in der idg. Familie (Ossetisch, ebenfalls im Kaukasus). Die zwei idg. Sprachen sind zweifellos von den kaukasischen beeinflußt worden. Von einigen wenigen Ausnahmen in Asien und Ozeanien abgesehen (Ruhlen 146 f.), kommen also die Ejektive nur in Amerika, Afrika und im Kaukasus vor – alles Gebiete, wo die Indogermanen sicher nie gesessen haben.

2. Die Ejektive sind nach ihrer Natur prononciert stimmlose Gebilde (7). Wie sie in so vielen Sprachen (Altind., Griech., Lat. usw.) zu stimmhaften Lauten werden konnten, ist und bleibt ein Rätsel.

3. Wenn die bisherigen Mediae entfernt bzw. durch Ejektive ersetzt werden mußten, bleibt es rätselhaft, wie sie anstelle der bisherigen Mediae aspiratae wiedereingeführt werden können.

(1) Gamkrelidze–Ivanov, Sprachtypologie und die Rekonstruktion der gemein-idg. Verschlüsse, Phonetica 27, 1973, 150–6; Gamkrelidze, On the correlation of stops and fricatives in a phonological system, Lingua 35, 1975, 231–261; Linguistic typology and IE reconstruction, Studies Greenberg II, 1976, 399–406; Hierarchical relationships of dominance, Fs. Szemerényi, 1979, 283–290; Gamkrelidze–Ivanov, Drevnjaja Perednjaja Azija i ie. problema, VDI 1980 (3), 3–27; Rekonstrukcija sistemy smyčnyx obšče-ie. jazyka, VJ 1980 (4), 21–35; Gamkrelidze, Linguistic typology and language universals, In memory of J.A. Kerns, 1981, 571–609; Gamkrelidze–Ivanov 1985; Hopper, Glottalized and murmured occlusives in IE, Glossa 7/2, 1973, 141–166; The typology of the PIE segmental inventory, JIES 5, 1977, 41–53; "Decem" and "taihun" languages, In memory of J.A. Kerns, 1981, 133–142; Areal typology and the Early IE consonant system, in: Polomé (ed.), The Indo-Europeans in the 4th and 3rd millennia, Ann Arbor 1982, 121–139. – (2) Miller, Implications of an IE root structure constraint, JIES 5, 1977, 31–40; Normier, Idg-er Konsonantismus, germanische Lautverschiebung und Vernersches Gesetz, KZ 91, 1977, 171–218; Kortlandt, PIE obstruents, IF 83, 1978, 107–118; Melikišvili, Struktura kornja, VJ 1980 (4), 60–70; Gercenberg, Voprosy ... prosodiki, Leningrad 1981, 120 f., 157 f.; Bomhard, IE and Afroasiatic, In memory of J.A. Kerns, 1981, 354–474 (469 frühere Aufsätze); Colarusso, Typological parallels between PIE and the NW Caucasian languages, ebd. 475–557, bes. 546, 560 f.; Vennemann, Hochgermanisch und Niedergermanisch, PBB(T) 106, 1984, 1–45; Bomhard, Nostratic 1984, 26 f.; Cowgill, Kratylos 29, 1985, 6; Suzuki, KZ 98, 1985, 285–293; Col-

linge, Laws 259f.; *Lehmann, Reflexes of PIE $d<t$', Fs. J.Fisiak, 1986. – Eine neuartige Variante mit zwei Reihen und *b* meist aus *w* macht ihr Debüt mit Stanley, IF 90, 1985, 50–53. – (3) Back, Die Rekonstruktion des idg. Verschlußlautsystems, KZ 93, 1979, 179–195; Gercenberg – s. Szemerényi 1985, 10; D'jakonov, VDI 1982 (3), 4–9; Haider, Der Fehlschluß der Typologie, in: Philologie und Sprachwissenschaft, Innsbruck 1983, 79–92; *G.M. Green, Against reconstructing glottalized stops, in: Stump, G.T. (ed.), Papers in hist. linguistics, Ohio State 1983, 50–55; Eichner, BzN 19, 1984, 450f.; Szemerényi, TPS 1985, 3–15; *Haider, The fallacy of typology, Lingua 65, 1985, 1–27; Meid, Fs. Adrados, 1985, 323f.; Rosén, BSL 79/2, 1985, 76–78. 81–82 (skeptisch). – Eine weitere Ablehnung, zugleich eine neue auf Artikulationsstärke basierende Lösung, wird geboten von Swiggers, Towards a characterization of the PIE sound system, (preprint, erscheint in:) Vennemann (ed.), The new sound of IE (de Gruyter 1989?). – Einige der Einwände werden von Gamkrelidze–Ivanov 1985: 1317f., beantwortet. – (4) Siehe Szemerényi, 1985: 14. – (5) Für die folgenden Angaben s. Ian Maddieson, Patterns of sounds, CUP 1984, 100f. – (6) Ruhlen, The geographical and genetic distribution of linguistic features (Linguistic studies offered to J.Greenberg I, 1977, 137–160), 146f. – (7) Da bei der Artikulation der Ejektive die Glottis geschlossen ist, ist es natürlich, daß sie fast ausnahmslos stimmlos sind, s. Maddieson 99f.; Ruhlen, A guide to the languages of the world, 1976, 40; Swiggers, o.c., 29, 33; Szemerényi 1985: 13f.

Addendum: Das „Wintersche Gesetz"

9.1 Werner Winter hat 1978 die Vermutung ausgesprochen, daß der lange Vokal, der in einer Anzahl von Fällen im Balto-Slavischen gegenüber einem kurzen Vokal in anderen Sprachen auftritt, dadurch bedingt sei, daß auf den Vokal eine Media folgte (und nicht eine MA); vgl. lit. *èdu* ‚ich esse', *sèdèti* ‚sitzen', *bègti* ‚laufen': lat. *edō, sedeō*, gr. φέβομαι. Die Vermutung wurde von Kortlandt sofort als das Wintersche Gesetz begrüßt und zugleich als direkter Beweis für die glottale Theorie gewertet: die (bisherige) Media sei eben ein glottalisierter Laut gewesen und sei noch in den glottalisierten Vokalen des Lettischen greifbar (1).

Es ist dem Autor der neuen Hypothese natürlich nicht entgangen, daß eine Anzahl von Ausnahmen nicht leicht mit seiner Interpretation zu vereinbaren ist. Bei lit. *padas* ‚Fuß-, Schuhsohle', russ. *pod* ‚Boden', die gewöhnlich mit der Familie von „Fuß" verbunden werden (und dann *pōdo-* erwarten ließen), könne man sich mit einer neuen Etymologie *po + dhē-* helfen (439). Bei slav. *voda* ‚Wasser' kann er nur Entlehnung aus dem Gotischen bieten (441), was aber gänzlich unglaubwürdig ist. Das Gewicht der Gegenbeispiele ist jedenfalls beträchtlich, und die Taufe war vielleicht übereilt (2).

(1) Siehe Winter, in: Fisiak (Hrsg.), Recent developments in Historical Phonology, 1978, 431–446; Kortlandt, ebd. 447 und IF 83, 1978, 107–118; Collinge, Laws 225f. – (2) Gegen das Gesetz s. bes. Strunk, 7. Fachtagung, 1985, 494; und Birnbaum, Fs. Winter, 1985, 41–54.

VII. MORPHOLOGIE I

Nomen und Adjektiv

1.1 *Nomen und Adjektiv* unterscheiden sich im Indogermanischen eigentlich nur darin, daß das Adjektiv nach den Geschlechtern verschiedene Formen aufweisen kann, was bei dem Nomen nur ausnahmsweise und viel beschränkter (lat. equus: equa) der Fall ist. Die Flexion der beiden Gruppen ist sonst identisch.

1.2 *Geschlecht* ist die Eigentümlichkeit des Nomens, der zufolge gewisse auf das Nomen bezogene Wörter (Adjektive und bestimmte Pronomina) verschiedene Formen annehmen; es steht in gewissem Zusammenhang mit dem natürlichen Geschlecht (z.B. sind Vater und Sohn männlich, Mutter und Tochter weiblich), aber ausschlaggebend ist das letztere nicht. Das erhellt schon daraus, daß es im Indogermanischen drei Geschlechter gab, die noch in fast allen früh belegten idg. Sprachen (aind., griech., lat., kelt., germ., slav.) erhalten sind. Später verlieren mehrere Sprachen eins der Geschlechter, gewöhnlich das Neutrum; die ursprünglichen Neutra wurden dann zu den Maskulinen und Femininen geschlagen. Das geschah im Litauischen und, noch früher belegt, in den romanischen Sprachen. Im früh bezeugten Hethitischen erscheinen dagegen nur ein Genus commune (für das Mask. und Fem.) und ein Neutrum (1). Weiterer Verlust führt zu einem, d.h. keinem Geschlecht wie im Englischen oder Persischen und schon am Anfang der Überlieferung im Armenischen.

Das idg. System der drei Geschlechter muß aber aus einem Zweiklassensystem entstanden sein (2). Darauf weist allein schon die Tatsache, daß in altertümlichen Flexionsklassen das Mask. und Fem. sich in der Flexion nicht unterscheiden, dagegen sich gemeinsam vom Neutrum abheben; vgl. z.B. πατήρ, μήτηρ. Es wäre aber falsch, die Entstehung des Femininums als einen im Indogermanischen noch nicht vollendeten Vorgang zu betrachten; es ist ganz klar, daß das Femininum auch in den sog. Randsprachen voll entwickelt war (3).

Die Frage, wie das frühidg. Zweiklassensystem zustande kam,

wird von Meillet durch den Hinweis beantwortet (2), daß für gewisse Begriffe zwei verschiedene Ausdrücke vorhanden sind, die sich augenscheinlich als *belebt* (Mask. oder Fem.) und *unbelebt* (Neutr.) unterscheiden; vgl. lat. *ignis* – gr. πῦρ, lat. *aqua* – gr. ὕδωρ (beide in got. *ahva* – *wato*). Die weitere Frage, wie sich das Femininum aus der belebten Klasse aussonderte, ist neuerdings wieder lebhaft diskutiert worden, wobei überwiegend eine Rückkehr zu der alten Auffassung zu beobachten ist, daß die allgemeine Entwicklung von -*ā*- und -*ī*- als Femininzeichen von den Pronomina (z. B. **sā* und **sī*) ausgegangen sei, diese selbst aber gewissen Nomina, die zufällig eine dieser Endungen hatten (z. B. **gʷenā* ‚Frau'), nachgebildet seien (4).

Vgl. zu (1): Verlust des Femininums wird verfochten von Pedersen, Hittitisch 13 f.; Kuryłowicz, 8th Congress, 1957, 235; Categories 211. 217; wichtig ist Goetzes Beobachtung, RHA 66, 1960, 49 f. und neuerdings Beekes, Origins 26 f. Dagegen wird das einstige Vorhandensein des Femininums für das Hethitische bestritten von Neu, IF 74, 1970, 235 f.; Laroche, RHA 28, 1971, 50–57; Carruba, V. Convegno, 1972, 175–192; Meid, Heth. und Idg., 1979, 165 f. – (2) Meillet, LHLG I 199–229; II 24–28; BSL 32, 1931, 1 f.; K. H. Schmidt, Fs. Szemerényi, 1980, 793–800 (: animé aus ergativ/aktiv). – (3) Neuerdings Watkins, in: AIED 40; Kammenhuber, MSS 24, 1968, 76 f.; Hethitisch, 1969, 253 f.; Fs. Winter, 1985, 447 f. – Für die Existenz des dēvī-Typus im Anatolischen s. Szemerényi 1985: 20; Kammenhuber, Fs. Winter 449 f.; Strunk, InL 9, 1986, 149. – (4) Brugmann, Grundriß² II 2, 1911, 82–113; Martinet, BSL 52, 1957, 83–95; Lehmann, Lg. 34, 1958, 179–202; González Rolán, Em 39, 1971, 296 f.; Villar, Orígen 342 f.; Dat. y Loc., 223; Miranda, JIES 3, 1976, 199–215; Brosman, JIES 10, 1983, 253–72; dagegen Szemerényi 1985: 19 f. – Weitere Arbeiten über das Genusproblem: Hirt, IG 3, 320–47; G. Royen, Die nominalen Klassifikationssysteme in den Sprachen der Erde, 1929 (: gegen Meillet); Fodor, The origin of grammatical gender, Lingua 8, 1959, 1–41, 186–214; Martinet, A functional view of language, 1962, 15 f., 149–52; Kuryłowicz, Categories 207–26; Hofmann–Szantyr, Lateinische Grammatik², II, 1965, 5 f.; Balázs, Gli interrogativi slavi e l'origine del genere nell'indeuropeo, AION-L 7, 1966, 5–20; Wienold, Genus und Semantik, 1967; Hovdhaugen, Case and gender in PIE, Fs. Borgstrøm, 1969, 58–72; R. Lafont, Genre et nombre en ie., RLaR 79, 1970, 89–148 (Guillaumian); M. Hassan Ibrahim, Grammatical gender – its origin and development, 1973 (s. Wienold, FoL 14, 1976, 119–25); Villar, Orígen 342 f.; Dat. y Loc. 223; Greenberg, How does a language acquire gender markers?, in: Greenberg (ed.), Universals of human language III, 1978, 47–82; Neu, Zum Genus hethitischer r-Stämme. Fs.

Ivănescu = Linguistica (Iaşi) 28–9, 1983, 125–130; Aksenov, Außersprachliche Motivation des Genus, VJ 1984 (1), 14–25; Ostrowski, Zur Entstehung und Entwicklung des idg. Neutrums, 7. Fachtagung 1985, 313–323; Harðarson, MSS 48, 1987, 115–137. – Zum Verlust des Neutrums beim baltischen Nomen s. F. Scholz, KZ 98, 1985, 269–79; zum Verlust des Genus im allgemeinen Priestley, JIES 11, 1984, 339–63.

1.3 An *Numeri* besaß das Idg. drei: den Singular, den Plural und den Dual. Der letztere ist am Anfang der Überlieferung noch in vielen Sprachen erhalten, z. B. im Aind., Griech., Air., Aks., Lit., aber früher oder später geht er verloren. Heute gibt es nur noch wenige idg. Sprachen, in denen der Dual erhalten ist (z. B. im Lit.); am frühesten ist er im Hethitischen verschwunden (1).

(1) Über Plural und Dual s. Kuryłowicz, Scientia 105, 1970, 496, 502; über den Dual: J. W. Pauw, The dual number in IE – a two-stage development, 1980 (Univ. Microfilms, Ann Arbor): 1. duality-unity, 2. numeral/ arithmetic. Über den Numerus bei Risch und Gamkrelidze–Ivanov siehe Szemerényi 1985: 21. – Ein vierter „Numerus" – *Kollektiv* – wird angenommen von Neu, IF 74, 1969, 239f.; weiter ausgebaut als *Komprehensiv* von Eichner, 7. Fachtagung, 1985, 134–169, bes. 150, 161; Harðarson, MSS 48, 1987, 71–113 (Kollektiv = singularisches Neutrum).

1.4.1 Das *Kasussystem* (1) der verschiedenen idg. Sprachen ist im Umfang sehr unterschiedlich. So hat z. B. das klassische Griechisch nur 5, das Latein 6, das Altkirchenslavische 7, das Altindische 8 Kasus. Prinzipiell wäre es nun möglich, daß die kleinere Kasuszahl den älteren Zustand erhält und die höhere Anzahl gewisser Sprachen eine Neuerung darstellt (2). Daß aber das Gegenteil der Fall ist, wird dadurch erwiesen, daß auch die Sprachen mit der kleineren Kasuszahl auf einer früheren Stufe eine größere Anzahl von Kasus aufweisen oder, wenn das nicht der Fall ist, wenigstens Überreste eines früheren reicheren Systems erhalten. So hat das Griechische auf der mykenischen Stufe noch einen selbständigen Instrumental, von dem bei Homer noch Überreste vorliegen. Das Latein hat bei gewissen Nomina einen Lokativ; das Oskische hat noch einen vollgültigen Lokativ im Kasussystem. Wenn also das Verschmelzen von früher selbständigen Kasus (Synkretismus) (3) in allen idg. Sprachen eine historische Tatsache ist, dann müssen wir den Schluß ziehen, daß das Indogermanische (mindestens) acht Kasus gehabt hat, ein System, das sich in den Satem-Sprachen am besten erhalten hat, während es in den Kentum-Sprachen schwere Einbußen erlitten hat (4).

(1) Über die Entwicklung der Kasuslehre ist noch immer sehr nütz-lich Hübschmann, Zur Kasuslehre (München 1875): im ersten Teil wird eine Geschichte der Kasustheorien vom Altertum bis zu seiner Zeit geboten. In jüngster Zeit sind noch hinzugekommen: Ana Agud, Histo-ria y teoría de los casos, 1980 (sehr umfassend), und G. Serbat, Cas et fonctions, 1981 (kritisch). Für den Indogermanisten wohl wichtig, aber noch kaum zugänglich *J. A. Booth, The evolution of case in IE studies, Diss. Birmingham, 1980. – Bezüglich der verschiedenen Versuche, inner-halb der Kasussysteme Gruppen oder allgemeinere Gesichtspunkte zu erkennen, hat Hübschmann (131) gemeint, daß NAG der grammatischen Gruppe, ILAb der nichtgrammatischen zuzuweisen seien, während die Bewertung des D-s ihm noch zweifelhaft schien. Der Amerikaner Whitney ist dann (TAPA 13, 1882, 88–100: General considerations on the IE case-system) zu älteren Ansichten zurückgekehrt und ist für die sog. lokalistische Theorie eingetreten: von NG abgesehen gäbe es nur adver-biale, d. h. lokale Kasus. Diese lokalistische Theorie wurde schon um 1300 n. Chr. von dem Byzantiner Maximus Planudes gelehrt, und viel-leicht hat er sie sogar von dem alten Priscian übernommen, s. Calboli, ANRW II 29/1, 1983, 61 f. Jedenfalls wurde die Lehre schon Anfang des vorigen Jahrhunderts von Bopp wiederbelebt und von Hartung ener-gisch vertreten (Hübschmann 26, 49). Um die Jahrhundertwende for-mulierte Brugmann (Gr. Gram. ³1900, 374) die vorsichtige Ansicht, daß die Grenzlinie zwischen lokalen und grammatischen Kasus schwinde, während der Schweizer Anton Marty (in Prag wirkend) die Trennungslinie viel klarer fand (s. Die „logische", „lokalistische" und an-dere Kasustheorien, 1910, 117 f.). In der Folgezeit verliert die lokalistische Theorie diese zentrale Stellung, die Verschiebung des Interesses zeigen Arbeiten wie K. Bühler, Das idg. Kasussystem als Beispiel eines Feld-gerätes, in: Sprachtheorie 1934 (UTB 1982), 236–251 (: hauptsächlich über Wundt); Hjelmslev, La catégorie des cas I–II, 1935, 1937; Fill-more, The case for case, in: Bach–Harms, Universals in ling. theory, 1968, 1–88 (vgl. Heger, Monem … 113 Fn.; Feuillet, Les fonctions sémantiques profondes, BSL 75, 1980, 1–37). Aber die lokalistische Theorie ist nicht tot, sie feiert fröhliche Urständ in verschiedenen Arbei-ten des Edinburghers John M. Anderson, z. B. The grammar of case – Towards a localistic theory, CUP 1971; On case grammar – Prolego-mena to a theory of gram. relations, 1977. Nach ihm sind Kasus-Rela-tionen Oppositionen der directional notions "source", "goal" und "rest-ing-point" (woher–wohin–wo) (On case grammar 111), and all cases (including Nom, Acc, and Gen) to be analysed into local components (Starosta, Lg. 57, 1981, 722). – Zum Schluß noch einige Arbeiten aus neuerer Zeit: G. Calboli, La linguistica moderna e il latino – I casi, Bo-logna 1972; K. H. Schmidt, 5. Fachtagung, 1975, 268–86; Scherer, Hb. der lat. Syntax, 1975, 38–55, 178–206; Kuryłowicz, Problèmes, 1977, 141–56; Mel'čuk, Le cas, RES 50, 1977, 5–36; S. C. Dik, Func-

tional Grammar, 1981, 157–170; Calboli, o.c. (ANRW), 8f., 31f., 64f.;
Garde, Les cas russes, BSL 78, 1983, 337–374. – (2) Cf. Szemerényi,
Methodology 19f.; Savčenko, LPosn 12/13, 1968, 29f. Über die Ent-
wicklung s. H. v. Velten, Sur l'évolution du genre, des cas et des parties
du discours, BSL 33, 1932, 205–223, bes. 216f. Über eine sehr frühe Phase
(IV.Jahrtausend v.Chr.) schreibt Lehmann, in: Polomé (Hrsg.), The
Indo-Europeans in the fourth and third millennia, 1982, 140–155. – (3)
Delbrück, Synkretismus, 1907; H. Jacobsohn, Kasusflexion und
Gliederung der idg. Sprachen, Fs. Wackernagel, 1923, 204–16; Risch,
Fs. Seiler, 1980, 259f.; Szemerényi, 7. Fachtagung 516f. – (4) Über den
Gebrauch der idg. Kasus s. Brugmann, Grundriß² II 2, 464–651;
Meillet, Introduction 341–9; Schwyzer, GG II 52–173; Hofmann–
Szantyr, Lat. Syntax und Stilistik, 1965, 21–151; Haudry, L'emploi des
cas en védique, 1977.

1.4.2 Das im Altindischen am besten erhaltene System besitzt
die folgenden Kasus:
1. Nominativ
2. Vokativ
3. Akkusativ
4. Genitiv
5. Ablativ
6. Dativ
7. Lokativ
8. Instrumental

Formal sind alle acht Kasus nur im Singular differenziert und
auch da nur in einer Gruppe, in der o-Deklination. In allen anderen
Deklinationsklassen ist der Ablativ im Sing. mit dem Genitiv identisch, im Dual und Plural überall mit dem Dativ. Der Vokativ ist nur
im Sing., aber auch da nicht in allen Deklinationen, vom Nominativ
verschieden, im Dual und Plural ist er mit ihm identisch. Daraus
geht hervor, daß im Plural nur sechs Formen differenziert sind; im
Dual sind es sogar nur vier. Bei den Neutra werden Nom., Vok.,
Akk. desselben Numerus nirgends unterschieden (1).

(1) Über den neu hinzugekommenen *Directivus* s. Laroche, RHA
28, 1971, 22f., 46f.; W.P. Schmid, Fs. Otten, 1973, 291f.; Starke, Die
Funktionen der dimensionalen Kasus, 1977; Brixhe, Mél. Laroche,
1979, 65–77; Neu, Studien zum endungslosen „Lokativ", 1980, 12f.;
Haudry, Préhistoire de la flexion nominale ie., 1982, 22f.; Szemerényi 1985: 22; Villar, Symbolae Mitxelena, 1985, 44f.

1.4.3 Die verschiedenen Kasus werden zunächst durch *Kasuszei-*

chen charakterisiert, die an den *Stamm* treten, den die Bedeutung tragenden und von gewissen Ablautalternationen abgesehen unveränderlichen Teil des Wortganzen; so sind im Nom. Pl. πόδες der Stamm ποδ- und das Kasuszeichen -ες aneinandergefügt. Bei vokalischem Stammauslaut wurde ein vokalisch anlautendes Kasuszeichen schon im Idg. kontrahiert; so war der Ausgang des Dativs im Sing. bei den *o*-Stämmen -ōi, zusammengezogen aus -*o*- und dem Kasuszeichen -*ei*, dem der Ausgang des Lokativs -*oi*, aus -*o*- und dem Kasuszeichen -*i* bestehend, gegenüberstand (1).

Ein Vergleich der verschiedenen idg. Sprachen ergibt die folgenden Kasuszeichen:

	Sing.	Pl.	Du.
Nom.	-s, -∅	-es	⎫
Vok.	-∅	-es	⎬ -e, -ī/-i
Akk.	-m/-m̥	-ns/-n̥s	⎭
Gen.	-es/-os/-s	-om/-ōm	-ous? -ōs?
Abl.	-es/-os/-s;	-bh(y)os, -mos	-bhyō, -mō
	-ed/-od		
Dat.	-ei	-bh(y)os, -mos	-bhyō, -mō
Lok.	-i	-su	-ou
Instr.	-e/-o, -bhi/-mi	-bhis/-mis, -ōis	-bhyō, -mō

Für das Neutrum gelten im Nom., Vok. und Akk. besondere Regeln. Im Sing. erscheint gewöhnlich der nackte Stamm, mit Ausnahme der *o*-Stämme, bei denen -*m* hinzutritt; im Pl. ist die Endung -*ā* oder -*ə*, was nicht auf einen Laryngal hinweisen muß (2), die Endung kann auch einheitlich -*ā* gewesen sein (3); im Dual war die Endung -*i* (-*ī*?).

(1) Über den „Stamm" s. I. Josch, Kritik am Stammbegriff, 7.Fachtagung, 1985, 229–36. Zu den Kasusendungen s. Hirt, IG 3, 39 f.; Wakkernagel–Debrunner, Ai. Gr. III 28 f.; Schyzer, GG I 547 f. Ein mutiger Versuch, die Vorgeschichte zu bestimmen, bei Kuryłowicz, Categories 179 f., bes. 196 f. S. des weiteren Ivanov, Xettskij jazyk, 1963, 113 f., 129–140; Erhart, Zur ie. Nominalflexion, Sbornik Brno 16, 1967, 7–26; Savčenko, o.c. (oben, 1.4.1), 21–36; C.-J.N. Bailey, Inflectional pattern of IE nouns, Honolulu 1970, über Kasusendungen 17–94; Erhart, Studien zur ie. Morphologie, Brno 1970; Fairbanks, JIES 5, 1977, 101–131; Palmaitis, Indojevropejskaja apofonija i razvitije deklinacionnyx modelej, Tbilissi 1979; Brixhe, Mél. Laroche, 1979, 71 f.; Haudry, La »syntaxe des désinences«, BSL 75, 1980, 131–166 (Agglutination); o.c. oben 1.4.2 (1), p.20 (: origine postpositionnelle des dési-

nences); Villar, Orígen; Dativo y locativo, 1981; Meier–Brügger,
7. Fachtagung, 1985, 271–4; Szemerényi, ebd. 517f., und 1985: 21f. –
(2) Zuletzt dafür Watkins, 5. Fachtagung, 1975, 362f.; Gedenkschrift
Kronasser, 1982, 255f.; aber dagegen Lindeman, Sprache 29, 1983, 41f.
Cf. auch Beekes, Origins 29f.; Gamkrelidze–Ivanov 1985: 281. –
(3) Szemerényi 1985: 20.

1.4.4 Im Stamm traten ursprünglich ganz allgemein *Ablautalter-
nationen* auf. Grundsätzlich hatte die Vollstufe ihren Platz im Nom.
Vok. Akk. Lok. Sing., Nom. Vok. Akk. Pl. (starke Kasus), wobei im
Nom. Sg. der belebten Stämme oft die Dehnstufe eintritt; in den an-
deren Kasus erscheint grundsätzlich die Nullstufe (schwache
Kasus) (1). Zum Beispiel *dónt-m̥* ‚den Zahn‘, aber *dn̥t-ós* ‚des
Zahns‘, *dónt-es* ‚die Zähne‘, *dn̥t-sú* ‚in den Zähnen‘. Wo durch die
Nullstufe schwerfällige Konsonantengruppen entstanden (wären),
ging der Vokal gar nicht verloren oder wurde bald wiederhergestellt.
Bei *ped-* ‚Fuß‘ war z. B. der Gen. *pd-ós* (d. h. *bdós*) kaum längere
Zeit in Gebrauch. Nur in ganz seltenen Fällen ist ein durch den Ablaut „zerrissenes" Paradigma wenigstens fragmentarisch erhalten,
z. B. ved. *āyu-/yoḥ* ‚Leben‘, avest. *āyu/yaoš* (vgl. ai. *jānu/jñoḥ, dāru/
droḥ*) (2), *ātman-/tan-ā* (3), *dheghō(m)/* Lok. *dhghém-i* (4).

(1) Kuryłowicz, Categories 194 mit Fn. 12, 200f. – (2) Szemerényi, InL 4, 1978, 165f. – (3) Edgerton, Lg. 38, 1962, 354;
Schindler, Sprache 15, 1969, 149. – (4) Szemerényi, SMEA 20, 1980,
222f.; vgl. oben IV 6.3.

1.4.4.1 *Akzent in der Nominalflexion.* Der Akzent der Nominalflexion hat vor unserem Jahrhundert keine besondere Beachtung
gefunden (1). Von größerer Bedeutung war, als 1926 Pedersen zwei
Flexions- und Akzenttypen erkannte: den *hysterodynamischen*
(Nom. -́, Gen. --́, πατήρ: πατρός) und den *proterodynamischen*
(Nom. -́-, Gen. -́--); die Unterscheidung wurde später von Kuiper
vervollkommnet (2). Seit den fünfziger Jahren hat sich dann Kuryłowicz besonders intensiv mit Akzentproblemen beschäftigt (3),
aber Kiparsky und Halle (4) sowie Garde (5) haben auch bedeut-
same Leistungen aufzuweisen.
Seit 1973 hat sich die Erlanger Schule wiederholt über solche
Fragen geäußert. Sie hat die verschiedenen Akzenttypen mit großer
Präzision klassifiziert und eine imposante Terminologie eingeführt,
die auf Anregungen von Karl Hoffmann basiert (6). Es werden fünf
Akzenttypen unterschieden, die mit den Termini *statisch* bzw. *kine-*

tisch bezeichnet werden, je nachdem ob der Akzent fix bzw. beweglich ist; das ganze System sieht so aus:

I	*akrostatisch*	Akzent durchgehend auf der 1. Silbe
II	*proterokinetisch*	Akzent auf Anfang/Suffix
III	*amphikinetisch*	Akzent auf Anfang/Auslaut
IV	*hysterokinetisch*	Akzent durchgehend auf der Endsilbe
V	*mesostatisch*	Akzent auf dem Suffix.

Diese zweigleisige Nomenklatur wurde von H. Rix durch Einführung eines konstanten zweiten Bestandteils *-dynamisch* vereinheitlicht (7), also *akrodynamisch* usw.

(1) Vgl. aber Wackernagel–Debrunner, Ai. Gr. III/1, 1929, 14–28; Hirt, IG V, 1929, 214–284 (219: drei Akzenttypen). – (2) S. Pedersen, La cinquième déclinaison latine, Kopenhagen 1926, 24; Kuiper, Notes on Vedic noun-inflexion, Amsterdam 1942, 2f., 30, 36. Vgl. auch seinen Schüler, Beekes, KZ 86, 1972, 30–36; Glotta 51, 1973, 228–245; Origins 1f. – (3) S. seine Accentuation, 1952, ²1958, und die Zusammenfassung eines Lebenswerks in seiner IG 1–197, bes. 26f., 115f. – (4) S. oben V. 2.4 (1). – (5) Garde, Le paradigme accentuel oxyton …, RES 49, 1973, 159–171, und besonders seine Histoire de l'accentuation slave I–II, 1976, bes. 318f.; wozu noch Kortlandt, Slavic accentuation, 1975, und KZ 92, 1979, 269–281. – (6) Siehe Eichner, MSS 31, 1973, 91; Schindler, BSL 70, 1975, 3 Fn. 2; 5. Fachtagung, 1975, 262f.; Oettinger, KZ 94, 1980, 46. – (7) Rix, Hist. Gram. des Griechischen, 1976, 123. Bemerkungen dazu bei Kuryłowicz, Problèmes 111; Beekes, Origins 1f. – Zu dem ganzen Komplex s. auch Szemerényi 1985: 15f.; Strunk, 7. Fachtagung, 1985, 490f.

1.4.5 Die Kasuszeichen und die Prinzipien ihrer Anfügung an den Stamm (einschließlich Akzent- und Ablautvariationen) galten ursprünglich für alle Stammklassen, d.h., es gab nur eine Deklination. Aber schon im Indogermanischen wurden gewisse Kasuszeichen mit einem vokalischen Stammauslaut zusammengezogen und diese Verschmelzung gab der Flexion in diesen Klassen ihr eigenes Gepräge. Dieser Zerfall der ursprünglich einheitlichen Deklination in eine Anzahl von mehr oder weniger verschiedenen Deklinationsklassen wird dann in den Einzelsprachen noch ausgeprägter.

1.4.6 Soweit wir das festellen können, konnten im Stammauslaut alle Konsonanten erscheinen; es gab also *-p-/-t-/-k-*-Stämme, *-s-* und *-m-/-n-/-l-/-r-*-Stämme usw. Von den Vokalen konnten dagegen nur *i, u, o* und *ī, ū, ā* im Stammauslaut auftreten, nicht aber *a* (und *e* ist mit *o* in einer Klasse, der sog. thematischen oder -*o*-Klasse, zusammengefaßt); es ist auch möglich, daß der Laryngal *h* in manchen von den langvokalischen Stämmen zuhause war, so daß diese eigentlich als -*ih*, -*uh* und -*ah* (oder eher -*oh*) Stämme bezeichnet werden müßten (1).

(1) Über "phonological restriction in affixes" s. Floyd, in: In memory of J. A. Kerns, 1981, 87–106; und cf. Rosén, BSL 79/2, 1984, 83 f.

1.4.7 Nur wenige der idg. Nomina können als Wurzelnomina bezeichnet werden (1). Die große Mehrzahl wurde mit verschiedenen Suffixen aus einfachen Wurzeln oder aus schon vorhandenen Weiterbildungen abgeleitet. Das Studium der vielfach komplizierten Regeln, die dabei zur Anwendung kommen, d. h. die Wortbildungslehre, ist ein wichtiger Teil der Morphologie (2).

(1) Siehe Schindler, Das Wurzelnomen im Arischen und Griechischen, Diss. Würzburg 1972. – (2) Für die wichtigsten idg. Sprachen gibt es ausgezeichnete Behandlungen der Wortbildung; vgl. für das Ai. Wakkernagel–Debrunner, Ai. Gr. II 1–2; für das Griechische Schwyzer, GG I 415–544; Risch, Wortbildung der homerischen Sprache, ²1974; für das Latein Leumann, Lat. Laut- und Formenlehre, ²1977, 257–403; für das Germanische F. Kluge, Nominale Stammbildungslehre der altgerm. Dialekte, ³1926; C. T. Carr, Nominal compounds in Germanic, 1939; H. Krahe–W. Meid, Germanische Sprachwissenschaft III: Wortbildungslehre, 1967; W. Henzen, Deutsche Wortbildung, ³1965; für das Slavische Vaillant, Gram. comp. IV, 1974. – Manche dieser Werke behandeln auch die Probleme der Komposition; zu den grundlegenden Fragen der Entstehung von Komposita s. z. B. Benveniste, Fondements syntaxiques de la composition nominale, BSL 62, 1968, 15–31; Lehmann, PIE compounds in relation to other PIE syntactic patterns, AL 12, 1970, 1–20. – Viele wichtige Beiträge sind nachgedruckt in Lipka–Günther, Wortbildung, Wiss. Buchges. Darmstadt 1981.

1.4.8 Hier können offenbar nicht alle Stammklassen und Deklinationstypen besprochen werden. So sollen hier nur die Hauptklassen herausgehoben werden, an denen sowohl die Tatsachen wie auch die Methoden veranschaulicht werden können.

2. Verschlußlautstämme

Eine einfache Nebeneinanderstellung der Paradigmen in verschiedenen Sprachen genügt meistens, um die ursprüngliche Identität und den alten Bestand aufzuzeigen. So z. B. bei dem Dentalstamm *ped-/*pod- ‚Fuß'.

2.1		skt.	griech.	lat.	idg.
Sing.	Nom.	pā́d	πούς (πώς)	pēs	*pēs
	Akk.	pā́d-am	πόδ-α	ped-em	*péd-m̥
	Gen.	pad-ás	ποδ-ός	ped-is	*ped-és/-ós
	Abl.	pad-ás	—	—	”
	Dat.	pad-é	—	ped-ī	*ped-éi
	Lok.	pad-í	ποδ-í	ped-e	*ped-í
	Instr.	pad-ā́	pod-e	”	*ped-é
Plur.	Nom.	pā́d-as	πόδ-ες	ped-ēs	*péd-es
	Akk.	pad-ás	πόδ-ας	ped-ēs	*péd-n̥s
	Gen.	pad-ā́m	ποδ-ῶν	ped-um	*ped-óm
	Abl.-Dat.	pad-bhyás	—	ped-i-bus	*ped-bh(y)os
	Lok.	pat-sú	πο(σ)-σí	—	*ped-su
	Instr.	pad-bhís	pop-pʰí	—	*ped-bhis

Die zwischen πούς und pēs bestehende Differenz der Abtönung erklärt sich aus der Alternation innerhalb des Paradigmas (z. B. Nom. *pōs: Gen. *ped-ós) oder zwischen Simplex und Kompositum (z. B. *pēs: *su-pōs ‚mit guten Füßen'), wobei nachträglich eine Färbung verallgemeinert wurde (1). – Die Dehnstufe im Nom. Sing. ist aus der assimilierten Form *pess aus ped-s zu erklären (s. VI. 2.7.2); im Aind. wurde der Dental wiederhergestellt und *pāts ergab nach der Sandhiregel, die nur einen Konsonanten im Auslaut gestattet, pāt. – Der Akk. Sing. hat nach Ausweis der Entsprechungen -am: -α: -em die Endung -m̥ gehabt, d. h. die Endung -m, die nachkonsonantisch im Auslaut silbisch werden mußte; ebenso kann die Endung des Akk. Pl. als -n̥s rekonstruiert werden, die wohl aus -ms assimiliert ist, d. h. -m + pluralisierendem s (2). Die germanische Entsprechung, z. B. ae. fōt ‚foot', zeigt die Verallgemeinerung der nur dem Nom. Sing. zustehenden Dehnung. Das got. fōtus zeigt sogar die Schaffung eines u-Stammes aufgrund der ererbten Akk.-Endung -u(n) aus idg. -m̥, und plur. -uns aus -n̥s. – Die Endung des Gen. Sing. ist -os im Griech., augenscheinlich -es im Lat. (woraus -is); -os wäre einfach die Abtönung von -es (3). Es ist aber bemerkenswert, daß im Nom. Pl. immer nur -es erscheint, nie -os. – Der

Diphthong im Dat. Sing. ist jetzt sicher als -ei zu bestimmen (4); vgl.
osk. *paterei* ‚patrī‘, gr. Διϝεί-φιλος ‚dem Zeus lieb‘ und jetzt auch
die Myken. *tukatere pomene* usw., d. h. θυγατέρει ποιμένει. – Der
Instr. Sing. scheint auf -e/-o oder -ē/-ō auszugehen; die Vokalfarbe
ist jetzt durch Myken. *erepate* = ἐλεφαντε bestätigt. – Der Gen. Pl.
hat im Aind. die Endung -ām, im Gr. -ῶν, die auf idg. -ōm hinweisen. Das ist mit den Formen der meisten Sprachen vereinbar,
aber kaum mit slav. -ŭ, das, wie auch die altirische Endung, auf -ŏm
zurückgehen muß. Dann wird -om – eine einfache Adjektivform –
die ursprüngliche Endung gewesen sein (vgl. *erīlis fīlius*), die mit
vokalischem Auslaut, also mit -ā- bzw. -o-, zu -ōm zusammengezogen wurde, das dann in mehreren Sprachen auch auf andere Stämme
ausgedehnt wurde (5). – Der Lok. Pl. hat die Endung -su in den
Satem-Sprachen, aber das Griechische bietet -si; für die Erklärung
siehe weiter unten VII. 6.5.23 (6). – Der Dat. Abl. und der Instr. Pl.
haben beide ein kennzeichnendes *bh*, das verschiedentlich erweitert
wurde und ursprünglich wohl eine Postposition *bhi* (vgl. bei) war.
Im Germ. und Balto-Slavischen tritt statt dessen eine durch *m* charakterisierte Endung auf (7).

Zu (1): vgl. Schmitt-Brandt 125; und Schindler, KZ 81, 1967, 290 f.,
bes. 303; BSL 67, 1973, 31 f. (: *pōs/*pedós – abgelehnt von Kuryłowicz, Problèmes, 1977, 38). Das nominativische -s ist jedenfalls von den
Pronomina übernommen (s. Kuryłowicz, Categories 211), und zwar
fast allgemein, s. oben VI. 2.7.1. Vgl. noch Y. M. Biese, Some notes on
the origin of the IE nom. sing., Helsinki 1950; Fillmore, in: Universals
in linguistic theory, edd. Bach–Harms, 1968, 13; Villar, Ergatividad
(s. IX. 7.1.2.20), 156 ff. – (2) S. Brandenstein, Studien zur idg. Grundsprache, 1952, 10. – (3) Über die Alternation s. Kuryłowicz, Apophonie 76, Categories 196¹⁵. Der Versuch, einen ursprünglichen Unterschied
zwischen Gen. auf -os und Abl. auf -ots herzustellen (Benveniste, BSL
50, 1955, 32), ist gescheitert (s. Lazzeroni, Studi e saggi linguistici 2,
1962, 12 f.; Ivanov, Obščeind. 35 f.), obwohl der Gen. aus einem Abl.
entstanden sein wird, s. Kuryłowicz, Categories 194. 202. Auch die
seit v. Wijk öfters wiederholte Annahme der ursprünglichen Identität
von Gen. und Nom. (z. B. Lehmann, Language 34, 1958, 192; H. Ammann, Nachgelassene Schriften, 1961, 56 f.) ist kaum stichhaltig, s. v.
Velten, BSL 33, 1932, 218; Jespersen, Language 383. – (4) Die früher
fast allgemein angesetzte Endung -ai wird abgelehnt von Beekes, KZ
87, 1973, 215 f.; Origins 125; aber verteidigt von Haudry, BSL 70, 1975,
115 f., bes. 134. – Über den Synkretismus von Dat. und Lok. im Mykenischen s. Panagl, 7. Mykenolog. Colloquium (1981), 1983, 367–72;
Hettrich, MSS 46, 1985, 111 f. – (5) Meillet, MSL 22, 1922, 258

(*-om*); Stang, Vergl. Grammatik der baltischen Sprachen, 1966, 185
(*-ōm*). Für die adjektivische Auffassung: Petersen, AJPh 46, 1925, 159;
Vaillant, RES 15, 1935, 5; Martinet, Word 9, 1953, 258 Fn. 23; Kortlandt, Lingua 45, 1978, 281–300 (ohne Kenntnis der Früheren); Jasanoff, JIES 11, 1983, 187. – (6) Die Auffassung, der Lok. sei spätindogermanisch, d. h. nicht-idg., da in dem Westen nie entwickelt (Toporov,
Lokativ v slavjanskix jazykax, 1961, 275 f.), oder gar nur in einzelsprachlicher Zeit entstanden (Ambrosini, Annali della Scuola Normale di
Pisa 29, 1960, 85), ist unhaltbar (so jetzt auch Savčenko, Lingua Posnaniensis 12–13, 1968, 29 f.); ebenso auch die Annahme, der Lok. Sing. hätte
auch Null als Endung gehabt: es handelt sich in solchen Fällen um Verlust
des *-i*, s. Ferrell, To honor R. Jakobson 1, 1967, 656. – (7) K. H.
Schmidt, Dativ und Instrumental im Plural, Glotta 41, 1963, 1–10.
Über den ‚adverbialen‘ Charakter dieser Kasus s. Meillet, Introduction
298 f.; Pedersen, Hittitisch 30 f.; Kuryłowicz, Études I 168 f., Categories 201; über das griech. -φι Lejeune, BSL 52, 1956, 187–218; Morpurgo–Davies, Glotta 47, 1970, 46–54. Vgl. noch Szemerényi, Methodology 31 f.; 7. Fachtagung, 1985, 519 f. – Über den Synkretismus im
Mykenischen s. Hettrich, MSS 46, 1985, 111–122.

2.2.1 Die Ablautalternationen und die mit ihnen verbundenen
Akzentbewegungen können bei den -*nt*-Stämmen besser beobachtet werden. Das Wort für ‚Zahn‘ weist die folgenden Paradigmen
auf:

		skt.	griech.	lat.	got.	lit.
Sing.	Nom.	dán	ὀδών	dēns	*tunþus	dantìs
	Akk.	d-ánt-am	ὀδόντα	dentem	tunþu	dañtį
	Gen.	d-at-ás	ὀδόντος	dentis		dantiẽs
	Abl.	d-at-ás				
	Dat.	d-at-é		dentī		dañčiui
	Lok.	d-at-í	ὀδόντι	dente	tunþau	dantyjè
	Instr.	d-at-ā́				dantimì
Plur.	Nom.	d-ánt-as	ὀδόντες	dentēs		dañtys
	Akk.	d-at-ás	ὀδόντας	dentēs	tunþuns	dantìs
	Gen.	d-at-ā́m	ὀδόντων	dent(i)um	tunþiwe	dantų̃
	Abl.-Dat.	d-ad-bhyás		dentibus		dantìms
	Lok.	d-at-sú	ὀδοῦσι			dantysè
	Instr.	d-ad-bhís				

In der altindischen Alternation *d-ant-/d-at-* (vor stimmhaften
Verschlußlauten *d-ad-*) ist *-a-* die Nullstufe von *-an-*, stellt also die
regelrechte Entwicklung von *-n̥-* dar, dem jedenfalls *-un-* in got.
tunþus, wahrscheinlich aber auch *-en-* in lat. *dent-* genau entspricht
(s. IV. 5.1); *-an-* ist die Vollstufe dazu, die dem *-on-* in gr. ὀδοντ-,

-an- in lit. *dant-*, aber auch in ahd. *zan(d)* (woraus *Zahn*), as. *tand*, ae. *tōþ* (heute *tooth*, aus **tanþ-*) entspricht, die alle idg. *-on-* darstellen. Offenbar alternierten die Formen **dont-* und **dn̥t-* ursprünglich innerhalb des Paradigmas. Die Verteilung der Formen ist im Aind. noch gut bewahrt, in den anderen Sprachen wurde aber eine Ablautform verallgemeinert; eine Ausnahme ist das Griechische, wo neben dem Stamm ὀδοντ- (worin ο- ein sog. prothetischer Vokal ist) ursprünglich die dehnstufige Nominativform ὀδών gebraucht wurde, die aber später gleichfalls durch ὀδούς aus ὀδοντ-ς ersetzt wurde (1); über *ōn* aus *-onts* s. VI. 2.7.3. Das idg. Paradigma war also:

Sing. **dōn*, **dónt-m̥*, **dn̥t-ós*, **dn̥t-éi*, **dn̥t-í*, **dn̥t-ḗ*
Plur. **dónt-es*, **dn̥t-n̥s* (**dónt-n̥s?*), **dn̥t-óm* (*-ṓm*), **dn̥t-bh-*, **dn̥t-sú* (2).

Dieser konsonantische Stamm wurde in einigen Sprachen umgestaltet. Aufgrund der Akkusativformen *tunþu* (Sing.), *tunþuns* (Pl.) wurde das Wort im Gotischen zu einem *u*-Stamm; aufgrund der Akkusative *dañti̯*, *dantìs* wurde es im Litauischen zu einem *i*-Stamm, und auch das Latein der klassischen Zeit hat normalerweise einen *i*-Stamm, vgl. *dentium* und das altertümlichere *dentum* bei Varro (3).

Der Akzentwechsel ist ebenfalls im Aind. gut erhalten: Vollstufe (*o*-Abtönung) unter dem Akzent, Nullstufe mit Akzentverschiebung auf die Endung (4).

Zu (1) vgl. Szemerényi, Syncope 80f. – Die Nullstufe ist auch im Griechischen noch belegt: das Adverb ὀδάξ ist aus ὀδάσσ᾽ umgestaltet, der alten Lokativform ὀδάσσι aus **dn̥t-si*, s. Kratylos 17, 1974, 88; und schon Joh. Schmidt, Pluralbild, 427[1]. – (2) Zu der Vokalstufe der Silbe vor der Endung im Akk. Pl. der kons. Stämme s. Hock, JAOS 94, 1974, 73–95 (: für ursprüngliche Vollstufe wie im Sg.). – (3) Zur Etymologie s. Szemerényi, 7. Fachtagung, 1985, 530. – (4) Über die arischen *-vant-*/ *-mant-*-Stämme siehe K. Hoffmann, Aufsätze 2, 1976, 555f.

2.2.2 Dieselbe Flexion war ursprünglich bei den mit *-nt-* gebildeten Partizipien im Gebrauch, und ist es noch im Aind. So flektiert das Partizipium von *as-* ‚sein‘, *s-ant-* ‚seiend‘ folgendermaßen (im Mask.):

Sing. sán, sántam, satás, saté, satí, satá
Pl. sántas, satás, satā́m, sadbhyás, satsú, sadbhís.

Das idg. Paradigma **sōn*, **sónt-m̥*, **sn̥t-ós* usw. wurde im homer. ἐών ἐόντα ἐόντος ἐόντι usw. zugunsten der *o*-Stufe vereinheitlicht, aber manche Dialekte haben noch andere Ablaut-Stufen direkt oder indirekt erhalten; die lat. *absens praesens* haben in *-sens, -sentis* die Nullstufe *-sn̥t-* verallgemeinert. Hinter dam lat. *iens, euntem, euntis* usw. liegt ein ursprüngliches Paradigma *yōn, *yónt-m̥, *yn̥t-ós, das zunächst zu lat. *iō, *iontem, *ientis usw. führte; später wurde Nom. *iō durch *iens* ersetzt, und *euntem,* aus *iontem leicht umgestaltet, wurde mit *eunt-* für den Rest des Paradigmas maßgebend.

2.2.3

Zu tiefgreifenderen Umgestaltungen kam es bei dem Wurzelnomen *pont- ‚Weg'. Das ursprüngliche Paradigma war:

Sing. *pōn, *pónt-m̥, *pn̥t-ós, *pn̥t-éi, *pn̥t-í, *pn̥t-é

Pl. *pónt-es, *pónt-n̥s (*pn̥t-?), *pn̥t-óm, *pn̥t-bh-, *pn̥t-sú, *pn̥t-bhí-.

Im Slav. wurde *pont-m̥ zu *pontŭ,* das wie ein Akk. eines *i*-Stammes aussah und so zur Grundlage des *i*-Stammes *ponti- mit verallgemeinerter *o*-Stufe wurde (Russ. *put'*, Serb. *put* usw.); im Altpreußischen lebt dagegen in *pintis* die verallgemeinerte Nullstufe *pn̥t-* fort. Die zwei Stufen ergaben im Griechischen zwei Nomina, beide zu *o*-Stämmen erweitert: πόντος ‚Meer' und πάτος ‚Weg, Pfad'. Lat. *pons,* als konsonantischer Stamm ererbt, wurde in die *i*-Stämme übergeführt, wie auch sonst fast alle *-nt-*Stämme.

Aind. *panthās,* Akk. *panthām,* Gen. *path-as* und avest. *pantå,* Akk. *pantąm,* Gen. *paθō* usw. sind aus den ererbten *pōn, *pontm̥, *pn̥tos usw. umgeformt, indem zunächst Nom. *pā und Akk. *pantam zu *pantā *pantām ausgeglichen wurden. Zu dieser Zeit entstanden auch nach Analogie der *n*-Stämme (*-ā: -ānam: -ānas*) die Formen *panthānam, panthānas,* avest. *pantānəm, pantānō.* Die TA *th* ist wahrscheinlich dem Einfluß von *rath- ‚fahren' zuzuschreiben. Der Instr. Pl. *padbhis,* im avest. *padəbīš* noch erhalten, wurde im Aind. wegen der Homonymie mit ‚Fuß' aufgegeben und durch einen vorkonsonantischen Stamm *pathi-* ersetzt.

Vgl. zur Bedeutung Benveniste, Word 10, 1954, 256f. Zur Stammesalternation auch Kuryłowicz, Apophonie 377; Kuiper, Indo-Iranian Journal 1, 1957, 91f. Der oft angenommene Nom. *ponteH-s mit zwei Vollstufen ist unmöglich; s. jetzt Szemerényi, Akten der 5. Fachtagung, 1975, 334f.; laryngalistisch Mayrhofer, Fs. G. Neumann, 1982, 178; dagegen Bammesberger, Studien zur Laryngaltheorie, 1984, 137. Für die oben vorgeschlagene Entwicklung ist von Interesse Leumanns frühe Idee (Leumann[1] 232), daß lat. *sēdēs* aus Kontamination von Nom. *sēs* und Gen. *sēdis* entstand.

3. Nasal- und Liquidastämme

Es ist bemerkenswert, daß nur sehr wenige Stämme auf -*m*- und -*l*- aufzufinden sind, während Stämme auf -*n*- und -*r*- massenweise auftreten. Bei allen tritt im belebten Nom. Sing. die Dehnstufe auf (s. VI. 2.7.1), im Arischen mit Verlust des auslautenden Konsonanten, worauf -*s* wieder antreten kann (*kṣās:* χϑών), wie auch im Griechischen.

3.1 Für die belebten Nasalstämme können wir aind. *rā́jā* ‚König‘, gr. ἄκμων ‚Amboß‘, lit. *akmuo* ‚Stein‘, got. *guma* ‚Mann‘, lat. *homo* vergleichen.

		skt.	gr.	lit.	got.	lat.
Sing.	Nom.	rā́jā	ἄκμων	akmuõ	guma	homo
	Vok.	rā́jan	ἄκμον	akmeniẽ		homo
	Akk.	rā́jānam	ἄκμονα	ākmen̨į	guman	hominem
	Gen.	rā́jñas	ἄκμονος	akmeñs	gumins	hominis
	Dat.	rā́jñē		ākmeniui	gumin	hominī
	Lok.	rā́jan(i)	ἄκμονι	akmenyjè		homine
	Instr.	rā́jñā		ākmeniu		homine
Pl.	Nom.	rā́jānas	ἄκμονες	ākmenys	gumans	hominēs
	Akk.	rā́jñas	ἄκμονας	ākmenis	gumans	hominēs
	Gen.	rā́jñām	ἀκμόνων	akmenų̃	gumane	hominum
	Dat.	rā́jabhyas		akmenìms	gumam	hominibus
	Lok.	rā́jasu	ἄκμοσι	akmenysè		„
	Instr.	rā́jabhis		akmenimìs		„

Auch hier ist die Verteilung von starken und schwachen Kasus eigentlich nur im Aind. erhalten. Im Griech. fand Ausgleich zugunsten der Vollstufe (ἄκμονος nach ἄκμονα usw., bzw. ποιμένος nach ποιμένα zu ποιμήν ‚Hirt‘) oder der Dehnstufe (ἀγκών, -ῶνα, -ῶνος ‚Ellbogen‘) statt; Reste der Nullstufe erscheinen in ἀρνός zu ἀρήν ‚Lamm‘, κυνός neben κύων ‚Hund‘ (1), pindarisch φρασί (aus -*n̥si*) neben φρένες. Solche Reste der Nullstufe finden sich auch im Germanischen, vgl. got. Gen. Pl. *auhs-n-e*, Dat. Pl. *auhsum* (aus **uhs-un-miz* aus -*n̥-mis*), die vom allgemeinen Typ *gum-an-e* *gumam* (-*am* aus -*an-mis*) abweichen, aber sehr gut zu dem urverwandten ai. *ukṣā́* ‚Ochs‘ stimmen, von dem die entsprechenden Kasus *ukṣ-n̥-ā́m* *ukṣ-a-bhis* (aus -*n̥-bh*-) lauten. Im Latein ist die Ablautvariation durch Schwächung oder Verlust nichterstsil-

biger Kürzen zerrüttet; im Lit. (und Slav.) ist sie auf den Wechsel
-ōn/-en- reduziert. Dieser Wechsel in der Vokalfärbung erscheint
auch im Germ., vgl. got. *guman gumins* aus idg. *-on-m̥ -en-os*, und
geht sicher auf die Grundsprache zurück. So kann für das Idg. die
folgende Flexion rekonstruiert werden (2):

	Sing.	Pl.
Nom.	-ōn	-en-es
Akk.	-en-m̥	-(e)n-n̥s
Gen.	-(e)n-os	-n-om, -n-ōm
Lok.	-en-i	-n̥-su.

Es ist möglich, daß im Idg. neben *-ōn* auch noch *-ēn* im Nom. Sing.
bestand (3) und daß nach *-ōn* schon im Idg. Akk. *-on-m̥* und Nom.
Pl. *-on-es* geformt wurden. Es gibt auch Anzeichen dafür, daß (bei
Einsilblern?) auch ein Gen. Sg. auf *-en-s -em-s* vorhanden war, mit
Nullstufe des Suffixes *-os* und Vollstufe des vorangehenden Teils;
vgl. avest. *x^və̄ng* ‚der Sonne‘, *də̄ng* ‚des Hauses‘, aus idg. **swen-s,
dem- s. Das letztere wird auch in **doms-potis* ‚Herr des Hauses‘
(etwas umgestaltet in gr. δεσπότης) vorliegen (4). Über den Lok.
Sing. s. oben 2.1 (6).

(1) Zur Umgestaltung in lat. *canis* s. Szemerényi, Studi V. Pisani,
1969, 979–84. – (2) Kuryłowicz, Apophonie 62 f.; Szemerényi,
Numerals 158 f.; Benediktsson, On the inflection of the n-stems in
Indo-European, NTS 22, 1968, 7–31; Euler 181 f. – (3) Über den alt-
nord. Nom. Sg. s. Szemerényi, l.c.; Antonsen, in: The Nordic
languages and modern linguistics, 1970, 313 f. Über den germanischen
Nom. Sg. noch Jasanoff, Essays Beeler, 1980, 375–82 (: -ē, -ō und
-ŏ̄ < -oHō?). – (4) S. dazu Szemerényi, Syncope 374 f. und 410; SMEA
20, 1980, 220 f.

3.2 Für die unbelebten Nasalstämme bietet sich das Wort für
‚Name‘ an; Nom., Vok. und Akk. werden in jeder Zahl durch je eine
Form vertreten.

	skt.	lat.	got.	aks.
Sing. NAV	nāma	nōmen	namo	imę
Gen.	nāmnas	nōminis	namins	imene
Dat.	nāmnē	nōminī	—	imeni
Lok.	nām(a)ni	nōmine	namin	imene
Instr.	nāmnā	nōmine	—	imenĭmĭ

	skt.	lat.	got.	aks.
Pl. NAV	nāmā(ni)	nōmina	namna	imena
Gen.	nāmnām	nōminum	namne	imenŭ
Dat.	nāmabhyas	nōminibus	namnam	imenĭmŭ
Lok.	nāmasu	—	—	imenĭxŭ
Instr.	nāmabhis	nōminibus	—	imeny

Die Endung des Nom. Sing. geht auf -ņ zurück, das regelrecht *nāma nōmen* (und gr. ὄνομα) ergab; im Aks. hätte *(im)ĭ* entstehen sollen (s. IV. 5.4), aber die in dem ganzen Paradigma durchgeführte Stammform *imen-* (1) wurde auch in den Nom. eingeführt, wo sie natürlich zu *imę* wurde; noch immer ungeklärt ist got. *namo,* das irgendwie aus dem erwarteten **namu* (aus -*un* < -*ņ*) umgestaltet sein wird (4). – Im Nom. Pl. erscheint in den meisten Sprachen die Fortsetzung von idg. *-ā,* z.B. lat. *nōmina* usw. Allein das Arische weicht von dieser Bildungsweise ab. Im Indischen findet sich sowohl *nāmā* wie auch *nāmāni;* ihnen entspricht im Avestischen *-ān* (z.B. *nāmąn*) und *-āni* (z.B. *afšmānī* ‚Verse'), vielleicht auch *-ā* (2). Es scheint klar zu sein, daß *-ā* die normale arische Entwicklung von *-ān* ist (vgl. VI. 2.7.3), während *-āni* dieselbe Form mit dem Stützvokal *-i* darstellt; beide werden aus idg. *-on* entwickelt sein, und zwar so, daß im Sandhi vor konsonantischem Anlaut *-ā,* vor vokalischem Anlaut *-ān* entstand (3).

(1) Zu den Verschiedenheiten in der Wurzelsilbe s. Szemerényi, Syncope 243f. – (2) S. Kuiper, Shortening of final vowels in the RV, 1955, 13f. – (3) Der häufig vorgetragene Vergleich mit got. *hairtōna* ‚Herzen' aufgrund eines idg. *-ōn-* (so auch Kuiper 16. 36) wird strukturell durch ai. *čatvāri* ‚vier' (Nom. Pl. Ntr.) unterstützt; vgl. VIII. 5.2 (5), und zur Dehnung (unten 4.1) Skt. **(jan-)āsi.* Siehe noch Kuryłowicz, Gedenkschrift W.Brandenstein, 1968, 86; Beekes, IIJ 23, 1981, 275f. – Nach Anttila, Fs. Winter, 1985, 17–24, soll im Griechischen der Nom. Pl. Ntr. auf *-ōn* die Quelle des maskulinen (singularischen!) Typs ἀγών gewesen sein. – (4) Siehe Polomé, RBPh 45, 1968, 821; Jasanoff, o.c., 380. – Könnte in **namu* die Endung nach *wato* ‚Wasser' (idg. **wodōr,* s. unten 3.4) umgebildet worden sein? Zu *-i* als Pluralzeichen siehe auch Melchert, Hittite Hist. Phonology, 1984, 71.

3.3 Die Liquidastämme – in der Hauptsache *r*-Stämme – haben grundsätzlich dieselbe Flexion wie die Nasalstämme. Vgl.

	skt.	homer.	lat.	aks.
Sing. Nom.	mātā	μήτηρ	māter	mati
Akk.	mātaram	μητέρα	mātrem	materĭ
Gen.	mātur	μητρός	mātris	matere
Dat.	mātrē	—	mātrī	materi
Lok.	mātari	μητέρι	mātre	materi
Instr.	mātrā	—	mātre	materĭi̯ǫ
Plur. Nom.	mātaras	μητέρες	mātrēs	materi
Akk.	mātr̥̄s	μητέρας	mātrēs	materi
Gen.	mātr̥̄ṇām	μητρῶν	mātrum	materŭ
Dat.	mātr̥bhyas	—	mātribus	materĭmŭ
Lok.	mātr̥ṣu	μητράσι	—	materĭxŭ
Instr.	mātr̥bhis	—	mātribus	materĭmi

Die Stammabstufung war auch hier im Idg.

	Sing.	Pl.
Nom.	-ēr	-er-es
Akk.	-er-m̥	-r-n̥s
Gen.	-r-os	-r-om/-ōm
Lok.	-er-i	-r̥-su

Diese Verteilung ist aber nur im Aind. und teilweise im Griech. bewahrt, sonst ist sie ziemlich weitgehend ausgeglichen worden; vgl.
z. B. den durchgehenden Stamm *mater-* im Aks. – Eine auffällige
und bisher nicht befriedigend erklärte Kasusbildung findet sich im
ai. Gen. Sing., der wohl aus -r̥s entstanden ist, wie avest. -ərəš = r̥š,
dem auch an. -ur aus -urs (an. *foður* aus *patr̥s*) entspricht, nahelegt,
obwohl daraus nicht -ur zu erwarten war; die ursprüngliche Bildung wird wohl -r-os gewesen sein (1). – Der Akk. Pl. *mātr̥̄s* steht
einem maskulinischen *pitr̥̄n* gegenüber; beide sind geneuert für das
ererbte **mātras *pitras* (aus -n̥s) nach den *i-* und *u-*Stämmen; das
alte ist noch in *usr-ás* ‚die Morgenröten‘ erhalten, wie auch der ursprüngliche Gen. Sg. in dem gleichlautenden *usr-ás* und *nár-as* ‚des
Mannes‘ (s. 3.3.1). – Der Gen. Pl. *mātr̥̄ṇām*, *pitr̥̄ṇām* ist auch geneuert statt **pitrām *mātrām* (cf. μητρῶν), die alte Bildung ist noch
in *narām* ‚der Männer‘, *svasrām* ‚der Schwestern‘ bezeugt. – Im
Aks. ist im Nom. Sing. **mātēr* mit Verlust des auslautenden -r und
Hebung von ē zu *mati* geworden; vgl. auch lit. *mótē* (heute meistens
móteris) ‚Frau‘. Der Akk. Sing. hat -ĭ aus -im aus -m̥, Pl. -i aus -ins
aus -n̥s. Im Dat. Lok. Instr. Pl. werden die Endungen mit -ĭ- an den

Stamm gefügt, so wie auch im Latein *patribus* ein *i* vor *-bus* aufweist; beide Sprachen haben das *i* von den *i*-Stämmen übernommen.

(1) S. Bammesberger, JIES 11, 1983, 105f., aber vielleicht ist besser Hollifield, Sprache 30, 1984, 39f.: aus Proto-Nord. **faðurir*, früher **faðariz* (*o*-Stufe?) mit Hebung des *a* vor *i* zu *u*. – Für die *r*-Stämme s. auch Euler 198f.

3.3.1 Unter den belebten *r*-Stämmen verdient **ner-* ‚Mann' hervorgehoben zu werden, das im Griech. mit einem prothetischen Vokal als ἀνερ- erscheint. Im Griechischen ist auch die Abstufung anfänglich noch ziemlich gut erhalten. Homerisch ἀνήρ-ἀνέρα-ἀνδρός-ἀνδρί, ἄνερες-ἄνδρας-ἀνδρῶν-ἀνδράσι setzen das regelrechte Paradigma **nḗr/*nér-m̥/*n̥r-ós/*n̥r-í/*nér-es/*n̥r-n̥s/*n̥rom/*n̥r-su* fort, von dem im Vedischen *naram* (Akk. Sg.), *naras* (Gen. Sg.), *narḗ* (Dat. Sg.), *naras* (Nom. Pl.), *narā́m* (Gen. Pl.) stammen; die griech. Gruppe -νδρ- beruht auf der Lautentwicklung von *nr* zu *ndr*, die auch anderswo bekannt ist (vgl. fläm. *Hendrik* aus *Henrik*), und ἀνρ- statt **ἀρ-* erhält den charakteristischen Nasal so wie das indische *nar-* auch den Nasal restauriert. Der Stamm **ner-* lebt auch in Italien weiter: das Oskische hat den Nom. Sg. *niir* ‚princeps' aus **nēr* und den Gen. Pl. *nerum*, das Umbrische den Dat. Pl. *nerus* ‚principibus' und Akk. Pl. *nerf*; der Name *Nero* ist ein von demselben Stamm gebildetes Dialektwort (‚der Männliche').

3.3.2 Ein archaisches Neutrum ist im hom. κῆρ ‚Herz' erhalten. Es setzt idg. **kēr* fort, das aus **kerd* assimiliert und dann gedehnt wurde (VI. 2.7.5); es ist auch im heth. *kēr*, geschrieben ŠÀ-*ir* und *kir*, erhalten. Die zu erwartenden Formen des Gen. und Dat., **kr̥d-ós* und **kr̥d-í*, wurden von hom. (κῆρος,) κῆρι verdrängt, leben aber im Anlaut verändert (V. 4.3) in skt. *hr̥d-ás*, *hr̥d-í* weiter (2). Im Nom. würden wir skt. **hā́* (aus **hā́r*) erwarten, da aber so die Form unerkennbar geworden wäre, wurde das auslautende -*r* und sogar das Stammesende -*d* klargestellt; **hā́rd* bedurfte nach den Auslautsgesetzen des Aind. eines Vokals und so entstand *hā́rdi*. Das idg. *kēr* ist auch im apreuß. *sīr(an)*, *seyr* erhalten, und der Akut der Länge lebt noch in der akuten Intonation von lit. *širdìs*, *sȋrdį* weiter (1). Lat. *cor, cordis* wird die Abtönung aufweisen, vgl. den umgekehrten Fall von *pēs*: πώς. In mehreren Sprachen wird das alte Wurzelnomen von einer Ableitung verdrängt; vgl. καρδία (aus **kr̥d-iyā*), air. *cride* (aus **kr̥diyom*), aks. *sr̥dĭce* (aus **kr̥d-iko-*), und mit einer Nasalerweiterung got. *hairto*, Gen. *hairtins*, ahd. *herza*, *herzin* (2).

(1) Vgl. Szemerényi, KZ 75, 1958, 179[1]; SMEA 3, 1967, 66 Fn. 74; Stang, Vergl. Gram. der balt. Sprachen, 1966, 158 (unklar über -*d*). – (2) S. jetzt Szemerényi, *kēr*; 5. Fachtagung, 1975, 335f.; Studies A. A. Hill III, 1979, 270f.

3.4 Eine Verbindung von *r*- und *n*-Stämmen finden wir bei einer Gruppe sogenannter *Heteroklita*; der *r*-Stamm erscheint nur im Nom.-Akk. des Sing. Hierher gehören lat. *femur/feminis* ‚Oberschenkel‘ und *iecur/iocineris* ‚Leber‘ (aus frühem iecor/*iecinis vereinheitlicht, wobei *iecinoris* zu *iocineris* umgestellt wurde), skt. *yakr̥t/yaknas* ‚Leber‘ (1). Dem letzteren entspricht gr. ἧπαρ/ ἥπατος, so daß -ατος im Gen. auf -n̥tos zurückgeführt werden muß. Dieselbe Bildungsweise findet sich bei ὕδωρ, ὕδατος ‚Wasser‘, dem im Umbrischen Nom. *utur*, Lok. *une* aus *ud-n-i* entspricht, im Gotischen Nom. *watō* aus *wodōr, Gen. *watins* aus *woden(o)s (vgl. as. *watar*, ahd. *wazzar*); das Hethitische hat *wadar*, Gen. *wedenas* schön erhalten, aber den Typus auch sonst besonders reich entfaltet, während er in den anderen Sprachen nur in kümmerlichen Resten fortlebt (2).

Die in ἥπατος, ὕδατος usw. zutage tretende Erweiterung durch -*t*- (-n̥-*t*-os) trifft sich auch bei anderen Gruppen im Griechischen. Der reine *n*-Stamm des lat. *nōmen, nōminis* z. B. ist im Griech. zu dem *t*-Stamm ὄνομα, ὀνόματος (aus -mn̥-tos) umgestaltet, was sicher eine griechische Neuerung ist (3).

(1) Über *iecur* s. Szemerényi, KZ 73, 1956, 191; 5. Fachtagung, 1975, 332f. Anders über den Nom. Schindler, BSL 70, 1975, 6; Strunk, 7. Fachtagung, 1985, 491f., 507f.; Beekes, Origins 4f. – (2) Die Entstehung des heteroklitischen Paradigmas scheint bei Wasser ziemlich klar zu sein. Der N-A *wedōr ist eine binomiale Bildung aus *wed* ‚Wasser‘ und *ōr* ‚Fluß, Wasser‘, während die Lok. *uden das Syntagma *ud* ‚Wasser‘ + *en* ‚in‘ repräsentiert, s. Szemerényi, PICL 7, 1956, 524; CTL 9, 159; Richtungen II 125 Fn. – Für die ganze Klasse siehe auch Pedersen, *r-n*-Stämme, KZ 32, 1893, 240–272 (261f. über den Ursprung); Schindler, L'apophonie des thèmes ie. en -*r/n*, BSL 70, 1975, 1–10; Euler 243f.; Haudry, BSL 75, 1980, 164f.; Préhistoire, 1982, 52f.; Lehmann, in: For G. H. Fairbanks, Honolulu 1985, 73–74 (?). – (3) Über diese sekundären *t*-Stämme s. die Londoner Thesis meiner Schülerin J. Forster, The history of *t*-stems in Greek, 1967; Oettinger, Fs. G. Neumann, 1982, 233f.

4. s-*Stämme*

4.1 Die Flexion der s-Stämme, größtenteils Neutra, ist in mehreren Sprachen schön bewahrt. Vgl. **genos* ‚Geschlecht‘, **nebhos* ‚Wolke‘:

	skt.	hom.	lat.	aks.
Sing. Nom.	ǰanas	γένος	genus	nebo ‚Himmel‘
Gen.	ǰanas-as	γένεος	generis	nebese
Dat.	ǰanas-ē	—	generī	nebesi
Lok.	ǰanas-i	γένεϊ	genere	nebese
Instr.	ǰanas-ā	—	genere	nebesьmь
Plur. Nom.	ǰanáṁsi	γένεα	genera	nebesa
Gen.	ǰanas-ām	γενέων	generum	nebesъ
Dat.	ǰano-bhyas	—	generibus	nebesьmъ
Lok.	ǰanas-su	γένεσσι	—	nebesьxъ
Instr.	ǰano-bhis	—	generibus	nebesy

Die Rekonstruktion ergibt

	Sing.	Plur.
Nom.	**genos, nebhos*	**genes-ā, nebhes-ā*
Gen.	**genes-os, nebhes-os*	**genes-om, nebhes-om*
Lok.	**genes-i, nebhes-i*	**genes-su, nebhes-su.*

Der qualitative Ablaut zwischen Nom.-Akk. Sing. und allen anderen Kasus ist besonders klar im Griech. und Aks., aber auch im Latein unverkennbar (1). Im Gotischen ist durch Ausgleich -es- auch in den Nom. eingedrungen: *riqiz, riqizis* ‚Finsternis‘ (2); so auch im Hethitischen.

Im Nom. Pl. stimmt idg. **genes-ā* oben nur für das Griech., Lat. und Aks., nicht aber für das Aind. Bei ai. *ǰanáṁsi* ist zunächst die Nasalierung in Abzug zu bringen, da sie eine nach Analogie der -*nt*-Stämme erfolgte Neuerung darstellt (3); das übrigbleibende **(ǰan)-āsi* vergleicht sich mit der im Avestischen weiterlebenden Endung -*ās*. Das Verhältnis dieser Endungen ist dasselbe wie von ai. -*āni* und avest. -*ān* bei den *n*-Stämmen (s. oben 3.2), d.h., die Endung war -*ās*, wahrscheinlich aus -*ōs* entstanden (4).

(1) Schindler, 5. Fachtagung, 1959, 259–267, bes. 266, meint, daß -*os* im NA späte Neubildung ist: ursprünglich war nur -*s* da, wie noch in arisch *mans dhā*- (später *manas*-) und *yauš dhā*- sichtbar. Über die Abtönung s. Kuryłowicz, Apophonie 67 f. – (2) Aber die Klasse als Ganzes ist in den -*a*-Stämmen aufgegangen: Schenker, PBB(T) 93, 1971, 46–58;

s. auch Unwerth, PBB 36, 1910, 1–42. – (3) Siehe Wackernagel–
Debrunner, Ai. Gr. III 288; Hoffmann, Aufsätze 2, 1976, 556. – (4)
S. Kuiper, o. c. (oben 3.2). – Über die ganze Klasse s. noch Euler 208 f.;
und über die griech. Neutra Ruijgh, 7. Mykenol. Colloquium, 1983,
391–407.

4.2 Neben den Neutra gibt es eine kleinere Gruppe von belebten
s-Stämmen auf *-ōs*, z. B. gr. αἰδώς, αὔως ἠώς ἕως; lat. *honōs, flōs*.
Ihre Flexion ist mit der der Neutra identisch, nur daß bei ihnen als
belebten Nomina Nom. und Akk. (auch Vok.) formal geschieden
sind. Die Dehnstufe des Nom. Sing. ist aus *-os-s* entstanden (s. VI.
2.7.1). Im Griech. ist im Gegensatz zu den Neutra die *-o*-Stufe durchgeführt, z. B. Akk. Sg. αἰδῶ aus *-os-ṃ*, Gen. Sg. αἰδοῦς aus *-os-os*,
Dat. Sg. αἰδοῖ aus *-os-i*; nur vereinzelt findet sich noch die *e*-Stufe in
isolierten Formen. Im Latein ist im allgemeinen nicht nur die *o*-Stufe,
sondern auch die Dehnung des Nominativs durchgeführt worden,
die einzige Ausnahme ist *arbōs* (Verg. Georg. II 66): *arbŏris*; dazu
kommt noch das frühe Eindringen des zwischen Vokalen aus *s* entwickelten *r* in den Nom. Sing., so daß *honōs/honōrem* durch *honōr/
honōrem* ersetzt wurde. Weiterhin wurde *-ōr* seit Plautus zunehmend
zu *-ŏr* gekürzt, was zu dem Verhältnis *-ŏr/-ōrem*, d. h. zu der Umkehrung der idg. Verhältnisse führte.

Zu den Komparativen auf *-yōs* und den aktiven Participia Perfecti s. Szemerényi, The Mycenaean and historical Greek comparative, Studia Mycenaea, Brünn 1968, 25–36; The perfect participle active in Mycenaean
and IE, SMEA 2, 1967, 7–26; und unten 8.4, IX. 6.1.2.

5. i-, u- *und Diphthong-Stämme*

Die *i-* und *u*-Stämme flektieren – besonders im Aind. – nach zwei
Mustern, die wir als den Haupt- und Nebentypus (1) oder als die
geschlossene und offene Flexion (2) unterscheiden können.

(1) Wackernagel–Debrunner, Ai. Gr. III 138. – (2) Kuryłowicz, Études 137 f., Apophonie 132, Categories 220; Problèmes 111. Zu
beiden Stammklassen s. noch Beekes, Glotta 51, 1973, 228–45; Origins
78 f., 85, 92; Euler 130 f., 143 f.

5.1 Der Haupttypus kann durch ai. *agnis* ‚Feuer‘ = lat. *ignis*,
gr. πόλις, aks. *gostǐ* ‚Gast‘, got. *qēns* ‚Frau‘, bzw. *bāhus* ‚Arm‘ =
gr. πῆχυς, lat. *manus*, got. *sunus* ‚Sohn‘ = aks. *synŭ* veranschaulicht
werden.

a)	skt.	gr.	lat.	got.	aks.
Sing. Nom.	agnis (1)	πόλις	ignis (1)	qēns	gostĭ
Vok.	agnē	πόλι	–	–	gosti
Akk.	agnim	πόλιν	ignem	qēn	gostĭ
Gen.	agnēs	πόλεως	ignis	qēnais	gosti
Dat.	agnayē	πόλει	ignī	–	gosti
Lok.	agnā(u)	πόληι	–	qēnai	gosti
Instr.	(agninā)	–	–	–	gostĭmĭ
Plur. Nom.	agnayas	τρεῖς	ignēs	qēneis	gostĭje
Akk.	agnīn	τρίνς	ignīs	qēnins	gosti
Gen.	agnīnām	τριῶν	ignium	qēnē	gostĭjĭ
Dat.	agnibhyas	–	ignibus	qēnim	gostĭmŭ
Lok.	agniṣu	τρισί	–	–	gostĭxŭ
Instr.	agnibhis	–	ignibus	–	gostĭmi

b)					
Sing. Nom.	bāhus	πῆχυς	manus	sunus	synŭ
Vok.	bāhō	πῆχυ	–	sunau	synu
Akk.	bāhum	πῆχυν	manum	sunu	synŭ
Gen.	bāhōs	πήχεος	manūs	sunaus	synu
Dat.	bāhavē	πήχει	manuī	–	synovi
Lok.	bāhā(u)	–	–	sunau	synu
Instr.	(bāhunā)	–	–	–	synŭmĭ
Plur. Nom.	bāhavas	πήχεες	manūs	sunjus	synove
Akk.	bāhūn	πήχεας	manūs	sununs	syny
Gen.	bāhūnām	πήχεων	manuum	suniwē	synovŭ
Dat.	bāhubhyas	–	manibus	sunum	synŭmŭ
Lok.	bāhuṣu	πήχεσι	–	–	synŭxŭ
Instr.	bāhubhis	–	manibus	–	synŭmi.

Aus diesen Paradigmen ergibt sich eine weitgehende Übereinstimmung im Haupttypus der *i*- und *u*-Stämme. Im Nom. und Akk. Sg. erscheint der Stammvokal *i* bzw. *u* mit den Kasuszeichen *s* bzw. *m* erweitert: *-is -im, -us -um* (2); im Latein ist *-im* entweder lautlich oder nach der Analogie der Konsonantenstämme zu *-em* geworden, im Aks. zu *-ĭ*, wie auch *-um* zu *-ŭ*, während im Got. *-im* zu Null, *-um* dagegen zu *-u* wurde. – Der Vok. endet auf *-ei -ou*, das letztere besonders klar in got. *sunau* und lit. *sūnau*, während *-ei* in Πόσει (*-δάον*) ‚o Herr‘ = ai. *patē* erhalten ist; bloßes *-i -u* im Griech. und z. T. im Got. hat sich nach dem Nom. gerichtet (3). – Für den Gen.

Sg. ist ein Diphthong erwiesen, d.h. *-eis* oder *-ois* (über πόλεως, s. 5.3, über *ignis* unten), bzw. *-ous* (über πήχεος s. 5.3). – Der Dat. Sg. endete nach Ausweis des Aind. auf *-eyei*, d.h. Endung *-ei* angefügt an die Vollstufe des Stammvokals *i*, bzw. bei den *u*-Stämmen auf *-owei* (gefordert vom Aks.) oder *-ewei* (Griech.), das dieselbe Struktur aufweist wie *-eyei*. Latein, Aks. (und Lit.) fordern bei den *i*-Stämmen *-ei*, das wohl aus *-eyei* (= doppeltes *-ei*) durch Haplologie entstand; bei den *u*-Stämmen wurde *-owei* im Lat. regelrecht zu *-uwī*, *-uī*. – Der Lok. Sg. hatte nach Ausweis des Aind. einen Langdiphthongen bzw. einen Langvokal. Bei den *i*-Stämmen wird die Endung durch das Griech. als *-ē* bestimmt, was mit dem Stammvokal *i* nur so zu vereinbaren ist, daß es auf *-ēi* zurückgeführt wird; zu *-ēi* stimmt auch das Got. Bei den *u*-Stämmen stimmen Aks. (samt Lit.) und das Westgermanische (Ae. und As.) für *-ōu*, das auch dem got. *-au* zugrunde liegen mag, obwohl es auch mit urnord. *-iu* auf *-ēu* zurückgehen könnte (4). – Der Nom. Pl. endete auf a) *-ey-es* bzw. b) *-ew-es* oder c) *-ow-es*. Aus a) entstand nach Verlust des intervokalischen *y* im Lat. *-ēs*, das auch bei den Konsonantenstämmen das ererbte *-ĕs* verdrängte, und im Griech. *-ēs*, das im Att.-Ion. -εις geschrieben wird; *-eyes* ergab got. *-ijis›-īs* (geschrieben *-eis*), während aks. *-ĭje* aus *-iyes* nach den anderen Pluralkasus das *-i-* erhielt. Auf b) weisen das Griech. und Got. (*-jus* aus *-iwis* aus *-ewes*) hin, während c) vom Aks. und vielleicht von einem lit. Dialekt (5) und dem Ae. gefordert wird. – Der Akk. Pl. hatte die strukturell klaren Endungen *-i-ns*, *-u-ns*. Der Gen. Pl. endete auf *-i-(y)om*, *-ōm*, bzw. *-u-(w)om*, *-ōm*; das letztere wurde auch zu *-ew-om*, *-ōm* oder *-ow-om*, *-ōm* umgestaltet. – Die übrigen Kasus des Plurals fügten die bekannten Endungen an den Stamm auf *-i-* bzw. *-u-* an (6).

Aufgrund dieser Feststellungen können wir für das Idg. die folgenden Paradigmen aufstellen (7):

	Sing.		Plur.	
Nom.	-is	-us	-eyes	-owes/-ewes
Vok.	-ei	-ou	„	„
Akk.	-im	-um	-ins	-uns
Gen.	-eis/-ois	-ous/-eus	-iyom	-uwom
Dat.	-eyei	-owei/-ewei	-i-bh-	-u-bh
Lok.	-ēi	-ōu/-ēu	-isu	-usu

(1) Die ursprüngliche Form von „Feuer" war * n̥gni-, s. Szemerényi, 1978: 30f.; später dasselbe bei Kortlandt, s. Beekes, Origins 3. – (2) Im Neutrum natürlich NA ohne Endung, z.B. lat. *mare* < *mari-*. –

(3) Kuryłowicz, Categories 198f.: *-ei, -ou* wurden aus *-i -u* geneuert; vgl. noch Watkins, Trivium 1, 1966, 113f.; Winter, Vocative 210f. Anders über das Gotische Ebbinghaus, GL 11, 1971, 100f. – (4) Siehe VI. 2.7.7. – Für den Instrumental auf *-ī -ū* hat schon Kretschmer, KZ 31, 1891, 381f., Kontraktion aus *-i + e, -u + e* angenommen. – (5) Stang, Vgl. Gram. 216; Kazlauskas, *Lietuvių kalbos istorinė gramatika*, 1968, 224; Mažiulis, *Baltų ir kitų ie. kalbų santykiai*, 1970, 297f. – Weniger wahrscheinlich ist Bammesberger, Anglia 103, 1985, 365–70. – (6) Für *-ī -ū* des Ntr. Pl. hat Kretschmer, l.c., wieder Kontraktion aus *-i-a, -u-a* angenommen, s. jetzt Szemerényi 1985: 20. – Watkins, Gedenkschrift Kronasser, 1982, 255f., geht für den Ntr. Pl. von *-iH -uH* aus, die im Althethitischen noch als *-ī -ū* erscheinen sollen, aber nach Lindeman, Sprache 29, 1983, 41f., bezeichnet die altheth. Schreibung *a-as-su-u* nicht *-ū*, sondern den Akzent. – Für *-ī -ū* im Dual hat Kretschmer, l.c., Kontraktion wie beim Instr. Sg. angenommen; Risch, 5. Fachtagung, 1975, 253 Fn. 15, setzt einen (ersten) Laryngal als die Endung an. – (7) Die Erklärung des gr. Typus *polis/poléos* als Fortsetzung eines hysterodynamischen Typus *-ēis/-yos* (Beekes, Glotta 51, 1973, 241–5) ist unglaubhaft, besonders bei einem Wort, für das auswärtige Evidenz (Lit., Ai.) nur *pol-* garantiert. Das Richtige weiter unten 5.3 s. fin.

5.2　Der Nebentypus (1) unterscheidet sich darin, daß der Stammvokal *i* bzw. *u* keine Ablautvariationen aufweist, sondern ‚unverändert' vor den Endungen auftritt, vor Vokalen natürlich zu *y* bzw. *w* wird. Der Typus ist im Aind. am besten erhalten, aber Reste finden sich auch im Avest., Griech. und sogar Germ.

Nach diesem Typus flektieren im Vedischen 4 *i*-Stämme (*ari-* ‚Fremder' (2), *avi-* ‚Schaf', *pati-* ‚Gatte', *sakhi-* ‚Freund') und 7 *u*-Stämme (z. B. *kratu-* ‚Verstand', *madhu-* ‚Honig', *pašu-* ‚Vieh' usw.):

	Sing.	Plur.
Nom.	aris, kratus	aryas
Vok.	are (2)	
Akk.	arim, kratum	aryas, pašvas, Avest. pasvō
Gen.	aryas, avyas, kratvas, pašvas	Avest. pasvąm
Dat.	patyē, kratvē, pašvē	
Lok.	kratau	
Instr.	patyā, kratvā, madhvā, pašvā	kratubhis

Dieser Typus ist sichtbar in gr. ὄ(ϝ)ις ‚Schaf', Gen. Sg. οἰός, Gen. Pl. οἰῶν, Nom. Pl. οἶες aus **owis, *owyos, *owyōm, *owyes*. Dazu kommen noch γόνυ, γουνός, γοῦνα, γούνων; δόρυ, δουρός,

δουρί, δοῦρα, δούρων bei Homer („Knie' und ‚Speer') aus *gonu,
*gonwos, *gonwa, *gonwōm usw. Lat. ovis wird dieselbe Flexion
gehabt haben, z.B. Gen. Sg. ovis aus *owyos (wie alis Nom. Sg. aus
*alyos neben dem gewöhnlichen alius); das wird auch zur Verbrei-
tung der Gen.-Endung -is bei den i-Stämmen beigetragen haben. Im
Germ. verdanken ‚Kinn' und ‚Mann' ihre Form dieser Flexion. Das
erstere ist im Got. kinnus, wobei -nn- aus -nw- in Gen. Sg. *kenwos,
Dat. Sg. *kenwei usw. aus idg. *genus, *genw-os (vgl. γένυς) entstanden ist, das zweite ist ebenso aus *manus, *manwos umgeformt,
vgl. got. Gen. Sg. mans, Dat. Sg. mann, Nom. Pl. mans (3).

(1) Wackernagel–Debrunner, Ai. Gr. III 138; Hock, JAOS
94, 1974, 89f. – (2) Thieme, Der Fremdling im Rgveda, 1938; Szemerényi, Kinship, 1978, 125f. – (3) Über *doru, *gonu und *owis s.
Kuryłowicz, Apophonie 58, 336; IG 287; Problèmes 170f.;
G. Nagy, Greek dialects and the transformation of an IE process, 1970,
153–166; Hamp, Glotta 48, 1970, 72–5; Lindeman, NTS 26, 1972,
217–231; Hock, o.c., 90; Schindler, BSL 70, 1975, 7; Bailey, in:
Lüdtke 1980, 180; Oettinger, Fs. Neumann, 1982, 240 (: kluw.
darw-an-assi-).

5.3 Bei der Rekonstruktion der Vorgeschichte dieser zwei Dekli-
nationsarten ist zunächst festzustellen, daß heute unter dem Einfluß
der Alternationen ei/i, eu/u allgemein angenommen wird, daß das
Suffix -ei- -eu-, bzw. -tei- -teu- usw. war (1). Da wir aber heute i und
u wieder als vollwertige Mitglieder des idg. Vokalsystems anerkennen, besteht kein Grund für die Annahme, daß der Stamm bei
dem Nebentypus *owi-s/*owy-os einmal *owei- lautete; das Wort
wird von je *owis gelautet haben, so wie auch ‚Vieh' *peku(s), nicht
**pekeus. Man muß sogar fragen, ob nicht auch die Haupttypen -is/
-eis, -us/-ous auf -i- bzw. -u- als Grundvokal basieren, d.h. -ei- bzw.
-ou- sekundär entstanden sind.
  Da ist nun die Beobachtung von Wichtigkeit, daß bei dem Nebentypus dem nominativischen -is/-us immer ein Konsonant vorausgeht, während bei dem Haupttypus wenigstens zwei Konsonanten
vorausgehen (z.B. ignis) oder einmal vorausgingen (z.B. ai. mati-
‚Gedanke' aus *mn̥-ti- aus *men-ti-), oder eine schwere Silbe mit
einem langen Vokal vorausgeht (z.B. *bhāghus ‚Arm'); denn sie legt
den Gedanken nahe, daß der Unterschied -yos/-eis, -wos/-ous mit
dieser Tatsache im Zusammenhang steht.
  Wenn wir diesen Gedanken durchdenken, ergeben sich die zwei
ursprünglichen Typen

	I		II	
Sing. Nom.	*pot-i-s	*kret-u-s	*men-ti-s	*bhāgh-u-s
Akk.	*pot-i-m	*kret-u-m	*men-ti-m	*bhāgh-u-m
Gen.	*pot-i-os	*kret-u-os	*men-ti-os	*bhāgh-u-os
Dat.	*pot-i-ei	*kret-u-ei	*men-ti-ei	*bhāgh-u-ei
Plur. Nom.	*pot-i-es	*kret-u-es	*men-ti-es	*bhāgh-u-es
Akk.	*pot-i-ns	*kret-u-ns	*men-ti-ns	*bhāgh-u-ns
Gen.	*pot-i-om	*kret-u-om	*men-ti-om	*bhāgh-u-om

Aus I gingen natürlich mit dem einfachen Wandel von *-i-os* zu *-yos*
usw. die Nebentypen der frühen historischen Zeit hervor. Die
frühidg. Silbenbildung erlaubte aber keinen entsprechenden Wandel
bei II: *men-ti-os* konnte nicht zu *mentyos* werden, sondern nur zu
mentiyos, und *bhāgh-u-os* nur zu *bhāghuwos*. Wenn diesen
Formen in den historischen Zeiten *mn̥teis* und *bhāghous* entsprechen, dann müssen wir folgern, daß *mentiyos* zu *mentéyos* und
nach dem Inkrafttreten der Schwundstufengesetze zu *m(e)n-
téy(o)s*, d.h. *mn̥téis*, und *bhāghuwos* entsprechend zu *bhā-
ghow(o)s*, d.h. *bhāghous*, wurde (2).

Durch diese Annahme wird auch klar, warum bei den *i*-Stämmen
ei, bei den *u*-Stämmen *ou* erscheint. Als ‚lautgerecht‘ galten zuerst
Gen. *-eis/-ous*, Dat. *-eyei/-owei*, Nom. Pl. *-eyes/-owes*. Das Nebeneinander der strukturell identischen Paradigmen führte aber zu analogischen Angleichungen, so daß auch *-eis/-eus* und *-ous/-ois, -eyei/
-ewei, -eyes/-ewes* entstanden.

Bei dem Lok. Sg. führten *-ey-i* und *-ow-i* zu *-ēi* und *-ōu* (s. oben
VI. 2.7.7), später auch zu *-ēi/-ēu*. – Die gr. Gen.-Endung (πήχ)εος
ist aus -ευς nach -ος umgestaltet; (πόλ)εως ist aus (πόλ)ηος entstanden, das aus (πόλ)εος nach dem Lok. πόλη-ι umgeformt war,
s. oben 5.1 (7).

Zu (1) vgl. Meillet, Introduction[8] 253, 261, 273–4. – (2) Vgl. *tū* ‚du‘:
tu-o- > *towos* ‚dein‘; *sū-* → *sowos* ‚sein‘; *nū* → *nowos* ‚jetzig, neu‘ →
newos (?). Etwas anders Kiparsky, Lg. 49, 1973, 817f.
Zusatz. Der griechische Typus auf -εύς (z.B. βασιλεύς ‚König‘) ist eine
frühgriechische Neuerung aus idg. Material und weder ein aus dem Idg.
ererbter Typus noch eine Entlehnung aus dem mediterranen Gebiet; vgl.
Szemerényi, Gedenkschrift Kretschmer II, 1957, 159f.; Atti e Memorie del 1° Congresso di Micenologia, 1968, 720f.; SMEA 6, 1968,
7–13; Kratylos 18, 1974, 43–53 (über Perpillou). Anders in neuerer Zeit,
u.a., Schindler, Studies Palmer, 1976, 349–52; Leukart, 7.Myken.
Colloquium, 1983, 234f.; Beekes, Origins 94f. – Zu dem arkado-kypri-

schen geneuerten Typus mit Nom. *-ēs* s. Masson, BSL 73, 1978, 287–91
(und Perpillou ebd. 293–9); Kadmos 19, 1980, 75. Risch, 8. Myken.
Colloquium, Skopje 1987, 281–298, meint, daß der Typus *-eus/-ēn*, geformt nach Ζεύς/Ζῆν, schon im Mykenischen zu einem Nom. *-es* führte,
der in vielen Namen auf *-e* = *-ēs* vorliege.

5.4 Besondere Umstände führten zu einem eigenartigen Paradigma bei **reh-i-* ‚Besitz, Sache' und **nah-u-* ‚das Schwimmende,
Schiff'. Sie folgten dem Nebentypus und so entstanden

	Sing.		Plur.	
Nom.	*reh-i-s	*nah-u-s	*reh-y-es	*nah-w-es
Akk.	*reh-i-m	*nah-u-m	*reh-i-ns	*nah-u-ns
Gen.	*reh-y-os	*nah-w-os	*reh-y-om	*nah-w-om
Dat.	*reh-y-ei	*nah-w-ei	*reh-ibh(y)os	*nah-u-bh(y)os

Im Vedischen finden sich noch die Paradigmen *rayis/rāyas* und
naus/nāvas, die nach Schwund des *h* – vor Konsonanten unter Dehnung des vorangehenden Vokals – regelrecht entstanden. Dem
zweiten Nomen entspricht auch hom. νηῦς, νη(ϝ)ός, att. ναῦς,
νεώς, das im Lat. zu einem *i*-Stamm wurde (1). Idg. **rehis/rehyos*
führte im Lat. zu *rēs* (2).

(1) Szemerényi, Lat. *rēs* and the IE long-diphthong stem nouns,
KZ 73, 1956, 185 f. – (2) id., ibid, 167 f.; s. auch Schindler, Sprache 19,
1973, 148 f. (gegen Georgiev, vgl. BalkE 17/2, 1974, 5–8); Schmalstieg, KZ 87, 1973, 111–3; Beekes, Origins 80, 83.

5.5 Wirkliche Diphthongstämme sind die wichtigen Wörter
**dyeu-* ‚Tageslicht, Himmel, Himmelsgott' und **gʷou-* ‚Rind'. Die
komplizierte Flexion ergibt sich aus einem einfachen Vergleich der
Paradigmen:

a)

	skt.	gr.	lat.
Nom.	dyaus	Ζεύς	diūs (1)
Vok.	(dyaus)	Ζεῦ	Iū(piter)
Akk.	dyām	Ζῆν	diem
Gen.	divas	Δι(ϝ)ός	Iovis
Dat.	divē	Δι(ϝ)εί-φιλος	Iovī
Lok.	diví/dyávi	Δι(ϝ)í	Iove
Instr.	divā		Iove

Im Nom. Sg. weist ai. *dyaus* auf ein dehnstufiges idg. *dyēus zurück, während der Vok. die Vollstufe hatte: *dyeu ergab Ζεῦ und lat.
Iū-(dy->y- und *eu>ou*), das immer mit *pater* verbunden war (vgl.

Ζεῦ πάτερ), so daß *Iūpiter* (mit expressiver Dehnung *Iuppiter*) entstand (2). Höchst eigenartig ist der Akk.: *dyām* = Ζῆν = *diem* (gekürzt aus *diēm*) führen auf ein idg. **dyēm/*diyēm* (s. V. 7.2.2). Die schwachen Kasus sind von der Nullstufe von **dyeu*, d. i. **diw-*, gebildet: Gen. **diw-os*, Dat. **diw-ei*. Im Lok. kommt sowohl die Vollstufe wie auch die Nullstufe des Stammes vor: skt. *dyav-i* und *div-i*. Die Vollstufe ergab lat. *Iove* (aus **dyewi*), *Iovī* (aus **dyew-ei*), wonach auch *Iovis* und *Iovem* geformt wurden, während der Akk. *diēm* teils einen Nom. *diēs* und *Diēs-piter*, teils die obliquen Kasus *diēī diē* etc. erzeugte, wodurch das ursprünglich einheitliche Wort in zwei Paradigmen aufgespalten wurde.

Die Annahme, der Nom. Sg. sei mit Dehnung und -*s*, d. h. als **dyēus*, anzusetzen, während der Akk., ursprünglich **dyeum*, nach dem Nom. zu **dyēum* gedehnt wurde und das zweite Element des Diphthongs verlor, widerspricht den strukturellen Prinzipien der idg. Flexion (3). Vielmehr muß als ursprünglich **dyeus/*dyeum* angesetzt werden (4); der Akk. wurde dann durch Absorption des *u* und Ersatzdehnung zu **dyēm* (5), wovon die Länge im Arischen auch auf den Nom. überging (6).

(1) In dem Ausdruck *nu-diūs tertius* ‚jetzt ist es der dritte Tag = vorgestern'. Etwas anders Watkins, Celtica 6, 1962, 17 f.: "and (*nu* = heth. connective *nu*) it is the 3rd day". – (2) Zum „Vater Himmel" s. Strunk, Fs. Neumann, 1982, 427–38. – (3) So noch Lindeman, NTS 21, 1967, 133 f.; Lane, KZ 81, 1968, 200 f. – (4) Szemerényi, KZ 73, 1956, 186 f.; angenommen von Stang, Symbolae Kuryłowicz, 1965, 292 f.; und von Kuryłowicz selbst, IG 220. – (5) Phonetisch unglaublich (: *dyeum > dyemm*) Schindler, Sprache 19, 1973, 154. – (6) Ganz unbegründet ist ein Nom. *dyēu*, der dann mit -*s* zu *dyēus* geworden sein soll. Die Behandlung bei Beekes, Origins 83 f. ist ganz unbefriedigend.

b)

		skt.	gr.	lat.	umbrisch
Sing.	Nom.	gaus	βοῦς	bōs	–
	Akk.	gām	βῶν (dorisch)	bovem	bum
	Gen.	gōs	βο(ϝ)ός	bovis	–
	Dat.	gávē	–	bovī	–
	Lok.	gávi	βο(ϝ)ί	bove	–
	Instr.	gávā	–	bove	bue
Plur.	Nom.	gāvas	βό(ϝ)ες	bovēs	–
	Akk.	gās	βῶς (dorisch)	bovēs	buf
	Gen.	gávām	βοῶν	boum	buo
	Lok.	gōṣu	βουσί	–	–

Die Übereinstimmung von ai. *gām* = βῶν = u. *bum, gās* = βῶς = *buf* (für den Anlaut s. IV 7.5.2) erweist wieder $*g^w\bar{o}m$ und $*g^w\bar{o}(n)s$ als den Akk. Sing. bzw. Pl., die gleichfalls aus $*g^woum$ und $*g^wouns$ entstanden sind, s. oben (4); danach wurde wenigstens im Arischen auch der Nom. $*g^wous$ zu $*g^w\bar{o}us$ umgestaltet. Der Gen. ist $*g^wowos$, wo der Nom. $*g^wous$ blieb, aber $*g^wous$, wo (Arisch) er zu $*g^w\bar{o}us$ wurde.

So können wir für diese Nomina die folgenden idg. Paradigmen rekonstruieren (1):

	Sing.			Plur.
Nom.	$*$dyeus	$*g^wous$	$*g^w\bar{o}us$	$*g^wowes$
Vok.	$*$dyeu	$*g^wou$		„
Akk.	$*$dyēm	$*g^w\bar{o}m$	$*g^w\bar{o}m$	$*g^w\bar{o}s$
Gen.	$*$diwós	$*g^wowós$	$*g^wous$	$*g^wowom$
Lok.	$*$dyéwi	$*g^wowi$	$*g^wowi$	$*g^wousu$

(1) Schindler, o.c., 157, setzt Sg. G. *gᵂewos*, L. *gᵂewi*, Pl. G. *gᵂewom*, L. *gᵂeusu* an; s. auch Schmalstieg, KZ 87, 1973, 114.

6. Thematische Stämme

So werden die Stämme genannt, die im Stammauslaut als kennzeichnenden Vokal meistens *o*, in einigen Kasus auch *e* aufweisen, daher auch als *o*-Stämme oder genauer *e/o*-Stämme bekannt sind (1). Für die Rekonstruktion ihrer Flexion ist das Material, am Wort für ‚Wolf‘ bzw. für die Neutra an ‚Joch‘ veranschaulicht, im wesentlichen wie folgt:

	skt.	gr.	lat.	lit.	aks.	got.
Sg. N.	vr̥kas	λύκος	lupus	vilkas	vlĭkŭ	wulfs
V.	vr̥ka	λύκε	lupe	vilke	vlĭče	wulf
Akk.	vr̥kam	λύκον	lupum	vilką	vlĭkŭ	wulf
G.	vr̥kasya	λύκοιο	lupī	–	–	wulfis
Abl.	vr̥kād	–	lupō(d)	vilko	vlĭka	–
D.	vr̥kāya	λύκωι	lupō(i)	vilkui	vlĭku	–
L.	vr̥kē	(οἴκοι)	domī	vilke	vlĭcē	wulfa?
I.	vr̥kā, -ēṇa	–	–	vilku	vlĭkomĭ	wulfa
Du.N.	vr̥kā	λύκω	–	vilku	vlĭka	–
G-L.	vr̥kayōs	λύκοιιν			vlĭku	
D-Ab.	vr̥kābhyām			vilkam	vlĭkoma	

	skt.	gr.	lat.	lit.	aks.	got.
Pl. N.	vr̥kās	λύκοι	lupī	vilkai	vlĭci	wulfōs
Akk.	vr̥kān(s)	λύκους	lupōs	vilkus	vlĭky	wulfans
G.	vr̥kāṇām	λύκων	lupōrum	vilkų	vlĭkŭ	wulfē
D-Abl.	vr̥kēbhyas	–	–	vilkams	vlĭkomŭ	wulfam
L.	vr̥kēṣu	λύκοισι	lupīs	vilkuose	vlĭcēxŭ	–
I.	vr̥kais	λύκοις	lupīs	vilkais	vlĭky	–
Sg. N.	yugam	ζυγόν	iugum	–	igo	juk
Du.N.	yugē	ζυγώ	–	–	i(d)zē	–
Pl. N.	yugā(ni)	ζυγά	iuga	–	iga	juka

6.1 Diese Stämme waren entweder Maskulina oder Neutra, Nom. Sg. *-os* bzw. *-om*; Feminina auf *-os* scheinen eine Neuerung der klassischen Sprachen, Neutra auf *-os* (*-us*) des Lateinischen zu sein (2). Zunächst sollen die maskulinischen Formen behandelt werden.

6.2 Der Nom. und Akk. Sing. bieten überall die Endungen *-os* und *-om* bzw. deren Weiterentwicklungen, z.B. *-us -um* im klass. Latein. Dagegen zeigt der Vok. als charakteristischen Vokal *-e*; dadurch entsteht im Aks. der Unterschied zwischen palatalisiertem *vlĭče* und Nom. *vlĭkŭ*. – Einzig in dieser nominalen Deklinationsklasse werden im Sing. Gen. und Abl. formal unterschieden. Der Abl. hat die Endung *-ōd* im Frühlateinischen (*-d* geht um 200 v. Chr. verloren) und damit wird ai. *-ād* identisch sein; der balt.-slav. Gen. auf lit. *-o*, slav. *-a* weist zunächst auf *-ād*, dessen *-ā-* unerklärt ist (3). Die Endung *-ōd* ist jedenfalls aus dem Themavokal *o* und einer Endung *-ed* zusammengezogen, die vielleicht im heth. Instr. auf *-ed* und sicher in pronominalen Ablativen wie lat. *mēd*, ai. *mad* weiterlebt und wohl auch die Quelle der nominalen Endung war (4). Der Gen. hat auf den ersten Blick sehr verschiedenartige Bildungen aufzuweisen. So weist ai. *-asya* und frühgriech. *-οιο* (samt arm. *-oy*) auf *-osyo*. Hinter der got. Endung *-is* steht idg. *-eso*, in anderen germ. Dialekten auch *-oso*, dem im Aks. der pronominale Gen. *česo* ‚wessen (ntr.)?' und vielleicht auch der apreuß. Gen. *deiwas* ‚Gottes' (*-oso*) entspricht (5). Der lat. Gen. auf *-ī* wurde lange Zeit dem kelt. *-ī* gleichgesetzt (Ogam *maqi* ‚des Sohnes', air. *maicc*), aber die faliskischen Formen auf *-osio* (Kaisiosio ‚Caesii' etc.) und die neuen Genitive auf der lat. Inschrift von Satricum (s. Lapis Satricanus, Den Haag 1980) *Popliosio Valesiosio* beweisen, daß auch das

Latein einmal die Formen auf -*osyo* besaß (6); das urirische -*ī* kann auch auf -*esyo* zurückgehen. Hethitisch -*as* scheint zunächst zu zeigen, daß die *o*-Stämme ursprünglich dieselbe Endung hatten wie die athematischen, nämlich -*os* (7). Aber hieroglyphisch-hethitisch Gen. auf -*asi* und Adjektivstamm (vgl. lat. *erīlis*) auf -*asi*-, luwisch -*assi*- (8), weist eher darauf, daß das ererbte -*osyo* durch Apokope des Auslautvokals zu -*asi* wurde, das dann auch flektiert wurde (Adj. -*asi*-); heth. -*as* mag eine weitere Apokope aufweisen. Da -*osyo* (-*esyo*) in so vielen Sprachen vorhanden gewesen zu sein scheint, ist vielleicht auch germ. -*esa* durch Dissimilation aus -*esyo* entstanden (9), und nicht eine andere Endung. Ob diese Endung -*osyo* weiter als -*os-yo* zu analysieren ist, wobei -*os* die konsonantische Endung wäre, -*yo* das (undifferenzierte?) Relativpronomen (10), bleibt vorläufig bestreitbar; siehe auch weiter unten VIII. 3.2. Daß aber die Vielfalt der Genitivbildungen darauf hinweisen soll, daß das Idg. keinen Gen. besaß (11), ist eine grundlose Behauptung. – Der Dat. Sg. hatte ganz eindeutig die Endung -*ōi*, die aus -*o* + *ei* kontrahiert wurde (12), während die Lokativ-Endung -*ei* oder -*oi* aus dem Themavokal *e* oder *o* + *i* zusammengewachsen ist. – Der Instr. Sg. hatte nach Ausweis von lit. *vilku* ein -*ō*, was auch dem ahd. *wolfu* zugrunde liegt; das got. *wulfa*, wie auch das pronominale *þamma* ‚diesem‘, wird nach dem Zeugnis von *hvamme-h* ‚jedem‘ auf -*ē* zurückgehen. Beide zeigen Dehnung des Themavokals *e/o*, d.h. Kontraktion mit einer Endung *e/o* (oder mit dem Laryngal *h*?) (13).

6.3   Im Neutrum war der Nom.-Akk.-Vok., im Gegensatz zu allen anderen Deklinationsklassen, nicht der reine Stamm, sondern durch die Endung -*om* charakterisiert (14).

6.4   Im Dual war die Endung von Nom.-Akk.-Vok. Mask. ganz eindeutig -*ō*, also, wie bei den *i*- und *u*-Stämmen (-*ī* -*ū*), durch Dehnung des Stammvokals charakterisiert. Da bei den konsonantischen Stämmen die Endung -*e* war (z.B. πατέϱ-ε), scheint die Dehnung auf Kontraktion mit diesem *e* zu beruhen, also -*ō*, -*ī*, -*ū* aus -*o* + *e*, -*i* + *e*, -*u* + *e* entstanden zu sein (15). – Im Neutrum war der Ausgang -*oi*, d.h. -*o* + *ī* (16). – Gen. und Lok. haben nur eine Endung im Aind. und Aks., wobei aks. *(vlĭk)u* aus -*ous* gegenüber ai. *(vṛk)ayos* aus -*oyous* das Ursprüngliche darstellt; -*ay*- stammt vom Zahlwort ‚zwei‘ und den Pronomina. Lit. *pusiau* ‚mitten entzwei‘ (‚zu zwei Hälften‘ von *pùsè* ‚Hälfte‘) und *dviejau* ‚zu zweien, als Paar‘ weisen auf eine *s*-lose Form des Lokativs; das Avestische scheint sogar den

Lokativ *zastayō* (*-ou*) von dem Gen. *vīrayå* (*-ōs*) zu unterscheiden. Vielleicht können wir so Lok. *-ou*, Gen. *-ōs* ansetzen (17). – Für Instr., Dat. und Abl. wird eine Form verwendet, die auf *-bhyō(m)* bzw. *-mō* ausgeht.

6.5 Im Plural der Maskulina endet der Nom. im Arischen und Gotischen auf *-ōs*, wozu auch das oben nicht angeführte Oskisch-Umbrische stimmt (z. B. osk. Núvlanús ‚Nolani‘, umbr. prinuvatus ‚ministri‘); dazu kommt noch der air. Vok. auf *-u* (z. B. *firu* ‚Männer!‘) aus *-ōs*, der den alten Nom. fortsetzt, während für den Nom. eine Form auf *-oi* (z. B. *fir* aus **wiroi* ‚Männer‘) geneuert wurde. Dieselbe Neuerung weist eine Anzahl weiterer Sprachen auf, darunter Griech., Lat., Baltisch und Slavisch, vgl. gr. λύκοι, lat. *lupī*, aks. *vlǐci* (*c* aus *k* vor *i* aus *oi*), lit. *vilkai* (18). Die Neuerung ist von den Pronomina ausgegangen und erfolgte über die Adjektiva; interessant ist, daß im Oskisch-Umbrischen die Pronomina dem Druck der nominalen Gruppe erlagen und *-ōs* übernahmen, z. B. osk. *pús* ‚qui‘. Die nominale Endung *-ōs* ist natürlich aus dem Themavokal *o* und der Endung *-es* zusammengezogen. – Für den Akk. fordern Got. und Griechisch eine Endung *-ons*; griech. *-ους* ist aus belegtem *-ονς* entstanden. Dagegen weisen Aind., Lit. (19) und vielleicht auch Lat. auf *-ōns*. Die ursprüngliche Form muß *-o-ns* gewesen sein; daraus sollte aber *-ōn* entstehen (VI. 2.7.1). So läßt sich die Form *-ōns* als das lautgesetzliche *-ōn* + *s* aus den konsonantischen Stämmen (*-n̥s*) verstehen; in vielen Sprachen wurde *-ōns* wieder zu *-ons* gekürzt oder zu *-ōs* vereinfacht. – Die Endung des Gen. Pl. war *-ōm*, das noch im Griech. und Lit. erhalten ist; zu *-ŏm* gekürzt erscheint es auch im Altlatein und in einigen Fällen sogar im klassischen Latein (*deum* usw.), aber im allgemeinen wurde es nach den *ā*-Stämmen durch *-ōrum* ersetzt. Im Aind. ist am Anfang noch *-ām* in *dēvāñ janma* ‚Geschlecht der Götter‘ belegt, aber sonst ist es durch *-ānām* ersetzt, das aus den *n*-Stämmen eingedrungen ist. Ein noch immer ungelöstes Problem ist das got. *-ē* (20), das analogisch entstanden sein muß. – Für den Dat.-Abl. verwendet das Aind. *-bhyas*, dem Lat. *-bus* in den anderen Deklinationen entspricht, also *-bhyos* und *-bhos*. Diesem *-bh*-haltigen Suffix (21) entspricht im Germ. und Baltisch-Slav. ein Suffix mit *-m-*, wahrscheinlich *-mos*, obwohl das Alit. *-mus* zeigt, woraus modernes *-ms* synkopiert ist (22). – Der Lok. hat vor dem Endteil *-si/-su* nicht den Themavokal *-o-*, sondern den Diphthong *-oi-*; die Endung war ursprünglich sicher *-ois*, pluralisiert mit *-s* von dem singularischen *-o-i*, die dann mit den Partikeln *i* ‚hier' (Griech.) bzw. *u* ‚dort' (Ai., Slav.) erweitert wurde. Die Endung *-oisi* ist im Mykenischen noch als *-oi(h)i* bezeugt (23). Lat. *(lup)īs* ist aus Instr. *-ōis* und wenigstens zum Teil aus Lok. *-oisi* (oder *-oisu*) hervorgegangen, für die Apokope vgl. *mox* aus *moksu*. Lit. *-uose* ist auch aus *-oisu* umgeformt (22). – Der Instr. hatte in dieser Klasse eine ganz isolierte Endung *-ōis*, die im Aind. und Lit. (22) sichtbar ist und sicher auch im aks. *-y* steckt; jetzt ist die Endung auch im Mykenischen zutage gekommen (24). Lat. *-īs* mag z. T. auf diese Funktion zurückgehen.

6.6   Im Neutrum erscheint im Nom.-Akk.-Vok. eine Endung *-ā* im Aind., Aks., Got., dagegen *-ă* im Griech.; das Latein hat *-ă*, aber das wird auf *-ā* zurückgehen; s. oben 1.4.3. Die im Attischen, Aind., Airan. (Gāthischen), Hethitischen und vielleicht im Britischen (25) obwaltende Regel, daß nach einem Neutr. Pl. als Subjekt das Verbum im Sing. steht, hängt mit der ursprünglichen kollektiven Funktion dieser Formen zusammen (26).

6.7   Die *o*-Deklination (27) läßt sich also wie folgt rekonstruieren:

	Sing.	Plur.	Dual
Nom.	-os, -om	-ōs, -ā	-ō, -oi
Vok.	-e, -om	-ōs, -ā	-ō, -oi
Akk.	-om, -om	-ōns, -ā	-ō, -oi
Gen.	-es(y)o/-os(y)o	-ōm	-ōs
Abl.	-ōd	-bh(y)os, -mos	-bhyō(m), -mō
Dat.	-ōi	-bh(y)os, -mos	-bhyō(m), -mō
Lok.	-ei/-oi	-oisi/-oisu	-ou
Instr.	-ē/-ō	-ōis	-bhyō(m), -mō

(1) Über die Alternation *e/o* s. Benveniste, Origines 172; Kuryłowicz, Apophonie 74 f.; Schmitt-Brandt 128; Kuryłowicz, IG 2, 1968, 271 f.; Hilmarsson, NTS 31, 1977, 189 f.; und siehe noch weiter unten (27). Kaum richtig über das Vokativ-*e* Winter, Vocative 219; Shields, GL 25, 1985, 1–3. – (2) S. vorläufig Szemerényi, Syncope 319 f. – (3) Szemerényi, Kratylos 2, 1957, 101 f.; Stang, Vgl. Gram. 181 (unwahrscheinlich). – (4) Szemerényi, KZ 73, 1955, 68; zur Kontraktion von *-o-ed* Kuryłowicz, Études 154 f., Apophonie 75 f.; und neuerdings L. C. Prat, Morphosyntaxe de l'ablatif en latin archaique, 1975: *-ō* und *-ōd* (vgl. dazu Calboli, ANRW II 29/1, 1983, 36 f.); Starke, Fs. Neumann, 1982, 416 f. – Für den Abl. wird *-d* angesetzt von Laroche, BSL 55, 1960, 170; Starke, ZA 70, 1980; 157; dagegen *-t* (*-oti*) von Neu, Heth. und Idg. 186. – (5) Szemerényi, Kratylos 2,

1957, 102f.; Stang, Vgl. Gram. 181; Miller bei Hock, Fs. Kahane, 1973, 335. – (6) Pisani, Rheinisches Museum 98, 1956, 315–24; Storia della lingua latina I 1, 1962, 82; aber die Herleitung von einem *lupeyye aus *lupoyyo ist unmöglich, wir müssen von -io-Stämmen ausgehen, bei denen -iosyo > -ioyyo > -īy(y)o > ī wurde – wie bekannt, bilden die -io-Stämme ihren Gen. bis Lukrez mit -ī, nicht -ū – was dann auf die o-Stämme übertragen wurde (statt -ei). Der Vergleich von lat. -ī mit aind. adverbialen Bildungen auf -ī (so noch Rundgren, Eranos 58, 1960, 51f., und jetzt wieder J. Gil, Emerita 36, 1968, 25f.) wurde von A. Bloch, KZ 76, 1960, 182f., als unmöglich erwiesen; s. jetzt auch Schindler, 6. Fachtagung, 1980, 386–93; Bader, É. Benveniste aujourd'hui II, 1984, 32f., und vgl. Gamkrelidze–Ivanov 1985: 375f. Zur phonetischen Entwicklung s. Szemerényi, Glotta 38, 1959, 117. – Daß -osyo lat. -orio ergeben hätte (Bonfante, AGI 51, 1966, 8), ist durch eius cuius längst widerlegt. – (7) Borgstrøm, NTS 7, 1934, 121–8; Kuryłowicz, Études 146f., 155, 260; Berg, NTS 18, 1958, 224. – (8) Mittelberger, Kratylos 11, 1967, 99–106; Georgiev, RHA 81, 1967, 157–165. Vgl. auch Neumann, Sprache 16, 1969, 61–2. – (9) Vgl. Must, Lg. 29, 1953, 301–5; Szemerényi, Kratylos 2, 1957, 102; Markey, ICHL 3, 1977; Roberge, IF 88, 1984, 143f. – (10) Watkins, Celtica 6, 1962, 16, 28; Poultney, Lg. 43, 1968, 871–2, 877, 880; Bader, BSL 68, 1973, 41; 70, 1975, 28; G. Schmidt, IF 82, 1979, 70–73 (: Gen. -s + unflekt. rel. yo); Lehmann, In memory of J. A. Kerns, 1981, 179–88 (: -osyo nur wo yo- als Relativum, also Arisch, Griech., Arm. – übersieht dabei falisk. und lat. -osyo ohne rel. yo-!); Haudry, BSL 76, 1982, 198. – (11) Watkins, in: AIED 38. – Ein Gen. Sg. auf -ŏ wird für das Hispanokeltische angenommen von Untermann, Fs. Pokorny, 1967, 281–8. – (12) Anders Villar, Symbolae Mitxelena, 1985, 31–48, bes. 44f. – (13) Kuryłowicz, Categories 196. – (14) Vgl. VII. 1.4.3, aber merke, daß -om auch anders interpretiert worden ist: nicht als thematisch o + Endung m, sondern als Erweiterung ohne Zusammenhang mit dem (späteren) Stamm-o, s. Szemerényi 1985: Fn. 58 über Burrow, Villar. – (15) Specht, Ursprung 311; laryngalistisch: Erhart, Die ie. Dualendung -ō(u) und die Zahlwörter, Sborník Brno 1965/A-13, 11–32. – (16) Szemerényi, Development 220; trotz Watkins, 5. Fachtagung, 1975, 368–70. – (17) Benveniste, BSL 34, 1933, 26; Anttila (s. oben VI. 5.5.1), 59–60; Risch, SMEA 1, 1966, 56–8. – K. Hoffmann, Aufsätze II, 1976, 561[2], fordert -Hou-, nicht -ou-; vgl. auch Dubois, BSL 72, 1977, 169–86; Lindeman, Triple representation, 1982, 31. – (18) Eichner neuerdings (7. Fachtagung, 1985, 157f.) wieder für Herleitung des -ā-i aus dem Ntr. – (19) Stang, Vgl. Gram. 186; anders Schmalstieg, Lingua 16, 1966, 377f. – Zu slav. -ōn s. Vaillant, Gram. comp. II/1, 256. – (20) Zuletzt W. Morgenroth, PBB (Halle) 87, 1965, 328–36; Lehmann, Papers in honor of L. Dostert, 1967, 108–111; Kuryłowicz, Gedenkschrift W. Brandenstein, 1968, 87[8]; Bech, Lingua 23, 1969, 55–64; Kortlandt,

Lingua 45, 1978, 291; Shields, LB 68, 1979, 257–68; Jasanoff, JIES 11, 1983, 188 (: gegen Kortlandt – bleibt ein Rätsel). – (21) K.H. Schmidt, Dativ und Instr. im Plural, Glotta 41, 1963, 1–10. – (22) Stang, Vgl. Gram. 185 f.; Gamkrelidze–Ivanov 1985: 379 f. – (23) Szemerényi, Development 222 f.; Lazzeroni, SSL 8, 1968, 173–97; Szemerényi, 7. Fachtagung, 1985, 518. – (24) Über diesen Kasus s. Szemerényi, am eben a. O., 517 f. – (25) Siehe Hamp, Studia Celtica 10/11, 1977, 58 f. Die Regel scheint auch im Neupersischen noch gültig zu sein, s. Minovi, JRAS 1942, 41–7; Hincha, Islam 37, 1961, 151. – (26) Siehe dazu Lehmann, Lg. 34, 1958, 179 f.; Kuryłowicz, Categories 205 f. – (27) Die -o-Stämme sind von Adjektiva ausgegangen nach Scherer, PICL 7, 1956, 177, 536; A. García Calvo, 2. Congreso Español de Estúdios Clásicos, 1964, 111 f. (: eigentlich flektierte Genitive auf -os; 109: -e des Vokativs kann eine Partikel sein, -ei des Lokativs gleichfalls); Haudry, Préhistoire, 1982, 36 (: e/o «article défini postposé»); aber nach Beekes, Origins 192, ist der Nom. auf -os, ein Ergativ, die Grundlage der ganzen Flexion.

7. ā- und ī-Stämme

7.1   Die Deklination der ā-Stämme kann durch die Paradigmen folgender Wörter veranschaulicht werden: ai. *sēnā* ‚Heer‘, gr. ϑεά ‚Göttin‘, lat. *dea* ‚Göttin‘, aks. *noga* ‚Fuß‘, lit. *galvà* ‚Kopf‘, got. *giba* ‚Gabe‘.

		skt.	gr.	lat.	aks.	lit.	got.
Sg.	Nom.	sēnā	ϑεά	dea	noga	galvà	giba
	Vok.	sēnē	ϑεά	dea	nogo	gálva	giba
	Akk.	sēnām	ϑεάν	deam	nogǫ	galvą	giba
	Gen.	sēnāyās	ϑεᾶς	deae	nogy	galvos	gibōs
	Dat.	sēnāyai	ϑεᾶι	deae	no(d)zē	galvai	gibai
	Lok.	sēnāyām			no(d)zē	galvoje	
	Instr.	sēn(ay)ā	(Abl.) deā		nogojǫ	galva	
Du.	Nom.	sēnē	ϑεά		no(d)zē	galvi	–
	G-L.	sēnayōs	ϑεαῖν		nogu		–
	D-A.	sēnābhyām	ϑεαῖν		nogama	galvom	
Pl.	Nom.	sēnās	ϑεαί	deae	nogy	galvos	gibōs
	Akk.	sēnās	ϑεάς	deās	nogy	galvas	gibōs
	Gen.	sēnānām	ϑε(ά)ῶν	deārum	nogŭ	galvų	gibō
	D-A.	sēnābhyas	–	deīs	nogamŭ	galvoms	gibōm
	Lok.	sēnāsu	ϑεαῖς	(deābus)	nogaxŭ	galvose	
	Instr.	sēnābhis	anijapi		nogami	galvomis	

Der Nom. Sg. ist der nackte Stamm auf -ā, in mehreren Sprachen
gekürzt. – Der Akk. Sg. hat mit dem Suffix den Ausgang -ā-m. – Der
Vok. Sg. ist ursprünglich vom Nom. geschieden, vgl. hom. νύμφᾰ,
Sapphos Δίκᾰ ῞Ελενᾰ, aks. *nogo*. Dazu kommt noch umbrisch
Tursa gegenüber dem Nom. auf -o und der Intonationsunterschied
im Lit. All das weist auf Vok. -ă gegenüber Nom. ā. Ganz aus dem
Rahmen fällt der arische Vok. auf -ai (ai. -ē). Er ist aber keinesfalls
die „reine Stammform" auf -ai, vergleichbar mit gr. γύναι (1), sondern eine Umformung des ererbten -ă nach den ī-Stämmen (z. B.
dēvi ‚o Göttin!'), die das ai. ā-Paradigma auch sonst stark beeinflußt
haben. Die Neuerung ist von den thematischen Adjektiven ausgegangen, wo die Auseinanderhaltung von Mask. und Fem., die im
Vok. beide -ă hatten, sehr wichtig war; das alte *priya ‚liebe' und das
neue *priyi ergaben *priyai, ai. *priyē*. Die ursprüngliche idg. Endung -ă ist regelrecht aus -ā verkürzt, da der Vok., wenn in Anfangs-
stellung oder allein benutzt, auf der ersten Silbe betont war, sonst
aber enklitisch und unbetont; eine Herleitung von -ah, unter Annahme einer vorvokalischen Sandhivariante auf -a (2), kann deshalb
die Kürzung nicht erklären. – Der Gen. auf -ās ist aus -ā + os zusammengezogen, der Dat. auf -āi aus -ā + ei, der Lok. auf -āi aus -ā + i.
Die arischen Formen auf -āyās, -āyāi und -āyām sind unter dem
Einfluß der -ī-Stämme umgeformt worden (3). Der aks. Gen. auf -y
(= Nom.-Akk. Pl.) scheint auf einem aus -ās umgeformten -ans zu
beruhen (4). Der lit. Lok. auf -oje ist aus -oj (idg. -āi) mit der Postposition -e(n) erweitert (5). – Der Instr. hatte ursprünglich die Endung -ā (aus ā + e), und um die Homonymie mit dem Nom. zu vermeiden, wurde die Form im Aind. nach den Pronomina und den
ī-Stämmen umgestaltet (6); das Lit. hatte -ān, das mit slav. -ǫ (pronominal -ojǫ) übereinstimmt (5).

Im Dual wurde für -ē lange idg. -ai rekonstruiert; das Mykenische hat gezeigt, daß die Endung -oi war (7). Offenbar liegt diese
Form auch dem G-L. sēnayōs (idg. -oy-ous) zugrunde, während
nogu nach den Maskulinen umgeformt wurde.

Der Nom. Pl. hat -ās aus -ā + es, während der Akk. aus -ā + ns
eigentlich -ān(s) hätte ergeben sollen, aber entweder als -ās erscheint
oder als -ăns. – Der Gen. war ursprünglich -ōm aus -ā + om, erhalten im Lit. und Got. (8), zu -om gekürzt im Aks. Lat. -ārum und
hom. -άων, beide aus -āsōm, ist die pronominale Endung; in diesen
Sprachen wurde ja auch der Nom. Pl. nach dem pronominalen -oi
der Maskulina zu -ai umgeformt. Das ai. -ānām ist hier, wie bei den
Maskulinen, aus den n-Stämmen übernommen (9). – Dat.-Abl.

haben die schon bekannten Endungen, der Lok. den Ausgang -*ā-su*. – Der Instr. Pl. ist jetzt durch Mykenisch -*pi* vertreten, vielleicht als -φίς aufzufassen und gleich ai. -*bhis* (10).

(1) Ahrens, KZ 3, 1854, 86f.; neuerdings wieder Georgiev, Symbolae Kuryłowicz, 1965, 81, 83; KZ 88, 1974, 117f.; Watkins, Trivium 1, 1967, 119 Fn. 37; Rasmussen, SL 27, 1973, 90f. (vgl. aber Pokorny, KZ 46, 1914, 284!). Anders Brosman, JIES 5, 1981, 255–73 (: aus neutralen Abstrakta auf -*ahh* = Harðarson, MSS 48, 1987, 126); Beekes, Origins 20–37. – (2) Lehmann, Language 34, 1958, 191 (mit einem bemerkenswerten Widerspruch zwischen Text und Fn. 21); Winter, Vocative 218f.; und neuerdings Hock, Internat. Journal of Dravidian Studies 4, 1975, 29–43; Beekes, Origins 102f. – (3) Wackernagel–Debrunner, Ai. Gr. III 119f.; Kuryłowicz, Categories 219; Hock, o.c. – (4) Schmalstieg, The Slavic and East European Journal 12, 1968, 44f.; über den Nom.-Akk. Pl. auch Word 21, 1966, 238f.; s. auch G. Schmidt, Fs. Knobloch, 1985, 396. – Nach Schelesniker, Fs. Issatschenko, 1976, 383–391, ist der fem. Gen. auf -*y*/-*ę* ursprünglich ein Lok. auf -*(y)ām*. – (5) Stang, Vgl. Gram. 199. – (6) Kuryłowicz, Categories 219f. – (7) Szemerényi, Development 217f. – Nach Risch, 5. Fachtagung, 1975, 253, ist -*ai* aus *ə₂* + *ə₁*, nach Watkins, ebd. 368, aus -*eH₂-ī* entstanden. – (8) Anders Kortlandt, o.c. VII. 2.1 (5), 293: -*ō* nicht aus -*ōm*, sondern aus -*ōan* < -*ā* + *om*(?). – (9) Bestritten von G. Schmidt, o.c., 393f. – (10) Über die griech. Flexion im ganzen s. jetzt Morpurgo–Davies, TPS 1968, 12f.; über den Dat. Sg. auf -*āi* siehe Villar, IF 92, 1987, 135–167.

7.2 Die *ā*-Stämme sind prinzipiell feminin, aber in mehreren Sprachen kommen auch Maskulina in dieser Klasse vor. Deren Flexion ist gewöhnlich dieselbe, aber im Griech. wurden die Maskulina in den meisten Dialekten im Nom. und Gen. Sg. differenziert (1): Nom. -*ās*, Gen. -*āo*, und zwar, wie wir jetzt wissen, schon zu mykenischer Zeit (2).

(1) Nach T. González Rolán, Em 39, 1971, 291–304, auch im Latein, vgl. fem. -*a*/-*ās*, mask. -*a*/-*ās*, Gen. -*āi*. – (2) Szemerényi, Atti e memorie del 1. Congresso di Micenologia, 1968, 720; Risch, BSL 69, 1974, 109–119; Méndez Dosuna, Glotta 60, 1982, 65–79; Masson, VII. Mykenolog. Colloquium (1981), 1983, 256; A. Lillo, KZ 98, 1985, 250–56. – Über die hom. Nom. in -*tă* s. Hooker, Glotta 45, 1968, 14f.; Gil, Em 37, 1969, 372f.; Wathelet, Les traits éoliens, 1970, 229f.; A. Quattordio Moreschini, SMEA 25, 1985, 337f., bes. 346; Lillo, o.c., 255f.

7.3 Mit den *ā*-Stämmen eng verbunden ist eine andere, im Grunde ebenfalls feminine Klasse, die im Vedischen noch durch zwei Unterklassen vertreten ist; sie können durch *devī* ‚Göttin' und *vṛkī́s* ‚Wölfin' veranschaulicht werden (1).

	Sing.		Dual		Plural	
Nom.	dēvī́	vṛkī́s	dévī	vṛkyā̀	dēvī́s	vṛkyàs
Vok.	dévi	vŕ̥ki	„	„	„	„
Akk.	dēvī́m	vṛkyàm	„	„	„	„
Gen.	dēvyā́s	vṛkyàs	dēvyós	vṛkyòs	dēvīnā́m	vṛkī́nām
Dat.	dēvyái	vṛkyè	dēvībhyām	vṛkī́bhyām	dēvī́bhyas	vṛkī́bhyas
Lok.	dēvyā́m	vṛkī́	dēvyós	vṛkyòs	dēvī́ṣu	vṛkī́ṣu
Instr.	dēvyā́	vṛkyā́	dēvībhyām	vṛkī́bhyām	dēvī́bhis	vṛkī́bhis

Der *vṛkī́*-Typus ist auf betontes *ī* beschränkt und zeigt eine konsonantische Flexion, wobei vor konsonantisch anlautenden Endungen *ī* erscheint, vor vokalisch anlautenden dagegen das *ī* in *iy* aufgelöst wird, was aber durch die Schrift (*vṛkyàm* statt *vṛkíyam* usw.) verdeckt wird (2). Das idg. Alter dieser Flexion wird allein schon durch die Gleichung *vṛkī́s* = an. *ylgr* (aus germ. **wulgīz*) sichergestellt, hat aber auch in anderen Sprachen vielfache Spuren hinterlassen (3). Die idg. Flexion **wl̥kʷī́s*, **wl̥kʷíy-m̥*, **wl̥kʷíy-os*, **wl̥kʷíy-ei* usw. ist also sehr altertümlich, obwohl sie als solche nur im Vedischen erhalten ist und bald mit der devī́-Klasse zusammenfloß (4).

Der *devī́*-Typus dagegen ist in vielen Sprachen erhalten. Er ist im Gotischen gut vertreten, z. B. *mawi* ‚Mädchen' (aus **magw-ī*, moviert zu *magus* ‚Knabe'), Akk. *mauja*, Gen. *maujōs*, Dat. *maujai* usw. (so wie *giba*, 7.1); *frijondi* ‚Freundin', moviertes Femininum zu *frijond-s* ‚Freund', eigentlich Partizipialbildungen (mit idg. -*nt*- und -*nt-ī*) zum Verbum *frijōn* ‚lieben'. Lit. *martì* ‚Schwiegertochter', Akk. *marčią*, Gen. *marčios* aus -*tī*, -*tyām*, -*tyās* gehört zu demselben Typus, wie auch die fem. Participia, z. B. *duodanti* ‚gebend', Gen. *duodančios* usw.; im Slavischen ebenso aks. *nesǫšti* ‚tragend', Akk. *nesǫstǫ* usw. Aber am besten bekannt ist der Typus im Griechischen bei den Stämmen mit alpha impurum z. B. μοῦσα, μοῦσαν, μούσης, μούσῃ, der auf **montyă*, -*tyăm*, -*tyās*, -*tyāi* zurückgeht.

Der *devī́*-Typus ist also eigentlich ein -*ā*-Typus, aber dem *ā* geht immer *y* voraus und im Nom. Sg. erscheint nicht -*yā*, sondern -*ī*, bzw. im Griech. -*yă*. Im Akk. Sg. tritt Aind. -*īm* auf, aber in den meisten anderen Sprachen -*yām*, ausgenommen das Griech., wo -*yăn* erscheint. Es scheint ziemlich sicher (5), daß der Akk. ursprünglich auf -*iyṃ* auslautete, das im Griech. zu -ια, später -ιαν wurde und auch den Nom. zu -ια umwandelte, während anderswo entweder *yā*- oder -*ī*- eindrang. Die alte Flexion war also Nom. -*ī*,

Akk. *-iyṃ*, Gen. *-yās*, Dat. *-yāi* usw., der bei dem vṛkī-Typus die Flexion *-ī(s)*, *-iy-ṃ*, *-iy-os*, *-iy-ei* usw. entsprach (6).

Zur Erklärung des *dēvī*-Typus wird vielfach angenommen (7), daß ein Suffixbündel *-y-eH₂-* das oblique *-yā-* ergab, während im Nom. Sg. die Nullstufe, d.h. *-i-H₂*, *-ī* ergab. Da aber für die Null-stufe kein Grund angegeben werden kann – bei den *ā*-Stämmen lautet ja der Nom. Sg. auf *-ā* aus –, wäre es besser anzunehmen, ein ursprünglicher Nominativ auf *-iyeh* sei zu *-īh* zusammengezogen worden, wozu die Dualendung *-ī* aus *-i-e* (oben 6.4) eine gute Parallele wäre. Doch ist zu beachten, daß offenbar eine ursprünglich of-fene *i*-Flexion (oben 5.) im Laufe der Zeiten immer mehr unter den Einfluß der *ā*-Stämme geraten ist. Das empfiehlt die Annahme, daß der ursprüngliche Typ mit *-i-h-* gebildet war (8) und konsonantisch flektierte: *-ih-s*, *-ih-ṃ*, *-ih-os*, *-ih-ei* usw., Typus *$wlk^wīs$. Später wurde diese Flexion unter dem Einfluß der *-ā*-Stämme zu *ih*, *-ih-ṃ*, *ih-ās*, *-ih-āi* umgestaltet, noch später, wahrscheinlich schon zu einzelsprachlicher Zeit, in nördlichen Sprachen zu *-ī*, *-yām*, *-yās*, *-yāi* (9).

(1) Wackernagel–Debrunner, Ai. Gr. III 163f.–(2) Ebd. 170f.– (3) Lohmann, Genus und Sexus, 1932, 63f., 68, 79. Für das Keltische s. Szemerényi, KZ 88, 1974, 279f.; ZCP 36, 1979, 297; Lindeman, EC 19, 1982, 160; für das Iranische Mayrhofer, Hommages M. Leroy, 1980, 130–152.–(4) Thumb–Hauschild, Handbuch des Sanskrit I 2, 1959, 62f.–(5) Brugmann, Grundriß² II 2, 124.–(6) Anders, mit vielen La-ryngalgesetzen, Peters, Untersuchungen zur Vertretung der idg. Laryn-gale im Griechischen, 1980, 127f.; Gamkrelidze–Ivanov 1985: 284f. –(7) Z.B. Martinet, BSL 52, 1957, 87.–(8) Lehmann, Language 34, 1958, 184¹¹, 191. Aber die „kollektive" Bedeutung dieser Bildung (ebd. 188f.) ist kaum haltbar, s. Kuryłowicz, Apophonie 132 (Kollektive aus Abstrakten). Über *-ī*- s. auch ebd. 129, Accentuation² 31f., Categories 199, 220f. – (9) Vgl. Szemerényi, Syncope 305¹, 309² (da auch über angebliches *-ū/-wā-*); neuerdings Joffe, LPosn 17, 1973, 9–19.

8. Adjektiv und Steigerung

8.1 Das Hauptmerkmal des Adjektivs, gegenüber dem Nomen, ist die Variabilität nach den Geschlechtern, die sog. *Motionsfähig-keit*. Die Mehrzahl der Adjektiva kann die drei Geschlechter in ihrer Form anzeigen (1). Die *o*-Stämme haben den Nom. im Mask. auf *-os*, im Ntr. auf *-om*; das Fem. hat meistens *-ā*, kann aber, bes. im Aind., auch *-ī* haben. Zum Beispiel:

idg. *_newos_, *_newom_, *_newā_ ‚neu‘ in: ai. _navas_, _navam_, _navā_; gr.
νέ(ϝ)ος, νέ(ϝ)ον, νέ(ϝ)ᾱ; lat. _novos_, _novom_, _nova_; aks. _novŭ_,
novo, _nova_.
Alle anderen Stämme haben eine besondere Form für das Neutrum, aber das Fem. ist entweder mit dem Mask. identisch oder,
wenn verschieden, mit -_ī_-/-_yā_- (nicht -_ā_-) gebildet; z. B.:
idg. *_swādus_, *_swādu_, *_swādw-ī_ ‚süß‘ in: ai. _svādus_, _svādu_, _svādvī_;
gr. ἡδύς, ἡδύ, ἡδεῖα (aus εϝγα, umgeformt aus -_dwī_ nach
ἡδέϝος etc.);
idg. *_bheront-ī_ ‚tragend‘ (Fem.): ai. _bharant-ī_, gr. φέρουσα (aus
-ontja), got. _bairandei_ (zu _n_-Stamm erweitert); air. _birit_
‚Schwein‘ (aus -n̥tī).
In den entsprechenden lateinischen Adjektiven ist das Fem. auf -_ī_, zu
-_is_ umgeformt, zum Teil die alleinige Form geworden (*_swādus_ und
*_swādwis_ leben in _suāuis_ weiter), zum Teil sekundär durch Synkope
mit dem Mask. zusammengefallen (*_ferentis_ > _ferens_); die neuere
These (2), -_is_ sei ein zusätzliches Suffix -_i_-, nicht aus dem femininen
-_ī_ entwickelt, oder daß der Typ _ferens_ nie ein _i_ gehabt habe, wird u. a.
von _fertilis_ (aus *_fertr-ī_ ‚Bringerin‘) und _neptis_ widerlegt (3); vgl.
auch die Bildung _Laurentis (terra)_ des Ennius (4).

(1) Brugmann, Grundriß[2] II 2, 105 f. – (2) Hirt, IG 3, 1927, 272–
276; Sturtevant, Lg. 10, 1934, 266–73; Specht, KZ 65, 1938, 201 f.;
Burrow, TPS 1949, 31; Benveniste, Festschrift F. Sommer, 1955, 3;
W. Kastner, Die griech. Adjektive zweier Endungen auf -os, 1967, 16;
Laroche, RHA 28, 1971, 52 f. – (3) Szemerényi, Studi linguistici in
onore di V. Pisani, 1969, 987 f.; Studies L. R. Palmer, 1976, 401 f.; s.
auch Stang, NTS 17, 1956, 142; Watkins, in: AIED 40. Die Formen
fertilis, _neptis_ (und _peluis_?, cf. ai. _pālavī_) aus idg. -_ī(s)_ zeigen auch, daß
Spechts Ansicht, wonach -_ī_ im Latein zu -_īx_ wurde (o. c., 201 f., cf. _fēlīx_
aus *_dhelw-ī_-), nicht richtig sein kann. Andrerseits wird es immer klarer,
daß das, was wir über das Latein feststellen konnten, auch auf das Hethitische zutrifft, vgl. _parku-nu-_ ‚rein machen‘, _parkw-i-s_ ‚rein‘, aber auch
luwische Bildungen wie -_ant-i-_, _assi_-, s. oben VII. 1.2 (3), und besonders
die dort angeführte Arbeit von Kammenhuber. – (4) Siehe Nussbaum, HSCP 77, 1973, 207–215 (: -_ī_-Fem. zu dem -_nt_-Stamm), und vgl.
O. Skutsch, The Annals of Q. Ennius, Oxford 1985, 189.

8.2 Eine Eigentümlichkeit gewisser Adjektiva in der Zusammensetzung wurde zuerst von dem holländischen Indologen W. Caland
beobachtet. Nach „Calands Gesetz“ ersetzen Adjektiva auf -_ro_-
(-_no_- usw.) dieses Suffix durch -_i_-, wenn sie als erste Glieder eines
Kompositums auftreten; vgl. ai. _dabhīti_- ‚Schädiger, Betrüger‘ aus

*dabhi-iti- ‚mit schädigendem Gang' – dabhra-; šiti-pad- ‚weiß-
füßig' aus *šviti-pad- zu švitra- ‚hell'; avest. tiγra- ‚spitz': tiži-aršti-
(aus *tigi-) ‚mit scharfem Speer'; gr. κυδρός ‚berühmt': κυδι-
άνειρα ‚berühmte Männer besitzend' usw. Dieser synchronisch interessante Austausch beruht darauf (1), daß zur Zeit der Bildung des
Kompositionstypus die ersten Glieder nur mit -i- existierten; später
wurden sie durch -ro- (und ähnl.) erweitert und in -i-ro- wurde i
durch Synkope verloren, so daß sich nicht mehr -i- : -iro-, sondern
-i- : -ro- gegenüberstanden.

(1) Szemerényi, Syncope 395–8. Vgl. Kuryłowicz, Categories
232; Chantraine, Festschrift Pokorny, 1967, 21 f.; Bader, Mél. Benveniste, 1975, 19–32; RPh 49, 1975, 19. 48; Nussbaum, Caland's law and
the Caland system, Harvard Diss. 1976; Collinge, Laws 23 f.

8.2.1 *Schwache Adjektiva.* In einigen Sprachen weisen die Adjektiva nicht nur einen beträchtlichen Einfluß der pronominalen Flexion auf, sondern zeigen auch die Entwicklung von zwei Flexions-
arten, stark und schwach bzw. bestimmt–unbestimmt genannt. Das
ist besonders in der germanischen und der balto-slavischen Gruppe
gut bekannt (1). Das gotische Adjektiv, z.B., hat statt der ererbten
nominalen Form eine pronominale Form im m.DASg., NGDPl.,
usw. Das allgemeine Prinzip in der Umgestaltung der ererbten Flexion ist ziemlich klar, aber der Entwicklungsgang im Einzelfall
nicht immer restlos aufzuklären (2).

(1) Siehe die Ausführungen von Kuryłowicz, CTL 11, 1973, 79–82.
– (2) Zum Germanischen s. Curme, The origin and growth of the
[weak] adjective declension in Germanic, JEGPh 9, 1910, 439–482;
Haudry, Les deux flexions de l'adjectif germanique, BSL 76, 1981, 191–
200. Das balto-slavische Adjektiv scheint weniger Interesse zu finden, s.
z.B. Birnbaum, Common Slavic, 1979, 158; dennoch sei auf Seiler,
Relativsatz, 1960, 102, 169 f., verwiesen.

8.3 Wenn man von dem Latein oder dem Deutschen herkommt,
scheint es natürlich, daß ein Adjektiv zwei Steigerungsgrade, einen
Komparativ und einen *Superlativ* haben soll. Aber die idg. Sprachen
bieten mehrere Bildungsarten, so daß gefragt werden muß, wie das
System aussah, in dem sie standen. Zunächst müssen aber die Tatsachen beschrieben werden.

8.4 Ein *Komparativ* mit dem Suffix -yes-/-yos- erscheint im Arischen, Latein und Keltischen; vgl. ai. san-yas- ‚älter' = lat. seniōr- =

air. *siniu*, alle von idg. **sen-yos-/*sen-yōs-*, zu *seno-* ‚alt‘ in *senex*
usw. (s. IV. 4.2). Dasselbe Suffix versteckt sich hinter aks. (ntr.) *bol-je* ‚größer‘ aus *-yos; -yes-* ist enthalten in dem lit. Komparativ *sal-desnis* ‚süßer‘ aus *-yes-nis* (1), einer *n*-Weiterbildung wie der germa-nische Komparativ, z. B. got. *bat-iz-in-* ‚besser‘, während der alte
Komparativ ohne Nasalerweiterung im Lit. als Komparativadverb
(z. B. *geriaŭs* ‚besser‘) und flektiert als Superlativ gebraucht wird,
z. B. *geriáus-ias* ‚der beste‘ aus (**ger-ē-yōs*); ohne die Hilfe der ver-wandten Sprachen wäre idg. *-yos-* unerkennbar in den griech. Kurz-formen βελτίω (Akk. Sg. M. F. und Nom.-Akk. Pl. Ntr.) und βελ-τίους (Nom.-Akk. Pl. M. F.) aus *-yos-m̥* und *-yos-a* bzw. *-yos-es* (2).

Die ursprüngliche Flexion des Komparativs nützte die Ablaut-möglichkeiten des Suffixes *-yes-/-yos-* voll aus, nur *-yēs-* ist nicht
bezeugt. Die Verteilung war im Spätidg. ungefähr wie bei den *n*-Stämmen, siehe (2) 27, (3) 229, aber auch (4) 70 und (5):

	Sing.		Plur.	
Nom.	M. F. -yōs	N. -yos	M. F. -yos-es	N. -yos-ā (-ah?)
Akk.	-yos-m̥	-yos	-yos-n̥s	„
Gen.	-yes-os			
Lok.	-yes-i			

Auf einer früheren Stufe mag sogar die Nullstufe *-is-* in den schwa-chen Kasus (z. B. Gen. Sg. *-is-os*, Pl. *-is-om*) berechtigt gewesen
sein; ihr Ansatz im Nom.-Akk. Sg. Ntr. wird jedenfalls dadurch
gewährleistet, daß ein Adverb auf *-is* im Latein (*magis* gegenüber
maius aus **mag-yos*) und Germ. (got. *mais* ‚mehr‘ aus **ma-is*, *mins*
‚minder‘ aus **minn-is* usw.) vorhanden ist, und *-is-* als die schwache
Suffixform wird auch durch germ. *-iz-in-*, slav. *-iš-* (aus *-is-y-*) und
das idg. Superlativsuffix *-is-to-* (s. 8.5) erwiesen, vgl. (3) 228 f.

Die volle Flexion von *-yos-* ist nur im Lat. und im Arischen er-halten. Im Kelt. ist die Flexion aufgegeben, der unflektierte Komp.
(und Superl.) kann nur prädikativ gebraucht werden, z. B. ‚er ist
älter‘. Im Germ. und Griech. liegt eine *n*-Flexion vor (got. *batizin-*
wie gr. βελτιον-), und man hat daraus eine schon idg. Weiterbildung
-is-on- gefolgert; das Mykenische zeigt, daß die griechische Ent-wicklung spät ist und deshalb nichts mit der ähnlichen Neuerung
des Germ. zu tun haben kann, diese hat aber möglicherweise das
Litauische beeinflußt, s. (2) 27 f.

Die Variation zwischen *-yos-* und *-iyos-*, die besonders im Aind.
und im Griech. zu beobachten ist (ai. *san-yas* ‚älter‘, *svād-īyas-*

‚süßer', gr. μείζων ‚größer' aus -gy-, aber ἡδίων ‚süßer'), ist offenbar dem Sieversschen Gesetz (V. 7.2.1) zu verdanken, s. (6). Neubildungen sind dagegen der germ. Typus auf -ōzan-, z.B. got. *frō-dōzan-* ‚weiser', der nur von *a*-Stämmen (idg. -o-) gebildet wird, und der slav. Typus auf -ēji, z.B. aks. *novēji* ‚neurer'. Man hat sie als von Adverbien (got. -ō-, slav. -ē-) abgeleitet oder beeinflußt erklärt, (3) 233. – (7).

(1) Stang, Vgl. Gram. 260, 267f. – (2) Szemerényi, Comparative. – (3) Kuryłowicz, Categories 227f. – (4) id., Apophonie 70. – (5) Brugmann, Grundriß² II 1, 548f.; K. Hoffmann, Aufsätze II, 1976, 556. – (6) S. Szemerényi, 31. Dagegen: Seiler 18. Nach Cowgill, in: Cardona (Hrsg.), IE and IEs, 1971, 136, setzt -ī(yas-) einen Laryngal fort. – (7) Siehe noch Euler 245f.

8.5 Ein Superlativ mit dem Suffix -isto- erscheint im Griech. (βέλτ-ιστος), im Arischen (*náv-iṣṭha-* ‚neuest') und Germ. (got. *bat-ista-* ‚best'); -isto- scheint aus -is-, der Nullstufe des Komparativsuffixes, und dem Suffix -to- zusammengesetzt zu sein, s. 8.8. – (1).

(1) Spuren von -isto- finden sich vielleicht auch im Keltischen (s. Szemerényi, Kinship 1978: 128f.), aber sicher nicht in lat. *iouiste*, s. Szemerényi, Studies Palmer, 1976, 408. Dagegen könnten (ebd. 410) Bildungen auf -isteros und (lat.) -istumus von Superlativen auf -isto- weitergebildet sein.

8.5.1 Die Ablautstufe der Wurzel vor dem Suffix des Komparativs und Superlativs ist nur im Indo-Iranischen und Griechischen klarer, aber auch da nicht ganz eindeutig. Nach Meillet war in beiden Sprachgruppen die Vollstufe die Norm, vgl. etwa ai. *uru-* ‚breit': *var-īyas-, -iṣṭha-;* *pr̥thu-* ‚breit': *prath-īyas-, -iṣṭha-;* *guru-* ‚schwer': *gar-īyas-;* gr. πολύς ‚viel': πλείων, πλεῖστος (cf. ai. *prāyas-*) aus *pleH-? (1). Dagegen vertrat Osthoff die Ansicht (2), daß nur der Komparativ die Vollstufe aufwies, der Superlativ dagegen die Nullstufe. Aber Formen wie πλεῖστος, μήκιστος, ἥκιστα unterstützen vielleicht doch eher die erste Auffassung (3).

(1) Meillet, MSL 11, 1899, 6f. (: es ist von vornherein unwahrscheinlich, daß κρέσσων/κράτιστος etwas Altes darstellt), aber Introduction 270f. (: κρεσσ-/κρατ- kann alt sein); so auch Brugmann, o.c. (oben 8.4), 392f., 557f.; Wackernagel–Debrunner, Ai. Gr. II 2, 455f.; und neuerdings Cowgill, o.c., 126. – (2) Osthoff, in: MU 6, 1910, 70–157; so auch Seiler, Steigerung 20f., 122, der besonders auf den Ak-

zentunterschied zwischen Komp. und Sup. im Germanischen Wert legt. – (3) Vgl. noch Euler 246.

8.6 Während *-yes-* und *-isto-* in allen Sprachen, in denen sie auftreten, dieselbe Funktion haben, d. h. Komparative und Superlative bilden, gibt es zwei weitere Gruppen von Bildungen, die in einigen Sprachen als wirkliche Steigerungsformen verwendet werden, daneben aber auch, und in anderen Sprachen ausschließlich, anders gebraucht werden.

Im Arischen werden *-tara-* und *-tama-* in Konkurrenz mit *-yas-* und *-iṣṭha-* gebraucht, z. B. *tavas-tara-* ,stärker', *puru-tama-* ,sehr viel'. Im Griech. entsprechen -τερος und -τατος, das letztere offenbar aus -ταμος nach den Ordinalien umgestaltet, bei denen -ατος ebenfalls auf Kosten von -αμος um sich griff (1).

Vor diesen Suffixen wird bei griech. -o-Adjektiven der Themavokal zu ω gedehnt, wenn sonst eine Folge von vier Kurzvokalen entstehen würde; statt *σοφο-τερος wird σοφώτερος gebraucht usw. Saussure erblickte die Ursache der Dehnung in der rhythmischen Not (2); heute sucht man sie von Adverbien auf -ω herzuleiten (3); beachtenswert ist Schwyzers Vorschlag (4), o/ω von πρότερος und ἀνώτερος als Vorbildern ausgehen zu lassen.

Die zugrundeliegenden Suffixe: idg. *-tero-* und *-t m̥o-* treten nicht nur bei Adjektiven, sondern auch bei Adverbien auf; vgl. *ud* ,auf', vedisch *ut-tara-* ,der obere, höhere, spätere', *ut-tama-* ,der oberste, höchste, letzte' und gr. ὕστερος ὕστατος; lat. *ex-terus, ex-timus; in-terus, in-timus.* Hier ist auch ersichtlich, daß die meisten Adverbien eine ursprünglichere Form des Suffixes, nämlich *-ero-* bzw. *-m̥o-*, aufweisen (5); z. B. *upo* – *upero* – *u p m̥o-/*u p mo-* in ai. *upa* – *upara-* *upama-*, lat. *s-ub* – *s-uperus* – *s-ummus*, gr. ὑπό – ὕπερος – ὕπατος (aus ὑπαμο-); *n̥dher* – *n̥dhero* – *n̥dhm̥o-* in ai. *adhaḥ* – *adhara-* – *adhama-*, lat. *inferus* – *infimus*. Im Germ. treten gleichfalls beide Bildungsweisen auf, vgl. got. *hindar* ,hinter' – *hindumists* ,hinterster' aus *-ter-/-t m̥o-* und *uf* – *ufar* – *auhuma* aus *upo* – *uper* – *u p m̥o-* (6); die weitverbreitete Ansicht, die *-uma*-Bildungen seien komparativisch, ist falsch (5). Im Keltischen finden wir ebenfalls teils *-tamo-*, z. B. in dem gallischen *Ver-tamo-corī*, Name eines oberitalischen Stammes ,das höchste Heer' (*vertamo-* aus *uper-t m̥o-*), teils *-amo-*, z. B. im Hispano-Keltischen *veramos* ,supremus' (aus *uper-m̥o-*); eine Modifikation von *-tero-* wird im altirischen Äquativ vorliegen, vgl. *déinithir* ,ebenso schnell wie' (aus *deinitri-?*) (7).

Eine eigenartige Variante findet sich im Superlativ der italischen und keltischen Sprachen. In dieser Funktion wird weder das alte *-isto-* (8) noch das mögliche *-(t)amo-* verwendet, sondern ein geneuertes *-samo-* bzw. *-isamo-* (9). Diese Form ist besonders klar im Keltischen; vgl. gall. Οὐξισάμη ,sehr hoch', (Marti) *Rigisamo* ,dem königlichsten'. Da Οὐξάμη, das auch vorkommt, offenbar aus Οὐξισάμη gekürzt ist, ist es wahrscheinlich, daß Formen wie air. *tressam* ,stärkst', *nessam* ,nächst' aus **treg(si-)samo-*, **nes(si-)samo-* entstanden sind, also dasselbe Suffix hatten, wie air. *sinem* ,ältest' oder akymr. *hinham* ,ds.', beide aus **senisamo-* (nicht **sen-samo-*). Im Lat. ist das gewöhnliche Suffix zwar *-issimus*, aber der Typus *facillimus pigerrimus* weist jedenfalls in Übereinstimmung mit dem Keltischen auf **faklisamos *pigrisamos*, so daß *-issimus* nach *-errimus -illimus* aus *-isamos* entstanden sein wird (10); auch *maximus* wird aus **mag-is-amos* synkopiert sein (11), wie *ōximē proximus* aus **ōk-isamo- *propisamo-*, während *ōc-issimus* den neuen Typ reflektiert.

Da *-isamo-* auf die italischen und keltischen Sprachen beschränkt ist, während *-isto-*, das im Südosten (Indisch und Griechisch) und Nordwesten (Germanisch) auftritt, nach den Prinzipien der Sprachgeographie einmal auch im Zwischenraum, also im ganzen Idg. vorhanden gewesen sein muß, scheint es klar, daß *-isamo-* ein altes *-isto-* verdrängt hat. Das geneuerte *-isamo-*, genauer gesagt *-i-somo-*, findet eine Entsprechung im germ. Typus, der z. B. in got. *lustusama* ,erwünscht', ahd. *lust-sam* ,lieblich, angenehm' vorliegt. Semantisch entsprachen diese Bildungen dem engl. Typus *godlike, ladylike*, etc., und als emphatische Formen stellten sie eine Konkurrenz zu dem alten Superlativ dar, den sie am Ende ersetzten (12).

(1) Kuryłowicz, Categories 238. – Suffix *-tero-* auch im Hethitischen? Dafür spräche Kronassers Interpretation von *kattera-* ,unterer' als *katta-tera-* (Etymologie 187). – (2) Saussure, Recueil 465; vgl. Schwyzer, GG I 239; Szemerényi, Syncope 272f. – (3) Kuryłowicz, Categories 234. – (4) Schwyzer, GG I 535. – (5) Szemerényi, Auhuma 3f., trotz Trutmann, Studien zum Adjektiv im Gotischen, 1972, 44f. – (6) Szemerényi, o.c., 25. – (7) Meid, Zum Aequativ der Keltischen Sprachen, Festschrift Pokorny, 1967, 223–242; aber siehe Campanile, Studi Pisani, 1969, 195 (: *-teroi*); Charles–Edwards, Eriu 22, 1971, 188f.; Lambert, EC 14, 1976, 479f. – (8) Lat. *iuxta* wird es kaum zeigen. – (9) Zu *-isamo-* vgl. Kuryłowicz, Categories 238; Cowgill, o.c., 125, 129–131; Faust–Tovar, BzN 6, 1971, 347f. (Namen), und gleich weiter im Text. – Zu beachten ist, daß *-tamo-*

im Italo-Keltischen Ableitungen nicht nur von Adverbien, sondern auch von Nomina bildet, vgl. lat. *fini-, mari-timus, aestumō*, und keltisch *Cuno-, Rigo-tamo-*, die sicher nicht, wie Hamp (EC 14, 1975, 188f.) meint, **(s)tə-mo-* ‚standing‘ enthalten. – (10) Bartoněk, K problematice latinského superlativu na *-issimus*, Listy Filologické 78, 1955, 1–8 (9–10 franz. Résumé). – (11) Skutsch, Vollmöllers Romanische Jahresberichte 7, 1905, I 49. – (12) Szemerényi, Studies L.R. Palmer, 1976, 407–418.

8.7 Aus diesen Tatsachen geht hervor, daß das Idg. oder Spätidg. jedenfalls ein Steigerungssystem hatte, in dem *-yes-* bzw. *-isto-* zur Bildung von Komparativen bzw. Superlativen im geläufigen Sinn verwendet wurden. Daneben bestand aber eine Gruppe von Bildungen auf *-(t)ero-* und *-(t)m̥o-*, die im Gegensatz zu der adjektivischen Gruppe hauptsächlich auf Adverbien basierte; *-tero-* wies von einem komparativischen Gebrauch noch keine Spur auf, dagegen wird *-(t)m̥o-*, als Elativ gebraucht, dem Superlativ ganz nahe gestanden sein, vgl. *summus* und (vir) *clārissimus*.

Für das Suffix *-tero-* hat man aufgrund solcher Paare wie *exterus – interus, dexter – sinister*, δεξιτερός – ἀριστερός, ἡμέτερος – ὑμέτερος usw. lange angenommen, daß es zur Gegenüberstellung von Kontrastbegriffen verwendet wurde (1). Dagegen hat Benveniste die Meinung vertreten (2), daß der Gegensatz nicht zwischen zwei Formen auf *-tero-* bestand, sondern zwischen einer Form auf *-tero-* und einer anderen im Positiv; die kontrastierenden Paare waren also δεξιός – ἀριστερός, σκαιός – δεξιτερός, oder ὑμός – ἡμέτερος. Auch ein Substantiv wie lat. *mātertera* stünde nicht im Gegensatz zu *māter*, als ‚la presque mère‘, sondern zu *amita* als der ‚wirklichen‘ Tante, von der die ‚mütterliche‘ differenziert wird; ebenso wären arische Tiernamen wie ai. *ašva-tara-* ‚Maultier‘ (npers. *astar*) oder npers. *kabōtar* ‚Taube‘ (aus **kapauta-tara-*) nicht vergleichend als ‚beinahe Pferd‘ usw. zu verstehen, sondern als das Maultier, ‚von dem Pferdegeschlecht‘, von dem Esel differenziert usw. So wird *-tero-* ein ‚differenzierender Wert‘, eine ‚separative Funktion‘ zugeschrieben; es ‚qualifie surtout des notions de caractère spatial (positions dans l'espace et dans le temps)‘ (S. 121).

Das Suffix *-yes-* wurde früher als ein Verbaladjektiv angesehen, das „zur Intensivierung eines Verbalbegriffes", aber, im Gegensatz zu *-tero-*, „ohne besondere Rücksicht auf einen anderen diente" (1). Nach Benveniste (2) bezeichnen Bildungen mit *-yes-* ‚une qualité intrinsèque‘ ‚unter ihrem sichtbarsten Aspekt‘, sie sind Adjektive

‚de sens dimensionnel': *mag-no- ist ‚positivement grand' und *mag-yes- ‚mesurablement grand' (121–4).

Parallel diesem semantischen Unterschied soll ein syntaktischer Unterschied einherlaufen (140f.), der durch lat. *maior mē* und *maior quam ego* veranschaulicht werden kann. Die Kasuskonstruktion war bei -yes- üblich, wobei der Kasus ein Äquativ war: *luce clarior* bedeutet eigentlich ‚clair *comme* le jour', *melle dulcius* ‚süß *wie* Honig'; die Partikelkonstruktion, ursprünglich bei -tero- üblich, hatte eine disjunktive Funktion, sie drückte eine Wahl zwischen zwei Alternativen aus: *plus mihi dedit quam tibi* (3).

Diese schöne Hypothese ist besonders dadurch bestechend, daß sie drei Eigenschaften – Form, Funktion und Konstruktion – zu je einem Bündel zusammenfaßt. Sie wird aber den Tatsachen nicht gerecht. Die Ausdrücke *melle dulcius, lūce clārius* bedeuten einfach nicht ‚süß wie', ‚hell wie' – das konnte man auch ausdrücken –, sondern eben ‚süßer als', ‚heller als' (4). Die Verbindung von -tero- mit der Partikelkonstruktion ist nur der Symmetrie halber angenommen; tatsächlich findet sich -τερο- auch mit dem Gen., z. B. (ἵπποι) λευκότεροι χιόνος, und -ίων auch mit ἤ, z. B. πλέονες σόοι ἠὲ πέφανται ‚mehr sind unversehrt als getötet' (5).

(1) Vgl. Schwyzer, GG II 183f. – (2) Benveniste, Noms d'agent et noms d'action en indo-européen, 1948, 115f.; vgl. Szemerényi, ArchL 1, 1950, 187–191; Euler 251f. – Eine beachtenswerte Parallele zu -tero-/zero- bietet die Opposition zwischen -yes- und einem Positiv im gāthischen Paar *spanyå – angra* (Y. 45, 2), s. Schaeder, ZDMG 94, 1940, 401; Humbach, Gathas I, 34b α, und II 62: heilvoll–verderblich. Damit zu vergleichen ist ungarisch *jobb* ‚recht' (ein Komparativ, eigentlich ‚besser') – *bal* ‚link'. – (3) Um die Deutung lateinischer Wendungen im Lichte dieser Theorien hat sich bemüht A. Ghiselli, Grammatica e filologia, 1961, 23–67; und Witwer, Glotta 47, 1970, 54–110 (mit vielen Eigenwilligkeiten in der Interpretation). – (4) Vgl. auch H. Thesleff, Studies on intensification in Early and Classical Greek, 1954, 127f.; Risch, Glotta 33, 1954, 215f.; Belardi, AGI 65, 1981, 1–13; in: In memoria A. Pagliaro, Roma 1984, 77. – (5) N. Berg, Einige Betrachtungen über den idg. Komparationskasus, NTS 18, 1958, 202–230, bes. 212f. – Zur Komparation s. noch V. Skard, Dativstudien, 1952, 72f.; Puhvel, Nature and means of comparison in PIE grammar, JIES 1, 1973, 145–54; N. Reiter, Komparative, 1979; P.K. Andersen, in: Ramat (ed.), Linguistic reconstruction and IE syntax, 1980, 225–236; Word order typology and comparative constructions, Amsterdam 1983; R. Stefanelli, SSL 24, 1984, 187–225.

8.8 Tatsache bleibt, daß -yes- und -tero-, obwohl sie im Arischen und Griechischen dieselben Konstruktionen aufweisen, einst sicher Verschiedenes ausdrückten, da sie eben formal verschieden sind; auch ist sicher, daß die komparativische Verwendung von -tero- eine Neuerung dieser Sprachen und nicht idg. ist, während der komparativische Gebrauch von -yes- und der superlativische von -isto- dem Idg. zugeschrieben werden muß.

Auf einer früheren Stufe werden die Sachen etwas anders ausgesehen haben. So ist neuerdings von verschiedener Seite vermutet worden, daß -yes- ursprünglich nicht ein komparativisches Adjektiv, sondern ein intensives Nomen war, das als Prädikativ gebraucht früh adjektivisiert wurde und mit Positiven gekoppelt eine elative und später komparative Bedeutung erhielt (1). Das würde auch den Superlativ schön erklären. Denn, falls -yes- von Anfang an adjektivisch war, ist es unmöglich zu erklären, wie -isto- zu seiner Form und Funktion kam. Der Annahme, -isto- sei aus dem komparativen -is- und dem demonstrativen to- entstanden (2), steht entgegen, daß wir komp. -yōs und so erwarten würden, also -yōsso(s), während die Annahme, es handele sich um das Adverb auf -is (vgl. magis) und das -to- der Ordinalien (3), die Bildung gänzlich unerklärt läßt. Von einem Nomen auf -is- dagegen erhalten wir mit dem gewöhnlichen Suffix -to- (vgl. lat. cēnātus, barbātus) eine Bildung (4), die die elative Grundbedeutung des Superlativs restlos erklärt.

Bei -tero- ist zunächst zu beachten, daß daneben -ero- steht. Man hat das -t- für einen Verbindungskonsonanten erklärt, der ursprünglich nur nach Sonanten auftrat, wie bei den Wurzelnomina das Suffix -t- (z.B. ai. kr̥-t- ‚Macher‘), später aber als Hiatustilger ausgenutzt wurde; berechtigt waren also (ai.) ni-t-ara- vi-t-ara-, von denen -tara- auch zu ka-tara- (gr. πότερος) usw. kam (5). Andererseits ist auch erwogen worden, daß -ero-/-tero- aus Neutra auf -er-/-ter- thematisiert worden seien (6): πρότερος wäre von *pro-ter ‚Vorderseite‘, ai. antara- ‚das Innere‘ von *antar ‚Innenseite‘, idg. *en-ter (lat. inter), und sogar ai. ašvatara- ‚Maultier‘ von *ašva-tar- ‚Pferdewesen‘. Da aber die Bildungsweise sicher von Lokaladverbien ausging, scheint es klar zu sein, daß *up-er ‚oben‘, *en-er ‚innen‘ usw. mit *er- ‚Erde‘ (gr. ἔρα, got. airþa usw.) zusammengesetzt sind; idg. *ant- ‚Vorderseite, Gesicht‘ (lat. ante) ergab *ant-er-o- (lat. anterior), und davon mag -tero- auf *pos-tero- usw. übertragen worden sein (7).

Das Suffix -m-, das in den Formen -mo- -m̥o- -tm̥o- auftritt (lat. summus aus s-up-mo-s; infimus aus *n̥dh-m̥o-s = ai. adhama-; post-

umus), ist im idg. System als der elative Partner von *-ero-*/*-tero-* fest verankert. Ob es mit dem ähnlich lautenden Suffix der Ordinalien (8) identisch ist und letztlich von diesen ausgegangen ist (9), bleibt unsicher.

(1) Friš, Archív Orientální 21, 1953, 101–113; Erhart, ebd. 24, 1956, 432f.; Berg (s. 8.7) 225f.; Kuryłowicz, Categories 227f. – (2) Z.B. Aitzetmüller, Sprache 3, 1957, 132. – (3) Schwyzer, GG I 537. – (4) So auch Friš, o.c., 109, der auf lat. *iūstus* verweist, sowie (?) Kuryłowicz, Categories 230; vgl. auch Benveniste, o.c., 161 f., und meine Numerals 91; und Studies Palmer, 1976, 411 f. – (5) Kuryłowicz, Categories 235 f. – (6) Burrow, The Sanskrit language, 1955, 147, 149. – (7) Szemerényi, 7th Congress (1952), 1956, 483; anders Reiter, o.c. (oben 8.7.5), 88. – (8) Szemerényi, Numerals 86 f. – (9) Kuryłowicz, Categories 236 f.

8.9 *Suppletivismus*

Die bei deutschen oder lateinischen Adjektiven zu beobachtende Eigentümlichkeit, die mit einem umfassenderen Ausdruck als Suppletivismus (1) bezeichnet wird und darin besteht, daß verschiedene Steigerungsformen nicht alle von derselben Wurzel abgeleitet werden (*gut–besser–best, bonus–melior–optimus*), ist auf den früheren Stufen der idg. Sprachen offensichtlich noch weiter verbreitet gewesen. Da diese Eigentümlichkeit besonders Wertbegriffen wie ,groß–klein', ,gut–schlecht', ,viel–wenig' u.ä. anhaftet und trotz Ausgleichen immer wieder neu eingeführt werden kann, ist es unmöglich, für solche Begriffe gemeinindogermanische Ausdrücke zu rekonstruieren. Vgl. z.B. die Bezeichnungen für ,gut': ai. *vasu-*, gr. ἀγαθός, lat. *bonus*, germ. **gōđaz* usw. Unter diesen Umständen ist es interessant, daß als erste Glieder von Zusammensetzungen **su-* ,gut' und **dus-* ,schlecht' für das Idg. rekonstruiert werden können; vgl. ai. *su-*/*duṣ-*, gr. εὐ-/δυσ-, air. *su-*/*du-*, germ. *Su(gambri)*/*tuz-*, aks. *sŭ(dravŭ)*/*dŭždĭ* ,Regen' (aus **dus-dyus* ,schlechter Himmel') (2).

Nach Humboldt ist diese sprachliche Eigentümlichkeit unerwünscht, die Gleichmäßigkeit der sprachlichen Symbolisierung dagegen wünschenswert: sowohl Wurzeln wie auch grammatische Kennzeichen sollten einheitlich und beständig sein (3). Aber der immer wieder auflebende Prozeß des Suppletivismus zeigt, daß Einheitlichkeit und Beständigkeit des Paradigmas aus historischer Sicht nicht immer als das höchste Ziel erscheinen.

(1) Osthoff, Vom Suppletivwesen der idg. Sprachen, 1899; Seiler, Steigerung 27f.; Jaberg, Suppletività, in: Raccolta in onore di G.D.

Serra, 1959, 27–38 (nachgedruckt in: Jaberg, Sprachwissenschaftliche Forschungen und Erlebnisse, N. F. 1965, 223–32); Mańczak, La nature du supplétivisme, Linguistics 28, 1967, 82–9; Sprache 15, 1969, 8–13; Levin, Non-paradigmatic forms: suppletion or preemption, FL 8, 1972, 346–59; Strunk, Überlegungen zur Defektivität und Suppletion im Griechischen und Indogermanischen, Glotta 55, 1977, 2–29, bes. 10f.; Werner, Suppletivwesen durch Lautwandel, in: G. Drachman (ed.), Akten der 2. Salzburger Frühlingstagung für Linguistik, Tübingen 1977, 269–83. – (2) Cf. Friš, AO 21, 1953, 175–8; Schlerath, Some remarks on I–I *dus-* and *su-*, Cama Oriental Institute Golden Jubilee Vol., Bombay 1969, 113–120; Mayrhofer, KAEW III 478f.; Szemerényi, Kinship, 1978, 46; Klein, Sprache 28, 1982, 24. – Zum Suppletivismus beim Verbum s. IX. 4.4.3. – (3) Siehe T. Vennemann–T.H. Wilbur, Schuchardt, 1972, 184.

VIII. MORPHOLOGIE II

Pronomen und Zahlwort

1. Obwohl die Flexion des Pronomens von der des Nomens und Adjektivs prinzipiell nicht verschieden ist, gibt es dennoch einige Eigentümlichkeiten, die das Pronomen von den Nomina abheben.

a) Verschiedene Stämme werden für Formen verwendet, die nach unserem Gefühl ein festgefügtes Paradigma bilden. So ist der Nom. des Personalpronomens „ich" *ego* u. ä., aber der Akk. lautet *me*; der belebte Nom. Sg. des Hauptdemonstrativums ist *so/*sā, aber alle anderen Kasus werden von einem Stamm *to- gebildet.

b) Die Pronomina verwenden nicht immer die nominalen Kasusendungen. Manchmal werden gar keine Endungen gebraucht, manchmal solche, die in der Nominalflexion unbekannt sind. Weiter erscheinen zwischen Stamm und Endung oft gewisse Einschiebsel. Vgl. z. B. *me *t(w)e ,mich, dich' gegenüber *ekwo-m ,das Pferd', und ai. *ta-sm-ai* ,diesem', nicht *tāi oder *tāya.

c) Pronomina werden sehr oft durch verschiedene deiktische Partikeln verstärkt, wie in der französischen Reihe *ce – celui – celui-ci*. Vgl. z. B. lat. *ego-met nōs-met*.

d) Die Personalpronomina kennen keine Genusunterschiede. Die Demonstrativa und die Fragewörter unterscheiden Geschlechter, aber einige unterscheiden nicht zwischen Maskulinum und Femininum.

Die geschlechtigen Pronomina stehen den Nomina in der Flexion ganz nahe und werden hier vor den ungeschlechtigen, d. h. den Personalpronomina, behandelt.

2. Demonstrativpronomina

Da die Demonstrativpronomina einen Hinweis mit Bezug auf den Sprechenden beinhalten, gibt es verschiedene Grade der Distanzierung und dementsprechend eine Anzahl von Demonstrativa. In den idg. Sprachen ist das Maximum wohl ein Vierersystem: 1) Ich-Deixis (hier bei mir, dieser bei mir), 2) Du-Deixis (dort bei dir), 3)

Der-Deixis (da), 4) Jener-Deixis (dort im Gegensatz zu hier und da) (1). Häufiger ist das Dreiersystem des Lateinischen mit *hic – iste – ille*, wozu allerdings noch das neutrale *is* kommt. Die wichtigsten Demonstrativa, wenigstens die am reichsten vertretenen, sind die Vorfahren von *der* und *er*, idg. **so/*sā/*tod* und **is/*ī/id*.

(1) Brugmann, Die Demonstrativa der idg. Sprachen, 1904; Grundriß[2] II 2, 302 f.; Wackernagel, Vorlesungen über Syntax[2] II, 1928, 103 (: *hic, iste, ille, to-*); Frei, Systèmes déictiques, AL 4, 1944, 111–129: die meistverbreiteten Systeme sind das binäre (hier–dort) und ternäre (*hic–iste–ille*); das komplexe ist älter; Mendoza, La organización de las deixis, RSEL 6, 1976, 89–111; Biraud, L'évolution des systèmes démonstratifs en grec ancien, Document 8 (Univ. Nizza), 1983, 2–28. Im allgemeinen: J. Lyons, Introduction to theoretical linguistics, 1968, 275 f.; R. Harweg, Pronomina und Textkonstitution, 1968; Formen des Zeigens und ihr Verhältnis zur Deixis, ZDL 43, 1976, 317–37, bes. 328 f.; Milewski, Linguistics 59, 1970, 94 f.; Fillmore, Santa Cruz Lectures on Deixis, IULC 1975; J. Weissenborn–W. Klein (edd.), Here and there – Cross-linguistic studies on deixis and demonstration, Amsterdam 1982 (vgl. LeS 19, 1984, 639 f.); G. Rauh, IF 87, 1982, 26 f. (: Über das Deixis-System von W. P. Schmid); G. F. Meier, Funktionalgrammatische Studie zur Deixis, ZPhon 37, 1984, 143–152.

2.1 Das bestbezeugte Demonstrativum verwendete, wie schon gesagt, die Stämme **so-* und **to-*. Für das Paradigma sind das Aind. (a), Aks. (b), Lit. (c), Got. (d), Griech. (Dorisch) (e) von ausschlaggebender Bedeutung.

	Sing. M.	N.	F.	Plur. M.	N.	F.	Dual M.	N.	F.
a)									
Nom.	sa	tad	sā	tē	tā(ni)	tās	tā(u)	tē	tē
Akk.	tam	tad	tām	tān	tā(ni)	tās	tā(u)	tē	tē
Gen.	tásya		tásyās	téṣām		tásām	táyōs		
Abl.	tásmād		tásyās	tébhyas		tábhyas	tábhyām		
Dat.	tásmai		tásyai	tébhyas		tábhyas	„		
Lok.	tásmin		tásyām	téṣu		tásu	táyōs		
Instr.	téna		táyā	tébhis (tais)		tábhis	tábhyām		

b)	Sing. M.	N.	F.	Plur. M.	N.	F.	Dual M.	N.	F.
N.	tŭ	to	ta	ti	ta	ty	ta	tē	tē
A.	tŭ	to	tǫ	ty	ta	ty	ta	tē	tē
G.	togo	toję		tēxŭ			toju		
D.	tomu	toji		tēmŭ			tēma		
L.	tomĭ	toji		tēxŭ			toju		
I.	tēmĭ	tojǫ		tēmi			tēma		

c)	Sing. M.	F.	Plur. M.	F.
N.	tas	ta	tiẽ	tõs
A.	tą	tą	túos	tás
G.	to	tos	tŭ	tŭ
D.	tám	tai	tíems	tóms
L.	tamè	tojè	tuosè	tosè
I.	tuomì	tą	taĩs	tomìs

Sing.			Plur.				Sing.			Plur.			D.
d) M.	N.	F.	M.	N.	F.	e) M.	N.	F.	M.	N.	F.		

	Sing. M.	N.	F.	Plur. M.	N.	F.	Sing. M.	N.	F.	Plur. M.	N.	F.	D.
N.	sa	þata	so	þai	þo	þos	ὁ	τό	ἡ	τοί	τά	ταί	τώ
A.	þana	þata	þo	þans	þo	þos	τόν	τό	τάν	τούς	τά	τάς	τώ
G.	þis	þizos	þize	þizo			τοῦ	τᾶς		τῶν	τᾶν		τοῖν
D.	þamma	þizai	þaim				τῶι	τᾶι		τοῖς	ταῖς		τοῖν

Ohne das Aind. wären die Verhältnisse schwer zu erkennen. Das ai. *tasmai* zeigt aber, daß in got. *þamma* -mm- aus -sm- assimiliert ist, was auch durch umbrisch *esmei* ‚huic‘, *pusme* ‚cui‘ und apreuß. *stesmu* ‚dem‘ bestätigt wird. Ebenso beweisen *tasya tasyās* usw. ein -sy- in diesen Kasus, das wieder durch hom. τοῖο gestützt wird; lat. *eius cuius* aus **esyo(s) *kʷesyo(s)* treten bestätigend dazu. Der Unterschied zwischen *tēṣām* und *tāsām* usw. im Plural ist zwar im Aks. und Got. verwischt, wird aber als ursprünglich *(*toisōm, *tāsōm)* erwiesen durch gr. τᾶν, früher τάων, lat. *(is)tārum* aus **tāsōm*; möglicherweise ist das gr. Pronomen τοῖος auf dem ererbten Gen. Pl. τοίων aus **toisōm* aufgebaut, das jedenfalls vom Aks. und Germ. (vgl. den adjektivischen Gen. Pl. got. *blindaize, -aizo*) vorausgesetzt wird.

Nicht alle Kasus lassen sich mit Sicherheit wiederherstellen; aber im wesentlichen wird folgendes Paradigma die spätidg. Verhältnisse richtig wiedergeben:

	Sing. M.	N.	F.	Plur. M.	N.	F.	Dual M.	N.	F.
Nom.	so	tod	sā	toi	tā	tās	tō	toi	toi
Akk.	tom	tod	tām	tōn(s)	tā	tā(n)s	tō	toi	toi
Gen.	tosyo		tosyās	toisōm		tāsōm			
Abl.	tosmōd		tosyās	toibh(y)os		tābh(y)os			
Dat.	tosmōi		tosyāi	„		„			
Lok.	tosmi(n)			toisu		tāsu			

Das Suppletivverhältnis von *so-/to-* wird sich kaum durch ein idg. Lautgesetz (z. B. **to-tó > *ttó* und dann *tt > ss*) auf einen Stamm zurückführen lassen (1); eher wird die Doppelheit eine urtümliche Scheidung von Belebten und Unbelebten weiterführen (vgl. ungarisch *ki* ‚wer?‘, *mi* ‚was?‘). Dagegen wird das Ntr. **tod* ein früheres **tot*, d. h. ein wegen der Emphase wiederholtes **to-t(o)* darstellen. – Über den Gen. **tosyo* s. unten 3.2. – Bei den -sm-Formen ist es interessant, daß neben diesen ‚pronominalen‘ Formen auch substantivisch gebrauchte Formen ohne -sm- in verschiedenen Sprachen auftreten (2), z. B. neben *tasmād* auch *tād*, usw. Es ist deshalb wahrscheinlich, daß *-sm-* der Emphase dient, also entweder der Pronominalstamm für ‚derselbe‘ (3) oder eher das spätere Zahlwort **sem-*‚eins‘ ist. Die ursprünglichen ‚Endungen‘ waren also Dat. *-sm-ei* (vgl. umbr. *esmei*), Abl. *sm-ed*, die später nach den thematischen Stämmen zu *-smōi*, *-smōd* umgestaltet wurden, während der Lok. *sm-i(n)* beibehielt. Bei den femininen Formen Dat. **tosyāi*, Abl. **tosyās* würde man dementsprechend an die femininen ‚Endungen‘ *sm-yāi*, *-sm-yās* denken, d. h. Vereinfachung von *-smy-* zu *-sy-* annehmen – trotz Edgertons Gesetz (4). – Im Nom.-Akk. Pl. sind alle Formen mit den nominalen identisch, nur *toi* weicht ab und weist *i* als ein Pluralzeichen auf, das dann auch in den obliquen Kasus des Maskulinums (und Neutrums) aufzutreten scheint, obwohl für **toisōm* eine andere Deutung vorzuziehen sein dürfte, s. unten. – Gen. Pl. Fem. **tāsōm* scheint wie mask. **toisōm* eine Endung *-sōm* zu enthalten, vor der der feminine Stamm erscheinen würde. Es wäre möglich, daß **tāsōm* geneuert wurde, um dem unklaren **tōm* (aus **tā-om*) aus dem Wege zu gehen; Ausgangspunkt wäre der Lok. Pl. **tāsu*, der, als **tās-su* aufgefaßt, **tās-ōm* herbeiführte, wonach auch zu dem Nom. Pl. M. *toi* ein Gen. *toi-sōm* entstand (5); s. auch unten 3.2.

(1) So Heller, Word 12, 1956, 7 f.; vgl. auch Hirt, IF 2, 1893, 131: Nom. *sī* aus **t(e)-sī*. – (2) Dal, Ein archaischer Zug der germ. Pronominalflexion, NTS 9, 1938, 186–218. – (3) Lane, On the formation of the IE demonstrative, Language 37, 1961, 469–475 (bes. 471); Anttila, Introduction 369. – (4) Über *-sm-*, *-sy-* siehe auch Villar, RSEL 2, 1972, 357 f.; G. Schmidt, IF 82, 1979, 73 (: *tosyās* nach *tosyo*). Siehe auch unten 2.2 (3). Zu der Entwicklung *smy* > *sy* vgl. noch δέσποινα < *-ponya* aus *-potnya* zu δεσπότης. – (5) Hermann, Der Diphthong *-oi-* im Stamm der geschlechtigen Fürwörter und die Genetivendung *-sōm*, Festschrift Wackernagel, 1923, 217–9. Umgekehrt sucht jetzt Laroche (RHA 76, 1966, 41) *tāsōm* als mit *-ōm* von dem Nom. Pl. *tās* gebildet zu erklären, was den Prinzipien der idg. Kasusbildung zuwiderläuft. Vgl. auch Villar, El plural de los demonstrativos ie., RSEL 5, 1975, 433–50.

2.2　Ebenso weitläufig bezeugt, wenn auch im einzelnen nicht so gut erhalten, ist das anaphorische Pronomen *i-*. Der Nom. Sg. M. und N. sind als **is **id* gut bezeugt durch lat. *is id*, got. *is it-a* (N. ai. *id-am*); ebenso der Akk. als **im* (**id*) durch alat. *im* (auch *em*), got. *in-a*, ai. *im-am*. Die *i*-Deklination ist auch im Nom.-Akk. Pl. M. klar in got. *eis* (aus **ey-es* wie *gasteis* aus **ghostey-es*), *ins*. Ein alternativer Stamm **e-* erscheint in anderen Kasus. Ein Vergleich von lat. *eius* mit ai. *asya* (M. N.) führt auf den Gen. Sg. (M. N.) idg. **esyo*;

der Dat. Sg. (M. N.) war, wie umbr. *esmei* und ai. *asmai* zeigen (1),
idg. *esmei* (M. N.), und ähnliche -*sm*-Formen werden auch für den
Abl. und Lok. Sg. (M. N.) durch ai. *asmād* und *asmin* bezeugt, während für die entsprechenden Formen des Fem. ein Element -*sy*-
sicher steht (vgl. *to-sm-ei: *to-sy-āi* usw.). Durch einen „Zufall",
der sich auf dem idg. Gebiet immer wieder ereignet, findet der Gen.
Pl. (M. N.) ai. *ēṣām* eine genaue Entsprechung im oskischen *eisun-k*,
beide aus idg. *eisōm* (vgl. *toisōm*), wozu auch got. *ize* (aus *isōm*),
mit der üblichen Umgestaltung des Stammes (vgl. *þize*) und aks. *ixŭ*
stimmen. Auch der Lok. und Dat.-Abl. Pl. lassen sich als *ei-su* (ai.
ēṣu, aks. *ixŭ*) und *ei-bh(y)os* (ai. *ēbhyas*, alat. *ībus*) bestimmen.

Da bisher nur die Stämme *i-, *e- und *ei- in Erscheinung getreten sind, wird der Latinist mit Recht fragen, wie sich der lat. Stamm
eo-/eā- in dieses System einfügt? Gewöhnlich wird die Antwort
gegeben, diese Stämme seien aus *ei-/*i- „thematisiert" (2); eine
solche Thematisierung ist aber bei keinem der anderen Pronomina
anzutreffen und muß abgelehnt werden. Ein Vergleich mit dem Oskisch-Umbrischen zeigt nun, daß *eo-/eā-* ursprünglich auf den Akk.
Sg. M. F. und Nom.-Akk. Pl. beschränkt war; das Gotische zeigt
weiter, daß von diesen Kasus anfänglich nur der Akk. Sg. F. und
Nom.-Akk. Pl. F. N. von diesem Stamm gebildet waren, und das
Arische erweist, daß die ursprüngliche Form des Nom. Sg. F. =
Nom.-Akk. Pl. N. *ī* war, wozu noch Akk. Sg. F. *īm/*iyṃ, Nom.-Akk. Pl. F. *iyās* und *iyā(n)s* gehörten. Wir wissen aber, daß -*ī* im
Nom.-Akk. Pl. N. der *i*-Stämme in den klassischen Sprachen und im
Germ. allgemein zu -*i-ā* umgeformt wurde (vgl. ai. *trī*: gr. τρία, lat.
tria, got. *þrija*); danach mußte im Lat. der Nom.-Akk. Pl. N. zu *ia
werden. Die Formen mit vorvokalischem *i-* (*ia, *iās) wurden nach
dem anlautenden *e-* von *eius* usw. zu *ea* usw. umgestaltet und diese
Formen mit *ea- gaben am Ende auch den Anlaß für die Schaffung
von „thematischen" Formen wie *eum, eōrum* usw. (3)

Danach können wir für das Anaphoricum die folgende idg.
Flexion ansetzen (4):

	Sing.			Plur.		
	M.	N.	F.	M.	N.	F.
Nom.	is	id	ī	eyes	ī	iyās
Akk.	im	id	iyṃ	ins	ī	iyā(n)s
Gen.	esyo		esyās	eisōm		
Abl.	esmōd		esyās	eibh(y)os		
Dat.	esmōi		esyāi	„		
Lok.	esmi(n)			eisu		

(1) Der Dat. *esmei* wurde dann zu *esmōi* umgeformt, wie auch *tosmei* zu *tosmōi*. – In mehreren Sprachen erscheint nicht *-sm-*, sondern *-m-*, aber das gotische *-mm-* zeigt, daß hier Assimilation stattgefunden hat und ebenso vielleicht auch im Hethitischen, s. Puhvel, KZ 92, 1979, 104. – Das Hispano-Keltische der Botorrita-Inschrift scheint ebenfalls *-m-* aufzuweisen, vgl. Dat. *somui* (Zeile 7) und Lok. *somei* (Z. 8). – (2) Krahe, Idg. Sprachwissenschaft II 45. Siehe auch Otrębski, Die lat. Demonstrativpronomina, Sprache 12, 1966, 16f.; J. Molina Yébenes, Los pronombres latinos, Em 34, 1966, 87f. – (3) Vorläufig Szemerényi, Thes. Linguae Lat. s.v. *is*. Seltsamerweise zitieren Beekes (–Kortlandt), KZ 96, 1983, 208f. für dieses Pronomen Blümel, und nicht diese Einführung. – (4) Über einige Formen des Paradigmas anders Hamp, Studia Celtica 10/11, 1976, 68f.

3. *Interrogativum und Relativum*

3.1 Das *Interrogativum*, das auch als *Indefinitum* fungierte und dann enklitisch war (1), ist in allen idg. Sprachen bezeugt; der Stamm *$k^w i$-* hatte dieselbe Flexion wie das anaphorische *i-*. Der *i*-Stamm ist am klarsten im Nom. Sg. M. F. und N., z.B. lat. *quis quid*, heth. *kwis kwid*, griech. τίς τί, und im Akk. Sg. M. F. lat. *quem*, heth. *kwin*, gr. τίν-α; dazu kommen noch avest. *čā* ‚wodurch‘ (Instr.) = lat. *quī* ‚wie‘ (idg. *$k^w ī$*), Nom. Pl. M. lat. *quēs* (Pacuv.) = avest. *čayas(-ča)* (idg. *$k^w eyes$*) (2), Nom. Pl. N. avest. *čī(-čā)* = lat. *quia*, nur als Konjunktion erhalten, aber interrogativ noch in *quianam* ‚weshalb denn?‘, und Dat.-Abl. Pl. *quibus*. Daneben erscheint auch ein *e/o*-Stamm, und zwar in gewissen Kasus allein. So ist der Gen. Sg. M. N. ai. *kasya* = avest. *kahyā* und *čahyā*, hom. τέο, att. τοῦ, lat. *cuius* (früh *quoius*), got. *hwis*, ahd. *hwes*, aks. *česo*, d.h. idg. *$k^w esyo$* (3). Der Dat. Sg. M. N. ist ai. *kasmāi* = avest. *kahmāi* und *čahmāi*, d.h. idg. *$k^w esmōi$ (-mei?)* usw. Dieser Stamm *$k^w e$-* bzw. *$k^w o$-* ist auch in andere Kasus, die die Domäne des Stammes *$k^w i$-* waren, eingedrungen; vgl. ai. *kas* ‚wer‘, *kam* ‚wen‘, aber vedisch auch noch *kis* ‚wer‘, *na-kis* ‚niemand‘; *kad* ‚was‘, aber idg. *$k^w id$* lebt fort in der Partikel ai. *čid* ‚sogar, jedenfalls‘ (4). Durch Ausnützung aller Quellen ergibt sich also das Paradigma auf S. 221 oben.

(1) Über die Frage, ob das Indefinitum aus dem Interrogativum entstanden ist oder umgekehrt, sowie ob die Frage überhaupt einen Sinn hat, s. die Hinweise Glotta 35, 1956, 99[4], wozu dann noch Nehring, Sprachzeichen und Sprechakte, 1963, 204f.; Monteil, La phrase relative en grec ancien, 1963, 129; Hofmann–Szantyr 457. Zu den Indefiniten

	Sing.			Plur.		
	M.	F.	N.	M.	F.	N.
Nom.	kʷis		kʷid	kʷeyes		kʷī
Akk.	kʷim		kʷid	kʷins		kʷī
Gen.		kʷesyo			kʷeisōm	
Dat.		kʷesmōi			kʷeibh(y)os	
Lok.		kʷesmi			kʷeisu	
Instr.		kʷī				

siehe auch N. Danielsen, Zeitschrift für deutsche Sprache 24, 1968, 92–117, bes. 109f. – (2) Das avestische Hapax ist nicht gesichert: nach Andreas ist es ein s-Stamm von či- ‚merken‘; nach Oettinger, MSS 42, 1983, 184 Fn. 12, jedenfalls kein Pronomen. – (3) Szemerényi, Glotta 35, 1956, 197f. Über die Stämme s. noch Vaillant, BSL 37, 1936, 103f.; Tedesco, Language 21, 1943, 133. – (4) S. noch Hamp, The British interrogative pronouns, Studia Celtica 10/11, 1976, 56–69.

3.2 Interessant ist bei diesem Paradigma der *e*-Vokalismus im Stamme im Gen. Sg. usw., der mit dem Anaphoricum **is* (Gen. Sg. **esyo*) übereinstimmt, aber zu dem *o*-Vokalismus von **tosyo* in Widerspruch steht. Der *e*-Vokalismus erklärt die in den Hauptsatemsprachen auftretende Palatalisierung von *kʷ*- zu *č*-. Daneben waren aber auch adverbiale Formen mit *ku*-, die den Velar erhielten, und wahrscheinlich trat nach **tosyo* auch analogisches **kʷosyo* ein; beide Umstände erklären, daß im Avest. neben erwartetem *ča-/či*-auch *ka*- auftritt, und das letztere hat sogar fast jede Spur der palatalisierten Form im Aind. verdrängt. Im Aks. wurde das Paar *ko-/či*-für den Gegensatz von belebt/unbelebt ausgenutzt: *kŭ-to* ‚wer‘, *či-to* ‚was‘.

Noch interessanter ist natürlich die Tatsache, daß in der Flexion des *i*-Stammes **kʷi*- im Gen. und mehreren anderen Kasus ein Stamm **kʷe-/*kʷo*- auftritt, der dann auch in Ableitungen wie **kʷoti* ‚wieviel‘ (ai. *kati*, lat. *quot*), **kʷoteros* ‚welcher von zweien‘ (ai. *kataras*, gr. πότεϱος) verwendet wird. Man könnte natürlich auch hier einfach zur Kenntnis nehmen, daß vom Interrogativstamm (aber von welchem?) verschiedene Erweiterungen möglich waren, die sogar in einem Paradigma vereinigt wurden. Man kann aber, wie auch bei lat. *eo-/eā*, fragen, ob der *e-/o*-Stamm nicht sekundär entstanden ist. Dazu müssen wir aber zuerst näher auf den pronominalen Genitiv auf *-syo* eingehen.

Gewöhnlich wird angenommen, daß der pronominale Gen. auf -*syo* aus einem ursprünglichen Gen. auf -*es/-os* erweitert ist, d. h., in **tosyo* war am Anfang **tos* allein der Gen. Sg. Das Element -*yo* wird verschiedentlich aufgefaßt: es sei z. B. mit dem ‚Zugehörigkeitssuffix' -*yo*- (1) oder mit dem relativen *yo*- (2) identisch. Wie ist aber der dann zurückbleibende Teil **kʷes*- **es*- zu beurteilen, der schon an sich ein Gen. Sg. ist? Richtig muß die Frage lauten: wie können **kʷes*- **es* Genitive von **kʷis* **is* darstellen? Da nun der Gen. Sg. von diesen *i*-Stämmen **kʷeis* **eis* waren, ergibt sich zwangsläufig die Schlußfolgerung, daß die erweiterten Formen **kʷeis-yo* **eis-yo* zu **kʷesyo* **esyo* dissimiliert wurden. Entsprechend war der Dat. Sg. ursprünglich **kʷeyei-sm-ei*, der durch Haplologie zu **kʷeismei* und dann durch Dissimilation zu **kʷesmei* wurde. Der Gen. Pl. **kʷeisōm* ist aus dem ursprünglichen **kʷeisyo* mit -*om* erweitert, wobei **kʷeisyōm* zu **kʷeisōm* dissimiliert wurde. Die Richtung der Dissimilation wurde im Plural wohl durch den Nom. Pl. **kʷey-es* bestimmt; das neue **kʷeisōm* wird für die Variante -*so* des Gen. Sg. (aks. *česo*, got. *hwis* aus **hwesa*) verantwortlich sein (3).

Der so in gewissen Kasus rein lautlich entstandene neue Stamm **kʷe-/*kʷo*-, **e-/*o*- wurde dann auch in Kasus eingeführt, in denen ursprünglich *i* zuhause war, z. B. Akk. Sg. **kʷom* neben, oder statt, **kʷim*; dabei wird das Demonstrativum *to*-, von Haus aus ein *o*-Stamm, als Vorbild gedient haben.

(1) Brugmann, Grundriß² II 2, 121; Knobloch, Sprache 2, 1950, 143 (: -*s* ist Ergativ!). – (2) Seit Schleicher, s. Wackernagel–Debrunner, Ai. Gr. III 96; neuerdings Watkins, Celtica 6, 1962, 16¹, 28². Die Annahme, die Zusammensetzung zweier Pronominalstämme (*e* + *syo*, *to* + *syo*) habe einen Gen. ergeben (Specht, Ursprung 363 f.), kann nur als seltsam bezeichnet werden. – (3) Brugmann, o.c., 161, 361. – Vgl. auch VII. 6.2.

3.3 Das Interrogativum wird, wie schon gesagt, in allen idg. Sprachen auch als Indefinitum gebraucht. In einigen wird es aber zusätzlich auch als *Relativum* verwendet, und zwar entweder ohne irgendwelche formale Differenzierung (Heth.) oder mit (Lat.: *quo*- gegenüber *quis*); zu der Gruppe, die **kʷi-/*kʷo*- relativisch verwendet, gehören so das Anatolische, das Tocharische, das Italische, später auch das Keltische und Germanische. Eine andere Gruppe, die das Arische, Griechische, Phrygische und Slavische umfaßt, gebraucht **yos, *yā, *yod* als das Relativum (1): ai. *yas, yā, yad*; gr. ὅς, ἥ, ὅ; phryg. ιος, slav. *i-že*. Aus dieser Sachlage ergeben sich mehrere Probleme.

Was zunächst den Ursprung dieser Relativa betrifft, so ist klar, daß *$k^w i$- mit dem schon behandelten Interrogativum-Indefinitum identisch ist. Man muß aber fragen, wie sich das Relativum auf dieser Grundlage entwickelte; nach einigen soll es aus dem Indefinitum entstanden sein (2), aber wahrscheinlich wird auch das Interrogativum einen Anteil an der Entwicklung gehabt haben, vgl. *pecuniam quis nancitor, habeto* ursprünglich ‚erlangt jemand Geld? dann soll er es haben‘ und *tue wie er befiehlt* aus ‚wie befiehlt er? tue (so)‘ (3). Dagegen ist bei **yos* Entstehung aus einem Demonstrativum, nämlich dem anaphorischen **i-*, sicher (4) und dem deutschen *der* vergleichbar; vgl. oben 2.2.

Das zweite Problem betrifft Raum und Zeit: waren beide Relativa schon im Idg. vorhanden?, wenn ja, was war ihre Verteilung? Da nun keine idg. Sprache beide Pronomina relativisch verwendet, kann die erste Frage nur darauf zielen, ob in allen idg. Sprachen neben dem Relativum auch relativische Reste des anderen Pronomens vorhanden sind. So existiert zwar **yo-* nicht im Hethitischen oder Tocharischen, aber man hat heth. *ya* ‚und‘, toch. A *yo* ‚und‘ aus einem relativen *yo-* abgeleitet (5); zwingend ist das keineswegs, da ein demonstratives ‚so, dann‘ genügen würde, und dasselbe trifft auch auf got. *jabai* ‚wenn‘ u. ä. zu. Die Thesen, das Idg. habe **yo-* als Relativum besessen (6), oder daß **k^w i*- als verallgemeinerndes Relativum, **yo-* als Definitrelativum gebraucht wurden (7), sind also nicht haltbar. Dagegen scheint die allgemeinidg. Geltung von **k^w i-* als Relativum dadurch erwiesen zu sein, daß **k^w e* ‚und‘, das von diesem Stamm abgeleitet ist und ursprünglich als modales Adverb ‚wie‘ bedeutete (**patēr *mātērk^w e* ‚Vater wie Mutter‘), allgemeinidg. ist (8). Der relative Gebrauch von **k^w i-* ist also nicht eine Neuerung von Hethitisch usw. (9), sondern ein archaischer Zug in diesen Sprachen, wogegen das Relativum **yos* eine Neuerung der Satemsprachen und des Griechischen darstellt (10), (11).

(1) Gonda, The original character of the IE relative pronoun *yo-*, Lingua 4, 1954, 1–41; Old Indian, 1971, 138–41; Benveniste, BSL 53, 1958, 49; Seiler, Relativsatz, Attribut und Apposition, 1960 (vgl. Kratylos 12, 1968, 41–52); Relative Clause Festival, 1972; Brunel, La relative grecque, BSL 72, 1977, 211–40; Chr. Lehmann, Der idg. *kwi-/kwo-*-Relativsatz im typologischen Vergleich, in: P. Ramat (ed.), Linguistic reconstruction and IE syntax, 1980, 155–169; Kurzová, Der Relativsatz in den ie. Sprachen, 1981. – Nach W.P. Lehmann, Lg. 49, 1973, 56, haben OV-Sprachen keine Relativa: "in keeping with this observation, early IE had no relative pronouns"; Memory of J. A. Kerns, 1981, 187: rel.

yo- existierte nicht im Idg. – In Zusammenhang mit rel. *yo-* muß noch gefragt werden, ob das Armenische mit *or* zu der *yo-*Gruppe gehört (so Bonfante, JAOS 64, 1944, 183; Pisani, Sprache 12, 1967, 229). Dagegen muß *yo-* im Hispano-Keltischen (s. K.H. Schmidt, BBCS 26, 1976, 385) und im Keltischen im allgemeinen als unabhängige Neuerung angesehen werden, s. den nächsten Absatz im Text. – (2) Z.B. A. Hahn, TAPA 95, 1964, 115; JAOS 85, 1965, 49[9]; Haudry, BSL 68, 1973, 147 f., bes. 165 f.; La Linguistique 15/1, 1979, 106 f.; Kurzová, o.c., 24; A. Rousseau, BSL 79, 1984, 107; Hettrich, Kratylos 30, 1985, 46. – (3) S. Delbrück, Grundfragen der Sprachforschung, 1901, 135 f. (: relatives *der* aus dem Interrog. *und* dem Indef.); Hofmann–Szantyr 555. Über das lat. Relativum s. auch Serbat, in: E. Benveniste aujourd'hui I, 1984, 177–85. – (4) Brugmann, Grundriß[2] II 2, 347; Ivanov, VJ 1958 (5), 41; Monteil, o.c. (oben 3.1), 12 f.; Hahn, JAOS 85, 1965, 49. – (5) Ivanov, l.c.; Watkins, Celtica 6, 1962, 16. Heth. *ya* wird zu Recht mit got. *ja-h* verglichen von Neumann, IF 67, 1962, 200; Rosenkranz, AION-L 7, 1966, 172. – (6) Brugmann, o.c., II 2, 347; Hofmann–Szantyr 555. – (7) Sturtevant, Curme Volume, 1930, 141–9; Hahn, TAPA 95, 1964, 113 f.; vgl. Monteil, o.c., 16. – (8) Siehe Szemerényi, Syntax, meaning, and origin of the IE particle *$k^w e$*, in: Fs. Helmut Gipper II, 1985, 747–775; Kurzová, o.c., 64, hat das Argument im Text oben offensichtlich nicht verstanden. Ganz unmöglich ist die Analyse von A. Rousseau, o.c., 126: négation *-k-* + particule *we* ,ou'. – (9) Kammenhuber, KZ 77, 1961, 45; MSS 24, 1968, 88. – (10) Vgl. dazu Porzig, Gliederung 173, 191, 198; Kammenhuber, o.c., 41. Über das (hispano-)keltische *yo-* s. oben (1). – (11) Über den Relativsatz s. auch die Monographien von Touratier, La relative – Essay de théorie syntaxique, 1980; Chr. Lehmann, Der Relativsatz, 1984 (und dazu Hettrich, Kratylos 30, 1985, 42–52).

4. *Personalpronomina*

Gegenüber den bisher behandelten Pronomina kennen die eigentlichen Personalpronomina keine Geschlechtsunterschiede; das Pronomen der 3. Person, das „geschlechtig" ist, ist natürlich nicht ein Personalpronomen, sondern ein Anaphoricum. Es gibt auch ein Reflexivum, dessen Flexion mit der der 2. Pers. Sg. identisch ist. Außerdem gibt es noch eine Reihe von Possessivpronomina (1).

(1) Neuere allgemeine Literatur: P. Forchheimer, The category of person in language, Berlin 1953 (in allen Sprachen der Welt!); Benveniste, La nature des pronoms, For R. Jakobson, 1956, 34–7; Heger,

Personale Deixis und grammatische Person, ZRP 81, 1965, 76–97. Für das idg. Material s. Brugmann, Grundriß[2] II 2, 378–427; Schwyzer, GG I 599–609; G. Schmidt, Stammbildung und Flexion der idg. Personalpronomina, 1978 (kein System, nur Stämme und Flexionsformen); Seebold, Das System der Personalpronomina in den frühgerm. Sprachen, 1984 (s. Szemerényi, 1985: 59 Fn. 53).

4.1 Zunächst wird die Flexion der Personalpronomina in den bedeutenderen Sprachen gegeben: *a)* ‚ich', *b)* ‚du'; in Klammern stehen die enklitischen Formen.

a)	ved.	aks.	griech.	alat.	got.	heth.
Sg.N.	ahám	azŭ	ἐγώ	ego	ik	ug
Akk.	mā́m (mā)	mene (mę)	ἐμέ (με)	mēd	mik	amug
G.	mā́ma (mē)	mene	ἐμεῖο (μευ)	meī mīs	meina	amel
Abl.	mad	–	–	mēd	–	amedats
D.	mā́hya(m) (mē)	mĭnĕ (mi)	ἐμοί (μοι)	mihī	mis	amug
L.	mā́yi	mĭnĕ	–	–	–	amug
I.	mā́yā	mŭnojǫ	–	–	–	–
Pl.N.	vayám	my (ny) (1)	ἡμεῖς/ἄμμες	nōs	weis	wēs
Akk.	asmā́n (nas)	nasŭ (ny)	ἡμέας/ἄμμε	nōs	uns(is)	antsas (nas)
G.	asmā́kam (nas)	nasŭ	ἡμέων	nostrī, -rum	unsara	antsel
Abl.	asmád	–	–	nōbīs	–	antsedats
D.	asm-ḗ, -ábhya(m)	namŭ (ny)	ἡμῖν/ἄμμι(ν)	nōbīs	uns(is)	antsas (nas)
L.	asm-ḗ, -āsu	nasŭ	–	–	–	antsas
I.	asmā́-bhis	nami	–	–	–	–

b)						
Sg.N.	tvam	ty	σύ	tū	þu	tsig
Akk.	tvā́m (tvā) (2)	tebe (tę)	σέ (σε)	tēd	þuk	tug
G.	táva (tē)	tebe	σεῖο (σευ)	tuī, tīs	þeina	twel
Abl.	tvad	–	–	tēd	–	twedats
D.	tubhya(m) (tē)	tebē (ti)	σοί (σοι)	tibī	þus	tug
L.	tvḗ, tvā́yi	tebē	–	–	–	tug
I.	tvā, tvā́yā	tobojǫ	–	–	–	–
Pl.N.	yūyám	vy	ὑμεῖς/ὔμμες	vōs	jūs	sumes
Akk.	yuṣmā́n (vas)	vasŭ (vy)	ὑμέας/ὔμμε	vōs	izwis	sumas (-smas)
G.	yuṣmā́kam (vas)	vasŭ	ὑμέων	vostrī, -rum	izwara	sumel
Abl.	yuṣmád	–	–	vōbīs	–	sumedats
D.	yuṣm-ḗ, -abhya(m)	vamŭ (vy)	ὑμῖν/ὔμμι(ν)	vōbīs	izwis	sumas (-smas)
L.	yuṣm-ḗ, -āsu	vasŭ	–	–	–	sumas
I.	yuṣmā-bhis	vami	– (3)	–	–	–

4.2 Auf den ersten Blick würde man nur eine große Buntheit feststellen können. Bei näherem Zusehen verkleinert sich der Abstand zwischen den verschiedenen Sprachen, und auch die Struktur wird besser sichtbar.

Nom. Sg.: für die 1.Pers. ergibt sich **egō* (die klassischen Sprachen) und **eg(h)om*; für die 2.Pers. **tū/*tu*, im Arischen wurde daraus mit einer Partikel *-am*, die wahrscheinlich von *ah-am* abgelöst wurde und auch in den anderen Personen erscheint, *tuv-am* (*tvam* ist im Vedischen oft zweisilbig), später einsilbiges *tvam* (4). Der *Nom. Pl.* ist von einem anderen Stamm gebildet; für die 1.Person ergibt sich *wei*, woraus im Aind. mit *-am vayam*, im Got. und Heth. mit dem Zeichen des N. Pl. bei den Nomina **wey-es* entstand, das sich weiter zu got. *weis* (vgl. þreis), ahd. *wir*, heth. *wēs* (mit Ausfall von *y* und Kontraktion) entwickelte; für die 2.Person finden wir **yūs* in got. *jūs*, avest. *yūš* und *yūž-əm*, und das letztere zeigt ai. *yūyam* aus **yūš-am* nach *vay-am* umgeformt wurde; über die griech., lat. und aks. Formen sofort.

Akk. In dem *Sing.* scheint eine Endung *-e* anzutreten: **(e)m-e*, **tu-e = twe*, das dann auch zu **te* wird (s. V. 4.2); daneben scheinbar auch **mē *twē* im Arischen, und mit einem Nasal auch **mēm *t(w)ēm* im Arischen und Slav., und da die Partikel, die im Arischen so häufig ist *(ah-am tuv-am)*, im Slavischen unbekannt ist, werden diese Formen nicht sie, sondern das *m* des Akk. enthalten. Heth. *amug, tug*; got. *mik þuk* (dies statt **þik* aus **teg-*, vgl. ahd. *dih*) und venetisch *mego* sind alle nach dem Nom. **egō* umgeformt, und die analogischen Prozesse führten im Heth. sogar zu Nom. **teg* – Akk. *tug*, mit der späteren Palatalisierung von **teg* zu **tsig* (5). Alat. *mēd tēd* haben natürlich nichts mit dem Abl. zu tun; die bei den Personalpronomina beliebte Wiederholung führte zu **tē-tĕ*, woraus durch Apokope **tēt* und dann *tēd* wurde, danach auch *mēd* (6). Im *Plur.* gehören ai. *asmān yuṣmān* und gr. ἡμέας/ἅμμε, ὑμέας/ὕμμε eng zusammen. Avest. *ahma* ‚uns' zeigt, daß die ai. Formen sekundär durch Hinzufügung der Endung des Akk. Pl. aus **asma *yuṣma* hervorgegangen sind und diese sind mit äolisch ἅμμε ὕμμε identisch. Die Tatsache, daß *nas vas* im Arischen die enklitischen Formen sind, die offenbar auch lat. *nōs vōs*, aks. *nasŭ/ny, vasŭ/vy*, heth. *nas* und got. *uns* (aus **n̥s*) zugrunde liegen, führt auf den Schluß, daß die arischen und gr. Formen aus **n̥sme *usme* entstanden sind, worin *n̥s, us* die Nullstufen von **nos, *wos* sind; heth. *sumes* ist aus **usme(s)* umgestellt (7), ai. *yuṣm-* hat sein *y-* vom Nom., got. *izwis* ist aus **uswes*.

Gen. In der 1.*Sing.* ist **mene* bezeugt durch Aks. (und Lit.: *manęs*), Avest. *(mana)*, Kymrisch (8); ai. *mama* ist sicher daraus assimiliert, während heth. *amel* aus **amen(e)* dissimiliert sein dürfte (9). Gr. ἐμεῖο ist aus **emesyo* mit der pronominalen Endung. Lat. *meī* kann dieselbe Form sein oder Gen. des Possessivpronomens *meus*, wie auch *tuī*, *nostrī vestrī* und *nostrum vestrum*. In der 2.Sg. ist **tewe* oder **tewo* im Arischen und (nach dem Dat. umgeformt) im Aks. bezeugt, wie auch im Keltischen (8). Gr. σεῖο ist aus **twesyo*. – Neben diesen haupttonigen Formen stehen die enklitischen **mei/*moi*, **t(w)ei/*t(w)oi*, die auch dativisch fungieren, im Ar., Gr. (Dat.), Aks. (Dat.), im Alat. (*mīs tīs* mit -*s* erweitert). Got. *meina þeina* werden gewöhnlich als Possessivformen betrachtet, sind aber eher eine Kreuzung von **mei* und **mene*. Im *Plur.* sind ai. *asmākam yuṣmākam* offenbar die Neutra der Possessiva und dasselbe trifft auf die lat. und germ. Formen zu. Dagegen ist gr. -έων nach den Nomina erweitert und aks. *nasŭ vasŭ* aus **nōsom *wōsom* sind Genitive von **nōs *wōs*.

Abl. Die arische Bildung auf -*ad* hat jetzt ein genaues Gegenstück nicht nur in lat. *mēd tēd*, sondern auch in heth. *amed- twed- antsed- sumed-*, die alle mit dem nominalen -*ats* erweitert wurden (10). Die Pluralformen sind im Lat. ersetzt worden.

Dat. Die einfachen Formen des Sing. im Aind., Griech. und Aks. sind schon bei dem Gen. behandelt worden; die pluralischen ai. *asmē yuṣmē* gehören offenbar zu demselben Typ: **ṇsmei *usmei*. Eine ganz andere Bildung bieten ai. *mahya(m) tubhya(m) asmabhya(m) yuṣmabhya(m)*, deren *m* als Analogie von -*am* sekundär angetreten ist, vgl. avest. *maibyā taibyā ahmaibyā yūšmaibyā (xšmaibyā)*. Die Bildung ist offenbar identisch mit der in aks. *tebē (sebē)* und lat. *tibī (sibī)*, die aber nach den nominalen Dativen aus *bhi* umgeformt sind, das im Aind. mit -*a* (aus -*ā*?) (11) erweitert vorliegt. Die idg. Formen waren **mebhi *tebhi*. Lat. *mihi* und ai. *mahyam*, die im *h* übereinzustimmen scheinen, sind beide aus idg. *m-bh-* spät dissimiliert; aks. *mĭnē* ersetzt **mebē* nach dem Gen. *mene*. Lat. *nōbīs vōbīs* (sowie aks. *namŭ vamŭ*) sind späte Neubildungen aufgrund der „Stämme" *nō- vō-*, die aus *nōs vōs* abstrahiert wurden. Got. *mis þus* scheinen ihr -*s* von *uns izwis* bezogen zu haben.

Lok. Ai. *tváyi* ist aus **twoi*, das in *tve* vorliegt, durch das lokativische -*i* ein zweites Mal verdeutlicht worden; ebenso *mayi*. Im Pl. würden wir **asmi *yuṣmi* erwarten, die in ἄμμι ὔμμι auch vorliegen; bei ai. *asmē* wurde sicher Homonymie von **asmi* ‚in uns' mit *asmi-n* ‚in diesem' (-*n* ist sekundär) vermieden; *asmē yuṣmē* wohl aus **asmayi *yuṣmayi* (12).

Instr. Der alte Instr. liegt in ai. *tvā* vor, einfach aus *tu* + *ā*; der Typ auch im Pl.: *asmā yuṣmā* sind teils durch *yuṣmā-datta-* ‚von euch gegeben' usw., teils durch das Iranische beglaubigt (13). Die Neuerung *tváyā máyā* erfolgte nach den *ā*-Stämmen (14), und derselbe Vorgang erklärt auch aks. *mŭnojǫ tobojǫ* (15).

(1) Gegen nominativisches *ny* s. Strunk, 5.Fachtagung, 1975, 313 Fn.39. – (2) Über *tuvam/tvam* s. Sihler, Lg. 47, 1971, 67; Horowitz, Sievers' law, 1974, 59. 63, und oben V. 7.2.2. – (3) Ein angebliches idg. Höflichkeitspronomen wird rekonstruiert von Seebold, Sprache 29, 1983, 27–36; zu den fraglichen Formen s. G. Schmidt, o.c., 4. (1), 218–228. – (4) Siehe Sommer, IF 30, 1912, 398f.; Normier, KZ 91, 1978, 210; Hamp, BBCS 29, 1980, 84 (: *-em* ‚indeed'). – Gāthisch *tu* als Variante von normalem *tuvəm* wurde in Frage gestellt von Strunk, o.c., 320f. – (5) Siehe Szemerényi, BSOAS 27, 1964, 160, und vgl. auch Kammenhuber, Hethitisch 209. 250 Fn.308; Normier, 1.c. – Über palaisch N. *ti* ‚du', D-Akk. *tu* s. Melchert, MSS 42, 1983, 151–165; anders Eichner, KZ 96, 1983, 237 Fn.25 s.fin. – (6) Szemerényi, TPS 1973, 55–74. – (7) Schwyzer, GG I 601; Benveniste, HIE 76. – (8) Über den früh apokopierten kymr. Gen. *men(e)* s. Thurneysen, GOI 281. – (9) So auch Georgiev, RHA 28, 1971, 18f. Dagegen wollen an einem (fremden?) Suffix festhalten Lazzeroni, ASNP 29, 1960, 120 (: hattisch?); Kammenhuber, Hethitisch 270; G. Schmidt, o.c., 91f., 162f. – (10) Szemerényi, KZ 73, 1955, 59f., 67. – (11) Insler, IF 71, 1967, 232 Fn.15; Poultney, Lg. 43, 1968, 877. 880. – Das angebliche avest. *ahmāi* ‚uns' existiert nicht, s. Humbach, Gathas I 29f. – trotz Gershevitch, BSOAS 25, 1962, 368f. – (12) Insler, l.c., Fn.16. – (13) Über gath. *ǝhmā* s. Hoffmann, Aufsätze II 376 (zuerst MSS 4, 1954). – (14) Insler, o.c., 231. – (15) Vaillant, Gram. comp. II 449f.

4.3 Aufgrund der vorhergehenden Analyse können wir also die wesentlichen Bestandteile der Paradigmen so rekonstruieren:

Nom.	eg(h)om, egō	tū, tu
Akk.	(e)me, mē, mēm	twe/te, twē/tē, twēm/tēm
Gen.	mene, enkl. mei/moi	tewe/tewo, enkl. t(w)ei/t(w)oi
Abl.	med	twed
Dat.	mei/moi, mebhi	t(w)ei/t(w)oi, tebhi
Nom.	wei, n̥smés	yūs, usmés (uswes?)
Akk.	nes/nos, nēs/nōs, n̥sme	wes/wos, wēs/wōs, usme, uswes
Gen.	nosom/nōsom	wosom/wōsom
Abl.	n̥sed/n̥smed	(used?)/usmed
Dat.	n̥smei	usmei

4.4 Die Erklärung dieser Paradigmen (1) kann jetzt etwas vorangetrieben werden.

a) Das Verhältnis von *egō*/*eg(h)om* zu *em-*/*m-* der anderen Kasus wird allgemein als eine Erscheinung urtümlichen Archaismus aufgefaßt; s. Kuryłowicz, Categories 183. Dann wäre aber unverständlich, wieso die Verbalendung für die 1.Sg. nicht *eg-* ist. Man kann den Schluß nicht vermeiden, daß die Verbalendung -*mi* ist, weil es zur Zeit ihrer Ausbildung kein *eg(h)ō* gab, nur *m* (2). Der Bedeutungsträger im Nom. ist also nicht *eg(h)*, sondern -*om*; *eg(h)* ist eine Partikel, die dem Pronomen *em* präfigiert wurde. Das Ursprünglichste ist also *eg(h)om*, das im Arischen erhalten ist und auch dem Germanischen zugrunde liegt. Die besonders in den klassischen Sprachen auftretende Form *egō* ist sekundär, wahrscheinlich nach den verbalen -*om*/-*ō* geneuert (3).

b) Im *Akk. Sg.* scheint eine Endung -*ĕ* in *mĕ* aus *em-é*, *twé* aus *tu-é* vorzuliegen (4). Die daneben auftretenden *mē* *t(w)ē* wären emphatische Varianten mit Dehnung (5), und *mēm* *t(w)ēm* enthielten (s. 4.2) die geläufige Akk.-Endung -*m*. Nun wäre -*e* als Akk.-Endung seltsam, während *m-em* *tw-em* richtig geformt wären. Es ist vielleicht anzunehmen, daß die durch -*em* gekennzeichneten Akk.-Formen den Nasal verlieren konnten (6) und darauf der auslautende Vokal gedehnt werden konnte; eine Kreuzung von z.B. *mē* und *mem* ergab *mēm*. Ebenso ist der Akk. Pl. *n̥sme* aus *n̥smēn* entstanden und dies aus *n̥smens*, s. VI. 2.7.1.

c) Ein suppletives Verhältnis scheint bei der 1.Pl. vorzuliegen, und zwar gleich zweifach: Nom. *wei* steht einem ‚obliquen' *n̥s*, erweitert *n̥sme*, gegenüber und beide kontrastieren mit *eg(h)om*/ *em-*. Für den Unterschied *eg(h)om*: *wei* wird sogar eine rationalistische Erklärung geboten: „*nōs* signifie ‚moi et d'autres', et non plusieurs ‚moi'", „*wir* ist nicht ‚ich und ich', sondern *ich* und *du*, und *ihr* kann *du* und *er* sein" (7). Demgegenüber hat man neuerdings mit Recht betont, daß die pronominalen Plurale wirkliche Plurale sind, daß ‚wir' ‚ich' mitenthält und diese Verbundenheit von 1.Sg. und 1.Pl. in sehr vielen Sprachen auch sprachlich zum Ausdruck kommt (8); vgl. lit. *mes*, aks. *my*, armen. *mekh* usw.

Nun wird gewöhnlich angenommen, daß lat. *nōs* im Nom. eigentlich nicht zuhause sei, dort sei *wei* allein berechtigt. Da aber alle obliquen Formen vom Stamme *nos* gebildet sind, ist dies ein klarer Fehlschluß: *wei* ist eine Ersatzform, nicht etwas Ursprüngliches. Ebenso genügt das Griechische, um zu beweisen, daß *n̥smes* im Nom. ebenfalls berechtigt war, offenbar als eine emphatische Va-

riante zu *nōs, und da die Emphase besonders gern durch Wiederholung erzielt wird, scheint *n̥smés einfach *m̥smés zu sein (9), d. h.
*mes-més mit Schwächung zu *m̥s im unbetonten Teil; für *n̥s aus
*m̥s vgl. die Endung -n̥s des Akk. Pl. Für den 1. Pl. wird Nom.
*mes auch dadurch erwiesen, daß die Verbalendung so lautet; *mes ist
natürlich der regelrechte Plural *(e)m-es von *em- ‚ich' (10).

Dies entscheidet die lange heftig diskutierte Frage, ob *n̥s-me
oder *n̥s-sme zu interpretieren sei, und ob -sm- in *n̥s-sme mit -sm-
in *tosmei usw. verwandt sei, was ja schon darum ausgeschlossen
ist, weil -sm- bei den Demonstrativa nur im Sing. vorkommt, bei
den Personalpronomina dagegen nur im Plur.; ebensowenig kommt
eine Analyse *n̥-s-me ‚jenen plus ihn plus mich = uns' (11) in Frage.

Der Einfluß der 1. Pl. *n̥s-mes auf die 2. Pl. erklärt, warum wir gr.
ὔμμες, ai. yuṣma- vorfinden; denn wir sollten eigentlich *us-wes aus
*wes-wés erwarten, das tatsächlich in got. izwis vorliegt (12).

Die Nominative der 1. 2. Pl. waren also ursprünglich *mes *wes,
bzw. *mos *wos, wozu später *n̥s-mes *us-wes (bzw. *us-mes)
traten; nach *n̥s wurde dann *mos zu *nos umgestaltet. Aus *nōs ist
auch der Dual *nō (ai. nā, gr. νώ) durch Rückbildung entstanden,
vgl. thematisch Pl. -ōs: Dual -ō.

Der sekundäre und nichtpronominale Charakter von *wei geht
auch daraus hervor, daß sein Kern *we (: i- ist nur das Pluralzeichen
der Pronomina) auch für andere Personen verwendet wird. So
finden wir im Dual ved. vām (aus vā-am), āvam (13) ‚wir beide',
aks. vē ‚wir beide', va ‚ihr beide'. Dadurch wird klar, daß *we- in
diesen Funktionen einfach das Zahlwort für ‚2' ist: *wei ist mit i aus
dem Dual *we ‚wir beide' pluralisiert (14).

Problematischer ist die Stellung des 2. Pl. Nom. *yus. Eine direkte
Verknüpfung mit *wes-, so daß etwa *wes- eine vereinfachte Form
von *ywes/*yus wäre (15), ist unmöglich. Dennoch bleibt der Gedanke attraktiv, daß us in *yus die Nullstufe von *wes bringt, während *y- ein davor getretenes pronominales Element i sein könnte
(16). Dagegen scheint es klar zu sein, daß *wes selbst aus *twes vereinfacht ist, dem regelrechten Plural von *tu (vgl. *mes aus *em-es);
dies wird durch die Verbalendung -tes bestätigt, die die Inlautsver-
einfachung von *twes ist (17).

d) Der Dat. Sg. *mei *t(w)ei ist ganz klar der mit dem Dativzei-
chen -ei versehene Stamm *em- bzw. *tu. Die o-Abtönung ist hier
sicher dem vorausgehenden Labial zu verdanken (s. oben VI. 3.4 b).
Die ‚volleren' Formen mebhi tebhi sind ebenso als *(e)m-ebhi
*t(w)-ebhi zu analysieren und enthalten die Postposition *ebhi

‚auf–zu‘, die (bzw. ihre Abtönung *obhi) in ai. abhi, apers. abiy und aks. obŭ vorliegt (18); die ursprüngliche Bedeutung war also in Vorwegnahme romanischer Entwicklungen ad me, ad te, im Gegensatz zu den rein dativischen *moi *t(w)oi, die durch ihren geringeren Umfang bald auch zu Enklitika wurden. Das dativische -ebhi hat natürlich nichts mit dem instrumentalen -bhi zu tun.

Die lokativische Funktion von *mei *t(w)ei geht einfach auf die Zeit zurück, in der Dat. (-ei) und Lok. (-i) noch nicht getrennt waren. Dagegen beruht die genitivische Verwendung von *mei *t(w)ei auf syntaktischen Möglichkeiten des Dativus sympatheticus, der in ὦ τέκνον μοι, gnāte mī (worin mī aus *moi entstanden war) vorliegt (19); *mei/*moi ist vielleicht auch der Ausgangspunkt von dem heth. Possessivum mi-, s. Eichner, KZ 96, 1983, 236f.

e) Gen. Sg. Die Kasusendung -os würde *(e)m-ós *tw-ós ergeben haben, und diese Formen, als Possessiva umgedeutet und nach den thematischen Stämmen flektiert, liegen auch in gr. ἐμός σός vor. Der Gen. *mene ist offenbar eine Neuerung, und zwar eine ablativische: *(e)m-enē ‚von mir‘, ‚de moi‘ (wie lat. supernē ‚von oben‘, got. utana ‚von außen‘), die zu *menĕ gekürzt wurde (20). Aus einer Kreuzung von *menē und enklitisch *mei ist *meinē hervorgegangen in got. meina. – Aus Gen. *tu-ós ist nicht nur *twós entstanden, sondern, wie bei den nominalen u-Stämmen, auch *towós; daraus dann weiter die Possessiva lat. tuus und mit sekundärem Ablaut *tewos in gr. τε(ϝ)ός; daraus auch mit ‚Rückbildung‘ der Gen. *tewo oder *tewe (21).

f) Der Abl. ist mit -ed gebildet, wie aus den Formen hervorgeht: *twed muß als *tu-ed geteilt werden; *ed ist eine Postposition, die in aks. otŭ ‚weg von‘ noch weiterlebt (22).

(1) Von neueren Arbeiten möchte ich folgende erwähnen: Schwyzer, GG I 599f. (ausgezeichnete Übersicht und Bibliographie); H.-F. Rosenfeld, Zeitschrift für Mundartforschung 23, 1955, 99f.; Forschungen und Fortschritte 29, 1955, 150–6 (bes. über das Germ.); Szemerényi, Hittite pronominal inflection, KZ 73, 1955, 57–80; G. Liebert, Die ieur. Personalpronomina und die Laryngaltheorie, 1957, bes. 55f. (Gebrauch von Laryngalen zu weitgehend); Savčenko, Das Problem der Entstehung der Verbalendungen im Idg., Lingua Posnaniensis 8, 1960, 44f.; C. Hauri, Zur Vorgeschichte des Ausgangs -Ena, 1963; KZ 78, 1963, 115–125; Myrkin, Typologie des Personalpronomens und Probleme seiner Rekonstruktion im Idg., VJ 1964 (5), 78–86; Entstehung der germ. Personalpronomina vom Gesichtspunkt der Sprachgeographie, VJ 1966 (6), 71–75; Erhart, Die ieur. Dualendung -ō(u) und die

Zahlwörter, Sborník Brno, 1965/A–13, 11–23; Cowgill, in: Evidence, 1965, 169–170; Majtinskaja, Zur Entstehung pronominaler Wörter in Sprachen verschiedener Systeme, VJ 1966 (1), 15–25, sowie Zur Typologie der genetischen Verbindung der Personal- und Demonstrativpronomina, VJ 1968(3), 31–40; Brandenstein, Festschrift Pokorny, 1967, 17–19; dazu noch: Houwink Ten Cate, RHA 79, 1967, 123–132; Josephson, ebd. 133–154; Friedrich, Festschrift Eilers, 1967, 72–3 (alle drei bes. über heth. Probleme); Erhart, Studien zur ie. Morphologie, Brno 1970, 34–67, 151–161; Leumann², 1977, 461 f. – Die Unterscheidung von *inklusiven* und *exklusiven* Pronomina (vgl. z. B. Bloomfield, Language 255–7) hat keine Bedeutung für das Idg., hat aber vielleicht in der vorhistorischen Zeit eine Rolle gespielt, vgl. Watkins, Verb 47; A. Moreschini Quattordio, L'inclusivo e l'esclusivo, SSL 10, 1971, 119–37; Ivanov, Glagol 20f.; Gamkrelidze–Ivanov, IANOLJ 60, 1982, 30; und für andere Sprachfamilien: Hymes, Studies Traeger, 1972, 100–21; Jacobsen Jr., PCLS Parasession 16, 1980, 204–230; Gamkrelidze–Ivanov 1985: 291f. – (2) So Myrkin 79; Savčenko 49. – (3) J. Schmidt, KZ 36, 1900, 405f. (411: *eghom* neutrales Abstraktum!); vgl. auch Majtinskaja (1968) 33f. – Zu balt. *ež* s. Stang, Vgl. Gram. 247. – (4) Es ist doch kaum angängig, *twé* aus *t-wé* (Cowgill) und nicht aus *tu-é* herzuleiten. – (5) Schwyzer 600. – (6) S. zu dieser Annahme Meillet, Introduction 173. – (7) Meillet 333; Hirt, IG 3, 21. Vgl. auch Prokosch 282: "A real plural of 'I' cannot exist, of course – there is no 'I plus I plus I'." – (8) Isačenko, VJ 1961(1), 41; Myrkin 78. Siehe auch Benvenistes «*je* dilaté», BSL 43, 1946, 10f.; Hattori, CFS 25, 1970, 143f.; Prieto, Una nota de gramática: „nosotros",? plural de „yo"?, Estudios a E. Alarcos Llorach I, 1976, 209–16. – (9) Myrkin 80; cf. Prokosch 282f. – (10) Für *(e)m/mes* auch Illič-Svityč, Sbornik Bernštejn, 1971, 396–406. – (11) Schwyzer 601 (*-sm* = *to-sm*-), wogegen Lane, Language 37, 1961, 471⁸; Erhart 14. – Benveniste, Hittite et indo-européen, 1962, 76 nimmt ein pluralisierendes *-m*- an, s. dazu Szemerényi, KZ 73, 70. – Über *-n̥-s-me* s. Liebert, 101. – (12) Idg. *us-wes* wird auch dem keltischen *swe*- in air. *sí* < *swēs*, kymr. *chwi*, etc., zugrunde liegen, vgl. Lewis–Pedersen, CCCG 215; Cowgill, in: G. Cardona al., IE and IEs, 1971, 115; Lindeman, EC 14, 1976, 567–70. – (13) Ai. *vām* und aks. *vě* beweisen, daß *ā* in ai. *āvam* nicht auf *n̥H*- zurückgeht (Erhart, Cowgill), sondern eine vorgesetzte Partikel ist; deshalb ist auch germ. *unk*- nicht auf *n̥Hw*- zurückführbar, wie Normier, KZ 91, 1978, 182; und Seebold, Personalpronomina 37f. meinen. Für germ. *unkw*- ,wir beide' müßte man eigentlich von *n̥s-dwo*- ausgehen und, wie jüngst gezeigt (s. Symbolae L. Mitxelena, 1985, 268), hätte dies *untw*- ergeben; *unkw*- wird also aus dieser Form umgestaltet sein. Die 2. Du.-Form *inkw*- wird aufgrund der Plurale *uns-/izw*- zu *unkw*- hinzugebildet worden sein, jedenfalls nicht auf einem unbegründeten *i-wə-we*- (Seebold 38) beruhen; vgl. noch Pro-

kosch 284 f. – (14) Vgl. Brugmann, Grundriß² II 2, 380, 455; cf. Liebert 94 f. – (15) Vaillant, Gram. comp. II 543; früher schon Pedersen, Symbolae Danielsson, 1932, 264 f.; Hittitisch 75 f. – (16) Vgl.
auch Brugmann 380: *yu- ist *i* + *we* ‚er und ihr‘; Liebert 104: *yu =
i + u* ‚ich plus du‘ und *wi-* ‚wir‘ = *u + i* ‚du plus ich‘. – (17) *wes* ist also
nicht mit *te-we* zu avest. *ava-* usw. zu stellen (Brugmann 381 f.); s.
noch hier IX. 7.1.2 (8) und V. 4.2. – (18) Brugmann 820f.; Pokorny
287. Zu phantasievoll Hamp, PCLS Parasession 16, 1980, 147–9;
BSL 77, 1982, 260. Cf. auch Serbat, Hommages à J. Cousin, 1983, 61–7
(: *me + ghei:* hic). – (19) Schwyzer II 189, und (gegen Fn. 3.) besonders Havers, Untersuchungen zur Kasussyntax der idg. Sprachen,
1911, 62 f. – (20) Diese Lösung (schon in der 1. Aufl. von 1970) war auch
von G. Schmidt gefunden worden, s. seine Studien zum germ. Adverb, Diss. Berlin 1962, 107 (mir durch die Güte des Verf. 6. 1. 1971 zugänglich gemacht) und Personalpronomina 92 f. Jedenfalls ist *ne* nicht
mit *nōs* verwandt (Brugmann 382), ist auch nicht aus *meme* entstanden (Schwyzer I 601; nach Cowgill mit Suffix *-me* aus *meme*). – (21) Für die Entwicklung *tu-os* > *towos* s. oben VII. 5.3 (2).
– Der Gen. *tewe* ist sicher nicht aus *t(w)e(t)we*, Schwyzer 601, oder
mit einem Suffix *-we* von *te*, Cowgill, l. c. Über die Genetive s. jetzt
auch G. Schmidt, KZ 82, 1969, 227–250; Personalpronomina 87 f.,
136 f. – (22) Szemerényi, KZ 73, 1955, 59 f., 67 f.; und oben VII.
6.7 (4).

4.5 Von den Personalpronomina wurden auch *Possessiva* gebildet (1). Die frühesten Formen scheinen *(e)mos *twos *ņsmos
usmos (-sw-) gewesen zu sein, z. B. in gr. ἐμός, σός, ἄμμος, ὔμμος;
avest. *ma-* ‚meus‘, *ϑwa-* ‚tuus‘ (2), ai. *tva-* ‚tuus‘. Neben *twos* gab es
auch *tewos/*towos (s. oben 4.4 e), z. B. gr. τε(ϝ)ός. Enklitisches
*mei/*moi liegt dem lat. *meus*, aks. *mojĭ* wie auch dem got. *meina-*
usw. (s. oben 4.4 e) zugrunde, während im Aind. von den als Stamm
der Personalpronomina fungierenden Ablativen *mad tvad* usw. die
klassischen *madīya-, tvadīya-* usw. gebildet wurden, und noch zur
vedischen Zeit von den Genetiven der Personalpronomina die Possessiva *mamaka- asmāka- yuṣmāka-*. Im Plural treten auch mit dem
Gegensatzsuffix *-(t)ero-* gebildete Formen in mehreren Sprachen
auf; vgl. gr. ἡμέτερος ὑμέτερος, alat. *noster voster*, got. *unsara-
izwara-* (3).

(1) Vgl. Brugmann, Grundriß² II 2, 403 f.; Schwyzer, GG I 608;
G. Schmidt, Personalpronomina. Über die germ. Possessiva s. jetzt
auch T. Frings–E. Linke, Festschrift F. Maurer, 1963, 91–117. – (2) Das
von Schwyzer (nach Brugmann?) angeführte avest. *ahma-* ‚noster‘ existiert nicht. – (3) Über das Hethitische s. Eichner, Untersuchungen

zur. heth. Deklination, Diss. Erlangen, 1974, 30f., 67f., und über *mi*-oben 4.4 d) fin.

4.6 Neben den Personalpronomina gibt es auch ein Reflexivum, das in lat. *sē/suī/sibī*, gr. ἕ/οὗ/οἷ, usw. weiterlebt. Es hat keinen Nom., von den anderen Kasus können z.B. Akk. **s(w)e* und Dat. **s(w)oi* und **sebhi* rekonstruiert werden, also Formen, die denen des 2. Sg. entsprechen. Das ist kein Zufall, denn diese Formen sind von dem anaphorischen **se* nach dem Muster von **t(w)e* usw. gebildet worden (1).

Das reflexive Possessivum, das in lat. *suus* und gr. ἑ(ϝ)ός, ὅς (aus **sewos*, **swos*) weiterlebt, hatte die Eigentümlichkeit, daß es sich auf alle Personen beziehen konnte, wie auch z.B. im heutigen Russisch statt ich gehe in mein Haus, du gehst in dein Haus usw. ich gehe in sein Haus, du gehst in sein Haus usw. gesagt wird. Diese Eigentümlichkeit erklärt sich aus der Gesellschaftsordnung der Großfamilie: in bezug auf irgendwelche äußere Besitzstücke (im Gegensatz zu mein Fuß usw.) gab es natürlich kein persönliches Eigentum, alles gehörte der Großfamilie. Diese hieß nun **swe-/ *swo-* ‚Geschlecht' (von **sū-* ‚geboren werden') und die adjektivisierte Form **swo-s* bedeutet ‚dem Geschlecht gehörig = eigen' (2).

(1) Benveniste, BSL 50, 1955, 36; Szemerényi, Syncope 314f.; Beekes(–Kortlandt), KZ 96, 1983, 212. – (2) Szemerényi, ebd. und 334f. und etwas anders Kinship, 1978, 42f.

5. *Zahlwort*

Das idg. Zahlwort hatte ein hochentwickeltes System von Kardinalien und Ordinalien, in dem das Zehnersystem konsequent durchgeführt war; öfters vermutete Einflüsse eines Zwölfersystems müssen abgelehnt werden. Daneben kann noch ein kleiner Bestand an Multiplikativen festgestellt werden.

Eine fast vollständige Bibliographie (bis ca. 1960) findet sich in meinen Numerals. Ich erwähne außerdem: Gonda, Observations on ordinal numbers, Festschrift P.S. van Ronkel, 1950, 135–45; A. Suprun, Slavjanskije čislitel'nyje, Minsk 1969; Risch, Das idg. Wort für 100, IF 67, 1962, 129–141; Benveniste, Hittite et indo-européen, 1962, 78–87; Kuryłowicz, Categories 236f.; Watkins, On the syntax of the ordinal, Lochlann 3, 1965, 287–297; K. Hoffmann, Zu den altiranischen Bruchzahlen, KZ 79, 1965, 247–254; Erhart (oben 4.4); Henning, In memoriam P.Kahle, 1968, 144; J.R. Hurford, The linguistic theory of numerals, 1975; Solari, Sulla posizione del gotico: i numerali, RIL 116, 1982, 181–93; Gamkrelidze–Ivanov 1985: 842f.; *J. Gvozdanović (ed.), IE numerals, 1988.

5.1 Bei den Zahlwörtern ist die Übereinstimmung zwischen den verschiedensten idg. Sprachen von 1–10, in den Zehnerzahlen und Hundert – oft bis in die feinsten Details – schon sprichwörtlich geworden. Von diesen hatten 1–4 und 100 Flexion, die übrigen waren nicht flektierbar. Wir werden hier die rekonstruierbaren idg. Formen voranstellen.

5.2 *oinos ‚1‘, flektiert wie ein thematisches Adjektiv: alat. oinos, klass. ūnus, got. ains, air. oin, apreuß. ains, gr. οἰνή ‚die Eins auf dem Würfel‘. ‚Eins‘ wurde hier als ‚einzig, allein‘ betrachtet, vgl. gr. οἶ(ϝ)ος ‚einzig‘, dessen genaue Entsprechung das iranische aiva- ‚eins‘ ist; eine weitere Variante ist *oikos in ai. ēka- ‚eins‘ (1). Dagegen wird ‚eins‘ unter dem Aspekt des Zusammenseins, der Einheit, bezeichnet in

*sem-: gr. εἷς ἕν μία aus *sem-s *sem *smiya; *sems ist für älteres *sēm geneuert (s. oben VI. 2.7.1); dazu auch lat. sem-el, semper ‚in einem fort‘, simplex, got. simlē ‚einst, vordem‘ (1).

*duwō/*dwō M., *duwoi/*dwoi F. N. ‚zwei‘: ai. d(u)vā, d(u)vē; gr. δύω, später nur δύο; lat. duo; got. twai; aks. dŭva, dŭvē; lit. dù M., dvì F. Zur Alternation duw-/dw- s. oben V. 7.2.2; festgeworden ist die Variante dw- in got. twai, dt. zwei usw., und in dem seltsam anmutenden arm. erku, in dem nur ku (mit k aus dw) das alte dwō fortführt (2). Zur Flexion s. oben VII. 6.4.

*treyes M., *t(r)isres F., *trī N. ‚drei‘ (3): ai. trayas, tisras, trī; air. tri, F. teoir (4); anderswo nur zwei Formen: gr. τρεῖς, τρία; lat. trēs, tria; got. þreis, þrija; aks. trĭje, N. tri. Die Flexion lautete: N. *treyes, Akk. *trins, G. triyom, Lok. *trisu, etc. (s. oben VII. 5.1), daher z. B. lat. trēs, trīs, trium.

*kʷetwores M., *kʷetesres F., *kʷetwōr N. ‚vier‘: ai. čatvāras, čatasras, čatvāri; air. ceth(a)ir, F. cethéoir (4); sonst nur zwei Formen: τέτταρες, -ρα; aks. četyre M., četyri N. F., oder gar eine: lat. quattuor, got. fidwōr. Das ursprünglich nur im Ntr. berechtigte -ō- [s. oben VII. 3.2.(3)] (5) wurde in einigen Sprachen auch auf das Mask. übertragen, vgl. ai. čatvāras, got. fidwōr aus *fedwōres (6), und sicher auch im Urslav., wo sein einstiges Vorhandensein die Länge y aus ū, statt ŭ, erklärt (7). Das Paradigma war N. *kʷetwores, Akk. *kʷeturn̥s, G. *kʷeturom, L. *kʷetwr̥su (8).

*penk^we ‚fünf': ai. *pañca*, gr. πέντε/πέμπε (9), lat. *quīnque*, got. *fimf*; aks. *pętĭ* (10), lit. *penkì*.

*s(w)eks ‚sechs': ai. *ṣaṣ-*, lat. *sex*, got. *saihs*, aks. *šestĭ* (11), lit. *šešì* zeigen *seks*, gr. ἕξ (delph. ϝέξ), avest. *xšvaš*, gall. *suexos*, kymr. *chwech* zeigen *sweks*. Apreuß. *uschts* ‚sechst' und lit. *ušês* ‚die Sechswochen der Kindbetterin' (vgl. auch arm. *vech*) weisen auf eine Form ohne *s-*, und das könnte das ursprüngliche sein; dann wäre *s-* von ‚7' übernommen (12).

*septm̥ ‚sieben': ai. *saptá* = gr. ἑπτά = lat. *septem*, eine der schönsten idg. Wortgleichungen; Umgestaltungen weisen got. *sibun*, aks. *sedmĭ* auf (13).

*oktō ‚acht: gr. ὀκτώ, lat. *octō*, ai. *aṣṭā* (s. oben V. 6.1), got. *ahtau*, aks. *osmĭ*, lit. *aštuonì* (14).

*newm̥ ‚neun': ai. *náva*, lat. *novem*, got. *niun*, gr. ἐννέ(ϝ)α, aks. *devętĭ*, lit. *devynì* (15).

*dekm̥t/*dekm̥ ‚zehn' (16): ai. *dáśa*, gr. δέκα, lat. *decem*, got. *taihun*, aks. *desętĭ*, lit. *dešimt*. – (17).

(1) Über heth. *eka-*(?) siehe Carruba, Fs. Szemerényi, 1980, 197. Ein Paradigma mit Nom. Sg. *sōm-s* will Beekes, KZ 96, 1983, 225, für *sem-* rekonstruieren. – (2) Über *d(u)woi* s. Szemerényi, Development 220; anders Watkins, 5. Fachtagung, 1975, 368f. – Über weitere Fragen s. Benveniste, HIE 86; Hiersche, KZ 78, 1963, 159 (unrichtig); Erhart 20; Schindler, IF 71, 1967, 236; Olzscha, IF 73, 1968, 146f.; Carruba, o.c., 198f. – Über das Keltische s. Thurneysen, GOI 182; Jackson, Language and History in Early Britain, 1954, 371, 374; Cowgill, Lg. 43, 1968, 134; MSS 46, 1985, 24f.; Hamp, BBCS 26, 1975, 97. – Über die Alternanz *duw-/dw-* s. Sihler, Lg. 47, 1971, 67f.; Horowitz, Sievers' law. 1974, 37, 66. – Zu arm. *erku* s. Szemerényi, Numerals 96; Syncope 295[7]; Fs. Winter, 1985, 790f.; und oben II.9. – (3) Benveniste, HIE 86f.: *ter-* ‚dépassement'; Carruba, l.c. – (4) Cowgill, Language 33, 1957, 341–5 hat gemeint, daß wie das Arische auch das Keltische nur *tisres, *k^wetesres* (nicht *-sor-*) verlangt, aber Hamp betont mit Recht (Ériu 24, 1973, 177f.), daß das zweisilbige *teüir* ein *tisores* fordert, und dann wird auch 4 *k^wetesores* gelautet haben. Über den Ursprung des Elements *-sr-* s. Szemerényi, Syncope 313[1], 335; Kratylos 11, 1967, 206f., bes. 220f.; Kinship, 1978, 39f.; falsch darüber Normier, IF 85, 1981, 47. – (5) Szemerényi, Numerals 15 (wozu noch Meillet, BSL 29/2, 1929, 171) und für das ai. *-i* 133 Fn. 64. Die aus idg. *k^wetwōr* zu erwartende arische Form *čatvā* scheint in Ashkun *čatā* (Morgenstierne, NTS 15, 1949, 203) bezeugt zu sein. Falsch über *k^wetwor-* Schmitt-Brandt 24 Fn. – (6) Vgl. Krahe, IF 66, 1961, 36f.; aber *-ō-* ist nicht idg. – (7) Vaillant, Gram. comp. II 628; anders Schmalstieg, AION-L 4, 1962, 59f. – (8) Szemerényi, Syncope

288; SMEA 1, 1966, 34; über das gr. τ-/π- und germ. *f*- ebd. 40; García Ramón, Lesbio *pessures*, Fs. Adrados I, 1984, 179–189. – Über die Etymologie s. Erhart 23 f., und Studien zur ie. Morphologie, 1970, 95 (: *k^wet-* ,Paar'!); Čop meint (UAJb 44, 1972, 170), daß *k^wet-wor-es* ein *wer-* ,Mann' enthält (vgl. *dai-wer-* ,des Mannes Bruder') wie *k^wete-sor-es* ein *sor-* ,Frau', aber die richtige Form ist *$esor$-*, s. mein Kinship 34 f., bes. 40. – Über das Paradigma s. auch Hamp, Ériu 24, 1973, 177, aber die obliquen Kasus haben sicher schon im Idg. k^wet-, nicht k^wt- gehabt. – (9) Szemerényi, SMEA 1, 1966, 40 f. Zur Etymologie s. Polomé, Festschrift Kuiper, 1969, 99–101; van Brock, Mél. Chantraine, 1973, 266 f.; Crevatin, InL 4, 1978, 7–11, aber auch Mayrhofer, Mél. Renou, 1968, 513; Windekens, IF 87, 1983, 8 f. Doch hat das Richtige schon Saussure im Mémoire (177) geahnt, nämlich daß in *$penk^w$e* das verbindende *k^we* ,und' steckt; der erste Teil ist jedoch nicht *pen-* ,eins' oder ,Daumen' (Pedersen, KZ 32, 1893, 272), sondern *$penk$-* ,Faust' (= ,fünf'), das in germ. *$f\bar{u}hsti$-* (< *$funh$-sti-*) und slav. *$pensti$-* ,russ. *pjast'* wie auch wohl in ved. *pankti-* (s. meine Numerals 113 f.) belegt ist; *$penk^w$e* war also der Abschluß der ersten Fünferreihe: 1, 2, 3, 4 *und* 5. Carruba, o.c., 196, sieht ebenfalls *k^we* am Ende, aber im Anfang sucht er (mit Polomé) *$penk(u)$-* ,Gemeinschaft'. – (10) Szemerényi, Numerals 107 f.: statt *$pen\check{c}e$* nach *pentŭ*, nicht idg. *$penk^w$ti-* (dafür wieder Hoffmann, KZ 79, 1966, 253; Eichner, 7. Fachtagung 166). – (11) Über die slav. Formen von 6–10 s. Szemerényi, Numerals 109 f. – (12) Ebd. 78 f.; vgl. noch Nehring, Sprache 8, 1962, 129 f.; Stang, Vgl. Gram. 279. – Hamp, Studies A. A. Hill III, 1978, 81–90, rekonstruiert ein alles umfassendes *$ksweks$*, während Erhart, Morphologie 97–100, ein *$(s)H^weks$* ansetzt, angeblich *H^we-$k(e)s$* = 2 × 3. – Stammt das schwierige arm. *vech* aus einer Sievers-Variante *$suweks$*? Siehe 6. Fachtagung, 1980, 419 Fn. 25 a; Hamp, o.c., 85; Bolognesi, in: Saggi in onore di L. Heilmann, 1984, 5. – (13) Szemerényi, Numerals 35, 109 f. Zum Ostslavischen auch Liewehr, Zeitschrift für Slavistik 12, 1967, 726. – (14) Über das palatale k Szemerényi, Syncope 399 f.; über die Etymologie Erhart 96; Olzscha, o.c., 152; Pisani, Paideia 35, 1980, 47 (: aus dem Kaukasischen). – Da *$okt\bar{o}$* wie ein Dual aussieht, wurde es öfter als Beweis für ein ursprüngliches Vierersystem (neben und vor dem Zehnersystem) angesehen, vgl. zuletzt Erhart, o.c., 94 f.: Grundlage war *H^wo-k^wete* ,zwei Doppelpaare'. – (15) Über das Griechische: Syncope 107–118 (nicht idg. *$enw\eta$*!); KZ 88, 1974, 25 f. – (16) Szemerényi, Numerals 68 f.; Erhart 93 (: *de-kmt*, ,ein Zehner'); Olzscha, o.c., 146 f.; Shields, A new etymology, BalkE 27/4, 1984, 75–80; Eichner, l.c., oben (10). – (17) In einigen Sprachen werden für gewisse Zahlen subtraktive Ausdrücke verwendet, z. B. lat. *un-, duo-de-viginti*, die vielleicht auf etruskischem Einfluß beruhen (so Lejeune, BSL 76, 1981, 248); vgl. dazu auch Hamp, Ériu 33, 1982, 179 Fn. 1 a. – Lehmann (JIES 5, 1978, 26) bringt die Verschiedenheit in etwa 12 (: zehn–zwei bzw. zwei–zehn) mit der Verschiedenheit der Wortfolge, d. h. OV und VO, zusammen.

5.3 Für die *Zehnerzahlen* lassen sich für das Idg. Komposita (sog. *dvigu*) erschließen, deren erster Bestandteil die Stammform der Einer, der zweite dagegen *(d)komt* ist, eine Ablautvariante von *dekmt* ,10‘, wobei der lange Anlaut des letzteren zur Dehnung des Auslauts des ersten Bestandteils führte (1). Die idg. Formen waren: *wīkmt, *trīkomt, *k^{w}etwr̥komt, *penk^{w}ēkomt, *s(w)ekskomt, *septm̥komt, *oktōkomt, *newn̥komt.

Die Entwicklung von r̥, m̥, n̥ zu *rā mā nā* ergab im Latein den, mit der Ausnahme von 80, für alle Zehner charakteristischen ,Bindevokal‘ *ā*: *quadrāgintā, septu(m)āgintā, nōnāgintā* änderten auch *quinquē- *sex-* zu *quinquāgintā sexāgintā.* Im Griechischen dagegen wurde von 60 an der ererbte ,Verbindungsvokal‘ von πεντή-κοντα verallgemeinert; *τρῖχοντ- wurde nach *τετϝρᾱκοντ- zu τρι-ᾱ-κοντ-, und ,40‘ wurde später zu τετταρᾱκοντ- umgestaltet. Die Endung -ᾱ bzw. -α wurde als ein Stützvokal eingeführt, um die Reduktion von -komt zu -kon zu vermeiden (2). Bei ,20‘ wurde frühes *wīkomt- nach *dekmt bald zu *wīkmt, und aus der Bedeutung ergab sich eine formale Anpassung an die Duale: *wīkmtī ergab westgr., boeot., thessal. ϝῑκατι (mit gekürztem *i* wie bei δύο), in den ostgriechischen Dialekten durch Anpassung an -κοντ- und mit einem unklaren prothetischen Vokal ἐ(ϝ)ῑκοσι, εἴκοσι; im Latein wurde *vīcentī durch Assimilierung des Mittelvokals zu *vīcintī und durch Verbreitung des nach r̥ m̥ n̥ aus *k* erweichten *g* zu *vīgintī* (3).

Es ist nicht nötig, hier die Bildungen aller anderen Sprachen im einzelnen durchzunehmen, das wird in meinen Numerals geboten. Doch dürfte die Entwicklung im Germanischen von besonderem Interesse sein und kurz behandelt werden (4). Das idg. System lebt noch in 70–90, z. B. in got. *sibuntēhund, ahtautēhund, niuntēhund.* Die setzen die alten *septm̥komt, *oktōkomt, *newn̥komt fort, aus denen zunächst *seftunhand, *ahtōhand, *newunhand entstanden, und vor ihnen standen noch in der Reihe *fimfēhand und *sehskand; diese ursprüngliche Endung -hand wurde später an ,20‘ und ,100‘ angeglichen, also auch bei 30–90 zu -hund. Unter diesen Zehnern stach ,60‘ von allen anderen ab und wurde nach ,50‘ zu *sehsēhund umgeformt. Der Druck von 50–60 führte dann zu *seftunēhund; da aber bei 50–60 (und 80) das Aufbauprinzip unverkennbar

Einer + -(ē)hund war und ,7' schon *sefun lautete, wurde *seftunē-hund zu *sefuntēhund, *sebuntēhund. Die Metathese führte also zu einer Bildung, die synchron nur als sieben + -tēhund aufgefaßt werden konnte und so zur gotischen Reihe

ahtau-tēhund – niun-tēhund – taihuntēhund

führte. Im Westgermanischen wurde dagegen die frühe Reihe

*seftunhund – *ahtōhund – *ne(w)unhund

unter dem Einfluß von ,80' zu

*sebuntōhund – ahtōhund – niuntōhund,

woraus im Ahd. unter Weglassung der ,überflüssigen' Endung

sibunzo – ahtozo – niunzo

und vom 9. Jh. an unter dem Einfluß von 20–60

sibunzug – ahtozug – niunzug

entstand (5).

(1) Szemerényi, Numerals 5 f., 115 f.; s. auch oben VI. 2.8. Zusatz 1. Anders Eichner, 7. Fachtagung, 1985, 166. – (2) Numerals 133 f. – (3) Über *wi- s. Numerals 131, 134; Risch, IF 67, 1962, 134; Lejeune, RPh 36, 1962, 276; Erhart 100. – (4) Ausführlich Numerals 27–44. Anders G. Schmidt, Zum Problem der germ. Dekadenbildungen, KZ 84, 1970, 98–136 (118 f.: *sibūn-tēhund > *sibŭn-tēhund); G. Porru Mazzuoli, I nomi dei numerali da 70 a 100 in gotico, in: Mille – I dibattiti del circolo linguistico fiorentino 1945–1970, Florenz 1970, 173–183 (176: Abstrakta sebṃt usw. + dkṃt); Lühr, Die Dekaden im Germanischen, MSS 36, 1977, 59–71 (69: in sibuntēhund ist tē = lat. dē); Darms, o. c. (oben VI. 2.6), 34–48 (: -tēhund vrddhi); Kortlandt, Greek numerals and PIE glottalic consonants, MSS 42, 1983, 97–104: d kann zu H_1 werden und so (97) dkṃtom > H_1k- > ἐκ- × ἕν > ἐκ-; (98) penkʷwed-komt > -eHk- > -ēk-; (99) ἑβδμηκ- > ἕβδομος > ογδοϝος > ογδϝηκ-, ενεϝνη-κ-; (100) dwi-dk- > Hwīk-/wīk-- alles bloß für die Augen. – (5) Wie bekannt, brachte Joh. Schmidt 1891 den „Bruch" im System der Zehner mit dem Einfluß des babylonischen Sexagesimalsystems zusammen, s. dagegen meine Numerals 2 f., und neuerdings Mańczak, IE numerals and the sexagesimal system, in: ICHL 6, 1985, 347–352. – Zu den Zahlwörtern s. noch Szemerényi 1985: 34.

5.4 Für ,hundert' ergeben die idg. Sprachen einstimmig ein Neutrum *kṃtóm: lat. centum, got. hund, air. cēt (d. h. k^jēd), gr. ἑ-κατόν (wahrscheinlich ein-hundert), ai. šatam, avest. satəm, lit. šimtas (1), aks. sŭto, toch. känt(e).

Daß *kṃtóm aus *dkṃtom entstanden ist, d. h. aus *dekṃt ,10' gebildet ist, ist über allen Zweifel erhaben. Die Frage ist nur, wie ist es gebildet? Da alle Zehner als ,Einer + (d)komt' gebildet sind, wäre

es am natürlichsten, von einem *dekm̥kómt bzw. *(d)km̥kómt auszugehen. Ich bin jetzt geneigt anzunehmen (2), daß diese Form zu
*km̥kómt und dann mit Verlust von -t (vgl. *dekm̥ aus *dekm̥t) zu
*km̥kóm gekürzt wurde, woraus dann durch Dissimilation *km̥tóm
entstand (3), das bald als ein neutraler o-Stamm aufgefaßt wurde.
Andere nehmen an, daß *(d)km̥tóm das Ordinale von ‚zehn‘ sei und
seine Bedeutung ‚das Zehnte (Zehn)‘ (4); dabei wird vernachlässigt,
daß ‚das zehnte (Zehn)‘ von Männern noch immer 10 bleibt und
nicht 100 bedeutet und daß auch die anderen Dekaden nicht auf
diese Weise gebildet sind.

(1) Das Litauische hat das Neutrum verloren und seine einstigen Mitglieder im Mask. aufgehen lassen. – (2) Gegenüber Numerals 140. – (3)
Vgl. *Kartoffel* aus italien. *tartuffolo* und Ähnliches. – (4) L o h m a n n ,
Genus und Sexus, 1932, 13; neuerdings R i s c h , IF 67, 1962, 135 f., 140 f.;
vgl. auch E r h a r t , Studien zur ie. Morphologie, 1970, 94 (: Haplologie
aus *kom km̥-t-om* ‚Dekade der Dekaden‘); aber auch O l z s c h a , IF 73,
1968, 149; K o r t l a n d t , o. c. 5.3. (4), 97.

5.5   Für die *Hunderte* gibt es keine allgemeinidg. Bezeichnungs-
weise. Im Aind. kann z. B. ‚300‘ auf dreierlei Weise ausgedrückt
werden (1): *a)* ‚100‘ als Substantivum, also *trī šatā(ni) (gavām)* ‚drei
Hunderte (von Rindern, Gen.)‘; *b)* aus den beiden Zahlwörtern
wird ein Bahuvrīhi gebildet mit der Bedeutung ‚so und soviel Hunderte zählend‘: *trišatás ... šaṅkavas* ‚300 Speichen‘; *c)* die Zusammensetzung wird zu einem Kollektivum, und zwar entweder als
Neutrum auf -*a*- oder Fem. auf -*ī*-, z. B. *trišatam pašūnām* ‚Dreihun-
dert von Viehen‘. Die erste Möglichkeit ist in den klassischen Sprachen (z. B. ein lat. tria *centa) unbekannt (2), im Gotischen dagegen
geläufig: *þrija hunda.* Von den anderen Möglichkeiten ist *b)* die
Regel im Latein *(trecentī)* und mit einer Weiterbildung auf -*io*- im
Griech. (τριακόσιοι); aber im Alat. war auch *c)* im Gebrauch:
argenti sescentum et mille (Lucilius 1053).
   Für *tausend* gibt es auch keinen allgemeinidg. Ausdruck. Immerhin ist es beachtenswert, daß Arisch und Griechisch, vielleicht
auch das Latein, eine gemeinsame Bezeichnung geprägt haben: ein
idg. *ǵheslo-* liegt ai. *sa-hasra-m (sa-* aus *sm̥-* ‚eins‘, vgl. gr. εἷς),
airan. *hazahra-* (npe. *hazār*), gr. χέλλιοι χίλιοι zugrunde und lat.
mīlle geht möglicherweise (3) auf *mī(hī)li* aus *(s)mī *hēlī zurück,
worin *hēlī aus *ǵheslī ein *ī*-Abstraktum war, s. oben unter *c).*
Ebenso interessant ist, daß Germanisch und Balto-Slavisch einen gemeinsamen Ausdruck haben: got. *þūsundi* und aks. *tysęšti* (auch *ty-*

sǫšti). Nun können diese Formen nicht auf ein gemeinsames idg. *tūsn̥tī zurückgehen, denn im Slavischen müßte ja *s* nach *u* als *š* oder *x* erscheinen (4). Da andererseits in dieser Form das Semem *tausend* doch irgendwie auf 100 aufgebaut sein wird, müssen wir ein idg. *tūso-km̥t-ī postulieren, denn ein ursprüngliches *tūs-k- hätte im Germanischen die Gruppe -sk- bewahrt; *tūso- wird also ein Adjektiv ‚stark‘ sein, vgl. *tū-mo- ‚stark‘ (ahd. *dūmo* ‚Daumen‘), *tū-ro- ‚geschwollen‘ (lat. *obtūrō*). Nach der Lautverschiebung verschwand der „Bindevokal" in *pūsa-, und *sh*- wurde zu *-s-* vereinfacht (5). Die germanische Form ist auch die Quelle der slavischen und nicht umgekehrt (6); lit. *tūkstantis* ist aus *tūsant- umgestaltet (7).

(1) Wackernagel–Debrunner, Ai. Gr. III 390f. – (2) S. aber Szemerényi, Syncope 287. – (3) Szemerényi, Archivum Linguisticum 6, 1954, 38f. und jetzt Hamp, Glotta 46, 1969, 274f. – (4) S. Shevelov, A prehistory of Slavic, 1964, 130. – (5) Zum Verlust des kompositionellen oder stammauslautenden *a* in zweisilbigen ersten Gliedern vgl. got. *gud-hūs* ‚Gotteshaus‘, *laus-handus* ‚mit leeren Händen‘, s. Kiekkers, Hb. der vgl. got. Gram. 1960, 97f.; C.T. Carr, Nominal compounds in Germanic, 1939, 277; Krahe–Meid, Germanische Sprachwissenschaft III, 1967, 21. – (6) Hamp, PCLS 9, 1973, 172f. – (7) Vaillant, Gram. comp. II 647f.; vgl. aber Stang, Vgl. Gram. 282.

5.6 Die *Ordinalien* waren ursprünglich einfach mit *-o-* thematisierte Formen der Kardinalien, wobei die vorhergehende Silbe in der Nullstufe erschien (1); vgl. ai. *saptama-* = alat. *septumus*, beide aus idg. *septm̥-o-s, lat. *nōnus* aus *novenos usw. Dieses Prinzip wurde später dadurch verdunkelt, daß bei *dekm̥t: *dekm̥t-o-s infolge des Verlustes von auslautendem *-t* bei ‚10‘ das Paar *dekm̥: *dekm̥tos das neue Suffix *-to-* abgab, das wegen der Wichtigkeit von ‚10‘ immer mehr um sich griff und zunächst auf ‚5‘ übertragen wurde, von dort auf ‚4‘ und ‚6‘, von ‚4‘ auf ‚3‘ und ebenso nach oben auf ‚20‘ usw. (2). Die frühen Verhältnisse können in der folgenden Tabelle zusammengefaßt werden (3):

uridg.	idg.	spät- und nachidg.
triy-o-	tri-yo-	tri-to, tri-tiyo-
kʷtur-o-	kʷtur(i)yo-	kʷetur-to-, kʷetwr̥-to-
pn̥kʷ-o-	penkʷ-to-	penkʷ-to-
(s)uks-o-		sweks-to-
septm̥-o-		septm̥-o-
oktuw-o-		oktuw-o-, oktōw-o-

uridg.	idg.	spät- und nachidg.
newn̥-o-		newn̥-o-
dekm̥t-o-	dekm̥-to-	dekm̥-to-, dekm̥-o-
wīkm̥t-o-	wīkm̥t-to-	wīkm̥tto-, wīkm̥tt-m̥o-
trīkm̥t-o-	trīkm̥t-to-	trīkm̥tto-, trīkm̥tt-m̥o-

Idg. *k^wtur-(i)yo-, mit Nullstufe beider Vokale von *k^wetwor-, liegt
vor in ai. turīya-; *$wīk^w$m̥tto- in boeot. ϝικαστός und, umgeformt
nach dem Kardinale εἴκοσι, in εἰκοστός, während die Weiterbildung mit -m̥o- in lat. vīcenss-imus, ai. viṁšat-i-t-ama- bezeugt ist.
Im Latein wurde der alte Zustand zwischen 7–9 lange erhalten,
sogar auf 7–10 erweitert; im Griechischen dagegen erlag 9 früh dem
Druck von 10 und statt *(e)newn̥os entstand *enewn̥tos, woraus
*ενεϝατος und später mit Synkope ἔν(ϝ)ατος wurde (4). Noch
weiter ging dieser Prozeß im Germanischen, wo idg. -tó- auch auf
7–9 erweitert wurde, so daß die ganze Reihe 3–10 dieses Suffix (nach
Spiranten) bzw. das daraus entwickelte ð (nach n Verschlußlaut d)
aufweist: þridja, *fidurda, fimfta, saihsta, *sibunda, ahtuda,
niunda, taihunda.

Ganz abseits stehen in allen Sprachen ‚erster' und anfangs auch
‚zweiter'. Für das letztere wird ursprünglich ‚der andere' verwendet
(got. anþar; lat. alter, später durch secundus ‚der folgende' ersetzt),
für das erstere ein Adjektiv, das etwa ‚der vordere', ‚der vorderste'
bedeutete und in den meisten idg. Sprachen *$pr̥wo$- bzw. *$pr̥mo$-
(von *pro ‚vorn') lautete; vgl. ai. pūrva- ‚prior' und pūrvyá-, aks.
prŭvŭ und vielleicht gr. πρῶτος, dor. πρᾶτος aus *prāwo-to-s (5)
einerseits, andrerseits lit. pìrmas, ae. forma aus *furmo-, während
got. fruma nach den ‚Superlativen' auf -uma umgestaltet ist; lat.
prīmus ist, wie pälignisch prismu zeigt, aus *prīsamos entstanden,
d.i. aus *pri-isamos, dem Superlativ zu prior, s. oben VII. 8.6 und
hier (6).

(1) Benveniste, Noms d'agent et noms d'action, 1948, 144f.; Szemerényi, ArchL 1, 1950, 191; Numerals 67f.; Kuryłowicz, Categories 236f.; Cowgill, in: IE and IEs (ed. G. Cardona al.), 1970, 117f. –
(2) Szemerényi, Numerals 92. – Über gallisch dekanto-, hispano-kel-
tisch dekamet-ino-, und oskisch dekento-, dekmā, s. jetzt Prosdocimi, SE 48, 1980, 437f., 619; Szemerényi 1985: 35f. – (3) Numerals
92. – (4) Szemerényi, Syncope 115f.; KZ 88, 1974, 25f.; Rix, MSS 27,
1970, 101. – Zu ἕβδομος, ὄγδοος s. auch Cuny, BSL 32, 1931, 42f.;
Kortlandt, o.c. oben 5.3 (4), 99. – Ist lat. octāuos eigentlich bloß *oktō-
os, d.h. die normale thematische Ableitung mit einem Hiatusfüller? –

(5) Cowgill, o.c., 123 (: *pro-atos*, wie schon Deroy, AC 39, 1971, 375f.); Bonfante, Mél. Fohalle, 1969, 30f. (: *pr̥tos* mit *rā* und *rō*); Bammesberger, Studien zur Laryngaltheorie, 1984, 60f. – (6) Szemerényi, Studi V.Pisani, 1969, 985f.; Studies L.R. Palmer, 1976, 416 Fn.84. Die Form *prīsamos* wird durch air. *riam, remi* unterstützt, s. Thurneysen GOI 528; Guyonvarc'h, Celticum XVIII, 1970, 303f.

5.7 *Zahladverbia* waren in begrenztem Umfang ebenfalls schon in idg. Zeit geformt (1). Sicher indogermanischen Alters sind **dwis* und **tris*, die in vielen Sprachen vorkommen: ai. *dviṣ triṣ*, avest. *biš θriš*, gr. δίς τρίς, lat. *bis ter* (bei Plautus auch noch *terr*), aisl. *tvis-var* ‚zweimal‘ und *þris-var* ‚dreimal‘, ahd. *zwiro (-ror, -n)* und *driror* (2). Dazu kommt noch idg. **kʷetrus* ‚viermal‘ – ebenso gebildet wie **dwi-s *tri-s*, also aus **kʷetwr̥-s* entstanden –, in avest. *čaθruš*, ai. *čatuḥ* (aus *-ur-s*) und lat. *quater* (3). Für ‚einmal‘ kann kein allgemein-idg. Ausdruck erwiesen werden, wohl wurde er immer wieder erneuert; vgl. ai. *sakr̥t*, gr. ἅπαξ (beide mit **sm̥-* ‚ein‘ und einem Wort ‚Schlag‘), lat. *semel* usw.

(1) Wackernagel–Debrunner, Ai. Gr. III 423f. – (2) S. dazu G.Schmidt, Studien zum germ. Adverb, Diss. Berlin 1962, 356f. (**dwi-*, **tri-zwōs*); jetzt auch Hollifield, Sprache 30, 1985, 50. – (3) Als frühes **quatrus* zu **quatr̥s* synkopiert und dann zu **quaters* entwickelt wurde, machte auch **tris* mit über **tr̥s* – **ters*.

IX. MORPHOLOGIE III

Verb

1. Die Verbalsysteme der verschiedenen idg. Sprachen weichen nicht unerheblich voneinander ab. Einige Sprachen haben äußerst komplizierte Systeme, andere ganz einfache, und dieser Umstand bereitet große Schwierigkeiten für den Sprachvergleicher.

So hat das griechische Verbum ein System, das sich folgendermaßen gliedert:

Diathesen: 3 (Aktiv, Medium und, im Aor. und Fut., Passiv),
Modi: 4 (Indik., Konj., Optativ, Impv.),
Tempora: 7 (Präs., Impf., Fut., Aorist, Perf., Plusquamperf., Fut. Perf.).

Die Tempusformen selbst haben dann noch 3 Numeri, von diesen haben Singular und Plural 3 Personen, der Dual nur zwei. Zu diesen persönlichen Formen, dem Verbum finitum, treten noch Formen des Verbum infinitum, die verschiedenen Infinitive und Partizipien.

Sehr ähnlich gliedert sich das System des aind. Verbums auf der ältesten, vedischen Stufe:

Diathesen: 3 (Aktiv, Medium, Passiv),
Modi: 4 bzw. (mit dem Injunktiv) 5,
Tempora: 7 (Präs., Impf., Aor., Perf., Plupf., Fut., Konditional).

Dagegen finden wir im Gotischen:

Diathesen: 2 (Akt. und Pass.),
Modi: 3 (Indik., Impv., Konj.),
Tempora: 2 (Präs. und Perf.)

und ähnlich im Litauischen:

Diathesen: 1,
Modi: 3 (Indik., Impv., Opt.),
Tempora: 4 (Präs., Prät., Fut., Impf.).

Zu einer frühen Zeit zeigt das Hethitische ein ‚minimales' System:

Diathesen: 2 (Akt. und Mediopassiv),
Modi: 2 (Indik., Impv.),
Tempora: 2 (Präs., Prät.).

Mit noch stärkerer Stimme als bei dem Nomen erhebt sich also beim Verbum die Frage, was als zum idg. System gehörig betrachtet

werden kann und soll. Können wir das ‚maximale' System von
Arisch und Griechisch ohne weiteres für das indogermanische
halten, aus dem alle anderen durch stufenweise Verarmung entstanden sind? Oder ist das maximale System eine Sonderentwicklung eines bestimmten Teils der Indogermania, die in den anderen
Teilen nie stattgefunden hat? Wäre dann also das ‚minimale' System
das für das Indogermanische oder Spätindogermanische anzuerkennende System?

Daß die letztere Auffassung nicht richtig sein kann, geht aus einer
Anzahl von Beobachtungen hervor, die, wie beim Nomen, das Vorhandensein von Resten eines früheren reicheren Bestandes erweisen. So unterscheiden Arisch und Griechisch ein Perfekt und
einen Aorist, nicht aber das Latein, das Germanische, das Keltische
usw. Dennoch muß wenigstens in diesem Punkt das Zeugnis der
südöstlichen Gruppe als beweiskräftig anerkannt werden, denn das
Latein vereinigt in seinem Perfekt das alte Perfekt und den alten
Aorist, besonders klar den *s*-Aorist, ebenso das Keltische; das Slavische hat noch einen Aorist, der hauptsächlich den Bestand des alten
Aorists fortführt.

Gegenüber den vier Modi des Griechischen hat das Latein nur
drei: Ind., Impv., Konj. Spricht es also gegen den idg. Charakter des
Optativs? Nein, denn einige der wichtigsten Verba brauchen noch
den alten Optativ: *sim* und *velim* sind solche Formen. Ebenso sicher
ist das einstige Vorhandensein des Konjunktivs: lat. *erō*, obwohl ein
Futur, war einmal der Konjunktiv, was aus seiner Übereinstimmung
mit Griech. und Arisch sicher hervorgeht. Der Zustand des Hethitischen muß also als eine Verarmung angesehen werden.

Aufgrund solcher Betrachtungen werden wir vorläufig die folgenden Kategorien für das idg. Verbum anerkennen:

2 Diathesen: Aktiv und Medium;

4 Modi: Ind., Konj., Opt., Impv.;

3–6 Tempora: Präs., Aorist, Perf.; dazu vielleicht noch Fut.,
Impf., Plupf.

Von den Tempora gehören die Systeme des Präsens und Aorists eng
zusammen, während das Perfekt mehr abseits steht und eine eigene
Position einnimmt.

Zum Ausdruck dieser verschiedenartigen Beziehungen werden
verschiedene Mittel verwendet. Der Unterschied zwischen λούει ‚er
wäscht' und λούεται ‚er wäscht sich', d. h. der Unterschied der Diathesen, wird einzig und allein von den Personalendungen getragen.
Bei λούεις – λούηις – λούοις – λοῦε genügt die Endung der letzten

Form, um sie von den übrigen zu unterscheiden, sie als den Impv. zu kennzeichnen. Dagegen ist bei den anderen drei die Endung dieselbe, sie unterscheiden sich in dem zwischen dem Stamm λου- und der Endung -ς auftretenden Element, das sie als Ind., Konj. bzw. Opt. kennzeichnet. Bei λούεις – λούσεις genügt -σ- allein, um den Tempusunterschied zwischen Präsens und Futur zu erstellen.

Im allgemeinen folgt auf den Tempusstamm (St) das Kennzeichen des Modus (M) und darauf die Personalendung (E), und zwar entweder mit einem sog. Themavokal (Th) oder ohne ihn und je nachdem sprechen wir von einer *thematischen* bzw. *unthematischen* oder *athematischen* Flexion. Formelhaft läßt sich das folgenderweise darstellen:

thematisch	athematisch
St + M + Th + E	St + M + E

Beim Ind. ist M gewöhnlich = Null, so daß die Formel sich einfach auf St + (Th) + E reduziert.

Entsprechend dieser Struktur werden wir die Probleme des Verbums wie folgt besprechen:

A. Personalendungen und Themavokal, Diathesen,

B. Modusbildungen,

C. Tempusstämme:

   1. Präsensstamm,

   2. Aorist- und Futurstamm,

   3. Perfektstamm,

   4. Augment, Polymorphismus, Suppletivismus, System, Aspekt, Akzent,

D. Synthese: Paradigmen mit Anmerkungen,

E. Verbum infinitum,

F. Vorgeschichte.

An weiterführender Literatur seien genannt: B r u g m a n n , Grundriß² II 3; M e i l l e t , Introduction 195 f.; H i r t , IG 4, 83 f.; P e d e r s e n , Hittitisch, 1938, 79 f.; S a v č e n k o , Drevnejšije gram. kategorii glagola v ie. jazyke, VJ 1954 (4), 111–120; A m b r o s i n i , Concordanze nella struttura formale delle categorie verbali indo-europee, Studi e Saggi linguistici 2, 1962, 33–97; K u r y ł o w i c z , Categories (fast das ganze Buch behandelt das Verbum); A d r a d o s , Verbo (vgl. C a r d o n a , Language 41, 1965, 105–114); I v a n o v , Obščeind. 55 f.; W a t k i n s , Verb; K. H o f f m a n n , MSS 28, 1970, 19–41. Das ganze idg. Gebiet wird beachtet auch in S c h w y z e r , GG I 639 f. (für das frühe Griech. noch C h a n t r a i n e , Grammaire homérique I, ²1948, 282 f.); L e u m a n n ² 505 f.; interessant sind noch, obwohl im allg. ohne Literaturnachweise, V a i l l a n t , Gram.

comp. III (Le verbe); Stang, Vgl. Gram. 308f. – S. auch Meid, Keltisches und idg. Verbalsystem, in: K.H. Schmidt (ed.), Indogermanisch und Keltisch, 1977, 108–131; Rix, Das keltische Verbalsystem, ebd. 132–158 (: für das arisch-griechische Modell).

2. Personalendungen, Themavokal, Diathesen

Die meisten idg. Sprachen verwenden verschiedene Verbalendungen für das Aktiv und das Medium, innerhalb dieser Diathesen für das Präsens und für die Vergangenheit, wieder andere für das Perfekt oder den Impv. Die Endungen unterscheiden sich natürlich auch nach Zahl und Person: 3 für die 3 Personen des Singulars (1–3) und 3 für die 3 Personen des Plurals (4–6) sind die Regel, aber im Idg. kamen dazu noch 3 Formen für die 3 Personen des Duals (7–9). Der ganze Bestand kann auf folgende Weise gruppiert werden:
  a) Aktivendungen des Präsens-Aorist-Systems;
  b) Medialendungen des Präsens-Aorist-Systems;
  c) Endungen des Perfekts;
  d) Das anatolische System;
  e) Endungen des Imperativs.
Die im Präsens und Aorist verwendeten Endungen werden auch in den Modi im eigentlichen Sinne, d.h. dem Konj. und Opt., gebraucht, nur der Impv. hat eigene Endungen.

2.1 Aktivendungen im Präsens- und Aoristsystem
Diese Endungen sind grundsätzlich in den Personen 1–3 und 6 in Doppelformen bezeugt: eine Variante hat ein auslautendes *i*, das sind die *Primärendungen* (PE), die andere hat kein *i*, das sind die *Sekundärendungen* (SE), z.B. *-mi/-m, -si/-s* usw. Wie schon oben angedeutet, werden die PE im Präs., die SE im Aorist gebraucht, aber nicht nur in diesen Formen; so werden die SE auch im Opt. verwendet.

Diese Endungen können entweder unmittelbar an den Stamm angefügt werden oder mit Hilfe eines Themavokals (s. oben), danach werden *athematische* und *thematische* Bildungen unterschieden; z.B. **es-ti* ‚ist', aber **bher-e-ti* ‚trägt'. Beide Bildungsweisen verwenden mit Ausnahme der 1. Sg. dieselben Endungen.

2.1.1 Die Primärendungen stellen sich in den für die Rekonstruktion wichtigsten Sprachen wie folgt dar:

	ved.	avest.	heth.	griech.	alat.	got.	aks.	lit.
1.	mi	mi	mi	μι	m	m	mĭ	mi
2.	si	si	si	σι	s	s	si	si
3.	ti	ti	tsi	τι	t	t/þ	tĭ	ti
4.	mas(i)	mahi	weni	μεν/μες	mus	m	mŭ	me
5.	tha(na)	θa	teni	τε	tis	þ	te	te
6.	nti	nti	ntsi	ντι	nt	nd	ntĭ	–
7.	vas	vahi	–	–	–	(ō)s	vē	va
8.	thas	?	–	τον	–	ts	ta	ta
9.	tas	*tas	–	τον	–	–	te, ta	–

Die Sekundärendungen lauten:

1.	m	m	n	ν	m	Ø	(n)	?
2.	s	s	s	ς	s	s	Ø	?
3.	t	t	t	Ø	d	Ø	Ø	Ø
4.	ma	ma	wen	μεν/μες	mus	m(a)	mŭ	me
5.	ta(na)	ta	ten	τε	tis	þ	te	te
6.	n[t]	n, at	ir	ν[τ]	nt	n(a)	n	–
7.	va	va	–	–	–	u, wa	vē	va
8.	tam	–	–	τον	–	ts	ta	ta
9.	tām	təm	–	τᾱν	–	–	te, ta	–

Aus dem einstimmigen Zeugnis des Arischen, Heth. und Griech. ist zunächst zu erschließen, daß im Idg. folgende Endungen im Gebrauch waren:

	PE	SE
1.	-mi	-m
2.	-si	-s
3.	-ti	-t
6.	-nti	-nt.

Obwohl die anderen Sprachen dieses Resultat selbst nicht ergeben würden, bestätigen sie dennoch die oben rekonstruierten Endungen. So existiert zwar im klassischen Latein für die 3. Sg. nur die Endung -t, aber im Altlatein finden wir von den frühesten Inschriften bis herunter zum Beginn der Literatur einen Unterschied zwischen FECED, KAPIAD, SIED (die späteren fēcit, capiat, siet = sit) und IOVESAT (= iurat), der sich dadurch erklärt, daß ursprünglich auslautendes -t zuerst zu -d wurde, -ti aber auch nach Abfall des -i stimmloses -t blieb; zu Beginn der Literatur wurde dann die Doppelheit -t/-d zugunsten von -t aufgegeben (1). Ebenso

erfordert das gotische *-þ* (z. B. *bairiþ* ‚er trägt‘) noch einen auslautenden Vokal – der mit Hilfe der archaischeren Sprachen als *i* bestimmt werden kann –, da ein auslautendes *-t* verlorenging, vgl. *wili*
‚er will‘ gegenüber *wileiþ* ‚ihr wollt‘ aus **welīt* (= lat. *velit*, beide ursprünglich optativisch) und **welīte* (= lat. *velītis*). Auf eine andere
Weise bestätigt das oben nicht angeführte Altirische die Ergebnisse.
Die 3. Sg. und 3. Pl. von *ber-* ‚tragen‘ lauten dort *berid* /b'er'iδ'/ und
berait /b'erid'/ in der einfachen, sog. absoluten, Form, aber *as-beir*
/b'er'/ ‚sagt‘ (‚bringt hervor‘: eks-bher-) und *as-berat* /b'erad/ in
der Zusammensetzung, in der sog. konjunkten Form. Die Palatali-
siertheit des Auslautskonsonanten in den absoluten Formen und das
i in *berid* (umgelautet aus *e*) weisen auf einen Auslaut *-ti* hin, also auf
*bhereti und **bheronti*, während *-beir* und *-berat* auf Formen ohne
-i, d. h. **bheret* und **bheront*, zurückgehen (2).

Weniger eindeutig ist die Vorgeschichte der anderen Personalendungen. In der *1. Pl.* weisen auf eine PE *-mesi* (oder *-mosi*?) das
Iranische, zum Teil das Aind. und das Air., dagegen auf *-mes* das
Dorische, auf *-mos* das Lat. (3); *-mēs*, das im Ahd. erscheint, kann
nicht auf idg. *-mēs(i)* zurückgehen (4). Eine nasale Variante liegt vor
im ostgriech. -μεν, dem das heth. *-weni* (mit primärem *-i*) nahesteht
(5). Die SE weicht nur im Arischen und Heth. sicher von der PE ab,
nur nicht übereinstimmend. Man wird wohl *-mes*, das im Arischen
und Air. zu *-mes-i* erweitert wurde, als die ursprüngliche PE ansetzen, wozu als SE *-me(m)* mit einer Variante *-me* bzw. *-mē* gehörte,
vgl. VIII. 4.4 b.

Ähnliche Verhältnisse finden wir in der 1. Dual, nur daß hier die
PE *-wes/-wos* auch durch got. -ōs (aus *o-wos* oder *-ōwos* kontrahiert) unterstützt wird, und die SE *-we/-wē* lautete (6).

In der 2. Pl. scheint die PE *-te(s)*, die SE *-te* gewesen zu sein; arisch
-th- ist eine Neuerung (7), und der Vokal war jedenfalls kurz (8). Für
die 2. Du. ist die Übereinstimmung zwischen Arisch und Gotisch
bemerkenswert, denn in got. *-ts* werden sicher die zwei Spiranten
-þs (aus *-tes*) dissimiliert worden sein (9). Dennoch läßt sich keine
idg. Form für die 2. 3. Du. wiedergewinnen, obwohl die SE der
3. Du. doch wohl *-tā(m)* war (10).

(1) Szemerényi, Marked–unmarked (TPS 1973, 55–74), 55–6. – (2)
Über die absoluten und konjunkten Endungen s. Meid, Die idg.
Grundlagen der air. abs. und konj. Verbalflexion, 1963; zu unserem Pro-
blem entscheidend Kuryłowicz, Categories 132. Vgl. noch Rix, Fs.
Pokorny, 1967, 267–75; Campanile, AION-L 8, 1968, 41 f.; Cowgill,
5. Fachtagung, 1975, 40–70; Ériu 26, 1975, 27–32 (: beide repräsentieren

die PE); McCone, Ériu 30, 1979, 1–34, bes. 24f.; 33, 1982, 1–29; Kortlandt, Ériu 30, 1979, 35–53; P. Sims-Williams, TPS 1984, 138–201; Cowgill, 7. Fachtagung, 1985, 109–118; McCone, ebd. 261–270. – Seltsam ist Watkins, Ériu 21, 1969, 1f., bes. 6 (: IE -ti "a mirage"), Verb 164f. – (3) Meid 57f. – Watkins, Verb 146–7, setzt für 1. 2. Pl. -mo, -te an, die in italischer Zeit mit -s(i) erweitert worden seien. Über die 1. 2. Pl. siehe noch Villar, RSEL 4, 1974, 391–409. – (4) Siehe Bech, Studia Neophilologica 34, 1962, 195f.; Polomé, RBPh 45, 1968, 821 (: -mēs Kreuzung von -mes und SE -mē, eine Wiederbelebung von Brugmann, KVG 591; Petersen, Lg. 12, 1936, 173 Fn.); Hollifield, Sprache 26, 1980, 149f.: bheromo weis > -mo(w)is > -mais > -mēs. – (5) Wyatt, Prehistory of the Greek dialects (TAPA 101, 1971, 557–632), 605, -μεν geneuert für das allgemeine -μες, vgl. -μεσθα; Negri, Acme 27, 1974, 377 (: -men für -wen); Cohen, IF 84, 1980, 107–112; Shields, Glotta 60, 1983, 197–204. – (6) Kuryłowicz, Categories 152; Bammesberger, PBB(T) 105, 1983, 169–176; Studien zur Laryngaltheorie, 1984, 99f. – (7) Kuryłowicz, Categories 152. – (8) Air. beirthe kann nicht auf *bheretēs zurückgeführt werden (so z. B. Meid 58f.), das beispiellos wäre und an ahd. -mēs keine Stütze findet, siehe oben (4). Möglich wäre vielleicht Cowgills Lösung (7. Fachtagung 113): beretes-es > berete(h)es > -tēs. – (9) Dissimilation schon bei Brugmann, Grundriß² II 3, 641. Vgl. noch Dal, NTS 16, 1952, 331f.; anders K. H. Schmidt, Linguistics 130, 1974, 83–6; Shields, IF 84, 1980, 216f., 221 (?). – Stang setzt (NTS 15, 1949, 335f.) -tH₁es an. – (10) Kuryłowicz, Categories 153–6.

2.1.2 Die eben behandelten Endungen können als die mi-Endungen bezeichnet werden, da sie in der athematischen (sog. mi-) Flexion besonders klar hervortreten. Es gibt aber auch die sog. ō-Flexion oder thematische Flexion, die wenigstens in der 1. Sg. von der mi-Flexion dadurch abweicht, daß die PE -ō ist; vgl. gr. φέρω, lat. ferō, got. baira, air. (abs.) biru und (konj.) -biur aus *berū, gathaavest. spasyā ‚speciō‘ (im Avestischen und Aind. mit mi zu -āmi kontaminiert), lit. nešù ‚ich trage‘ (1).

Sonst weist die thematische Flexion dieselben Endungen auf wie die athematische – sicher in den SE und höchstwahrscheinlich auch in den PE, obwohl für einige Glieder der letzteren Reihe neuerdings auch andere Auffassungen vorgebracht worden sind, die auf einer kleinen Anzahl von Sprachen beruhen und in der Hauptsache die 2. Sg. betreffen.

In der 2. Sg. hat das Litauische in der thematischen Flexion die Endung -ì (z. B. nešì ‚trägst‘), die wegen der reflexiven Form -ies(i) auf -ei(si) zurückgehen muß. Diese Endung -ei kann nun mit gr. -εις verglichen werden: ein ursprüngliches -ei wäre zu -ei-s erweitert

und danach eine neue 3. Sg. auf -*ei* gebildet. Weiter kann air. (konj.)
-*bir* auf *bherei zurückgehen, so daß alle drei Sprachen -*ei* und nicht
-*esi* aufweisen würden. Endlich scheint in der 3. Sg. lit. *veda* ‚er
führt‘, wie air. (konj.) -*feid* auf idg. *wedhe-t zurückzugehen, was
auch bei gr. -ει möglich ist (-*t* wäre abgefallen und -ε zu -ει umgeformt). Damit ergäben sich für die thematische Flexion im Sg. die
Endungen -*ō*, -*ei*, -*e-t*, die alle von den athematischen PE abweichen
(2). Eine leichte Variation dieser Auffassung ist, daß die 3. Sg. -ει als
-*e* + $\emptyset$ + *i* analysiert wird, worin *e* der Themavokal, *i* das Zeichen
der PE und somit die Endung selbst Null ist (3); diese Analyse wäre
sogar auf heth. -*ai* (z. B. *da-i* ‚er nimmt‘) anwendbar (4). Andere
möchten die 3. Sg. -ει dem heth. -*ah-i* gleichsetzen, während die lit.
Endung -*i* auf -*ēi* zurückgeführt wird und mit gr. -ει-ς eine Endung
erweisen soll, die älter war als -*e-si* (5). Endlich hat man auch erwogen (6), daß gr. -ει dem aind. -*ē* von medialen *šay-ē* ‚liegt‘, *bruv-ē*
‚sagt‘ entsprechen könnte – danach dann -εις nach dem Muster von
Impf. ἔφερε: ἔφερες –, aber dagegen erhebt wohl der Unterschied in
der Diathese einen entschiedenen Widerspruch.

  Diese Konstruktionen sind aber alle insgesamt nicht tragfähig.
Air. (abs.) 2. Sg. *biri* „läßt sich einwandfrei auf *bheresi zurückführen“ und für (konj.) -*bir* ist von *bheres, nicht *bher-ei auszugehen (7). Daß lit. -*(s)ì* bei den athematischen Verben (*esì* ‚bist‘: ai.
asi) nicht auf -*s-ie* aus -*sei*, sondern auf einfaches -*si* zurückgeht,
ist in der Zwischenzeit ebenso klargeworden wie die Herkunft des
thematischen -*i* aus dem athem. -*(s)i* (8). So nimmt es nicht wunder,
daß neuerdings wieder von mehreren Seiten darauf hingewiesen
wurde, daß für das Griechische nur von den allenthalben gut beglaubigten -*si*, -*ti* ausgegangen werden kann (9). Ob man allerdings ein
besonderes Lautgesetz bemühen (10) und nicht eher an einen analogischen Vorgang denken soll (11), scheint zweifelhaft; das letztere
scheint doch auch von Entwicklungen gestützt wie sie in 2. Sg. δι-
δοῖς, 3. Sg. διδοῖ vorliegen, die von *didōsi ausgegangen sind, das
zu *διδωι und dann διδωις wurde und mit Kürzung zu διδοις (12).

  Es besteht also kein Grund anzunehmen, daß die thematische Flexion auch außerhalb der 1. Sg. von der athematischen abwich. Für
den Plural und Dual wird die Identität der beiden Bildungsweisen
allgemein anerkannt. Als ein weiterer Punkt des Zusammengehens
der beiden Systeme ist noch die 3. Pl. hervorzuheben, die nicht allein
bei den thematischen Verben einen Vokal vor -*nti* aufweist, sondern
des öfteren auch bei den athematischen, vgl. *s-enti ‚sind‘, also in
der Regel *e* (13).

(1) Über einen dritten Typus, die sog. halbthematische Flexion, s. Vendryes, IF 26, 1909, 134f.; Meillet, MSL 17, 1911, 197f.; BSL 32, 1931, 197f.; Bonfante, ebd. 33, 1932, 111f.; 34, 1933, 133–9; und vgl. noch IX. 2.6 (4) sowie Leumann[2], 1977, 519, 567f. – (2) Meillet, RC 28, 1907, 369–73 und zuletzt Introd.[8] 227f. (s. die Kritik bei Meid, o.c., 19f.). Ihm folgen Pedersen, Hittitisch 87f., 93f.; Watkins, Origins 140 Fn. 16; Ériu 21, 1969, 6; Verb 121f.; Adrados, 2.Fachtagung, 1962, 149; nicht ganz entschieden Stang, Vgl. Gram. 407f. Vgl. außerdem Risch, Symbolae Kuryłowicz, 1965, 235–242; Negri, Acme 27, 1974, 359–379, bes. 370; Kortlandt, Ériu 30, 1979, 36–8; Lingua 44, 1979, 67; JIES 11, 1984, 312; Ivanov, Glagol 56f. – (3) So Watkins, Origins 103, ohne zu sagen, wie sich diese Auffassung mit der von der 2.Sg. verträgt. Vgl. auch Ériu 21, 1969, 6; Verb 52, 122f., und schon vor fast einem Jahrhundert Jacobi, Composition und Nebensatz, 1897, 61f. Siehe dazu auch Kuryłowicz, Categories 153, 156; S. Levin, The IE and Semitic languages, Albany, NY, 1971, 379f.; Hilmarsson, NTS 31, 1977, 195f. – Aber wenn die „Endung" tatsächlich -e ist, dann wird es ebenso wie athematisches -t das Demonstrativum sein! – (4) Pedersen, Hittitisch 88, 93; Watkins, Origins 103; Evangelisti, Acme 18, 1965, 3 (: als gr.-heth. Neuerung in Kleinasien!); Untermann, Ged. Brandenstein, 1968, 166 mit Fn.3; Bader, Word 24, 1970, 25; Negri, l.c. – (5) Hirt, IG 4, 151; Vaillant, BSL 37, 1936, 112; 40, 1939, 17f., 30; Gram. comp. III 9, 20. – (6) Birwé, Griech.-arische Sprachbeziehungen im Verbalsystem, 1955, 10–11. Dagegen auch Watkins, Verb 123. – (7) Meid, o.c., 56; Campanile, o.c., 59f., trotz Watkins, Ériu 21, 1969, 5; Verb 165. Anders Kuryłowicz, BPTJ 27, 1970, 13; und für *bheresi wieder Cowgill, 7.Fachtagung, 1985, 104. – (8) Siehe Kazlauskas, Lietuvių kalbos istorinė gramatika, 1968, 293f., 299; Schmalstieg, Lingua 10, 1961, 369–74; Fs. Stang, 1970, 467f.; und Kuryłowicz, o.c., 13f. Cowgill, 7.Fachtagung 107, meint, daß slav. -si und das ostbaltische 2.Sg. -(s)ie beide das idg. mediale -soi weiterführen. – (9) Poldauf, ZPhon 9, 1956, 160; Kiparsky, Glotta 44, 1967, 112; Kuryłowicz, in: Phonologie der Gegenwart, 1967, 166 und BPTJ 27, 12f. – (10) Kiparskys Lösung (: -esi, -eti zunächst zu -eis, -eit) wurde schon von Schulze erwogen, s. Schwyzer, GG I 842 ad 661; vgl. dazu auch die Modifizierung der Regel bei Cowgill, 7.Fachtagung 100f. – (11) Kuryłowicz, Phonologie, l.c.; und später in: Directions 77. – (12) Anders Schwyzer I 687; vgl. Strunk Glotta 39, 1960, 114–23; und Negri, Acme 27, 1974, 372. – (13) S. dazu Narten, Fs. Kuiper, 1969, 13f.; Watkins, Verb 41; Francis, Glotta 52, 1974, 22 Fn. 27. – Über die thematische 1.Sg. -ō siehe unten IX.7.1.3 fin. – Lazzeroni, Scritti in onore di T. Bolelli, 1985, 165f., 178, leitet die indikativischen Endungen von konjunktivischen her, d.h. 1.2.3. von -ō, -e, -e. [?]

2.2.1 Medialendungen im Präsens- und Aoristsystem

In den Zeitformen, in denen die eben behandelten Aktivendungen auftreten, sind im Medium die folgenden Endungen bezeugt. Zunächst die Primärendungen:

	ved.	avest.	heth.	griech.	got.
1.	ē	ē	ha(ha)ri	μαι	da
2.	sē	sē	ta(ti)	σοι	za
3.	tē, ē (1)	tē	ta(ri)	τοι	da
4.	mahē	madē	wasta(ri)	μεϑα	nda
5.	dhvē	dvē	duma(ri)	(σ)ϑε	nda
6.	ntē	ntē	nta(ri)	ντοι	nda
7.	vahē	–	–	–	
8.	āthē	–	–	(σ)ϑον	
	ithē	–	–		
9.	ātē	–	–	(σ)ϑον	
	itē (2)	itē	–		

Die Sekundärendungen sind:

1.	i	i	ha(ha)t(i)	μᾱν
2.	thās	sa	tat(i)	σο
3.	ta	ta	tat(i)	το
4.	mahi	madi	wastat	μεϑα
5.	dhvam	δwəm	dumat	(σ)ϑε
6.	nta	nta	ntat(i)	ντο
7.	vahi	vadi	–	–
8.	āthām	–	–	(σ)ϑον
	ithām	–	–	–
9.	ātām	ātəm	–	(σ)ϑᾱν
	itām	itəm	–	–

Zunächst ist als eine wichtige Übereinstimmung festzustellen, daß bei den PE 1. 2. 3. 6. Arisch und Griechisch auf einen *i*-Diphthong hinweisen. Der wurde aufgrund der Formen fast aller griechischen Dialekte lange Zeit als -*ai* rekonstruiert. Anfang der 50er Jahre hat der spanische Gräzist M. S. Ruipérez darauf hingewiesen, daß diese Rekonstruktion weder den Bestand des Arkadisch-Kyprischen (2. Sg. -σοι, 3. -τοι, 6. -ντοι) erklärt, noch auf der idg. Stufe recht verständlich ist, für die die SE als -*so -to -nto* feststehen; sein zwingender Schluß, daß die PE 1. 2. 3. 6. als -*ai, -soi, -toi, -ntoi* rekonstruiert werden müssen, wurde kaum ein Jahr später durch die neu entzifferten mykenischen Texte als richtig erwiesen

(3). Es ist möglich, aber nicht sicher, daß griech. -μαι statt -αι sein *m* von der Aktivendung *m(i)* erhalten hat. Von den SE sind 2. 3. 6. sicher als *-so -to -nto* anzusetzen; ai. *-thās* ist von den Perfektendungen „übernommen" (s. unten 7.1.3), das alte *-so* ist nicht nur im Iranischen erhalten, sondern auch in der Imperativendung 2.Sg. *-sva*, die aus *-sa* nach der 2.Pl. *-dhva* umgestaltet wurde. In der 1.Sg. stehen sich arisch *-i* und gr. -μᾶν scheinbar unvereinbar gegenüber. Das arische *-i* könnte zwar die Nullstufe der PE *-ē* sein (idg. *ai: -i*), aber das würde weder zu den anderen SE stimmen noch zu der Optativendung *-a* (z.B. ai. *īš-īy-a* ‚ich würde besitzen'); dagegen würde dieses *-a* nicht nur zu der PE *-ai* passen und die SE *-i* als zu diesem *-ai* sekundär hinzugebildet erklären, sondern auch eine Verbindung zu gr. -μᾶν herstellen lassen: verglichen mit -μαι hat -μᾶν jedenfalls ein sekundäres -ν (das entweder die 1.Sg. -ν des Aktivs oder der weitverbreitete finale Nasal sein könnte, s. oben VIII. 4.4b) und -μᾱ bzw. ohne das *m -ā* würde im Auslaut verkürzt werden können (daher *-ă*) und mit dem primären *i* *-ā-i*, dh. *-ai*, ergeben (4); vgl. noch unten IX. 7.1.3 (13).

Die arische PE der 1.Pl. war *madhai*, die jedenfalls mit gr. μεϑα zusammengehört, und zwar wieder aufgrund eines idg. **medha* oder **medhā*, wozu mit dem primären *i* arisch *madhai* aus **medhā-i* gebildet wurde; die arische SE *madhi* ist offenbar analogisch hinzugebildet. Die 2.Pl. muß zunächst aufgrund von *dhva(m)* und (σ)ϑε als **dhwe* rekonstruiert werden, wozu im Arischen die PE **dhwai* hinzugebildet und die SE zu **dhwam* umgestaltet wurde (7).

Damit ergeben sich aufgrund des Arischen und Griechischen die folgenden Endungen (5).

	PE	SE
1.	-ai/-mai	-ā/-mā
2.	-soi	-so
3.	-toi	-to
4.	-medha(-ā?)	-medha(-ā?)
5.	-dhwe	-dhwe
6.	-ntoi	-nto.

Dieses Bild kann mit Hilfe der anderen Sprachen zum Teil modifiziert, zum Teil bestätigt werden.

Heth. 1.Sg. *-ha* zeigt, daß statt *-ā* besser *-ha* angesetzt wird; *-ha* und *-hai* genügen für das Arische, für das Griech. -μᾱ könnte vielleicht Umstellung von *-ha* zu *-ah* angenommen werden (6). 2.Sg. *-ta*

gehört offenbar mit ai. -*thās* zusammen; s. unten 7.1.3. – 2. Pl. -*duma*
aus -*duwa* ist aus *dhwe nach den übrigen Endungen mit auslautendem -*a* umgestaltet. Am interessantesten ist die 1. Pl. -*wasta*, die,
wenn sie von dem rekonstruierten *medha abweicht, dafür in
homer. -μεσϑα eine fast genaue Entsprechung hat; vielleicht ist den
Aktivendungen entsprechend auch im Med. PE -*mes-dha* und SE
*me-dha anzusetzen (7), obwohl es nicht klar ist, warum die PE im
Arischen, besonders im Iranischen, verlorenging.

Eher Bestätigung als Modifikation kommt vom Germanischen
her. Die gotischen Passivendungen entsprechen offensichtlich den
idg. Endungen auf -*ai*/-*oi*, nicht angeblichen, sonst unbekannten,
Endungen auf -*ō* (8). Sie lauten im Präsens wie folgt (*haitan*
,heißen'):

1. haitada	4. haitanda
2. haitaza	5. haitanda
3. haitada	6. haitanda.

Offenbar entsprechen 2. 3. und 6. mit -*za, -da, -nda* den idg. Endungen -*soi, -toi, -ntoi*. Auffallend ist aber, daß der Plural in allen
drei Personen dieselbe Form verwendet und die 1. Sg. mit der 3. Sg.
identisch ist. Daß letzteres eine got. Neuerung ist, wird durch aisl.
heite ,ich heiße' erwiesen, das auf *haitai zurückgeht mit der aus
dem Arischen bekannten Endung der 1. Sg. Es ist auch klar, daß die
Gleichheit im Plural sekundär entstanden ist, aber sicher nicht
durch einfache Übertragung der 3. Pl. auf die 1. 2. Pl. (9). Vielmehr
muß die ererbte Endung der 1. Pl. -*omedha*, oder, wie im Arischen,
-*omedhai*, zunächst -*amida* ergeben haben, das dann weiter zu
-*anda* synkopiert wurde, offenbar um die Länge der Form zu reduzieren und mit den anderen Personen in Einklang zu bringen (10).
Auf dieser Stufe war es auch möglich, die 1. Sg. durch die 3. Sg. zu ersetzen, besonders da die lautgesetzliche Entwicklung von -*ai* zu -*a*
eine Form ergab, die wie die 1. Sg. des Aktiv aussah. In der 2. Pl.
wurde das Endstück -*edhwe* zunächst lautlich zu -*edu*, dann analogisch zu -*eda, -ada* und endlich durch Angleichung an 4. 6. zu -*anda*.

Die 2. Pl. -*dhwe* liegt auch im Keltischen vor: altirisch -*id* bei den
Deponentien beruht nicht auf Übernahme der Aktivendung (idg.
-*ete*), sondern entwickelte sich regelrecht aus der idg. Endung (11);
vgl. air. *ardd* ,hoch' aus **ardwo-* (: lat. *arduus*).

(1) Siehe unten IX. 7.1.3 (1); G. Schmidt, KZ 85, 1972, 256f. – (2)
K. T. Schmidt, 5. Fachtagung, 1975, 289: 3. Du. Präs. Med. toch. B *tas-
aitär* ,gleichen' aus -*a-itai* ~ ar. -*a-itai*; weiter Hollifield, KZ 92, 1979,

225, sowie (dagegen) v. Windekens, Le tokharien II 2, 1982, 277f. – (3) Ruipérez, Emerita 20, 1952, 8f. (er nimmt aber -*əi*, nicht wie ich -*ai* für die 1.Sg. an) und dann Minos 9, 1968, 156–160 (wogegen Neu, IF 73, 1969, 347–354); s. auch Szemerényi, 1° Congresso di micenologia, 1968, 717 u. Fn. 10. Zur Entstehung von gr. -σαι usw. s. Kuryłowicz, Categories 59. Die alte Lehre (-*tai*, nicht -*toi*) wird wieder unterstützt von Cowgill, AIED 1966, 80f.; Wyatt, SMEA 13, 1971, 120; dagegen aber Watkins, Verb 130. – (4) Cf. Kuryłowicz, Cat. 60; Cowgill, Fs. Kuiper, 1969, 24–31. Watkins (Verb 138f.) meint, das -*i* der 1.Sg. sei identisch mit dem -*i* der 3.Sg. des Passivaorists! Anders Schmalstieg, FoL 12, 1980, 360 (: **bheroi* ist eine nominale Form). Siehe auch García-Ramón, 7.Fachtagung, 1985, 202–217 (: SE 1.Sg. Med. -*H₂*). Nach Georgiev, ebd. 220, waren im Sg. -*moi*, -*soi*, -*toi* Dative der Pronomina. – (5) Siehe auch Petersen, Lg. 12, 1936, 157–74, bes. 167; Erhart, Die griech. Personalendung -μην, Sborník Brno 14, 1965, 21–28. Weitere idg. Rekonstruktionen bei Neu (2), 131, 139, 154; Kortlandt, Ériu 32, 1981, 16 (mit phantasiereichen Konstruktionen von einem trs. und intrs. Medium); IF 86, 1982, 123–36. – (6) S. Kortlandt, IF 86, 130; G. Schmidt, Fs. G.Neumann, 1982, 345f. – (7) S. Pedersen, Hittitisch 102; Lazzeroni, SSL 7, 1967, 56; sowie Watkins, Verb 128f. (: 1. 2. Pl. = aktiv!); Wyatt, IE /a/, 1970, 43f. (: -*mahi* aus -*medha* mit -*a* zu -*i*). Über μεσθα/-*wasta* s. Seebold, KZ 85, 1972, 194; Negri, Acme 27, 1974, 378f.; Georgiev, 7.Fachtagung, 1985, 222: -*wasta* aus -*wes-d(u)wo*. Zu *s* in gr. -σθε s. auch Risch, 5.Fachtagung, 1975, 258. – (8) Postuliert von Meillet, BSL 23, 1922, 68; Petersen, o.c., 162f.; Kuryłowicz, Apophonie, 353; Savčenko, LPosn 12/13, 1968, 28 Fn. 23. Ein -*da* aus idg. -*to* (Watkins, Verb 213; Markey, SL 26, 1972, 45; Kortlandt, IF 86, 1982, 131f.) ist unmöglich. Für -*ai* auch Guxman, Schicksal des idg. Mediums in den germ. Sprachen, Trudy Instituta Jazykoznanija 9, 1959, 52–91, bes. 80; Lindeman, NTS 21, 1967, 137f. – (9) So z.B. Krause, Hb. des Gotischen, 1953, 247. Vgl. auch Cowgill, Fs. Winter, 1985, 147f. – (10) Darüber auch van Helten, IF 14, 1903, 88 – dagegen Brugmann, IF 39, 1921, 46–9; Lindeman, o.c., 138 Fn. 3. Über -*anda* s. auch Lühr, MSS 37, 1978, 113f. (-*o-medhai*, -*edhwoi*); G. Schmidt, KZ 90, 1976, 263f.; Fs. Neumann, 1982, 346. Über -*a* im gotischen Auslaut s. auch Kuryłowicz, BPTJ 28, 1970, 24f. (: von medialem -*o*!); Watkins, Verb 213; Kortlandt, IF 86, 1982, 131f. – (11) So schon Brugmann, Grundriß² II 3, 651 (trotz Schwyzer GG I 671¹; Watkins, AIED 40), und neuerdings auch Kortlandt, Ériu 32, 1981, 18; Cowgill, Ériu 34, 1983, 80. Die idg. Endung war nicht -*dhum* (so Petersen, o.c., 165; Savčenko, BPTJ 20, 1961, 115). Toch.B (Prät. 2. Pl.) -*t* ist vielleicht von -*dhu*, Nullstufe von -*dhwe*, s. Pedersen, Zur toch. Sprachgeschichte, 1944, 6f.; van Windekens, Le Tokharien II 2, 1982, 292f. – Nach Neu (2), 131 Fn. 50, war die idg. Endung -*dhwa*; nach Georgiev, l.c., stammt heth. -*duma* aus **duwo* ‚2'.

Zusatz. Lat. *-minī* wird traditionell dem homer. Inf. auf -μέναι oder dem mask. Plural (!) des Partizips auf *-menos* gleichgesetzt (1), beide syntaktisch höchst bedenkliche Annahmen. Logisch wäre es doch, *-minī* mit der gesicherten idg. Endung zu verbinden. Das ist möglich, wenn wir von einer Erweiterung *-dhwe-noi* ausgehen (nach den PE umgeformt aus einer Partikel *-ne*, vgl. ved. *thana, tana* neben *-tha, ta*), das zu *-b(e)nei* und *-mnei*, endlich durch Anaptyxe *-minī* wurde. Etwas anders Hendriksen, Archív Oríentálnī 17, 1949, 313. Vgl. jetzt auch Forssman, unten 2.5 (10); unmöglich ist Georgievs Idee, daß *b-n* aus **dwinoi* ‚beide‘ entstanden ist (7. Fachtagung, 1985, 224).

(1) So wieder Watkins, Verb 177 (: aus *-mnos*).

2.2.2 r-*Endungen*
Den eben erarbeiteten Endungen vom Typ *-to/-toi* stehen in gewissen Sprachen und in einem gewissen Umfang mit *r* charakterisierte Endungen gegenüber. Wohl am besten bekannt ist diese Tatsache aus dem Latein, aber sie ist auch für das Italische, Venetische, Keltische, Hethitische, Tocharische und Phrygische charakteristisch (1).

Ein bloßes *r* erscheint im Westen als eine passivisch-unpersönliche Form im Altirischen (*berair* ‚wird gebracht‘), Kymrischen (*cerir* ‚es wird geliebt‘, *dywedir* ‚on dit‘) (2), Umbrischen (*ferar* ‚feratur‘, *ier* ‚itum sit‘?) und Oskischen (*loufir* ‚libet‘ = ‚vel‘), im Osten im Hethitischen (*haltsiyari* von *haltsāi-* ‚rufen‘); als eine persönliche Form im Heth. (*es-ari* ‚er sitzt‘) und vielleicht im Venetischen (*tolar* ‚bringt‘, **didōr* ‚gibt‘?) (3). Im Arischen treten *r*-Endungen nur im 3. Pl. auf, z. B. *duhrē* ‚sie melken‘, *šērē* = avest. *sōire* ‚sie liegen‘ (4).

Besser bekannt sind die *r*-Endungen, die in Verbindung mit den schon besprochenen *mi*-Endungen auftreten und bei medialen und/oder passiven Verben verwendet werden (5):

	lat.	osk.-umbr.	air.	phryg.	heth.	toch. A/B
1.	-(ō)r		-ur		-ha(ha)ri	-mār/mar
2.	-re/-ris		-ther		-tati, -tari	-tār/tar
3.	-tur	-ter	-thir	-tor	-ta(ri)	-tär/tär
4.	-mur		-mir		-wasta-ri, -ti	-mtär/mtär
5.	-minī		-the		-duma(ri)	-cär/tär
6.	-ntur	-nter	-tir		-nta(ri)	-ntär/ntär.

Es ist besonders im Heth. und Toch. klar, daß die *r*-Endungen ursprünglich nur in den PE gebraucht wurden. In diesen Sprachen werden sie in allen Personen verwendet, wenn auch im Hethitischen nur fakultativ, während im Latein und im Altirischen *r* den 2. Personen ursprünglich abging: lat. *-re* setzt das idg. *-so* fort, air. *-ther* ist wahrscheinlich aus *-thēs* nachträglich um *r* erweitert (6), aber die 2. Pl. ist in beiden Zweigen ohne *r*. In der 1. Sg. gehen Heth. und Toch. weit auseinander, wodurch ihre Formen als späte und unabhängige Schöpfungen erwiesen werden. Dagegen stimmen Latein und Altirisch in den Personen 1.4. so gut überein, daß *-ōr* und *-mor* wohl als gemeinsame Neuerung betrachtet werden müssen, um so mehr als *-mor* in beiden wohl aus dem ererbten **mod(a)*, der Abtönungsform von **medha*, umgestaltet ist (7).

Es ergibt sich also, daß die *r*-Formen ursprünglich auf die Primärendungen, und zwar auf die 3. Personen, beschränkt waren. Die Vorformen waren für das Latein *-tor/-ntor*, für das Hethitische *-tori/ -ntori*, für das Altirische (Konjunktendungen *-ethar/-etar*) *-tro/ -ntro* (8). – S. auch unten IX. 7.1.3 (12)–(16).

(1) Zu den *r*-Endungen im allg. s. die reichen Literaturnachweise bei Porzig, Gliederung 83, mit der kurzen Behandlung 84f.; dazu noch: Pisani, Uxor, in: Miscellanea Galbiati III, 1951, 1–38; Leumann, Morphologische Neuerungen im aind. Verbalsystem, 1952; H. Hartmann, Das Passiv, 1954; Calbioli, Studi grammaticali, 1962, 56f. (Forschungsgeschichte); K. H. Schmidt, Präteritum und Medio-Passiv, Sprache 9, 1963, 14–20; Venetische Medialformen, IF 68, 1963, 160–9; Zum altirischen Passiv, ebd., 257–75 (dagegen Pokorny, IF 70, 1966, 316–21); Neu (1) und (2); Campanile, SSL 8, 1968, 64f.; Watkins, Verb 174f.; H. Jankuhn, Die passive Bedeutung medialer Formen, 1969, 30f.; Lane, in: IE and IEs, 1970, 77f.; Cowgill, ebd. 142; Ériu 34, 1983, 73–111, bes. 75f.; Gonda, Old Indian, 1971, 107; Cowgill, 7. Fachtagung, 1985, 116. – (2) Über ihre Entstehung Martinet, Word 11, 1955, 130f.; K. H. Schmidt, IF 68, 1963, 270f. (: **bheror* „Verbalnomen passivischer Diathese“); Meid, in: Indogermanisch und Keltisch, 1977, 118f. (: Verbalform auf *-r*, Impersonale, cf. *-r* in 3. Pl. Perf.); Hartmann, ebd. 171, 198f.; Rosén, KZ 92, 1979, 143–78; Schmalstieg, FoL 12, 1980, 360f. – (3) S. Pellegrini–Prosdocimi, La lingua venetica II, 1967, 122f. (wo noch *kvidor* gelesen), 175; wie auch Pellegrini, Fs. Meriggi, 1969, 241f. Lejeune, Manuel de la langue vénète, 1974, 279, liest *didōr*. – (4) S. bes. Leumann, o.c., 11f.; Narten, Festschrift Kuiper, 1969, 9. – (5) Das Arm. ist hier nicht behandelt, da seine *r*-Endungen nicht mit den unsrigen zusammenhängen, s. Pedersen, Hittitisch 104f., **Banaţeanu, L'élément *r* médio-passive en arménien classique, Revue Roumaine de Linguistique 10, 1965, 509–25; Watkins, Verb 175, aber dagegen R. Schmitt, Gramm. des Klassisch-Armenischen, 1981, 141. – (6) Watkins, Verb 188: IE **tha + i > the*, woran dann *-r*. – Zu ai. *-thās*

s. IX. 7.1.3 (3). – (7) Watkins (Verb 179, cf. 146) nimmt zu Unrecht an, daß IE *medha nicht vorhanden gewesen (und später umgeformt) sein muß; die Endung ist ja durch erstklassige Evidenz gesichert. Vgl. auch Hollifield, KZ 92, 1979, 221. – (8) Über das Keltische, Italische und Hethitische s. auch Kuryłowicz, Études Celtiques 12, 1969, 14f.

2.3 Endungen des Perfekts

Besondere Endungen wies ursprünglich das Perfekt auf. Diese sind wieder im Arischen und Griechischen, zum Teil auch im Altirischen, gut erhalten, sind aber überdeckt im Latein und Aks. Die Endungen können am einfachsten an dem Paradigma des Verbums ‚wissen' abgelesen werden (1):

	ai.	gr.	got.	idg.
1.	véd-a	ϝοῖδ-α	wait	-a
2.	vét-tha	ϝοῖσ-θα	waist	-tha
3.	véd-a	ϝοῖδ-ε	wait	-e
4.	vid-má	ϝίδ-μεν	wit-um	-me
5.	vid-á	ϝίσ-τε	wit-uþ	?
6.	vid-úr	ϝίσ-ᾱσι	wit-un	-r(o)
7.	vid-vá		wit-u	-we
8.	vid-áthur		wit-uts	
9.	vid-átur			

Die Endungen 1.–3. können nach dem Zeugnis des Ai. und Griech. als -a, -tha, -e bestimmt werden; für 4. ergibt sich -me und für 7. -we. Von den anderen Personen läßt sich nur für 6. mit Bestimmtheit sagen, daß die Endung -r bzw. -r̥ war; gr. ᾱσι aus -αντι und got. -un aus -n̥t zeigen das Eindringen häufigerer Formen. S. noch unten 4.3 a und 7.1.3 – (2).

Diese Endungen liegen auch den lateinischen Formen zugrunde, die, wie aus den frühen Inschriften hervorgeht, im Sing. -ai -tai -eit lauteten, offenbar durch ein primäres i erweiterte Varianten der obigen Formen (3). Wichtig ist die lat. 3. Pl.-Endung -ēre, die auf -ēro zurückgeht (vgl. pass. 2. Sg. -re aus -so), und mit toch. B -āre/ -are, heth. -ir (z. B. es-ir ‚sie waren') und ai. -ur ein idg. -r/-ro für die 3. Pl. erweist (4).

(1) Über die Endungen s. Belardi, Ricerche Linguistiche 1, 1950; Watkins, Origins 102; Verb 51 (: -Ho/-tHo/-∅) = Neu (2), 138; Kuryłowicz, BPTJ 31, 1973, 8 (: arisch -tha aus -ta, gr. -θα nach dem Bartholomaeschen Gesetz, also kein Laryngal); Eichner, 5. Fachtagung, 1975, 86; Dunkel, AJPh 98, 1977, 141–9; Cowgill, in: Heth. und Idg.,

1979, 25–39: von einem thematischen Adjektiv – aber wenn schon ein nominales Gebilde, dann eher ein athematisches Wurzelnomen (agentis) mit dem Demonstrativum *e* in der 3. Sg. – (2) Über die 2. Sg. im Germanischen s. Rosenfeld, ZPhon 8, 1955, 377 f.; L. Rösel, Gliederung der germ. Sprachen, 1962, 39–44; Bech, Studia Neophilol. 41, 1969, 75–92 (aufgenommen von Bammesberger, Anglia 100, 1982, 416 Fn. 15; Studien zur Laryngaltheorie, 1984, 96–8); Meid, Das germ. Präteritum, 1971, 12 f.; Barnes, Studia Neophil. 47, 1975, 275–284; Markey, Germanic dialectgeography and the position of Ingvaeonic, 1976, 13 f.; Feuillet, BSL 76, 1981, 220 f. – Siehe auch IX. 4.2.1 (6). – Die 2. Sg. wird als *-sta* bestimmt von Bonfante, Lg. 17, 1941, 205 f.; Cowgill, in: Evidence 172 f.; Risch, 5. Fachtagung, 1975, 258; aber noch immer als *-ta* von Kuryłowicz, IG 341. – Nach Antonsen, NTS 29, 1975, 237, 242 f., beweist die 1. Sg. Prät. *wraita* auf der Runeninschrift von Reistad (5. Jh.?), daß die idg. Endung noch erhalten war. – (3) Siehe Vendryes, REIE 1, 1938, 3–5; Watkins, Verb 80; Untermann, Ged. Brandenstein, 1968, 165–71: Zwei Bemerkungen zur lat. Perfektflexion; G. Schmidt, KZ 85, 1972, 262. – (4) Siehe Leumann, Morphologische Neuerungen, 1952, 40; Bader, Le système des désinences de 3. personne du pluriel du perfectum latin, BSL 62, 1968, 87–105; Eichner, Untersuchungen zur heth. Deklination, 1974, 17: 3. Pl. *-er* aus *-ēre*; K. Hoffmann ap. Eichner, 5. Fachtagung, 1975, 87: arisch *-r̥* ist sekundäre Kontrastbildung zum Medium *-ro*.

2.4 Das anatolische System

Was wir bisher von dem hethitischen System der Verbalendungen gesehen haben, ist nur ein Teil des Gesamtbildes. Neben der durch die behandelten Endungen charakterisierten *mi*-Konjugation gibt es noch die sogenannte *hi*-Konjugation. Die zwei Endungssysteme unterscheiden sich im Aktiv nur in den drei Personen des Sing. Präs. und Prät. sowie in der 3. Sing. Impv., im Medium nur in der 3. Sg. dieser Tempora und Modi. Es wird nützlich sein, die Endungen hier in ihrer Gesamtheit vorzuführen (1):

Aktiv

	Präsens		Präteritum		Imperativ	
	mi-Konj.	*hi*-Konj.	*mi*-Konj.	*hi*-Konj.	*mi*-Konj.	*hi*-Konj.
1.	*mi*	*(ah)hi*	*(n)un*	*hun*	*(a)llu*	
2.	*si*	*ti*	*s*, *t(a)*	*s*, *ta*, *sta*	Ø, i, t	Ø, i
3.	*tsi*	*i*	*t*, *ta*	*s*, *ta*, *sta*	*tu*	*u*
4.	*weni*	*weni*	*wen*	*wen*	*weni*	
5.	*teni*	*teni*	*ten*	*ten*	*ten*	
6.	*ntsi*	*ntsi*	*ir*	*ir*	*ntu*	

Medio-Passiv

	Präsens		Präteritum		Imperativ	
	mi-Konj.	*hi*-Konj.	*mi*-Konj.	*hi*-Konj.	*mi*-Konj.	*hi*-Konj.
1.	ha(ha)ri, ha	ha(ha)ri	ha(ha)t(i)	ha(ha)t(i)		ha(ha)ru
2.	tati, tari, ta	ta(ti)	tat(i), ta	at(i), tat		hut(i)
3.	*ta(ri)*	*a(ri)*	*tat(i), ta*	*at(i)*	*taru*	*aru*
4.	wasta(-ti/ri)	wasta(ti)	wastat	–		–
5.	duma(ri)	duma	dumat	dumat		dumat(i)
6.	nta(ri)	nta(ri)	ntat(i)	ntat(i)		ntaru

Wichtig ist, daß während z. B. im Griechischen *-mi* eine athematische und *-ō* eine thematische Flexion bedeutet, im Hethitischen beide Flexionen sowohl mit konsonantischem wie auch mit vokalischem Auslaut des Verbalstammes vereinbar sind; z. B. *es-mi* ‚bin‘, *ija-mi* ‚ich tue‘, *ar-hi* ‚ich gelange‘, *da-hi* ‚ich nehme‘.

Noch wichtiger für den Indogermanisten ist die Tatsache, daß dem hethitischen System von zwei Konjugationen in den anderen altanatolischen Sprachen ein ganz anderes System gegenübersteht. Die charakteristischen Endungen lauten im Luwischen wie folgt (2):

	Aktiv			Medio-Passiv	
	Präs.	Prät.	Impv.	Präs.	Impv.
1.	mi/wi	ha	allu		
2.	si/tis?	s/ta	Ø		
3.	ti/i(a)	t	tu	(ta)ri	(ta)ru
4.	min	han?			
5.	tani		ranu	duwar(i)	
6.	nti	nta	ntu	ntari	ntaru

Wie ersichtlich, hat das Luwische keine Entsprechung zu der heth. *hi*-Konjugation (3); dagegen erscheint die 1. Sg. in der sog. *mi*-Konjugation (3. Sg. *-ti*) in zweifacher Form: mit *-mi* und mit *-ui*, z. B. *aw-i-mi* ‚ich komme‘ (4), *aw-i-si* ‚kommst‘, *aw-i-ti* ‚er kommt‘, also die genaue Entsprechung zu gr. εἶ-μι, εἶ (aus *ei-si*), εἶσι, aber *tiyanesui* ‚ich stopfe‘; *hapusui* ‚bessere aus‘. Es scheint klar, daß *-ui* mit dem primären *i* aus *-u* erweitert ist und dies aus idg. *-ō* stammt; das ursprüngliche *-ŏ-i* wurde zu *-ŏ-i* gekürzt, und noch vor dem Wandel von *o* zu *a* wurde *-o-i* zu *-u-i* assimiliert (5). So hätten wir Spuren von beiden idg. Konjugationen (*-mi*/*-ō*) im Luwischen, während im Heth. von diesen nur die *mi*-Konj. erhalten blieb.

Dagegen bietet das Luwische – mit den anderen anatolischen Sprachen – im Prät. eine 1. Sg. Endung *-ha*, die im Heth. nur umgeformt als *-hun* (Kreuzung von *-ha* mit *-un*) in dieser Funktion auftritt, andrerseits offenbar auch in *-hi* (Kreuzung von *-ha* mit primärem *i*) vorliegt. Die *hi*-Konjugation ist also nicht ererbt, sondern eine *hethitische Neuerung*, die auch von den anderen anatolischen Sprachen nicht geteilt wird (6).

(1) Friedrich, Heth. Elementarbuch I, ²1960, 77; Pedersen, Hittitisch 79f.; Sturtevant–Hahn, A compar. gram. of the Hittite language, 1951, 139f.; Kronasser, Etymologie, 1965, 369; Kammenhuber, MSS 24, 1968, 73f.; Eichner, 5. Fachtagung, 1975, 75f. – (2) Hier werden sowohl das Keilschriftluwische wie auch das Hieroglyphenluwische berücksichtigt, aber nicht genau auseinandergehalten. Vgl. dazu Friedrich, o. c., 191; Laroche, Dictionnaire de la langue louvite (= DLL), 1959, 142; Kammenhuber, Hethitisch 251; Eichner, 5. Fachtagung 77f.; Oettinger, Stammbildung, 1979, 561, 565; Morpurgo Davies, KZ 94, 1980, 86–108, bes. 108. Anders über *-han* Carruba, SMEA 24, 1985, 57–69: in Wirklichkeit ist es 1. Sg. *-ha* mit fakultativer Nasalierung und nicht 1. Pl. Für 4. 5. nahm Carruba, Sprache 14, 1968, 21, Präs. *-unni* (älter *-wani*?), *-tani*; Prät. *-man*, *-tan* an. – (3) So Laroche, s. Puhvel, AIED 243, und cf. Morpurgo Davies, Fs. Szemerényi, 1979, 577–610; KZ 94, 108. – (4) Nach Kronasser, Etym. 86, 377 Fn. 1; Eichner, 5. Fachtag. 79, mit ursprünglichem *-mi*. Dagegen meinen Laroche, DLL 36, und Oettinger, KZ 92, 1978, 84, daß *awimi* aus *awi-wi dissimiliert ist (?); noch schwieriger ist die Annahme von Neu, in: Benveniste aujourd'hui II, 1984, 102, daß *awimi* Lenierung von *awiwi darstelle. – (5) Etwas anders formuliert bei Szemerényi, BSOAS 27, 1964, 159. Gewöhnlich wird die Endung mit heth. *-u-n* (1. Sg. des Prät.) zusammengestellt, wozu noch lykisch (milyisch) *-u*, lydisch *-u*, westtoch. *-w-a* und lat. *u-ī* kämen, s. Benveniste, HIE 18; Watkins, Origins 105; Gusmani, AION-L 6, 1965, 80f.; Kronasser, Etym. 371f.; Ivanov, in: Slavjanskoje Jazykoznanije, 1968, 226; Watkins, Verb 53, 207; dagegen wieder Kammenhuber, Hethitisch 322; Viredaz, BSL 71, 1976, 171 Fn. 25 (nicht *-u-n*, sondern *-m̥*). Das toch. *-wa* ist nicht ganz klar (s. Winter, KZ 79, 1966, 206–9, und Thomas, Erforschung des Tocharischen, 1985, 84, 86f.), aber das lat. *-u-* ist sicher keine Personalendung. – (6) Mehr darüber noch unten IX. 7.1.3. Über den Ursprung der *hi*-Konjugation s. Rosenkranz, Jb. für Kleinas. Forsch. 2, 1953, 339–49; KZ 75, 1958, 215–21; Georgiev, ZPhon 22, 1970, 556; G. Schmidt, KZ 85, 1972, 261; Beekes, IF 76, 1972, 72–76; Eichner, 5. Fachtag. 85f.; Risch, ebd. 247f.; Neu (2) 125f.; Studies Palmer, 1976, 239–54; Bader, RHA 33, 1977, 5–29; Cowgill, in: Heth. und Idg., 1979, 25–39; Jasanoff, ebd. 79–90; Kuryłowicz, ebd. 143–6; Tischler, in: Ged. Kronasser, 1982, 235–49, bes. 249; Kammenhuber, Fs. Winter, 1985, 437.

2.5 *Die Imperativendungen* (1)

a) *Der einfache Imperativ*

Für die 2. Sg. des Aktivs wird bei dem thematischen Verb der Stamm, d. h. die Wurzel mit dem Themavokal, benutzt, z. B. lat. *age* = gr. ἄγε, bei dem athematischen Verb entweder der reine Stamm, z. B. lat *ī* aus **ei*, oder der durch eine Partikel verstärkte Stamm in der Vollstufe (z. B. lit. *ei-k* ‚geh‘) oder Nullstufe (gr. ἴ-θι = ai. *i-hi*, gr. ϝίσθι ‚wisse‘ = ai. *vid-dhi*). In der 2. Pl. wird bei beiden Typen der Indikativ mit Sekundärendungen ohne Augment, der sog. Injunktiv, benutzt. Vgl. φέρετε gegenüber ἐ-φέρετε, ebenso ai. *bhárata: ábharata*. Bei den athematischen Verben zeigt auch die 2. Pl. sowohl die Vollstufe wie auch die Nullstufe: ai. *stó-ta* und *stu-tá* ‚preiset‘; vielleicht waren ursprünglich beide Formen berechtigt (2).

Injunktivformen werden auch im Mediopassiv verwendet. Vgl. **sekʷeso* ‚folge‘ in gr. ἕπου, lat. *sequere; *sekʷedhwe* in gr. ἕπεσθε, lat. *sequiminī* (oben 2.2.1 Ende); ebenso auch im Arischen, nur daß dort **sekʷeso*, wohl nach der 2. Pl. *-dhwe(m)*, zu **sekʷeswo* umgestaltet wurde (3): ai. *sačasva* (oben 2.2.1). Auch die arischen Imperativformen für die 3. Sg. Pl. auf *-tām* und *-ntām* (z. B. ai. *bharatām* ‚soll getragen werden‘) sind natürlich nicht Akkusative von Abstrakten auf *-tā* (4), sondern die Injunktive *bharata, bharanta* (= φέρετο, φέροντο), die mit der Partikel *-am* erweitert wurden (5).

Solche Injunktivformen wurden auch in der 3. Sg. Pl. des Aktivs gebraucht, sie erscheinen um die Partikel *u* erweitert in ai. *bharatu, bharantu*, idg. **bheret, *bheront*, athematisch *astu, santu* ‚sei(en)‘, idg. **est, *sent*. Dieselbe Bildungsweise findet sich auch im Hethitischen: *estu/asandu* ‚sei(en)‘, *eptu/appandu* ‚soll(en) nehmen‘, *kwendu/kunandu* ‚soll(en) töten‘, *aku/akkandu* ‚soll(en) sterben‘; dieses Element *u* wurde im Hethitischen sogar im Mediopassiv fast allgemein verwendet, s. 2.4.

Für die Imperative standen also folgende Endungen zur Verfügung:

	Aktiv		Mediopassiv
	athem.	them.	
2.	-∅, -dhi	-e	-so
3.	-t(+ u)	-et(+ u)	-to
5.	-te	-ete	-dhwe
6.	-ent(+ u)	-ont(+ u)	-nto

b) *Der Imperativus Futuri* (6)

Neben dem ‚einfachen Imperativ' gibt es im Aind., Griech. und Latein Bildungen, die wir als den futurischen Imperativ bezeichnen können. Sein Hauptcharakteristikum ist das Endstück *tōd*, das in dieser Form noch im Altlatein erhalten ist, von 200 v. Chr. an aber als *-tō* erscheint wie im Griech. seit Anfang der Überlieferung; im Aind. entspricht natürlich *tād*. Interessant ist weiterhin, daß dieselbe Form für mehrere Personen verwendet wird, vgl. lat. *agitō* 2.3. Sg., ai. *gacchatād* ‚du sollst/er soll gehen'. Das Aind. zeigt sogar, daß dieselbe Form auch für die 2. Pl. verwendet wurde; sie wird aber nicht für die 3. Pl. gebraucht, so daß die weitverbreitete Ansicht, die Form werde für alle Personen aller Numeri verwendet, nicht richtig ist. Diese negative Feststellung wird dadurch erhärtet, daß in den klassischen Sprachen für die 3. Pl. eine besondere Form existiert, vgl. gr. φερόντω, lat. *feruntō*.

Für das Idg. ergeben sich also folgende Paradigmen:

	athematisch	thematisch
2.	estōd	bheretōd
3.	estōd	bheretōd
5.	estōd	bheretōd
6.	sentōd	bherontōd

Gegenüber diesem weiten Gebrauch von **bheretōd* zeigen die klassischen Sprachen bedeutende Einschränkungen. Im Latein wurde die 2. Pl. durch *-te* verdeutlicht, also **datō(d)* durch *datōte* ersetzt. Im Griech. wurde die Form auf die 3. Sg. beschränkt: φερέτω. Andrerseits wurden im Altlatein die Formen auch bei Deponentia verwendet, vgl. *ūtitō ūtuntō*, sie wurden aber früh durch *ūtitōr ūtuntōr* ersetzt. Im Griech. entstanden neue mediopassive Formen durch Kreuzung mit dem auch imperativisch gebrauchten Infinitiv auf *-σθαι*: 3. Sg. Pl. φερέσθω, später auch 3. Pl. φερό(ν)σθω (7). Im Latein sind 2.3. Sg. *(frui)minō* auf ähnliche Weise geneuert worden; vgl. dazu aber auch Watkins, Verb 177f.

Für die Bildung selbst ergibt sich zunächst, wie das Gaedicke schon 1882 feststellte, daß der futurische Bezug der Endung *-tōd* zu verdanken sei, die eigentlich der Abl. Sg. des Pronomens **to-* war (s. oben VIII. 2.1) und ‚von da, danach' bedeutete. Der Unterschied geht klar hervor aus Beispielen wie das plautinische *tu epistulam hanc a me accipe atque illi datō* (Pseudolus 647): nimm jetzt – gib später (8).

Was den vor *tōd* stehenden Teil der Formen betrifft, so wurde lange Zeit behauptet, daß *es, bhere* usw. noch die urtümliche Verwendung für alle Personen und Numeri bezeugten (9). Dieser Ansicht ist die Grundlage schon durch die obige Feststellung enthoben, daß für die 3. Pl. eben eine andere Form verwendet wurde; ihre Unhaltbarkeit wird auch dadurch erwiesen, daß der Ablativ *tōd* eine Periode voraussetzt, in der Personen und Numeri schon längst voll entwickelt waren. Da es nun klar ist, daß die 2. Sg. **bheretōd* aus der 2. Sg. **bhere* plus *tōd* entstanden ist, müssen wir dasselbe auch für die anderen Personen annehmen. Damit ergibt sich dann, daß

2.	bheretōd		bhere-tōd
3.	bheretōd	aus	bheret-tōd
5.	bheretōd		bherete-tōd
6.	bherontōd		bheront-tōd (10)

entstanden sind: die 2. Personen aus den Formen des einfachen Imperativs, die 3. Personen aus den Injunktivformen. Die Reduktion von 3. Pl. **bheront-tōd* zu **bherontōd* ist klar, ebenso die haplologische Kürzung von 2. Pl. **bheretetōd* zu **bheretōd*. Die dadurch entstandene Identität von 2. Sg. und 2. Pl. wird dazu beigetragen haben, daß auch die 3. Sg. **bherettōd* zu **bheretōd* vereinfacht wurde (11).

(1) Vgl. Brugmann, Grundriß[2] II 3, 563 f.; Schwyzer, GG I 797 f.; Winter, Vocative 221 f.; für die anatolischen Endungen s. oben 2.4. –
(2) Cf. Watkins, Verb 32 f.; Lindeman, BSL 71, 1976, 113–21; Bammesberger, JIES 10, 1982, 45; und besonders klar Oettinger, Stammbildung 97 Fn. 24: im Gegensatz zu dem Indik. hatte die 2. Pl. Impv. die Vollstufe. – (3) S. Watkins, Verb 52 f.; Hollifield, EC 20, 1983, 96 Fn. 4; anders Shields, in: Hethitica V, Louvain 1983, 124. – Die Impv.-Form *päklyossu* von Toch. A kann nicht als Beweis für idg. *-swe* betrachtet werden (so Watkins 193), solange nicht sicher ist, was für eine Person ausgedrückt wird, vgl. K. T. Schmidt, Die Gebrauchsweisen des Mediums im Toch., 1974, 237 f.; van Windekens, Le tokharien II 2, 1982, 296 f. – Dagegen ist es nicht unmöglich, daß der mkymr. Konj. *ker-ych* (aus der 2. Sg. Impv. Med.) eine Endung *-swo* aufwies (siehe, nach Loth, Pedersen, VKG II 356, und Hollifield, l.c.), der aber dann auf die im Text angegebene Weise entstand. Auch ist es wahrscheinlich, daß es neben der angegebenen Quelle (Inj. *-so*) noch eine zweite gab, nämlich ein Aktivimperativ mit dem Reflexivakkusativ *swe*, s. unten IX. 7.1.3 (9), und Szemerényi, Studies Hill III, 1978, 279. – (4) So Brugmann, IF 39, 1920, 56. – (5) Natürlich kann die Form weder mit dem (aktiven!) griech. φερόντων verglichen werden (so Hirt, z.B. IG 4, 141, und neuerdings wieder Pisani, AGI 41, 1957, 152; Thumb–Hauschild I 2, 212 f.), da diese

ja aus φεροντωδ entstanden ist, noch mit der 3.Sg. Endung -ām (z.B. duhām, so Schwyzer, GG I 803), da diese offensichtlich nach -tām gestaltet wurde. Die im Text gegebene Erklärung wird auch bei Watkins, Verb 94; G. Schmidt, Glotta 63, 1985, 76, vertreten, und ist zuerst wohl 1885 von Thurneysen, KZ 27, 175, vorgetragen worden. – (6) Siehe Brugmann, MU 1, 1878, 163–73: nur eine Form *bheretōd*, der Abl. eines -to-Nomens; Hirt, IG 4, 1928, 112f.; Szemerényi, The future imperative of IE, RBPh 31, 1953, 937–54, mit Literatur; und neuerdings Forssman, 7.Fachtagung, 1985, 181–197. – (7) S. jetzt auch Risch, MH 21, 1964, 8f. – (8) S. auch Strunk, IF 73, 1969, 285f. – (9) Auch heute noch Watkins, Verb 121; K. Hoffmann, MSS 28, 1970, 37. – (10) Die hier vorgetragene Auffassung wird, mit einigen Abänderungen, jetzt auch von Forssman (o.c.) übernommen. Er rekonstruiert noch konsequenter z.B. 3.Sg. *age(tu)tōd*, 3.Pl. *agon(tu)tōd*, 3.Sg. Pl. *sekʷe-(to)tōd*, *sekʷon(to)tōd*; in Schwierigkeiten gerät er mit 2.Sg. Med., wo *sekʷeso-tōd* nicht gut zu dem bezeugten *sekʷetōd* führen kann. Vgl. auch seine Interpretation (195f.) der 2.Pl. Med. -*minī* und den wenig begründeten Ansatz von -*mV*- für heth. -*dumat*, das doch klar aus -*dhwe* (oder -*dhwo*?) entstanden ist, s. 2.2.1 oben. – (11) Mit den Imperativformen auf -(n)tōd und -(n)tu werden oft, aber noch immer nicht überzeugend die gotischen Imperative auf -(n)dau verglichen; vgl. in neuerer Zeit Markey, SL 26, 1972, 46f.; Cowgill, 5.Fachtagung, 1975, 65; Shields, JIES 5, 1978, 133f.; aber auch Suzuki, IF 89, 1985, 169–78.

2.6 *Themavokal und Ablaut – Verbalakzent*

Die Verbalendungen werden, wie wir gesehen haben, entweder mit oder ohne den sog. Themavokal an den betreffenden Verbalstamm oder Tempusstamm angefügt. Der Themavokal ist entweder *e* oder *o*, das letztere vor einem Nasal (*m*, aber auch *n*) und *w* (nur im Westgermanischen und Litauischen findet sich in der 2.Pl. *a* aus *o*, s. Brugmann, Grundriß² II 3, 59); es ist offenbar, daß der Themavokal ursprünglich überall *e* war und nur vor Labialen lautgesetzlich zu *o* ‚umgelautet‘ wurde (1). Die Verteilung von *e* und *o* kann durch folgende Paradigmen (Präs. Indik. Akt.) veranschaulicht werden:

	gr.	got.	aks.	lit.
1.	φέρω	baira	berǫ	vedu
2.	φέρεις	bairis	bereši	vedi
3.	φέρει	bairiþ	beretŭ	veda
4.	φέρομεν	bairam	beremŭ	vedame
5.	φέρετε	bairiþ	berete	vedate
6.	φέροντι	bairand	berǫtŭ	veda

gr.	got.	aks.	lit.
7. –	bairōs	berevē	vedava
8. φέρετον	bairats	bereta	vedata
9. φέρετον	–	berete, -ta	veda

Das gotische Paradigma mit *a* (aus *o*), *ō* und *i* (aus *e*) entspricht mit einer Ausnahme der Distribution von *e*/*o* im griechischen Paradigma, die auch vom Altirischen und Latein (quaeso quaesumus, legunt) bestätigt wird, obwohl im allgemeinen die Alternation durch die lautlichen Entwicklungen fast vollkommen beseitigt ist. Dagegen sehen wir im Baltischen und Slavischen eine morphologisch, nicht lautlich bedingte Ausgleichung: im Lit. verdrängt *a* (aus *o*) das *e*, im Slavischen gewinnt das *e* mit Ausnahme von 1.6. die Oberhand, aber im Aorist und Imperfekt ist die alte Distribution erhalten.

Hinsichtlich des Ursprungs des Themavokals ist sowohl der Standpunkt vertreten worden, er sei ein Teil des Stammes gewesen (2), wie auch der entgegengesetzte, er sei ein ‚Bildungselement‘ gewesen (3). Bei der ersten Auffassung wäre es möglich, das Vorhandensein bzw. Fehlen des Themavokals von gewissen lautlichen oder akzentuellen Faktoren abhängig zu machen, bei der letzteren sollte das Bildungselement eigentlich in allen Personen in Erscheinung treten, da es ja den Stamm, nicht einzelne Personen charakterisieren dürfte. Von diesem Gesichtspunkt aus ist der von einzelnen Forschern angenommene *halbthematische* Typus recht unwahrscheinlich; daß lat. *ferō fers fert ferimus fertis ferunt* einen idg. Typ **bherō *bhersi *bherti *bheromos *bherte(s) *bheronti* vertreten soll (4), bleibt unerwiesen und mit dem Verbalakzent (Sing. – Stamm, Plural – Endung) unvereinbar; s. oben 2.1.2 (1).

Bei den athematischen Verben ist im *Sing.* die *Vollstufe* der Wurzel, *im Dual und Plural* die *Nullstufe* gängig, und dementsprechend ist der Akzent im Sing. auf dem Wurzelvokal, in den anderen Numeri auf der Endung; vgl. **éimi* ‚ich gehe‘: **i-més* ‚wir gehen‘. Das Auftreten des Themavokals in allen Personen und Numeri der thematischen Verba sollte eigentlich den Akzent auf diesen Vokal festlegen und damit in der Wurzelsilbe selbst die Nullstufe mit sich bringen. Das trifft aber nur in einer kleinen Anzahl von Fällen zu, die möglicherweise gar nicht auf idg. Alter Anrecht haben. In der Mehrzahl der Fälle finden wir akzentuierten Vollstufenvokal in der Wurzelsilbe, z. B. **bhérō*, **bhéromos*, **bhéronti*. Das bedeutet, daß dieser Typ viel Ausgleich durchführte. Man hat angenommen, daß der Themavokal sich zunächst in dem nullstufigen starken Aorist befestigte (z. B. *luk-ó-m, *luk-é-s, *luk-é-t) und von da auf das Präsens und Impf. übertragen wurde (5) oder daß der oxytone Typ des Präsens (mit dem Akzent in dem Sing. auf dem Themavokal) von alternierenden T̥RT-óm/-és/-ét: T̥RT-ₑmé/-té/-ént zu themavokalfestem T̥RT-óm/-és/-ét/-óme/-éte/-ónt ausgeglichen wurde und so das Muster abgab für TéRT-om/-es/-et usw. statt des früheren und regelrechten TéRT-ₑm/-s/-t usw. (6). Wenn nicht genau so, muß der Themavokal jedenfalls auf eine sehr ähnliche Weise entstanden sein. Sicher ist aber, daß er mit der Anfang dieses Abschnitts bestimmten Alternation in der idg. oder spätidg. Periode allgemein festgesetzt war. Die Einzelsprachen haben nicht einen noch fluiden Zustand verschieden konsolidiert, sondern einen ererbten festen Zustand nach ihren eigenen Gesetzmäßigkeiten im Laufe der Zeiten umgewandelt.

(1) S. oben VI. 3.4 b). Vgl. noch Couvreur, Mélanges Boisacq I, 1937, 207 (ursprünglich nur o; die Formen mit e, d.h. 2. 3. 5., sind sekundär und spät); Poldauf, ZPhon 9, 1956, 165 (o vor Labialen); Kuryłowicz, Apophonie 72; Watkins, Verb 64, 70, 106, 108; Jasanoff, Stative 47 f.; Hilmarsson, o.c. VI. 3. 2, 193–8; Ivanov, Glagol 56 f. – Nach Oettinger, 7. Fachtag. 298, Umlaut a zu e nach y̑, aber (311) im Medium durchgehend o. – (2) Fick, BB 1, 1877, 1 f.; Hirt, IG 2, 167; 4, 159 f. – (3) z.B. Meillet, Introduction 174; Specht, Ursprung 103 f., 245 f., 309 f. (: Pronomen e/o); Knobloch, La voyelle thématique e/o serait-elle un indice d'objet indo-européen?, Lingua 3, 1953, 407–20, zurückgewiesen von Kuryłowicz, Apophonie 74 Fn. 47; Kortlandt, JIES 11, 1984, 310 f. – Eichner, 5. Fachtagung, 1975, 77 Fn. 3, meint, daß „die ursprüngliche aktionsartverändernde Funktion des Themavokals" in einem (einzigen!) bekannten Fall erhalten ist, nämlich in dem Paar *Heit-t- ‚geht (unspezifisch)': *Hei-e-to ‚macht dauernd Gehbewegungen, schreitet einher'. – (4) Szemerényi, Syncope 189 f., 195 f. Dazu noch Elfenbein, Ricerche Linguistiche 2, 1951, 180 f., und neuerdings Stang, Vgl. Gram. 319; Schmalstieg, La Linguistique 8/1, 1972, 123–136 (für); Vaillant, BSL 38, 1937, 97 f.; Gram. comp. III 365 f., 438; Cowgill, Language 31, 1963, 263; Kuryłowicz, Categories 79 f. (gegen). Vgl. noch W.P. Schmid, Studien zum baltischen und idg. Verbum, 1963, 97, 101; Nagy 1970, 20–26, 31; Strunk, KZ 83, 1970, 220 f. – (5) Kuryłowicz, Apophonie 72; dagegen schon Watkins, Lg. 34, 1958, 384. – (6) Kuryłowicz, Categories 116 f. Vgl. noch Adrados, Verbo 601 f.; Risch, Symbolae Kuryłowicz, 1965, 239 (: gegen Rischs einfarbige -ske-Flexion s. heth. -skami, cf. Neu (2), 43; Eichner, MSS 28, 1970, 13 Fn. 2); Schmitt-Brandt 128 f.; und neuerdings wieder Kuryłowicz, IG 2, 271 f.; Kerns–Schwartz, Lg. 44,

1969, 717–9; M. García Teijeiro, Los presentes ie. con infijo nasal, Salamanca 1970, 99f.

2.6.1 Proterodynamische Verba

Aufgrund gewisser vollstufiger Medialformen (z. B. ai. *šayē* = gr. κεῖμαι ‚ich liege‘ usw.) und einiger fast ausschließlich im Arischen auftretenden dehnstufigen Aktivformen (ai. *tā́ṣṭi* ‚er zimmert‘ von *takṣ-*) nimmt Frau Narten an (Festschrift Kuiper, 1969, 9f.), daß im Idg. neben den besprochenen Typen auch ein stets auf der Wurzel betontes („proterodynamisches“) Wurzelpräsens vorhanden war (1); vgl. von **steu-* ‚feierlich verkünden‘: Akt. 1. Sg. **stéu-mi*, 1. Pl. **stéu-mes*, Med. 1. Sg. **stéw-ai*, 1. Pl. **stéu-medha*. Nach der neuen Terminologie (s. oben VII. 1.4.4.1) heißen diese Verba nun *akrostatisch*.

Nach Insler (MSS 30, 1972, 55–64) besteht, von Narten nicht bemerkt, ein Parallelismus zwischen den proterodynamischen (oder akrostatischen) Präsentia und dem sigmatischen Aorist, besonders in den aktiven Partizipien und im Medium; nur der Indikativ Aktiv weicht ab: der sigmatische Aorist hat durchgehend die Dehnstufe, und dies muß alt sein, da kein Vorbild für die Dehnstufe im 3. Pl. vorhanden war (vgl. unten 4.2.1 s. fin.). Formen wie *šāsati* zeigen, daß es einmal **tākṣati* geheißen haben muß, das aber nach *dádat/ dádati* durch *takṣati* ersetzt wurde. Das bedeutet, daß das aktive proterodynamische Präsens ursprünglich gleichfalls durchgehende Dehnstufe aufwies (2).

(1) Schon bemerkt von Brugmann, KVG § 638, § 647; Meillet, MSL 13, 1905, 110–5. Vgl. weiter Lindeman, NTS 26, 1972, 65–79; Insler, Lg. 48, 1972, 557f.; G. Schmidt, KZ 85, 1972, 264; Beekes, KZ 87, 1973, 86–98; Tichy, Glotta 54, 1976, 71–84. – Mayrhofer möchte (zuletzt VJ 1985 (3), 28f.) aus dem Altpersischen als einziges (!) Beispiel die 1. Sg. Präs. Med. *āxšnavaiy* ‚ich höre‘ hinzunehmen, aber die Lesung ist unsicher, s. Kratylos 24, 1980, 57. – (2) Über den Verbalakzent s. auch noch weiter unten IX. 4.4.6.

2.7 Diathesen (1)

Durch die Personalendungen wurden zwei Diathesen scharf geschieden: das Aktiv und das Medium. Manchmal war ein Medium mit einem Aktiv gekoppelt, z. B. gr. λούω ‚ich wasche‘: λούομαι ‚ich wasche mich‘. Manchmal war von einem Verbalstamm kein Aktiv möglich, nur ein Medium (Media tantum), so z. B. idg. **sekʷetoi* ‚er folgt‘, das in ai. *sácatē*, gr. ἕπεται, lat. *sequitur*, air. *sechithir* vorliegt.

Natürlich war auch nicht zu jedem Aktivum ein Medium möglich (Activa tantum), z. B. ἀποθνῄσκει ‚er stirbt‘.

Eine inhaltliche Erfassung dieser Diathesen ist höchst schwierig. Man könnte natürlich auf jede derartige Definition verzichten und sich auf eine rein formale Bestimmung des Unterschiedes beschränken, aber das wäre wohl auf die Dauer unerträglich. Dabei ist das Aktiv weniger problematisch als das Medium. Da das Medium vorwiegend zum Ausdruck von körperlichen Funktionen wie sitzen, liegen, springen usw. (gr. ἧσται, κεῖται, ἅλλεται) und ganz besonders bei Verba affectuum wie sich fürchten, schämen, freuen usw. (gr. φοβέομαι, αἰδέομαι, ἥδομαι) benutzt wird, konnte man im letzteren Kreis die Hauptfunktion erblicken: „Im Medium wird ausgesprochen, daß das Subjekt die Handlung (im weitesten Sinne genommen) mit einer Stimmung, einer Gemütsbewegung begleitete“ (2); die Definition genügt aber den oben angeführten Verben von körperlichen Funktionen nicht. Eher ließe sich mit Brugmann sagen, daß die Media (tantum) vorwiegend „Handlungen, Vorgänge oder Zustände bezeichneten, welche ihren Schauplatz wesentlich im Subjekt und seinem Bereich haben, bei welchen das Subjekt ganz und allein beteiligt ist u. dgl.“ (3), und dem steht auch die Definition von Benveniste, die ganz richtig die Opposition zu dem Aktiv erfassen möchte, ganz nahe: «Dans l'actif, les verbes dénotent un procès qui s'accomplit à partir du sujet et hors de lui. Dans le moyen, qui est la diathèse à définir par opposition, le verbe indique un procès dont le sujet est le siège; le sujet est intérieur au procès» (4); vgl. auch die Definition, daß das Medium ausdrückt "that a process is taking place with regard to, or is affecting, happening to, a person or a thing" (5). Dementsprechend könnte das Medium als *Subjektivum* bezeichnet werden (6), womit die Bezeichnung der aind. Grammatik, *ātmanē-padam* ‚Wortform in bezug auf sich selbst‘, in schönem Einklang stünde.

Die Grenze zwischen Aktiv und Medium ist nicht scharf. Manchmal gibt es keinen Unterschied in der Bedeutung zwischen beiden (σπέρχω = σπέρχομαι ‚ich eile‘), oder der Grund für die Wahl der einen oder anderen Diathese ist uns semantisch unfaßbar: εἰμί ‚ich bin‘ ist aktiv, aber ἔσομαι ‚ich werde sein‘ ist medial. Besonders häufig findet sich ein aktives Perfekt neben einem Medium tantum (in den anderen Tempora); z. B. γίγνομαι : γέγονα ‚werde‘, δέρκομαι : δέδορκα ‚sehe‘; lat. *revertor*: Perf. *revertī*; ai. *várte*: *vavárta* ‚werde‘, *mr̥ṣyatē* ‚vergißt‘: *mamarṣa*. Das wird natürlich seinen Grund darin haben, daß ursprünglich das Perfekt nur Zustände bezeichnete, aber keine Vorgänge oder Handlungen, s. unten 7.3 (6 a). Besonders in der französischen Schule wurde Meillets Ansicht, daß das Präs. Akt. einem Impf. Med. gegenüberstehen kann, oft wiederholt; aber Debrunner hat gezeigt, daß es sich bei φημί/φάτο φάμενος um Medialformen des Aorists handelt. Wichtig ist in diesem Zusammenhang auch die Beobachtung von Jamison, daß im Rigveda eine Medialform in einem sonst aktiven Paradigma fast ausnahmslos bloß in der 3. Pl. vorkommt (-anta), und nur von Präsensstämmen der Form ∪ ∪ ∪ (bei vielen auf -aya-) (6 b).

Der oben schon hervorgehobene subjektive Charakter des Mediums zeigt sich schön an Paaren wie gr. θύει, ai. *yajati* ‚er opfert‘ (vom Priester) im Gegensatz zu gr. θύεται, ai. *yajatē* ‚er opfert‘ (vom Opferherrn oder von dem, der selbst opfert). Daran schließt sich das *reflexive* Medium an, z. B. τρέπομαι ‚ich wende mich‘, das *reziproke* Medium z. B. μάχεσθαι ‚kämpfen‘, und das *intensive* oder *dynamische* Medium z. B. πολιτεύω ‚ich bin Bürger‘: πολιτεύομαι ‚ich betätige mich als Bürger‘ (7).

Formal kann nur der Unterschied zwischen zwei Diathesen für das Indogermanische festgestellt werden. Da die nichtaktive Diathese im frühen Indischen und Griechischen, wenn nicht ausschließlich, so doch vorwiegend medial ist, wird die zweite idg. Diathese gewöhnlich als Medium bestimmt, wie es auch oben geschah. Das auch am Anfang der indischen und griechischen Sprachgeschichte nicht ganz wegzuleugnende *Passiv* wird dann als sekundär aus dem Medium, und zwar aus dessen reflexivem Gebrauch, hervorgegangen betrachtet (8). Diese Auffassung scheint heute schwer verständlich. Denn seit einem Vierteljahrhundert ist Chomskys transformationelle Grammatik für viele *die* neue Grammatik, und die passive Transformation (9) ist ganz richtig als der Prototyp transformationeller Beziehungen bezeichnet worden (10). Kein Wunder, daß Kuryłowicz sich gezwungen sah, die transformationelle Opposition von Aktiv : Passiv als hierarchisch dem bloßen semantischen Kontrast von Aktiv : Medium übergeordnet zu erklären. Wenn am Anfang der Überlieferung im Indischen das Alte durch *bharati* : *bharatē* (Akt.: Med.) repräsentiert zu sein scheint, so ist das falsch, denn die Grundopposition Aktiv : Passiv ist durch *bharati* : *bhriyatē* vertreten, worin die Neubildung *bhriyatē* die fundamentale Funktion des Passivs übernahm, während *bharatē* auf die sekundäre, intransitive und mediale Funktion beschränkt wurde (10a). Auch im Griech. wurde die passive Funktion der alten -τοι-Flexion wenigstens im Aorist (und Futur) erneuert: die alte Form wurde auf die sekundäre Funktion (Medium) beschränkt, obwohl auch hier noch beide koexistieren, vgl. τιμήσομαι ‚ich werde einschätzen/ich werde verehrt werden' (11).

Dieser Auslegung der Tatsachen scheint zu widersprechen, daß im Passiv der Agens sehr häufig nicht genannt wird, daß das Passiv mit Vorliebe dort gebraucht wird, wo der Agens unbekannt ist, daß das Passiv meistens in der 3. Person erscheint (12). Aber die Erklärung ist sehr einfach (13). Die dreiteilige Passivkonstruktion vom Typ *discipulus laudātur ā magistrō* ist eine Transformation von *magister discipulum laudat* und als solche nur in ihrer „expressiven" Funktion von der Aktivkonstruktion verschieden, nicht in der „symbolischen", darstellenden Funktion, sie ist also einfach eine stilistische Variante der Aktivkonstruktion. Die zweiteilige Passivkonstruktion dagegen, in der der Agens unterdrückt ist, kann auch dann benutzt werden, wenn der Agens in der Tat unbekannt ist oder nur nicht genannt werden soll (13 a), wo es also im Idg. keine direkte aktive Entsprechung gab, da ja ‚man'-Sätze nicht existierten. Der zweiteilige Typ *discipulus laudatur* ist also notwendig und deshalb statistisch häufiger vertreten als der dreiteilige Typ, der nur eine stilistische Variante und deshalb weniger wichtig ist (14).

Zusatz: Das Stativ. Aufgrund von gewissen formalen und semantischen Eigentümlichkeiten ist in der letzten Zeit eine weitere Diathese, das *Stativ*, postuliert worden, das aber vorläufig nur (oder in erster Linie) in der 3. Person bezeugt ist; vgl. z. B. ai. *bruve* ‚wird genannt' (Stativ) mit *(upa) brūte* ‚ruft für sich an' (15). Rix meint, daß der Unterschied auch in der 2. Person nachzuweisen ist und rekonstruiert die folgenden parallelen Systeme (16):

Medium	2. *-so*	3. *-to*	6. *-nto*
Stativ	2. *-tha*	3. *-o*	6. *-ro*

Aber all dies ist vorläufig ziemlich unsicher, und der Dissens reicht von einem milden Zweifel (17) bis zu einer strikten Ablehnung (18).

(1) Einführung in die Problematik und weiterführende Literatur bei Schwyzer, GG II 222f.; W. Boeder, Studien zum gr. Medium, Diss. Freiburg i.Br. 1961; Hofmann–Szantyr 287f. (291 Bibliographie!). Hinzugekommen sind: S. Szlifersztejnowa, Kategoria strony, Wrocław 1969 (: Geschichte der Diathese vom Altertum bis heute); C. García Gual, El sistema diatético en el verbo griego, Madrid 1970; G. Calboli, La linguistica moderna e il latino, Bologna 1972, 196 f.; Harweg, Zur

Definition von Aktiv und Passiv, Linguistics 97, 1973, 46–71; Anziferowa, Wortbildende Struktur des lat. Deponens, AAntHung 21, 1973, 161–183; Flobert, Les verbes déponents latins, 1975; Szemerényi, Studies Hill III, 1978, 277f.; Meid, InL 4, 1978, 39; Strunk, Zum idg. Medium, Fs. Seiler, 1980, 321–337; *Actants, voix et aspects verbaux, Angers 1981; Flobert, Benveniste et le problème de la diathèse, in: E. Benveniste aujourd'hui II, 1984, 51–61; Perel'muter, Ie. medij i refleksiv, VJ 1984(1), 3–13; P. Trost, Medium und Reflexiv, Fs. Winter, 1985, 825–7; Gamkrelidze–Ivanov 1985: 330f. – Vgl. noch unten 4.4.4 (1). – Nach Koller (Glotta 37, 1958, 31) entdeckte die griech. Grammatik zuerst den Gegensatz Aktiv–Passiv. – (2) O. Hoffmann, BB 25, 1899, 178 (von Schwyzer 223² mit Zustimmung angeführt). – (3) Brugmann, Grundriß² II 3, 685. – (4) Benveniste, Actif et moyen dans le verbe, zuerst 1950, jetzt nachgedruckt in seinen Problèmes de linguistique générale, 1966, 168–75 (Zitat S. 174). Vgl. auch Strunk, o. c., 322: „eine generelle Funktion des Mediums ... ein durch das Verbum bezeichnetes Verhalten wesentlich in Beziehung zum Verhaltensträger zu setzen". – (5) Gonda, Reflections on the IE medium, Lingua, 9, 1960, 30–67 (Zitat S. 66) und 175–93; Old Indian, 1971, 133f.; The Medium in the Ṛgveda, Leiden 1979. – (6) Bechert, Kratylos 10, 1967, 170; vgl. noch Hermodsson, Reflexive und intransitive Verba im älteren Westgermanischen, 1952, 28f.; Guxman, s. oben 2.2.1 (5); K.H. Schmidt, ZDMG 116, 1966, 18f.; Rosén, Lingua 17, 1967, 324f.; Savčenko, Kategorija mediuma v ie. jazyke, Biuletyn Polskiego Towarzystwa Językoznawczego 20, 1961, 99–119. – (6a) Nach Neu, 7. Fachtagung, 1985, 281f., ist das Perfekt eine Diathese. – (6b) Vgl. Meillet, BSL 23, 1922, 64f.; Chantraine, RPh 53, 1927, 153f.; Debrunner, Glotta 25, 1936, 73; Schwyzer, GG I 673 Fn. 1; Jamison, IIJ 21, 1979, 149–69. Bei dem Ersatz von 3. Pl. -an(t) durch -anta scheint es klar zu sein, daß als -ant auf dem Weg zu -ann war, eine sorgfältigere Aussprache zu -antə führte und letztlich zu -anta, weil -ti und -tu zu vermeiden waren. Ebenso entstand im Griechischen -οντο (z. B. στενάχοντο), weil -οντ-α mit dem Partizip zusammengefallen wäre. – (7) Vgl. Schwyzer II 229ff.; Burrow, The Sanskrit language, 1955, 293f.; Thumb–Hauschild I 2, 185f. Zu der Klassifizierung beim Medium s. Neu (2), 92f.; García Gual, o. c., 21f. – (8) P. Diels, Über das idg. Passivum, Jb. der schlesischen Gesellschaft für vaterländische Kultur, 1913, 1–8; Meyer–Lübke, Vom Wesen des Passivums, 1926; Schwyzer II 224, 236, 238(!); vgl. dazu noch besonders E. Wistrand, Über das Passivum, 1941, 5f.: die Entwicklung vom Medium zum Passiv sei fast ein Naturgesetz. S. noch Hendriksen, The active and the passive, 1948; Gonda, Remarks on the Sanskrit passive, 1951; Hermodsson, o. c., 19–25; H. Hartmann, Das Passiv, 1954, 8, 13f. (Passiv spät und nicht allgemein); Zsilka, Das Passiv in Homers Heldengesängen, Acta Antiqua Acad. Hungar. 12, 1964, 277–310. Über die Entstehung des Passivs s. auch Neu (2) 1f., 5;

Jankuhn, Die passive Bedeutung medialer Formen, 1969; Schmalstieg, FoL 12, 1980, 358f. (: vom Medium); Statha–Halikas, PCLS 13, 1977, 578–89 (: vom Impersonale); G. Schmidt, Em 46, 1978, 383f., bes. 409 (: von Infinitivkonstruktionen!). Nach Pulgram, IE passive paradigm, Forum Linguisticum 2/2, 1979, 95–106, wäre das Passiv ein universale. Zu dieser Frage s. jetzt E. Keenan, Passive in the world's languages, Ling. Agency Univ. Trier, 1981; Michelini, Il passivo, 1981, 27f., 54; *Siewierska, Anna, The passive: a comparative linguistic analysis, London 1984; Gamkrelidze–Ivanov 1985: 336f. – (9) Chomsky, Syntactic structures, 1957, 42f., 112; Aspects of the theory of syntax, 1965, 103f. Cf. Lyons, Introduction to theoretical linguistics, 1968, 257f., 261f., 373; J. Svartvik, On voice in the English verb, 1966, 1f., 164; Brekle, Linguistics 49, 1969, 84; Abraham, FoL 4, 1970, 38– 52; dagegen aber Langacker, Lg. 58, 1982, 22. – (10) A. Bach, An introduction to transformational grammar, 1966, 62f.; Williams, LIn 13, 1982, 160–3. – (10a) Die passive Verwendung des Typus *bharate* findet sich nicht nur im Vedischen (s. Delbrück, Ai. Syntax, 1888, Neudruck 1976, 263f.), sondern auch im Avestischen (s. Reichelt, Aw. Elementarbuch, 1909, Neudruck 1967, 298). – (11) S. Kuryłowicz, Categories 72–85. Schon in dem Aufsatz «Le genre verbal en indo-iranien» von 1929 (Rocznik Orientalistyczny 6, 199–209) hat K. gemeint, der intransitivpassive Gebrauch des „Mediums" sei älter als der reziproke oder reflexive; und Marguliès hat schon 1924 das Medium von dem Passiv abgeleitet (s. Die Verba reflexiva in den slav. Sprachen, und KZ 58, 1931, 116, 120), eine Ansicht, die von Hofmann–Szantyr 287 noch immer als verfehlt bezeichnet wird. S. auch Flobert, Les verbes déponents des origines à Charlemagne, 1975. – (12) S. Schwyzer, Zum persönlichen Agens beim Passiv, 1943; GG II 238f.; K.H. Schmidt, Zum Agens beim Passiv, IF 68, 1963, 1–12, 269, 274f.; Jamison, KZ 93, 1980, 196–219; Sprache 25, 1980, 129–143 (: im Vedischen, und schon im Idg., wurde der Agens meistens durch den Instr. ausgedrückt, aber auch andere Kasus waren möglich, der Gen. allerdings erst spät). S. auch H. Ammann, Das Passivum als Leideform, und Probleme der verbalen Diathese (1952, 1955), in: Nachgelassene Schriften, 1961, 95–111. – (13) Kuryłowicz, Categories 72f. – (13a) S. Shibatani (Lg. 61, 1985, 821–48), 837: "the main pragmatic function of passives" is "agent defocusing"; vgl. auch Michelini, o.c., 71; P.K. Andersen, 7.Fachtagung, 1985, 47–57. – (14) Siehe noch Schauwecker, Genera verbi im Deutschen, Muttersprache 78, 1968, 366–70; Brinker, Das Passiv im heutigen Deutsch, 1971. Jankuhn, o.c. oben (8), bestreitet, daß das Passiv ins Idg. zurückreicht; N. La Fauci, Passivi, Scritti T. Bolelli, 1985, 137–164. – (15) Siehe Oettinger, Der idg. Stativ, MSS 34, 1976, 109–49; Stammbildung 514f.; Eichner, 5.Fachtagung, 1975, 99; Rix, in: Idg. und Keltisch, 1977, 135f. Jasanoff, Stative behandelt nicht das neue Stativ, sondern *ē-Verba*. – (16) Rix, o.c., 136, 145f. – (17) Cowgill, in: Heth. und Idg.,

1979, 28 Fn. 9. – (18) Neu, Studies Palmer, 1976, 253 Fn. 57; 7. Fachtagung, 1985, 292 f. Vgl. auch Szemerényi 1985: 24.

3. Modusbildungen

3.1 Von den vier Modi (s. oben 1.) sind nur drei durch besondere
Moduszeichen bzw. Personalendungen gekennzeichnet. Der *Indikativ* ist eigentlich als der merkmallose Modus den anderen drei
merkmaltragenden gegenübergestellt; er ist also höchstens durch
die Tempuszeichen und den Themavokal gekennzeichnet. Nur die
2. Sg. des Imperativs ist eine Ausnahme: sie ist gewöhnlich der
nackte Stamm.

S. jetzt die Forschungsberichte von Calboli, I modi del verbo greco e
latino 1903–1966, Lustrum 11, 1966, 173–349; 13, 1969, 405–511; Sintassi
latina e linguistica moderna, Lingua e stile 3, 1968, 307–317; ANRW II
29/1, 1983, 80–109.

3.1.1 Der *Konjunktiv* (1) hebt sich deutlich von den anderen
Modi ab und steht insbesondere zu dem Indikativ in Opposition:
wenn dieser athematisch ist, ist der Konjunktiv der thematische
Partner, wenn er thematisch ist, ist der Konjunktiv durch den „Bindevokal" $\bar{e}/\bar{o}$ charakterisiert. So ist der Konj. zu dem athematischen
*eimi/*eisi/*eiti ‚gehe, gehst, geht' **ey-ō/*ey-e-s(i)/*ey-e-t(i)* usw.,
aber zu **bherō/*bheresi/*bhereti* lautet er **bherō/*bherēs(i)/*bhe-
rēt(i)* usw.; offenbar repräsentiert in letzterem $\bar{e}$ die Folge $e + e$, $\bar{o}$ dagegen $o + o$, d. h. Themavokal (des Indik.) + Konjunktivzeichen.
S. noch unten 7.2.
Der thematische Konj. der athematischen Verba ist klar in gewissen griech. Formen, wie z. B. ἴομεν ‚laß uns gehen' gegenüber
Indik. ἴμεν; ebenso im Konj. der thematischen Verba, z. B. φέρωμεν
φέρητε.
Der letztere Typ ist im Latein wenigstens in dieser Form nicht vorhanden. Da aber der Konj. von **es-mi* (im Latein zu *sum* umgestaltet), d. h. idg. **esō/*eses(i)/*eset(i)* usw., sicher in lat. *erō/eris/erit*
weiterlebt, d. h. zum Futur wurde, ist es sicher, daß die Entsprechung zu dem gr. Konj. φέρω/φέρῃς (oder -ῃς) in dem lat. Futur
agēs aget agētis vorliegt, in dem die Formen mit -ō- nach $\bar{e}$ ausgeglichen wurden, also *agēmus agent*; 1. Sg. *agam* ist dem neuen $\bar{a}$- Konj.
entliehen (2).
Ursprünglich gab es für jedes Verbum wahrscheinlich nur eine

Form des Konjunktivs. Darauf weist die Tatsache, daß im Altlatein der Konj. von tangō noch *tagam* (nē attigās), von adveniō *advenat* usw. lautet, der nur spät an den Präsensstamm angeglichen, also zu *tangam, adveniam* usw. wurde, hin (3). Ebenso war im Vorindischen die Opposition zwischen *kṛṇōti* ‚er macht' (Präsensstamm mit -*nō*- charakterisiert) und *karat(i)* ‚er soll machen' (vom Verbalstamm), erst später wurde ein Konj. Präsens als *kṛṇav-a-t* gebildet (4).

An den Konjunktivstamm treten im allgemeinen die SE, vgl. alat. *kapiad* ‚capiat', arkadisch ἔχη (aus -*ē-t*), thessal. θέλη; im Attisch-Ionischen wurden die ursprünglichen -ης -η nach dem Indik. zu -ηις -ηι umgestaltet. Im Aind. ist aber eine Vermischung von SE und PE, bzw. eine augenscheinlich freie Wahl zwischen beiden, zu beobachten. Die Personalendungen sind:

1. -ā, -āni	4. -ma	7. -va
2. -s, -si	5. -tha	8. -thas
3. -t, -ti	6. -n(t)	9. -tas,

d.h. nur PE werden verwendet in der 1.Sg., 2.3. Dual, 2.Pl.; nur SE in der 1.Du. Pl., 3.Pl.; freie Variation ist erlaubt in der 2.Sg. zwischen -*si* und -*s*, in der 3.Sg. zwischen -*ti* und -*t*; in der 1.Sg. ist, wie schon gesagt, -*ā* die Primärendung (= gr. -ω, lat. -ō), die Variante -*āni* zeigt sie um die Partikel -*ni* erweitert, oder sogar -*ā-na* durch Einfluß des primären (!) *i* zu -*ā-ni* umgestaltet. Im Medium werden dagegen fast ausschließlich die PE auf -*ē*, bzw. Varianten auf -*ai* gebraucht, nur in der 3.Pl. ist die SE auch zugelassen. Vgl. *bharāsi/ bharās, bharāti/bharāt*; von *i-* ‚gehen': 1. *ay-ā(ni)*, 2. *ay-a-s(i)*, 3. *ay-a-t(i)*; von *as-* ‚sein': 1. *as-āni*, 2. *as-a-s(i)*, 3. *as-a-t(i)*, 5. *as-a-tha*, 6. *as-a-n* usw. (5).

Bei einer genaueren Untersuchung dieser Variation (6) scheint sich doch zu ergeben, daß die SE die ursprünglichen waren und die PE immer mehr an Raum gewannen (7), wahrscheinlich in Zusammenhang mit einer fortschreitenden inhaltlichen Annäherung an den Indik. Historisch scheint diese Auffassung besser begründet als die Annahme, die sehr beschränkte Variation – eigentlich nur in der 2. 3. Sg. – sei auf inhaltliche Unterschiede (8) bzw. auf das einstige Vorhandensein von zwei ‚Tempora', Konj. Präs. und Impf. (9), zurückzuführen.

(1) Siehe Schwyzer I 790f.; Leumann² 573f.; Hahn, Subjunctive 59; D. Lightfoot, Natural logic and the Greek moods, 1975; Scherer,

4. Fachtagung, 1973, 99–106. – (2) Anders Lazzeroni, o. c. unten 3.1.3 (8). – (3) So auch im Keltischen, s. Marstrander, SO 37, 1962, 147 f. (: air. *gaibid/gabaid*). – (4) Renou, BSL 33, 1932, 15 f.; Kuryłowicz, Apophonie 28; Categories 139. – (5) Renou, o. c., 5 f.; Kuryłowicz, RO 3, 1927, 173 f. – (6) Gonda, Moods 110 f. – (7) Siehe Lazzeroni, in: Scritti in onore di R. Ambrosini, 1985, 129–33. – (8) K. Hoffmann, Injunktiv 268[4], 276. – (9) Kuryłowicz, Categories 139. S. noch Watkins, Verb 133; Beekes, IIJ 23, 1981, 21–27: lehnt (22) Hoffmann und Kuryłowicz ab, Erklärung möglich (24) mit Kortlandts Endungen (Lingua 44, 1979, 67). (?)

Zusatz 1. Einige Forscher bestreiten die Existenz eines Konjunktivs im Idg. (z. B. Pedersen, Tocharisch 191 f.; Lane, Language 35, 1959, 157). Da aber der kurzvokalische Konjunktiv der athematischen Verba für das Arische, Griech., Lat. und Keltische (s. Kuryłowicz, Categories 113 f.) bezeugt ist, kann an seiner Existenz schon im Idg. nicht gezweifelt werden; vgl. K. Hoffmann (1970), jetzt Aufsätze, 1976, 538.

Zusatz 2. Die hier vorgetragene Ansicht von dem Wechsel *e/o*, *ē/ō* dürfte von den meisten Forschern vertreten sein, es gibt aber einige, die wenigstens *ē/ō* als einen sekundären Wechsel ansehen, der anstelle des einst allein gültigen Zeichens *ē* getreten sei; so zuerst O. Schrader, Curtius' Studien 10, 1878, 306; und nach ihm Brugmann, MU 3, 1880, 30 f.; Hirt, IG 4, 296; Pedersen, Tocharisch 192; Watkins, in: AIED 42 f.; Lazzeroni, o. c. unten 3.1.3 (8), 182 f. – Über den Konjunktiv von *sein* s. IX. 5.1.

3.1.2 Der *Optativ* besitzt bei den athematischen Verben eine unverkennbare Bildung: Suffix *-yē-* im Sing., *-ī-* in den anderen Numeri, die an die Nullstufe des Stammes antreten; an dieses Gebilde werden dann die SE angefügt (1). Am schönsten ist diese Bildung bei **es-* ,sein' rekonstruierbar (s. IX. 5.1):

1. s-yē-m	4. s-ī-me
2. s-yē-s	5. s-ī-te
3. s-yē-t	6. s-iy-ent.

Dieses Paradigma ist vielleicht im Altlatein am klarsten erhalten: *siem, siēs, siet, sīmus, sītis, sient*; etwas umgemodelt – mit wiederhergestelltem **es-*, aber Verlust des intervokalischen *s* – im gr. εἴην, -ης, -η, εἶμεν (aus **es-ī-m-*), εἶτε, εἶεν. Im Aind. wurde *-yā-* im ganzen Paradigma durchgeführt: *syām, syās, syāt, syāma, syāta, syur*. Dagegen zeigt das Gotische Verallgemeinerung der Nullstufe *-ī-* in

(*wiljau*) *wileis, wili, wileima, wileiþ, wileina* „ich will" usw. aus
**wel-ī-*; ebenso auch im Latein: *velim, velīs* usw.

Bei den thematischen Verben erscheint vor den SE ein Element
-oi-, das aus dem abgetönten Themavokal *o* und der Nullstufe des
athematischen *yē/ī* zu bestehen scheint (2). Die Bildung kann aufgrund des Griech., Got. und Aind. rekonstruiert werden:

gr.	got.	ai.	idg.
1. φέροιμι	bairau	bharēyam	bheroy-m̥
2. φέροις	bairais	bharēs	bheroi-s
3. φέροι	bairai	bharēt	bheroi-t
4. φέροιμεν	bairaima	bharēma	bheroi-me
5. φέροιτε	bairaiþ	bharēta	bheroi-te
6. φέροιεν	bairaina	bharēyur	bheroy-n̥t.

Die Formen 2–5 sind einstimmig bezeugt; bei 1. und 6. hätte im
Griech. *φέροια entstehen müssen, möglicherweise durch arkadisch 1.Sg. ἐξελαύνοια bezeugt (3). Im Gotischen erwarten wir
*bairaju bzw. **bairajun,* und es scheint klar, daß *bairau* regelrecht
durch Verlust von intervokalischem *j* entstanden ist, während die
3.Pl. nach den anderen Personen des Plurals umgeformt wurde (4).
Im Aind. wurde *bharaya durch *-m* verdeutlicht und die 3.Pl. **bha-
rayat* mit der SE *-ur* ausgestattet, und beide Formen führten das
kennzeichnende *ē* der anderen Personen ein.

Wenn, wie es doch höchst wahrscheinlich ist, *o* in *-oi-* der Themavokal ist (5), ist es nicht ganz einfach zu verstehen, warum nicht *e* in
Verbindung mit dem eigentlichen Suffix *-ī-* erscheint. Daß *o* darin
seine Erklärung finde, daß der Optativ auf dem Indikativ ‚gegründet' sei (6), ist nicht einleuchtend. Eher könnte man annehmen,
daß, wie im Indik. und Konj., zunächst *o* in einem Teil der Personen
erschien; es standen sich also 1. *-oy-m̥,* 4. *-oi-m-,* 6. *-oy-n̥t* und 2.
-ei-s, 6. *-ei-t,* 5. *-ei-te* einander gegenüber, indem *-oi-/-ei-* rein analogisch den Wechsel *-o-/-e-* des Indik. und Konj. reproduzierte;
später wäre dann eine Verallgemeinerung von *-oi-* eingetreten (7).
Diese Erklärung könnte im Baltischen eine Stütze finden, wenn dort
die mit *-ei-* gebildeten Imperative (ursprünglich Optative), wie
apreuß. *weddeis,* wirklich auf idg. *-ei-,* nicht *-oi-,* zurückgehen (8).

    (1) Schwyzer, GG I 793; Leumann² 573; Stang, Vgl. Gram.
421 f.; Vaillant, Gram. comp. III 29 f.; Benediktsson, The Germanic
subjunctive, NOWELE 1, 1983, 31–60. – Meid, in: Heth. und Idg.,
1979, 167 f. meint, das Hethitische hätte keinen Opt. verloren; siehe da-

gegen Cowgill, ebd. 33; Strunk unten IX. 7.3. – (2) So zuerst Joh.
Schmidt, KZ 24, 1879, 303; 26, 1883, 12; cf. Kuryłowicz, Categories
141 f. – (3) Meillet, IF 45, 1927, 45, schreibt diese Erklärung Wackernagel (Vermischte Beiträge, 1897, 45) zu, aber sie geht eigentlich (s.
Kretschmer, Glotta 18, 1930, 228 f.) auf Brugmann zurück, s. Curtius' Studien 9, 1876, 309 f.; BB 2, 1878, 245 f.; Paul, PBB 4, 1877, 378;
Osthoff, MU 4, 1881, 302 f. (: bheroim), und zuletzt Benediktsson,
o.c., 38 f., 51 f. – (4) Benediktsson, o.c., 38 (1. Sg.); Bammesberger, Studien zur Laryngaltheorie, 1984, 115 f.; und vgl. G. Schmidt,
Glotta 63, 1985, 76 f., 90. – (5) Meillet, BSL 32, 1931, 199, hat *oi* und *yē*
in einem ursprünglichen *-oyē-* vereinigt, aber Watkins hat (Verb 226 f.,
bes. 234) dies abgelehnt; nach ihm ist das Element *-oi-* nicht *-o* + *ī-*, sondern letztlich die 3. Sg. (mediale!) PE *-oi* des Indikativs. Aber die Hauptstütze dieser Auffassung, der Opt.-Typus *gamēma*, ist nichts Altes, sondern eine späte Neuerung, s. Insler, Sprache 21, 1975, 6–12; vgl. noch
Kuryłowicz, Problèmes 98; Bammesberger, IIJ 24, 1982, 283–7. –
Gunnarsson, NTS 27, 1973, 44 f., betont, daß der *-oi-*Opt. auf die östlichen Sprachen beschränkt ist, aber die Wegerklärung des got. Optativs
mit *-ai-* als Konj. auf *-ē-* ist unannehmbar. – (6) Kuryłowicz, Categories 142. – (7) S. Hilmarsson, NTS 31, 1977, 198 f. – (8) Siehe
Schmid, IF 68, 1963, 60 f.; Stang, Vgl. Gram. 439; sowie Watkins,
Verb 230 (dagegen aber Kuryłowicz, Problèmes 98); Ivanov, Glagol
193 f.; Bammesberger, l.c.

3.1.3

Ein *ā-Konjunktiv* erscheint im Latein, im Altirischen (1)
und im Tocharischen. Dem lat. *feram ferās ferat* entsprechen im Air.
bera berae beraid, beide aus **bher-ā-m, -ā-s(i), -ā-t(i)* usw., und im
Toch. (A) *-am -at -aṣ* usw., z. B. *kalkam* ‚eam‘ (2).

Der *ā*-Konjunktiv wurde lange Zeit als ein modal gebrauchtes
Präteritum betrachtet, vgl. lat. *eram, amā-bā-s* (3). Trubetzkoy hat
dann darauf hingewiesen, daß im Latein alle idg. Konjunktive zu
Futurformen geworden sind (*eris, agēs*) und alle lat. Konjunktive,
soweit ihre Quelle festgestellt werden kann, aus idg. Optativen
stammen. Er folgerte daraus, daß auch der *-ā*-Konjunktiv einen ursprünglichen Optativ darstellt; im Idg. hätten bei athem. Verben der
Opt. auf *-yē-/-ī-*, bei thematischen Verben ein Opt. auf *-oi-* oder *-ā-*
bestanden, kaum beide zusammen in ein und derselben Sprache (4).
Nach einem Vierteljahrhundert hat Benveniste diesen Gedanken
aufgegriffen und den Versuch unternommen, eine Verbindung zu
anderen *ā*-Bildungen, insbesondere zu Vergangenheitsformen wie
lat. *erās, -bās* herzustellen, und zwar so, daß er die präteritalen Bildungen aus dem ursprünglichen Optativ herleitete, wofür es auch
Beispiele gibt, vgl. engl. *he would get up early = he used to ... (5)*.

Demgegenüber hat man mit Recht darauf hingewiesen, daß weder die *ā*-Bildungen des Italischen und Keltischen von denen des Baltisch-Slavischen getrennt werden können noch die lateinische *ē*-Bildung im Imperfekt (und Plusquamperfekt) des Konjunktivs (*es-s-ē-s*, *fuis-s-ē-s*) von den *ē*-Bildungen des Baltisch-Slavischen; wenn nun alle Formen des lat. Konjunktivs alte Optative wären, müßte das auch auf die *ē*-Bildungen zutreffen, *ē*-Optative sind aber in keiner Sprache bekannt. Daraus folgt dann, daß die *ā*- und *ē*-Bildungen des Lateins (und die *ā*-Bildungen des Keltischen), die den *ā*- und *ē*-Bildungen des Balto-Slavischen gleichzusetzen sind, wie diese einmal präterital waren (6). In Kuryłowiczs Formulierung: der lat. *ā*-Konjunktiv, früherer Optativ, geht auf einen Aorist zurück, der im Balto-Slavischen gut bezeugt ist; der konjunktivische Gebrauch ist der modale Rest dieses alten Aorists, dessen Charakteristikum, *ā* bzw. *ē*, von alten Sēṭ-Wurzeln stammt und auch im griech. Aorist auf -ην weiterlebt (7). Wenn aber der lange Vokal von den Sēṭ-Wurzeln herstammt, dann kann er auch im Präsens und ganz allgemein im Verbalstamm vorgelegen haben, und das wird durch das Tocharische erwiesen, in dem, wie im Italischen und Keltischen, *ā*-Konjunktiv und *ā*-Präteritum sowie *ā*-Präsens im selben System nebeneinander existieren; lat. *secās* (Präs. Indik.) und *tegās* (Präs. Konj.) sind ursprünglich dieselbe Bildung, dasselbe gilt von -*bām*, dem alten Präteritum (**bhwā-m*) von ‚sein‘ (8).

Damit ergibt sich folgendes Bild für das Latein. Der idg. Konjunktiv (*e/o* und *ē/ō*) wurde zum Futur. Noch vor diesem Wandel wurden aber zu *s*-Bildungen thematische Konjunktive gebildet, die die Grundlage für Konj. Impf. und Plqpf. abgaben. Der neue Konj. Präs. wurde teils aus den idg. Optativen, teils aus modal gebrauchten *ā*-Bildungen aufgebaut (9). Für einen idg. *ā*-Optativ läßt sich kein Beweis erbringen.

Entgegen den eben skizzierten Bemühungen, diverse *ā*-Formen zusammenzubringen, gibt es in neuerer Zeit wieder Versuche, die verschiedenen *ā*-Bildungen auseinanderzuhalten. So sollen die tocharischen *a*-Bildungen von den europäischen ganz unabhängig sein und in Europa die baltisch-slavischen Vergangenheitsformen nichts mit den italisch-keltischen modalen Bildungen zu tun haben (10).

(1) Vor 100 Jahren hat Thurneysen (BB 8, 1884, 269–88) den a-Konj. des Altirischen mit dem lat. -*ā*-Konj. zusammengestellt. Dieser alte Vergleich wurde neuerdings von Rix abgelehnt (in: Idg. und Keltisch, 151 f.): der air. und brit. *a*-Konj. wird auf ein Desiderativ auf -*ase* (< *Hse*-) zurückgeführt, während der lat. -*ā*-Konj. aus einem Aor.-Konj. hergeleitet

wird, z. B. *fuat* aus **bhuwā-e-*. Dagegen werden beide Bildungen von Bammesberger (Ériu 33, 1982, 65–72; Studien zur Laryngaltheorie, 1984, 77–9) als thematische Konjunktive von *ā*-Aoristen erklärt. – Für die Reste im Britischen s. Watkins, Origins 149f.; über messapisch *beran* (aus *-ā-nt*) s. Milewski, Symbolae Kuryłowicz, 1965, 209. – (2) Krause–Thomas, Tocharisches Elementarbuch I, 1960, 226f.; K. T. Schmidt, Fs. Neumann, 1982, 366. – (3) Leumann[2] 575. – (4) Trubetzkoy, Gedanken über den lat. *ā*-Konj., Festschrift Kretschmer, 1926, 267–74. – (5) Benveniste, Prétérit et optatif en indo-européen, BSL 47, 1951, 11–20; angenommen von Watkins, Origins 118f. (vgl. 151), AIED 41. – Über den Gebrauch des Optativs zum Ausdruck einer wiederholten Handlung in der Vergangenheit s. W. Neisser, ZII 5, 1927, 281–3; Pisani, IF 50, 1932, 21f.; Couvreur, BSL 39, 1938, 247f.; Hoffmann, Aufsätze II, 1976, 605–19; Lazard, La catégorie de l'éventuel, Mél. Benveniste, 1975, 347–58; Szemerényi, Kratylos 28, 1984, 76. – (6) Safarewicz, Eos 46, 1954, 102–5 (*ā*-Aorist > Plqpf. > Impf.; Prät. oft irreal). – (7) Kuryłowicz, Apophonie 35, 131 mit Fn. 35; Categories 115, 137, 142. Vgl. auch Vaillant, RES 29, 1952, 120; Hahn, Subjunctive, 1953, 34–51; Stang, Vgl. Gram. 374f.; Rundgrén, Sprache 12, 1967, 138f. – (8) S. die wichtige Arbeit von G. S. Lane, Tocharian evidence and the Trubetzkoy–Benveniste hypothesis, Language 38, 1962, 245–53, jetzt nachgedruckt in: Studies in honor of G. S. Lane, 1967, 61–75 (aber der Konj. wird Fn. 27 mit Unrecht dem Idg. abgestritten); s. noch 82f., und vgl. Thomas, Revue de Philologie 82, 1956, 212; Ambrosini, Studi e saggi linguistici 2, 1962, 37f., 60f.; K. H. Schmidt, Studia Celtica 1, 1966, 25; Negri, Acme 37/2, 1984, 31–9; Lazzeroni, SSL 24, 1984, 171–86: als das alte *-t* in *-ti/-t* differenziert wurde, ist aus *-āti* das Indik. Präs., aus *-āt* Präs. + Inj. geworden; dasselbe geschah mit *-ēti/-ēt*, und das konjunktivische *-ē-* ist nicht ein idg. Konj., sondern gehört mit dem aoristischen *-ē-* zusammen. – (9) Für den irrealen Gebrauch (Plautus, Mil. 1371: si honeste censeam te facere posse, suadeam) bietet das Romanische gute Parallelen, vgl. franz. *si j'avais faim* (s. Lausberg, Romanische Sprachwissenschaft III/2, 1962, 194f.); für Wunsch und Aufforderung, z. B. *eāmus*, vgl. die imperativisch verwendeten Perfekta des Russischen: *pošli, pojexali* ‚gehen wir, fahren wir', *načali* ‚fangen wir an', s. Gvozdev, Sovremennyj russkij literaturnyj jazyk I, 1958, 310. – (10) Siehe schon Rix, oben (1), und jüngst wieder Jasanoff, IF 88, 1984, 75–82; Oettinger, Zur Diskussion um den lat. *ā*-Konj., Glotta 62, 1985, 187–201, bes. 200f.: Toch. scheidet aus; zwischen Italo-Keltisch und Balto-Slavisch ist die „starke funktionale und stammbildungsmäßige Divergenz" nicht zu überwinden (: Modus-Prät.); für IC gewinnt die Theorie wieder etwas an Plausibilität, daß der *ā*-Konj. gemeinsam aus dem Inj. oder Konj. von Wurzelaoristen auf *-ā* entstanden ist; Kortlandt, Ériu 35, 1985, 184: the comparison of the Old Irish *a*-subj. with the Latin *ā*-subj. is fallacious.

3.1.4 Der *Imperativ* ist mit seinen beiden Formen, Impv. Präs. und Impv. Fut., schon oben unter 2.5 behandelt worden.

3.1.5 Der schon öfter erwähnte *Injunktiv* (1) ist ein heftig umstrittener Ansatz. Gewöhnlich werden die augmentlosen Formen des Indik. Impf. oder Aorist im Aind. oder im Arischen mit diesem Namen bezeichnet, wenn sie modal gebraucht werden. Das bedeutet, daß der Injunktiv formal keine selbstständige Bildung ist, da die Vergangenheitsformen auch als solche ohne Augment erscheinen können, d. h. auch ohne Augment nicht notwendigerweise als eigentliche Injunktive bestimmbar sind. Wegen dieser formalen und inhaltlichen Unklarheit ist der Injunktiv öfter abgelehnt worden (2), aber in neuerer Zeit wurde er wieder von mehreren Forschern aufgegriffen (3), und K. H o f f m a n n hat ihn dann in einer Monographie eingehend untersucht (4).

In den anderen idg. Sprachen gibt es keine Entsprechung zu diesem Modus; freilich muß auch im Auge behalten werden, daß in dieser Frage nur das Griechische mitaussagen könnte, da das Augment (und das Impf.) nur in ihm relevant erhalten blieb. Wenn in der 2. Pl. des Impv. Präs. eine Form auf -*te* gebraucht wird, die der augmentlosen Form der 2. Pl. Impf. (im Arischen und Griech.) gleich ist, können wir höchstens von einem „Injunktiv" des Idg., nicht aber des Griechischen sprechen, da im Griech. der Impv. ganz selbständig geworden ist und die augmentlose Form, wenn sie wirklich als solche fungiert, nur ein Impf. sein kann. Gegenüber der Ansicht, der Injunktiv sei eine grammatische Kategorie wie der Indik., Konj. usw. (5), kann nicht oft genug betont werden, daß der Injunktiv im indischen System keine selbständige Kategorie ist (6); man kann höchstens gewisse Verwendungen der alten augmentlosen Vergangenheitsformen unter diesem Namen zusammenfassen.

Einer der bestbekannten Gebräuche des Injunktivs im Aind. ist seine Verwendung mit *mā* in Prohibitivsätzen (7). Wie von A. Hahn erkannt wurde (8), beruht dieser Gebrauch auf dem modalen, prohibitiven Wert der Partikel; der Injunktiv wird aber nicht deshalb gebraucht, weil etwas „erwähnt" werden soll (9), sondern weil gegenüber dem für den Befehl gebrauchten Imperativ das Verbot eigentlich durch die Partikel *mā* allein ausgedrückt wird, so daß beim Verbum der Zero-Modus, d. h. eben der Injunktiv, genügt (10). Vergleichbar ist der hethitische Prohibitiv mit *lē* und Indik. (nicht Impv.!), z. B. *lē istamasti* ‚höre nicht' gegenüber dem Gebot *istamas* ‚höre!' oder das akkadische *lā taqabbi* ‚sage nicht' mit dem Präsens, also emphatisches ‚du sagst nicht‘ (11); dann könnte ai. *mā tiṣṭhas* ‚verbleibe nicht‘ eine alte Präsensform erhalten haben: ‚nicht stehst (= verbleibst) du!‘ Da aber prohibitive Wendungen auch mit Vergangenheitsformen ausgedrückt werden – so in der älteren akkadischen Wendung *ā taqbi* ‚sage nicht!‘ (11) –, kann der Injunktiv auch eine ursprüngliche Vergangenheitsform erhalten haben.

Beachtenswert ist aber Hoffmanns These, daß je nach dem Tempus des Injunktivs der Prohibitivsatz grundverschiedene Inhalte zum Ausdruck bringt: *mā* mit dem Präs. oder Perfekt drückt einen Inhibitivsatz aus, d. h., die Handlung wird unterbrochen, *mā* mit dem Aorist charakterisiert einen Präventivsatz, d. h., eine „sich schon vorbereitende Handlung" soll nicht zugelassen, soll vermieden werden. Die Tempora drücken nach H. auch Aspekte aus: der Aor.-Inj. den perfektiven Aspekt, der Präs.-Inj. den imperfektiven Aspekt. Nach Meid findet sich der vedische Unterschied als idg. Erbe auch im Altirischen wieder: Inhibitivsätze verwenden *na* + Impv., Präventivsätze *ni* + Konj. Präs. (12).

Besonders wichtig ist in diesem Zusammenhang die Eigentümlichkeit des Injunktivs, daß er jeden Modus aufnehmen und ersetzen kann. Vgl. z. B. aus dem Rigveda:

a) X 80,1 *dadāti ... čarat*   ‚(Agni) gibt ... durchwandert‘,
b) I 42,7 *kṛṇu ... vidas*   ‚mach ... schaff‘,
c) VI 40,4 *śṛṇava(s) ... dhāt*   ‚du sollst hören ... es soll geben‘,
d) II 33,14 *parivṛjyās ... parigāt* ‚soll uns verschonen ... soll uns umgehen‘.

Wie K i p a r s k y gesehen hat, handelt es sich in solchen Fällen um die zuerst von ihm beobachtete „Konjunktionsreduktion": Verbale Merkmale können durch neutrale Formen ersetzt werden, wenn sie schon einmal genau angegeben wurden, und die neutrale Form ist eben der Injunktiv (13). Deskriptiv bedeutete das ursprünglich wohl, daß in einer Folge von Präs.-Ind.-Formen *-ti ... -ti ... -ti* zu *-ti ... -t ... -t* werden konnte, bei Impv.-Formen *-tu ... -tu ... -tu* zu *-tu ... -t ... -t* usw., wodurch eine Residualform entstand, die die mannigfachste Verwendung gestattete. Das Wichtige ist dabei, daß dieser Gebrauch nach den Prohibitivsätzen mit *mā* die zweite größere Gruppe von Injunktiven erfaßt, während die dritte sachlich – durch den mythischen oder ritualen Inhalt – bestimmt ist (14).

Der Injunktiv kann also nicht als ein besonderer Modus für das Idg., noch viel weniger für eine Einzelsprache anerkannt werden (15). Schon im Spätidg. war der „Inj." ein Überbleibsel aus einer

Periode, in der die Form *bheret* noch als eine unbestimmte Variante neben dem bestimmteren *bhereti* existierte. Reste sind auch imperativische Formen wie ai. *bharat-u bharant-u* usw., s. oben 2.5 (16).

(1) S. oben 2.5. Der Terminus wurde geprägt von Brugmann, MU 3, 1880, 2; vgl. Herbig, IF 6, 1896, 247. – (2) Besonders energisch von A. Hahn, Subjunctive and Optative, 1953, 38 f., 44 f. (: "fantastic concept ... should be definitely discarded"); vgl. auch Benveniste, BSL 51/2, 1956, 26. – (3) Kuryłowicz, Rocznik Orientalistyczny 3, 1927, 164–179; Renou, Les formes dites d'injonctif, Étrennes Benveniste, 1928, 63–80; Burrow, The Sanskrit language, 1955, 298; Gonda, Moods 33 f.; Thomas, Revue de Philologie 82, 1956, 216 f.; Revue des études anciennes 63, 1961, 91 f.; Watkins, Celtica 6, 1962, 45 f.; Origins 111 f.; Meid, Die idg. Grundlagen der air. abs. und konj. Verbalflexion, 1963, 89 f.; Kuryłowicz, Categories 145, 152; s. jetzt auch Campanile, AION-L 8, 1968, 41 f.; Meid, Scottish Studies 12, 1968, 53 f.; Ivanov, Glagol 34 f. – (4) K. Hoffmann, Der Inj. im Veda, 1967; MSS 28, 1970, 32 f. S. dazu Dressler, KZ 85, 1971, 7: „K.H. rekonstruiert als Grundfunktion ... die Erwähnung im Gegensatz zum Bericht. Seine These wäre noch überzeugender, wenn er eine Parallele aus einer lebenden Sprache beigebracht hätte", und vgl. noch Kuryłowicz, Problèmes 107 f. – (5) Hoffmann 35; Gonda, Old Indian, 1971, 103 f., bes. 105 (: old and inherited formations); Lazzeroni, SSL 17, 1977, 20 f. (: le forme micenee ed omeriche senza aumento sono degli ingiuntivi), 28 f. (: Entwicklungsgang); SSL 20, 1980, 29 f. – (6) Vgl. C.D. Buck, Comparative grammar of Greek and Latin, 1933, 238: "one must guard against supposing that this is a distinct formal category, coordinate with the other moods". – (7) S. dazu Schwyzer II 343; Gonda, Moods 44 f., 197 f.; id., The aspectual functions of the Rgvedic present and aorist, 1962, 184 f.; Moorhouse, Studies in the Greek negative, 1959, 12 f.; Rundgren, Erneuerung des Verbalaspekts im Semitischen, 1963, 92 f.; Kuryłowicz, Categories 146 f.; Hoffmann 43 f. Dies ist der einzige Gebrauch, den Meillet erwähnt, Introduction 247. Über den umstrittenen Zusammenhang mit den Prohibitivkonstruktionen der klassischen Sprachen s. Hofmann–Szantyr 337, 456. – (8) Hahn 41 f., 54 f.; Lg. 29, 1953, 252 f. – (9) Hoffmann 106. – (10) P. Kiparsky, Tense and mood in IE syntax (Foundations of Language 4, 1968, 30–57) 48. Dagegen: Thomas, Hist. Präs. oder Konjunktionsreduktion, Wiesbaden, 1974, 21 f., 62; Lazzeroni, SSL 17, 1977, 1–30, bes. 12 (: ingiuntivo non sempre in 2. o ulteriore sede). – (11) Etwas anders Rundgren 96. – (12) Siehe Hoffmann, Inj. 43 f.; Meid, ZCP, 1962, 155–72, und CTL 9, 1972, 1196. Dazu noch W. Thomas, Zum Problem des Prohibitivsatzes im Indogermanischen, Fs. H. Patzer, 1975, 307–23. – (13) Kiparsky 34 f. – (14) Kiparsky 37. – (15) Nach Watkins, Verb 45, ist er „nicht eine idg. Kategorie, sondern eine indo-iranische". Ähnlich jetzt

auch Kammenhuber, Fs. Winter, 1985, 444f., bes. 447: „schwerlich eine voll entwickelte uridg. Inj.-Kategorie ... Der Inj. hat demnach im Vedischen gewuchert." – (16) Dieser Schluß erscheint jetzt auch bei Lazzeroni, SSL 17, 1977, 28f. – Über die Ansichten von Wright (The so-called injunctive, BSOAS 33, 1970, 184–99) s. Gonda, Old Indian 103 Fn. 6.

4. Tempusstämme

Alle idg. Sprachen weisen in dem Indikativ, aber meistens auch in den anderen Modi, verschiedene Bildungen auf, die wir gewöhnlich als *Tempora* bezeichnen. So werden im Latein 6 Tempora im Indik. unterschieden, 4 im Konj.; im Impv. nur 2, aber in *mementō(te)* lebt noch eine Perfektform weiter. Im Latein fallen alle Tempora in zwei große Abteilungen: in die actio infecta und actio perfecta, von denen gewöhnlich die letztere, aber sehr oft auch die erstere durch besondere Charakteristika gekennzeichnet ist; vgl. *amā-* : *amā-v-*, *pungō* : *pugugī* usw. Aufgrund solcher formalen Kriterien können wir mindestens drei Tempusstämme unterscheiden, von denen noch zusätzliche Indikativtempora und auch Modusformen gebildet werden können.

4.1 *Präsensbildungen*

Die idg. Sprachen weisen eine Anzahl von Präsensbildungen auf (1), die aber meistens nur im Formalen klar faßbar sind. Sie können athematisch oder thematisch flektieren und entweder nur eine Diathese verwenden (Activa tantum, Media tantum) oder beide. Sie können die Wurzel ohne weitere Zutat gebrauchen oder mit Formantien von einem Verbalstamm (*Deverbativa*) oder einem Nominalstamm (*Denominativa*) neue Präsensstämme ableiten, z.B. lat. deverb. *spec-iō* und denom. *custōd-iō* (2); dazu wurden neuerdings noch die *delokutiven* Ableitungen hinzugefügt, d.h. Ableitungen von Redewendungen, wie z.B. *salutāre* von *salūtem dīcō* usw. (3). Diese verschiedenartige Herkunft der Verba spielt in ihrem Gebrauch keine Rolle.

(1) Vgl. Brugmann, Grundriß² II 3, 86f.; Meillet, Introduction 195; Meillet–Vendryes 173f.; Leumann² 521f.; Schwyzer, GG I 672f. – (2) Schwyzer 717f., 722f. – (3) Debrunner, Fs. Vasmer, 1956, 113–23; Benveniste, Fs. Spitzer, 1958, 57–63; Rey–Debove,

Les verbes délocutifs, TLL 13/1, 1975, 245–51 (: „dénominatifs", non „délocutifs"); B r e k l e, Sprachwissenschaft 1, 1976, 357–78; L e u m a n n[2] 547; Dixon, Fs. Lehmann, 1977, 21–38; Szemerényi, *šam* …, InL 4, 1978, 171 (zu *iūrāre*), 182 Fn.78; D a r m s, Problèmes de la formation *délocutive*, MH 37, 1980, 201–11; Mignot, BSL 76, 1982, 327–44 (zu *salutare*); M.-E. Conte, in: É. Benveniste aujour d'hui I, 1984, 65–7; und bes. schön got. *waifairhvjan* ‚wehklagen' (= ahd. *wēferhen*) aus *wai fairhvau* ‚wehe der Welt', s. M e i d, Fs. K. Oberhuber, Innsbruck 1986, 168.

Die Haupttypen der Präsensbildungen sind die folgenden.

4.1.1 *Wurzelbildungen*

Die Wurzelbildungen können auch als Präsensstämme fungieren, und zwar 1) athematisch, 2) thematisch. Beispiele für 1):

*es-mi ‚bin': ai. *asmi*, gr. εἰμί, got. *im* usw.;

*ei-mi ‚ich gehe': ai. *ēmi*, gr. εἶμι, lat. *īmus* aus **ei-mos* usw.;

*kei- ‚liegen': gr. κεῖ-μαι, heth. 3. Sg. *ki-ta(ri)*, ai. *šē-tē*;

*ēs- ‚sitzen': gr. ἧσ-ται, ai. *ās-tē*, heth. 3. Sg. *es-a(ri)*.

Die Wurzel kann natürlich auch zweisilbig sein (oben V. 3.5), dann erscheint im Präsensstamm gewöhnlich **CeCə-*, vgl. ai. *vámi-ti* ‚er erbricht sich', *áni-ti* ‚atmet'; während dieser Typ im Aktiv anderswo nicht weiterlebt – vgl. die thematische Umbildung von **wemə-* in (ϝ)ἐμέω und lat. *vomō* –, ist er im Medium im Griech. noch vertreten, vgl. ἔρᾰ-μαι ‚ich liebe', κρέμα-μαι ‚ich hänge' usw. (1).

Beispiele für 2) sind erstens mit betonter und deshalb vollstufiger Wurzelsilbe:

*bhérō: gr. φέρω, lat. *ferō*, ai. *bharāmi* usw. (2);

*sérpō ‚krieche': gr. ἕρπω, lat. *serpō*, ai. *sarpāmi*;

zweitens mit Betonung des Themavokals und deshalb Nullstufe in der Wurzelsilbe:

*glubhō in γλύφω ‚schnitze, höhle aus' neben **gléubhō* in lat. *glūbō* ‚abschälen', ahd. *klioban* ‚spalten', engl. *cleave*;

*gr̥bhō in γράφω ‚schreibe' (ursprünglich ‚ritze') neben **gérbhō* in mhd. *kerben*, ae. *ceorfan*, nengl. *carve*.

Dieser Typus, gewöhnlich Typus *tudáti* genannt (ai. *tudáti* ‚er schlägt', vgl. lat. *tundō tutudī*), ist sehr selten, da er gewöhnlich als der thematische Aorist benutzt wird, z. B. ἔφυγον ‚ich floh' (3).

(1) Vgl. Schwyzer I 680f.; Szemerényi, SMEA 3, 1967, 82f.; und
Fs. Risch, 1986, 441 (: ἐϱέω ‚rudere‘). Der hethitische Präsens-Ablaut e/a
(z. B. epp-/app- ‚ergreifen‘) ist nach Kammenhuber, KZ 94, 1980, 36,
idg. ē/ə, s. noch weiter unten IX. 4.3 (28). Über slav. damï s. Kořínek,
Listy filologické 65, 1938, 445f.; Szemerényi, Études Slaves et Rou-
maines (Budapest) 1, 1948, 7–12 (: IE *dō-mi, nicht redupliziertes
*di-dō-); Kuryłowicz, To honor R.Jakobson, 1967, 1127f.; Bam-
mesberger, IF 87, 1983, 239f. – (2) Über das idg. Alter dieser Bildung
Szemerényi, Syncope 189f. – (3) Schwyzer, 683; Kuryłowicz,
Categories 116; Watkins, Verb 63; Lazzeroni, SSL 18, 1978, 129–48.
Über diesen Typus im Altengl. s. Seebold, Anglia 84, 1966, 1–26;
Bammesberger, KZ 87, 1973, 272f.; und für das Urgermanische in:
J. Untermann–B. Brogyanyi (Hrsg.), Das Germanische und die Re-
konstruktion der idg. Grundsprache, 1984, 1–24. Nach Benveniste,
Origines 167, ist dieser Typus immer nominalen Ursprungs.

Zusatz. In einigen Fällen scheint die o-Stufe vorzuliegen, vgl. got.
mala, lit. *malù* ‚mahle‘; daraus hat man die Existenz von o-stufigen
thematischen und sogar athematischen idg. Präsentia erschlossen, s.
Meillet, Introduction 203; Hiersche, IF 68, 1963, 149–159. Es fällt
aber auf, daß in mehreren solchen Fällen neben der o-Stufe auch andere Stufen erscheinen (vgl. air. *melim*, aks. *meljǫ*), und insbesondere daß in den meisten Fällen ein Labial vorausgeht oder folgt;
s. Szemerényi, SMEA 1, 1966, 45f., bes. Fn. 74.

S. noch Meillet, MSL 19, 1916, 181–92; Beekes, Laryngeals 131, und
auch 28f., 40f., 58f.; Jasanoff, in: Heth. und Idg., 1979, 84f. – Meid,
Präteritum 65f., meint, daß die -o-stufigen Präsentia aus Perfekten umgeformt sind, vgl. dazu Vaillants Erklärung von *bojati* unten IX. 4.3 (18).

4.1.2 Reduplizierte Bildungen (1)

Das Hauptkennzeichen dieser Bildungsweise besteht in der *Wiederholung* der Wurzel, die *total* oder *symbolisch* sein kann. Bei der
totalen Reduplikation wird die ganze Wurzel wiederholt – z. B. ai.
dar-dar-ti ‚zersprengt, zerspaltet‘, gr. μαϱμαίϱω ‚glänzen‘ aus
*mar-mar-yō, ποϱφύϱω ‚bin in heftiger Bewegung‘ aus φυϱ-φυϱ-
(dissimiliert), aks. *glagolati* ‚sprechen‘ aus *gal-gal-; manchmal
wird ein i eingefügt: ai. 3.Sg. *bhar-ī-bhar-ti*, 3.Pl. *bhar-i-bhr-ati*
‚fortwährend tragen‘, wobei der Wechsel von ī und i offenbar
durch rhythmische Faktoren bestimmt ist (2). Bei der symbolischen Reduplikation wird dagegen nur ein Teil der Wurzel wiederholt; vgl. für die verschiedenen Möglichkeiten: ai. *var-vart-(t)i*

‚dreht‘, *dē-diš-* ‚zeigen‘ aus **dei-dik-*, *rō-ruč-āna-* ‚leuchtend‘ aus **leu-luk-*.

Die häufigste Form der symbolischen Reduplikation besteht in der Wiederholung des Anlauts. Nur diese Form der Reduplikation scheint im Idg. grammatikalisiert worden zu sein, sie wird hier einfach als Reduplikation bezeichnet.

Die Reduplikation besteht gewöhnlich darin, daß der anlautende Konsonant mit einem *i* vor der Wurzel erscheint (3): ai. *bi-bhar-* ‚tragen‘, lat. *gi-gn-ō*. Wie bei dem letzteren Beispiel, wird bei mehrkonsonantischem Anlaut gewöhnlich nur der erste Konsonant wiederholt: gr. ἀπο-δι-δρά-σκω ‚laufe weg‘. Aber bei anlautendem s + Verschlußlaut scheint ursprünglich die ganze Gruppe wiederholt worden zu sein, was aber in den meisten Sprachen zu Dissimilationen führte; vgl. **stā-*, redupliziert **sti-st-*, lat. *sistō*, gr. ἵστᾱμι (aus **si-st-*), aber ai. *tisth-* (4). Für vokalischen Anlaut vgl. gr. ἰ-άλλω ‚sende‘: ai. *iy-ar-ti* ‚setzt in Bewegung‘; oft kommt die *totale* (: *intensive*) *Reduplikation* vor, bei der Vokal und erster Konsonant wiederholt werden, vgl. ἀρ-αρ-ίσκω ‚füge zusammen‘, ai. *ar-ar-ti* ‚regt sich‘ (5).

Mit der Wiederholung war ursprünglich wohl allgemein auch semantisch die Nuance der Wiederholung bzw. Intensität verbunden. In den historischen Sprachen ist dies aber nur bei der (fast) totalen Reduplikation der Fall, wie bei den aind. Intensiva, während bei der grammatischen Reduplikation diese Bedeutungsnuance nicht zu bemerken ist (6).

Die reduplizierten Präsensbildungen können wieder athematisch oder thematisch sein. Vgl. für die ersteren

*dhi-dhē-mi ‚ich stelle‘: gr. τίθημι, lat. *crēdō* aus *kret-dhidhō (7);
*di-dō-mi ‚ich gebe‘: gr. δίδωμι, vestinisch *didet* ‚dat‘, wohl auch
  lat. *reddō* aus **re(d)didō* (3);
*sti-stā-mi ‚ich stelle wohin‘: gr. ἵστᾱμι;
*ghi-ghē-ti ‚verläßt, geht‘: gr. κίχημι, ai. *ji-hī-tē*, vgl. ahd. *gān*;
*bhi-bher-ti ‚trägt‘: ai. *bi-bhar-ti*.

Thematisierte Formen sind:
*sti-st-ō: lat. *sistō*, ai. *tiṣṭhāmi*;
*pi-b-e-ti ‚trinkt‘: ai. *pibati*, lat. *bibit*, air. *ibid* (s. oben VI. 4.4.1)
*si-zd-o ‚hinsetzen, sitzen‘: lat. *sīdō*, ai. *sīdati*, gr. ἵζω;
*si-s-ō ‚werfen, säen‘: lat. *serō*, vielleicht heth. *sissa-* (8).

(1) Über die Reduplikation im allgemeinen: B r u g m a n n, Grundriß²
II 3, 20 f.; P i s a n i, Sul raddoppiamento indoeuropeo, Rendiconti Accad.

Lincei VI/2, 1926, 321–37; Hirt, IG 4, 1928, 6–15; Meillet, Introduction 179–82; Schwyzer I 646f.; Abrosini, Ricerche ittite, ASNP 28, 1959, 285–292; N. v. Brock, Les thèmes verbaux à redoublement du hittite et le verbe i-e., RHA 75, 1964, 119–165; Kronasser, Etymologie, 1966, 569; L. Herlands Hornstein, Studies J. A. Kerns, 1970, 59–64; Dressler, KZ 85, 1971, 14f.; Heller, Word 22, 1973, 303–9. – (2) Beekes, The disyllabic reduplication of skt. intensives, MSS 40, 1981, 19–25 (: von Wurzeln mit Anlautsgruppe HC-); vgl. aber auch heth. *takku-takkuwa-*. – (3) Ursprünglicher *i*-Vokalismus für Präsentia wird angenommen von Leumann, Morphol. Neuerungen (oben 2.2.2) 27, 44f., s. schon Brugmann, o.c., 104. Daß das Idg. nur *didōmi* gehabt hätte, wird bestritten von Schwyzer I 648; Emeneau, Language 34, 1958, 409f.; Cowgill, ibid. 40, 1964, 346[21]; Insler, IF 73, 1968, 64[8]. Dennoch wird sich die *i*-Reduplikation schon im Idg. für die Präsentia festgesetzt haben; die *e*-Reduplikation wurde auf den Aorist (Kuryłowicz, Categories 119) und das Perfekt beschränkt. Aber *e*-Reduplikation scheint für frühere Zeiten erwiesen durch ai. *jagat* ‚Welt‘ (späteres Präs. *jigāti*), s. Narten, in: India Maior – Congrat. Vol. Gonda, 1972, 161–6; und Bech, Idg. Verbalmorphologie, 1972, 52, 63. – (4) S. Meillet, Sur des formes à redoublement, Mél. Havet, 1909, 263–278; Brugmann, IF 31, 1913, 89–94. – (5) Diese Reduplikation darf nicht als die attische bezeichnet werden (so z. B. Schwyzer I 647 für ὀϱοϱ-, ἀγαγ-), diese Bezeichnung sollte auf den Perfekttypus ἔδηδα, ἐλήλυϑα beschränkt bleiben (so auch Rix 1976: 204), worüber noch weiter unten 4.3b) mit (11). – Für die intensive Reduplikation (vgl. Rix 205) bietet das Anatolische interessante Parallelen, vgl. z. B. 3. Sg. Präs. *el-elhaiti*, aber 3. Sg. Impv. *elhadu*, s. Watkins, 5. Fachtagung, 1975, 372, und lange vorher Forrer, SPAW 1919, 1035; ZDMG 76, 1922, 221; sowie Laroche, Dict. de la langue louvite, 1959, 36; und jetzt auch *as-es-* ‚ansiedeln‘, *hul-huliya-* ‚kämpfen‘, Risch, Die Ausbildung des Griechischen im 2. Jhtsd., in: Rheinisch-Westfäl. Akad. Abh. 72, 1984, 183, Fn. 36 (: also vielleicht nicht eine gr. Neuerung). – (6) Vendryes, MSL 20, 1916, 117f., hat den redupl. Präsentien einen ‚aspect déterminé‘ zugeschrieben, s. Schwyzer I 690, wo auch über die Annahme einer kausativen Bedeutung (neuerdings Kronasser, o.c., 571–2), wozu die Beispiele nicht ausreichen. Brock 147f. kehrt zu einer iterativen Bedeutung zurück. – (7) Szemerényi, Archivum Linguisticum 4, 1952, 49; Serbat, Revue de Philologie 42, 1968, 86. Altir. *iad-* ‚schließen‘ repräsentiert ein idg. *epi-dhi-dhə-* ‚zumachen‘, s. Hamp, Ériu 24, 1973, 163; für ein germ. *dedō-*, s. Lühr, in: Das Germanische, zitiert oben 4.1.1 (3), 1984, 39f. – (8) S. Laroche, BSL 58, 1963, 75; K. H. Schmidt, BBCS 26, 1976, 388: hisp.-kelt. *sisonti* ‚sie entsenden‘.

4.1.3 *Nasalbildungen*

Die meisten idg. Sprachen kennen eine Bildung, in der ein Nasal, ursprünglich nur in die Wurzel „infigiert", später auch suffigiert, dazu dient, vom Verbalstamm ein Präsens zu formen. Die ursprünglichsten Typen sind im Altindischen am schönsten erhalten, und bei der Beurteilung der Typen der anderen Sprachen müssen wir uns an den aind. Verhältnissen orientieren (1).

Die aind. Grammatiker haben den drei Nasalbildungen je eine Klasse in ihrem Zehnklassensystem der Präsensbildungen zugewiesen. Die 7. Klasse wird durch die Präsensbildung der Wurzel *yuǰ-* ‚verbinden' veranschaulicht, die Ablaut aufweist:

1. **yunáǰ-mi,* 2. *yunák-ṣi,* 3. *yunák-ti* – 4. *yuñǰ-más,* 5. *yuṅk-thá,* 6. *yuñǰ-ánti.* Vgl. noch *bhid-* ‚spalten': 3. *bhinát-ti* – 6. *bhind-ánti; čhid-* ‚abschneiden': 3. *čhinát-ti* – 6. *čhind-ánti.*

In allen diesen Fällen sieht es so aus, als wäre in die nullstufige Wurzel (*yuǰ- bhid-* usw.) das Element *na* (2) infigiert worden (*yu-na-ǰ-, bhi-na-d-*), das außerhalb des Singulars zu *n* wird (*yu-ñ-ǰ-, bhi-n-d-*); der so entstandene Präsensstamm wird athematisch flektiert.

Ähnliche Verhältnisse sind bei der ai. 5. Klasse zu beobachten:
šru- ‚hören': 3. *šṛṇóti* – 4. *šṛṇumás,* 6. *šṛṇuvánti;*
und bei der 9. Klasse:
krī- ‚kaufen': 3. *krīṇáti* – 4. *krīṇīmás,* 6. *krīṇánti.*

De Saussure verdanken wir die Einsicht, daß *šṛṇō-* aus *šru-* ebenso entstanden ist wie *bhinad-* aus *bhid-*, nämlich als *šṛ-na-u-*. Etwas komplizierter ist die Lage bei der 9. Klasse, aber auch hier vertritt er die Auffassung, daß *punāmi* ‚ich reinige' und *pavate* ‚er reinigt', *pūta-* ‚rein' aus **pew(ə)-etoi* bzw. **puə-to-* (s. oben V. 3.5) sich zueinander so verhalten, daß *punā-* aus **pu-na-ə-* entstand, indem *a-ə* zu *ā* wurde. Die drei Bildungsweisen laufen also vollkommen parallel; ins Indogermanische umgesetzt erhalten wir:

yeug-/yug-	kleu-/klu-	pewə-/puə-
*yuneg-/yung-	**kḷneu-/kḷnu-*	**puneə-/punə-.*

Von diesen drei Bildungen ist im Griech. nur eine unverändert erhalten, der Typ der ai. 9. Klasse (3). Vgl.

1. δάμνᾱμι, 3. δάμνᾱσι – 4. δάμνᾱμεν, 5. δάμνᾰτε;
bei Homer (mit ᾱ > η) δάμνημι δάμνησι. Der Typ der ai. 5. Klasse wurde etwas umgemodelt:

1. δείχνῡμι   4. δείχνῠμεν
2. δείχνῡς   5. δείχνῠτε
3. δείχνῡσι   6. δειχνύᾱσι;

der Ablaut vū/vŭ wurde aus *neu/nu-* nach vā/vă umgeformt. Der
Typ der ai. 7. Klasse ist außerhalb des Arischen nirgends sicher erhalten; eine mögliche Ausnahme ist das Hethitische (4).

Neben diesen drei athematischen Bildungsweisen gibt es auch die
entsprechenden thematischen Formen. Skt. *bhinatti* wird im Pāli
zum thematischen *bhindati*, und im Lat. ist nur *findō* bekannt; dem
ai. *yunakti* entspricht lat. *iungit*, dem athem. *riṇakti* ‚(über)läßt‘ lat.
linquit. Öfter ist im Arischen schon früh nur die thematische Bildung im Gebrauch, vgl. ai. *siñčati*, avest. *hinčaiti* ‚gießt aus‘, dagegen
ai. them. *vindati*, avest. athem. *vinasti* (aus -ad-ti) ‚findet‘. Der
Übergang zur thematischen Flexion ist wohl von der 3. Pl. auf -*onti*
ausgegangen, die auch als thematisch angesehen werden konnte,
und in einigen Fällen vielleicht schon zu idg. Zeit, vgl. lat. *rumpō* =
ai. *lumpāmi* ‚zerbrechen‘ (5).

Die klar charakterisierten Endstücke -*nā*- und -*neu*-, in denen ursprünglich nur *n* oder *ne* das Bildungselement war, wurden immer
mehr als einheitliche Suffixe verwendet (6), wie in lat. *asper-nā-rī*,
conster-nā-rī (7), ai. *badh-nā-ti* ‚bindet‘, bzw. lat. *sternuo*, gr. ζεύ-
γνῡμι (8). Die thematisierten -*n(ə)-o*- und -*nw-o*- haben auch um
sich gegriffen. Vgl. gr. τίνω ‚zahlen‘ aus *τινϝω; zu -*n(ə)o*- kam
noch suffixales -*no*- und -*n̥o*-, z. B. θηγάνω ‚wetze‘ (9). In allen idg.
Sprachen wurden die ursprünglich athematischen nasalinfigie-
renden (10) Bildungen allmählich durch thematische (oft suffigierte)
Nasalbildungen ersetzt (11).

(1) Vgl. Schwyzer I 690f.; Specht, Ursprung 283f.; Kronasser,
Die Nasalpräsentia und Kretschmers objektive Konjugation im Idg.,
1960; Puhvel, Laryngeals and the IE verb, 1960, 14f.; Erhart, Bemerkungen zum Nasalinfix im Slavischen, Sborník Brno A/12, 1964, 59f.;
Ivanov, Obščeind. 175f.; Kronasser, Etymologie, 1966, 432f.;
Strunk, Nasalpräsentien und Aoriste, 1967; Otkupščikov, Iz istorii
ie. slovoobrazovanija, 1967, 96–106 (alle *n*-Bildungen sind denominativ);
Lindeman, Bemerkungen zu den germ. Nasalverben, NTS 22, 1968,
83–90; M. García Teijeiro, Los presentes ie. con infijo nasal y su evolución, Salamanca 1970; Jasanoff, Lg. 49, 1973, 866 (über die germ. Varianten -*nō*-, -*ni*-, -*nai*-); Rix, 1976: 209f.; Bader, BSL 74, 1979, 191–
235 (-*nu*-Verba); Strunk, InL 5, 1980, 85–102; Réflexions sur l'infixe
nasal, in: E. Benveniste aujourd'hui II, 1984, 151–60. – Über den Ursprung der Infixe s. R. Ultan, Infixes and their origins, in: Seiler

(Hrsg.), Linguistic workshop III, 1975, 157–205. Da als Infix nur *n* erscheint (*m* nur vor Labialen), ist es nicht unmöglich, daß bei gewissen
häufigen Verben durch Auflösung eines emphatischen Konsonanten,
etwa aus **yuggō *ruppō*, die neuen **yungō *rumpō* entstanden, von
denen dann *n* weiter wucherte und sogar durch sekundäre Vollstufe ein
VnH zu *VneH* führte. – (2) Idg. *ne/n* wird angenommen von Saussure, Recueil 224; Specht, KZ 59, 1932, 82; Cowgill, Language 39,
1963, 252. Für einfaches *n* sind dagegen Hirt, Der idg. Ablaut, 1900, 46,
138f.; IG 4, 1928, 198f.; Benveniste, Origines 159f.; Strunk, Nas.
26. Benveniste nimmt an, daß der Nasal in seinem „thème II" infigiert
wird, d. h. nicht in **yug-*, sondern in **yweg-*; vgl. dagegen Cowgill, l. c.
– (3) Zur 7. ai. Klasse schon Brugmann, MU 3, 1880, 143–58; und
jetzt auch Strunk, KZ 83, 1970, 216–26 (cf. Szemerényi, Gn 44, 1972,
507); IF 78, 1975, 51–74; dagegen Lazzeroni, SSL 20, 1980, 47; und
Viredaz, Hart unter (4). – Über die 8. ai. Klasse (*tanoti*) s. Strunk,
Nas. 72f.; dagegen Beekes, Laryngeals 279. – (4) Über das Hethitische
s. N. v. Brock, Thèmes verbaux à nasale infixée en hittite, RHA 70,
1962, 31–36; Kronasser, Etymologie 432f.; Lindeman, BSL 71,
1976, 114f.; Viredaz, ebd. 165–73; Hart, ArchL 8, 1977, 133–41; Oettinger, Stammbildung, 1979, 135–141; Strunk, in: Heth. und Idg.,
1979, 237–56 (: heth. *hunek-* ~ ai. *yunaj-*). – (5) So Strunk, Nas. 32f. –
(6) Kuryłowicz, Categories 107f. – (7) Gegen Meillets These (z. B.
Mél. Vendryes, 1925, 275–85; Introduction 217; noch angenommen von
Stang, Vgl. Gram. 323), daß im Idg. nur *-nā-* existierte, haben neuere
Forschungen gezeigt, daß auch Präsentien auf *-nē-* und *-nō-* existierten,
s. Cowgill, o. c., 251; Strunk, o. c., 53f.; Beekes, Laryngeals 250f.;
Rix, MSS 27, 1970, 94; Campanile, SCO 32, 1982, 285–9 (: gegen Wak-
kernagels **βάλλημι*, **ὄμνωμι*, aber für eine neue Gleichung: εἰλέω
‚drehen' ~ air. *fillim*, beide aus **wel-nē-*); Bammesberger, Studien
zur Lar.-Theorie 20–6, 87–90. – Sandoz, BSL 69, 1974, 55–61, nimmt
sogar einen Typus auf *-nei-/-ni-* an; damit meint er auch in den noch
immer unklaren Ablaut ai. *nā/nī* Licht bringen zu können, worüber aber
z. B. Kuryłowicz, Apophonie 259; BPTJ 21, 1962, 97 Fn. 3; IG 230;
oder Schmalstieg, KZ 85, 1973, 127f., anders urteilen. – Über die Wur-
zelgestaltung von griechischen Verben wie κίρνᾱμι usw. s. Szemerényi, Webster Memorial, Bristol 1986. – (8) Die Annahme, *nu* sei auch
aus *nA^w* entstanden (so z. B. Martinet, Puhvel, auch García Teijeiro, o. c.,
84), scheint mir unbegründet; so auch Cowgill, o. c., 249f., bes. 253f.;
Strunk, Nas. 112. Andrerseits hat man auch angenommen, daß in
einigen Fällen -νυ- im Griechischen aus -νο- entstanden ist und eine
ursprüngliche Alternanz -νω-/-νο- zu -νω-/-νυ- und letztlich zu -νῡ-/
-νῠ- geführt hat; vgl. Cowgill, o. c., 256; Rix 1976: 210. – Merlin-
gen, Laryngaltheorie und Laryngale, Wien 1983, 119, meint, daß das
Infix -nu- eigentlich mit dem Adverb *nu* ‚jetzt' identisch war, so daß etwa
su-nu-mes nichts anderes bedeutete als ‚wir pressen *jetzt* aus'. – (9) Über

-ano- s. Kuryłowicz, Apophonie 173; Watkins, 5. Fachtagung, 1975, 377 f. – (10) Die Nasalinfixe waren ursprünglich [zum Teil?, s. oben (1)] Nasalsuffixe; von einer Wurzel *yeu- gab es eine Erweiterung *yeu-n- und beide konnten mit einem Determinativ -eg- erweitert werden: die Formen *yéu-eg- und *yeu-n-ég- ergaben *yeug- bzw. *yunég-. Cf. Brugmann, Grundriß² II 3, 274; Schwyzer I 691; Kuryłowicz, Categories 106. Watkins, Verb 24, meint das Problem mit einer *transform rule CCeCn- > CCneC-* lösen zu können. – (11) Zu dem deverbativen Typ ai. *g̑r̥bhāyati* s. noch weiter unten IX. 4.1.5 (3).

4.1.4 -sk-*Bildungen*

Ein gut charakterisiertes Suffix -sk- ist allgemeinidg. (1). In vielen Sprachen ist es noch produktiv, in einigen ist es aber nur in Spuren erhalten. Diese Bildung ist nur thematisch bezeugt und bringt dementsprechend die Wurzel in der Tiefstufe (2), vgl.:

*pr̥k-sk-ō ,frage': ai. *pr̥c̑chāmi*, lat. *poscō* (aus *porkskō), air. *arco*, ahd. *forscōn* ,forschen' (von dem Nomen *forsca);
*gʷm̥-sk-ō ,gehe': ai. *gac̑chāmi*, gr. βάσκω.

Andere Stufen werden wohl analogisch aus anderen Formen eingeführt worden sein, vgl.

*gnō-sk-ō ,erkenne': lat. *(g)nōscō*, gr. (epirot.) γνώσκω, apers. *xšnā-s-ātiy* ,noscat'.

Ebenso wird ursprünglich nur eine Bildungsweise anwendbar gewesen sein; eine Bildung wie gr. γι-γνώ-σκω, mit Reduplikation und -sk-, wird aus *γί-γνω-μι und γνώ-σκω kontaminiert sein (3).

Formal wird -sk- eher eine Vereinigung zweier Suffixe, also *s + k*, darstellen (4) als ein selbständiges Wort, z. B. Toch. A *skē-* ,sich bemühen' (5). Semantisch zeigen die verschiedenen Sprachen sehr verschiedenartige Entwicklungen. Die im Latein so bedeutend gewordene inchoative Funktion ist in den anderen Sprachen kaum bekannt, sicher ist sie sekundär von Fällen verbreitet worden, in denen der Stamm die inchoative Nuance nahelegte, wie bei *crēscō*. Im Hethitischen, wo die Bildung sehr produktiv ist, kann eine iterativ-durativ-distributive Bedeutung festgestellt werden, vgl. *walliskitsi* ,er preist wiederholt', *atskantsi* ,sie fressen (die ganze Nacht hindurch)' (6). Interessant ist, daß im Tocharischen (B) -sk- gewöhnlich eine kausative Bedeutung entwickelt: *rittäskau* ,ich verbinde'; es gibt aber noch Reste einer iterativen oder durativen Bedeutung (7). Es ist somit wahrscheinlich, daß alle späteren Nuancen aus einer ite-

rativ-durativen Grundbedeutung entstanden sind (8), die noch im
homerischen Sprachgebrauch erhalten ist (9).

(1) Die einzige Ausnahme ist das Baltische, aber das allgemein in
dieser Funktion gebräuchliche Suffix -st- ist vielleicht aus -sk- entstanden, s. Leumann, IF 58, 1942, 128 f.; Hamp, PCLS 9, 1973, 173 f.
Im Germanischen sind nur einzelne Reste bewahrt, z. B. ahd. *wascan*
‚waschen' aus **wod-sk-* zu (got.) *watō* ‚Wasser'; ahd. *eiscōn*, ae. *āscian*
‚h-eischen, ask' (vgl. lat. *quaerō* aus **co-ais-ō*, s. Glotta 38, 1960, 232–8),
also aus germ. **ais-sk-*. – Zu der -sk-Bildung im allgemeinen s. Vendryes, Mél. Lévi, 1911, 173–82; Schwyzer, GG I 706 f.; Couvreur,
Les dérivés verbaux en *-ske/o-* du hittite et du tokharien, Revue des
études ie. 1, 1938, 89–101; Ruipérez, Aspectos y tiempos del verbo
griego antiguo, 1954, 130 f.; Hiersche, Sprache 6, 1960, 33–8; Kuryłowicz, Categories 106 f.; Szemerényi, Syncope 5, 67 f.; Risch,
Symbolae Kuryłowicz, 1965, 239 f.; Ivanov, Obščeind. 139 f.; Kronasser, Etymologie, 1966, 575 f.; A. G. Ramat, AGI 52, 1968, 105–23;
Watkins, Verb 56 f., 70 f., 111; Mignot, Les verbes dénominatifs
latins, 1969, 145 f.; Berrettoni, Considerazioni sui verbi latini in *-scō*,
SSL 11, 1971, 89–169; Lehmann, PIE Syntax, 1974, 147 f.; Rix 1976:
213; Leumann² 535 f.; Ivanov, Glagol 205 f.; Shields, Em 52, 1984,
117–23. – (2) Szemerényi, Syncope 5; Kronasser 581 f. Aber das
apers. Verbum für ‚gehen' ist nicht **r̥satiy* (R. Schmitt, IIJ 8, 1965, 275 f.),
sondern *rasatiy* (Weber, Inchoativa im Mitteliranischen, Diss. Göttingen 1970, 109, trotz Schmitt, Krat. 20, 1976, 47), das nach *ǰasatiy* (im
Avest. belegt) umgeformt wurde. Im Hethitischen ist die Flexion thematisch, aber nach der *-mi*-Klasse, s. Pedersen, Hittitisch 82. – (3) Leumann² 537, und Morph. Neuerungen (s. 2.2.2) 45; R. Schmitt, o. c.,
279 f. Vgl. noch Schwyzer 710; Forssman, MSS 23, 1968, 14–20. – (4)
Ivanov, l. c.; Glagol 207–11 (toch. B *pāsk-*: A *pās-* usw.); Kronasser
581; Adrados, IF 86, 1982, 96 f. – (5) Ein einheitliches -sk- fordert
Porzig, IF 45, 1927, 166; ein zweites Glied erwägen Schwyzer 707
Fn. 1; Georgiev, KZ 97, 1984, 233 f. (wie im Text!). – (6) Kronasser
575 und, besonders klar, Friedrich, Heth. Elementarbuch I, ²1960,
140 f.; s. jetzt auch Dressler, Studien zur verbalen Pluralität, 1968, 159–
236. Von Soden (Fs. Otten, 1973, 311–9) neigt zur Annahme eines
akkadischen Einflusses (*-tan*-Iterativ!) über die Schreiberschulen. – (7)
Krause, Westtoch. Gram. I, 1952, 82 f. – (8) Kuryłowicz, Categories
107; Ramat (iterativ-intensiv); Couvreur, weniger richtig, kausativ-
intensiv. „Ruck- oder aktweise vor sich gehende Iteration" wurde von
Porzig (IF 45, 1927, 152–67) angenommen, während Meillet (Introduction 221) der Bildung einen „aspect déterminé" zuschrieb, (204:) „in-
diquant un procès dont le terme est envisagé". S. jetzt auch Leumann²
536 f. – (9) S. Wathelet, Études de linguistique homérique, AC 42,
1973, 379–405 (: anscheinend eine archaische Bildung, bewahrt und wei-

terentwickelt im Ionischen Kleinasiens); Rix 1976: 229; Kimball, A Homeric note, Glotta 58, 1980, 44–6 (: Iterativa).

4.1.5 -yo-*Bildungen*

Zweifelsohne das bedeutendste und produktivste Präsenssuffix des Spätindogermanischen ist -*yo*-, das zur Bildung sowohl von deverbativen wie auch von denominativen Präsentien diente; die Flexion war thematisch, aber im Hethitischen, wie bei den -*sk*-Verben, nach der -*mi*-Klasse (1). Die Bildung war im Idg. klar, in verschiedenen Einzelsprachen ist sie durch Verlust von -*y*- zwischen Vokalen oder durch Wandel nach Konsonanten verdunkelt worden; lat. *moneō*, griech. δοκέω hatten im Auslaut ursprünglich -*eyō*, die Folgen -*gy*- -*dy*- bzw. -*ky*- -*ty*- ergaben im Griech. -ζ- bzw. -σσ-/ -ττ-, vgl. ἅζομαι ‚verehre‘ (: ἅγιος ‚heilig‘), ἐρίζω ‚streite‘, φυλάσσω ‚bewache‘, λίσσομαι ‚flehe an‘ (: ἐριδ-, φυλακ-, λιτ-). Durch spätere Kontraktionen sind dann die ursprünglichen Verhältnisse fast unkenntlich geworden: lat. *dōnās* ‚schenkst‘ stammt von *dōnāyesi*, *monēs* ‚warnst‘ von *moneyesi* usw.

Bei Ableitungen von Verben kann -*yo*- dazu verwendet werden, zu einer Verbalwurzel einen Präsensstamm zu bilden oder von einem Verbum ein richtiges Deverbativ zu formen. So wird von der Wurzel *spek*- ‚schauen‘ das Präsens nicht als *spek-mi* oder *spek-ō* gebildet, sondern als

spekyō: lat. *speciō, con-spiciō*, ai. *paśyāmi*; gr. σκέπτομαι entstand durch Metathese.

Dagegen steht φοβέομαι ‚fliehen, sich fürchten‘ einem einfachen φέβομαι ‚fliehe‘ zur Seite. Bei den Deverbativen sind besonders zwei Typen weit verbreitet: die 3. Sg. endet auf -*ā-ye-ti* bzw. -*eye-ti*, die letztere mit o-Abtönung der Wurzel, wenn der Grundvokal *e* ist, die Bedeutung ist iterativ-intensiv oder kausativ; vgl. lat. *domāre* = ahd. *zamōn*, idg. *domāyō* (2), und *moneō* aus *moneyō* ‚erinnere‘ zu *men*- ‚sich erinnern‘ in *meminī*. Daneben gibt es auch dehnstufige Bildungen mit *ē* wie gr. ληκάω ‚tanzen‘: lettisch *lēkāju* ‚ich hüpfe‘, gr. πηδάω ‚hüpfe‘, lat. *cēlāre* ‚verstecken‘ zu *kelō* in *occulō, sēdāre* ‚beruhigen‘ zu *sedeo* ‚sitze‘, aber auch mit *ō* wie τρωπάω ‚hin und herwenden‘, ποτάομαι ‚häufig fliegen‘; auch schwundstufige Formen wie ahd. *borōn* ‚bohren‘, gr. σφριγάω ‚strotze‘. Dehnstufige Bildungen kommen auch bei der -*eye*-Gruppe vor, vgl. griech. πωλέομαι ‚versor‘: πέλομαι, ai. *svā-*

payati ‚schläfert ein‘: *svap-* ‚einschlafen‘, ahd. *fuoren* ‚fahren machen, führen‘: *faran*.

Denominativa können mit *-yo-* von allen Stammklassen gebildet werden; vgl. ai. *namas-* ‚Verehrung‘: *namas-yáti* ‚er verehrt‘, *šatru-* ‚Feind‘: *šatrū-yáti* ‚handelt wie ein Feind‘, heth. *laman-* ‚Name‘: *lamniya-* ‚bezeichnen, benennen‘ = ὄνομα: ὀνομαίνω = got. *namō*: *namnjan*. Bei *o*-Stämmen lautet das Verbum auf *-e-yō* aus: δῶρον ‚Geschenk‘: δωρέομαι ‚schenken‘, πόλεμος ‚Krieg‘: πολεμέω ‚kämpfen‘; später wurde aber in einigen Sprachen auch *-o-yō* eingeführt, so im Griechischen (z. B. ἐλευθερόω schon im Mykenischen), vielleicht auch im Phrygischen (in *kakoioi*?, s. Brixhe–Lejeune, Inscriptions paléo-phrygiennes, 1984, 87), und im Germanischen, s. Dishington, o. c. unten (13), 859–63. Der Ausgang *-āyō*, der ursprünglich natürlich nur bei *ā*-Stämmen zuhause war – z. B. ai. *pr̥tanā* ‚Kampf‘: *pr̥tanāyáti* ‚kämpft‘, gr. τιμάω ‚ich ehre‘, lat. *cūrā-re*, russ. *rabota* ‚Arbeit‘: *rabotaju* ‚ich arbeite‘ –, hat um sich gegriffen: er kann im Latein von allen Stämmen Verba bilden (vgl. *gener-āre*, *laud-āre* usw.), aber als Ersatz für *-eyō* bei *o*-Stämmen geht sein Gebrauch, wie es scheint, in das Spätidg. zurück, vgl. lat. *dōnāre* von *dōnum*, gr. ὑπνάω in hom. ὑπνώοντας von ὕπνος (3).

Diese Auffassung (4) ist, besonders was die Deverbativa betrifft, nicht allgemein anerkannt. So hat man früher die Typen **moneyō *domāyō* als Denominativa betrachtet (5), und diese *o*-stufigen Formen legen jedenfalls Ableitung von Nomina nahe: φορέω ποτάομαι scheinen zunächst mit φόρος ποτή zusammenzugehören (6). Chronologisch dürfte dann nullstufiges **lukéye-* von einem Verbaladjektiv **luké-/*lukó-* (vgl. vedisch *rucayanta* ‚sie sollen leuchten‘ von *ruca-* ‚hell, licht‘) das Älteste repräsentieren; die nächste Stufe war wohl die Bildung des Typus **louké-ye-* von dem neuaufgekommenen Verbaladjektiv **loukó-* (vgl. vedisch **rōčayati* von *rōča-* ‚leuchtend‘), der teils iterativ-intensive, teils kausative Bedeutungen annahm, die letztere besonders im Gegensatz zu einem Mediopassiv, vgl. φοβέομαι ‚ich fliehe, fürchte‘: φοβέω ‚in die Flucht jagen, einschüchtern‘ (7).

Die meisten Einzelsprachen weisen die thematische Flexion auf. Das ist besonders klar bei dem deverbalen Typ **spekyō*, aber meistens auch bei den Denominativen vom Typus **moneyō *dōnāyō*. Hauptsächlich aufgrund griechischer Dialekte, in denen (d. h. im Äolischen und Arkado-Kyprischen) statt τιμάω φιλέω ἀξιόω die athematischen τίμᾱμι φίλημι ἀξίωμι gebräuchlich sind, wird zwar immer wieder angenommen, daß wenigstens *-ᾱμι* ebenso alt sei wie

-άω, vielleicht sogar älter, d. h. indogermanischen Alters (8), aber gerade bei dieser Klasse ist dem Ansatz eines idg. athematischen -āmi energisch zu widersprechen. In den fraglichen griechischen Dialekten bestehen noch Reste der thematischen Flexion (z. B. äol. τίμαι 3. Sg. aus -ā-ει), im Germ. weisen got. *salbōs* (2. Sg.) und *salbōþ* (3. Sg. und 2. Pl.) auf *-āyesi -āyeti -āyete*, usw. (9); die auf den ersten Blick als verwandt anmutenden heth. Bildungen auf *-ah-mi* gehören nicht hierher, da sie prinzipiell von Adjektiven abgeleitet sind, z. B. *newahmi* ‚ich erneuere‘ von **newa-* ‚neu‘, während die in Frage stehenden Verba von Substantiven abgeleitet sind (10).

Bei den Verben auf *-eyō* führt der Vergleich zu keinem einheitlichen Ergebnis. Das Arische und Griechische (z. B. φοβέω) führen auf eine regelrechte thematische Flexion *-eyō/-eyesi/-eyeti/-eyomos* usw., mit dem das lat. Paradigma (z. B. *moneō, -ēs*) wie auch das germanische (z. B. got. *nasja -jis* ‚retten‘ aus **noseyō *noseyesi*) übereinstimmen. Aber das Slavische bietet als Entsprechung *nositi* ‚tragen‘ oder *saditi* ‚setzen, pflanzen‘ mit Präsentien auf *-jǫ -iši -itŭ -imŭ -ite -ętŭ* (aus *-int-*); die 1. Sg. zeigt also *-yō*, nicht *-eyō*, und in den anderen Personen erscheint durchgehend *-i-*, das auf *ī* oder *ei*, augenscheinlich nicht auf *-eye-/-eyo-* zurückgeht. Diesem Typus entspricht im Baltischen der litauische Typus mit Infin. auf *-īti*, aber Präsens (umgemodelt) auf *-ō-*, z. B. *prašýti* ‚bitten‘, Präs. *prašaũ, prašaĩ, prāšo, prāšome, prāšote, prāšo*.

Diesem *iterativ-kausativen* Typus steht aber im Baltisch-Slavischen eine andere Gruppe gegenüber, die man semantisch als *zuständlich* bezeichnen kann und die formal dadurch charakterisiert ist, daß neben dem Präsens mit *j/i* – diesmal nicht nur im Slavischen so gebildet, sondern auch im Lit. (*-i-* und nicht *-ō-*) – der Infinitiv auf *-ēti* auslautet und dieses *-ē-* auch im Präteritum auftritt; vgl. aks. *mĭnēti* ‚meinen‘, *po-mĭnēti* ‚sich erinnern‘, lit. *minėti* ‚sich erinnern, erwähnen‘ mit den Präsentien *mĭnjǫ mini-ši -tŭ* usw. bzw. *miniù minì mìni minime mìnite mìni* und den Präterita *mĭnē* (aks. 3. Sg. Aor.) bzw. *minē-jo* (3. Sg. Prät.). Diese Gruppe hängt offenbar mit gewissen Bildungen des Germanischen und Lateinischen zusammen (11). Im Germanischen weist die 3. Klasse der schwachen Verba zunächst auffallende lexikalische Übereinstimmungen mit dem Lateinischen auf; vgl. got. *haban* ‚haben‘, *þahan* ‚schweigen‘, *ana-silan* ‚verstummen‘ mit den lat. Entsprechungen *habēre* (12), *tacēre, silēre*. Darüber hinaus ist die Übereinstimmung der ahd. Flexion im Präsens (*habēm -ēs -ēt -ēmēs -ēt -ēnt*) mit der lateinischen kaum dem Zufall zuzuschreiben. Eine genaue Prüfung des Materials ergibt (13), daß das Urgermanische die Präsensflexion *-yō*, *-ēyis*, *-ēyiþ*, *-yam*, *-ēyiþ*, *-yanþ* hatte, die in den Einzelsprachen verschiedentlich entwickelt und ausgeglichen wurde; im Got. z. B. führte *-ēyi-* über *-ēi-* zu *-ai-* (2. *habais*, 3.5. *habaiþ*), während die Formen mit bloßem *-y-* offenbar durch Kontraktion von *-aya-* zu *-a-* zu 1. *haba*, 4. *habam*, 6. *haband* wurden. Damit könnte dann auch die Flexion von lat. *habēre* übereinstimmen, wenn die Formen mit *-ē-* aus *-ēye-/-ēyo-* entstanden sind. Aber die baltischen und slavischen Zustandsverba würden mit dieser Flexion nicht übereinstimmen; dagegen könnten die Denominative wie aks. *o-slabēti* ‚erschlaffen, schwach werden' (von *slabŭ* ‚schwach') mit ihrer Flexion *-ējǫ*, *-ēješi*, *-ējetŭ* usw. dem italo-germanischen Typus entsprechen.

Statt einer einzigen Klasse erhalten wir also bei näherer Betrachtung wenigstens drei, die in den Einzelsprachen meistens wieder vermengt wurden:

a) Iterativ-Kausativa, Typus **moneyō*, *-eyesi*: lat. *moneō*, got. *nasjan*, gr. φοβέω usw.; mit Umgestaltung der Präsensflexion im Balto-Slavischen zu aks. *-jǫ*, *-iši* usw., Inf. *-iti* (13 a).

b) Zustandsverba, Typus lat. *tacēre*: Präsens *taceō tacēs* etc., got. *þaha -ais* usw. Im Balto-Slavischen Inf. auf *-ēti*, aber Präs. wie bei a) (auch im Baltischen!).

c) ‚Denominativa', Typus lat. *albeō* ‚bin weiß': *albeō albēs* etc., got. *leikan* ‚gefallen'; im Balto-Slavischen Inf. auf *-ēti*, Präs. auf slav. *-ējǫ*, *-ēješi* etc. (13 b).

Aber nicht nur die Stammesgestaltung, auch die Flexion und insbesondere die Gestaltung des Suffixes, die wir bisher kaum berührt haben, ist unterschiedlich.

Zunächst ist zu beachten, daß auch bei der einfachsten Suffixform, *-ye-/-yo-*, dieses Suffix nach dem Sieversschen Gesetz (oben V. 7.2.1) in die Allomorphe *-ye-* und *-iye-* zerfällt. Formantisch sind also idg. **spek-yō* ‚ich betrachte' und **sāg-iyō* ‚ich spüre auf' identisch. Die 2. Sg. **spekyesi* und **sāgiyesi* ergeben dann im Lat. *specis* (vgl. *alis alid* aus **alyos *alyod*) und *sāgīs* (*ī* kontrahiert aus *iye*); dem lat. *capis* aus **kap-ye-si* entspricht ahd. *hevis* gegenüber wiederhergestelltem got. *hafjis*, während lat. *sāgīs* dem got. *sōkeis* ‚suchst' (aus **sōkiyisi*) genau entspricht (14). Die Umkehrung des Sieversschen Gesetzes (oben V. 7.2.3) erklärt, wie idg. **logheyō* ‚hinlegen' zu got. *lagja* wurde oder **noseyō* zu *nasja* (15).

Es wird oft angenommen, daß es neben dem ‚starren' Suffix *-ye-/-yo-* auch ein ablautendes Suffix *-yo-/-i-* bzw. *-yo-/-ī-* gab. Die Hauptstütze für diese Annahme ist das Balto-Slavische, wo, wie wir gesehen haben, die Iterativ-Kausativa neben dem Inf. auf -*iti* im Slav. die Präsensendungen -*jǫ*, -*i-ši*, -*i-tŭ* aufweisen und die Zustandsverba neben dem Inf. auf -*ēti* im Slav. dieselben Präsensendungen, im Balt. (Lit.) -*jo-*/-*i-* zeigen. Daß der iterativ-kausative Typ, der vom Indischen und Griechischen im Osten bis zum Germanischen, Keltischen und Italischen im Westen überall dieselbe Gestalt aufweist (*moneyō), im Balto-Slavischen eine idg. Dialekterscheinung aufweisen soll, ist unmöglich; es muß sich um nachidg. Umgestaltungen handeln, indem -*eye*- durch -*ei*- ersetzt wurde (16). Was die Zustandsverba betrifft, so haben wir bei ihnen keine allgemeinen Gründe für oder wider; auch ist die oben für das Germanische angeführte Analyse nicht die einzig mögliche. So wurde u.a. angenommen, daß got. -*ai*- ein idg. -*əi*- fortsetzen soll (17) oder daß das idg. athematische (!) Paradigma im Sg. auf betontem -*ēi*-, in den anderen Numeri auf unbetontem -*əi*- basierte, wodurch *ē*, *ei* (daraus slav. *i*), *i* (aus dem pluralischen -*əi*- mit Verlust von *ə*) und *y* (3.Pl. -*əy-énti* ergab -*y-énti*) alle erklärt werden (18), nur die Struktur des Paradigmas nicht. Noch unwahrscheinlicher war der Versuch, nach dem Muster der labiovelaren Laryngale auch palatalisierte Laryngale einzuführen (oben VI. 4.4.1), wobei *eH^y* zu *ē*, *H^y* in gewissen Umgebungen zu *i* bzw. *y* geworden wären (19). Einleuchtender ist die neueste Erklärung, die die Abweichung in der Quantität zwischen Slav. und Lit. zum Ausgangspunkt nimmt: da slav. *i* und lit. *i* nur im Auslaut gleichgesetzt werden können, wird angenommen, daß die ganze Präsensflexion auf den Formen lit. *mìni* = slav. *mĭni(-tŭ)* aufgebaut wurde, die ihrerseits die 3.Sg. des Perfekts (Endung -*e* + präsentisches -*i*) darstellen; dadurch wird auch die Zustandsbedeutung begründet und eine Verbindung zwischen -*i*- und -*ē*- über den Aorist (vgl. gr. -η-ν) hergestellt (20).

Was zuletzt den Ursprung dieser Bildung betrifft, so kann zunächst rein formal festgestellt werden, daß das Suffix -*yo*- wenigstens zum Teil aus der Thematisierung von *i*-Stämmen hervorgegangen ist. Der Stamm *poti*- ,Herr' wurde durch die Thematisierung zu einem Verb: *potyetoi ,besitzen' (aus ,Herr sein von') lebt weiter in lat. *potitur*, ai. *patyate* (21). Es ist aber nicht unmöglich, daß auch Zusammensetzungen bei der Ausbreitung der Bildung mitwirkten, und zwar sowohl mit *ei- ,gehen' (22) wie, besonders bei den Faktitiven, mit *yo- ,machen', wozu auf heth. *iyami* ,mache, tue' verwiesen werden kann (23).

(1) Vgl. Brugmann, Grundriß² II 3, 178 f.; Meillet, Introduction 217–20; Schwyzer I 712–37; Ivanov, Obščeind. 181–4; Bammes-

berger, Deverbative jan-Verba des Altenglischen, Diss. München 1965;
Stang, Vgl. Gram. 354f.; Vaillant, Gram. comp. III 261f.; Kronasser, Etymologie 467; Mignot, Les verbes dénominatifs latins,
1969, 17f., 81f., 245f. – (2) Vgl. Benveniste, BSL 51, 1965, 15f. – (3)
Szemerényi, SMEA 3, 1967, 78. Aber neben den denominativen -āyō-
Verben gibt es vielleicht auch Deverbativa, die auf eine Nasalbildung zurückgehen, vgl. z.B. ai. gr̥bhāyati, wenn aus *ghr̥bh-n̥-ye-ti (oder -n̥H-
ye-) zu ai. gr̥bhāyati, siehe Saussure, Recueil 235; Jasanoff, IF 88,
1984, 72. – (4) S. bes. Schwyzer, l.c. – (5) Brugmann II 3, 162, 245
(: -eyō von i-Stämmen!); vgl. Specht, Ursprung 329. – (6) Vaillant, BSL
38, 1937, 98. – (7) Vgl. Kuryłowicz, Apophonie 86f., Categories 84f.,
105. Dazu noch Rundgren, Orientalia Suecana 12, 1964, 104f.; Sprache
12, 1967, 133f. – (8) So z.B. Schwyzer I 729; vgl. noch Stang, o.c.,
330; Polomé, Orbis 15, 1966, 197–8; Lindeman, NTS 22, 1968, 88;
Watkins, TPS 1971, 91. – (9) Für das Griech. vorläufig Cowgill, in:
AIED 81f.; Wyatt, TAPA 101, 1971, 606f.; *H.H. Hock, Aeolic inflection of the Greek contract verbs, Yale Diss. 1971; für das Germ. Wiss-
mann, Nomina postverbalia I, 1932, 199f.; Cowgill, Language 35,
1959, 1–15; für das Balto-Slavische Vaillant III 365f. – (10) S. Kronasser, Etymologie 422f. Ohne Berechtigung ist Pedersens Versuch,
Hittitisch 126. – (11) Vgl. H. Wagner, Zur Herkunft der ē-Verba in den
idg. Sprachen, Diss. Zürich 1950; id., Zeitschrift für celtische Philologie
25, 1956, 161–73; Schmalstieg, The Slavic stative verbs in -i-, International Journal of Slavic Linguistics and Poetics 1–2, 1959, 177–183; W.H.
Bennett, The parent suffix in Germanic weak verbs of class III,
Language 38, 1962, 135–141; Cowgill, Language 39, 1963, 264f.; W.P.
Schmid, Studien zum baltischen und idg. Verbum, 1963, bes. 83, 94f.;
Kuryłowicz, Categories 76–84; Stepanova, Die geographische Verteilung der ē-Verba in den idg. Sprachen (russ.), VJ 1965(4), 110–118;
K.H. Schmidt, Ériu 20, 1966, 202–7; Sravnitel'naja grammatika germanskix jazykov (= SGGJ) IV, 1966, 385f.; Polomé, Festschrift Pokorny, 1967, 83–92; Perel'muter, VJ 1969(5), 15f.; Jasanoff, Stative
56f., 94f.; IF 88, 1984, 65. – (12) Got. haban geht auf *kapē- zurück und
ist mit lat. capiō, nicht habēre, verwandt, aber morphologisch repräsentieren beide denselben Typus. – (13) Wagner, o.c., 4, 49f.; SGGJ 389.
Vgl. auch Sehrt, Festgabe Frings, 1956, 6; Krahe, IF 66, 1961, 37–9;
Watkins, TPS 1971, 51–93; Hock, Fs. Kahane, 1973, 333; Gu-
narsson, NTS 27, 1973, 42f.; Jasanoff, Lg. 49, 1973, 866f.; Dishington, Lg. 52, 1976, 851–65 (s. auch Hollifield, Sprache 26, 1980,
50); Feuillet, BSL 76, 1982, 219f. – (13a) Cf. Bammesberger, KZ
94, 1980, 4–9; Jamison 1983. – (13b) Nicht nur diese Klasse, sondern
auch Klasse a) wird von vielen als denominativ angesehen, vgl. Hirt, IG
4, 1928, 227f.; Kuryłowicz, Apophonie 86; Redard, Mél. Chantraine, 1972, 183–9. – (14) Niedermann, Mélanges de Saussure, 1908,
43–57; Graur, BSL 40, 1939, 127–150; Pariente, Emerita 14, 1946,

1–81; Collinge, Laws 283 f. – (15) J. W. Marchand, Language 32, 1956, 285–7. – (16) Vgl. vorläufig Kuryłowicz, Categories 84; s. auch Vaillant III 438–9; Cowgill (1963) 263. – (17) Bennett, o. c. – dagegen SGGJ 387. – (18) W. P. Schmid, o. c. – (19) Diver, Palatal quality and vocalic length in IE, Word 15, 1959, 110–122; Cowgill (1963) 264 f. (über Puhvel). – Eine Alternanz *-ey-/-yo-* wird von Schmalstieg angenommen, La Linguistique 8/1, 1972, 8. – (20) Kuryłowicz, Categories 81, 83; Watkins, Verb 222; Schmalstieg, KZ 87, 1973, 137; Jasanoff, Stative 94 f. – (21) Szemerényi, Syncope 378. – (22) Hirt, IG 4, 226. – (23) Vaillant, BSL 38, 1937, 98; Schwyzer I 714²; Georgiev, Proceedings of the 9th Congress (1962), 1964, 741; Schmitt-Brandt 129.

4.1.6 *Weitere Bildungen*

Außer diesen Hauptpräsensbildungen gibt es noch kleinere Gruppen, die mit weniger produktiven Suffixen gebildet wurden (1).

Unter den Verschlußlauten werden die Dentale relativ häufig für solche Bildungen benutzt; vgl. lat. *pectō plectō flectō nectō* mit *t* (2); *sallō* (vgl. *salsus* aus **sald-tos*) *cūdo tendō* mit *d* (3); gr. πλήθω ,ich werde voll', πύθεται ,fault' mit *dh* (4). Der Spirant *s* wird als Präsensformant verwendet in heth. *a r s-tsi* ,fließt' = ai. *arṣati* ,fließt'; ai. *śrō-ṣ-ati* ,hört': *śru-*, gr. αὐξάνω: lat. *augeō*, ἀλέξω ,beschütze': Aor. ἀλ-αλκ-εῖν usw. (5).

Bei den meisten dieser weniger produktiven Suffixe ist die Funktion kaum zu bestimmen; damit nähern sie sich den Wurzeldeterminativen, die oben (V. 5.4) besprochen worden sind.

(1) Im allgemeinen s. Brugmann, Grundriß² II 3, 336 f., 362 f.; Schwyzer, GG I 701–6. – (2) Vgl. Lommel, KZ 53, 1925, 309 f.; Vaillant, BSL 56, 1961, 15–20; Peruzzi, Rivista di Filologia ed Istruzione Classica 40, 1962, 394–408. Die Zusammengehörigkeit der Gruppe wurde schon von M. Bloomfield betont (IF 4, 1894, 69 f.): "a number of verbs meaning ,binding, twisting …' have *-t-: plecto, pecto, necto, flecto?*". – (3) Für *d* wurden Laryngale bemüht von Rosén, Lingua 10, 1961, 199 f., während es von Thibau (Rapports entre le latin et le grec, 1964, 7) als ,Verstärkung' von *y* nach *l* oder *n* erklärt wurde – beide wenig einleuchtende Annahmen. Vgl. jetzt *B. H. Vine, IE verbal formations in *-d-*, Diss. Harvard, 1982. – (4) Benveniste, Origines 188 f.; vgl. 189: «*-dh-* exprime l'état, spécialement l'état achevé». – (5) Schwyzer 706; Kronasser, Etymologie 394 f.; nach Gonda, Four studies in the language of the Veda, 1959, Kap. II, soll *-s-* auch Kausativa gebildet haben. Zu den *-s-*Bildungen s. auch Ivanov, Obščeind. 139 f.; Adrados, IE *-s-*stems, IF 86, 1982, 96–122.

4.2 Aorist und Futur

4.2.1 Bei dem Aoriststamm gibt es zwei scharf geschiedene Bildungsmöglichkeiten: Ableitung vom Verbalstamm mittels -s- (sigmatischer Typ) oder ohne -s- (asigmatischer Typ). Bei dem letzteren Typus finden wir zwei Unterabteilungen: die Endungen (SE) treten entweder mit oder ohne einen Themavokal an den Aoriststamm (1).

a) *Athematischer asigmatischer Aoriststamm*, am besten repräsentiert im Griechischen und Arischen; vgl. gr. ἔ-γνω-ν ‚ich erkannte‘, ai. *a-dā-m* ‚ich gab‘ (2).

Daß dieser Typus ursprünglich Vollstufe im Sg. des Aktivs, Nullstufe in den anderen Numeri und im ganzen Medium aufwies, geht aus der Flexion gewisser langvokaliger Wurzeln im Griechischen hervor, vgl. ἔ-ϑη-κα ‚ich setzte‘: ἔ-ϑε-μεν, ἔ-δω-κα ‚ich gab‘: ἔ-δο-μεν, hom. ἔ-η-κα ‚ich warf, sandte‘: 1.Pl. -έμεν, und die entsprechenden medialen Formen ἐ-ϑέ-μην, ἐ-δό-μην, ἔ-ντο. Diese Alternation ist schon bei Homer auf die eben genannten Verba und vielleicht hom. ἔ-βη-ν: βά-την beschränkt und im allgemeinen durch einen Gegensatz zwischen Aktiv und Medium ersetzt, vgl. ἔφϑην ‚ich kam zuvor‘: 1.Pl. ἔφϑημεν: Med. φϑάμενος. Dasselbe Verhältnis findet sich im Aind. schon am Anfang der Überlieferung, vgl. *adām* ‚ich gab‘: Med. 3.Sg. *a-di-ta* = gr. ἔ-δο-το, *a-sthā-m* ‚ich stand‘ = gr. ἔ-στη-ν: Med. 3.Sg. *a-sthi-ta*.

Bei Diphthongstämmen oder Stämmen auf (idg.) *e + R* findet sich derselbe Ablaut, aber oft ist die Nullstufe im Aktiv noch erhalten, besonders in der 3.Pl. Vgl. z.B. *a-šrav-am* ‚ich hörte‘, 3.Sg. *a-šrō-t* (idg. **klew-m̥, *kleu-t*); *šri-* ‚sich wohin begeben‘, 2.Sg. *a-šrē-s*, 3.Sg. *a-šrē-t*, 3.Pl. *a-šriy-an* (idg. **klei-s, *klei-t, *kliy-ent*); *gam-* ‚gehen‘, 1.Sg. *a-gam-am*, 2. 3.Sg. *agan*, 3.Pl. *a-gm-an* (**gʷem-m̥, *gʷem-s, *gʷem-t, *e-gʷm-ent*), so auch *a-kr-an* ‚sie machten‘ wie im Medium 1.–3.Sg. *a-kṛi a-kṛ-thās a-kṛ-ta*, usw. Im Griechischen gibt es auch noch Reste dieser alten Bildungsweise, vgl. von κτείνω ‚töten‘ (Stamm κτεν-) Aor. Akt. 1.Pl. ἔ-κτα-μεν ‚wir erschlugen‘ (**ktn̥-m-*), Med. 3.Sg. ἀπ-έκτατο (**ktn̥-to*), wozu 1.Sg. Akt. einmal **ἔκτενα* (**kten-m̥*) lauten mußte (3). Zu σεύω ‚treibe‘, χεύω χέ(ϝ)ω ‚gieße‘ gehören die altertümlichen Med. 3.Sg. ἔσσυτο ἔχυτο, 3.Pl. ἔχυντο, es ist deshalb möglich, daß der akt. Aor. 1.Sg. ἔχε(ϝ)α zu unserem Typus gehört und der Sing. ursprünglich **ghew-m̥ *gheu-s *gheu-t* lautete, woraus 1.Sg. ἔχεα und nach diesem 2.Sg. ἔχεας, 3.Sg. ἔχεε entstanden (4).

b) *Thematischer asigmatischer Aoriststamm*: unterscheidet sich vom vorhergehenden Typus darin, daß zwischen Verbalstamm und Endung der Themavokal sichtbar ist; meistens erscheint der Verbalstamm in der Nullstufe. Dieser Typus wird im Vedischen bei fast 60 Verben verwendet und ist auch im Griechischen weit verbreitet (5). Vgl. ai. *a-vid-a-m* ‚ich fand‘, *a-cchid-a-t* ‚er schnitt ab‘, *a-vr̥j-a-n* ‚richteten‘; gr. εἶδον (ἔ-ϝιδ-ο-ν) ‚ich erblickte‘, ἔφυγον ‚ich floh‘, ἔδρακον ‚sie erblickten‘. In anderen Sprachen finden wir diesen Typus gleichfalls, z. B. im Keltischen, vgl. air. *lod* ‚ich ging‘, *luid* ‚er ging‘ aus *ludh-om, *ludh-et, gleichzusetzen mit gr. ἤλυθον, ἤλυθε (6). Unter diesen Umständen ist es überraschend, daß so wenig Wortgleichungen, die sich über mehrere Sprachen erstreckten, aufzufinden sind; man hat sogar festgestellt, daß höchstens der Aorist *wid-o-m* ‚ich habe gefunden, erblickt‘ (ai. und gr., s. oben) auf idg. Alter Anspruch hat (7), oder vielleicht (8) noch *ludh-o-m* ‚ich ging‘ (gr. und air., s. oben).

Trotzdem kann kaum ein Zweifel daran bestehen, daß der Typus in die spätidg. Periode hinaufreicht. Interessant ist aber, daß diese Bildungsweise, die ja überall ziemlich früh ausstirbt, im Arischen und Griechischen anfänglich noch eine gewisse Expansionskraft besaß, indem Verba des ersten Typus in diesen überführt wurden, manchmal sogar dieselben Verba. So hat die ai. 3. Pl. *adr̥śan*, dem gr. ἔδρακον gleichgesetzt, zur Annahme einer idg. 3. Pl. *e-dr̥k-ont* unseres Typus geführt (9). Aber am Anfang der indischen Überlieferung steht ein athematischer Aorist: 1. Sg. *dárśam*, 1. Pl. *ádarśma*, und es ist über allen Zweifel erhaben, daß *(a)dr̥śan* eben die dazugehörige nullstufige Form ist, vgl. oben *akaram : akran* usw. (10).

Eine Unterabteilung dieses Typus bilden die reduplizierten und meistens (im Griech. immer) thematischen Aoriste, die besonders im Frühgriechischen und im Aind. häufig sind (11); vgl. πείθω ‚überreden‘: πεπιθεῖν, φεν- ‚töten‘: ἔπεφνε, κέλομαι ‚zurufen‘: ἐκέκλετο, χαίρω ‚sich freuen‘: κεχάροντο usw. Bei einigen Verben haben diese Aoriste eine kausative Bedeutung, z. B. ἐλάθετο ‚vergaß‘: ἐκ-λέλαθον ‚ließen (ihn) vergessen‘, λαγχάνω ‚erlosen, erhalten‘: λελάχωσι ‚(damit sie mich) teilhaftig machen‘. Bei vokalischem Anlaut erscheint die intensive Reduplikation, z. B. ἀρ-αρ-εῖν ‚zusammenfügen‘; vgl. 4.1.2 (5) und 4.3 b) mit (11). Die reduplizierten Aoriste des Aind. sind grundsätzlich immer kausativ, z. B. *a-vī-vr̥dh-at* ‚ließ wachsen‘.

Ein Einzelbeispiel, das sicher in die idg. Zeit zurückgeht, ist die

schöne Gleichung ai. *avōčam* ‚ich sagte' = gr. ἔ(ϝ)ειπον, aus idg.
e-we-wkʷ-om zu *wekʷ-* ‚sprechen, sagen'; im Griech. wurde
-weukʷ- zu *-weikʷ-* dissimiliert.

c) *Sigmatischer Aoriststamm.* Dieser Typus war im Spätindogermanischen die produktivste Bildungsweise. Er wurde in mehreren
Sprachen schon in ihrer Vorgeschichte zu einem einheitlichen System mit dem Perfekt vereinigt – so z. B. im Keltischen und Latein –,
aber er ist selbständig geblieben im Arischen, Griechischen und Slavischen. Der Typus ist athematisch, d. h., die Sekundärendungen
treten unmittelbar an den mit *s* geformten Aoriststamm (12); vgl.
z. B. gr. ἔδειξα ‚ich zeigte' aus *e-deik-s-m̥* gegenüber εἶδον aus
e-wid-o-m.

Der Stamm zeigte Ablaut in der Wurzelsilbe, wobei die Aussage
der Hauptzeugen auseinandergeht. Das Aind. hat Dehnstufe im
Aktiv und Nullstufe, bzw. bei Wurzeln auf *i* oder *u* Normalstufe, im
Medium; im Konjunktiv herrscht sowohl im Aktiv wie im Medium
die Normalstufe. Zum Beispiel von *nī-* ‚führen' lautet der Sg. im
Akt. 1. *a-nai-ṣ-am*, 2–3. *a-nai-ṣ* (für a-nai-ṣ-s und a-nai-ṣ-t), im
Med. 1. *a-ne-ṣ-i*, 2. *a-ne-ṣ-ṭhās*, 3. *a-ne-ṣ-ṭa*, im akt. Konj. *ne-ṣ-āṇi,*
ne-ṣ-as(i), *ne-ṣ-at(i)*, aber von *rudh-* ‚hemmen' sind die entsprechenden Formen in der 1. Sg. *a-raut-s-am*, *a-rut-s-i*, *rot-s-āni*. Im
Griechischen dagegen erscheint der Verbalstamm gewöhnlich in
derselben Form wie im Präsens, vgl. δείκνυμι : ἔδειξα, γράφω :
ἔγραψα, aber auch τίνω : ἔτεισα. Weitere Zeugen für Dehnstufe im
Aktiv sind dem Anschein nach das Latein und das Aks., vgl. lat.
vehō : *vēxī* und aks. *vezǫ* : *věsŭ*, beide aus idg. *weghō* : *wēgh-s-.*
Daraus wurde früher als eine Selbstverständlichkeit der Schluß gezogen, daß im Idg. der *s*-Aor. im Aktiv Dehnstufe aufwies (13).
Heute ist man eher geneigt, das Zeugnis des Griechischen als das Ursprüngliche anzusehen (14). Aber im Griechischen selbst sind noch
Reste der alten Dehnstufe erhalten, die bisher nicht als solche erkannt wurden. So ist ἔρρηξα ‚ich brach' nicht einfach der *s*-Aorist
von ῥήγνυμι: eine Wurzel *ϝρηγ-* hätte nicht die Nullstufe ῥαγῆναι
haben können (15), und umgekehrt verlangt diese Nullstufe eine
Vollstufe *ϝρεγ-*, von dem ϝρῆξα die Dehnstufe ist. Ebenso beruht
γηρά(σκ)ω auf dem Aorist *ἔγηρα – vgl. γηραντ- (16) –, der aus
gēr-s-m̥ entstanden ist (17). Wir können die Dehnstufe vielleicht
auch für das Keltische in Anspruch nehmen, vgl. den altirischen
Konjunktiv *ro-bria* aus *bhrēusāt* (18), und sogar für das Tocharische, wenn B *preksa* und A *prakäs* (3. Sg.) wirklich auf *prēks-* zurückgehen (19). Wir müssen jedenfalls dem aktiven *s*-Aorist die

Dehnstufe zuerkennen (20). Natürlich wird die Dehnstufe wieder nicht im ganzen Aktiv, sondern, wie bei den Präsensbildungen, nur im Sing. des Indikativs zu Hause gewesen sein (21); über ihren Ursprung s. oben VI. 2.8 Zusatz 1.

Die sigmatische Aoristbildung gehört aufgrund ihrer Verbreitung jedenfalls in die indogermanische Zeit (22), obwohl sie vielleicht die späteste der idg. Aoristbildungen ist (23). Über ihren Ursprung gibt es nur eine wahrscheinliche Vermutung, daß sie nämlich das Präteritum eines *s*-Präsens ist (24); die Auffassung, sie sei eine Art objektive Konjugation gewesen, wobei *s* ein pronominales Element wäre (25), hat gar nichts für sich, ebenso wie die Annahme, -*s*- sei ursprünglich die 3. Sg.-Endung bzw. eine Erweiterung, die nominalen Ursprungs war, also *prek-s-* ‚asking (occurred)' (26).

4.2.1.1 Der „Passivaorist"

Der arische „Aorist der 3. Pers. Sg. von vorwiegend passivischer Bedeutung" (Thumb–Hauschild I 2, 298), also der Typ ai. *(a)jani* ‚wurde geboren', hat auch in neuerer Zeit verschiedene Erklärungen gefunden. Nach Watkins stellt er den Stamm mit einer Partikel -*i* dar; nach Insler hat er sich aus einer 3. Sg. Med. auf -*o* (wie *key-o* ‚liegt') entwickelt, während Kortlandt ein Neutrum auf -*i* darin erblickt (wie schon Osthoff) und Hollifield eine Bildung mit einem Laryngalsuffix und Nullendung darin findet (27).

Die Funktion ist auch nicht ganz eindeutig, jedenfalls scheint die Bildung nicht rein passivisch zu sein. Nach Jelizarenkova ist sie am häufigsten intransitiv-medial oder unpersönlich, während Migron die Form als ein richtiges Passiv ansehen will (28).

Auch der griech. Passivaorist auf -ϑην stellt eine Neuerung dar. Es ist noch immer nicht ganz geklärt, ob sein Ausgangspunkt in einer Entsprechung -ϑης zu der ai. medialen 2. Sg. SE -*thās* oder in der Wurzel ϑη- oder noch anderswo zu suchen ist (29).

(1) Zur Einführung und für weitere Literatur s. Schwyzer, GG I 739f.; Thumb–Hauschild I 2, 296f.; Jelizarenkova, Aorist v Rigvede, Moskau 1960 (über alle Arten); Chantraine, Morph. 161f.; Kuryłowicz, Categories 109. – (2) Vgl. L. Gil, Sobre la historia del aoristo atemático griego, Emerita 32, 1964, 163–83; zum Ablaut Kuryłowicz, Categories 119f. – (3) Gegen Hoffmanns Ansicht (Fs. Kuiper, 1969, 7, angenommen von Rix 1976: 214) siehe Francis, Glotta 52, 1974, 26; Bammesberger, GL 21, 1982, 233f.; JIES 10, 1982, 47f. – (4) Vgl. Schwyzer 745, aber auch Pariente, Emerita 31, 1963, 79; Strunk, Nasalpräsentien und Aoriste, 1967, 89; Hettrich, MSS 35, 1976, 47–61;

Peters, Sprache 23, 1977, 329. – (5) Siehe MacDonell, Vedic
Grammar, 1910, 371; Schwyzer 746f. (: in 120 Verben!). – (6) Oft wird
angenommen, daß die 2.Sg. des Präteritums der starken Verba im Westgerm. – z.B. ahd. *zugi, nāmi* – auf die 2.Sg. eines idg. them. Aorists zurückgeht, aber sie wird jetzt wieder auf den Optativ des Perfekts zurückgeführt von Polomé, Proceedings of the 9th Congress (1962), 1964,
879; und Makajev, Linguistics 10, 1964, 35; aber auf eine analogische
Neuerung nach dem Muster des Präs. von Bech, siehe (auch für weitere
Hinweise) oben IX. 2.3 (2); über das Slav. s. Vaillant III 45f. – (7)
Thurneysen, IF 4, 1894, 84; KZ 63, 1936, 116[1]; Schwyzer 746[2]. Vgl.
auch Watkins, Verb 63, 100f.; Strunk, Nasalpräsentia 97f. – (8) Cardona nach Anttila, PIE Schwebeablaut, 1966, 35; abgelehnt von Watkins, Verb 64. – (9) Siehe Schwyzer 747 und zuletzt noch Frisk,
GEW I 368. – (10) Strunk, o.c., 97; vgl. Narten, Sprache 14, 1968,
113f., bes. 117; Lazzeroni, SSL 18, 1978, 129f.; 20, 1980, 34 (: der them.
Aorist ist auf der athem. 3.Pl. *-ont* aufgebaut). – Bammesberger
(7. Fachtagung, 1985, 71–4) meint, daß der them. Wurzelaorist im
„Uridg." überhaupt nicht existierte. – (11) Schwyzer 748; Thumb–
Hauschild 300f.; da auch (302) über die athem. Formen des Aind. –
(12) Über die ai. *s*-Aoriste s. Narten, Die sigmatischen Aoriste im Veda,
1964, bes. die Zusammenfassungen 17–23, 50–59, 80f. Vgl. dazu Meid,
Krat. 10, 1967, 59f.; Gonda, Old Indian, 1971, 97f.; und s. auch
Adrados, On IE sigmatic verbal stems, ArchL 2, 1971, 95–116. – Da
Watkins, Verb 44f., meint, daß *-s-n̥t* mit einer nullstufigen Endung
nicht in allen Sprachen bezeugt ist, die einen sigmatischen Aorist haben,
sei hier auf das Venetische verwiesen, wo *donasan* ‚donauerunt' mit Sicherheit *-sn̥t* fortsetzt. – (13) Siehe Schwyzer 751 und neuerdings Kuryłowicz, Apophonie 159f., 272f.; W.P. Schmid, IF 68, 1963, 226;
Strunk, 7.Fachtagung, 1985, 499. – Wagner, Zeitschr. für celt. Phil. 30,
1967, 4 möchte auch keltische Dehnstufen wie *sāss-* zu *saigid* ‚sucht' als
idg. betrachten. – (14) Watkins, Origins 18f., bes. 41, 49f. (dagegen
Wagner, l.c.); Meid, Sprache 12, 1966, 105; Otkupščikov, o.c.
(oben 4.1.3), 47f. Da *vēsŭ* in der aks. Literatur nicht belegt ist (s. Watkins 35f., 41), sei auf Kölln, Scando-Slavica 7, 1961, 265f. verwiesen,
der es aus dem Serbisch-Ksl. erweist; s. jetzt noch Mathiassen,
Scando-Slavica 15, 1969, 201–214. – (15) *Rē* sollte in der Nullstufe *R̥ə*,
d.h. *R̥* ergeben. Vgl. Meillet, Introduction 160; Kuryłowicz, Apophonie 170[9], 175, 205. – (16) Schwyzer 682 und (unrichtig) 708; Gil,
Emerita 32, 1964, 169, 176; und (auch über Barton) Strunk, 7. Fachtagung 1985, 495. – (17)Risch, Wortbildung der homerischen Sprache,
[2]1974, 234, hat eine ähnliche Erklärung gegeben für ἔσβης (: aus *$e\text{-}sg^w\bar{e}s\text{-}$*
s); vgl. aber auch Barton, Glotta 60, 1982, 31. – (18) S. Lewis–Pe-
dersen, CCCG, 1937 (Nachdruck 1961), 8; und für die phonetische
Entwicklung Hamp, JIES 1, 1973, 221. – (19) S. Lindeman, Sprache
18, 1972, 44–8; und vgl. van Windekens, Le tokharien II 2, 1982, 158;

Strunk, 7. Fachtagung 504 f.; Thomas, Erforschung des Tocharischen, 1985, 43, 76 f. – (20) Der Umfang bleibt zu bestimmen; vgl. Strunk, 7. Fachtagung 495: die für das Indogermanische „in einer gewissen Verbreitung anzuerkennende Dehnstufe". – (21) Vgl. Thumb–Hauschild 306. Zur griech. Eliminierung der Dehnstufe s. Kuryłowicz, Apophonie 272 f., und zur Gestaltung des s-Paradigmas Risch, Festschrift Vasmer, 1956, 424–31, wozu noch Lejeune, Parola del Passato 98, 1964, 326, über myken. qejameno. – Es muß hier noch erwähnt werden, daß nach K. Hoffmann neben einigen s-Aoristen ein Optativ des Wurzelaoristes stand, der die Vollstufe der Wurzel und die Nullstufe des Suffixes aufwies, z. B. avest. varəzimā; über die entstandene Auseinandersetzung s. den Bericht von Kellens, Verbe, 1984, 362 f., 390; und vgl. noch Narten, Sprache 30, 1985, 96 f. – (22) S. Insler, oben 2.6.1; Schlerath, KZ 95, 1982, 182 f.; Strunk, 7. Fachtagung, 1985, 495 (: voreinzelsprachlich). Ganz unmöglich ist Otkupščikovs Auffassung, o.c., 49, daß der s-Aorist erst in den Einzelsprachen ausgebildet wurde, im Latein z. B. nach der Auflösung der italischen Einheit (!); vgl. auch Watkins 101 f. – (23) So Meillet, Mélanges Saussure, 1908, 79 f., vgl. Schwyzer 749[2] und Kuryłowicz, Categories 109. – (24) Z.B. Schwyzer 749[2]; Kuryłowicz, Apophonie 33, Categories 104[7], 110; Ivanov, Obščeind. 173 f. Ganz anders Bammesberger (7. Fachtagung, 1985, 74–8): Ausgangspunkte seien 2. Sg. *yeug-s- als *yeuks-s- aufgefaßt und Med. *də-so als *də-s-so interpretiert, was eine allzu schmale Grundlage darstellt und besonders beim Medium kaum eine reale Möglichkeit ist. – (25) Kretschmer, Objektive Konjugation im Idg., 1947, 11 f.; Kronasser, Nasalpräsentia (oben 4.1.3), 21. – (26) Watkins, o.c., 97 f., 99, 105 f. – (27) Siehe Watkins, Origins 103; Verb 52, 138, wozu schon oben IX. 2.2.1 (4); Insler, IF 73, 1968, 312–46; Lg. 48, 1972, 562; Kortlandt, IF 86, 1982, 121, 127, wozu Osthoff zitiert von Streitberg, IF 3, 1894, 390: -i-stämmiges Verbalabstraktum; Hollifield, ap. Jasanoff, IF 88, 1984, 82. – (28) Jelizarenkova, o.c. oben (1), 119; Migron, FoL 8, 1975, 271–310. – (29) Die früheren Lösungsversuche (aber nur bis 1949) sind aufgezählt bei Jankuhn, o.c. oben 2.7 (8), 40; hinzugekommen sind Kuryłowicz, Categories 76 f. (-θω × -ην); Pisani, Paideia 19, 1964, 245 (: θη = pass. -fē- in osk. sakra-fí-r ,sacrator'); Bech, Beiträge zur genetischen idg. Verbalmorphologie, Akad. Kopenhagen 1971, 49–60 (: Impf. ἐθεθην uminterpretiert).

4.2.2 Ein *Futur* erscheint nicht in allen idg. Sprachen. So haben das Hethitische und Germanische keine besondere Form für die Zukunft. Andere haben Bildungen, die sicher ziemlich späte Neuerungen darstellen, z. B. das b-Futur des Lateinischen (1). Endlich gibt es eine Anzahl von Sprachen, die eine so ähnliche, sogar identische, Bildungsweise für das Futur aufweisen, daß es berechtigt er-

scheint zu fragen, ob sie darin nicht doch eine idg. Futurbildung
erhalten haben (1 a).

Die in Frage kommenden Futura sind

1) das griech. Futur auf -σω -σεις -σει etc., d. h. ein thematisch flek-
tiertes und mit einem Suffix -s- gebildetes Tempus; daneben steht
das sog. dorische Futur mit -σέω. Zum Beispiel παιδεύ-σ-ω ‚ich
werde erziehen‘, in dorischen Gegenden παιδευσέω (oder -σίω),

2) der lateinische Typus *faxō*, z. B. Plaut. Truc. 643: *ego faxo* (= fa-
ciam) *dicat*;

3) der altirische Typus mit -s- vom Verbalstamm, nur von sechs
Verben gebildet (2), z. B. *seiss* ‚wird sitzen‘ aus **sed-s-ti*, *reiss* ‚er
wird laufen‘ aus **ret-s-ti* (mit dem Stamm von lat. *rota*);

4) das arische Futur mit Suffix -*sy*-, z. B. ai. *dā-sy-ā-mi* ‚ich werde
geben‘;

5) das baltische Futur (3), z. B. lit. *duo-siu* ‚ich werde geben‘, 2. Sg.
duo-si, 1. Pl. *duo-si-me*, 2. Pl. *duo-si-te*, 3. Sg. Pl. *duo-s*;

6) das altirische *ē*-Futur, Typus *génaid* ‚wird verwunden‘, wird mit
dem aind. Desiderativ verglichen (4): *génaid* wird zunächst auf **gi-
gnāti* zurückgeführt (Präs. *gonaid* ‚verwundet‘) und dies zusammen
mit dem aind. *jíghāṁsati* ‚er will verletzen‘ auf idg. **gʷhi-gʷhn̥-seti*
(5), uririsch **gignāseti*. Abgesehen von diesem Typus, der eigentlich
auf Verba mit einem Sonanten im Auslaut beschränkt ist, ist die
Reduplikation gewöhnlich erhalten, vgl. *gigis* ‚wird bitten‘ aus
*gi-ged-s-ti, idg. **gʷhi-gʷhedh-s-ti* (s. IV. 7.5.3).

Damit ergeben sich zunächst *drei* Typen der *s*-Futura:

a) Das lateinische Futur *faxō* ist in seiner Struktur klar: da neben
dem futurischen *faxō* ein konjunktives *faxim* besteht (5 a), haben
wir es mit demselben Verhältnis zu tun wie bei *erō–sim*, idg. **esō–
syēm (s. oben 3.1.1–2), d. h., *faxō* war ursprünglich ein Konjunktiv
zu dem Aoriststamm *fak-s-*; daß im Latein der alte Aoriststamm nur
in diesen modalen Bildungen weiterlebt – eine Tatsache, die
manchmal als Einwand benützt wird (6) –, tut nichts zur Sache,
denn der Aoriststamm *fak-s-* ist im nahverwandten Venetischen in
der Indikativform *faχs-θo* belegt (7). Zu diesem Typus eines Futurs
aus einem Aor.-Konjunktiv stimmt dann der altirische Typus *seiss*
(oben unter 3), sowie (8) das gewöhnliche griechische Futur mit
-s- (oben unter 1). Von der formalen Seite her wird gegen diese
Annahme oft eingewendet (9), daß der Futurstamm besonders im
Griechischen oft von dem Aoriststamm verschieden sei, vgl.
ἔπαθον–πείσομαι ‚leiden‘, ἤλυθον–ἐλεύσομαι ‚kommen‘,
ἔσχον–ἕξω ‚(er)halten‘. Dabei wird übersehen, daß – wie das noch

im Altindischen schön zutage tritt – ein Verbum mehrere Aoristbildungen haben konnte und daß der *s*-Konjunktiv die Vollstufe aufwies, wie das auch bei πείσομαι aus πενϑ-σ- oder ἐλεύσομαι aus *leudh-s-* usw. der Fall ist. Syntaktisch kann auf die Tatsache hingewiesen werden, daß der Konjunktiv oft als Prospectivus benützt wird, was praktisch einem Futur gleichkommt; vgl. ἴδωμαι, γένηται (10).

b) Ein anderer und auf den ersten Blick einheitlicher Typus scheint in den Satemsprachen vorzuliegen: die augenfällige Gleichheit von ai. *dā-sy-āmi* mit lit. *duo-si-u* – beide aus idg. *dō-sy-ō* – hat sogar zur Annahme geführt, daß hier im Gegensatz zur Vielfalt der Futurbildungen in den westlichen Sprachen eine gemeinsame Neuerung des Ostens vorliege (11). Da ist zunächst darauf hinzuweisen, daß das einzige Partizipium *byšęšt-* – das bisher fast allgemein als Zeugnis für das einstige Vorhandensein des *sy*-Futurs auch im Slavischen betrachtet wurde (12) – jetzt wohl endgültig ausscheiden muß, da es eine ziemlich späte Neuerung ist, die aufgrund der Aoristform *byšę* gebildet und nicht nur ‚zukünftig', sondern seinem Ursprung entsprechend auch ‚geworden seiend' bedeutet (13). Wenn also das baltische Futur dem arischen gleichzusetzen ist, dann ist das wohl nur als ein Kontaktphänomen zu verstehen aus der Zeit, als Balten im Dnjepr-Gebiet in unmittelbarer Nachbarschaft mit Iraniern lebten (14). Weiterhin ist in neuerer Zeit wiederholt der athematische Charakter des baltischen Futurums betont worden: das litauische Paradigma (z. B. 1. *dúosiu*, 2. *dúosi*, 4. *dúosime*, 5. *dúosite*, 3.6. *duõs*) zeige in der 3. Person eine athematische Form *dō-s* (-t) – obwohl daneben bei Daukša auch *duosi* aus *dō-s-i(-t)* vorkomme – und die Pluralformen mit *-i-me -i-te* wichen auch von *-yo-me- -ye-te-* des Arischen ab (15); man müßte deshalb sogar die so überzeugende Gleichung ai. *dāsyā(mi)* = lit. *dúosiu* aufgeben (16). Das ist gänzlich unhaltbar: die zwei Flexionen weichen so wie lit. *mìni*: ai. *manyatē* ‚denkt' voneinander ab und die Abweichung ist in beiden Fällen sekundär im Baltischen vollzogen worden (17). Wir müssen also daran festhalten, daß Arisch und Baltisch, auf einer frühen Stufe möglicherweise sogar Balto-Slavisch, gemeinsam eine Futurbildung mit dem thematischen Formant *-syo-* besaßen, das aus dem arischen Gebiet stammen dürfte.

c) Der dritte Futurtypus wäre, wie wir gesehen haben, auf das Arische und Altirische beschränkt und seine Struktur wäre Reduplikation + Wurzel (V oder N) + s + Themavokal (17) + Endung. Die übliche Gleichsetzung von air. *génaid* mit ai. *jighāṃsati* aufgrund

eines idg. $*g^who$i-$g^wh\underset{o}{n}$-seti wird dadurch verdächtig, daß air. -ā-
kaum von dem konjunktivischen -ā- getrennt werden kann, vgl. von
ernaid ‚gewährt‘ Konj. 3. Sg. -*era* – Fut. *ebra* (**perā-* – **piprā-*), das
doch auf Ausbreitung des -ā- von sēṭ-Wurzeln beruhen muß (18).
Die arische Bildung ist jedenfalls eine klare -s-Bildung mit deside-
rativer Bedeutung.

Wir können demnach erkennen:

1) s-Futura, die Konjunktive von s-Aoristen fortführen, auf
Griech., Latein, Keltisch beschränkt,

2) -sy-Futura, wahrscheinlich im Arischen entstanden und nicht
über das Satemgebiet verbreitet, s. aber (11),

3) s-Desiderativa, auf das Arische beschränkt.

Was das gegenseitige Verhältnis dieser Bildungen betrifft, so
scheinen die Futura mit -s- als Aoristkonjunktive sowohl der Form
wie auch der Funktion nach durchsichtig, während die -sy-Bil-
dungen schwer mit dem -s-Aorist zu vereinigen sind. Rein formal
könnte ein s-Präsens zugrunde liegen (oben 4.1.6), von dem -so- der
Konjunktiv oder die thematisierte Form, -syo- eine Erweiterung
wäre, und sogar das dorische Futur könnte als eine andersartige
Erweiterung (-se-yo-) betrachtet werden; der s-Aorist wäre die Vergangenheitsform dazu (19). Aber im Hinblick auf die klaren Zusammenhänge der westlichen Bildungen mit dem Konjunktiv des s-Ao-
rists wird man doch für sie an dieser Deutung festhalten müssen,
während die östlichen -sy-Bildungen einen anderen, unabhängigen
Ausgangspunkt bei Desiderativen haben werden (20). Ob dabei
-sy- in seinem -y- mit *ei- ‚gehen‘ zusammenhängt (21), ist eine un-
entscheidbare Frage.

(1) Das lat. -b-Futur wurde lange Zeit mit dem air. -f-Futur auf eine
italo-keltische Bildung mit -bh(w)ō zurückgeführt, so noch immer
Campanile, Studi sulla posizione dialettale del latino, Pisa 1968, 55–8;
Kuryłowicz, Travaux linguistiques de Prague 4, 1971, 67–73 (auch in
Esquisses II 323–9); Wagner, ZCP 32, 1972, 278; Quinn, Ériu 29,
1978, 13–25; Bammesberger, BBCS 28, 1979, 395–8; Kortlandt,
Ériu 35, 1985, 185 f. Aber in neuerer Zeit wird das air. Suffix öfter aus
-sw- und die Bildung selbst aus einem Desiderativ mit -su- (und das
Futur aus -su-ā-) hergeleitet. So als erster Pisani, Studi sulla preistoria
delle lingue ie., Memorie RAL VI/IV/VI, 1933, 631 (: sw > lat. b!); und
später Paideia 10, 1955, 276 f.; Storia della lingua latina, 1962, 108; Thurneysen, GOI 398; und in neuerer Zeit Watkins, The origin of the f-fu-
ture, Ériu 20, 1966, 67–81 (78: -swā- aus desiderativem -su- hergeleitet
von seinem Schüler Goddard); Giacomelli, RAL 33, 1978, 57–65;
Hollifield (nach Watkins), KZ 92, 1979, 229 f.; IF 86, 1982, 187 Fn. 35.

– (1a) Vgl. Schwyzer, GG I 779f.; *G. d'Elia, Origine e sviluppo del futuro nell' IE, Lecce 1942; Thumb–Hauschild 325f.; Strunk, IF 73, 1969, 298f., gegen ein idg. Futur wie auch Rix, in: Idg. und Keltisch, 1977, 140. – (2) Thurneysen, GOI 410; K.H. Schmidt, Studia Celtica 1, 1966, 19–26. – (3) Stang, Vgl. Gram. 397f. – (4) Thurneysen, GOI 404, 414; Puhvel, Language 29, 1953, 454–6; Kuryłowicz, Apophonie 254; Emeneau, Language 34, 1958, 410; Cowgill, ibid. 39, 1963, 262; K.H. Schmidt, Studia Celtica 1, 1966, 21. Zur Entstehung der arischen Desiderativbildungen s. Leumann, Morph. Neuerungen (oben 2.2.2), 45–7; Thumb–Hauschild 352f.; zuletzt Insler, IF 73, 1968, 57–66. – (5) Dagegen finden keine Wortgleichungen und Parallelen Leumann, o.c., 45; Thumb–Hauschild 351, 353. – (5a) Verfehlt über *faxim* J.St. John, KZ 88, 1974, 147–153, aber auch Xodorkovskaja, Živa Antika 25, 1976, 31–7. – (6) Thomas, Latomus 15, 1956, 11; Revue de Philologie 82, 1956, 207f. (s. aber 210f.!); vgl. auch Watkins, in: AIED 41. – (7) Leumann² 573f., 621f.; Hahn, Subjunctive 61; Cowgill, l.c., 263. – (8) Hahn, l.c., Fn. 115; Pariente, Emerita 31, 1963, 59f.; 33, 1965, 23f. – (9) Schwyzer 787; Householder, Language 30, 1954, 398; W.P. Schmid, Studien (oben 4.1.5) 43 Fn. 163; K.H. Schmidt, l.c., 23. – (10) Schwyzer II 309f.; Kuryłowicz, Categories 140. – (11) Porzig, Gliederung 88, und noch zuletzt Savčenko, Lingua Posnaniensis 12–13, 1968, 34–5. Die neuen gallischen Futurformen mit -syo- (z.B. *bissiet* ‚wird schlagen') könnten, wie K.H. Schmidt sagt (in: Le lingue ie. di frammentaria attestazione, Pisa 1983, 78), zu einer Neubelebung der alten These führen, daß diese Bildung allgemein idg. war. So auch Hollifield, IF 86, 1981, 161–89, und EC 20, 1983, 91–99. – (12) Vaillant, Gram. comp. III 104. – (13) Aitzetmüller, Gedenkschrift W. Brandenstein, 1968, 11–6. – (14) Über die Ausbreitung der Balten im Südosten bis zur Desna-Sejm-Linie und über iranische Einflüsse s. V.N. Toporov–O.N. Trubačev, Lingvističeskij analiz gidronimov verxnego Podneprov'ja, 1962 (bes. 231 und Karte 2 mit der geographischen Verteilung); M. Gimbutas, Ancient Baltic Lands, International Journal of Slavic Linguistics and Poetics 6, 1963, 69–102; Pauls, River names in the Pripet Basin, Names 12, 1964, 185–96; Filin, VJ 1967 (3), 28–41; dazu jetzt über das Gebiet südlich von Pripet und Desna O.N. Trubačev, Nazvanija rek pravoberežnoj Ukrainy, Moskau 1968, bes. 5–14 (Forschungsbericht) und 269–89 (Auswertung der verschiedenen sprachlichen Elemente, mit Karten). Dagegen: Arumaa, Baltes et iraniens, Studi Pisani, 1969, 73–90. S. auch Sulimirski, Neighbours of the Baltic tribes, Acta Baltico-Slavica 5, 1968, 1–17. – (15) W.P. Schmid, Studien 55f.; Stang 397; besonders eingehend Kazlauskas, Lietuvių kalbos istorinė gramatika, 1968, 365f. Siehe auch Watkins, Verb 216; Jasanoff, Stative 1978, 106, und die Besprechung bei Klein, Lg. 60, 1984, 136. – (16) W.P. Schmid 78. – (17) S. oben 4.1.5 (11) und Cowgill, l.c., 264. Daß auch die athem. 3.Sg. des Altirischen (*gigis*

,wird bitten' aus *gi-ged-s-ti) sekundär ist, wird aus -lili ,wird folgen' aus
*li-li-s-e-t (Thurneysen, GOI 414) klar. – (18) Vgl. Watkins, Ori-
gins 161. – (19) Schwyzer 787; Kuryłowicz, Apophonie 33 Fn. u.
34; vgl. W.P. Schmid 43f.; Poultney, Lg. 43, 1968, 873, 878–9. Doch
geht Kuryłowicz, Categories 115, wieder vom s-Aorist aus. – (20)
H. Smith, Journal Asiatique 240, 1952, 169–183, bes. 182, ging von
einem athematischen -s-ti aus, das verschiedentlich umgestaltet als -s-i-ti
im Proto-Prakrit, als -s-ya-ti im Arischen, als -siu im Baltischen, als -σ-ε-
ται im Proto-Griechischen erscheint. Aber das Proto-Prakrit war nicht
vom Arischen verschieden, s. Berger, MSS 4, 1954, 25; Alsdorf, Studies W.N. Brown, 1962, 4. – (21) Zum Beispiel: Hirt, IG 4, 176; vgl.
Hahn, o.c., 71 Fn.

4.3 Perfektum

Ein im System klar herausgestelltes Perfektum findet sich nur
im Arischen und Griechischen. Aber wenn man die Eigenarten
dieser Bildung durchschaut hat, kann man unschwer erkennen, wie
das alte Perfektum sich im Germanischen fast intakt, im Altirischen
mit einiger Vermengung erhalten hat, während im Latein Perfektum
und Aorist zu einem neuen Perfektum vereinigt wurden (1).

Wie wir schon gesehen haben, hat das Perfektum besondere Personalendungen. Diese werden ohne Bindevokal an den Perfektstamm angefügt, der bei Verbalwurzeln, die e als Grundvokal haben,
im Singular des Aktivs die o-Abtönung aufweist, sonst überall die
Nullstufe; vgl. von γίγνομαι ,entstehe, werde geboren' hom. 3.Sg.
γέ-γον-ε ,er ist (geboren)': 3.Dual (ἐκ)γε-γά-την, wo γα die Nullstufe *gn̥* repräsentiert. Diese Formen zeigen gleichzeitig ein weiteres
Kennzeichen des Perfekts, die Reduplikation.

a) Die *Personalendungen* des Singulars waren (s. oben 2.3) -a
-tha -e. Die Rekonstruktion der 3.Sg. Endung als -e stützt sich nicht
nur auf das Griechische, sondern auch auf das Keltische, denn der
Gegensatz von air. 1.Sg. *gád*: 3.Sg. *gáid* weist auf idg. -a: -e (2); jedenfalls sprechen Griechisch und Keltisch gegen die Annahme (3),
daß die 3.Sg., und damit der ganze Singular, a-Färbung gehabt hätte.
Die 2.Sg. ist besonders anfällig für Neuerungen. Im Griechischen
ist die alte Endung schon am Anfang der Überlieferung eigentlich
nur bei dem Verbum οἶδα erhalten (οἶσθα aus *woid-tha), im allgemeinen ist sie durch -ας ersetzt wie auch im Altirischen; dagegen ist
sie erhalten im lat. -(s)tī und got. -t, der Entwicklung nach Spiranten, z.B. *gaf-t* ,gabst'.

Ursprünglich hatte das Perfekt nur „aktive" Endungen. Das sieht man schon daran, daß viele mediale Verba im Perfekt nur aktivisch flektieren; vgl. γίγνομαι : γέγονα, μαίνομαι : μέμηνα ‚wüte'.

Später wurde unter dem Einfluß der medialen Grundform auch das Perfekt medial gestaltet, und es entstanden γεγένημαι neben und statt γέγονα, πέπεισμαι ‚(ver)traue' statt des alten πέποιθα von πείθομαι usw. (4); im Altindischen trat zu dem aktiven *tu-tōd-a* (von *tudati* ‚stößt', lat. *tu-n-d-ō*), der einzigen Form (3. Sg.) der vedischen Literatur, später das mediale *tu-tud-ē*. Die lateinischen Endungen können (s. oben 2.3) als mit *i*, dem Zeichen des hic et nunc, versehene Varianten der „aktiven" Endungen angesehen werden (5). Das Mißliche dabei ist, daß die Wurzelform von Perfekta wie *de-d-ī*, d. h. deren Nullstufe, keineswegs zu den Aktivformen des Perfekts stimmt, andrerseits paßt die Vollstufe von Formen wie *vīdī fūgī* (aus **woid- *bhoug-*) usw. nicht zu medialen Endungen; es ist also möglich, daß auch im Latein zu dem aktiven Perfekt ein mediales hinzugebildet wurde. Die eben erwähnte Form **woidai* liegt auch dem einzigen klaren Rest im Slavischen, *vēdē* ‚ich weiß', zugrunde (6); es geht keinesfalls an, das athematisch auf *vēd-* aufgebaute Paradigma (1. *vēdē*, 2. *vēsi*, 3. *vēstŭ* usw.) auf ein -*ē*-Perfekt *woid-ē-m* zurückzuführen (7), dessen -*ē*- nicht fehlen könnte. – Weiter über die Perfektendungen noch unten 7.1.3.

b) Die *Reduplikation* war im Spätidg. in der symbolischen Form (oben 4.1.2) zu einem rein grammatischen Mittel geworden. Bei konsonantisch anlautenden Wurzeln wurde der anlautende Konsonant, im Falle von *s* + *T* die ganze Gruppe, mit *e* vor der Wurzel wiederholt; vgl. gr. δέ-δορκ-α ‚ich habe gesehen', got. *stai-staut* ‚stieß' usw. (7a). In verschiedenen Sprachen assimilierte sich der Reduplikationsvokal im Laufe der Geschichte oder schon in der Vorgeschichte an den Wurzelvokal; vgl. z.B. lat. *momordī spopondī poposcī pupugī cucurrī*, die im Altlatein noch mit *mem- spep- pep- pep- cec-* anlauteten, oder air. -*cúala* ‚ich hörte' aus **kuklowa*, idg. **keklow-a*, aind. *bubudhē* ‚ich war wach' aus idg. **bhe-bhudh-* (7a). Von idg. **bheu-* ‚werden' wären aufgrund einer idg. 3.Sg. **bhe-bhow-e*, 3.Pl. **bhe-bhuw-ṛ* zunächst aind. **babhāva* bzw. **babhūvur* zu erwarten; die letztere ist auch die normale Form, aber die erstere wurde nach der allgemeinen Regel zu **bubhāva* umgestaltet und dies endlich zu *babhūva* umgestellt, so wie auch **susāv-a* ‚gebar' zu *sasūva* wurde. Dagegen wurde die 3.Pl. im Avestischen als *babuvar* (geschrieben *bābvarə*), die 3.Sg. als *bubāva* (geschrieben *bvāva*) erhalten (8). In einigen Fällen ist der Reduplikationsvokal im Arischen und Griechischen (?) gedehnt, z.B. ai.

dādhāra zu *dhar-* ‚halten‘; die Dehnung ist wohl rhythmischen Ursprungs (9).

Bei vokalisch anlautenden Wurzeln findet Dehnung des Vokals statt, z.B. lat. *ēdī ōdī*, got. *uz-ōn* ‚ausatmen‘ (idg. *ān-, vgl. lat. *animus*), aisl. *ōl* ‚wuchs‘, *ōk* ‚fuhr‘ (idg. *āl-, *āg-, vgl. lat. *alō agō*); sie wird durch Kontraktion des Reduplikationsvokals *e* mit den anlautenden Vokalen *a, e, o* zu *ā, ē, ō* entstanden sein (10). Dem lat. *ēdī* und (vielleicht) *ōdī* entsprechen im Griechischen ἔδηδα und ὄδωδα. Dieser *attischen Reduplikation* liegen die den lateinischen Formen entsprechenden *ἦδα *ὦδα zugrunde, die in verschiedenen Umgebungen starken Veränderungen ausgesetzt waren (z.B. 2. Sg. *ἦσϑα = ἦσϑα ‚warst‘, 2. Pl. *ἦστε = ἦστε ‚ihr wart‘ u.ä.) und deshalb morphologisch aufgefüllt wurden, gleichwie *ἐστός aus *ed-*to*-*s* zu ἐδ-εστός ‚eßbar‘ aufgefüllt wurde (10a). Von einsilbigen Formen wie die eben genannten oder ἄρηρα ὄλωλα ὄπωπα ὄρωρα ist die Regel dann auch auf zweisilbige erweitert worden: aus *ākowa *ēgora *ēnoka (von ἀκούω, ἐγείρω, ἐνεκ- ‚tragen‘) entstanden so *ak-ākowa *eg-ēgora *en-ēnoka, att. ἀκήκοα, ἐγ-ρ-ήγορα, ἐνήνοχα (11). Die attische Reduplikation im Perfekt ist also grundverschieden von der ebenso bezeichneten Reduplikation im Präsens bzw. Aorist, s. oben 4.1.2 (5).

Soweit das Perfekt vorhanden ist, ist in den historischen Sprachen die Reduplikation die generelle Regel (11a). Als eine, wohl die einzige, spätidg. oder doch gemeinidg. Ausnahme muß das Perfekt *woida ‚ich weiß‘ gelten, das aus *wewoida durch Assimilation zu *wowoida und dann wegen der Häufigkeit zu der Vereinfachung *woida führte, s. oben 2.3; eine Spur der alten Reduplikation lebt noch im Partizipium *weid-wōs fort, dessen Vokalismus nur aus **we-wid-* zu erklären ist, da ursprüngliches **weid-* die nullstufige Form *wid-wōs hätte ergeben müssen (12). Natürlich sind in den Einzelsprachen sekundär weitere Fälle und sogar Klassen von reduplikationslosen Perfekta entstanden. So verloren reduplizierte Perfekta im Latein ihre Reduplikation in Kompositis – z.B. alat. *tetulī*, aber *contulī* usw. –, und die kürzeren Formen konnten auch ins Simplex eindringen, z.B. klassisch *tulī*. Im Griechischen führte die Kürzung eines langen Vokals vor der Gruppe *RT* („Osthoffs Gesetz“) zu reduplikationslosen Formen, besonders im Ionischen, vgl. aber auch ὄργυια ‚Klafter‘ aus *ωρ(ο)γυια (13). Sporadische Verluste hat auch das Altindische zu verzeichnen, nämlich finite Formen von einer halben Dutzend Wurzeln und drei Partizipien, vgl. *takṣur* ‚sie schafften‘, *dāś-vas-* ‚huldigend‘ (14). Eine systematischere Entfernung der Reduplikation hat im Germanischen stattgefunden: in den ersten sechs Klassen der starken Verba abgeschafft, existiert sie nunmehr allein in der siebenten, aber auch da eigentlich nur im Gotischen, in den anderen germ. Sprachen ist sie bis auf einige Reste gänzlich aufgegeben; vgl. immerhin got. *saisō* ,säte' = aisl. *sera*, got. *haihait* = ae. (anglisch) *heht* usw. (15). Die Erklärung der Aufgabe der Reduplikation (s. noch unter c) ist im einzelnen schwierig (15 a), ist aber jedenfalls nicht durch die Annahme geleistet, daß die Reduplikation im Idg. nur gebraucht wurde, wenn der Wurzelvokal nicht abtönungsfähig war (16); dagegen spricht allein schon der got. Typ *lailōt* mit Reduplikation und Abtönung (Präs. *lētan* ,lassen'), aber auch die italischen Perfekta **fēked, *fāked, *fefēked, fefāked* (17) alle von *faciō*, usw.

c) Die *Wurzelsilbe* weist, soweit das möglich ist, die o-Abtönung im Sg. (Akt.) auf, sonst die Nullstufe. Ein schönes Beispiel ist dafür das idg. Paradigma **woid-a, *woid-tha, *woid-e*, aber Plur. **wid-me* usw., und das Prinzip ist besonders im Frühgriechischen, Germanischen und Keltischen klar, vgl. gr. λείπω : λέλοιπα ,lassen', got. *niman : nam* usw., air. *gegon* ,ich habe verwundet'. Es ist wahrscheinlich, daß im Slavischen einige Präsentia mit o-Vokalismus, z. B. aks. *bojati sę* ,sich fürchten', auf idg. Perfekta zurückgehen (18). Es gibt aber auch einige Abweichungen von dieser Grundregel.

Im Altindischen, wo der Gegensatz zwischen e-farbiger Reduplikation und o-farbigem Wurzelvokalismus durch das Palatalgesetz erwiesen ist (*kar-* ,machen': Perf. *ča-kar-a*), finden wir bei einkonsonantisch auslautenden Wurzeln, daß im Vedischen die 3. Sg. die Wurzel mit dem Vokal *ā* gegenüber *a* in der 1. Sg. aufweist (19); vgl. 1. *ča-kar-a*: 3. *ča-kār-a*, 1. *ja-gam-a*: 3. *ja-gām-a* ,ging', 1. *bi-bhay-a*: 3. *bi-bhāy-a* ,fürchtete'. Man meinte zunächst diesen Unterschied mit Hilfe des sog. Brugmannschen Gesetzes [: idg. *o* zu *ā*, s. oben IV. 1. (2)] erklären zu können: so wäre 3. Sg. *ja-gām-a* regelrecht aus idg. **gʷe-gʷo-me* entstanden. Das hätte natürlich zur Folge, daß 1. Sg. *jagama* nicht auf **gʷegʷoma* zurückgeführt werden könnte, aber das als Lösung vorgeschlagene **gʷegʷema* (19 a) findet nirgends eine Stütze und im Arischen selbst ist es im Konflikt mit dem Palatalgesetz. Eine Abhilfe kam von den Laryngalen: das Brugmannsche Gesetz sei richtig, denn der Unterschied zwischen 1. und 3. Sg. rühre daher, daß die Formen **gʷe-gʷom-Ha* bzw. **gʷe-gʷom-e* waren und nur in der letzteren sei *o* in offener Silbe gewesen (20). Aber auf diese Weise können die sēṭ-Wurzeln noch immer nicht geklärt werden: wenn 1. Sg. *jajana* (und Kausativ *janayati*) deshalb *ă* hat, weil die Wurzel *ǰanH- ist, dann müßte auch die 3. Sg. aus *ǰa-ǰanH-a ai. *ǰaǰana ergeben und nicht das wirklich belegte ǰaǰāna. Dieser Unterschied beweist endgültig, daß die Länge der 3. Sg. – später fakultativ auch der 1. Sg. – nicht lautlich begründet ist (20 a). Sie wurde vielleicht nach morphologischen Entsprechungen wie Nullstufe aind. *tud ‚stossen': *sad ‚sitzen' in die o-Stufe eingeführt, indem *taud: *sad zu *taud : *sād umgestaltet wurde (21), aber es bleibt auch dann rätselhaft, warum die zwei Personen, die dieselbe Struktur hatten, verschieden behandelt wurden (22).

Dehnstufige Formen kommen auch in anderen Sprachen vor, aber nicht auf eine einzige Person beschränkt. Eine solche liegt vor im Griech. in γέγωνε ‚er ist vernehmlich' von *gen- ‚erkennen' und vielleicht in εἴωθα ‚ich bin gewohnt': ἔθων ‚nach seiner Gewohnheit' (23). Viel bedeutender ist aber die Rolle der Dehnstufe im Perfektsystem der anderen europäischen Sprachen, bes. des Westens.

Hier ist zunächst an die lat. Perfekta mit durchgehender Dehnstufe zu erinnern: clēpit ‚stahl', ēdī, ēmī, (co-)ēpi, frēgī, lēgī, sēdī, vēnī; scābī; fōdī, ōdī. Die Perfekta der vokalisch anlautenden Wurzeln sind jedenfalls ererbt: ēdī geht mit gr. ἔδ-ηδ-α (s. oben unter b), got. frēt ‚fraß' auf ein idg. *ēd- zurück, und wahrscheinlich gehört auch das Präs. aks. ēmǐ ‚ich esse' hierher, ebenso wie lat. ōdī mit gr. ὄδ-ωδ-α und lit. uodžiu ‚ich rieche' (*ōdyō) auf idg. *ōd- zurückführt (24). Formal können ēdī und ōdī auf idg. *H₁e-H₁d-ai und *H₃e-H₃d-ai zurückgeführt werden (25), aber, ganz abgesehen von dem unbegründeten Laryngalen bei *ed- (oben VI. 6.9), wäre auch das Medium im System dieser Verba unbegründet und die klaren auswärtigen Beziehungen müßten aufgegeben werden; vorzuziehen ist die alte Erklärung aus *e-ed- bzw. *e-od- (26).

Die lat. Bildungen finden auch bei den konsonantisch anlautenden Wurzeln unmittelbare Entsprechungen im Germanischen; vgl. clēpit frēgimus sēdimus vēnimus mit got. hlēfum brēkum sētum qēmum. Gegen diese evidenten Vergleiche wird oft eingewendet, daß im Germanischen die Dehnstufe nur im Plural vorliege, im Sing. dagegen die idg. o-Stufe zu Hause gewesen sei, vgl. hlaf brak sat qam. Dagegen wurde mit Recht darauf hingewiesen, daß ēt im got. frēt und sēt im ahd. gi-saaz (Weissenburger Katechismus) in Übereinstimmung mit dem Latein die Dehnstufe auch im Sing. zeigten, so daß in der 5. Klasse die o-Stufe erst analogisch eingeführt wurde (27). Da im aind. Flexionstypus 3. sasāda/4. sēdima die 1. Pl. sicher aus der regelrechten nullstufigen Form idg. *se-sd- entstanden ist, ist es sehr verlockend, den Typ *sēd- bei konsonantischem Anlaut

auf eine ähnliche idg. Lautentwicklung zurückzuführen, d. h. *se-
zd- > *sēd-, obwohl die Bedingungen nicht klar sind (28).

Eine griechische Eigentümlichkeit ist *das aspirierte Perfekt*: bei
Verbalstämmen auf Guttural oder Labial wird im Ionisch-Attischen
der Konsonant im starken Perfekt aspiriert, z. B. φυλακ-/πεφύ-
λαχα, κόπτω/κέκοφα (28 a).

d) Das Perfektum bezeichnete ursprünglich einen aus einer vergangenen Handlung resultierenden *Zustand in der Gegenwart*; vgl.
idg. *woida ,ich habe (heraus)gefunden und jetzt habe ich es, weiß
es' (28 b), lat. *(g)nōuī* ,ich habe erkannt und jetzt weiß ich', gr.
τέθνηκε ,er ist tot', ἕστηκε ,er hat seinen Standort aufgenommen
und jetzt steht er'. Das erklärt auch die germanischen Präterito-Präsentia. Früh wurde aber das Perfekt nicht nur *intransitiv* gebraucht,
sondern auch *transitiv* von einer am Subjekt fortdauernden Handlung: λαγχάνω ,ich erhalte durch Los' – λέλογχα ,ich habe d. L. erhalten, bin im Besitz', natürlich auch bei passiven Transforma-
tionen: γοῦνα λέλυνται ,die Knie sind gelöst, geschwächt'. Erst
nachhomerisch bezeichnet das Perfekt eine am Objekt bis in die
Gegenwart fortdauernde Handlung *(Resultativperfekt)*: δέδωκε ,er
hat gegeben', τετίμηκε ,er hat geehrt'. Dieses Perfekt entwickelt sich
dann (im 3. Jh. v. Chr.) zu einem *narrativen* Tempus: πέφευγε ,er
floh' (29), und man hat darin sogar ein allgemeines Entwicklungs-
gesetz erkennen wollen (30).

Neben dem Zustand drückt das Perfekt auch elementare Handlungen aus (29) wie ,er schreit' ,brüllt' ,duftet' ,ist voller Freude'
(κέκραγε, βέβρυχε, ὄδωδε, γέγηθε), die nicht aus dem ,resultie-
renden Zustand' abgeleitet werden können, dagegen sehr gut als Intensiva verständlich sind. Und beide, sowohl das Intensivum wie
auch der Resultatzustand, sind gut mit der Reduplikation vereinbar,
die ja eben diese Nuancen zum Ausdruck bringt (30 a).

Da das Perfektum so leicht in ein Narrativum übergeht (30), ist
die Abnutzung der Perfektformen sehr groß, und sie müssen immer
wieder ersetzt werden. Dadurch erklärt sich die große Anzahl von
Neuerungen auf diesem Gebiet des Verbalsystems. Im klassischen
Latein ist das noch immer nicht ganz aufgeklärte -*vi*-Perfekt (31)
von höchster Bedeutung, im Griechischen breitet sich das *k*-Perfekt
(32) immer weiter aus, im Germanischen steht schon am Anfang das
noch immer dunkle schwache Präteritum fertig da (33); im Italischen sind neu geschaffen worden das *f*-Perfekt des Oskisch-
Umbrischen, das *tt*-Perfekt des Oskischen und das -*nś*-Perfekt des
Umbrischen (34).

Das am Ende der idg. Periode voll ausgebildete Perfektum hatte
als Merkmale: 1) die besonderen Endungen, 2) die Reduplikation
und 3) wenn möglich Abtönung und Abstufung.

(1) Brugmann, Grundriß² II 3, 427f.; Schwyzer I 764f.; Belardi,
La formazione del perfetto nell' ie., Ricerche Linguistiche 1, 1950, 93–
131; K.H. Schmidt, Das Perfekt in idg. Sprachen, Glotta 42, 1964, 1–
18; K. Hoffmann, MSS 28, 1970, 39–41. – (2) Thurneysen, GOI
433. – (3) Pisani, KZ 60, 1933, 221f.; Belardi, o.c., 101; Neu, IF 72,
1968, 225. – (4) Chantraine, Histoire du parfait grec, 1927, 21f. – (5)
S. noch Bader (oben 2.3) 97 Fn. 36. – (6) Vaillant, Le parfait ie. en
balto-slave, BSL 57, 1962, 52–6; id., Gram. comp. III 76, 448. – (7) Aitzetmüller, Slawistische Studien zum 5. Kongreß, 1963, 209f. – (7a)
Leumann, Festschrift Kuiper, 1968, 54. Über den Unterschied in der
Reduplikation von πέπτηκα : ἔπταικα s. Gunnarsson, NTS 24, 1971,
81, und (dagegen) Kuryłowicz, BSL 68, 1973, 95. – (8) Etwas anders
Brugmann, o.c., 25, 441, 454; Benveniste, Symbolae Kuryłowicz,
1965, 25f.; Strunk, KZ 86, 1972, 21–27; Bammesberger, GL 21,
1982, 231–5; unsicher Kellens, Verbe 404. – (9) Schwyzer 648; vgl.
auch Kuryłowicz, Apophonie 342f.; Benveniste, l.c.; Lindeman, NTS 23, 1969, 20; aber s. auch Kuryłowicz, IG 312f. – (10)
S. oben VI. 2.8 s. fin. Mit Laryngalen arbeitet Benveniste, Archivum
Linguisticum 1, 1949, 17. – (10a) Zu dieser morphologischen Auffüllung
s. Wackernagel, KSchr. 717; sie wurde in neuerer Zeit weiter ausgebaut
von Szemerényi, Minos 12, 1972, 309f. – (11) Nicht ganz klar ist
Wackernagel, KSchr. 901, während Schwyzer, GG I 276, zwei verschiedene Ansichten vertritt: im Text die auch hier vertretene Ansicht
(: ἐνήνοχα < *ἤνοχα), aber in Fn. 8 eine ganz andere. – Für die Erklärung der attischen Reduplikation wurde die Laryngaltheorie zuerst 1927
von Kuryłowicz herangezogen: so wurde z.B. ἐληλουϑ- rein lautlich aus
*Hle-Hloudh- hergeleitet, s. seine Études 31–33; in der Folgezeit auf-
rechterhalten von Chantraine, SMEA 3, 1967, 26; Beekes, Laryngeals 113–24; Ruijgh, Mél. Chantraine, 1972, 216f.; Rix 1976: 204. Der
Urheber selbst hat aber diese Hypothese später aufgegeben und eine in-
nergriechische Entwicklung vorgeschlagen: *le-loudh-e > ἐλ-έλουϑε >
ἐλ-ήλουϑε (mit Kompositionsdehnung!), s. Apophonie 269f.; Metrik
und Sprachgeschichte, 1975, 19; und vgl. Cowgill, in: Evidence 153;
Schmeja, Studies Palmer, 1976, 353f.; Lindeman, Triple representation, 1982, 59; und oben 4.1.2 (3) und 4.2.1 b. Für die Prothese s. oben VI.
4.7.3. – (11a) Über diese ziemlich umstrittene Frage s. K. Hoffmann,
Aufsätze 539; Bader, BSL 64, 1970, 57–100; Meid, Das germ. Prät.,
1971, 53f., 68f., 78; Kammenhuber, KZ 94, 1980, 36; Bammesberger, 6. Fachtagung, 1980, 1f. – (12) Szemerényi, The PPA in Mycenaean and IE, SMEA 2, 1967, 25. – (13) S. oben V. 3.7f. und Syncope 209,
229f. – (14) MacDonell, Vedic Grammar, 1910, 353; Wackernagel–

Debrunner, Ai. Gr. II 2, 1954, 910; vgl. auch Thumb–Hauschild I 2, 277; Leumann, l.c. – (15) Vgl. Prokosch 176f.; Hirt, Urgerm. Gram. II, 1932, 142f.; SGGJ, oben 4.1.5(11), 248f., wie auch Kuryłowicz, Apophonie 312 Fn.; Feuillet, BSL 76, 1981, 209f. – (15a) Kuryłowicz, BPTJ 10, 1950, 29–31; Bech, Das germ. reduplizierte Prät., 1969; Idg. Verbalmorphologie, 1971, 70; Meid, Das germ. Prät., 1971, 53; Höfler, FoL 4, 1971, 110–20; Kuryłowicz, Metrik und Sprachgesch., 1975, 155f. – (16) Vgl. Meillet, Introduction 206; Kuryłowicz, Categories 70f.; Bader, o.c., 98; aber auch Belardi, o.c., 95; Brock, RHA 75, 1964, 149f.; Lindeman, Fs. Knobloch, 1985, 237 (Redupl. allgemein aufgegeben, nur dort bewahrt, wo sonst eine einsilbige Form entstanden wäre). – (17) Lejeune, Festschrift Sommer, 1955, 145–153. – (18) Vaillant, BSL 57, 1962, 53; id., Gram. comp. III 77. – Über die Abtönung s. oben VI. 3. und Kuryłowicz, Categories 70. – (19) Vgl. MacDonell, o.c., 353f., 356. – (19a) Zuerst wohl von Saussure, Mémoire 72f. Ein komplizierteres (und einzigartiges) System mit e in 3.Pl., o in 2.3 Sg., und Nullstufe in 1.Sg. wurde vorgeschlagen von G. Schmidt, KZ 85, 1972, 249f., 254f., 263f. – (20) So zuerst Kuryłowicz, Prace filologiczne 11, 1927, 206f., und zuletzt noch Mayrhofer, Sanskrit-Grammatik, ²1965, 18; Sprache 10, 1965, 178; Insler, IF 73, 1969, 332. – (20a) Die alte Ansicht wird immer noch verteidigt von Adrados, FoLH 2/2, 1981, 193. – (21) Siehe Kuryłowicz, BSL 45, 1949, 57–60; Apophonie 321f., 332 (Kausativa) und bes. 337. Diese Auffassung wird von Pisani schon seit den dreißiger Jahren vertreten, vgl. Rendiconti Lincei VI/X, 1934, 401–3; AGI 34, 1942, 21; Pisani–Pokorny, Allgem. und vergl. Sprachwissenschaft, 1953, 48. – (22) Vgl. noch Belardi, o.c., 95f.; Thumb–Hauschild I 2, 278. – (23) Cf. Schwyzer I 770, 703⁴. – (24) Vaillant, ll.cc. Anders Kuryłowicz, Apophonie 306f. – (25) Benveniste, Archivum Linguisticum 1, 1949, 16f. Vgl. noch Cowgill, Language 36, 1960, 491f., wie auch Makajev, Linguistics 10, 1964, 42 Fn.; Polomé, Proceedings of the 9th Congress (1962), 1964, 873; Lindeman, IF 72, 1968, 275f.; NTS 22, 1968, 76; Bader, BSL 63, 1969, 160f. – (26) Für Laryngale Leumann² 589f.; s. aber Feuillet, BSL 76, 1981, 207. Anders Leumann¹ 332. – (27) Fourquet, Festgabe Hammerich, 1962, 61–8; Makajev, o.c., 41 trotz Polomé, l.c. – (28) Kuryłowicz, Categories 71. Über die dehnstufigen keltischen Perfekta s. Meid, in: Idg. und Keltisch, 1977, 124f. Das Hethitische kennt einen Ablaut a/e (z.B. sak-/sek- ‚wissen'), der von Kammenhuber, KZ 94, 1980, 36, mit dem germanischen Ablaut a/ē zusammengebracht worden ist; über diesen Ablaut unwahrscheinlich Lindeman, Fs. Knobloch, 1985, 239. – (28a) S. jetzt Christol, BSL 67, 1973, 69–83; und, besonders attraktiv, Ringe, εἴληφα and the Aspirated Perfect, Glotta 62, 1985, 125–41: nach ihm (136–7) ist εἴληφα als Perfekt zu λαμβάνω eine Kreuzung von *labh- und *lab- aus *slagʷ- in λάζομαι. – (28b) So z.B. Oertel, KZ 63, 1936, 260f.; Schwyzer, GG

II, 1950, 263; Seebold, Sprache 19, 1973, 20–38. 158–79, bes. 176. Anders – von *wid-* ,bemerken' – z. B. Leumann, Morphol. Neuerungen im ai. Verbalsystem, 1952, 77; K. Hoffmann, Aufsätze 539; Meid, InL 4, 1978, 33; Cowgill, in: Hethitisch und Idg., 1979, 36. – (29) Cf. Wakkernagel, Vorlesungen über Syntax I, ²1950, 166f.; Schwyzer I 768, II 263f., 286f.; Hofmann–Szantyr 317f.; MacDonell, A Vedic grammar for students, 1955, 341 f. Über das gr. Perfekt: McKay, The use of the Ancient Greek perfect down to the 2nd c. A. D., Bulletin of the Institute of Classical Studies 12, 1965, 1–21; über das Resultativperfekt: Keil, Glotta 41, 1963, 29–41; Meid, 1971, 41; Kuryłowicz, BPTJ 29, 1972, 24–8. Über Perfekt und Possessivverhältnis s. Lohmann, KZ 64, 1937, 42–61; Vendryes, Mél. van Ginneken, 1937, 85f.; Benveniste, BSL 48, 1952, 52–62; Allen, Lg. 40, 1964, 337–343. Das Perfekt bezeichnete ursprünglich seelische Zustände, nicht einen Resultativzustand, nach Perel'muter, VJ 1967 (1), 92–102 (deckt sich mit Schwyzer II 263!). – (30) Grünenthal, KZ 63, 1933, 135–40, bes. 136; Kuryłowicz, Apophonie 29, Categories 25f., 56f. – (30a) Über diese Probleme s. Meid, Prät. 34f.; Berrettoni, L'uso del perfetto nel greco omerico, SSL 12, 1972, 25–170 (Ergebnis 150). – (31) Szemerényi, KZ 70, 1951, 72–6; Lindeman, IF 71, 1967, 280 Fn. 11; NTS 22, 1968, 67; Wagner, TPS 1969, 218f.; Watkins, Verb 151; Meid, Prät. 81, 131; Lejeune, Lepontica, 1971, 94 (: *dedū* from *dedō-u*); Wyatt, Lg. 48, 1972, 691; Parlangèli, RIL 100, 1972, 236–41; Narten, MSS 31, 1973, 136f.; J. González Fernández, El perfecto latino en /-*ui*/, Sevilla 1974; Bammesberger, Lg. 50, 1974, 689f.; Markey, Germanic dialect grouping, 1976, 53f. (: OE *sēwan* Neuerung); JIES 7, 1979, 65–75; Kratylos 27, 1983, 134–6; KZ 98, 1985, 266; Bammesberger, 6. Fachtagung 14f.; Lindeman, Fs. Knobloch, 1985, 238f. (beide über ae. *sēow* etc.); G. Schmidt, Glotta 63, 1985, 52–92 (: -*u*- ,dort, dann'); ganz unwahrscheinlich Schmitt-Brandt 123. – (32) Vgl. Kronasser, Archív Orientální 25, 1957, 518f.; Pisani, Kratylos 3, 1958, 19; Lazzeroni, Annali della Scuola Normale di Pisa 29, 1960, 120f. (alle für eine Verbindung – durch Entlehnung? – mit dem anatolischen Prät. auf -*ha*); Markey, IF 85, 1981, 279–97. – (33) Neuere Versuche: Watkins, Ériu 19, 1962, 45; Kuryłowicz, Categories 126f.; Polomé, o. c., 878; Hiersche, Zeitschrift für deutsche Philologie 87, 1968, 391–404 (über Wisniewski, Hammerich, Bech); Knapp, Festschrift Höfler, 1968, 301–314; Ball, TPS 1968, 162–188; Meid, Prät. 107–117; Bech, Idg. Verbalmorphologie, 1971, 68f.; Migačev, VJ 1972 (4), 80–89; G. Schmidt, KZ 90, 1977, 262–70; Birkhan, Das Zipfsche Gesetz, Wien Akad., 1979, 55–80; Pohl, in: Fs. Vernay, 1979, 354–8; Hollifield, Sprache 26, 1980, 150–60; Kortlandt, IF 86, 1982, 128; Feuillet, BSL 76, 1982, 210–7; Lühr, in: Das Germanische, s. oben 4.1.1 (3), 41–51. – Für die Geschichte der Forschung s. Tops, The origin of the Germanic dental preterit: a critical research history since 1912 (Cornell Univ., 1972). – (34)

Siehe z.B. osk. *fufens, fufans* ‚fuerunt‘, *dadikatted* ‚dedicauit‘, paelignisch *coisatens* ‚curauerunt‘, umbr. (Fut. Perf.) *purdinsiust* ‚porrexerit‘ (aus *-nky-*), und vgl. (für *f*) Poultney, The bronze tables of Iguvium, 1959, 134; Olzscha, Glotta 41, 1963, 290–9; Negri, I perfetti oscoumbri in *-f-*, RIL 110, 1977, 3–10 (: aus *-dh-* ∼ *-ϑω*); Rix, in: Le lingue ie. di frammentaria attestazione, 1983, 101; (für *tt*) G. Schmidt, KZ 90,1977, 269; Xodorkovskaja, VJ 1979 (3), 106–118 (: *-t-* ∼ *-dh-*); (für *ns*) Poultney, o.c., 135; Jerrett, TAPA 104, 1974, 169–78; Pisani, AGI 60, 1975, 220–222; Markey, KZ 98, 1985, 260–8 (: **enek-* “carry”). – Es gibt augenscheinlich auch ein osk. *-k*-Perfekt, z.B. *kellaked* ‚concamerauit(?)‘ zu lat. cella (?) in einer Inschrift aus Bovianum Vetus, s. Lejeune, Mél. Heurgon, 1976, 553 f.; Poccetti, Nuovi documenti italici, 1979, 33 f.; und vgl. Pisani, Le lingue dell'Italia antica oltre il latino, ²1964, 52.

4.4 *Augment, Polymorphismus, Suppletivismus, System, Aspekt, Akzent*

4.4.1 Im Südosten der Indogermania finden wir nicht nur den Aorist durch ein zusätzliches Merkmal charakterisiert, sondern auch gewisse Bildungen von dem Präsens- und Perfektstamm, die, wie auch der Aorist, nicht die Primärendungen anfügen. Dieses als *Augment* bezeichnete Element ist besonders aus dem Griechischen und dem Arischen gut bekannt, wo auch die durch das Augment gekennzeichneten Bildungen von dem Präsensstamm und Perfektstamm, *Imperfekt* bzw. *Plusquamperfekt*, im System eine ihnen klar zugewiesene Stelle haben.

a) Das Augment (1) ist bei konsonantischem Anlaut des Verbalstammes *e-*, das *syllabische Augment*. Bei vokalischem Anlaut wird dieses *e-* mit dem anlautenden Vokal schon in idg. Zeit kontrahiert (1 a), wobei die dem Anlaut entsprechenden Längen entstehen *(temporales Augment)*, also *e + e = ē, e + o = ō, e + a = ā*. Vgl. gr. ἔ-φερε-ς = ai. *a-bhara-s* ‚trugst‘, idg. **ebheres*; gr. ἦα = ai. *āsam* ‚ich war‘, idg. **ēsm̥* aus **e-es-m̥*; gr. ἄγες (att. ἦγες) = ai. *ājas* ‚führtest‘, idg. **āges* aus **e-ag-e-s*.

Außerhalb des Griechischen und Arischen finden sich Reste des Augmentgebrauchs im Phrygischen: εδαες ‚statuit‘ (vgl. heth. *dais* ‚er setzte‘), und auf eine besonders interessante Weise im Armenischen (2): das Augment ist in der 3. Sg. Aorist erhalten, aber nur wenn ein konsonantisch anlautendes Verb ohne es einsilbig wäre, vgl. 1. *beri*, 2. *berer*, 3. *eber* aus **ebheret*, oder 1. *lkhi*, 2. *lkher*, 3. *elikh* ‚ließ‘ aus **elik^wet* = gr. ἔλιπε.

Diese Regelung hängt jedenfalls mit dem bekannten Bestreben zusammen, den Wortkörper nicht unter ein gewisses Minimum an Umfang sinken zu lassen und ist u. a. auch im Griechischen beobachtet: Weglassen des Augments ist nicht erlaubt, wenn dadurch eine einsilbige Kürze entstünde; στῆ γνῶ sind zugelassen, aber nur ἔκτα ἔσχε, nicht *κτα *σχε (3).

In den frühen Denkmälern des Griechischen und Arischen – alles Poesie – ist der Gebrauch des Augments fakultativ; dagegen ist sein Gebrauch in Prosadenkmälern von Anfang an verbindlich. Daraus und aus der geographischen Verbreitung wird gewöhnlich der Schluß gezogen, daß das Augment innerhalb des Indogermanischen eine Neuerung auf einem begrenzten Gebiet war, die sich dazu noch gar nicht befestigt hatte (4). Prinzipiell könnte natürlich der Mangel anderer Sprachen „durch nachträglichen Verlust verursacht" worden sein (5); immerhin wäre es zu begrüßen, wenn das einstige Gebiet des Augments erweitert werden könnte, so wie schon einmal seine einstige Existenz für das Slavische anhand gewisser Akzenteigentümlichkeiten des Aorists postuliert wurde (6). Auch im Hethitischen hat man es schon entdecken wollen, und vielleicht ist es auch für das Germanische nachzuweisen (6 a). Die mykenischen Dokumente, denen bis auf eine Form das Augment unbekannt ist (7), scheinen zwar für den fakultativen Gebrauch zu sprechen, in Wirklichkeit stellen sie uns vor ein Dilemma, denn das temporale Augment der historischen Zeit setzt eine vormykenische Kontraktion von $e + e$ zu $\bar{e}$ voraus (8). Andrerseits ist für Gebrauch und Nichtgebrauch neuerdings eine sprachliche Erklärung gegeben worden: die augmentierten Formen seien von den nichtaugmentierten funktionell geschieden, und zwar so, daß die Funktion des augmentierten Indikativs der „Bericht", die des unaugmentierten Injunktivs die „Erwähnung" sei (9).

Daß das Augment ursprünglich ein selbständiges Wort, wohl ein Adverb, war, geht u. a. auch daraus hervor, daß es den Akzent trägt und somit das Verb wie ein Enklitikon behandelt wird; seine Bedeutung war etwa ,wirklich' (10) oder ,früher, einmal' (11) oder lokales ,da' (11 a) oder beides zusammen ,illic et tunc' (11 b); jedenfalls war es nicht eine satzverbindende Partikel (12). Neben e- kommt besonders vor Sonanten auch ē- als syllabisches Augment vor, vgl. ai. *āyunak āyukta* von *yuj*- ,anschirren', *āriṇak* von *rič*- ,freilassen', gr. ἤ-ϝείδη ,wußte' zu ϝοῖδα (12 a). Man könnte in solchen Fällen einen anlautenden Laryngalen postulieren (13), aber die Fälle sind wenig, und man kann eher auf die Reduplikationssilbe mit *e/ē* oder Alternationen wie *ne/nē, pro/prō* verweisen (14).

Die allgemeine Tendenz ist das Augment im Laufe der Geschichte aufzugeben. Um so bemerkenswerter ist es, daß es an zwei Punkten seines einstigen Bereiches noch heute weiterlebt: im Griechischen und im Yaghnōbi, dem Abkömmling der ostiranischen Sprache der Sogdiana; vgl. mod. gr. ἔφυγα ‚ich floh‘ und yaghn. *akúnim* ‚ich machte‘, *ašávim* ‚ich ging‘.

b) Das Augment kennzeichnet den Indikativ der Vergangenheitstempora, d. h. den Aorist, das Imperfekt und Plusquamperfekt.

Das *Imperfekt* ist der mit Augment und Sekundärendungen versehene Präsensstamm; es steht also in Opposition zu dem durch die Primärendungen gekennzeichneten Präsens, vgl. **ébheret : *bhéreti* in Gr. ἔφερε : φέρει, ai. *ábharat : bharati*. Das Imperfekt ist beim ersten Ansehen auf dasselbe Teilgebiet des Indogermanischen beschränkt wie das Augment. Das lat. Impf. auf *-bā-* ist jedenfalls eine junge Neuerung (14 a). Aber der aks. Aorist scheint viele alte Imperfekta aufgenommen zu haben: die 2. 3. Sg. Aor. bei thematischen Verben, z. B. *vede* zu 1. Sg. *vēsŭ* ‚führte‘, und bei Verben auf *-nǫ* wie *minǫ* ‚gehe vorbei‘ 2. 3. Sg. Aor. *minǫ*, werden wohl sicher auf idg. Imperfekta wie **wedhes/*wedhet* und *-neu-s/-t* zurückgehen (15), wie ja auch der armenische Aorist *eber* eine Imperfektform **ebheret* fortführt, die nie ein Aorist sein konnte; neuerdings ist auch das altirische Imperfekt (15 a) und das baltische Präteritum auf *-ē-* auf dieses idg. Impf. zurückgeführt worden (16). Das Slavische hat ein neues Imperfekt auf *-axŭ* aufgebaut, vgl. *nesti* ‚tragen‘: *nesēaxŭ* (16 a), während das Litauische eine neue Bildung mit *-dava-* eingeführt hat (16 b).

Das *Plusquamperfekt* (17) scheint eine viel jüngere Schöpfung zu sein, aber da das Perfekt – ein Präsens – alt ist, wird sein Vergangenheitstempus wenigstens so alt sein wie das Imperfekt. Im Griech. ist neben οἶδα das Präteritum ἤϝειδη- (2. Sg. ἤείδης, 3. Sg. ἤείδη mit Varianten) weit verbreitet, dessen -η- auch in dem Futur εἰδήσω auftritt. Zum Vergleich bietet sich im Slavischen der Aoriststamm *vēd-ē-* und Inf. *vēdēti* an, die eine Vergangenheitsform auf *-ē-* von dem Perfekt *vēdē* ‚ich weiß‘ beweisen (18); der Versuch, ἤδεα mit lat. *vīderam* zusammenzubringen (19), wobei -ε(σ)α dem lat. -*eram* aufgrund eines idg. -*es*- entsprechen sollte, scheitert daran, daß die griechische Form auf *-ē-* zurückgeht, das auch bei anderen Verben, insbesondere in dem Partizipium, gern auftritt, vgl. κεχαρηότα.

Ein älterer Typus, bei dem die SE einfach an den Stamm antraten, ist in Dual- und Pluralformen erhalten (17), vgl. ἤιστην ,die zwei wußten', ἔστασαν ,sie standen', ἐπέπιϑμεν ,wir vertrauten' usw. Diese Bildung hat auch im Aind. Entsprechungen, z. B. *a-bi-bhē-t* ,war in Furcht', *ajăgar* ,war wach', *avēdam* ,ich wußte' zu den präsentischen Perfekta *bibhāya*, *jăgāra*, *vēda* (20).

(1) Schwyzer I 650f.; Meillet, Introduction 242; Chantraine, Morph. 309f.; Kuryłowicz, Categories 131; L. Bottin, L'aumento in Omero, SMEA 10, 1969, 69–145; Wright, BSOAS 33, 1970, 187, 199. –
(1a) Aber nicht mit hohen Vokalen: in einer Anzahl von Fällen müssen Formen wie *a-icchas* (RV 10, 108, 5) restituiert werden, s. Gonda, Old Indian, 1971, 9 Fn. – (2) Vgl. Meillet, Esquisse d'une grammaire comparée de l'arménien classique, ²1936, 123f. – (3) Vgl. Schwyzer 651. –
(4) Schwyzer I 56. Vgl. Wackernagel, Philologus 95, 1942, 1f.; Pisani, AGI 51, 1967, 110f.; Ambrosini, Studi e saggi linguistici 2, 1962, 66f.; Blumenthal, IF 79, 1975, 67–77 (mit den Bemerkungen von Lehmann, Studies in Language, Amsterdam, 3, 1979, 86); Lazzeroni, SSL 17, 1977, 29f. – (5) Porzig, Gliederung 87. – (6) Vaillant, Gram. comp. III 17, 551; dagegen Durante, Sulla preistoria della tradizione poetica greca, 1976, 24 Fn. 25. – Über das Litauische siehe Hamp, Baltistica 12, 1976, 25f. – (6a) S. Eichner, 5. Fachtagung, 1975, 78 (: *ēsun* ,war' aus **e-Hes-m̥*); dagegen Kammenhuber, Fs. Winter, 1985, 459 Fn. 7. – (6a) Für das Germanische wäre das immer noch rätselhafte got. *iddja* wichtig: es könnte das reduplizierte Impf. der Wurzel *yā-* ,gehen' (ai. *yāmi*) d. h. **e-ye-yā-m* fortsetzen; andere neuere, aber auch nicht annehmbare Vorschläge bei Cowgill, Lg. 36, 1960, 483f. (wozu Makajev, Linguistics 10, 1964, 42 Fn. 49); Lindeman, IF 72, 1968, 275–86; Jasanoff, MSS 37, 1978, 86–7; Bammesberger, Beiträge zu einem etym. Wb. des Altenglischen, 1979, 44; Hollifield, Sprache 26, 1980, 162f. – (7) Darüber jetzt Duhoux, Minos 9, 1968, 92. – (8) Szemerényi, Atti e memorie del 1. Congresso di micenologia II, 1969, 724. – (9) R. Schmitt, KZ 81, 1967, 65–7, nach Hoffmann, Injunktiv 145f., dagegen Ferrari, SSL 9, 1969, 231f. – Über eine andere Möglichkeit des Augmentverlustes s. Kiparsky, oben 3.1.5(9), 39. – (10) Cowgill, in: Universals of language, 1963, 108f. – (11) Brugmann, o.c., II 3, 11, und zuletzt wieder Erhart, Sbornik Brno A/14, 1966, 17; s. auch Kiparsky, o.c., 45. – (11a) E. Hermann, GGN 1943, 638 (: demonstrative *e-/ē-*). – (11b) Lazzeroni, SSL 17, 1977, 22f.; Scritti in onore di R. Ambrosini (ed. E. Campanile), 1985, 130f. – (12) So Watkins, Celtica 6, 1963, 15: *e-* = luwisch *a* ,und'; dagegen Friedrich, Heth. Wb. Suppl. 3, 49. Vgl. noch Ivanov, Obščeind. 245f. und in: Slavjanskoje Jazykoznanije, 1968, 230 Fn. 20; und ganz anders Ambrosini, o.c., 63. – (12a) Debrunner, Das Augment *ē-*, Fs. Fr. Zucker, 1954, 85f.; Wyatt, The Greek prothetic vowel, 1972, 74–9. – (13) Siehe Kuryłowicz, Études 31, Apophonie 268, 339; Lehmann, PIE Phono-

logy 77, aber auch Cowgill, in: Evidence 163, 169. Der schreckliche Aufsatz von J. Daugmann, Long vowel augments in Sanskrit and Greek, Linguistics 35, 1968, 7–27, hätte nie gedruckt werden sollen. – (14) Brugmann, l.c.; Schwyzer 653. – (14a) S. Leumann² 579 f. (Bibliographie!); Baldi, Lg. 52, 1976, 839–50: *amans-bhwām* (?); G. Schmidt, KZ 90, 1977, 265 f.; Xodorkovskaja, VJ 1979 (3), 113 f. (*-b-* < *-dh-*; cf. Machek, Charisteria F. Novotný, 1962, 102 f., und bes. Thibau, Rapports entre le latin et le grec, 1964, 10 f. für dieselbe Lösung); *Pariente, Las formas verbales lat. en *-bam*, *-bo*, Univ. Barcelona, Anuario do filosofía 5, 1979, 19–71; Rix, in: Le lingue ie. di frammentaria attestazione, 1983, 101. – (15) Vaillant, Gram. comp. III 51, 54, 230. – (15a) Vgl. z. B. Campanile, AION-L 8, 1968, 51; Rix, Idg. und Keltisch, 1977, 157. – (16) Kuryłowicz, Categories 135; Schmalstieg, AION-L 6, 1965, 123; Barton, IF 85, 1981, 246–78. – (16a) Siehe dazu Hermann, KZ 69, 1948, 68 f.; Karstien, Fs. Vasmer, 1956, 224 f.: *-āskom* (~ *-σχον*) > *-ks-* > *-x-*; Sadnik, Welt der Slaven 5, 1960, 19–30; Vaillant, Gram. comp. III, 1966, 66 f.; Bech, Idg. Verbalmorphologie, 1972, 5–29; Georgiev, BalkE 13/3, 1975, 28–30; Pohl, ZSP 38, 1975, 349–60; Fs. H. Vernay, 1979, 358–9; und in: Philologie und Sprachwissenschaft, Innsbruck 1983, 203–210 (: grundsätzlich = Sadnik). – (16b) S. Hermann, o. c., 67 (: *-davau* ~ got. *tau-jan*); Machek, o. c. (14a), 102 f.; Vaillant, o. c., 66 (?); Bech, o. c., 29–37. – (17) Schwyzer 776; Kuryłowicz, Categories 91; Berg, Ursprung des altgriech. aktiven Plusquamperfekts, NTS 31, 1977, 205–263. – (18) Zur *ē*-Erweiterung im Griechischen s. Chantraine, BSL 38, 1937, 9–39; zum Slavischen Vaillant, BSL 40, 1939, 5–30, bes. 14 f.; und BSL 57, 1962, 52; Gram. 47, 77, 452. – (19) Pedersen, Formes sigmatiques du verbe latin, 1921, 15, und noch Pisani, AGI 41, 1957, 158. Dagegen führen das lat. Plupf. auf *-is-ā-* zurück Leumann² 608; Safarewicz, Eos 46, 1954, 100 f.; Kuryłowicz, Categories 125; Watkins, in: AIED 43. Wieder anders, aber kaum richtig, Ruijgh, Mél. Chantraine, 1972, 223. – (20) Thieme, Das Plupf. im Veda, 1929, 35 f.; Schwyzer 777 f.; Leumann, Morph. Neuerungen 32.

4.4.2 Das idg. Verbum konnte sowohl bei dem Präsensstamm wie auch bei dem Aoriststamm verschiedene Bildungen aufweisen. Dieser *Polymorphismus* ist besonders im Arischen (1) und, weniger, im Griechischen (2) entwickelt. Vgl. z. B. ai. *bhárati* ,trägt' : *bibharti* ,trägt herum', aber auch mit keiner Veränderung der Bedeutung *sacaté* und *sişakti* ,folgt', *stavaté* ,lobt': *stumási* ,wir loben', *bhayaté* : *bibhēti* ,fürchtet', *tudati* : *tundaté* ,stößt', *dabhanti* : *dabhnuvanti* ,sie betrügen'. Die Wurzel *hū-* ,rufen' zeigt die größte Variabilität, sie hat fünf verschiedene Präsensbildungen, die natürlich nicht gleich häufig auftreten; nach der Häufigkeit angeordnet

sind sie: *havatē, hvayati,* 1. Sg. *huvé, hūtē, juhūmas(i).* Wohlbekannte Fälle im Griechischen sind: πυνθάνομαι–πεύθομαι ‚er-
fahre‘, λήθω–λανθάνω ‚bin versteckt‘, μένω : μίμνω ‚warte‘, und
ein extremer Fall: κεράννυμι, κίρνημι, κιρνάω, κεραίω, κεράω
‚mische‘. Nicht in diesen Problemkreis gehört die überall zu beobachtende Tendenz, alte athematische Bildungen durch thematische
zu ersetzen, nur im Baltischen hat der alte Typus noch eine Spät-
blüte erlebt (3), obwohl er heute untergegangen ist; so ist aus dem
athem. idg. **sti-stā-mi,* das im gr. ἵστημι erhalten ist, im Latein das
thematische *sistō,* im Aind. das gleichfalls thematische *tiṣṭhāmi*
geworden, dem athem. ai. *mārj-mi* ‚ich reibe‘ entspricht im Griech.
das them. ἀμέλγω ‚melken‘ usw.

Bei den verschiedenartigen Präsensbildungen wäre es natürlich,
daran zu denken, daß jede von ihnen eine besondere Bedeutungsnuance mit sich brachte; so hat man bei den reduplizierten Bildungen einen «aspect déterminé» erschlossen (4), bei den -*sk*-Bil-
dungen ist eine iterativ-durative Grundbedeutung wahrscheinlich
(5), usw. Es ist aber neuerdings mit Recht darauf hingewiesen
worden (6), daß diese Anschauung nur dann berechtigt wäre, wenn
alle diese Bildungen in demselben synchronen System vorhanden
und produktiv gewesen wären, was aber nachweislich nicht der Fall
war. So ist das in der historischen Zeit überall zunehmend produk-
tive Suffix -*ye-/-yo-* (oben 4.1.5) sicher erst spät zu dieser reichen
Entfaltung gelangt. Viel wichtiger sei es, daß alle sekundären Präsensbildungen dazu dienten, durch neue durative Bildungen den
immer wieder abnehmenden Vorrat aufzustocken. Dabei sei der
normale Verlauf von einem Grundverbum über ein deverbales
Nomen zu einem von diesem abgeleiteten (denominativen) Verbum,
das dann zu dem Grundverbum in Verhältnis gesetzt und als von
ihm abgeleitet reinterpretiert wird; z. B.

Grundverb	Deverbales Nomen	Denom. Verb	Deverbales Verb
*wegheti ‚vehit‘	**wogho-* ‚fahrend, Fuhr‘	**woghe-ye-* von **wogho-*	**wogh-eye-* von **wegheti.*

Damit ist auch die Frage, ob z. B. lat. *dō* auf idg. **di-dō-mi,* also auf
die im Griech., Arischen und Italischen bezeugte Bildungsweise,
oder eher auf **dō-mi,* das im Balto-Slavischen vorliegt (7), zurückgeführt werden soll, von dieser Sicht aus uninteressant: beide Bildungen waren im Idg. einmal vorhanden; dasselbe trifft auch auf

westgerm. *dōn ‚tun‘, eine Umgestaltung von idg. *dhē-mi, und idg. *dhi-dhē-mi in gr. τίϑημι zu. Die reduplizierte Bildung war dabei die iterative Variante, die öfters das Grundverbum verdrängte und nur als Aorist weiterleben ließ, vgl. ai. dadāmi ‚gebe‘: adām ‚ich gab‘ (8). Beim Aorist ist der Polymorphismus gleichfalls eine wohlbekannte spätidg. Erscheinung, soweit es sich auf das Zusammenleben von asigmatischen und sigmatischen Bildungen bezieht. Auch hier handelt es sich letzten Endes um die Koexistenz von verschiedenen Präsensstämmen, von denen einer in die rein aoristische Funktion abgedrängt wurde (9). Aber funktionell läßt sich kein Unterschied zwischen den zwei Grundtypen aufweisen.

(1) S. dazu Vekerdi, On polymorphic presents in the Rgveda, Acta Orientalia Acad. Hungar. 12, 1961, 249–287; Jelizarenkova, Bedeutung der Präsensstämme im Rigveda (russ.), in: Jazyki Indii, Moskau 1961, 91–165; U. Joachim, Mehrfachpräsentien im Ṛgveda, Frankfurt a. M. 1978; Lazzeroni, SSL 20, 1980, 43. – (2) Darüber die Londoner Dissertation meines Schülers O. Kujore, Greek polymorphic presents, Amsterdam 1973. – (3) Stang, Vgl. Gram. 310. – (4) S. oben 4.1.2 (6). – (5) Oben 4.1.4 (8). – (6) S. bes. Velten, Studien zu einer hist. Tempustheorie des Idg., KZ 60, 1933, 185f.; Kuryłowicz, Apophonie 32; Categories 105, 109; Problèmes 99. – (7) Szemerényi, Zwei Fragen des urslavischen Verbums, Études Slaves et Roumaines (Budapest) 1, 1948, 7f.; Kuryłowicz, Slavic damĭ, To honor R. Jakobson 2, 1967, 1127–31; anders Otrębski, Lingua Posnaniensis 9, 1963, 24; Georgiev, Kratylos 10, 1967, 216; Tedesco, Lg. 44, 1968, 11. – (8) Campanile, Scritti in onore di R. Ambrosini, 1985, 65–7, stellt mit Recht neben die präsentischen steH-ti, bhuH-ti die Vergangenheitsformen steH-t, bhuH-t, von denen nur die letzteren als Aoriste übriggeblieben sind. Dasselbe wird auch auf das Verhältnis -neu-Präs. – -eu-Aor. zutreffen: zunächst -eu-Präs. und -neu-Präs. nebeneinander, dann das erstere aus dem Präsens verdrängt, so daß nur die Vergangenheitsform, d. h. der Aorist übrigblieb; vgl. Strunk, Nasalpräsentia 128. – (9) Siehe IX. 4.2.1 (24).

4.4.3 Die bei dem Nomen, insbesondere bei dem Adjektiv obwaltende Vereinigung verschiedener Stammbildungen zu einem Paradigma, die als Suppletivismus bekannt ist (s. oben VII. 8.9), kann auch bei dem Verbum beobachtet werden. Wie bekannt, lautet das Perfekt zu dem lat. Verbum ferō nicht etwa *feferī oder *feruī, sondern von einem ganz verschiedenen Stamm tulī, alat. tetulī; bei demselben Verbum wird weiterhin das Verbaladjektiv nicht als *fertus gebildet, sondern, synchronisch gesehen, von einem dritten Stamm: lā-tus, obwohl diachronisch festgestellt werden kann, daß dies aus

tlātos entstanden ist und so mit *tulī* zusammengehört. Im Griechischen bilden etymologisch nicht zusammengehörende Stämme ein
einheitliches Paradigma bei ‚sehen': ὁϱῶ–ὄψομαι–εἶδον, bei
‚sagen': λέγω–ἐϱῶ–εἶπον, bei ‚gehen': ἔϱχομαι–εἶμι–ἦλϑον, usw.
Man begegnet oft der Meinung, Suppletivismus sei etwas Pri-
mitives. Dem widerspricht allein schon die Tatsache, daß es doch
ziemlich junge Fälle gibt, z.B. engl. *went* ist erst seit dem 15.Jh. das
Präteritum von *go*. Ein schönes (nachlateinisches!) Beispiel bieten
ital. *vado/andiamo*, franz. *je vais/nous allons*. Offenbar ist Suppletivismus nur ein Aspekt des nie endenden Erneuerungsprozesses im
Leben der Sprache, dem besonders die häufig benutzten Elemente
– sei es des Wortschatzes oder des grammatischen Systems – ausgesetzt sind (1).

Es wird oft behauptet, gewisse Verbalstämme hätten eine gewisse
Bedeutung, die es ihnen unmöglich machte, in gewissen Formkate-
gorien aufzutreten. So sei die Bedeutung des Verbalstammes **dō-*
punktuell gewesen, und deshalb wäre ein Präsens **dō-ti* unmöglich
gewesen (2). Andrerseits soll die Wurzel **bher-* im Idg. weder einen
Aorist noch ein Perfekt gebildet haben, deshalb seien die entsprechenden Formen im Griech. ἤνεγκον ἐνήνοχα, im Altirischen
ro-uic, im Latein *tetulī* (3); aber es ist doch eine Tatsache, daß das
Altirische den Aorist von diesem Stamme bildet: *birt* ‚trug', und im
Altindischen gibt es seit vedischer Zeit den Wurzelaorist (Prekativ
bhriyāsam, Impv. *bhṛtam*), den *s*-Aorist *abhārṣam* und den *-iṣ-*
Aorist *abhāriṣam*. Desgleichen soll das Verbaladjektiv von dieser
Wurzel unmöglich sein – wofür man sich auf lat. *lātus* und gr. οἰστός
beruft –, aber es existiert in vedisch *bhṛtá-* und air. *brithe* stellt eine
Erweiterung davon dar, während die ursprüngliche Form in der
Funktion des passiven Präteritums erhalten ist. Es ist offenbar un-
möglich, aus den Suppletivverhältnissen auf inhaltliche Beschränkungen gewisser Verbalwurzeln zu schließen (4).

(1) S. Mańczak (86f.) und Strunk (12f.), oo.cc. oben VII. 8.9;
Ivanov, Glagol 177f. – (2) Zuletzt Tedesco, oben 4.4.2 (7); und wieder
F. Létoublon, Les verbes de mouvement en grec: supplétisme et aspect
verbal (cf. JHS 107, 1987, 211–2). – (3) Zum Beispiel Pokorny, Idg.
etym. Wb. 128; Meillet, Festschrift Kretschmer, 1926, 140–1; Watkins, Ériu 21, 1969, 7. – (4) Auch Dressler, KZ 85, 1971, 14, meint, daß
hier eine Vermengung der Begriffe vorliegt.

4.4.4 Aus dem bisher Behandelten ergibt sich für das spätindogermanische *System* ein Gegensatz von Aktiv und Passiv-Medium,

innerhalb deren ein Gegensatz von Präsens und Aorist (1). Der erste
Gegensatz beruhte auf der Form der Personalendungen, z. B. *bhereti ,trägt': *bheretoi ,wird getragen, trägt für sich', der zweite in erster Linie auf der Stammform und nur hilfsweise auf den Endungen
und womöglich auf dem Augment, vgl. *bhéugeti ,biegt aus, flieht':
*(é)bhugét ,er floh' (gr. φεύγει : ἔφυγε), *yunégti ,schirrt an':
*(e)yēuk-s-t ekwō ,er schirrte die beiden Pferde an' (ai. yunákti :
áyaukṣ-īt). Daneben existierte noch das „Perfekt", das eigentlich ein
Präsens war, von dem als Zustandsverbum nur ein „Aktiv" möglich
war; nur am Ende der idg. Periode wurde es möglich, auch entsprechende Formen im Passiv-Medium zu bilden und, vielleicht schon
früher, ein entsprechendes Präteritum. Der Gegensatz von Präsens :
Aorist, zunächst einfach ein Gegensatz von Gegenwart : Nicht-Ge-
genwart (der Vergangenheit zugewendet), mußte sich grundlegend
ändern, als und wo eine zweite Vergangenheitsform, die direkt auf
der Stammform des Präsens aufgebaut war, erschafft wurde: der
binäre Gegensatz *bhéugeti : *(e)bhugét wurde zu dem ternären
*bhéugeti : *(é)bhéuget : *(é)bhugét umgewandelt, wodurch das
alte Präteritum erst eigentlich zu dem Aorist wurde, während das
neue, in der Stammform dem Präsens gleiche, Präteritum (d. h. das
Imperfekt des Südostens) einfach die durative Handlung in die Vergangenheit versetzte. Diese Entfaltung in Richtung auf die Vergangenheit wird als eine Ergänzung in Hinblick auf die Zukunft die
Schaffung des Futurs mit sich gebracht haben, die, wie wir schon gesehen haben, teils aus dem Arischen auf das Baltische (und vielleicht
Slavische) übergriff, teils eine andere Neubildung im Griechischen
zeitigte.

Im Spätindogermanischen sind auch die Modi schon fest eta-
bliert: der Konjunktiv, der Optativ, und wohl schon viel früher der
elementare Modus des Befehls, der Imperativ. Weniger klar ist, wieweit sich diese Modi in Richtung auf ihren historischen Status in den
Einzelsprachen schon im Spätidg. entfaltet haben. Der Lateinische
Konjunktiv besitzt vier „Tempora", das Griechische hat drei Kon-
junktivformen, das Vedische gleichfalls, das Gotische, das überhaupt nur zwei Tempora besitzt, nur zwei. Aus den lat. Konjunk-
tiven advenat tagās usw. folgert man gewöhnlich (s. oben IX. 3.1.1),
daß der idg. Konjunktiv noch nicht den Tempusstämmen zugeordnet war und daß es deshalb nur einen geben konnte. Dieser
Schluß kann durch folgende Beobachtung erhärtet werden. Die Einzelsprachen (z. B. das Griechische oder Altindische) haben einen
aoristischen Konjunktiv, der aber in seiner Bedeutung keinen Bezug

auf die Vergangenheitsbedeutung des Indikativs nimmt. Diese Tatsache wird nicht dadurch erklärt, daß man für den Aorist eine mo-
mentane, punktuelle Aspektbedeutung annimmt, denn wenn der
Aoristkonjunktiv wirklich von dem Aorist abgeleitet wäre, müßte er
gleichfalls die Vergangenheitsbedeutung aufweisen. Die Erklärung
der Tatsachen liegt einfach darin, daß der Konjunktiv des s-Aoristes
zu einer Zeit gebildet wurde, als der s-Aorist noch einfach das Präteritum eines s-Präsens war und der s-Konjunktiv ein präsentischer
Konjunktiv. Da das zugehörige s-Präsens als Kategorie verlorenging, wurde der s-Konjunktiv dem s-Aorist zugeordnet und nach
seinem Verhältnis zum Indikativ wurde auch dem asigmatischen Aorist ein neuer, in seinem Stamm nach dem Indikativ ausgerichteter,
Konjunktiv beigesellt, obwohl der eigentlich von dem System ver-
langte Konjunktiv schon im Präsens-Konjunktiv vorlag. Das eigenartige semantische Verhalten des Aorist-Konjunktivs ist also nicht
die Folge eines eigenartigen semantischen Aspekts des Aorists, sondern ein fast unverändertes Erbe aus einer vergangenen Zeit; verändert hat sich nur der Aorist-Indikativ, und zwar dadurch, daß sein
Gegenwartspartner verlorenging.

Daraus folgt, daß der Aorist auch einen Optativ und Imperativ
haben mußte oder wenigstens konnte, und zwar ohne irgendwel-
chen Bezug auf die Vergangenheit. Im Prinzip trifft das auch auf das
Perfekt zu, nur daß bei einer Zustandsbeschreibung die Modi ursprünglich wohl nicht sinnvoll sein konnten. Aber mit der Entwicklung von Perfekten, die eine „Handlung" bezeichneten, wurden
auch Modi möglich: lat. *mementō* aus **me-mn̥-tōd* zu dem Indikativ **me-mon-a(i)* oder sogar ai. Opt. *ba-bhū̆-yā́-s* ‚sei‘.

Die Entwicklung dieses Teiles des Systems kann im Aktiv folgendermaßen veranschaulicht werden:

I.	Präsensbildungen ohne -s-		s-Bildungen
Präs. Ind.	bhéug-e-ti	yuneg-ti	yeug-s-ti
Prät. Ind.	bhug-é-t	yuneg-t	yeug-s-t
Präs. Konj.	bhéug-ē-ti	yuneg-e-ti	yeug-s-e-ti

II.		
Präs. Ind.	bhéug-e-ti	yuneg-ti
Impf. Ind.	bhéug-e-t	yuneg-t
Präs. Konj.	bhéug-ē-ti	yuneg-e-ti
Aor. Ind.	bhug-é-t	yeug-s-t
Aor. Konj.	bhug-ē-ti	yeug-s-e-ti

In der Periode I. stehen sich *bhéugeti und *bhugét gegenüber, ihnen zur Seite steht der Konj. *bhéugēti. Zu dieser Zeit befinden sich *yunegti und *yeugsti mit je drei Formen auf derselben Ebene. Dann verschieben sich diese Verhältnisse, indem das Präsens *yeugsti von *yunegti verdrängt wird, während das Prät. *yeugst dem Präsenssystem *yunegti/*yunegt zugeordnet wird und somit *yeugst auch zu *yunegt in Gegensatz tritt. Impf. und Aor. sind damit differenziert. Anderswo wird nur der Gegensatz *yunegti : *yeugst weitergeführt.

Wenn wir noch das Perfektum und für den Südosten (SO) der Indogermania auch das Futur heranziehen, den Optativ und Imperativ dagegen ignorieren, ergibt sich damit für die spätidg. Zeit das folgende Gesamtbild (2):

Allgemein-idg.		SO-idg.
Präs. Ind. – Präs. Konj.	Perf. Ind. – Perf. Konj.	Präs. Ind. – Präs. Konj.
–		Impf. Ind.
Prät. Ind.		Aor. Ind. – Aor. Konj.
Fut. Ind. (ursprg. Prät. Konj.)		Fut. Ind. (ursprg. Desid.)

(1) Über allgemeine Probleme des Verbalsystems siehe v. Velten, Studien zu einer historischen Tempustheorie des Indogermanischen, KZ 60, 1932, 185–211, bes. 195f., 198f., 211; Schwyzer, Zum persönlichen Agens beim Passiv. Abh. Preuss. Akad. 1942/10, 1943, 11f. (: Verbalstämme sind *energetisch – anenergetisch*, d.h. transitiv/intransitiv – statisch/metastatisch); K. Hoffmann, Das Kategoriensystem des idg. Verbums, MSS 28, 1970, 19–41 (= Aufsätze II 323–40); Bader, RPh 45, 1971, 311–7 (bemängelt Watkins' Verb wegen Vernachlässigung des Systems, was auch Kiparsky, FL 9, 1972, 283, tadelt); Parfait et moyen en grec, Mél. Chantraine, 1972, 1–21 S. 21 Diagramm); Eichner, Die Vorgesch. des heth. Verbalsystems, 5. Fachtagung, 1975, 71–103; Meid, Räumliche und zeitliche Gliederung des Indogermanischen, ebd. 204–219, bes. 213f.; Neu, Rekonstruktion des idg. Verbalsystems, Studies Palmer, 1976, 239–54, bes. 252; 7. Fachtagung, 1985, 281 (: dynamisch-statisch = Aktiv – Perfekt), 294; Rix, in: Idg. und Keltisch, 1977, 132–158, bes. 141f., 155f.; Szemerényi, Studies A.A. Hill III, 1978, 277–9 (: action > active-passive, nonaction = state > middle-perfect); TPS 1985, 24f., 45–50; Meid, InL 4, 1978, 39 (: Aktiv-Stativ, das letztere > Mediopassiv-Perfekt); Hethitisch und Idg., 1979, 159–176, bes. 167f.; Schlerath, Ist ein Raum/Zeit-Modell für eine rekonstruierte Sprache möglich?, KZ 95, 1981, 175–202, bes. 183, 187f.; Gamkrelidze–Ivanov 1985: 293f., 300f., 333f., 336. – (2) Das wichtige Problem, wieweit einzelne Bildungen andere bestimmen und mit ihnen solidarisch sind, scheint noch kaum in Angriff genommen zu

sein. Einzelne Gebiete werden behandelt, so z.B. von Strunk, Nasal-
präs., 1967, und oben 4.4.2(8), der Zusammenhang von -*neu*-Präs. und
-*eu*-Aor.; Bader, BSL 68/2, 1973, 124–30; Lazzeroni, SSL 20, 1980,
23–53, bes. 39f. (Präsensklassen und Zuordnung von Aoristen).

4.4.5 *Aspekt* (1). In der Regel ist das Verbum einer slavischen
Sprache eigentlich ein Paar Verben: zwei Verba werden benötigt, um
dieselbe Handlung oder denselben Vorgang oder Zustand zu beschreiben, je nachdem, ob die Handlung usw. im Hinblick auf ihre
Fortdauer bzw. auf ihre Vollendung betrachtet wird. „Gestern habe
ich einen Roman gelesen" lautet im heutigen Russischen (*a*) *včerá ja
čitál román* bzw. (*b*) *včerá ja pročitál román*; (*b*) teilt mit, daß der
Roman zu Ende gelesen wurde, (*a*) nicht (2). Es werden deshalb
zwei *vidy* unterschieden, die heute in den westlichen Sprachen irr-
tümlich als *Aspekte* wiedergegeben werden, obwohl ursprünglich
zwei Spezies, zwei Arten, zwei Klassen gemeint waren (3); sie sind
der *vollendete* Aspekt, *vid soveršénnyj*, oben (b), und der *unvollen-
dete* Aspekt, *vid nesoveršénnyj*, oben (a), die man gewöhnlich auch
als *perfektive* bzw. *imperfektive Aspekte* (früher *Aktionsarten*) bezeichnet (4). Eine weitere Eigentümlichkeit des russischen Systems
ist, daß das Präsens eines perfektiven Verbums, da es die Vollendung
betont, nicht ein richtiges Präsens sein kann, es ist ein Futur: ‚ich
werde schreiben' heißt *ja na-pišú*, wenn das Ende des Schreibens
– z.B. die Fertigstellung eines Briefes – ins Auge gefaßt wird, aber *ja
búdu pisát'*, wenn nur gesagt werden soll, womit ich beschäftigt sein
werde.

Diese Tatsachen, am Tschechischen schon 1603, am Polnischen
1778, aber am Russischen erst 1805 beobachtet (5), wurden kurz
nach 1850 aus Arbeiten tschechischer Gelehrter auch Georg Curtius
– der 1849–54 in Prag lehrte – bekannt. Er entdeckte dann den slavischen Gegensatz auch in dem Verhältnis des Imperfekts zum Aorist
im Altgriechischen, und zuletzt kam zu diesen zwei *Zeitarten* noch
als dritte das Perfekt hinzu (6). Der heute noch oft verwendete Ausdruck *Aktionsart* wurde als Ersatz für Zeitart von Brugmann 1885
eingeführt; auch Curtius' drei Klassen: *dauernde, eintretende, vollendete* (Zeitart) wurden durch die noch immer üblichen *imper-
fektiv, perfektiv, perfektisch* ersetzt (7).

Auf die Entwicklung übte nun entscheidenden Einfluß Streitbergs Aufsatz (PBB 15, 1889, 70–177) aus, in dem er einen dem Slavischen entsprechenden Aspekt im Germanischen, genauer gesagt im
Gotischen, entdeckte. Er fand u.a., daß Verbalkomposita mit den

verschiedensten Präpositionen perfektive Bedeutung erhalten, aber
daß „die *ga*-Zusammensetzungen in quantitativer wie qualitativer
Beziehung die hervorragendste Rolle spielen" (102); weiter meinte
er nachweisen zu können, daß „das Präsens eines perfektiven Verbums das Futurum vertritt" (126 f.) und daß der Indikativ des griech.
Aorists und der Indik. des gotischen Präteritums sich zwar nicht
vollständig decken, doch nahe miteinander verwandt sind (142).

Die Aspekte wurden nun auf diese und ähnliche Weise in fast allen
idg. Sprachen entdeckt und dementsprechend auch für das Indogermanische als ihre gemeinsame Quelle postuliert. Das war aber ganz
klar eine durch nichts zu rechtfertigende Übertragung der slavischen Verhältnisse auf andere idg. Sprachen und dann auch auf die
Grundsprache. Denn erstens gibt es weder im Griechischen noch in
irgendeiner anderen altidg. Sprache ein System, das den durchgehenden Dualismus des slavischen Verbums widerspiegeln könnte.
Das slavische Verbum unterscheidet sich vom Verbum aller anderen
idg. Sprachen darin, daß es in allen Tempora paarig ist, während bei
dem Verbum der anderen Sprachen so etwas gänzlich unbekannt ist.
Der Unterschied der zwei Aspekte kann im Slavischen im großen
ganzen nur durch morphologisch differenzierte Varianten (d. h. entweder durch Präverbien oder Suffixe, nur selten durch verschiedene
Stämme) verwirklicht werden, während in den anderen Sprachen,
z. B. im Griechischen, ein bestimmter Unterschied durch *verschiedene Tempora*, nämlich Imperfekt und Aorist, *desselben Verbums*
ausgedrückt wird; vgl. z. B. einerseits die russischen Paare *stróit'*
(ipf.) – *postróit'* (pf.) ‚bauen', *ubit'* (pf.) – *ubivat'* (ipf.) ‚töten', *go-
vorit'* (ipf.) – *skazat'* (pf.) ‚reden/sagen', andererseits das Fehlen
eines der Aspekte im griech. Präsens (z. B. nur imperfektives ποιεῖ)
sowie auch das Fehlen von verschiedenen Verben bei dem Vergan-
genheitspaar pf. ἐποίησε – ipf. ἐποίει.

Da oben Streitbergs Auffassung zitiert wurde, daß im Gotischen
das Präverb *ga*- bei der Perfektivierung eine hervorragende Rolle
spielt, muß diese Frage noch kurz behandelt werden. Nach Streitberg (82 f.) sollen z. B. im Gegensatz zu den durativen, d. h. imperfektiven Verben *saihvan* ‚sehen', *hausjan* ‚hören' die mit *ga*- zusammengesetzten *ga-saihvan*, *ga-hausjan* die perfektive Bedeutung
‚erblicken' und ‚vernehmen' haben. Da diese These auch in der neuesten Zeit regelmäßig wiederholt wird (vgl. z. B. W. Krause, Hb. des
Gotischen, 1956, 200), muß hier mit aller Deutlichkeit festgehalten
werden, daß sie schon längst als falsch und unhaltbar erwiesen
worden ist: *ga*- ändert nicht den Aspekt, sondern die Bedeutung des

Grundverbums; so bedeutet *sitan* ‚sitzen', dagegen *ga-sitan* ‚sich hinsetzen'; *bairan* ist ‚tragen', dagegen *ga-bairan* ‚bis zum Ende tragen = (ein Kind) austragen, gebären'; *standan* ist ‚stehen', *ga-standan* dagegen ‚stehen bleiben' (8). Der Aspekt war jedenfalls „keine morphologische Kategorie im Gotischen" (9), und es besteht kein Zweifel, daß Streitbergs Ansicht nicht aufrechtzuerhalten ist (10). Dieses negative Urteil gilt auch für die anderen germanischen Sprachen (11).

Aber auch für viele andere Sprachen ist in neuerer Zeit gezeigt worden, daß der früher ohne weiteres angenommene Aspekt in Wirklichkeit nicht existiert. Die oft wiederholte Ansicht, im *Mittelpersischen* habe die Partikel *bē* eine perfektivierende Funktion gehabt, ist von einem Kenner wie G. Lazard als unhaltbar erwiesen worden: meistens hat die Partikel die klare Bedeutung ‚aus, weg', d. h. modifiziert die Bedeutung, aber auch wo das nicht der Fall ist, führt sie nicht einen neuen Aspekt herbei (12). Das *Lettische*, das ja mit dem Litauischen und etwas weniger eng mit dem Slavischen verwandt ist, hat nach neuesten Feststellungen ebenfalls keinen Aspekt (13). Aber auch das *Latein* ist keine Ausnahme. Die besonders von Meillet sehr energisch vertretene Ansicht von der Aspektartigkeit des varroschen Gegensatzpaares *infectum – perfectum* wurde neulich gerade in seiner Heimat widerlegt; wenn überhaupt etwas, dann bleibt höchstens ein (aspektueller?) Gegensatz zwischen *perfectum* und *imperfectum* (14). Im *Altindischen* ist die Lage so unklar, daß viele Forscher den Aspekt überhaupt nicht erwähnen (Burrow, Renou, Grammaire védique); andere verneinen seine Existenz (15). Nur wenige beantworten die Frage in einem positiveren Sinne. Aber Gondas Behauptung: "the tendency (sic!) to distinguish between an 'aoristic' and an 'imperfectic' aspect though often completely absent ... is indeed unmistakable" (16) reicht kaum aus, um einen solchen Glauben zu festigen, insbesondere da ein Aspekt, der oft vollständig unmerkbar sein kann, ein sehr seltsamer Aspekt wäre. Aber auch eine eingehendere Untersuchung muß auf Schritt und Tritt eingestehen, wie unsicher der Boden ist (17). Hinzu kommt, daß überraschenderweise Aorist und Imperfekt sozusagen in ihr Gegenteil umgeschlagen sind: der Aorist kann ausdrücken, was in der Erfahrung des Sprechers liegt, was in dem Verlauf der Zeit ihm nahe ist, also die nahe Vergangenheit, während das Imperfekt das bezeichnet, was nicht ‚heute geschehen ist', also die ferne(re) Vergangenheit (18).

Zusammenfassend kann also gesagt werden, daß ein Aspekt nur auf zwei Gebieten sicher bezeugt ist, im Slavischen und im Griechi-

schen (19). Aber der Unterschied zwischen den beiden ist sehr groß:
im Slavischen haben wir ein durchgehendes, sich auf alle Zeitstufen
erstreckendes, paariges System, im Griechischen dagegen nur einen
Unterschied bei den Vergangenheitstempora desselben Verbums.

Bevor wir nun weitergehen können, müssen wir noch eine Frage
klären (20). Wie schon vermerkt, wollte Curtius *drei Aspekte* – bei
ihm Zeitarten – erkennen: den dauernden, eintretenden und vollendeten, durch das Imperfekt, den Aorist und das Perfekt vertreten.
Mit den Brugmannschen Umbenennungen hat sich die Lehre lange
gehalten, von Kuryłowicz wurde sie sein ganzes Leben lang energisch verteidigt; nur kurz vor dem Ende hat er seine Ansicht geändert: «la distinction traditionnelle de *trois* aspects correspondant au
système ie. présent-aorist-parfait est évidemment fausse» (21). Es ist
eben unmöglich, den Aspekt anders als eine kontradiktorische Opposition zu begreifen, oder noch schärfer formuliert: „einen dritten
Aspekt kann es gar nicht geben" (22).

Wie ist nun der bipolare Gegensatz des Aspektes, und der Unterschied zwischen den beiden Repräsentanten, Slavisch und Griechisch, zu verstehen? Wie wir schon gesehen haben, hat der (angebliche) Befund der Einzelsprachen schon vor mehr als einem
Jahrhundert zu der Annahme geführt, daß der Aspekt schon im
Indogermanischen vorhanden war. Diese Ansicht wird noch immer
wiederholt, vgl. z.B. die Behauptung (23): "such a contrast (=
aspect) is certain for Proto-IE, and in my opinion has to be posited
for a prehistoric stage of Anatolian" – für die aber kein Beweis geboten wird. Und da im Griechischen offenbar kein Aspektgegensatz
im Präsens vorhanden ist, wird auch dies erklärt (24):

> Das Gegensatzpaar Aorist – Imperfekt drückt im Griechischen wie im
> Slavischen einen Aspektunterschied aus. Der Inhaltsunterschied kommt
> nur in der Zeitstufe der Vergangenheit zum Ausdruck, er ist dagegen
> aufgehoben in der Zeitstufe der Gegenwart.

Dasselbe Ergebnis kann auch auf einem anderen Wege erreicht
werden (25):

> the category of verbal aspect …, consisting in the opposition *imperfec-
> tive* : *perfective*, implies the existence of tense differences since this con-
> trast is neutralized under the dominance of the present tense.

Was wir aber als Faktum vor uns haben, ist die Abwesenheit eines
Aspektunterschiedes im Präsens, „aufgehoben" und "neutralized"
sind gänzlich unberechtigte Etiketten.

Nun ist seit geraumer Zeit klargeworden, daß der *Aspekt im Sla-*
vischen nicht etwas Uraltes ist, sondern eine *Neuerung* darstellt (26),
die im Altkirchenslavischen noch in den Anfängen steckt. Für uns
ist nur wichtig, daß der slavische Aspekt nicht aus dem Indogermanischen ererbt ist, daß er einen indogermanischen Aspekt nicht erweisen kann. Wie diese Entwicklung vor sich ging, ist hier weniger
wichtig, obwohl vieles dafür spricht, daß den Ausgangspunkt die
suffixale Ableitung von Durativa bildete, die Imperfektiva lieferte,
zu denen dann als Gegenstück der perfektive Aspekt entstand (27).
Viel wichtiger wäre, wenn sie sich bewahrheiten sollte, die These
Galtons (299 f.), daß der slavische Aspekt unter dem Einfluß des Iranischen und Griechischen in Südrußland zwischen 700 v. Chr. und
300 n. Chr. entwickelt wurde.

Wenn also nur das Griechische als einzige Sprache übrigbleibt, die
den Aspekt ererbt haben könnte und sogar den Aspekt für das Indogermanische erweisen müßte, dann wird man einem derartigen
Schluß nicht mit leichtem Herzen zustimmen. Eher wird man die
Entstehung des Aspektes mit der Tatsache in Zusammenhang
bringen, daß der griechische Aspekt auf die Vergangenheitsformen
beschränkt ist. Denn die Evidenz von vielen modernen Sprachen
zeigt, daß

the tense that most often evinces aspectual differences is the past tense …
It may well be a general characteristic of human languages to resort to
greater aspectual differentiation in the past than in other tenses (Comrie,
o.c., 71 f.).

So ist z. B. in der Romania ein „Aspekt" nur in den Vergangenheitsformen vorhanden (28), so z. B. im Französischen das Paar *imparfait*
– passé simple.

Und hier müssen wir eine weitere Tatsache berücksichtigen. Wie
wir gesehen haben (IX. 4.4.4), ist das ternäre System Präsens – Impf.
– Aorist erst sekundär und vielleicht nicht einmal auf dem ganzen
Gebiet der Indogermania entstanden; ihm ist ein einfacheres zwei-
gliedriges System Präsens – Präteritum vorausgegangen. Das muß
natürlich bedeuten, daß zu jenem Zeitpunkt eine auf die Vergangenheit beschränkte Opposition unmöglich war, der Aspekt konnte nur
nach dieser Periode entstehen; wir haben kein Recht, den Aspekt für
Sprachen vorauszusetzen, die ihn in historischer Zeit nicht besitzen.

Wenn also das slavische System, wie oben angedeutet, tatsächlich
vom Gegensatz Durativ – Punktuel im Präsenssystem ausging, dann
war sein Werdegang ein ganz anderer als der des griechischen Systems. Für das letztere wird man aber durch die führende Rolle der

Vergangenheitsformen lebhaft an die Theorie von Weinrich erinnert. Auch wenn man nicht bereit ist, zuzustimmen, daß es „sprachliche Aspekte überhaupt nicht" gibt und deshalb „die Aspektlehre ohne Rest aus der Sprachwissenschaft zu vertreiben" ist (29), so bedeutet das noch lange nicht, daß Weinrichs weitere Thesen ebenfalls abzulehnen sind, nämlich daß „der Schlüssel für das Problem des Tempuspaares Imparfait und Passé simple" … „in Unterschieden des Erzählens und der Erzähltechnik" liegen muß (S. 157), und die weitere These: „Das Imparfait ist in der Erzählung das *Tempus des Hintergrunds*, das Passé simple ist das *Tempus des Vordergrunds*" (S. 159) (30). Ohne die Verabsolutierung, daß Reliefgebung *die eine und einzige Funktion* dieser Tempora ist, ist die These so selbstverständlich, daß sie ohne weiteres für den anzusetzenden indogermanischen Zustand akzeptiert werden kann. Das bedeutet auch, daß das Slavische, in dem die Entwicklung nicht auf die Vergangenheitsformen beschränkt blieb, sondern sogar von dem Präsens ausging, einen ganz anderen Weg einschlug als das Griechische.

Zusammenfassend können wir also sagen, daß die zwei Sprachen, für die wir in der frühen Indogermania einen Aspekt anerkennen können, zwei ziemlich verschiedene Arten der Kategorie aufweisen (31). In jedem Fall müssen wir aber Aspekt als eine frühe Kategorie, ja sogar eine Kategorie, die dem Tempus voranging, dezidiert ablehnen (32). Die griechische Variante des Aspektes setzt jedenfalls zunächst das Vorhandensein von Gegenwart–Vergangenheit und dann die Zweiteilung der Vergangenheit als Grundlage für die Entstehung des Aspektes voraus (33). Bei der slavischen Variante, die auf dem Vordringen der Iterativa basiert, kann die Priorität der Vergangenheitsformen nicht mit derselben Sicherheit behauptet werden; möglich bleibt sie trotzdem.

(1) Als eine Auswahl aus der riesigen Literatur sollen aus neuerer Zeit folgende genannt werden: S c h w y z e r II 246 f.; W. P o l l a k, Studien zum Verbalaspekt im Französischen, 1960, 47 f.; P i s a n i, Glottologia indeuropea, ³1961, 262 Fn. (Bibliographie!); J. P e r r o t, Les faits d'aspect dans les langues classiques, L'information littéraire 1961, 109–118. 154–63; G o n d a, The aspectual function of the R̥gvedic present and aorist, 1962; H e g e r, Die Bezeichnung temporaldeiktischer Kategorien, 1963, bes. 49 f.; M. J o o s, The English verb, 1964, 101 f.; K u r y ł o w i c z, Categories 19 f., 25 f., Kapitel III; H. W e i n r i c h, Tempus, 1964; S a f a r e w i c z, Symbolae Kuryłowicz, 1965, 246–54; W. F. B a k k e r, The Greek imperative – The aspectual differences between the pres. and aor. impvs in Greek prayer, 1966; K ö l l n, Aspekt und Diathese im Slavischen, ScSl

12, 1966, 57–79; Vaillant, Gram. comp. III 460f.; Panzer, Die Begriffe „Aktualität" und „Nichtaktualität" in der Aspekt- und Tempustheorie des Slavischen, Dankesgabe an E. Koschmieder, 1967, 68–81; Haltof, Die Aspekte des modernen Russischen, ZfSlawistik 12, 1967, 735–43; Heger, Temporale Deixis und Vorgangsquantität ('Aspekt' und 'Aktionsart'), ZRPh 83, 1967, 512–82; *V. Crisafulli, Aspect and tense distribution in Homeric Greek, North Carolina Ph. D. thesis, 1967; Lyons, Introduction to theoretical linguistics, 1968, 313f., 397f.; Dressler, Studien zur verbalen Pluralität, 1968, 39f.; H. Stobitzer, Aspekt und Aktionsart im Vergleich des Französischen mit dem Deutschen, Engl. und Italienischen, Diss. Tübingen 1968; H.G. Klein, Das Verhalten der telischen Verben in den romanischen Sprachen (Interferenz von Aspekt und Aktionsart), Diss. Frankfurt a.M., 1969; Seiler, Zur Problematik des Verbalaspekts, CFS 26, 1969, 119–135; Strunk, Gymnasium 76, 1969, 289–310; Szemerényi, Unorthodox views of tense and aspect, ArchL 17, 1969, 161–71 (Bibl.!), bes. über Galton, MacLennan, Weinrich; J. Forsyth, A grammar of aspect – Usage and meaning in the Russian verb, CUP 1970; R. Martin, Temps et aspect, Paris 1971; Verkuyl, On the compositional nature of the aspects, Dordrecht 1972; Kuryłowicz, Studies in Semitic Grammar and Metrics, 1972 (83: Aspekt als grammatische Kategorie existiert im Semitischen nicht!); Verbal aspect in Semitic, Orientalia 42, 1973, 114–120; T.H. Amse-de Jong, The meaning of the finite verb forms in the Old Church Slavonic Codex Suprasliensis, 1974; A. Schopf (ed.), Der englische Aspekt, Darmstadt 1974; H.G. Klein, Tempus, Aspekt, Aktionsart, Tübingen 1974; Lehmann, PIE Syntax, 1974, 139–48, 186–90; H. Gross, Der Ausdruck des 'Verbalaspekts' in der deutschen Gegenwartssprache, 1974; W.H. Hirtle, Time, aspect, and the verb, Quebec 1975; Coseriu, Der periphrastische Verbalaspekt im Altgriechischen, Glotta 53, 1975, 1–25 (zuerst spanisch 1968); Das romanische Verbalsystem, Tübingen 1976, 81f.; Comrie, Aspect, CUP 1976; Galton, The Slavic verbal aspect, Skopje 1976; M. Markus, Tempus und Aspekt, 1977; Lyons, Semantics, 1977, 703–18; M. Bennett–B. Partee, Toward the logic of tense and aspect in English, IULC 1978; N.B. Thelin, Towards a theory of aspect, Uppsala 1978; Szemerényi, Studies A.A. Hill III, 1978, 273f., 277f.; Perrot, Aspects de l'aspect, Étrennes M. Lejeune, 1978, 183–97; C. Fuchs–A.M. Léonard, Vers une théorie des aspects, Paris 1979 (: alle Sprachen haben Aspekt!); A.L. Lloyd, Anatomy of the verb, Amsterdam 1979; B. Newton, Scenario, modality, and verbal aspect in Modern Greek, Lg. 55, 1979, 139–167 (165: gegen die Ansicht, daß aspectual distinctions reflect … some sort of vague, inchoate mode in which events are viewed. Aspect reflects logical form; the choice in Greek is determined by time adverbials: always/usually/every time); J. David–R. Martin (edd.), La notion d'aspect, Paris 1980 (darin 13–25: Coseriu, Aspect verbal ou aspects verbaux?); G. Serbat (ed.), Le sens du parfait

en latin, 1980 (cf. Hiersche, Krat 29, 1985, 120–5); P.J. Tedeschi–
A. Zaenen (edd.), Tense and aspect, NY 1981; *Actants, voix et aspects
verbaux, Univ. Angers 1981; Hopper (ed.), Tense – aspect, Amsterdam
1982; M.S. Ruipérez, Structure du système des aspects et des temps du
verbe en grec ancien, Paris 1982 (Übersetzung des spanischen Originals
von 1954); P. Stork, The aspectual usage of the dynamic inf. in Hero-
dotus, Groningen 1982 (cf. García-Ramón, Krat 29, 1985, 104–116);
Pinkster, Tempus, Aspect and *Aktionsart* in Latin, ANRW 29/1, 1983,
270–319; Schopf, Studies in Language 7, 1983, 283–304 (Rezension von
M. Ljung, Reflections on the English Progressive, 1980); Niculescu,
Ot bezvidovogo jazyka k vidovomu, VJ 1984 (2), 115–121; Pulgram,
The functions of past tenses: Greek, Latin, Italian, French, Language
Sciences 6, 1984, 239–69; A. Galton, The logic of aspect – An axiomatic
approach, OUP 1984; W. Saurer, A formal semantics of tense, aspect
and Aktionsarten, IULC 1984; Ö. Dahl, Tense and aspect systems,
Blackwell's 1985; Comrie, Tense, CUP 1985; Szemerényi, 7. Fach-
tagung, 1985, 521f.; Edgren, The progressive in English, SL 39, 1985,
67–83; Windfuhr, A spatial model for tense, aspect, and mood, FoL 19,
1985, 415–61; Szemerényi, The origin of aspect in the IE languages,
Glotta 65, 1987, 1–18. – (2) Über den Aspekt im Russischen siehe z. B.
J. Forsyth, A grammar of aspect – Usage and meaning in the Russian
verb, CUP 1970, bes. 8 und 29f. – (3) Dies ist schön dargelegt von
Mazon, L'aspect des verbes chez les grammairiens russes (Mél. É. Picot
I, 1913, 343–67), 360; vgl. G. MacLennan, El problema del aspecto
verbal, 1969, 69 Fn. 42. – (4) Neuerdings werden statt dieser Termini
engl. *telic – atelic*, deutsch *telisch – atelisch* bevorzugt, die angeben sollen,
daß das telische Verb auf eine Vollendung ausgerichtet ist und das ateli-
sche keine Vollendung impliziert; siehe Garey, Lg. 33, 1957, 106; und
jetzt wieder Dahl, in: Tedeschi–Zaehnen, 1981, 79–90. – (5) Vgl.
dazu Mazon, o.c., 349–54; C.G. Regnéll, Ursprung des slavischen
Verbalaspektes, Lund 1944, 5–11; W. Pollak, Studien zum 'Verbalaspekt'
im Französischen, 1960, 30f.; H. Wissemann, Der Verbalaspekt in den
älteren Darstellungen der russischen Grammatik, ZSP 26, 1958, 351–75.
– (6) Siehe Schwyzer II 251f., bes. Fn. 1 und 250 Fn. 8; Serbat, REL
54, 1977, 325; Szemerényi, 7. Fachtagung, 1985, 521. – Die lange herrschende Ansicht, der Aspekt sei von den Stoikern entdeckt worden, ist
jetzt m. E. endgültig wiederlegt von Hiersche, KZ 91, 1978, 275–87. –
(7) Szemerényi, l.c. – (8) Siehe die schönen Abhandlungen von A. M.
Lorusso, Aspetto e modo dell'azione nella struttura funzionale del
verbo gotico (Annali, Facoltà di Lettere, Univ. Perugia, 4, 1966/7, 559–
583), bes. 568–70 über Paare mit und ohne *ga*-; 576: Präverb modifiziert
nicht Aspekt, sondern Aktionsart; und A. Martellotti, Osservazioni
sul gotico *wisan* „essere" e il presente *wisa* (RAL 27, 1973, 207–248), 222–
230. – (9) J. W. Marchand, Gotisch [in: L. E. Schmidt (Hrsg.), Kurzer
Grundriß der germ. Philologie bis 1500, I 1970, 94–122], 118, und vgl.

noch Mirowicz unten (10). – (10) Komisch ist A.R. Wedels Schlußsatz (Linguistics 123, 1974, 45–58): "Streitberg's aspectual theory is basically correct, at least when applied to the OHG Isidor." Vgl. dazu noch A. Mirowicz, Die Aspektfrage im Gotischen, Wilno 1935, 16 und 48 mit dem Zitat von Trnka: die Aspekttheorie im Germanischen sei „die größte wissenschaftliche Fiktion"; Goedsche, JEGPh 39, 1940, 189–96; und vgl. auch (9) oben. – (11) Vgl. für das Germanische im allgemeinen SGGJ IV, 1966, 252, 270; für das Altenglische Pilch, Das ae. Präverb ge-, Anglia 71, 1953, 129–39; Lindeman, OE preverbal ge-, JEGPh 64, 1965, 65–83; und für das Deutsche Marchand, l.c. oben (9); W. Pollak, Aspekt und Aktionsart, Linguistik und Didaktik 1970/2, 163: „Völlig irreführend wäre es jedoch, von einem 'Verbalaspekt' im Deutschen zu sprechen." – (12) Siehe G. Lazard, Monumentum H.S. Nyberg II, 1975, 1–13; und vgl. R.L. Fisher, KZ 91, 1978, 219–230 über pa-. – (13) Siehe Hauzenberga–Šturma, KZ 93, 1980, 279–316, bes. 313. – (14) Siehe Serbat (Hrsg.), o.c. oben (1), 1980; p.32f.: Diskussion über Meillet. Darüber schon früh F. Hartmann, Die Verbalsysteme der Schulsprachen (KZ 59, 1932, 145–178), 166; und neuerdings Kravar wiederholt, z.B. L'aspect verbal en latin, ŽA 25, 1976, 52–61. – (15) Vekerdi, On past tense and verbal aspect in the Rgveda (Acta Orient. Hung. 5, 1955, 75–100), 99: "in the Rgveda there is no semantic difference between the forms derived from the present system and those belonging to the aorist system either in respect of *Zeitart* (*Aktionsart, aspect*) or in respect of *Zeitstufe* (recent past and remote past)". – (16) S. Gonda, Old Indian, 1971, 129; und vgl. auch The aspectual function of the Rgvedic present and aorist, 1962, 259f. – (17) S. Hoffmann, Der Injunktiv im Veda, 1967, 270–274, z.B. 274: „die Frage nach Aktionsart und Aspekt häufig unlösbar". – (18) S. Gonda, Aspectual function 50, 272f.; und vgl. Hoffmann, Injunktiv 151, 153f., und oben IX. 3.1.5 mit (12). – (19) Ein modernes System wie z.B. das des Englischen *(I write – I am writing)* ist natürlich irrelevant für das diachrone Problem der Indogermanistik. – (20) Zum Folgenden s. Szemerényi, 7.Fachtagung, 1985, 521f., aber auch TPS 1985, 25f. – (21) Kuryłowicz, Problèmes, 1977, 60. – (22) So Rix, in: Idg. und Keltisch, 1977, 137. Für andere Meinungen s. Szemerényi, o.c., 522f. – (23) Siehe Cowgill, Heth. und Idg., 1979, 34. – (24) Schelesniker, Welt der Slaven 4, 1959, 402. – (25) Kuryłowicz, Scientia 105, 1970, 499. – (26) Siehe z.B. Maslov, Zur Entstehungsgeschichte des slavischen Verbalaspektes, ZfSlawistik 4, 1959, 560–8, bes. 566; und VJ 1959 (2), 153; Vaillant, Gram. comp. III, 1966, 462; Galton, o.c. oben (1), 1976, 46, 300. – (27) Siehe Maslov, o.c., 568; Galton, ll.cc. – (28) Siehe Garey, Lg.33, 1957, 110; Christmann, Romanische Forschungen 71, 1959, 6; W. Pollak, o.c., 1960, 205: im Französischen „bleibt im Gegensatz zur russischen Sprache die Aspektkennzeichnung auf die Vergangenheit beschränkt"; H. Stobitzer, Aspekt und Aktionsart, Diss. Tübingen, 1968, 2: „Von Aspekt

zu reden heißt also von den Tempora der Vergangenheit zu reden, denn
... nur an dieser Stelle des Tempussystems verfügt die französische
Sprache über zwei einfache formale Kategorien [passé simple – impar-
fait], die auch im Modus übereinstimmen" (vgl. 34); Pulgram, o.c.
oben (1), 1984. Die Auffassung von Coseriu (Das romanische Verbalsystem, 1976, 157), daß in den romanischen Sprachen das Imperfekt
zusammen mit dem Plusquamperfekt und dem Konditional Präsens ein
Glied einer dreigliedrigen Opposition ist, ist auf unser Problem nicht
anwendbar. – (29) Weinrich, Tempus, 1964, 155. – (30) Natürlich
kann auch nicht akzeptiert werden (S. 162), daß: „die Reliefgebung nach
Hintergrund und Vordergrund ist *die eine und einzige Funktion*, die
Imparfait und Passé simple in der erzählten Welt haben". (31) Die
Ausführungen von G. Rauh, IF 87, 1982, 43f.; 88, 1984, 33f. sind für
unsere Probleme irrelevant. – (32) Vgl. dazu Pedersen, Zur Lehre
von den Aktionsarten, KZ 37, 1904, 219–250, bes. 219f.; Meltzer, Zur
Lehre von den Aktionen bes. im Griechischen, IF 17, 1905, 186–277;
Vaillant, BSL 40, 1939, 30: «La flexion du hittito-indoeuropéen est
bâtie essentiellement sur une opposition du présent et du prétérit: il n'y
a pas de raison de supposer en indo-européen une antériorité de la catégorie de l'aspect sur la catégorie du temps»; Maslov, o.c. oben (26),
560f. – Aspekt ist auch nach Schwyzer, II 253, nicht indogermanischen
Alters; so auch Szemerényi 1985: 25. – (33) Die von Strunk gemachten Beobachtungen (Glotta 49, 1971, 198f.) lassen sich mit dieser
Ansicht leicht vereinbaren.

4.4.6 *Akzent beim Verbum*

Die beim Nomen neu aufgestellten Akzentklassen (s. VII. 1.4.4.4.1)
werden in neuerer Zeit allmählich auch beim Verbum entdeckt bzw.
eingeführt. Von den fünf neuen Akzenttypen sind hauptsächlich
durch die Arbeiten von K. Strunk bisher zwei besonders klar herausgestellt worden (1).

Der *akrostatische* Typus wurde zuerst in dem früher als protero-
dynamisch bezeichneten Präsenstypus (s. oben 2.6.1) erkannt, vgl.
ai. *stáuti*, *stáve* ‚er lobt'; lit. *bėgu*, gr. φέβομαι ‚ich laufe weg'. Aber
auch der sigmatische Aorist mit einer durch „Sekundäraufstufung"
entstandenen Dehnstufe (oben 4.2.1c) gehört wohl zu diesem
Typus.

Der *amphikinetische* (oder *amphidynamische*) Typus ist durch
Fälle repräsentiert wie:

$$*stér-nH-x- \text{ (lat. } sternit): *st\underset{.}{r}-nH-\acute{x}- \text{ (ai. } st\underset{.}{r}\underset{.}{n}\acute{a}nti)$$
$$\text{lat. } spernit: \text{germ. } *spurna- \text{ „spornen"}$$
$$*pstér-nu-x- \text{(lat. } sternuo): *p(s)t\underset{.}{r}-nu-\acute{x}- \text{ (gr. } πτάρνυμαι).$$

(1) Siehe **Strunk**, Flexionskategorien mit akrostatischem Akzent und die sigmatischen Aoriste, 7. Fachtagung, 1985, 490–514, bes. 493, 495; Zum Verhältnis zwischen gr. πτάρνυμαι und lat. *sternuo*, in: Festgabe für K. Hoffmann III (= MSS 46), 1985, 221–242. Vgl. auch **Eichner**, MSS 31, 1973, 91 Anm. 33; **Oettinger**, Stammbildung 96 f., 99 f. – Über den Verbalakzent s. schon oben IX. 2.6.1.

5. Synthese: Paradigmen mit Anmerkungen

Das bisher analytisch Erarbeitete kann besserer Übersichtlichkeit halber synthetisch in der Form von rekonstruierten Paradigmen dargestellt werden.

5.1 Das Verbum **es-* ‚sein' kann im Präsenssystem fast vollständig rekonstruiert werden (1).

a) Präs.

		ai.	gr.	lat.
1.	ésmi	ásmi	εἰμί	sum
2.	és(s)i	ási	εἶ, εἶς, ἐσσί	ess, es
3.	ésti	ásti	ἐστί	est
4.	smés(i)/smós(i)	smás	εἰμές ion. εἰμέν	sumus
5.	sté(s)	sthá	ἐστέ	estis
6.	sénti	sánti	εἰσί	sunt, osk. sent

NB. Das Aufbauprinzip: Vollstufe der Wurzel im Sing., Nullstufe in den anderen Numeri, ist im Aind. am durchsichtigsten erhalten. Anders **Campanile**, SCO 37, 1987, 373–83. – In der 2. Sg. scheint *-ss-* zu *-s-* gekürzt; hom. ἐσσί, alat. *ess* sind restituiert. Über das lat. Paradigma s. mein Syncope 190 f.

b) Impf.

		ai.	gr.
1.	ēsm̥	āsam	ἦα, att. ἦ, ἦν
2.	ēss	ās, āsīs	ἦσθα
3.	ēst	ās, āsīt	dor. ἦς, hom. ἦεν, att. ἦν
4.	ēsme	āsma	ἦμεν
5.	ēste	āsta	ἦστε, ἦτε
6.	ēsent	āsan	dor. ἦεν, hom. att. ἦσαν

NB. Der Sing. ist **e-es-m̥*, **e-es-s*, **e-es-t* (2); im Pl. würde man **e-s-me* usw. erwarten, aber der augmentierte Stamm des Singulars erscheint auch im Plur. Ai. 2.3 *ās* sind aus **ās-s *ās-t* entstanden, da im Auslaut nur ein Kons. erlaubt ist, deshalb auch *āsan* aus *-nt*. Im

Griech. ist 1.Sg. ἦα die regelrechte Form, die kontrahiert zu ἦ wurde, und dies mit der fast allgemeinen SE -ν zu ἦ-ν. 2.Sg. ἦσθα hat die Perfektendung -θα übernommen. In der. 3.Sg. ist dor. ἦς die Fortsetzung von idg. *ēst (3). Hom. ἦεν, att. ἦν sind die 3.Pl. (!), die im Dorischen an ihrem Platz erhalten ist; die hom. und att. Neuerung ging von Sätzen aus, in denen die 3.Pl. zu einem Ntr. Pl. als Subjekt gehörte, s. Schwyzer I 677[6]. Im Plural hat 1. ἦμεν σ vor μ regelrecht verloren, nach ἦ-μεν dann auch 2.Pl. ἦ-τε; 3.Pl. ἦσαν wurde durch die Verschiebung des ursprünglichen ἦεν nötig.

c) Konj. (4)

	ai.	gr.	att.	lat.
1. esō (5)	asā-ni	ἔω	ὦ	erō
2. eses(i) (6)	asas(i)	ἔῃς	ῇς	eris
3. eset(i) (6)	asat(i)	ἔῃ	ῇ	erit
4. esome	asāma	ἔωμεν	ὦμεν	erimus
5. esete	asatha	ἔητε	ῆτε	eritis
6. esont	asan	ἔωσι	ὦσι	erunt

NB. S. oben 3.1.1.

d) Opt. (7)

	ai.	gr.	lat.	ahd.
1. syēm	syām	εἴην	siem, sim	sī
2. syēs	syās	εἴης	siēs, sīs	sīs
3. syēt	syāt	εἴη	siet, sit	sī
4. sīme	syāma	εἶμεν	sīmus	sīn
5. sīte	syāta	εἶτε	sītis	sīt
6. siyent	syur	εἶεν	sient, sint	sīn

5.2 Das Verbum *ei- ‚gehen' flektierte ganz ähnlich (8).

a) Präs.

	ai.	gr.	lat.
1. éimi	ēmi	εἶμι	eō
2. éisi	ēṣi	εἶ	īs
3. éiti	ēti	dor. εἶτι, att. εἶσι	it
4. imés(i)	imás	ἴμεν	īmus
5. ité(s)	ithá	ἴτε	ītis
6. yénti	yánti	ἴασι	eunt

NB. Das ai. Paradigma setzt das indogermanische fast ohne Änderung fort. Im Griech. ist ἴασι aus ἰενσι nach der Verbalendung -αντι umgestaltet, ἰενσι selbst aus ἑνσι mit dem schwachen Stamm ἰ- aufgefüllt. Lat. *eō* ist aus *eimi* thematisiert: **ey-ō* verlor das intervokalische *y*; ebenso ist *eunt* aus **eyonti*, dies nach dem allgemeinen Stamm **ei-* aus **yonti* aufgefüllt; 1. 2. Pl. sind aus **ei-mos *ei-tes*, in denen **ei-* statt **i-* eingeführt wurde. Für weitere Einzelheiten s. noch Schwyzer I 674; über den Konj. oben 3.1.1.

5.3 Von **bher-* ‚tragen' können die folgenden thematischen Flexionen rekonstruiert werden:

	Präs.	Impf.	Konj.	Opt.
1.	bherō	(e)bherom	bherō	bheroym̥
2.	bheresi	(e)bheres	bherēs(i)	bherois
3.	bhereti	(e)bheret	bherēt(i)	bheroit
4.	bheromes	(e)bherome	bherōme	bheroime
5.	bherete(s)	(e)bherete	bherēte	bheroite
6.	bheronti	(e)bheront	bherōnt	bheroyn̥t

NB. Zum Präs. s. oben 2.6, zum Konj. 3.1.1, zum Opt. 3.1.2.

5.4 Von **yeug-* ‚anschirren' lautete der *s*-Aorist mit dem Konjunktiv (9):

	Ind.		Konj.
1.	(e)yēug-s-m̥	ἔζευξα	yeug-s-ō
2.	(e)yēug-s-s	ἔζευξ-ας	yeug-s-es(i)
3.	(e)yēug-s-t	ἔζευξ-ε	yeug-s-et(i)
4.	(e)yug-s-mé	ἐζεύξ-α-μεν	yeug-s-ome
5.	(e)yug-s-té	ἐζεύξ-α-τε	yeug-s-ete
6.	(e)yug-s-n̥t	ἔζευξ-α-ν	yeug-s-ont

5.5 Von **bheug-* ‚ausbiegen, fliehen' lauteten dieselben Formen von dem thematischen Aorist (10):

	Ind.		Konj.
1.	(e)bhug-o-m	ἔφυγον	bhug-ō
2.	(e)bhug-e-s	ἔφυγες	bhug-ēs
3.	(e)bhug-e-t	ἔφυγε	bhug-ēt
4.	(e)bhug-o-me	ἐφύγομεν	bhug-ōme
5.	(e)bhug-e-te	ἐφύγετε	bhug-ēte
6.	(e)bhug-o-nt	ἔφυγον	bhug-ōnt

5.6 Für die Flexion des Perfektums *woida s. oben 2.3 und 4.3.

5.7 Für die zwei Imperative s. oben 2.5.

5.8 Nach diesen Mustern können auch die passivisch-medialen Formen leicht rekonstruiert werden, vgl. *sekʷetoi, *sekʷontoi usw.

(1) Siehe Watkins, Verb 25 f.; Bader, BSL 68/2, 1973, 125–30; 71, 1976, 27–111; Ivanov, Glagol, 1981, 73–92; Lühr, in: Das Germanische, zitiert oben 4.1.1 (3), 27–38; Hamp, Symbolae Mitxelena, 1985, 224 f. (fantasiereich). – (2) S. IX. 4.4.1. – Wie auch andere, setzt Watkins, Verb 40, *es-m̥, -s, -t an, das Augment sei dialektal. – (3) Alle Dialektformen des Griechischen sind jetzt zusammengestellt von O. Masson, Étrennes Lejeune, 1978, 123–8. – (4) S. oben IX. 3.1.1. – (5) Eichner, 5. Fachtagung, 1975, 80 f., wollte in heth. asallu/eslit ‚sim‘ ein idg. *H₁esoH₂ erkennen; dagegen Neu, Studies Palmer, 1976, 245 Fn. 23; Meid, in: Heth. und Idg., 1979, 172 f. Über die heth. Formen zuletzt Neu, in: É. Benveniste aujourd'hui II, 102; Kammenhuber, Fs. Winter, 1985, 459. – (6) Watkins, Verb 61, erkennt nur *eses, *eset an. – (7) S. oben IX. 3.1.2. – (8) S. Ivanov, Glagol 97–102; Hamp, o. c. oben (1), 223 f. – (9) S. 4.2.1 c). – (10) S. 4.2.1 b).

6. Verbum infinitum

An infiniten Formen besaß das idg. Verbum mehrere im System fest verankerte adjektivische Formen, die Partizipien und Verbaladjektiva; dagegen scheinen Nomina noch nicht zu einem festen Bestandteil des Verbalparadigmas geworden zu sein: die späteren Infinitive existierten, wenn überhaupt, noch als unabhängige Nominalformen.

6.1.1 Ein -nt-Partizipium findet sich in allen idg. Sprachen, obwohl es in einigen keine lebendige Kategorie mehr ist (1). Die altertümlichste Flexion ist im Aind. bewahrt und mit ihrer Hilfe können wir das idg. Paradigma mit ziemlicher Sicherheit rekonstruieren. Vgl. *sont- von *es- ‚sein‘, *yont- von *ei- ‚gehen‘ (s. oben 5.1, 5.2), *bheront- von *bher- ‚tragen‘ (s. auch VII. 1.4.4, 2.2.2):

Sing.	Nom.	sōn	yōn	bhérōn
	Akk.	sónt-m̥	yónt-m̥	bhéront-m̥
	Gen.	sn̥t-ós	yn̥t-ós	bhérn̥t-os (2)
	Lok.	sn̥t-í	yn̥t-í	bhérn̥t-i

Plur.	Nom.	sónt-es	yónt-es	bhéront-es
	Akk.	sónt-n̥s	yónt-n̥s	bhéront-n̥s
	Gen.	sn̥t-óm	yn̥t-óm	bhérn̥t-om
	Lok.	sn̥t-sú	yn̥t-sú	bhérn̥t-su.

Der dehnstufige Nom. Sg. (s. VI. 2.7.3) ist nur im Griech. erhalten: ἐών (attisch kontrahiert ὤν), ἰών, φέρων (3). In den anderen Sprachen ist meistens der Nom. auf -ont-s wiederhergestellt: ai. *bharan* aus *bharant-s*, got. *bairands*, lit. *vedǎs* und aks. *vedy* ‚führend‘ (4). Im Latein ist die Abtönung nur bei *sōns* ‚schuldig‘ (‚der es ist‘), *insōns* ‚unschuldig‘ (5) erhalten, und zum Teil bei *iens*, *euntis* (6) und in *voluntās*, sonst ist die Schwachstufe -ent- aus -n̥t- verallgemeinert, sogar bei dem früh isolierten *dēns* ‚Zahn‘ (oben VII. 2.2.1). Das Neutrum ist ebenfalls von dem -nt-Stamm, dagegen ist das Femininum mit dem Suffix -ī (Typus *dēvī*, oben VII. 7.3, 8.1) weitergebildet: *sn̥t-ī* in ai. *satī*, gr.-arkad. ἔασσα aus *e-sn̥t-ya*; *bheront-ī* in ai. *bharantī*, gr. φέρουσα (7).

Eine Eigentümlichkeit, wodurch sich das Anatolische von allen anderen idg. Sprachen abhebt, ist, daß dieses Partizipium bei transitiven Verben passive Bedeutung hat, also z. B. heth. *asant-* ‚seiend‘ wie ai. *sant-* usw., aber von *kwen-* ‚töten‘, idg. *gʷhen-* (s. oben IV. 7.4.7, 7.5.3), ist das Partizip *kunant-* nicht ‚tötend‘, wie ai. *ghn-ant-*, sondern ‚getötet‘. Die Ansicht, diese Genusindifferenz sei das ursprüngliche (8), gewinnt immer mehr an Boden (9). Sie dürfte auch dadurch gestützt werden, daß -nt- auch nominale Ableitungen schafft (10), besonders auffällig im Hethitischen, aber auch in anderen idg. Sprachen.

Was den Ursprung des Suffixes betrifft, so ist zu beachten, daß es auch bei athematischen Verben -ont- lautet (z. B. *s-ont-*, *y-ont-* usw.); -nt- ist also sekundär entstanden, z. B. -ānt- aus -ā- + -ont- u. ä. Dadurch allein entfällt die Deutung aus den Pronomina *n(o)* und *t(o)* (11), die ja bei Bewohnernamen sowieso unanwendbar ist: Ἄβαντες sind natürlich „die, die Ἄβα besitzen“, etwa Ἄβαν ἔχοντες (12). Es wäre so möglich, daß -ont- mit dem Suffix -t- der Nomina agentis/actionis aus *em-* ‚nehmen‘ gebildet ist und ursprünglich mit Nomina zusammengesetzt wurde: *bher-om-t-* ‚Tragen nehmend‘; das würde dazu stimmen, daß die -nt-Bildung ursprünglich nicht zum Verbum gehörte (13).

(1) Sogar im Armenischen, s. Szemerényi, 5. Fachtagung, 1975, 329. – (2) Zum Ablaut auch bei den thematischen Verben s. Joh. Schmidt, Die Pluralbildungen der idg. Neutra, 1889 (Nachdruck 1980),

187f., 422f.; Szemerényi, SMEA 2, 1967, 23–4; dagegen Rix 1976: 144; Oettinger, Fs. G.Neumann, 1982, 241. Zu den athematischen Verben s. Bammesberger, KZ 95, 1982, 286–92. – (3) Für den griech. Nom. nimmt Collinge, Glotta 49, 1972, 221, Einfluß des Typus λέων an; Oettinger, o.c., 245, denkt an δράκων (?). – (4) Für einige weitere Sprachen mit -ōn s. oben VI. 2.7.3 (1). – (5) Über die lat. Wörter s. Watkins, Studies G.S. Lane, 1967, 186f.; Seebold, Sprache 15, 1969, 26f. Aber der vom letzteren geforderte Nom. Sg. *sēnt(s) ist unannehmbar, s. Anttila, Sprache 16, 1970, 171f. – (6) Unglaublich Beekes, Origins 70; Hamp, oben 5.8(8). – (7) S. dazu oben VII. 8.1, und zu dem Problem: Motionslose Partizipia im Griechischen, s. Petersmann, Sprache 25, 1979, 144–66. – (8) Vgl. Sommer, Hethiter und Hethitisch, 1947, 67; Jacobsson, Scando-Slavica 9, 1963, 123–38; Schmidt, IF 69, 1964, 6; Evangelisti, Ricerche sul suffisso -NT- di participio, Acme 18, 1965, 3–19; Watkins, Verb. 142–5. – (9) Anders Schwyzer II 241[1]; Kuryłowicz, Proceedings of the 8th Congress (1957), 1958, 239, aber vermittelnd Categories 167. – (10) Szemerényi, KZ 71, 1954, 208f.; Glotta 33, 1954, 275f. (277[1] Bibliogr.!); Kammenhuber, MSS 8, 1956, 43–57; Pokorny, MSS 15, 1959, 5–16; Kronasser, Sprache 8, 1962, 213f.; Laroche, BSL 57, 1962, 23–43; Benveniste, ibid. 44–51; Georgiev, Archív Orientální 33, 1965, 175f.; 36, 1968, 189f. – (11) Kretschmer, Glotta 32, 1953, 192. – (12) Vgl. dazu Brandenstein, Archív Orientální 17, 1949, 74. – (13) Zur Bildung s. noch Wackernagel–Debrunner, Ai. Gr. II 2, 160f., 417f.

6.1.2 Während das -nt-Suffix offensichtlich mit dem Präsenssystem des Aktivs eng verbunden ist – seine Verbreitung zu den sekundär aus diesem System ausgeschiedenen Untersystemen des Aorists und später des Futurs ist deshalb nicht verwunderlich –, hat sich für das auch durch seine Endungen als unabhängig charakterisierte *Perfektsystem* ein ganz verschiedenes Suffix festgesetzt: -wos- bzw. -wōs- in der Voll- bzw. Dehnstufe, -us- in der Nullstufe; das Femininum wird mit -ī (gr. -ya) von der Nullstufe gebildet und wie das Fem. des -nt-Partizips nach dem *devī*-Typus flektiert (1).

Das bestbekannte Beispiel dieser Bildung ist das Partizip von *woida. Es erscheint im Aind. als Mask. Sg. Nom. *vidván*, Gen. *viduṣ-as*, Fem. *viduṣ-ī*, die entsprechenden griechischen Formen sind bei Homer (ϝ)εἰδ(ϝ)ώς, (ϝ) εἰδ(ϝ)ότος, (ϝ)ἰδυ(σ)ῖα. Das Griechische hat also einen -s-/-t-Stamm und das ai. Paradigma weist ebenfalls Kasusformen mit -t- auf, z.B. Ntr. Sg. Nom. *vidvat*, Instr. Pl. *vidvadbhis*. Man hat daraus den Schluß gezogen, daß das Indogermanische ein heteroklitisches Paradigma mit -wos-/-wot- besaß, obwohl weder die Verteilung festgestellt werden konnte – Griechisch und Altindisch bieten -*t*- in keinem Kasus gemeinsam –, noch die Tatsache hätte übersehen werden dürfen, daß das Fem. mit -*us-ī* unmißverständlich für die Einheit des Suffixes in der Form -*wos-*/-*us*- sprach. Dies ist jetzt zur Gewißheit erhoben durch das Mykenische, das ein *t* ebensowenig kennt wie das Iranische; seine Einführung im Griechischen und Altindischen ist eine in den beiden Sprachen unabhängig erfolgte Neuerung, die in diesem Worte auch im Gotischen vollzogen wurde. Das Mykenische zeigt auch, daß *wid*- auch beim Mask. als schwacher Stamm galt. Das ursprüngliche Paradigma war also:

	Mask.	Neutr.	Fem.
Sing. Nom.	weid-wōs	weid-wos	wid-us-ī
Akk.	weid-wos-m̥	weid-wos	wid-us-īm
Gen.	wid-us-os	wid-us-os	wid-us-yās
Dat.	wid-us-ei	wid-us-ei	wid-us-yāi.

Diese komplizierte Alternation wurde im Altindischen zugunsten der schwachen Wurzelform **wid*- verallgemeinert, die bei dem Fem. auch im Frühgriech. beibehalten wurde, sonst aber vor der Vollstufe **weid*- das Feld räumte, später sogar im Fem., vgl. att. εἰδώς/εἰδυῖα (2).

Was den Ursprung des Suffixes betrifft, so hat man rein formal -*wes*- als mit -*es*- von Wurzeln auf -*u*- gebildet betrachtet (3) oder *we* + *s* geteilt (4). Im Hinblick auf die Zustandsbedeutung wäre es möglich, daß in -*wes*- die Wurzel **wes*- ‚verweilen' steckt (5).

(1) Über die altindische Nasalierung s. K. Hoffmann, Aufsätze 2, 1976, 555f. – (2) Alle hierhergehörigen Probleme sind behandelt bei Szemerényi, The Perfect Participle Active in Mycenaean and IE, SMEA 2, 1967, 7–26. Über den Stammablaut s. Bader, BSL 64, 1970, 57f.; für eine verallgemeinerte Nullstufe (auch in **widwos*) sind Anttila, Schwebeablaut, 1969, 74; Kellens 424f. – Über die griech. -*t*-Flexion s. auch Ruijgh, Etudes sur la grammaire et le vocabulaire du grec mycénien, 1967, 90; Beekes, KZ 86, 1972, 33 (: auch gegen Ruijgh), und (aber unannehmbar) JIES 10, 1982, 58–63; Hamp, JIES 11, 1984, 379–82 (gleichfalls). – Über das Tocharische s. Lane, in: AIED 218; über das Balto-Slavische Bammesberger, Lg.50, 1974, 690–692. – (3) Adrados, Hommages Niedermann, 1956, 25. – (4) Erhart, Charisteria Novotný, 1962, 71f. – (5) Über die ganze Gruppe s. noch Euler 242f.

6.1.3 Im Passiv-Medium war, wie im Aktiv, gleichfalls ein Suffix, das dem Präsenssystem zugeordnet war, aber später, wie -*nt*- im Aktiv, auch in den Aorist und das Futur, nach der Schaffung des passiven Perfekts sogar in das Perfekt ausgebreitet wurde (1). Die Form des Suffixes war -meno- bzw. -mno-, vgl. gr. ἑπόμενος ‚folgend‘, ai. *sača-māna-*, aber avest. *barəmna-*. Reste dieser Bildung sind die lat. *fēmina*, eigtl. ‚die Säugende‘, von **dhē(yo)-menā* (vgl. ϑήσατο ‚säugte‘), *alumnus* ‚Zögling‘ aus **alo-menos*, Passivpartizip von *alō* ‚ernähre‘, und *ignōminia* ‚Schimpf, Schande‘, nicht (mit WH und Forssman, KZ 81, 1967, 97f.) von *nōmen*, sondern aus **in-gnō-menos* ‚nicht zu erkennen‘ (= ‚zu schneiden‘) (2).

Das sonst im Indogermanischen isoliert dastehende Suffix -mo- der passiven Präsenspartizipien des Balto-Slavischen (vgl. russ. *is-kómyj* ‚gesucht‘, *vídimyj* ‚sichtbar‘; lit. *nešamas* ‚getragen‘) hat man jetzt mit den im Luwischen und Hieroglyphisch-Hethitischen gefundenen Passivpartizipien auf -ma- (vgl. luwisch *kes-ama-* ‚ge-kämmt‘, hh. *asīma-* ‚geliebt‘) zusammengebracht (3). Diese anatolischen Formen sind aber aus Assimilierung von -amna- zu erklären und gehören demnach zu den -meno-/-mno-Bildungen. Das geht daraus hervor, daß Zugehörigkeitsnamen, die mit der Form -uman-a- anfingen, die belegten Stufen -umena-, -umna-, -umma- durchliefen. Die frühesten Kültepe-Namen (18. Jh.) waren vom Typ *Harsumn-uman* ‚von Harsumna‘; sie wurden der Reihe nach thematisiert: *arun-umana-* ‚maritim‘, geschwächt: *nes-umenes* ‚Nesiten‘, synkopiert: *nes-umna-* ‚id.‘. Ebenso war der Bewohner von *Suppiluli(ya)* zuerst *Suppiluliuman-(a)*, woraus schon um 1400 *Suppilulium(m)a* entstanden war (4). Damit schließt sich das Anatolische der einheitlichen südlichen Zone mit -m(e)no- an (5), während das balto-slavische -mo- als partizipiale Bildung nach wie vor isoliert bleibt (6).

Für den Ursprung des Suffixes hat man wiederholt Zusammenhang mit dem Suffix -mn̥ oder -men-/-mon- angenommen (7). Wenn aber die Verbindung mit den anatolischen Ethnika zutrifft, scheinen diese Bildungen eher mit **men-* ‚(ver)bleiben‘ zusammenzustellen zu sein.

NB. Das Arische hat bei athematischen Verben und im Perfekt -āna- statt -māna-, vgl. *dadhāna-* von *dadhāmi* ‚setze‘, *duhāna-* von *duh-* ‚melken‘, beim Perfekt: *tu-tud-āna-*, *da-d-āna-* von *tud-* ‚stoßen‘, *dadāmi* ‚geben‘. Der Ursprung dieser Bildung steht nicht fest. Wenn -āna- dem germ. -ana- (z.B. got. *baur-ans*) gleichgesetzt und aus idg. -ono- hergeleitet werden kann (8), wird sein -ā- die Dehnung von **-mana-* (idg. meno-) zu -māna- verursacht haben; aber schon Saussure hat an Metathese von **bharāmana-* (= φερομενο-) zu -amāna- gedacht (9).

(1) Schon ziemlich früh wurde dieses Partizip im Griechischen auch von dem Fut. Perf. Pass. gebildet, z. B. διαπεπολεμησόμενον (Thuc.), und im Spätgriechisch wurde es sogar vom Fut. Perf. Med. gewagt, vgl. τεθνηξόμενος ‚moriturus‘ (Libanios, 4. Jh. n. Chr.) von τεθνήξομαι (zuerst 2. Jh. v. Chr.). – (2) Siehe Leumann² 322, 583; Schwyzer I 524 f.; Brixhe, RPh 42, 1968, 319; Flobert, Les verbes déponents latins, 1975, 443–8; Klingenschmitt, 5. Fachtagung, 1975, 159 f. (: -məₗno- oder -mH₁no-), gegen ihn Bammesberger, Studien zur Laryngaltheorie, 1984, 118–20 (: -men-/-mn̥- und mit sekundärem Ablaut, s. oben VI. 5.5, -meno-), aber für ihn Pinault, in: E. Benveniste aujourd'hui II, 1984, 110 f.; Euler 100 f. – (3) Friedrich, Corolla linguistica – Festschrift Sommer, 1954, 46; Benveniste, HIE 27 f. – (4) Laroche, Les noms des hittites, 1966, 255 f., wo auch über die luwische Dissimilation zu -wani-; dazu noch Szemerényi, Rückverwandlung 155 f. Siehe auch Friedrich, Heth. Elementarbuch I², 1960, 34; Neumann, Studi Meriggi, 1969, 222; dagegen Kammenhuber, Hethitisch, 1969, 271 (: -uman- kleinasiatisch, aber als Akk. Sg. aufgefaßt). – (5) Trotz Kronasser, Etymologie 180; Laroche, o. c., 258 Fn. 17. So übrigens schon Polomé, Oriens 9, 1956, 108 f. – (6) Vgl. aber Vaillant III 114: -mo- aus -mno-. Hamp, Baltistica 9, 1973, 45–50, meint, das Albanesische hätte auch -mo- gehabt, cf. la-m ‚gewaschen‘. – (7) Vgl. Leumann 222; Schwyzer I 524. – So auch Bammesberger, o. c. oben (2), 120. – (8) S. Thumb–Hauschild I 2, 359. – (9) S. Saussure, MSL 3, 1878, s. jetzt Recueil 383; und neuerdings Bammesberger, o. c., 119.

Zusatz. In diesem Zusammenhang muß auch das lat. Gerundium und Gerundivum erwähnt werden. Ihr charakteristisches -nd- erscheint auch im Italischen (vgl. umbrisch *popler anferener* ‚populi circumferendi = lustrandi‘, *ocrer pihaner* ‚arcis piandae‘ und osk. *upsannam deded* = *operandam, faciendam dedit, *sakrannas* ‚sacrandae‘), aber die Übereinstimmung ist so groß, daß man eher an Entlehnung aus dem Latein denken könnte (1). Rein lautlich wäre eine Zusammenstellung mit aind. Infinitiven wie *pibadhyai* ~ *bibendi* (beide aus -n̥dh-) möglich (2), ebenso aber auch Anknüpfung an hethitische Infinitive auf -anna wie *appanna* ‚nehmen‘ aus -atna, so daß lat. -nd- aus -tn- (3) oder -d(h)n- (4) entstanden wäre, ein Fall, wo wieder einmal die Ohnmacht des Einzelphilologen klar zutage tritt, wenn der Sprachvergleicher auch keine Antwort geben kann. Für den Latinisten ist noch die Frage von Interesse, ob 1) Gerundivum und Gerundium beide ursprünglich sind, oder 2) das Gerundivum aus dem Gerundium, oder 3) umgekehrt das Gerundium aus dem Gerundivum entstanden ist. Die meisten Forscher stimmen für 2), besonders weil altlat. Wendungen wie *lūcis dās tuendī cōpiam*

(Plt.) oder *nāvis inchoandī exordium* (Ennius) oder *eius* (fēminae!) *videndī cupidus* (Terenz) ganz klar für die Priorität des Gerunds zu sprechen scheinen (5): altes *lucis tuendī* sei etwa nach *luminis tuendī* zu *lucis tuendae* umgestaltet worden (6). Für 3) entscheiden sich wenige (7). Nicht zu übersehen ist aber die Tatsache, daß *secundus oriundus* sicher nicht aus Gerundien entstehen konnten und damit wohl für 1) sprechen (8). Entschiedener läßt sich dagegen feststellen, daß die Bedeutung der Notwendigkeit und sogar die passivische Diathese sekundär entstanden sind (9); vgl. z. B. *docendo discimus* oder *ad docendum puerum* (10).

(1) Porzig, Festschrift Krause, 1960, 184; Porzio Gernia, AGI 48, 1963, 13. – (2) Pisani, KZ 72, 1955, 217–221; Gernia, o. c. 20. – (3) Vgl. Szemerényi, TPS 1950, 169–179. – (4) Risch, Zeitschr. für romanische Philologie 67, 1951, 359. – (5) Vgl. Aalto, Untersuchungen über das lat. Gerundium und Gerundivum, 1949, 170; Pisani, o. c.; Hahn, TAPA 74, 1943, 269 f.; 96, 1965, 181–207; Language 42, 1966, 393 f.; Strunk, Gymnasium 69, 1962, 450, 460; Gernia, o. c., 20; Blümel, Glotta 57, 1979, 81–95. – (6) Hahn 1965. – (7) Darunter auch Sommer, Handbuch, ²1914, 592. – (8) So Drexler, Gymnasium 69, 1962, 429–445. – (9) Hofmann–Szantyr 370. – (10) Weitere Arbeiten: Gray, BSL 35, 1934, 76–81 (: -nt-do-); und aus jüngerer Zeit: Godel, CFS 12, 1954, 4 (: -en-do-); Thibau, Rapports entre le latin et le grec, 1964, 20 (: *regen-yo-s*); Strunk, Glotta 52, 1974, 273–87; Hoenigswald, AGI 60, 1975, 55–8 (: -ny-); Leumann² 330 f.; G. Schmidt, Em 46, 1978, 395 f., 400, 405 (: -ndō und heth. *-a-nna* aus *-tnōi*; -ndus = lit. *-tinas*); Haudry, PICL 12, 1978, 489 (: *agrō colom-dō* ‚pour le champ, pour le cultiver‘); Poultney, Studies Pulgram, 1980, 33–41 (: -enyos); Heberlein, Die Diskussion um die *nd*-Formen, Gymnasium 88, 1981, 151–172; Pariente, Em 49, 1982; Risch, Gerundivum und Gerundium, Berlin 1984 (: Priorität des Gerundivs; 171–9: -tno-).

6.1.4 Während die Bildungen auf -nt-, -wos- und -meno-/-mno- trotz früherer nominaler Verbindungen im Idg. fest in dem Verbalsystem verankert sind, gibt es einige weitere Bildungen, die nur lose dem Verbalsystem angegliedert waren. Besonders wichtig im Verlauf der Geschichte der Einzelsprachen wurden die Suffixe -to- und -no-, die als Verbaladjektiva schon zu spätidg. Zeit eine bedeutende Rolle spielten (1).

Das Suffix -to- ist, mit Ausnahme des Anatolischen und Tocharischen, in allen idg. Sprachen weit verbreitet (2). Die ursprünglichste Bildungsweise war von der Nullstufe der Wurzel. Idg. *klu-tó-s*, das durch ai. *śru-ta-*, gr. κλυτός, lat. *inclutus*, ahd. *Hlot-hari* ‚Lothar‘,

air. *cloth* (Ntr. ‚Ruhm‘) bezeugt ist, ist nicht von dem Präsens
ḱl̥neumi (oben 4.1.3) gebildet, sondern von der Wurzel schlecht-
hin, und seine Bedeutung ist auch nicht partizipial, sondern einfach ‚mit dem Hören und Gehörtwerden in Zusammenhang ste-
hend, berühmt‘. Für die nullstufige Bildungsweise kann noch auf
idg. *gʷm̥-tó-s* in ai. *gata-*, gr. -βατός, lat. *(in)ventus*; *mn̥-tó-s* in
ai. *matá-* ‚gemeint‘, lat. *(com)mentus* ‚ersonnen‘, got. *munds*
‚gemeint‘; *gn̥̄-tó-s* ‚geboren‘ in ai. *jāta-*, lat. *(g)nātus*, gall. *Cintu-*
gnātus ‚Erst-geborener‘, got. *airþa-kunds* ‚erdgeboren, von irdischer Herkunft‘ verwiesen werden. In der späteren Sprachgeschichte besteht die Tendenz, die Bildung auf passivischen Gebrauch zu beschränken wie in nhd. *gelobt erlaubt*, lat. *amātus*
laudātus. Aber die ursprüngliche Diathesenindifferenz ist ganz
klar. Aind. *gatas* bedeutet sehr oft ‚er ging‘, *prāptas* (pra-āp-tas) ‚er
erreichte‘ usw., beim lat. Deponens ist die -*to*-Bildung regelmäßig
von aktiver Bedeutung usw.

Neben -*to*- wurde auch -*no*- in augenscheinlich derselben Funktion verwendet. In partizipialähnlichem Gebrauch ist es im Latein
und Griech. aufgegeben – vgl. aber *plē-nus*, ἁγνός –, während
Arisch, Slavisch und Germanisch die Bildung in ihr Verbalsystem
einbauten und die zu bewältigende Aufgabe zwischen -*to*- und -*no*-
aufteilten. Im Aind. z. B. bilden fast alle Wurzeln auf -*d*- ihr Verbaladjektiv mit -*na*-: *bhid*- ‚spalten‘ – *bhinna*-, *ad*- ‚essen‘: *anna*-
‚Essen‘ usw. Im Germ. haben die starken Verba diese Bildung für das
Partizip der Vergangenheit verallgemeinert, vgl. nhd. *gestiegen, ge-*
boren, gegangen usw. Im Slavischen hat auch eine Verteilung stattgefunden, wobei -*to*- sehr beschränkt wurde (3).

Das Suffix -*to*- hängt offenbar mit den verschiedenen Bildungen
mit -*t*- zusammen und wird eine Thematisierung von Abstrakten
auf -*t*- darstellen (4).

(1) S. für Einleitung und Literatur S c h w y z e r I 501 f.; H o f m a n n –
S z a n t y r 383, 391 f.; dazu noch: B e r n e r t, Glotta 30, 1943, 1–14; R e-
g u l a, ibid. 32, 1953, 89–95; A m m a n n, Gedenkschrift Kretschmer I,
1957, 10–23. – (2) Auch im Anatolischen ist noch eine Spur vorhanden,
wenn für *hastan-uri-* ‚grand des princes‘ meine Interpretation von *has-*
ta- als ‚geboren, Prinz‘ (5. Fachtagung, 1975, 329) das Richtige trifft. – (3)
Vgl. V a i l l a n t III 116 f. und unten 6.2 (9). – (4) K u r y ł o w i c z, Apophonie 77 Fn. 48. – Über den Südosten s. E u l e r 121 f.

6.2 Die von den späteren idg. Sprachen her so selbstverständlich
anmutende Kategorie des *Infinitivs* (1) ist für das Gesamtindoger-

manische nicht zu erweisen und auch nicht anzusetzen. Denn im Vedischen herrscht noch ein früher Zustand, in dem eine große Anzahl
(16!) von Bildungen in der Funktion des späteren Infinitivs auftreten kann, und zwar in Kasusformen, die durch die Satzstruktur
bedingt sind (2). In der Regel sind diese Infinitive Kasusformen von
deverbalen Abstrakten, und zwar hauptsächlich Dative und Akkusative, nur selten Genitive oder Ablative, wohl nie Lokative (3); in
der überwältigenden Mehrheit der Infinitiv-Konstruktionen – mehr
als 600 Fälle von ca. 700 insgesamt – erscheint im Rigveda der Dativ,
nur in ca. 50 der Akkusativ. Der Dativ ist final, der Akkusativ bei
transitiven Verben das direkte Objekt, bei Bewegungsverben das
Ziel; vgl. *sugān pathō akr̥ṇōn nir-ajĕ* (Dat.) *gās* ‚er machte die Wege
frei, *um* die Rinder *herauszutreiben*‘ (RV 3, 30, 10), ‚das Heer der
Maruts‘ *ā gamad … barhir āsadē* (Dat.), ‚soll kommen, *um sich* auf
(dieses unser) Barhis *zu setzen*‘ (RV 5, 46, 5); *šakēma tvā samidham*
(Akk.) ‚möchten wir im Stande sein, dich (Agni) *zu entzünden*‘ (RV
1, 94, 3), *iyĕtha barhir āsadam* (Akk.) ‚du (Agni) bist gekommen,
um dich auf das Barhis *zu setzen*‘ (RV 4, 9, 1).

Morphologisch sind von besonderer Bedeutung die Abstrakta auf
-*tu*-, -*ti*-, -(*a*)*s*- und -(*v*)*an*-. Von -*tu*- sind häufig der Dativ auf -*tavē*
oder -*tavāi* (mehr als 40), z.B. *dā-tavē* ‚geben‘, der Gen.-Abl. auf
-*tōs* (10), z.B. *dā-tōs*, und der Akk. auf -*tum*, z.B. *dā-tum*. Von -*ti*-
wird der Dativ bei fünf Verben verwendet, z.B. *pī-taye* ‚zum
Trinken = trinken‘, *ū-taye* ‚helfen‘. Von -(*a*)*s*- ist der Dativ auf -(*a*)*sē*
häufig (von beinahe 30 Verben), z.B. *jĭv-asē* ‚leben‘, *čakṣ-asē*
‚sehen‘. Es ist interessant, daß der Dativ-Infinitiv, der im Rigveda 6/7
der Fälle stellt, schon in der frühen nachvedischen Periode fast ganz
ausgestorben ist, während der Akk. -*tum*, der dem lat. (und slav.)
Supinum entspricht, im Rigveda nur fünfmal vorkommt, aber in der
späteren Sprache die einzige Infinitivbildung ist (4).

Die bisher nicht erwähnte vedische Bildung auf -*dhyai* ist auch für
das Griechische von Bedeutung. Die nach dem Rigveda ausster-
bende Bildung kommt von 35 Verben vor, z.B. *piba-dhyai* ‚trinken‘,
bhara-dhyai ‚tragen‘ usw. (5); da sie auch im System vollständig
isoliert dasteht, muß sie aus dem Idg. ererbt sein. Sie ist in der Tat
erhalten in gr. -(σ)σαι, das als Inf. Akt. und 2. Sg. Impv. Med. im
s-Aorist fungiert, vgl. λοέσσαι/λόεσσαι, später beide λοῦσαι (6).
Den vedischen *sacadhyai* ‚folgen‘, *bharadhyai* ‚tragen‘ entsprachen
zunächst gr. *ἔπεσσαι *φέρεσσαι; da aber diese nicht zum Aorist
geschlagen werden konnten, wurden sie im Präsenssystem belassen
und unter dem Einfluß der Endungen mit -σθ- zu -εσθαι umge-

staltet (7). Arisch und Griechisch garantieren also eine Infinitivbildung auf -*dhyāi* wenigstens für ein Teilgebiet des Indogermanischen (8).

Ebenfalls indogermanischen Alters ist der gr. Infinitivtypus auf -ειν, das nach dem Zeugnis des Mykenischen auf -*e(s)en* zurückgeht und so mit dem ved. Inf. auf -*sani* (z. B. *neṣani* ‚führen‘) zusammenzuhalten ist; die Variante -(ε)ναι ist unter dem Einfluß von -αι in -σ(ϑ)αι entstanden. Ähnlich erklären sich auch die Dubletten -μεν/ -μεναι in den Dialekten und bei Homer (9).

Bei den lateinischen Infinitiven geht die allgemeine Aktivendung -*re* des Präsens nach dem Zeugnis von *es-se* (und *vel-le*) und dem perfektischen -*is-se* auf -*se* bzw. (vgl. *ante*: gr. ἀντί) auf -*si* zurück; *agere* wäre als **agesi* der Lok. eines *s*-Stammes **agos/agesos* ‚das Führen‘, was semantisch nicht sehr paßt (10). Eindrucksvoll ist die Gleichung von ai. *jīvasē* und lat. *vīvere*, wo das Aind. den Dativ des *s*-Stammes **gʷīw-es-*, das Lat. den Lokativ bringt (11). Von den Passivinfinitiven kann der Typus der 3. Konjugation auf -*ī* als der Dat. (alt -*ei*) eines Wurzelnomens interpretiert werden; vgl. das oben zitierte ai. *nir-aj-ē* aus **ag-ei* mit lat. *agī*. Die Endung -*rī* der anderen Konjugationen wäre dann eine Kreuzung von -*ī* mit dem aktiven -*re* (12).

Dem ai. Typus auf -*taye* von einem -*ti*-Nomen entspricht der balto-slavische Inf. auf -*ti* (z. B. aks. *vesti*, lit. *vesti* ‚führen‘), der auf den Dativ auf -*tei* und den Lokativ auf -*tēi* zurückgeführt wird. Das Altpreußische hat drei Endungen: *dā-t*, *dā-tun*, *dā-twei* ‚geben‘, von denen -*t* auf einen Lok. auf -*ti* zurückgeht, während die übrigen zwei den Akk. und den Dat. eines -*tu*-Stammes darstellen (13). Der Akk. eines -*tu*-Stammes: -*tum* liegt im Aks. und Lat. als das Supinum vor und ist, wie wir gesehen haben, der einzige Infinitiv des klassischen Sanskrit. Das andere lateinische Supinum (auf -*tū*) ist unklarer Herkunft: neben dem instrumentalen Ablativ in *ductū iussū* etc. und dem seltenen separativischen Abl. in *obsōnātū redīre* gibt es viele Formen, die dativisch zu sein scheinen (14).

Einen eigenen Weg schlug das Germanische ein, indem es für den Infinitiv den Akkusativ eines Neutrums auf (idg.) -*no*- verwendet: got. *bairan* stammt von idg. **bheronom* (15).

(1) Im allg. s. Meillet, BSL 32, 1931, 188f., 193; Renou, BSL 38, 1937, 69–87; Schwyzer I 804f., II 358; Kuryłowicz, Categories Kap. VI: Impersonal verbal forms; Hofmann–Szantyr 341f.; E. Seidel, Die gram. Kategorie Infinitiv, PICL 10/4, 1970, 365–9; Voyles, The infinitive and participle in IE: a syntactic reconstruction, Linguistics 58,

1970, 68–91; *Jeffers, The infinitives of the IE languages, Cornell Univ. Diss. 1972; Lg.51, 1975, 133–48; Jeffers–Kantor, IF 89, 1985, 91 f.; Haudry, Sur l'origine des infinitifs en grec ancien, BSL 70, 1975, 115–36; Leumann² 580 f.; Gippert, Zur Syntax der infinitivischen Bildungen in den idg. Sprachen, Frankfurt a. M. 1978; Verbum dicendi + Inf. im Indo-Iranischen, MSS 44, 1985, 29–57; G. Schmidt, Em 46, 1978, 399 f.; Disterheft, The syntactic development of the infinitive in IE, Columbus, Ohio, 1980. – Zum Problem des doppelten Dativs s. Haudry, BSL 63, 1968, 141–59; Boeder, in: P. Ramat (ed.), Linguistic reconstruction and IE syntax, 1980, 207–224 (: *vr̥tráya hantave* ,um Vr̥tra zu töten'); Hettrich, MSS 43, 1984, 55–106. – Über einen angeblichen prädikativen Inf. im Indo-Iranischen, d. h. die Verwendung des Inf. statt einer finiten Verbalform, s. Disterheft, KZ 95, 1981, 110–121, und (dagegen) Gippert, KZ 97, 1984, 205–220. – (2) Vgl. MacDonell, Vedic Grammar, 1910, 407 f.; Sgall, Die Infinitive im R̥gveda, Acta Univ. Carolinae Philologica 2 (Prag, 1958), 135–268; und zur allgemeinen Frage Gippert, KZ 97, 1984, 220: „eine einheitliche Kategorie 'Inf.' … hat es im RV wie im Avesta nicht gegeben". – (3) S. Sgall 157, 159, 248. Ein Lok. wird noch immer angenommen für gewisse heth. Formen, s. Eichner, MSS 31, 1973, 92; Carruba, Scritti Bonfante, 1976, 141. – (4) S. jetzt M. Deshpande, Syntax of the Sanskrit infinitive -*tum*, Ann Arbor 1980. – (5) S. Benveniste, Les infinitifs avestiques, Paris 1935, 72 f.; Sgall 225 f. – Gegen Benvenistes Ansicht (75), daß dieser Inf. medial oder mediopassiv sei, s. Gippert, Ein indo-iran. Inf. des Mediopassivs?, MSS 43, 1984, 25–44. – (6) Natürlich mit Kürzung von -*āi* zu -*ai*, trotz Haudry, BSL 70, 1975, 118. Mit dem griech. Inf. möchte Berman, KZ 91, 1978, 231–9, das heth. Suffix -*(a)sha*- vergleichen. – (7) Haudry, o. c., 123, ist geneigt, eine Entwicklung *dhw* > *sth* im Griechischen anzuerkennen, „weil es keine Gegenbeispiele gibt". S. auch Cohen, KZ 95, 1982, 293–301. – (8) Anders Benveniste, Origines 207 f.; cf. Schwyzer I 809; Sgall 156 Fn. 19; Gusmani, IF 71, 1966, 64–80; Poultney, Lg. 43, 1968, 872–3, 876. Zu -*dhyāi* s. weiter Jeffers, Lg. 51, 1975, 134; Rix, Studies Palmer, 1976, 328–330 (: -*dhyōi*), und in: Le lingue ie. di frammentaria attestazione, 1983, 94; G. Schmidt, Em 46, 1978, 399 f.; Gippert, o. c., 1978, 289 f.; MSS 43, 1984, 25–44; 44, 1985, 45–7. – (9) Zu den griech. Infinitiven s. Aalto, Studien zur Geschichte des Infinitivs im Griechischen, 1953; Burguière, Histoire de l'infinitif en grec, 1960. Über -αι und die griech. Infinitive s. auch Wathelet, Les traits éoliens, Rom 1970, 315–24; Haudry, BSL 70, 1975, 115 f.; 75, 1980, 142 f.; Rix, o. c. (1976); G. Schmidt, o. c., 400; Blümel, Glotta 57, 1979, 114. 118; Cohen, o. c. oben (7), 293–4. – (10) Siehe den Text oben bei (3). Blümel, o. c., 78–81, findet in -*s-i* eine Variante des Dativs auf -*ei*. – (11) Berman, o. c., bringt auch -*asē*/-*re* mit heth. -*(a)sha*- zusammen. – (12) Anders Watkins, Verb 181: *ag-ī* zu vergleichen mit ved. Absolutiv -*tvī* aus *tu* + *ī*; so sei auch PAKARI der Duenos-Inschrift (ca.

500 v. Chr.) mit -*ī* in Ordnung, und die alat. Infinitive *vortie-r agie-r* usw. könnten mit den Absolutiven auf -*ya* verglichen werden. – (13) Vgl. Vaillant III 126 f.; Stang, Vgl. Gram. 447 f.; Haudry, BSL 63, 1968, 144 (-*tei* von -*t*-), cf. PICL 12, 1978, 489 f.; BSL 75, 1980, 143 f. – Das Tocharische hat einen Inf. auf -*tsi*, der vielleicht von einem -*ti*-Stamm kommt, s. Krause-Thomas, Toch. EB I, 1960, 261; Winter, IF 67, 1962, 21 (: ∼ ai.-taye). Anders van Windekens, der AION-L 4, 1962, 17, -*dhyai*, aber Orbis 21, 1972, 111–3 -*tyōi* ansetzt; vgl. auch Le Tokharien II 2, 1982, 250; und die kritische Musterung bei Thomas, Die Erforschung des Tocharischen, 1985, 90, wo noch Rix, o.c. oben (8), 94 Fn. 5 (: -*dhyōi*) nachzutragen ist. – Für die altpreußischen Bildungen sei auf Kuipers Rekonstruktion eines hysterodynamischen Paradigmas *étum/itvá* hingewiesen, s. Beekes, KZ 86, 1972, 33. – (14) Für eine Erklärung (: -*uĭ* > -*ū*) s. Leumann² 354 f., 442 f.; anders Haudry, BSL 75, 1980, 143: Kurzform *-ew-(ey)* „où la désinence disparaissait dans un tour double" (?). – (15) Natürlich ist die Form mit dem Partizip (s. oben 6.1.4) verbunden. Für -*eno-/-ono*- s. Seebold, Anglia 85, 1968, 251–69.

7. Vorgeschichte

Das durch den Vergleich der einzelsprachlichen Systeme erarbeitete idg. Verbalsystem muß nach den Prinzipien der internen Rekonstruktion (s. oben III. 1.) untersucht werden, wobei sich mancher Einblick in die inneren Zusammenhänge des Systems und damit auch in seine Vorgeschichte ergibt.

Personalendungen

7.1.1 Einer der auffallendsten Züge des idg. Systems der Personalendungen ist der durchgehende Unterschied zwischen Primär- und Sekundärendungen, der im Indikativ des Präsens-Aorist-Systems sowohl im Aktiv wie im Passiv-Medium zu beobachten ist. Der Träger dieser Differenzierung ist in fast allen Personen (1.–3., 6.) der Vokal -*i* (vgl. oben IX. 2.1.1 und 2.2.1):

	Aktiv		Passiv-Medium	
1.	-mi	-m	-(m)ai	-(m)ā
2.	-si	-s	-soi	-so
3.	-ti	-t	-toi	-to
6.	-nti	-nt	-ntoi	-nto.

Dieser Tatbestand legt den Schluß nahe, daß die zwei Reihen von Personalendungen, und damit auch die Tempora der Gegenwart und Vergangenheit, ursprünglich eins waren und erst später geschieden wurden: zur Betonung des *hic et nunc* wurde die mit dem adverbialen Element *i* erweiterte Personalendung zunächst als eine stilistische Variante verwendet, aber bei den varianten Personalendungen trat dann zwangsläufig eine Polarisation ein, wodurch die merkmallose Variante aus dem Bereich des *hic et nunc* ganz abgedrängt und damit der Indikator der Vergangenheit wurde (1). Historisch wären also die Sekundärendungen die primären und, um Mißverständnissen vorzubeugen, sollte man die Endungen *-m -s -t -nt* als die „primitiven" bezeichnen (2).

Bemerkenswert ist dabei, daß die Differenzierung nicht durchgehend stattfindet, daß insbesondere die 1. und 2. Pl. des Merkmals entbehren. Wenigstens scheint es nicht ratsam zu sein, die in einigen Sprachen vorhandene Differenzierung – vgl. heth. *-weni, -teni*, air. *-m(a)i* aus *-mosi* – für das Gesamtindogermanische anzunehmen, obwohl grundsätzlich keine Bedenken gegen die Annahme bestehen, daß auslautendes *-i* verlorengehen konnte (3). Andererseits müssen Versuche, die die feststehenden Primärendungen für gewisse Teilgebiete, z. B. das Altirische, ablehnen möchten (4), als methodisch verfehlt gelten. Vielleicht war die selektive Anfügung von *-i* bei 1. 2. Pl. dadurch gerechtfertigt, daß diese schon sowieso gut charakterisiert waren und das Tempus durch die Gesprächssituation eindeutig bestimmt war (5).

Weniger Aufmerksamkeit ist bisher der Differenz zwischen Aktiv und Passiv-Medium geschenkt worden. Aber es scheint auch ziemlich sicher zu sein, daß wenigstens in einigen Personen der charakteristische Vokal der passiven SE ursprünglich war und im Aktiv erst mit der Ablautschwächung verlorenging (6). Die zeitliche Folge war also:

	Akt.	Pass.
I. 3. Sg.	-to	-tó (7)
II. Vokalverlust	-t	-tó
III. Deiktisches *-i*	-ti/-t	-tói/-tó
IV. Akzentzurückziehung	-ti/-t	-toi/-to (8)

(1) Obwohl diese Idee ziemlich allgemein Rudolf Thurneysen (KZ 27, 1885, 173) zugeschrieben wird, wurde dieser Zusammenhang schon 1857 von dem Wiener Sprachwissenschaftler Friedrich Müller erkannt, den auch Saussure im Mémoire (s. Recueil 177) nennt; K i p a r s k y hat

dies bei Watkins, Verb 45, im einzelnen nachgewiesen. Vgl. dazu auch Brugmann, Grundriß² II 3, 593; Kieckers, Sprachwissenschaftliche Miszellen, 1934, 22; Burrow, The Sanskrit Language, 1955, 313; Martinet, Travaux de l'Institut de linguistique de Paris 1, 1956, 17f.; Savčenko, Lingua Posnaniensis 8, 1960, 47; 12–13, 1968, 32; Kuryłowicz, Categories 131 (cf. Apophonie 32); Safarewicz, in: Problemy ie. jazykoznanija, 1964, 14f. (-i nur in der 3.Person idg.!); Erhart, Sbornik Brno A/14, 1966, 17 (i = ‚maintenant‘); Kiparsky, oben 3.1.5 (10), 45; Wright, BSOAS 33, 1970, 187–199; Watkins, Verb 45. – G. Schmidt, KZ 85, 1972, 262, meint, daß das i des hic et nunc im Perfekt nur im Sg. auftrat, d.h. auch den Singular ausdrückte, so daß -nti eine (idg.) Neuerung nach -ti darstellen muß. Aber wenn die SE -t zu -ti werden konnte, warum nicht auch -nt zu -nti? – Brandenstein, Festschrift Pokorny, 1967, 18 glaubt, das i sei die Lokativendung: *didōmi = geb-bei-mir. – (2) Gegen diese Auffassung meint Hattori, CFS 25, 1970, 145f., daß die SE die geschwächten PE darstellen. Dies wurde schon vor ihm von Herbig, IF 6, 1896, 247–9, und Kock, KZ 34, 1897, 576f., gelehrt, und neuerdings hat diese Ansicht wieder Mańczak vertreten, in: Lüdtke 1980, 45–48. Aber (s. weiter unten 7.1.2) es ist wirklich schwer, in -m/-s/-t Pronomina zu sehen; wir müssen sicher von -em/ tu/so ausgehen, die zu -m/t/s, d.h. den SE-n, apokopiert wurden, und erst aus diesen sind dann mit i die PE-n entstanden. – (3) Vgl. oben VII. 2.1(6), trotz Brugmann, l.c. – (4) So z.B. Watkins, Celtica 6, 1962, 47; Verb 46; und Ériu 21, 1969, 1f. Siehe dagegen Campanile, AION-L 8, 1968, 65. Es ist jedenfalls ganz unberechtigt, das allgemeine Vorhandensein von PE und SE in Zweifel zu ziehen, wie das Watkins tut (z.B. Verb 46); s. dazu schon oben IX. 2.1.1(2) s. fin. – (5) Es ist möglich, daß die mediale 1.Pl. Endung eine lokale Partikel dhi oder dha enthielt (so Kuryłowicz, PICL 8, 241; Watkins, Verb 78), vgl. gr. -θι und (ἔν)θα. Aber die Behauptung, im Idg. hätten 1. 2.Pl. Med. keine eigenen Formen gehabt (Watkins 128), muß abgelehnt werden. – (6) Ähnlich Meillet, BSL 23, 1922, 66. 70; und Savčenko, BPTJ 20, 1961, 114. Jedenfalls wird Kieckers Idee, l.c. oben (1), -o sei „damals" gewesen, durch die PE -toi widerlegt, die trotz des -o die Gegenwart bezeichnet. – Für den engen Zusammenhang von Aktiv-Passiv (nicht Akt.-Med.!) ist kennzeichnend, daß auch das nominale Suffix -t- beides ausdrücken kann, vgl. ἀγνώς ‚unbekannt‘ und ‚nicht kennend‘. – Nach Lehmann (Glossa 7, 1973, 81–90) hat das Medium = Reflexiv-Reziprokal in einer OV-Sprache (wie das Idg.) das Kennzeichen in der Form eines Affixes, hier -o; die Veränderung zu einem SVO-Typus brachte dann Konstruktionen mit (reflexiven) Pronomina, z.B. im Romanischen oder Slavischen. – (7) Nach Porzig, Kuryłowicz und anderen vertritt auch Watkins (Verb 51, 84f., 98) die Ansicht, daß Med. 3.Sg. -to ein jüngerer Ersatz für älteres -o ist, und das könnte stimmen. Aber wenn er meint, das Hethitische hätte neben gewöhnlichem kitta(ri) ‚liegt‘ ein einziges Mal auch das ältere kiya bewahrt

(85 f.), so ist dies nicht nur ein methodischer Fehler – unus testis nullus testis –, sondern auch faktisch falsch, denn diese Form ist einfach das Pronomen *ki* ‚dies‘ + *ya* ‚und‘, s. L i n d e m a n, NTS 26, 1972, 78 Fn. 16. Und da -*o* und -*to* beide die Demonstrativa *e-*/*o*- und *to*- sein werden – s. IX. 2.1.2 (3) –, kann höchstens gesagt werden, daß ein zeitlicher Unterschied bestanden haben mag, aber nicht erwiesen ist. – (8) In einem unveröffentlichten Papier (für die Gedenkschrift Benjamin Schwartz, ed. Y. L. Arbeitman) über The prehistoric development of the athematic endings in PIE rekonstruiert B o m h a r d den Satz als *m*/*t*/*s* oder *Ø*; *we*/*me*, *te*, *en*/ *er* (frühest *s-e*?) und verweist auf uralisch *me*/*te*/*se*, *me* + *Pl.*/*te* + *Pl.*/*se* + *Pl.*

7.1.2 Viel größeres Interesse hat seit je die Frage nach dem *Ursprung* der Personalendungen erweckt. Seit Bopps Erstlingsschriften, ja schon seit dem 18. Jh. war es üblich, in den Personalendungen die Personalpronomina zu entdecken (1). Trotz vielfachen Widerspruchs (2) ist diese These bei der 1. Sg. -*m* handgreiflich und für diese Person jetzt wieder fast allgemein anerkannt (3); sie ist aber auch für die 1. Pl. gültig, wo das Pronomen ursprünglich *mes lautete (oben VIII. 4.4 c), und für die 1. Dual, deren Endung -*we(s)* gleichfalls das Pronomen enthält (4). Und wenn die 1. Person durch das Personalpronomen zum Ausdruck gebracht wird, muß man dasselbe Prinzip auch in der 2. Person als wirksam erwarten. Das wird durch viele andere Sprachgruppen nahegelegt. So sind im Finnischen die Personalendungen 1. -*n* (aus -*m*), 2. -*t*, 4. -*mme*, 5. -*tte*, die Personalpronomina 1. *minä*, 2. *sinä* (aus *tinä*), 4. *me*, 5. *te*, die suffigierten Possessiva 1. -*mi*, 2. -*si* (aus -*ti*), 4. -*mme*, 5. -*nne* (aus -*nde*) (5). Dieselben Beziehungen können in kaukasischen und türkischen Sprachen (6), im Hamito-Semitischen (7) und nicht zuletzt auch im Baskischen beobachtet werden, wo den Personalpräfixen 1. *n*-, 2. *h-, 4. *g*-, 5. *z*- die Personalpronomina *ni*, *hi, *gu*, *zu* zur Seite stehen (8).

Ohne Schwierigkeiten kann dieses Prinzip auch im Idg. bei der 2. Pl. erkannt werden. Denn die Endung -*tes* ist einfach der Plural des 2. Sg. Pronomens *tu: die Pluralform *twes (aus *tu* + *es*) wurde zu *tes vereinfacht wie auch im Singular *twe und *te alternieren (9). Die arische Primärendung -*thas* ist nach allgemeiner Auffassung aus -*t*- umgestaltet, und zwar wahrscheinlich im Zusammenhang mit den anderen Alternationen der Personalendungen, bes. im Dual (10).

Im Plural sind die Endungen -*me(s)dhi* und -*dhwe* schwierig. Wenn aber angenommen werden darf, daß die 1. Pl. als -*me(s)-dhi* zu

segmentieren ist (s. Watkins, Verb 78) und deshalb auch -*dhwe* aus
-*dhwe-dhi* herzuleiten ist, dann kann die letztere Form als aus
**twe(s)-dhi* entstanden aufgefaßt werden, da die Folge *t-dh*, d. h.
T-MA, unmöglich war (s. oben V. 5.2) und zu MA-MA werden
mußte; das so entstandene -*dhwedhi* wurde dann als übercharakte-
risiert empfunden und -*dhi* fallengelassen.

Aussichtslos scheint dagegen der Versuch, die 2. Sg. Endung -*s(i)*
mit dem Pronomen *tu zusammenzubringen. Wenigstens ist für
mich die Annahme (11), *s* und *t* könnten auf einen gemeinsamen
Nenner gebracht werden – das Pronomen wäre dann etwa *Zwe –,
nicht diskutabel. Einfach löst sich aber das Problem, wenn, wie in
der neueren Forschung öfters angenommen wurde, die 2. Sg. Endung ursprünglich -*t*, nicht -*s* war. Darauf weist zunächst die Tatsache, daß unter den Perfektendungen die 2. Sg. jedenfalls *t* als ihr
Charakteristikum besaß (12), das nur sekundär zu arisch -*tha* wurde
(13) und auch der arischen Endung -*thās* zugrunde liegt (14). Darüber hinaus erscheint -*t* noch als die 2. Sg. Endung im Hethitischen
und Tocharischen und entsprechend -*s* in der 3. Sg., z. B. heth. *dais*
‚posuit‘ (15). Wir können deshalb annehmen, daß auch die 2. Sg. auf
dem Personalpronomen aufgebaut war (16) und später durch die
3. Sg. -*s* verdrängt wurde, als hier -*t* zum Durchbruch kam (17).

Bei der 3. Person finden wir uns vor ganz anderen Beziehungen.
3. Pl. -*nt*- mag zwar mit 3. Sg. -*t*- zusammenhängen, aber jedenfalls
nicht so, daß es der Plural der 3. Sg. Endung wäre. Was nun zunächst
die 3. Sg. Endung -*t*- anlangt, so hat man früher ohne weiteres angenommen, daß sie das Demonstrativpronomen *to- enthält (18).
Diese Auffassung wurde dann in Frage gestellt, und man suchte das
-*t*- mit dem Nominalsuffix zu identifizieren, das Nomina agentis
– z. B. ai. *deva-stu-t*- ‚die Götter lobend‘, lat. *sacer-dō-t*- ‚qui sacra
facit‘ –, aber auch Nomina actionis – z. B. ved. *stu-t*- ‚Lobpreis‘ –
bildet; man könnte so auch die Endung -*to(i)* des Passiv-Mediums
mit dem Suffix -*to*- z. B. in den Verbaladjektiven identifizieren (19).
Eine ingeniöse Abwandlung dieser Auffassung möchte durch eine
Kombination dieser Nominaltheorie mit der *Ergativkonstruktion*
die gesamte Verbalflexion erklären (20). Danach wäre zu dem Abstraktum auf -*t*- der Agens in dem Ergativ, bei den Personalpronomina in der obliquen Stammform, hinzugetreten. So wäre mit einem
Nomen **g^when-t*- ‚Schlag‘ die Konstruktionsreihe **g^when(t)-m-i*
‚Schlag durch mich‘ = ‚ich schlage‘, **g^whent-t-i* > **g^when-si*(!),
**g^when(t)-mes*, **g^whent-wes* aufgebaut worden, bei den 3. Personen
dagegen einfach das Nomen verwendet: **g^when-t-i* ‚ein Schlag

(kommt von jemandem)' = ‚schlägt' bzw. mit dem Partizipium *g^whn-ont-i ‚Schläger' = ‚sie schlagen' (21).

Diese Auffassung wäre in Übereinstimmung mit der neulich hervorgehobenen Opposition von 1.-2. Person zu der 3. Person, der Opposition von ‚Person' zu der ‚Nicht-Person' (22). Aber während bei der 3. Pl. -nt- mit dem Partizipium zusammenhängen mag, ist eine derartige Interpretation bei der 3. Sg. ausgeschlossen, wenn dort auch s als Endung fungieren kann. Dann bleibt nur die Möglichkeit, daß sowohl der *casus rectus* wie auch der *casus obliquus* des Demonstrativums *so/*to als Subjekte hinzutreten konnten, wahrscheinlich in einem chronologischen Nacheinander; chronologisches Nebeneinander würde bedeuten, daß, je nachdem das Subjekt belebt oder unbelebt war, das Demonstrativum *s(o) bzw. *t(o) verwendet wurde.

Die Endungen der 3. Pl., -nt bzw. -r, scheinen beide nominalen Ursprungs zu sein (23): -nt- hängt wahrscheinlich mit dem partizipialen -nt- zusammen, -r dagegen hat höchstens eine nicht ganz klare Verbindung zu dem -r der passiv-medialen Bildungen (s. unten 7.1.3). – Über die 1. Sg. Endung -ō s. 7.1.3 s. fin.

(1) Für ein kurzes *historique* s. Seebold, Versuch über die Herkunft der idg. Personalendungssysteme, KZ 85, 1971, 185f. – (2) Vgl. Hirt, IF 17, 1906, 36f.; Jespersen, Language, its nature, development and origin, ¹¹1959, 383f.; Burrow, Sanskrit 316. – (3) Brugmann II 3, 5f., 592f. (gegen Hirts allgemeine Ablehnung); IF 39, 1920, 139; Kretschmer, Sprache, ³1923, 35; Savčenko, Lingua Posnaniensis 8, 1960, 48f.; Ivanov, Obščeind. 265; Vaillant III 21; Brandenstein, l.c. 7.1.1 (1); Erhart, Studien zur ie. Morphologie, 1970, 51f., bes. 58. – (4) S. oben VIII. 4.4c. und vgl. Brugmann II 3, 594; IF 39, 137: *bherō-wĕ ‚ich trage (*bherō!) und die andere Person (du/er)'. Die Endungen -mes/wes können natürlich nicht einfach als phonetische Varianten betrachtet werden (so Kuryłowicz, Categories 150f.). – (5) Kretschmer, l.c.; Szinnyei, Magyar nyelvhasonlítás, ⁷1927, 120f., 115, 116f.; Hakulinen, Handbuch der finnischen Sprache I, 1957, 54, 183; Collinder, Comparative Grammar of the Uralic languages, 1960, 243. – (6) Vgl. Savčenko, o.c., 44f. – (7) Moscati, Comparative grammar of the Semitic languages, 1964, 137f. – (8) Lafon, BSL 55, 1960, 216. – (9) S. oben VIII. 4.4c. und V. 4.2. Nach Villar (RSEL 4, 1974, 391–409) sind Pl. 1. -me/-mo, 2. -te ursprünglich identisch mit Sg. m, t, was aber höchstens für eine vorflexivische Periode richtig sein kann, obwohl schon damals der einzelne sicher von der Pluralität geschieden werden mußte und konnte, d.h. andere Auswege gesucht werden mußten. – (10) S. Kuryłowicz, Categories 152f. Interessant ist Vaillants Versuch (BSL 38, 1937,

94), *th* aus einer ursprünglichen Gruppe *H-t* herzuleiten. – (11) Vgl.
Myrkin, VJ 1964 (5), 83f.; Brandenstein, l.c. Ähnlich auch Am-
brosini, Studi e saggi linguistici 2, 1962, 95. – (12) Burrow, Indo-
Iranian Journal 1, 1957, 64, 72; Ambrosini, o.c., 92f. Für das Heth. s.
Kronasser, Etymologie 377f. – (13) Kuryłowicz, Apophonie 381;
Savčenko, o.c., 50 (: *-tha* aus 1.Sg. *Ha* und 2.Sg. *t*). – (14) Kuryłowicz, Apophonie 41, 381; Categories 58; Savčenko, VJ 1955 (4), 119. –
(15) Watkins, Origins 74f., 90f., 97f., 102f. (aber das Aisl. hat jedenfalls nicht ein 3.Sg. *-si* wie 86f. und 104 behauptet wird). S. auch
Adrados, II. Fachtagung, 1962, 150. Ganz anders Kuryłowicz, Categories 156f.; und Kammenhuber, Hethitisch 332; dagegen wieder
Watkins, Verb 53f., und Haudry, Homage to G. Dumézil, 1982, 22f.:
ved. *prākṣinās* 3.Sg. (?). – (16) Die lautliche Entwicklung war *-tu> -tw>
-t* und/oder *-tu-i* = *-twi> -ti*. – (17) Jedenfalls bleibt eine Lautentwicklung *t* zu *s* (Seebold, o.c. oben [1], 197f.) unannehmbar, s. Szemerényi 1985: 27, während Vaillants Annahme von *tt* zu *s* (s. den Text
weiter unten) wenigstens einen rationellen Weg darstellt und ernst zu
nehmen ist. – (18) Z.B. Brugmann II 3, 594; IF 39, 1920, 137f. – (19)
Vgl. Hirt, IG 4, 1928, 102, 104; Kieckers, o.c., 22. – (20) Zum Ergativ
siehe Vaillant, L'ergatif ie., BSL 37, 1936, 93–108; Martinet, La construction ergative, 1958, nachgedruckt in seiner La linguistique synchronique, 1965, 206–222; Meščaninov, Ergativnaja konstrukcija v jazykax
različnyx tipov, 1967 (s. Szemerényi 1982: 17f.); Lyons, Introduction
to theoretical linguistics, 1968, 350f.; Aronson, Case and subject in
Georgian, Lingua 25, 1970, 291–301; Seebold, o.c. oben (1), 203f.;
Lafon, Ergatif et passif en basque et géorgien, BSL 66, 1972, XXII–
XXIV, 327–43; Tchekhoff, Une langue à construction ergative: l'avar,
La Linguistique 8/2, 1972, 103–115; Pulgram, JL 8, 1972, 164f.;
Comrie, The ergative, Lingua 32, 1973, 239–53; K.H. Schmidt,
4. Fachtagung, 1973, 114f. (!); Probleme der Ergativkonstruktion, MSS
36, 1977, 97–116; Tchekhoff, Aux fondements de la syntaxe: l'ergatif,
Paris 1978; H. Wagner, The typological background of the ergative construction (Proceedings Royal Irish Acad. 78C/3, 37–74), 57: "Uhlenbeck's
attempt to reconstruct an ergative construction in PIE ... I find difficult
to accept"; Dixon, Ergativity, Lg. 55, 1979, 59–138; F. Plank (ed.), Ergativity, NY 1979 (darin z.B. K.H. Schmidt, Active and ergative stages
of Pre-IE); *Christol, L'ergatif ie.: une illusion? Actes de la session de
linguistique Aussois (zitiert BSL 75, 1980, 91); Tchekhoff, Autour de
l'ergatif, BSL 75, 1980, 69–93; Sasse, Subjekt und Ergativ, FoL 12,
(1978) 1980, 219–252; S.C. Dik, Functional Grammar, 1981, 159f.; Bossong, Actance ergative et transitivité, Lingua 56, 1982, 201–234; Calboli, ANRW II 29/1, 1983, 14–29; Villar, Ergatividad, Acusatividad
y genero, Salamanca 1983 (cf. Szemerényi, 1985: 29f.); Bossong, Ergativity in Basque, Linguistics 22, 1984, 341–392; F. Plank (ed.), Rela-
tional typology, 1985; Szemerényi 1985: 26–29; Gamkrelidze–

Ivanov 1985: 313–9; Kammenhuber, Fs. Winter, 1985, 452f.; Modini, KZ 98, 1985, 211–3. – (21) Vaillant, BSL 37, 1936, 105f. Zu -tt- > -ss- s. auch Heller, Word 12, 1956, 7; Language 33, 1957, 21². – (22) S. Benveniste, Structure des relations de personne dans le verbe (1946), La nature des pronoms (1956), De la subjectivité dans le langage (1958) – jetzt alle drei in seinen Problèmes de linguistique générale, 1966, nachgedruckt; vgl. Kuryłowicz, Categories 148; Tláskal, La catégorie de la personne en portugais, FoL 12, 1980, 367–83 (gegen Benveniste). – (23) Erhart, Sbornik Brno 4, 1955, 11f.; Burrow, Sanskrit 317; Savčenko, Lingua Posnaniensis 8, 52–6; Bader, Word 24, 1970, 20f. – Über -nt- = Partizip Kieckers, o.c., 12f.; Benveniste, Origines 173; Vaillant, 1936, 106. – Cunys Ansicht (Litteris 7, 1930, 155: -nto- = pron. no- + to-) war ziemlich weit verbreitet im 19.Jh., vgl. z.B. Brugmann, MU 1, 1878, 134 (: an- ‚jener' + ta- ‚der').

7.1.3 Die *Perfektendungen* (oben 2.3) scheinen im idg. System isoliert dazustehen. Sie sind aber mit gewissen *passiv-medialen* Endungen engstens verwandt. Wir haben für diese oben (2.2.1) die folgenden Formen rekonstruiert:

PE 1. -(m)ai, 2. -soi, 3. -toi, 6. -ntoi
SE 1. (m)ā, 2. -so, 3. -to, 6. -nto.

Daneben gibt es aber noch offenbar altertümlichere Formen. Die 2. Sg. hat im Aind. die Sekundärendung -thās. In der 3. Sg. erscheint bei einigen Verben statt -ta eine Endung -at, z.B. aduhat ‚melkte', ašayat ‚er lag', die neben Präs. 3. Sg. *duh-e šay-e* stehen (1) und deshalb offenbar aus *a-duh-a a-šay-a* umgewandelt sind (2). In der 3. Pl. erscheinen bei denselben Verben im Impf. aduhran ašēran und im Präsens *duhrē šērē*, so daß die Imperfektformen wieder klar aus *aduhra *ašēra mit -n(t) erweitert sind.

Die sich damit ergebenden Endungen der Vergangenheitstempora

2. -thās, 3. -a, 6. -ra (3)

finden keine Anknüpfung bei den oben angeführten Endungen. Sie sind aber, wie das Kuryłowicz und Stang längst erkannt haben (4), in offenbarem Zusammenhang mit den Perfektendungen

2. -tha, 3. -e, 6. -r.

Daraus folgt, daß Perfekt und Passiv-Medium eng zusammengehören. Dabei ist die Erhaltung der alten perfektischen Endungen bei den Vergangenheitstempora so zu erklären (5), daß sie aus einer Zeit stammen, in der sie – wie auch -to -nto – die Primär- oder besser gesagt die Primitivendungen waren. Dieser Zustand wird auch vom Anatolischen bestätigt, wo luwisch 1. *ha*, 3. *ta* als SE fungieren, dagegen heth. 1. *ha-*, 2. *ta-*, 3. *(t)a-* auch als PE.

Das Perfekt macht mit seiner Bedeutung und der abgetönten 3. Sg. Form auf *-e* den Eindruck einer nominalen Bildung (6). Die Formen 1. *woid-Ha*, 2. *woid-tha*, 3. *woid-e* usw. wären dann aus **woide-/woido-*, einem Verbalabstraktum („Wissen") oder Verbaladjektiv („wissend"), durch Hinzufügung gewisser Endungen, die nur im Sing. und in der 3. Pl. klar profiliert sind, entstanden (7). Diese Auffassung ist wieder nicht ohne Schwierigkeiten, denn aus einem fertigen **woido* wird **woid-a* **woid-tha* nicht ohne weiteres herzuleiten sein. Deshalb müssen wir eher von einem Wurzelnomen **woid-* ausgehen. Aber auch die Endungen sind nicht ganz klar: man würde auch hier wenigstens in der 1. und 2. Person Personalpronomina erwarten, aber höchstens *-tha* ließe sich, wenn auch nicht ganz einfach, mit **tu* verbinden (8). Diese Schwierigkeiten sind auch dann nicht gänzlich behoben, wenn man dem allgemeinen Eindruck folgend finales *-a* für alle Formen ansetzt und 3. Sg. *-e* als Neuerung ansieht (s. oben 4.3 a) (9).

Trotzdem lassen sich für ein früheres System folgende drei Kategorien im Präsenssystem ansetzen:

	1. Aktiv	2. Passiv-Medium	3. Perfekt-Medium
2.	-s	-so	-tha
3.	-t	-to	-e
6.	-nt	-nto	-r

Eine weitere Reduktion unter der Annahme, die zweite Reihe sei aufgrund der aus *-e* bzw. *-e/-o* umgebildeten 3. Sg. *-to* aufgebaut worden (10), scheitert an der Schwierigkeit, die Entstehung von *-to* wirklich zu erklären (11). Das obige Modell wird auch der Tatsache gerecht, daß nicht alle „Media" Zustandsverba sind, vgl. **sekʷetoi* ‚folgt', **lowetoi* ‚wäscht sich' usw. Bei dem letzteren Typ ist es doch das Gegebene, ihr Medium aus dem Aktiv und nicht aus dem Perfekt entstehen zu lassen (12). Übergänge zwischen den beiden Gruppen werden wohl aufgrund semantischer Berührungen oft vorgekommen sein. Auf diese Weise würde sich auch eine ungezwungene Erklärung für die 1. Sg. Med. ergeben (s. oben 2.2.1): *-mo* des Passiv-Mediums und *-ha* des Perfekt-Mediums kreuzten sich zu *-ma* und *-mai* bzw. *-ho* und *-hoi* (13). Der letztere Typ, d.h. *-ho*, *-t(h)o*, *-o*, scheint dem anatolischen Schema *-ha -ta -a* (s. oben 2.4) zugrunde zu liegen (14), während die hethitische *hi*-Konjugation eine Neuerung aus dem präsentischen Perfekt mit *-ha -tha -e* darstellt, das unter dem Einfluß der *mi*-Klasse zu *-hai -thai -ei* und endlich *-hi -ti -i* wurde (15).

Eine weitere gegenseitige Beeinflussung zwischen Passiv-Medium und Perfekt-Medium fand auch bei den berühmten *r*-Endungen statt. Das anatolische Material zeigte zunächst, daß *r* auf die Gegenwart beschränkt war, dann aber auch, daß es auf die 3. Personen eingeengt war (oben 2.2.2). Wir müssen aber noch weiter gehen: die Endung der 3. Pl. *-antar*, aus der Kreuzung von 3. Pl. *-anta* und 3. Pl. *-r(o)* entstanden, wurde analogisch auch auf die 3. Sg. *-a* und *-ta* übertragen (16), und das Kernstück *-(t)ar/-antar* bzw. (mit *-i* wie bei der *hi*-Konjugation) *-(t)ari/-antari* wurde der Ausgangspunkt für ein durchgehendes *r*-Paradigma – wie auch im Tocharischen (s. 2.2.2). Dagegen blieb das Italische und Keltische viel näher dem gemeinsamen Ausgangsstadium. Was das *r*-Element ist, bleibt nach wie vor rätselhaft (17); die einzige solide Verbindung wäre mit den *r*-Heteroklita (18), aber der Übergang in die Funktion der 3. Pl. ist noch schwieriger als bei *-nt-* (19) und Identität mit dem unpersönlichen *-r* (Typus air. *-berar* ,es wird getragen, man trägt') ist wieder fraglich geworden (20). Daß aber seine Entstehung weit in das Indogermanische zurückreicht, wird auch dadurch klar, daß die *r*-Flexion des Italo-Keltischen und der östlichen Gruppe (Heth., Toch., Phryg.) doch auf einer gemeinsamen Neuerung beruhen wird (21).

Ebenso schwierig ist das Problem der Entstehung der 1. Sg. Endung *-ō* im Aktiv. Es wird hier erwähnt, weil es oft als Kontraktionsprodukt von themat. *-o-* + perf. *-ha* angesehen wird (22). Aber die *o*-Färbung des Themavokals wird durch den Laryngal nicht erklärt (23), und für eine Endung *-o* (also *-ō* aus *-e* + *-o*) gibt es keine Grundlage (24). Da die *o*-Färbung einen Nasal erfordert (oben 2.6), wird man auf *-om* geführt. Dies wird bedeuten, daß bei thematischen Verben das 1. Sg. Personalpronomen **em-*, abgetönt **om-*, mit dem Themavokal zu *-o-om*, kontrahiert *-ōm*, wurde, worauf (s. oben V. 4.5) im Wortauslaut der Nasal verlorenging (25). Damit wäre das Problem, daß thematische und athematische Endungen sich nur in der 1. Sg. unterschieden, aus der Welt geschafft; daß dies wünschenswert sei, darin ist ja auch Cowgill mit Rix und Szemerényi einverstanden (26).

(1) Die Verbalformen auf *-ē* (1. u. 3. Sg.) sind jetzt gesammelt von Cardona, Language 37, 1961, 338, augenscheinlich übersehen von Watkins, Verb 88f. – (2) Wackernagel, KZ 41, 1907, 309–13; Meillet,

BSL 24, 1925, 191–4 (: *duha* hat *e/o* ~ *woide*); Leumann, Morph.
Neuerungen, 1952, 10 f. Für Sommer, Hethiter und Hethitisch, 1947,
61 f. war *-at* ursprünglich. S. jetzt auch Narten, Festschrift Kuiper,
1968, 9 f.; Watkins, Verb 90, 99, 103 f. – (3) Die ai. Endung *-thās* wird,
mit gr. -ϑης und air. *-the(r)*, oft auf idg. *-thēs* zurückgeführt, aber idg.
-thās (d. h. *-tH₂e* + *es*) wird gefordert von Hollifield, KZ 92, 1979,
219 (angenommen von Cowgill, Ériu 34, 1983, 76); s. dazu auch
G. Schmidt, Fs. Neumann, 1982, 347 f. – (4) Kuryłowicz, Les désinences moyennes de l'ie. et du hittite, BSL 33, 1932, 1–4; Stang, Perfektum und Medium, NTS 6, 1932, 29–39; Safarewicz, Les désinences
moyennes primaires, 1938, nachgedruckt in seinen Studia językoz-
nawcze, 1967, 45–50; vgl. noch Vaillant, Les origines du médiopassif,
BSL 42, 1946, 76–83. Dazu kommen noch die neueren Behandlungen bei
Kuryłowicz, Apophonie 41 f., Categories 58–70, 150; Insler, IF 73,
1969, 322 f.; Adrados, Verbo 100 f.; FoL 5, 1972, 366–81. – (5) Darauf
hat Stang 36 aufmerksam gemacht. – (6) So Brugmann II 3, 594; IF
39, 1920, 139; Vaillant, o. c., 82; Grünenthal, KZ 63, 1936, 138 (dazu
Lohmann, KZ 64, 1937, 42–61, und die Erwiderung von Grünenthal,
ebd. 271–2); Savčenko, BPTJ 20, 1961, 117; und Kuryłowicz, ll. cc.;
Watkins, Verb 105 f. – Winter, Vocative 219, sieht in *-e* einen bloßen
Stützvokal. – (7) Kuryłowicz, Categories; 62; Watkins, Verb 107
(*gʷhené* ‚occisus'); Puhvel, PICL 10/4, 1970, 633 (: *louk-Ae, -tAe, -e*,
lēuk-r̥); Cowgill, in: Heth. und Idg., 1979, 33 f. – (8) Vgl. Kuryłowicz, Apophonie 44, wo noch von einer aoristischen Grundform **likʷe*
ausgegangen wird. – (9) Für *-e* noch G. Schmidt, KZ 85, 1972, 260
Fn. 108 (*-o* ist ein „Hirngespinst"). – (10) Kuryłowicz, Categories 58
(: „mechanism of the introduction of *t*"); Directions 76 f.; Watkins,
Verb 51 (= *-e/o*); Kuryłowicz, CTL 11, 1973, 89 f. – (11) Aber m. M. n.
sind *o* und *to* einfach die Demonstrativa; so auch Schmalstieg, FoL 12,
1980, 355. – (12) Dabei könnten Reflexiva einen der Ausgangspunkte
gebildet haben, nachdem z. B. **lowe-s(w)e* ‚wasch dich' zu **loweso*
wurde. – (13) Über 1. Sg. Med. s. auch Kuryłowicz, Categories 60
(: *o* + *a*); Watkins, Verb 130 (: *a* + *om*); Kortlandt, IF 86, 1982, 123–
36; G. Schmidt, Fs. Neumann, 1982, 345–56. – (14) Vgl. dazu auch
Ambrosini, Ittito *esat* e ai. *aduhat*, SSL 6, 1966, 89–95; Neu, 7. Fachtagung, 1985, 283. – (15) Siehe Sturtevant–Hahn, Comp. grammar of
the Hitt. language I, ²1951, 131–7; Kronasser, Etymologie 373;
Puhvel, in: AIED 243 f.; Kammenhuber, MSS 24, 1968, 72; Hethitisch 329 f.; Meid, Präteritum, 1971, 37 f. Weitere Konstrukte der ur-
sprachlichen Diathesen bei Neu, 7. Fachtagung, 1985, 285. 294 (286:
Medium ist kontaminiert aus Aktiv und Perfektum, z. B. *-to* aus *-t -o*);
Gamkrelidze–Ivanov 1985: 300 f., 330 f.; über die letzteren s. auch
Szemerényi 1985: 24 f. – (16) Vgl. für das Grundsätzliche Kuryłowicz, Categories 69; und besonders Neu (2), 157 f.; IF 72, 1968, 231; 76,
1972, 244; Studies Palmer, 1976, 239–54; Kuryłowicz, EC 12, 1969,

7–20; Eichner, 5. Fachtagung, 1975, 76; Jasanoff, Sprache 23, 1977, 159–70. – Watkins, Verb 51, 175, 180, ist eher ablehnend und betont insbesondere (51, 180), daß ein Plural den Singular nicht beeinflussen kann. – Besonders wichtig ist Meids Beobachtung (5. Fachtagung, 1975, 215 f.), daß von den zwei Erweiterungen des medialen *-to*, z. B. **sek^w etoi* und **sek^w etor*, die erstere älter ist, da sie auch in *r*-Sprachen erscheint, z. B. in der heth. *hi*-Konjugation oder im Sg. des lat. Perfekts (z. B. *nōui* aus **gnōw-a-i*), s. Szemerényi 1985: 46. – (17) Eine Partikel wird angenommen von Wagner, TPS 1969, 218; Watkins, Verb 43, 174, 194; ein Adverb **H(e)yer(i)* von Georgiev, BalkE 18, 1975, 22–3, wozu noch Diachronica 1, 1984, 74. – (18) Z. B. Pisani, Miscellanea Galbiati III, 1951, 31; Martinet, Word 11, 1955, 130 f.; vgl. auch Ivanov, Obščeind. 123 f.; Bader, Word 24, 1970, 18 f.; Puhvel, PICL 10/4, 1970, 631 f.; Erhart, Studien zur ie. Morphologie, 1970, 80 f.; G. Schmidt, in: Idg. und Kelt., 1977, 107. – (19) Pedersen, Hittitisch 105. Eine wirkliche Lösung wäre Vaillants Annahme (BSL 37, 1936, 107[1]), daß finales *-n(t)* zu *-r* wurde; leider sind Lautgesetze noch immer eine Hemmung. – (20) Vgl. dazu Schmidt, IF 68, 1963, 237. – (21) Kammenhuber, KZ 77, 1961, 43 f.; MSS 24, 1968, 87. – (22) Zum Beispiel Savčenko, Lingua Posnaniensis 8, 1960, 52; Neu, o. c., 229 (er setzt perf. *-o* an); Watkins, Ériu 21, 1969, 3. Anders, aus *o + h*, Vaillant, BSL 38, 1937, 93 f.; Gram. comp. III 20, 141; Pedersen, Hittitisch 81; Untermann, Gedenkschrift Brandenstein, 1968, 166[3]. – (23) Siehe Watkins, Verb 108 f.; TPS 1971, 86; Bader, o. c. oben (18), 26; Lindeman, in: Heth. und Idg., 157 (= 156 Fn. 30). – (24) So Neu, l. c.; Specht, Ursprung 313. – (25) Cowgills Vorschlag (7. Fachtagung 108), *-ō* sei über *ōi* aus *-o-mi* entstanden, bringt unglaubliche Verwandlungen des *m* ins Spiel. Andere Erklärungen bei Erhart, Sbornik Brno E 3, 1958, 87 f. (: *eh^w*); Liebert, Die ie. Personalpronomina, 1957, 73; Lindeman, NTS 21, 1967, 140; Kerns-Schwartz, Lg. 44, 1969, 718–9. – (26) Cowgill, The personal endings of thematic verbs in IE (7. Fachtagung, 99–108), 99. 104.

7.2 Bei den *Modusbildungen* fällt es auf, daß der *Optativ* (s. 3.1.2) die Sekundärendungen nimmt. Das könnte darauf hindeuten, daß der Optativ erst sekundär zu einem Modus wurde, daß er eigentlich eine auf den Modus als eine Sekundärfunktion verdrängte Vergangenheitsform ist (1). Man hat so den Optativ von idg. **pō(i)-* ‚trinken‘, d. h. **pōyēm*, als aus **pōy-ē-m* zu **pō-yē-m* umgedeutet erklärt: **pōy-ē-m* wäre ursprünglich ein *ē*-Aorist gewesen (2). Da ein *ē*-Aorist für das Idg. nicht erwiesen ist, wird die Deutung zweifelhaft bleiben. Andere wurden durch die Form des Suffixes *-yē-* verleitet, in ihm ein Verbum mit der Bedeutung ‚gehen‘ (von **ei-* ‚gehen‘ abgeleitet) zu erkennen (3).

Ebenso versucht man den *Konjunktiv* (s. 3.1.1) auf eine Indikativform zurückzuführen (4), und das geht auch ohne Schwierigkeiten,
wenn man den modalen Gebrauch auf eine Futurbildung zurückführt (5), sonst vielleicht nicht so glatt. Das morphologische Problem dabei ist, wie *e/o* zu dieser Funktion kam. Ein jüngst ge-
machter Vorschlag möchte die Flexion von einer voluntativen Form
*éy-ō ‚ich will gehen' und vielleicht einem *éyei (= *ei* + *ei*!), ‚er
(man) soll gehen' herleiten, in denen sich durch Zufall eine thematische Flexionsweise einstellte (6).

    (1) Vor mehr als hundert Jahren hat Curtius behauptet (Zur Chrono-
logie der idg. Sprachforschung, ²1873, 54), daß „die Modusbildung ...
aus der Tempusbildung sich erst allmählich entwickelt hat". Und am
Ende des letzten Jahrhunderts sagte Goidànich (nachgedruckt PICL 3,
1933, 301 f.), daß der Optativ eine Perfektivierung (mit Suffix -*ē*-) einer
iterativ-durativen Form darstellt. – (2) Kuryłowicz, Categories 141;
zum Gebrauch 143. S. auch *N.M. Holmer, Meddelanden från semi-
narierna för slaviska Språk 1, Lund 1951, 19–27; 3, 1959, 5–13 (altes Prät.);
Watkins, Verb. 233 f. – (3) Z. B. Hirt, IG 4, 290 f.; 6, 279; 7, 148;
Hahn, Subjunctive 65. Zu den SE des Optativs s. auch Gonda, Moods
47; Hoffmann, Injunktiv 276. – (4) Kuryłowicz, Apophonie 28,
71–4; Categories 137 f.; Safarewicz, in: Problemy ie. jazykonanija,
1964, 15. – (5) Hirt, IG 4, 297; Hahn, Subjunctive *passim.* – (6)
Risch, Symbolae Kuryłowicz, 1965, 238. M.E. könnte *ei-ei höchstens eine 2. Sg. sein. Siehe noch Lazzeroni, Scritti T. Bolelli, 1985, 171 f.

7.3 Die vorangehenden Betrachtungen haben auf die Annahme
gebaut, daß das idg. Verbalsystem durch das Griechische und Indo-
Iranische sehr treu reflektiert wird, daß also das Urindogermanische auch die Modi Konjunktiv und Optativ und, weniger sicher,
auch die selbständigen Tempora Imperfekt und Aorist besessen hat.
Im letzten Jahrzehnt sind aber schwerwiegende Bedenken gegen
eine derartige Rekonstruktion laut geworden. Das Zeugnis des Hethitischen – das ja keinen Konjunktiv und Optativ hat und im Indikativ bloß den Zeitgegensatz Präsens – Präteritum aufweist – wird
nicht mehr als Beweis für den Verlust einst vorhandener Kategorien
angesehen, sondern als Beweis für die Erhaltung eines früheren allgemein herrschenden Stadiums, das diese Kategorien eben noch
nicht hatte. Verschiedene Forscher, in vorderster Linie Wolfgang
Meid, haben so das graeco-arische System als spätere dialektale
Neuerung des Südostens der Indogermania gedeutet, vgl. darüber
oben IX. 3.1.2 und Szemerényi 1985: 44 f.
Wenn eine Kategorie fehlt, ist es natürlich sehr schwierig, zu be-

weisen, daß sie verlorengegangen ist, und viel leichter, anzunehmen, daß sie von allem Anfang an nicht da war. Was für methodologische Schwierigkeiten da überwunden werden müssen und vielleicht auch können, hat jüngst K. Strunk in einem Aufsatz gezeigt (InL 9, 1986, 144): der Optativ muß aufgrund gewisser Ablautphänomene schon für das Urindogermanische angesetzt werden, der Konjunktiv wird dagegen eine späte Neuerung sein (1).

(1) Dazu auch Strunk, Zur diachronischen Morphosyntax des Konjunktivs, in: A. Rijksbaron al. (edd.), In the footsteps of R. Kühner, 1988, 291–316.

7.4 Eine genauere Untersuchung der Tempusstämme und der Personalendungen führt also zu einer fortschreitenden *Reduktion* des auf den ersten Blick so komplex anmutenden *Systems*. Der Unterschied zwischen *Präsens-* und *Aorist-System* ist sicher sekundär entstanden und noch in der historischen Zeit läßt sich einem Stamm eigentlich nie ansehen, zu welchem System er gehört: wenn die Personalendung eine primäre ist, ist die Entscheidung leicht; wenn sie aber sekundär ist, dann hängt die Antwort auf die Frage: Impf. oder Aorist, davon ab, ob Formen mit Primärendungen in der Sprache zugelassen werden oder nicht (1).

Auch die Position des *Perfektums* ist jetzt eine ganz andere. Während es in den historischen Sprachen grundsätzlich (2) eine Beziehung zu der Vergangenheit aufweist – auch wenn bloß das gegenwärtige Resultat betrachtet wird –, war es früher einfach ein Präsens. Der Unterschied von dem „Präsenssystem" der hist. Zeit bestand nicht im Tempus, sondern in der *Handlungsart*: das -*mi*-Verbum drückte Handlung, das -*a*-Verbum einen *Zustand* aus (3). Das *Passiv-Medium*, das im Spätidg. fertig dasteht, ist auf einer früheren Stufe noch nicht vorhanden. Das bedeutet aber nicht, daß wir auf jener Stufe von einer einzigen Diathese (: Aktiv) sprechen können (4): es gab auch damals wenigstens zwei Diathesen: Handlungsdiathese und Zustandsdiathese (5).

Die große Gefahr der Reduktionsmethode steckt eben darin, daß nicht das System, sondern ein Teil betrachtet wird und dennoch Aussagen über das Ganze gemacht werden. Die Reduktionsmethode führt auch zur Beseitigung der Kategorie Tempus. Aber es ist leicht möglich, daß wir, indem wir unseren Blick ausschließlich auf die Personalendungen richten, gewisse Unterschiede, die im System noch vorhanden sind, übersehen oder daß ein einstiger Tempusunterschied verlorengegangen ist. Wie Kuryłowicz (Categories 58) das so schön ausdrückte: "One cannot reconstruct *ad infinitum*. We must be satisfied with the reconstruction of stages bordering the historical reality."

(1) S. dazu Brugmann II 3, 48; Meillet, Introduction 197f., 248; Schwyzer I 640; und vgl. Kuryłowicz, CTL 11, 1973, 76: "in all languages ... the forms of both the preterite and the future result from a revaluation (semantic change) of old *presents*". – (2) Ich schließe die Intensiva (βέβρυχε) und Präterito-Präsentia (οἶδα, got. *skal*) aus, da sie Überbleibsel einer vergangenen Epoche sind. – (3) Savčenko, VJ 1955(4), 117; BPTJ 20, 1961, 115–118; Safarewicz, in: Problemy ie. jazykoznanija, 1964, 13–17; Ivanov, Obščeind. 137. – (4) Schwyzer II 224. – (5) S. dazu jetzt auch Perel'muter, Zur Entstehung der Kategorie des Tempus im idg. Verbalsystem, VJ 1969(5), 11–21; Meid, Präteritum, 1971, 36; Szemerényi, Studies A. A. Hill III, 1978, 279; Neu, der z. B. 7. Fachtagung, 1985, 285, für das früheste System nur das Paar Aktiv – Perfektum annimmt, aus dem die späteren Diathesen sich langsam entwickelten, z. B. das Medium durch eine Kontamination von Aktiv und Perfektum.